Wilhelm E. Mühlmann

Pfade in die Weltliteratur

Wilhelm E. Mühlmann

Pfade in die Weltliteratur

Athenäum
1984

CIP-Kurztitelaufnahme der Deutschen Bibliothek

Mühlmann, Wilhelm E.:
Pfade in die Weltliteratur / Wilhelm E.
Mühlmann. – Königstein/Ts. : Athenäum, 1984.
ISBN 3-7610-8307-6

Satz: Computersatz Bonn GmbH, Bonn
Druck und Bindung: Bercker, Graphische Betriebe GmbH, Kevelaer
Printed in West-Germany
ISBN 3-7610-8307-6

Inhalt

ERSTER ZUGANG: ABENDLÄNDISCHE VORAUSSETZUNGEN

Dritter Zugang: Unser expansives Erbe (Die grosse Empörung)

Vierter Zugang: Die exotische Szene

Erster Zugang

Abendländische Voraussetzungen

Okzitanische Kultur

Die Kultur und Literatur des neuzeitlichen Europa wurzeln im Mittelalter. Für dieses aber gilt, daß die spezifischen Werte einer zunächst ständisch gebundenen, aristokratisch-höfischen Bildung nicht an einen bestimmten Stand der gesellschaftlichen Oberschicht gebunden blieben, sondern durch Diffusion auf das Gesamtvolk ausstrahlten. Sie entfalten eine formende Kraft, die sich, wenn auch meist nur verdünnt oder verzerrt reflektiert, durch alle Stände hindurch bemerkbar macht. Das ist u. a. daran ablesbar, daß die Begriffe des ritterlichen Tugendsystems wie *cortezia, hövescheit, honor* (*'onore, honra* usw.), Ehre, ihre ursprüngliche Prägung zwar in der feudalen Oberschicht erhalten, jedoch nicht schichtspezifisch bleiben, sondern zu verinnerlichten Begriffen eines tugendhaften Verhaltens werden, das schließlich für *alle* gilt. Dasselbe läßt sich auch für den Begriff des »ritterlichen« Verhaltens beobachten – und höchst charakteristisch auch für den Begriff des *villano* (it., span.), *vilain* (fr.), der ursprünglich einfach den Landmann meint, dann aber zu einem pejorativen Begriff für bäuerisches, plumpes, unmanierliches Benehmen wird, d. h. für Weisen des Gehabens, die der *entgegengesetzten* Diffusion und Formungskraft des ritterlichen Tugendsystems noch nicht lange genug ausgesetzt gewesen sind. Diese Entsoziologisierung der Bestimmungen läßt sich durchgehend beobachten. Für Sizilien konnten wir nachweisen, daß auch der positive Gegenbegriff zum *villano* (siz. *viddanu*): *galantuomo* (urspr. = Edelmann) auf analoge Weise entsoziologisiert worden ist: Er kann heute jeden Bürger einer Gemeinde, selbst den ärmsten analphabetischen Bauer bezeichnen, der sich an die geltenden Normen, Sitten und Konventionen hält – während *viddanu* jeder ist, ohne Rücksicht auf die gesellschaftliche Schicht, der dies *nicht* tut bzw. nicht *kann.* Im Begriff der Scham bleibt die soziologische Bestimmtheit neben der entsoziologisierten erhalten: span. *vergünza,* it. *vergogna,* siz. *vriogna, vrigogna* (auch *virgogna*) ist durchweg Scham *und* Schande (d. i. Beschämung). Für unser Argument ist nun von Wichtigkeit, daß wir die Ingredienzien des ritterlichen Tugendsystems über Sprachgrenzen hinweg identisch antreffen. Dem siz. *onuri* = Ehre entspricht bei den Sarakatsani in Epirus und den Alonesen auf Zypern *timē* (wie im Altgriechischen), »ehrlos« ist siz. *disonuratu* = gr. *atimos,* »Scham« siz. *vrigogna* = gr. *ntropē,* »schamlos« siz. *sbrigognatu* = gr. *adiantropos.* Begriffe wie Ehre, Wettstreit, Eifersucht und Neid sind in diesen Gesellschaften einander psychologisch so eng benachbart, daß sie mitunter als auswechselbar erscheinen. (Siz. *gilusia* und *invidia* = gr. *zēlos,* siz. *puntigghiu d'onuri,* »Ehrenpunkt« = lat. *certamen* oder *contentio* = gr. *agōn.*) Der gesamte Ehrenkomplex stimmt sachlich überein bis in die Einzelheiten der menschlichen Haltungen. (Die Beispiele ließen sich vermehren.) Die Verbalisierung ist sekundär, um nicht zu sagen zufällig, gegenüber dem Tugendsystem, sie schreit sozusagen nach der Lehnübersetzung, wie im Falle *cortezia* = *hövescheit*, wenn die homologen Begriffe nicht bereits vorfindlich sind. Wenn Gesemann die Großmut, südsl. *visokoumje*, der montenegrinischen Hirten mit gr. *megalopsychia* übersetzt, macht er ebenfalls die Kontingenz der Verbalisierung gegenüber dem Begriff bzw. der im Begriff gelebten Attitüde sichtbar. Dabei kann die Frage, ob hier alteuropäisch-mediterrane Konvergenzen einer gentilen Ethik vorliegen oder spätere Produkte etwa einer konvergenten Feudalisierung, hier außer Betracht bleiben. Soviel jedenfalls wird aus unseren Beispielen klar: Es gibt ein aus dem frühen Mittelalter überliefertes Tugendsystem oder Wertsystem, das älter ist als die europäischen Einzelvölker und deren linguistische Differenzierung überdauert und das wir bisher nur darum nicht richtig einschätzen konnten, weil der Volks- und Nationbegriff und der davon abgeleitete Begriff der Nationalliteraturen sich ungebührlich in den Vordergrund gedrängt hatten und, was schwerer wiegt, fälschlich auf die vor-volklichen Zeiten zurückprojiziert worden waren.

Die Rückprojektion des Volks- und Nationbegriffes in irgendeine mythische Vergangenheit, womöglich in die Urzeit, ist ein Erzeugnis der deutschen Romantik und romantischen Volkslehre, die dann bekanntlich auch bei den um Selbstdeutung, Selbstdarstellung und Eigenstaatlichkeit ringenden ethnischen Gruppen der europäischen Randgebiete Eingang fand. Ihre ethnohistorische Fragwürdigkeit ist heute nicht mehr bestreitbar, und das gilt auch für die europäischen Hauptvölker. Mögen diese noch so sehr bemüht sein, sich möglichst weit zurückreichende nationale Geschichtslegenden zuzulegen: die Tatsache besteht, daß ihre wirkliche Integration zu Gesamtvölkern nicht über das 13., 14. Jahrhundert zurückreicht. Daraus ergibt sich überraschenderweise eine Rechtfertigung für Rudolf Borchardts abendländische Mittelalter-Konzeption. Sein grandioser Entwurf, Dantes Divina Comedia in ein selbstgeschaffenes Oberdeutsch des 14. Jahrhunderts zu übertragen, dessen Muster der alemannischen Mundart des Gebiets um Basel abgelauscht war, war der Vorstellung entsprungen, daß das Gedicht Dantes in einem gemeinsamen provenzalisch-toskanisch-oberdeutschen Austauschraum des frühen Mittelalters mit dem halbvergessenen zwieschichtigen Barbarolatein als gemeinsamer sprachlicher Substruktur verwurzelt sei. Wenn diese Voraussetzung aber zutrifft, dann ist die Rückprojektion des nationalen Originalitätsbegriffes vom 19. Jahrhundert um sieben- bis achthundert Jahre auch für Italien unhaltbar, womit es zum mindesten fragwürdig wird, die Divina Comedia an die Schwelle der italienischen Nationalliteratur zu rücken. Wenn wir aber Dante eher dem von Borchardt postulierten zirkumprovenzalischen Austauschraum zurechnen als einem – viel engeren! – Startraum einer italienischen Nationalliteratur, läßt sich dasselbe ceteris paribus auch für die sogenannte mittelhochdeutsche Lyrik und Epik behaupten. Diese war ebenso wie Dante in einem echten, nicht in einem abgeschliffenen Sinne abendländisch, und manches von ihr, wie Wolframs Parzival, war seiner Motivik zufolge durchaus »Weltliteratur«.

Borchardts Dante-Übersetzungen sind eine künstlerische Utopie, über deren Gelingen man streiten kann. (Ich persönlich fühle mich davon angesprochen.) Daß sie ethnologisch gut begründet sind, wird erst voll einsichtig, wenn man den Begriff der okzitanischen Kultur heranzieht, dem Borchardt zu neuer Geltung verhelfen will und auf den er im Gefolge Karl Vosslers auch Dante zurückbezieht. Er hat eine hohe Meinung von dieser aus einer einzigartigen Mischung kolonialgriechischer, kolonialrömischer, germanischer und arabischer Elemente (ligurische müßte man hinzufügen) hervorgegangenen Kultur:

»Ein Hauptglied, das eigentliche Schaukleinod, in der glänzenden Kulturkette von Catalonien bis Sizilien, wie man sie unter dem Namen der occitanischen Kultur begreift: ergossen zwischen 1000 und 1300 um die westliche mediterrane Halbmondbucht, wie die einzige ihr vergleichbare, die griechische, jahrhundertelang vorher um die östliche; mit ihr verbunden durch das phokäische Massilia und das dorische Panormos: Palermo und Marseilla.« (Borchardt, Prosa II: »Die großen Tobadors«; zuerst 1924)

Borchardt hat dieses Konzept großartig stilisiert: erfunden hat er es nicht; es tönt einen verstärkten Widerhall ähnlich enthusiastischer Töne, die bereits Herder in seinen »Briefen zur Beförderung der Humanität« angeschlagen hatte:

»Glück also zum ersten Strahl der neueren poetischen Morgenröte in Europa! Sie hat einen schönen Namen: die fröhliche Wissenschaft (*gaya scienzia, gay saber*)[1]; möchte sie dessen immer wert sein! ... Die Erscheinung selbst, daß an den Grenzen des arabischen Gebiets sowohl in Spanien als in Sizilien für ganz Europa die erste Aufklärung begann, ist merkwürdig und auch für einen großen Teil ihrer Folgen entscheidend ...« (Herder, Werke IV, 349 ff.)

Borchardt feiert die Ausstrahlung der okzitanischen Kultur auf den Spuren Herders in Wendungen, die selber wie eine Mimesis der aulischen Rhetorik dieses Kulturkreises anmuten:

»An den Rhonemündungen wie an der Enge von Messina entstehen die ersten occitanischen Kulturen zu Gesang durch den haftenden griechischen Äther der

1 Von hier stammen also die Titel der Schriften Nietzsches: »Morgenröte« und »Die fröhliche Wissenschaft«!

geschichtlichen und lokalen Atmosphäre, dessen Influenz das Gemenge ausgesetzt ist. Der ›Wechsel‹ Ciullo d'Alcamos zwischen dem brünstigen Hirten und der lockend spröden Dirne, und die Gedichtformen, die hinter der provenzalischen Pastorela stehen, erben direkt vom anonymen dorischen Kiltgang, desgleichen Theokrithandschriften unseren Zeiten gerettet ... Die provenzalische Poesie ist also die erste große Originalpoesie des Abendlandes und die Mutter aller übrigen; die deutsche und die italienische, die catalanische und die portugiesische sind durch ihre Glut und Herzensmacht entzündet worden.« (Borchardt, a. a. O., 345)

Man beachte, wie hier auch zwanglos die Beziehung auf antik-mediterrane Kulturmuster der erotischen Werbung hergestellt wird, wie andererseits das Wort vom »haftenden Äther« die Reminiszenz an Goethes Nausikaafragment und die Ätherlehre der romantischen Naturphilosophie festhält (das Licht der »leuchtende Gott«). Doch Borchardt geht es nicht in erster Linie um gültige literar- und kulturhistorische Ableitungen, sondern um eine deutsche Bildungsidee. Deshalb zitiert er Wolfram:

»Von Provenze in deutsche Land
Sind uns die rechten maere gesandt«

(Borchardt, a. a. O., 346)

und übersetzt selber die Trobadors ins Mittelhochdeutsche, die Leichtigkeit der Umsetzung betonend. Diese hat später Theodor Frings unterstrichen, wenn er – umgekehrt – Walther-Strophen anführt, die sich Wort um Wort, Begriff um Begriff, Zeile um Zeile ins Provenzalische übertragen ließen. Die Lehnübersetzung von *cortezia* mit *hövescheit* wurde schon erwähnt als besonders aufschlußreich, denn es sind Höfe, an denen sich der neue, formal höchst kunstvolle und verfeinerte Stil des Minnedienstes und Minnesangs ausbildet. Frings führt als weitere Beispiele an: *amor-minne, onorêre, pretz e valar – prîs* (oder *êre*)*-tugent, beltat e bontat – schoene unde güete*. Selbstverständlich neigen diese kunstvollen Strophengebäude zur Konventionalisierung, wie ja auch die Gefühle, die sie ausdrücken, die Tendenz haben, sich zu ritualisieren und zu veräußerlichen – ein Grund für die frühere Unterschätzung der provenzalischen Poesie durch die literarische Kritik. Die sich ausbildenden Literatursprachen sind selber Artefakte:

»An Stelle der gemeinen Weltsprache natürlichen Liebeslebens entsteht eine kunstvolle Gesellschaftssprache, die im Umkreis der provenzalischen Mutter Europa überzieht vom portugiesischen bis zum Wiener Hof, vom Hofe Friedrichs II. auf Sizilien bis zu den kleinen Höfen des Niederrheins und Deutschlands überhaupt. Auch die deutschen Minnesinger bauen ihre Strophen um das Sprachgerüst der Troubadours, das ins Deutsche übertragen wird.« (Frings, Minnesänger und Troubadours, 20)

Durchweg entstehen im Einflußgebiet der provenzalischen Sänger hochstilisierte, über die Alltagsmundarten sich erhebende Kunstsprachen: das Mittelhochdeutsch der Minnesänger, das Schriftgalizische, das »Italienisch« der Sizilianer und Toskaner. Nirgends sind diese Sprachen schlichtweg Fortbildungen vulgärlateinischer Dialekte, und noch Dantes Ablehnung der Dialekte ist ein Zeugnis für dieses letzten Endes provenzalische Bildungsprinzip.

Das dichterisch Entscheidende ist aber, daß das »Gesellschaftsspiel der Minne« die Echtheit der Gefühle nicht völlig erstickt und daß sich innerhalb der gefügten Formen eine beträchtliche Vielfalt von poetischen Individualitäten findet. Die Arnaut Daniel, Bertran de Born, Marcabru, Bernart de Ventadorn, Giraut de Bornelh etc. stehen durchaus als scharf umrissene Persönlichkeiten vor uns. So entsteht das scheinbare Paradox, daß einerseits ein rituell und zeremoniell festgefügtes »höfisches« System von Verhaltensnormen besteht, das keine Verletzungen duldet, und daß andererseits die großen provenzalischen Dichter

»die ersten unverkennbaren, unvergeßlichen, für die Ewigkeit zugeschnittenen Individuen des nachantiken Europa [sind], die sich ausgesprochen haben, fast alle, außer durch selbstaufgelegte Hemmungen, völlig ungehemmt, mit der ausgreifenden wagenden Freiheit des geborenen Genies ...« (Borchardt, a. a. O., 352)

Borchardt rühmt die Provenzalen sogar als »Originaldichter ..., von deren Seelengestalt in immer neuer Variation fast immer noch ganz Europa lebt« – eine mimetische Übersteigerung der Vorlage durch den wahlverwandten deutschen Dichter. Wogegen Vossler nüchtern auch auf die negativen Wirkungen rekurriert:

»Der Dichter vom Typus Trobador, das heißt der aristokratisch-subjektive, persönliche Lyriker, steigert und überanstrengt mehr und mehr sein Können: in Italien mit Guinizelli, Cavalcanti, Dante, Petrarca, Tasso und Leopardi, in Frankreich mit Charles d'Orléans, Ronsard, Chénier, Vigny, Baudelaire, Mallarmé und Valéry, in Spanien mit Ausías, Garcilaso de la Vega, Fernando de Herrera, Góngora, Paedro Salinas, in Deutschland mit Walther von der Vogelweide, Klopstock, Hölderlin, Platen, Stefan George, in England mit Edmond Spencer, Shelley, Rossetti, Swinburne usw. Und überall führt die fortschreitende Überfeinerung zu dem gleichen Ergebnis: zur Vereinzelung und trostlosen Einsamkeit des Dichters.« (Vossler, Südliche Romania, 57)

Das ist ein weitgespannter Bogen, der in gewissem Sinne auf ein Verdikt des abendländischen »persönlichen aristokratischen und formenüberwachten Lyrismus« (Vossler) hinausläuft – also auf das Gegenteil der Borchardtschen Bewertung. Die Trobadors hätten, so Vossler, ein Gefühl für die

Hinfälligkeit des Daseins gehabt, manche von ihnen waren ja auch ursprünglich Kleriker. Die Bekundungen der Lebensfreude *(joi, geieza)* ständen auf einem Untergrund des Pessimismus. Vossler zieht geistreich die These von der »griechischen Heiterkeit« heran, die in der Mitte des 19. Jahrhunderts erschüttert wurde. Mit der »frohen Wissenschaft« *(gaya scienza)* der Trobadors stehe es ähnlich. Ihr rätselhaftes archaisches Lächeln besage bloß,

»daß die ... Neigung zum undurchsichtigen und künstlich verdunkelten Gefühlsausdruck immer aus einem gewissen Mißtrauen gegen die Umwelt hervorgeht, aus einem gewissen Pessimismus, mag er nun ernst oder scherzhaft gemeint sein. Das Versteckspiel, gleichviel ob kindlich oder greisenhaft, übermütig oder verärgert, herausfordernd oder hinterhältig, hat immer den anderen gegenüber etwas Feindliches.« (Vossler, a. a. O., 59)

Im Mittelalter habe man mit dem griechisch-lateinischen Wort *acedia* das bezeichnet, was heute »Weltschmerz« genannt werde. Die zur Schau getragene Heiterkeit und das berühmte *gais* hätten ihr weltschmerzliches Gegengewicht gehabt, das man freilich zu verbergen gesucht habe. Ein zwiespältiges Erbe aus »intellektualistischem, griechisch-arabisch-romanischem Dualismus und Parallelismus« mache sich hier geltend. Kennzeichnend dafür seien schon die neuerfundenen Formen, z. B. Arnaut Daniels Sestine, »in der die Qual einer verliebten Besessenheit durch die verflochtene Wiederkehr von gleichlautenden Zwangsvorstellungen und Schlagwörtern an Reimes Stelle veranschaulicht wird.« Dante, Petrarca, Tasso, Lope de Vega haben das nachgeahmt. Die neuropathischen Iterativbewegungen der Sestine sind damit nicht schlecht charakterisiert. Vossler spricht mit Bezug auf Arnaut Daniel auch von »pathetisch gehobener Leidenschaft, überreizter Sinnlichkeit, gepreßter Begierde auf der einen Seite, derbem Realismus, groteskem und trivialem Naturalismus auf der anderen und, vermittelnd zwischen beiden hin und her, einer klügelnden, ironischen und witzelnden Reflexion ...« Alles sei gesteigert und verzerrt. Mehr als in seine Herrin sei Arnaut in seinen krankhaften Zustand verliebt, man könne sich kaum eine romantischere Seelenverfassung denken. Arnaut habe auch als pervers gegolten und wurde von Dante daher unter die Sünder wider die Natur versetzt (Purgatorio XXVI). Aber andererseits ist Arnaut auch Dantes großer Lehrmeister gewesen. Und er war auch Borchardts Lehrmeister. Im »Durant« nennt dieser sich, wie auch Arnaut am Schluß der Sestine »En cest sonet coind'e leri«:

»Ieui sui Arnautz qu'amas l'aura,
E chatz la lebre ab lo bou
E nadi contra suberna«,

von Borchardt meisterhaft übersetzt:

»Ich bin Arnaut, zwinge winde;
und hetz' auf hasen den stier;
und schwimm' auf wider gefälle« –

(Borchardt, Übertragungen, in Werke V, 247)

dies zugleich eine Probe des Sichgefallens im Topos der »verkehrten Welt«. *Adynata* hat Arnaut geliebt, er ist geradezu der Erfinder der »leidenschaftlichen Widersinne«, die zur petrarkischen Lyrik hinüberführen. Man sieht, daß Vossler und Borchardt in ihrer Charakteristik der Trobadorlyrik kaum voneinander abweichen; bloß, daß gegenüber Vosslers allzu einseitig psychopathologischer Perspektive doch gefragt werden muß, ob sie ausreicht, wenn eine Produktion derart über ihren Schöpfer hinaus stilbildend gewirkt hat. »Zwei so dämonische Stücke«, schreibt Borchardt, »wie die Sestine Arnauts und Bertrans Escondich, die gemeisterte tragische Wut eines abirrenden Verlangens und die unwiderstehlich freche und zauberisch böse Gasconnade des Herrschers über Seelen und Leiber seiner Zeit« – gehören zu den Meisterstücken seiner Übersetzungskunst. (Borchardt, Prosa II, 352) Und wiederum ist Dante der gelehrige Schüler, alle Maßlosigkeiten überbietend, denn er versetzt auch Bertran de Born in die Hölle (Inferno XXVIII, 134), weil er König Heinrich II. von England bösen Rat gegeben und Vater und Sohn entzweit habe; weil er so Zusammengehöriges trennte, muß er in der Hölle sein Haupt in der Hand tragen wie eine Laterne. Borchardt übersetzt (Werke IX, 135):

»Von selb sich selben schuf es da lucerne,
und war da ein in zweene, und zween in eine:
wie's gehn mag, weiß, ders schaffen, daß mans lerne!

...

So wisse, ich bins, der Berteran vom Born,
dem Königes Jungherrn argen rat erboten.
Ich schuf sich vater und sohn einander zorn ...
Dieweil ich spaltn also verwandt personen,
zwiespaltt zu sein ist dies mein hirn verfluchet
von seinem rumpfe, drin ich doch soll wohnen:
Also wird Unthat an mir heimgesuchet.«

Man würde fast eher vermuten, daß Bertran in der Hölle diese Strafe erhalten hat, weil er sich gerühmt hatte, er käme mit der Hälfte seiner Intelligenz aus. So faßt es Ludwig Uhland in seiner Romanze »Bertran de Born« auf.

Für die Geschichte der provenzalischen Lyrik ist die Geschichte des provenzalischen Volkes nicht ohne Belang. Borchardt verficht die These, daß diesem kleinen Volke durch die Albigenser-Kriege ein Ende bereitet worden sei. Damit stellt sich die Frage des Verhältnisses der Trobadors zur albigensischen (katharischen) Ketzerei. Nach den vorhandenen Zeugnissen ist es nicht eindeutig. Eine Identität ist öfters behauptet worden, sie soll insbesondere für Peire Cardinal gelten, doch hat es auch Ketzerfeinde unter den Trobadors gegeben, Lenaus Albigenser-Epos erwähnt einen Trobador Fulco als Asketen und Ketzerverfolger. Aber die gesinnungsmäßigen Zuordnungen scheinen mir gar nicht entscheidend zu sein, wichtiger hingegen die strukturellen Züge, und da scheinen mir Anomia, Vermessenheit und Überheblichkeit, wie sie sich in den provenzalischen Dichtungen finden, zu dem gnostisch-manichäischen Perfektionismus der selbsternannten »Reinen« (= Katharer) zu passen; sogar Dante, der bekenntnismäßig von jeder Heterodoxie so weit entfernt ist, fügt sich in dieses Bild. Ein selbstreinigendes Ethos, wie bei dem einsamen und bitteren Marcabru mit seiner Sehnsucht nach echter Leidenschaft, keuscher und großherziger Minne, die ringsumher nur auf Lüsternheit, Ehebruch und Ausschweifung stößt, muß dem nicht widersprechen. Libertinage und Askese berühren sich innerhalb der Sekten nicht selten, wie bei den provenzalischen Dichtern die niedere und die hohe Minne. – *Alle* Extreme, nicht nur die erotischen, berühren sich in Sizilien. Wir müssen daher einen Blick auf diese Insel werfen, die in gewisser Weise eine Schlüsselstellung in der okzitanischen Kultur behauptet. Nicht nur ist der Hof Friedrichs II. von Hohenstaufen das Nonplusultra an höfischer Kultur im 13. Jahrhundert – die kleinen provenzalischen Höfe können sich damit gar nicht vergleichen –, die sizilianische Dichterschule spielt auch eine maßgebende Rolle in der Ausgestaltung der italienischen Hochsprache. Dante in seiner Schrift »De vulgari eloquentia« (verfaßt spätestens im Januar 1305) bezieht das Appellativ »sizilianisch« auch auf die italienischen Dichter, sich selbst eingeschlossen, und diese Redeweise sei beizubehalten und nicht mehr zu ändern. Dabei lobt er die Rolle der Staufer:

»Freilich, die erlauchten Heroen Friedrich und sein wohlgeborener Sohn Manfred bereiteten den Adel und die Hoheit ihrer Art dar, solange das Glück ihnen blieb, und trachteten dem Menschlichen nach, das Tierische verachtend. Darum strebten Männer, die adeligen Herzens und mit Anmut begabt waren, der Majestät so großer Fürsten anzuhangen, so daß, was zu ihrer Zeit die besten Seelen der Italiener unternahmen, zuerst am Hof solcher großen Herrscher hervortrat.« (Dante, Über das Dichten in der Muttersprache, 36 f.)

Was ist nun die »sizilianische Sprache« dieser Schule? Kein Dialekt, dessen Verbreitung immer begrenzt ist, sondern im Gegenteil ein aus verschiedenen vulgärlateinischen Mundarten zusammengeflossenes, am Hof ausgebildetes und kultiviertes Idiom zur Verständigung über die Dialekt- (und

Sprach-)Grenzen hinweg. De Sanctis nennt dieses neue Idiom eine *lingua cortigiana o aulica,* deren Pflege als antibanausisches Vergnügen eine Sache der Gebildeten (der *classi colte*) gewesen sei. Wenn man erlebt hat, wie noch heute manche sizilianischen Gelehrten zu »aulischer« Redeweise neigen bei Gegenständen, die eine solche rhetorisch-blühende Behandlung schlechterdings nicht vertragen, bekommt man einen Eindruck von der Macht dieser Traditionsbildung. Über die Lyrik dieser Schule beschränken wir uns auf wenige Bemerkungen; ihre Produzenten waren keineswegs alle gebürtige Sizilianer. Wie am japanischen Kaiserhof (vgl. u. S. 129 ff.) dichteten alle, auch Friedrich II. und seine Söhne. Das bedeutet Konventionalisierung. Das Sonett blüht. Als sein Erfinder gilt Giacomo da Lentini (erste Hälfte des 13. Jahrhunderts), den Dante für den Besten der »Sizilianer« hält. Die Sonettenform disponiert als solche schon zur artistischen Konventionalisierung; Rückert hat im 19. Jahrhundert in den Amaryllis-Sonetten (»Amara, bittre, was du tust ist bitter ...«) wieder einen Ton gefunden, der die echten Gehalte der okzitanischen Minnedichtung überzeugend wiederbelebt. Die höfisch-sizilianische Lyrik scheint mir weniger durch ihre Verse wichtig als durch die Schatten, die sie vorauswirft. Da ist der Synkretismus der Religionen und Kulturen. Die phantastische und üppige Phantasiewelt des Orients kommt mit den Sarazenen, eine germanisch-chevalereske war schon vorher mit den Normannen da: Trobadors aus dem Norden finden wir schon am Normannenhof Wilhelms II. Unter dem großen Staufer, ein halbes Jahrhundert später, sind die Einflüsse bereits verschmolzen. Der Widerhall der Kreuzzugszeit, der Epoche Gottfrieds und Saladins, ist zu hören in den orientalischen Novellen; aus dem Westen kommt die Rundtafel König Artus' hinzu. Provenzalische, mittelitalienische, griechisch-byzantinische, maurische, jüdische Elemente rivalisieren mit dem bodenständigen Erbe. Es ist das interethnische und interkulturelle Milieu buntgemischter Hafen- und Handelsstädte, von verwirrender Vielfalt und desequilibrierender Wirkung. Die geistigen Influenzen trennen damals auch nicht scharf zwischen Poesie und Philosophie. Der palermitanische Hof Friedrichs war eine poetische und philosophische Aula, stark arabisch und jüdisch durchdrungen. Nicht zufällig eröffnet der moderne berühmte italienische Philosoph Giovanni Gentile, selber gebürtiger Sizilianer aus dem Val di Mazara, seine große Geschichte der italienischen Philosophie mit einem Kapitel über »Federico II e l'averroismo«. Der Averroismus war die bevorzugte philosophische Richtung am Hofe. Die ethnische Mengung und Mischung erzeugt eine religiös indifferente Haltung, vielleicht sage man besser, meint Gentile (selber Sizilianer aus dem islamisch überlagerten Südwesten des Landes) eine Aura des Skeptizismus (Gentile, Storia della filosofia italiana I, 13 f.). Und der Skeptizismus ist die Popularphilosophie des Sizilianers noch heute! Man muß dabei auch die Abfolge der ethnisch-politischen Überlagerungen und den mehrfachen Religionswechsel (Christianisierung – Islamisierung – Rechristianisierung) im Auge behalten, der nicht einfach eine historische Sequenz verschiedener Kulte und Dogmen bedeutet, sondern einen Wirbel erzeugt, der die Geisteshaltung eines skeptischen Relativismus zurücklassen muß. Dies ist dann freilich nicht mehr Philosophie, sondern Sophistik. (Wir werden ihre Spuren in der modernen sizilianischen Literatur wiederfinden.) Gentile weist auch darauf hin, daß die Philosophie, die ja immer mit dem Zweifel beginnt, stets dann auftaucht (schon antik), wenn am religiösen Glauben der Zweifel zu nagen beginnt. Dante sagte etwas Ähnliches (Paradiso IV, 129 ff.) mit dem Wort *disio* (»Sehnsucht«, »Streben«), woraus ein neuer Zweifel entstehe und die Triebfeder fortgesetzter Spekulation. (»Darum sprießt der Zweifel/am Fuß der Wahrheit, und so muß er aufwärts/ von Fels zu Fels uns nach dem Gipfel jagen« (Übersetzung von Vossler, 380). Die ganze Stelle lautet in Borchardts Übersetzung (S. 335):

»Ich seh wol ein, daß nimmer sich ersatten
mag menschen witz, leucht' ihm nicht daß er schaue
das Wahr, das nie kein wahr taug überschatten.

Es lagert sich darein, wie wild in baue,
bald ers erfand: und findt es allerdings –
wo nicht, wär jeglich sehnen ohn vertrauen.

Spriesset auch dan, nach art des wilderlings
an Wahrheit fusse zweifel; und ist Natürlich
der Trieb von ring in ring bis ausser rings.«

Hat aber die sizilianische Schule selber kein Zeugnis dessen hervorgebracht? Sie hat wenigstens in Inghilfredi di Palermo (schon um 1222!) die sittliche Verwahrlosung und Desintegration des Ordo als Folge des Chaos der kulturellen Werte konstatiert. Eine Kanzone »Cannoscenze penosa e angosciosa« klagt in verzweifelten Tönen über die Verkehrtheit der Welt, in der die Ehre *(honore)* durch gold- und silbergierige Unwürdige herabgezerrt wird, das Schlechteste als das Beste gilt und die natürliche Ehrbarkeit zugrunde geht *(l'onoranze natural perita)*. Diese absurde Lage beantwortet Inghilfredi mit einer geradezu gnostizistischen Verfluchung der Schöpfung: Sie möge zugrunde gehen! Die Fluren sollen nicht mehr grünen, die Bäume keine Frucht mehr tragen, die Sterne nicht mehr leuchten, die Sonne erkalten. Für das erste Viertel des 13. Jahrhunderts eine bemerkenswerte Tonlage, die Marcabrus Bitterkeit noch übertrifft.

Ein Stück wie dieses von Inghilfredi di Palermo ist, wenigstens nach meiner begrenzten Kenntnis, geradezu ein Unikum. In der Hauptsache beschäftigte sich natürlich auch die sizilianische Dichterschule mit dem Minnesang. Es bleibt an uns, das Verhältnis der okzitanischen Literatur zum erotischen Problem zu prüfen.

Am besten knüpft man wieder an Dante an, dessen Beatrice die äußerst mögliche ideale Steigerung der Herrin *(domna)* des okzitanischen Minnedienstes ist. Man hat mit Recht hervorgehoben, daß es auf die empirische Wirklichkeit dieser Frau kaum ankomme, so vollkommen ist ihr Anblick der einer platonischen Idee. Karl Federn, selber ein Übersetzer der »Vita nuova«, lobt an diesem einzigartigen Selbstbekenntnis die »feinste Psychologie, so lebenswahr, so vollkommen, daß vielleicht nur der es ganz aufzunehmen imstande ist, der in früher Jugend ähnliches empfunden und erlebt hat« (Federn, Das Zeitalter Dantes, 195). Carossa stellt im »Jahr der schönen Täuschungen« in einem allgemeineren Zusammenhang die platonische Idee noch deutlicher heraus:

»Dem innersten Sinn der Jugend scheint es zu widersprechen, daß wir das unberührte Schöne, dem wir die Sehnsucht nach einem freien Geisterreich verdanken, irdisch ergreifen wollen; lieber mag es uns entschwinden und vergänglich werden, und wie den früh Verstorbenen das Altern erspart bleibt, so soll es nie welken in uns.« (Carossa, Das Jahr der schönen Täuschungen, 198)

Das trifft auch für Dantes Beatrice-Urerlebnis zu, allerdings wahrhaftig nur für das »Jahr der schönen Täuschungen«, ja vielleicht nur für den ewigen Moment der platonischen Offenbarung. Daß Dante diesem Urmoment nicht treu geblieben ist, beichtet er selbst (Purgatorio XXXI, 34 f.):

»Piangendo dissi: 'le presente cose
Col falso lor piacer volser miei passi,
Tosto che 'l vostro viso si nascose.«

»Ich klagte unter Tränen: Das mir billig
Zuhandene mit seiner flücht'gen Lust
Verlockt' mich, wenn Eur' Anblick mir entschwand.«

(eigene Übersetzung)

Die platonische Heimatsuche findet ihr Ziel im XXX. Gesang des »Paradiso«, wo sich Dante von Beatrice löst, weil er vor dem Urlicht steht, das sie widerspiegelt.

Platon lehrt im »Phaidros«, die größten Güter würden uns durch den Wahnsinn zuteil, freilich nur durch den göttlichen. Wie aber den trennen vom gewöhnlichen Wahnsinn? Leider gehört die »Unterscheidung der Geister« zu den seltensten Charismata der Menschheit: Die meisten bleiben in den fließenden Übergängen hängen, und es gibt keine eindeutigen Kriterien, um göttliche Ergriffenheit und dämonische Besessenheit, echte und falsche Prophetie zu sondern. Über den Trobador Peire Vidal schreibt sein Biograph:

»Er war ein Narr ersten Ranges und verwechselte alle seine Einfälle und Wünsche mit der Wirklichkeit ... Auf Cypern ließ er sich mit einer Griechin verheiraten, von der man ihm eingeredet hatte, sie sei die Nichte des Kaisers von Konstantinopel, und durch diese bekomme er ein Anrecht auf das Kaiserreich. Darum tat er sein Möglichstes, um sich Schiffe zu verschaffen und das Reich zu gewinnen und führte das kaiserliche Wappen und ließ sich Kaiser und seine Gemahlin Kaiserin nennen ... Später huldigte er einer Dame Loba de Puegnautier und legte sich ihr zuliebe den Namen Lops = Wolf zu und führte einen Wolf im Wappen. Und im Gebirge von Cabaret ließ er sich von Hirten und Hunden jagen als ein Wolf und legte einen Wolfspelz an, damit die Hirten und ihre Meute ihn für einen Wolf halten sollten.« (Vossler, Südliche Romania, 66)

Allgemein urteilt Vossler, »der Trobador hat immer, wenn nicht als Mensch so doch als Dichter, etwas Besessenes oder Manisches an sich, *oder er tut wenigstens so*« (Vossler, a. a. O., 65; Hervorhebung von mir), das heißt: auch die Verrücktheit kann zum Verrücktspielen konventionalisiert werden – was bringt nicht Literatur alles fertig? Gespielter Raserei, dem »Rasenden Roland« nachgeeifert, zu Ehren seiner Dulcinea von Toboso, werden wir auch beim Don Quijote wiederbegegnen, aber man sieht, der Topos ist viel älter. Ob Dulcinea, Angelica oder Beatrice: die Autoren selber verwischen die Unterschiede. Borchardt greift, wenn er mit Bezug auf Dantes Beatrice von der Frau als dem »magischen Lebensprinzip« der männlichen Seele schwärmt, um zweitausend Jahre zurück auf die Figur der Helena, deren hetärischer Charakter doch feststehen dürfte, so gut wie der der gleichnamigen Gefährtin des Simon Magus (u. S. 183). Der Dämon der erotischen Besessenheit hat viele Namen. De Sanctis vergleicht Angelica, Rolands treulose Geliebte in Ariosts »Orlando furioso« mit Heines Lorelei – näher steht aber Boiardos Angelica (in dessen »Orlando innamorato«), die wirklich noch eine blondmähnige Zauberin ist (De Sanctis: *maga ed incantrice*), wogegen Ariosts Angelica bloß ein perfides Frauenzimmer ist und schon darum viel menschlicher wirkt (De Sanctis, Verso il realismo, 97 f., 151 f.). Auf das dichterisch größte Beispiel der erotischen Dämonopathie, Grillparzers »Jüdin von Toledo«, kommen wir später zu sprechen.

Wir glauben demnach, es gibt innere, dämonische Tendenzen zum Untergang der provenzalischen Kultur; der Religionskrieg ist bloß deren historische Manifestation. Marcabrus Pastorela »L'autrier jos' una schissa« läßt einiges davon sichtbar werden. Sie ist der Dialog zwischen einem feinen Herrn und einem Mädchen niedrigen Standes (einer *metissa*), das er verführen möchte und ostentativ mit *vilana* anredet. Die Magd aber antwortet ablehnend mit der Anrede *fol* (verrückt), einem Wort, das sonst in der höfischen Dichtung zur Charakteristik gerade des *vilan* oder doch zur Kennzeichnung antifeudaler Lebensformen verwendet wird. Mittelhochdeutsch würde man dafür wohl am besten *gouch* sagen, ein Wort, das auch den übelbeleumundeten Kuckuck bezeichnet, der seine Eier in fremde Nester legt: Genau das möchte auch der Ritter in Marcabrus Pastorela, doch die Hirtin verweist ihn mit der viermaligen Anrede *fol* in die Schranken der *mesura* (mhd. *maße*), die an und für sich gerade zum Tugendsystem des Ritters und zum Ordo der ständischen Welt überhaupt gehört! Diese Rollenumkehr mutet um so revolutionärer an, als es ansonsten in dieser Kultur als selbstverständlich vorausgesetzt wird, daß ein dienendes Mädchen dem Ritter willfährig zu sein hat. Eine Pastorela des Sizilianers Ciullo d' Alcamo z. B. (»Contrasto«) scheint die Wechselrede in der Vorlage Marcabrus nachzuahmen, endet aber mit der Kapitulation der Hirtin. Normalerweise soll die Begegnung von Ritter und Hirtin mit dem Triumph des Ritters enden, das höfische Publikum hört das auch lieber (Köhler, Trobadorlyrik und höfischer Roman), und es ist bemerkenswert, daß Marcabru, der übrigens selbst ein Findling gewesen sein soll (!), hierauf keine Rücksicht übt.

Erich Köhler hebt mit Recht hervor, daß die *metissa* als Fürsprecherin der *mesura* ein unhöfischer Gedanke ist, weil unvereinbar mit der höfischen Idealisierung der Frau. Folglich müsse die Pastorale älter sein als die Minnedichtung, und in der Tat kommt sie bereits in den mittellateinischen »Carmina burana« vor. Schon früher hatte Frings bemerkt, daß unterhalb der verfeinerten Kunstgebilde Marcabrus und Walthers einfachere Formen sichtbar würden, die man anderswo naiver und reiner beobachten könne, so die Formen der Alleinrede, des Gesprächs, der Begegnungsszene mit Gespräch, der Rede mit eingebetteter Szene. Träger der Rede sei zunächst und vor allem die Frau. Marcabru stehe diesen einfacheren Formen ferner, Walther näher:

»Am nächsten aber stehen den zarteren deutschen Frauenstrophen die zeitlich und räumlich fernsten, die rund zweitausend Jahre älteren chinesischen Frauenlieder von der Glücklichen, Sehnsüchtigen, Verlassenen, Schmerzgebeugten, immer eingeleitet, wie älteste deutsche Strophen, durch ein Naturbild. Wir stehen wieder im weiten Feld der Völker in einer gemeinsamen Schicht der natürlichen, einfachen Gefühle und Ausdrucksformen.« (Frings, Minnesinger und Troubadours, 14 ff.)

Frings war auf dem rechten Wege. Die klassische chinesische Lyrik des Schi-king und andere Sammlungen enthalten zahlreiche Frauenlieder mit einer reichen Topologie: Sehnsucht nach dem Entfernten, Witwen- und Waisenklage, Heimweh auswärts Verheirateter, Klage Entführter, Betrogener, Enttäuschter, Verlassener, Klage über die Geringschätzung des Weibes. Wir finden die Einzel- und die Wechselrede. Bei dem berühmten Li-Tai-Bo (und bei anderen) finden wir auch die Klage der Soldatenfrau, und damit schließt sich der Ring zu Goethes Ka-Yven-Übersetzung, deren Spürsinn wir gerade in diesem Zusammenhang nicht genug bewundern können (vgl.

u. S. 103). Erinnert werden soll aber auch an die klassische japanische Roman- und Tagebuchliteratur, die mit lyrischen Elementen durchwoben und gänzlich von Frauen geschrieben ist (s. u. S. 305). Es wird uns versichert, diese Literatur stamme darum von Frauen, weil die männlichen Zeitgenossen lieber chinesisch geschrieben hätten. Aber wenn dem so ist, standen dann nicht die weiblichen japanischen Autoren dem volkstümlichen Empfinden näher? Im übrigen waren die Murasaki, die Sei Shonagon u. a. Hofdamen, und ihre Dichtungen spiegeln in eminentem Maße Züge der höfischen Kultur des 11. Jahrhunderts, die mit ihrer Zeremonialisierung des Minnedienstes und Ritualisierung aller Lebensformen, aber auch in ihrer auf die Hinfälligkeit des Daseins getönten Lebensstimmung Parallelen zu der gleichzeitigen provenzalischen Dichtung aufweisen. Es fragt sich, ob es sich dabei um Konvergenzen der ständisch-feudalen Gesellschaftsordnung handelt, oder ob wir eines Tages auch historische Verbindungsglieder zwischen Westeuropa und Ostasien (über Zentralasien – China?) auffinden werden. Im Moment kommt es nur darauf an, dem Gedanken Raum zu geben, daß auch die japanische Frauenliteratur des 11. Jahrhunderts, wie auch die okzitanische Minnedichtung, ältere Formen einer volkstümlichen Poesie voraussetzt.

Ich erwähne noch zwei okzitanische Beispiele von Frauenliedern.

Von Marcabru gibt es eine Pastorela vom Mädchen des Kreuzfahrers (»A la fontana del vergier«), die zu dem Typus der Klage um den fernen Geliebten gehört, gedichtet 1146 oder 1147. Sie wurde nachgeahmt von dem Sizilianer Rinaldo d'Aquino (einem Verwandten des berühmten Thomas), ungefähr hundert Jahre später. In diesem Gedicht bricht die Frau in Zorn über das Kreuz aus:

»La croce salva giente
E me facie disvivare,
La crocie m'fa dolente:
Non mi val Dio pregare.
Oi, crocie pellegrina,
Perché m'ài distrutta?
Oimé, lassa tapina,
Ch'io ardo e 'nciendo tutta.«

(in: Kay, The Penguin Books of Italien Verse, 25)

(Das Kreuz errettet die Menschen/ und führt mich irre/ das Kreuz macht mir Leiden:/ Gott zu bitten ist für mich zwecklos./ O Pilgerkreuz,/ warum hast du mich so zerstört?/ Weh mir elendem Weibe/, die ich ganz in Flammen stehe.)

Es folgt noch ein Ausbruch gegen den Kaiser, der die ganze Welt in Frieden erhält, *mir* aber Krieg macht (»Lo 'mperado com pacie/ Tutto l'mondo mantene: Ed a me guerra facie ...«). (Bei Marcabru flucht das Mädchen dem damaligen Kreuzfahrerkönig, Ludwig VII. von Frankreich, wegen seines zweiten Kreuzzuges.)

Das Wesentliche ist bei diesen Stücken der menschliche Ton, der durch die Rede der Frau in die vielgerühmte Welt-Kreuzzugspolitik hineingebracht wird. Er wird Frauen in den Mund gelegt, und oft genug werden die Dichter auch Frauen gewesen sein – wenn auch männliche Dichter die Produkte übernahmen, sich mit weiblichen Federn schmückend, siegreich und dekorativ. Denn wer, als Mann und Poet dazu, hörte nicht gerne die ferne Geliebte um sich klagen? So sind denn viele dieser Gedichte zum mindestens eine Resonanz aus Frauenmund, wenn nicht von Frauen selbst gedichtet, wie die berühmten Gedichte Goethes aus dem Divan, die von Marianne v. Willemer verfaßt sind; besonders dieses eine, »Westwind«, das auch motivisch hierher gehört:

»Ach, um deine feuchten Schwingen,
West, wie sehr ich dich beneide:
Denn du kannst ihm Kunde bringen,
Was ich durch die Trennung leide!«

Das Erbe der Religionskriege und die Utopie des Mittelalters

Die Auseinandersetzung der Religionen, der Ausbruch des Zweifels innerhalb ein und derselben Religion, die Formen der Selbst- und Fremdbeschwichtigung und Selbst- und Fremdvergewaltigung können als Thema der europäischen Literaturen nicht beiseite gelassen werden. Es muß dabei gar nicht um das Äußerliche von Gewalt und Unterdrückung gehen – nicht um die physische Ausrottung der Albigenser, der sizilianischen Griechen durch die Sarazenen, der Moriskos durch die katholischen Spanier usw. –, sondern teils um die Ursachen der maßlosen Überhebung des Rechtglaubens, teils um die Folgen des Hin- und Hergerissenwerdens der Menschen und deren Konsequenzen: Agnostizismus, Skeptizismus, Relativismus. Es versteht sich, daß uns an alledem nicht die positiven Ereignisse interessieren, sondern ihr Widerhall in den Literaturen.

Mehr als ein Widerhall ist es jedoch nicht. Man kann nämlich nicht behaupten, daß dieses Erbe der Religionskriege in das abendländische Bewußtsein eingedrungen wäre. Schon die Ausgangsposition in der Beurteilung der Spätantike ist falsch. Die europäischen Religionskriege beginnen nicht erst im christlich gewordenen Europa: sie beginnen bereits mit der Auseinandersetzung zwischen Christentum und Heidentum in der römischen Kaiserzeit. Die Perspektive, daß eine zum Untergang bestimmte Gesellschaft, ihrer selbst religiös unsicher geworden, allmählich überwunden worden sei durch die von vornherein zum Siege bestimmte »höhere« christliche Religion, ist nicht mehr zu halten; sie ist ein *vaticinium ex eventu*, rückblickend konzipiert vom schließlichen Siege der christlichen Kirche her. Es ist aber nicht zulässig, die Faktoren des endgültigen Sieges der Kirche (war er je wirklich endgültig?) als Notwendigkeitsmomente bis an die Anfänge der großen Auseinandersetzung zurückzuprojizieren. Die wirkliche Sachlage war anders, und der Ausgang des Kampfes durchaus ungewiß. Seit Geffckens präziser Darstellung (»Der Ausgang des griechisch-römischen Heidentums«) wissen wir, daß Jahrhunderte lang ein erbitterter Kampf zwischen Christentum und Heidentum getobt hat, dessen Ergebnis nicht vorauszusehen war, mit wechselseitigen terroristischen Verfolgungen; Christenverfolgungen unter heidnischen, Heidenverfolgungen unter christlichen Herrschern, vom 5. Jahrhundert an definitiv: Heidenverfolgungen. Das Hin- und Herwogen des Kampfes über vier Jahrhunderte wird für den zurückblickenden Historiker manchmal verdeckt durch die propagandistischen Siegesmeldungen der beiden Parteien. »Fast alle Apologeten des christlichen Glaubens und leidenschaftlichen Bekämpfer der Heiden«, schreibt Geffcken, »stellen ... die Dinge so dar, als zuckte zu jener Zeit der verhaßte Feind schon wehrlos am Boden« (a. a. O., 96). In Wahrheit ging es also Jahrhunderte lang hin und her. Die dauernd wiederholten antiheidnischen Edikte christlicher Kaiser z. B. wären nicht notwendig gewesen, wenn das Heidentum wirklich schon tot gewesen wäre.

Die großen Städte, zumal Alexandria, waren Hexenkessel der Religionskämpfe. Dabei treten drei wichtige, rein soziologische Tendenzen in Erscheinung:

1. die wachsende Fanatisierung auf *beiden* Seiten; diese ist ein Gesetz der religiösen Verkämpfung, das unabhängig vom Inhalt der religiösen Verkündigung *alle* Religionen erfassen kann, auch wenn diese ausdrücklich Feindesliebe oder Gewaltlosigkeit auf ihr Panier geschrieben haben (Christentum, Hinduismus, Buddhismus);

2. im Verlauf der erbitterten Auseinandersetzung die wachsende Mystifikation und Zunahme der krausen theosophischen Spekulation sowie des wüstesten Aberglaubens auf *beiden* Seiten;

3. die Entdeckung der jeweils Herrschenden in Staat und Klerus, daß der religiöse Glaube, besonders der fanatisierte (1) und der mystifizierte (2), sich als Herrschaftsmittel zur Domestikation und Manipulation der Massen ausnutzen läßt. Diese Entdeckung ist schon im 4. Jahrhundert zu beobachten, wenn die Regenten, die religionskriegerisch gegeneinander zu Felde

zogen, Toleranzedikte erließen, um den Rücken frei zu haben. Sie gilt aber über Geffckens Darstellung hinaus als religionssoziologische Regel z. B. für die Toleranzedikte der Achämeniden im persischen Reich (Darius I.), der Maurya-Herrscher in Indien (Ashoka), der buddhistischen Herrscher in Japan. Die Toleranzedikte dieser Gewaltigen sind Stillhalte-Gesetze, erlassen, nachdem sie ihre Reiche blutig zusammenerobert hatten. Dabei kann im Extremfall die Ausbeutung des »Aberglaubens« der Massen bei den Herrschenden mit völliger religiöser Indifferenz bzw. Aufgeklärtheit zusammengehen; was Eberhard Gothein schlagend beleuchtet anläßlich seiner Darstellung des Januarius-Kultes im Neapel des 16. Jahrhunderts:

»Die Menschen der Renaissance stellten sich in der Tat zu dieser Frage [der Duldung der religiösen Kulte], wie es ihre Vorbilder, die Alten, auch getan haben würden: sie höhnten dem Aberglauben, und sie förderten ihn, um ihn zu benutzen. Den sämtlichen Humanisten Neapels wohnte eine vollständige Verachtung alles volksmäßigen Aberglaubens inne; mit bitterem Sarkasmus griffen sie denselben an, wo sie durften; so hat denn auch keiner von ihnen San Januarius nur mit einem Worte erwähnt.« (Gothein, Die Renaissance in Süditalien, 255)

Der Kreuzzugsgeist beginnt nicht erst mit Ludwig VII., sondern bereits mit der legendären konstantinischen Parole: *In hoc signo vinces.* Doch müssen Religionskriege ein Dauerzustand sein, weil der Sieg dieses Zeichens immer und immer wieder in Frage gestellt wird. Ein Beispiel dafür ist auch die Christianisierung des europäischen Nordens. Einer der schwierigsten Punkte in Sigrid Undsets genialem Roman über das norwegische Mittelalter (»Kristin Lawranstochter«, 1920–22) ist die als selbstverständlich unterstellte, unbestrittene Christlichkeit des norwegischen Volkes in der ersten Hälfte des 13. Jahrhunderts – zweihundert Jahre nach der Christianisierung (!). Dabei hat Sigrid Undset in einem anderen Buch, »Sankt Olav«, die brutale Gewaltsamkeit dieser Bekehrung schonungslos dargestellt. Und ein so extrem skrupulöses Sündenbewußtsein, wie Undset es bei der Titelperson ihres großen Romans zeichnet, kann nur dann plausibel werden, wenn eine Koinzidenz mit Vorchristlich-Älterem vorausgesetzt werden darf, d. h. mit dem verletzten Ehrbewußtsein der Sippe. Diese Koinzidenz wird von der Dichterin auch angedeutet, aber nicht so entschieden herausgearbeitet, wie es notwendig wäre.

Hart hingegen tritt der christlich-heidnische Widerstreit in Halldor Laxness' »Islandglocke« (1943–46) hervor, einem Roman, der in viel späterer Zeit spielt, zwischen 1683 und 1730. Dadurch eröffnet sich dem Dichter auch die Möglichkeit, die lutherische Ketzerei einzubeziehen, »deren Ziel es ist, die Räubereien und Plündereien der Fürsten zu Gottes Gesetz zu machen«, wie der gelehrte Arnas Arnaeus sich verlauten läßt (Laxness, Islandglocke, 445). Der heidnische Standpunkt wird durch eine wöluspa-artige Frauengestalt, Snaefridur, repräsentiert, sie verkörpert die altisländischen Auffassungen der Sippenehre. Diese ist noch wichtiger als die Liebe, deshalb nimmt Snaefridur den verhaßten Pfarrer, ihren »Wartefreier«, zum Mann, weil sie dessen Silberlinge braucht für einen Prozeß, der ihren Vater, einen abgesetzten Richter, rehabilitieren soll. Snaefridurs ganzer Haß richtet sich gegen das riesige hölzerne Kruzifix, das der Pfarrer im Hause stehen hat. Angesichts dieses »häßlichen hölzernen Christus«, des »durchlöcherten Kobolds«, der Richter über die Menschheit sein soll, versteigt sich Snaefridur zu der Frage: »Wer hat am meisten für die anderen in dieser Welt gelitten, Gott für die Menschen oder die Menschen für Gott?« (a. a. O., 295); und ein andermal, als der »Wartefreier« sie des heimlichen Umgangs mit Arnas Arnaeus verdächtigt, mit aggressiver Ironie:

»Wer nie seine Gedanken losreißen kann von seinem erbärmlichen Fleisch, es zu Hause gemalt an die Wand hängt in Gestalt eines Götzenbildes mit durchnagelten Gliedern, oder für dessen Lüste aus heiligen Büchern Zeugnisse auftischt, der wird nie einen Mann verstehen, der mit Leib und Seele sich der Aufgabe geweiht, wehrlosen Menschen zu dienen und seinem Volk beizustehen, damit es wieder Aufrichtung bekommt.« (a. a. O., 291)

Das Eigentümliche ist, daß diese Frau gegenüber dem Kreuz jene antike Gesinnung bekundet (»Ein Vornehmer sieht sich keine Kreuzigung an«), deren Sinn erst durch das paulinische »Ärgernis des Kreuzes« deutlich wird, das diesen gräßlichen, von den Römern ausdrücklich Straßenräubern und Aufrührern vorbehaltenen Schmachtod zum Symbol einer Heilsverkündigung macht. Eigentlich hat auch das frühe Mittelalter sich noch geweigert, dieses Absurdum wahrhaft zu verkraften, die Dichtung geht meist darüber hinweg, die frühmittelalterliche Ikonographie behandelt das Kruzifix nur in äußerster Stilisierung, und erst die spätmittelalterlichen Golgatha-Massenszenen in der Malerei, genährt durch die barbarische Strafjustiz jener Zeit und verbunden mit den zeitgenössischen Vorstellungen vom Hochgericht, nehmen das Thema wieder auf. Goethes bekannte Ablehnung des Kreuzes ist dann abermals antik. Literarisch hat Heinrich Mann das Thema mit bemerkenswerter Kühnheit nochmals ergriffen und in den Zusammenhang der hugenottischen Religionskriege gestellt in seinem Roman »Die Jugend des Königs Henri Quatre«. Den Ausgangspunkt bildet, wie bei Laxness, die Religion als Faktor der Fanatisierung. Der Hugenott Du Bartas dichtet ein Lied, das mit den Versen beginnt:

»Ihr Könige, Knechte eures Wahnes,
Habt Felder oft mit Mord bedeckt ...«

Henri Navarra, der das mit anhören muß, behält dieses Gedicht im Gedächtnis und beschließt, »in aller Stille, niemals sollten Menschen tot auf Fluren liegen und ihm sein vergrößertes Gebiet bezahlen« – der Verzicht auf die Religion als Herrschaftsmittel, scheinbar wenigstens. Nach der Logik mancher Hugenotten stehen allerdings Blut und Scheußlichkeit nicht im Gegensatz zu der Religion. Wieso auch? Durch den gekreuzigten Gott ist doch beides vorgegeben. Es folgt das Räsonnement Mornays:

»Wir sind zuweilen scheußlich: was tut es angesichts der Ewigkeit? Ist nicht auch Jesus es, ein scheußlicher Mensch, gekreuzigter Gott, und an den glauben wir! Glauben an seine Jünger, den Auswurf der Menschheit, sogar der Juden! Was hat er denn hinterlassen als ein elendes Weib, verächtliches Andenken, und hieß ein Narr in seinem Stamm. Wenn die Kaiser gegen seine Lehre gekämpft haben mit dem Schwert und dem Gesetz, wie dann erst jedermann im eigenen Innern gegen sich selbst! Das Fleisch gegen den Geist! Dennoch haben die Völker sich unterworfen dem Wort weniger Männer, und die Reiche beten an: einen gekreuzigten Jesus!«

Und so fließt »Golgatha« zusammen mit der geschichtlichen Gegenwart der Religionskriege (Heinrich Mann, Die Jugend des Königs Henri Quatre, 74 ff.). Hier finden wir wieder die Mortifikation des Fleisches, einem Hugenotten in den Mund gelegt. Der Geist der Verfolgung wendet sich nicht bloß gegen die »anderen«. Er ist nach innen geschlagen, wird zu einer selbstmörderischen Kraft im Einzelmenschen.

Wir kommen unvermeidlich auf Dante zurück. Was bedeutet die Hölle? Wie kommt Dante dazu, seine Feinde, aber auch andere, die ihm nie etwas zugefügt haben, selbst seine eigenen poetischen Lehrmeister (!) in die Hölle zu schicken? Gewiß, in der dichterischen Gestaltung ist dies alles nicht nur »abreagiert«, sondern objektiviert und darum nicht mehr das, was es seinen Antrieben zufolge einmal war. Wir verstehen Dantes »Hölle« durchaus als »objektivierten Geist« (Nicolai Hartmann). Anders aufgefaßt, müßte der Dichter selber in der Hölle bleiben, schon wegen des angemaßten Richteramtes über die Menschen, das als Hybris schwerer wiegt als alle Taten der von ihm Verdammten. Aber was bedeutet diese abgebildete Wirklichkeit der Hölle?

Zunächst ist die Realität höllischer Erfahrungen nicht zu bezweifeln. Hans Carossa erzählt von einem niederbayerischen Bauern, der sich vor der Hölle fürchtete:

»Ich erfuhr durch Anschauung, was ich sonst nur aus Erzählungen wußte, daß es Menschen gibt, welche sich vor einer Hölle nach dem Tode heftig fürchten und in dieser Furcht wahre Höllenqualen erdulden ... Ist es der Inbegriff der Höllenstrafen, daß der Seele die Anschauung ewigen Lichtes versagt wird, so mußte dieser noch stattliche Greis mitten in der Verdammnis wohnen ... Dantes Inferno brannte mich immer aufs neue mit schauerlicher Kraft; doch lag mir der Gedanke fern, dergleichen peinliche Gerichte könnten auch uns dereinst erwarten.« (Carossa, Das Jahr der schönen Täuschungen, 229)

Dieser Bauer wollte auch nichts hören von Gottes Gnade. Er erwidert darauf schreiend und mit der Faust auf den Tisch schlagend: »Warum nachher Heulen und Zähneknirschen?«

Carossas Abstraktion befriedigt mich weniger:

»Die große Seelenwahrheit des Inferno erfaßt keiner so leicht vor seinem vierzigsten Jahr; auch muß man dazu wohl schlimmere Erlebnisse hinter sich haben, als bisher die meinigen waren.« (a. a. O., 249)

Das ist etwas wenig. Man könnte z. B. meinen, es gebe soziale Zustände, in denen das Erlebnis der Hölle schon in der Kindheit auftreten kann, z. B. in der »Kultur der Armut«, wie sie Laxness in »Salka Valka« in ihrer ganzen Brutalität schildert, aber auch in der »Islandglocke«, wo die folkloristische Projektion gleich zur Hand ist: Unter dem Heklafjell, sagen die Leute, brennt die Hölle (ähnlich beim Ätna in Sizilien). Überliefert wird,

»daß um jenen höllischen Kratertrichter herum ein verlaustes Sklavenvolk mit Hilfe von altem Tran und verfaultem Haifischfleisch sowie von Almosen des [dänischen] Königs sich am Leben hielte.« (Laxness, Salka Valka, 120 f.).

Ist dies »dantesk« genug? Ein spanisches Sprichwort sagt: »Pueblo chico – infierna grande«, zu deutsch etwa: »Je kleiner das Dorf, um so größer die Hölle«. Das trifft auf die kleinen Dörfer der »Kultur der Armut« zu, mit ihrer scharfen wechselseitigen Kontrolle und Topfguckerei der Haushalte; obwohl Bauern und andere Menschen nicht arm sein müssen, um sich gegenseitig das Leben schwer zu machen. Doch gibt es einen Grad von Armut, der für das Höllische disponiert. Auf den Schelmenroman kommen wir noch zu sprechen.

Aber der Leser werde nicht ungeduldig: Wir vergessen Dante nicht! Olaf Lagercrantz schildert in seinem Buch »Von der Hölle zum Paradies« den politischen Verwilderungsprozeß im mittelalterlichen Italien nach dem Ende der Staufer. Die Sache des Kaisertums war verloren, das Feld für die guelfischen Selbständigkeitsbestrebungen geöffnet. Europa tritt in eine lange und mühselige Periode ein, in der es sich, so Lagercrantz, noch heute befindet und die die Periode der »nationalen Souveränität« genannt wird. Eine Reichsidee existierte nicht mehr, dafür aber gab es die ständigen Kriege zwischen den Souveränen. Dante habe gelernt, Florenzens und Italiens Unglück als eine Folge der geschichtlichen Tatsache zu sehen, daß es keinen Weltkaiser mehr gab, der Macht gehabt hätte, seine Autorität zu behaupten. Während des ganzen Jahrhunderts tobten in Dantes Geburtsstadt die Parteileidenschaften; wer zur Herrschaft kam, ermordete die unterlegenen

Gegner. In Blutfehde standen die Sippen. Von alledem hat Dante unmittelbare Erfahrung, ist sogar in die Kämpfe verwickelt. Was er im »Inferno« schildert, ist ein Niederschlag dieser Erlebnisse; auch seine persönliche, denn so deutliche Rachsucht, ist Ausdruck dieser *kollektiven* Mentalität. Hätte das Reich als Ordnungsmacht noch bestanden, wäre die Schilderung der Hölle nicht anders, milder ausgefallen? Des Dichters persönliches Schicksal, Armut, Verbannung, Wirkungslosigkeit, ist ein Reflex des politischen und moralischen Chaos der italischen »souveränen« Stadtstaaten. Im Fegefeuer (Gesang VI, 76–77) schildert Dante seine Begegnung mit dem Trobador Sordello, der aus Mantua stammte wie Vergil. Bei dem Gespräch mit ihm beklagt Dante den Zustand seines Vaterlandes, das eine »Schmerzensherberge« sei und ein »Schiff ohne Steuermann im Sturm«:

> »Ahi, serva Italia, di dolore ostello
> nave sanza nocchiere in gran tempesta,
> non donna di provincie, ma bordello!«

In Borchardts Übersetzung (S. 191):

> »Hei dirne Italia! herberge ungewinns,
> schiff ohne steurers kräfte im großen winde,
> du lotter, nicht du mutter, der provins!«

Rom ist eine verlassene Witwe, die um ihren Gatten, den Kaiser, trauert; Florenz eine kranke Frau, die sich auf ihrem Schmerzenslager windet.

Nicht zu verkennen ist, wie stark Borchardts Perspektive der »unabsehbaren provenzalisch-ostfränkisch-baierischen Tauschgemeinschaft des 12. Jahrhunderts« durch Dantes Weltbild bestimmt ist, das freilich schon den Zerfall der Reichsidee und des mittelalterlichen Universalismus überhaupt spiegelt. An Stelle des Universalismus tritt, zugleich mit der linguistischen Differenzierung, die nationale. Dante wird später als der große nationale Dichter der Italiener in Anspruch genommen werden, so wie die provenzalische Dichtung als südfranzösisch, Walther v. d. Vogelweide als Erwecker des deutschen Sonderbewußtseins – alles in Vorwegnahme von ethnisch-sprachlichen Integrations- und Assimilationsvorgängen, die damals gerade erst begannen. Borchardt hat hieraus nicht die Konsequenzen gezogen. Jürgen Pröhl schreibt in seinem Buch »Hugo von Hofmannsthal und Rudolf Borchardt«:

»Obwohl Borchardt ziemlich klar erkannte, daß der auf Herder zurückzuführende romantische Begriff des ›Volkes‹ nicht mehr den Realitäten der sozialen Umschichtungsprozesse und den Phänomenen der entstandenen Massengesellschaft entsprach, war er dennoch – ähnlich wie Hofmannsthal – nicht bereit, von dem ›heiligen Begriff des Volkes und der Nation‹ grundsätzlich abzugehen.« (S. 190)

Das stimmt, und ist doch unvollständig. Denn »der heilige Begriff des Volkes und der Nation« sind nicht nur im Zeitalter der Massendemokratie »nach vorn« nicht mehr zu verwenden, sie waren, gerade in der Konsequenz der Anschauungen Borchardts, auch »nach rückwärts«, d. h. in das Mittelalter hinein, nicht anwendbar – unbrauchbar also für jene Bildungsepoche, aus der Borchardt auch als Dichter nahezu seine ganze geistige Kraft nahm. Somit ist deutlich, daß der Rückgriff auf die Provenzalen, auf Dante und die Dante-Übersetzung ins Mittelhochdeutsche (»die verstoßene Sprache der oberdeutschen Poesie und der oberdeutschen Prosa, Hochdeutsch der Wahrheit und nicht dem Scheine nach« [!] (Borchardt Prosa II, 474), wie schon angedeutet, eine Utopie ist, welche die geschehene Sprachgeschichte negiert oder löschen möchte. Borchardt erklärt kühn: »Geschichte ist, was gewesen ist; Poesie ist, was hätte sein können.« Er selber will ein Dazwischenliegendes geben, das hätte sein sollen, ja müssen (!). Das Ergebnis war ein Deutsch, das zwischen 1250 und 1350 in ganz Oberdeutschland sehr leidlich verstanden worden wäre, das zweihundert Jahre später Melanchthon als Schwabe zur Not noch hätte verstehen können. Da die Geschichte versagt hat, nennt Borchardt sein Dante-Werk selbstherrlich eine »transzendente Vergütung« (!). Und alles Spätere? Was hat Borchardt (1926) über die Lutherbibel zu sagen, das größte deutsche Literaturwerk des 16. Jahrhunderts?

»Bezweckt und gearbeitet als Übersetzung, entstanden ist es, seinem Schöpfer unbewußt, als Originalwerk. Die Voraussetzungen der Sprache, aus der er schöpfen mußte, waren nicht die glücklichen und reichen der nordischen und südlichen Nachbarn Deutschlands, sondern eine arme und trockene Geschäftssprache, hinter der eine abgestorbene Poesie lag, um die her die Bildung der deutschen Nation aus dem Chaos kaum hervortrat, der zwei Jahrhunderte des Chaos bevorstanden. Was diese ungroßmütigen Bedingungen sich dennoch so großartig unterwarf, war die Gestaltungskraft eines einzigen redegewaltigsten Mannes.« (Borchardt Prosa III, 289).

Weiter ist die Rede vom »Sturm seines Lebenskampfes, der, wenn man nur das Wort stehen läßt und nichts an ihm glättet, in den Seiten dieser Bücher stürmt«. Sodann:

»Es ist das einzige große Kunstwerk, das durch Rhythmus, Bild, Farbe, Pathos, zwischen dem Mittelalter und neuen Zeiten unsere eigene Welt, die Welt Deutschlands gestaltet, gar nicht anders als Holbein und Rembrandt es getan haben, mit jenem gewaltigen guten Gewissen des schöpferischen Anachronismus, der fruchtbaren Zeiten angehört. Die gesamte ältere deutsche Literatur, noch bei Goethe die Reihe von Götz über Werther bis Faust, hat dieses Weltbild immer wieder in sich aufgenommen und aus sich ausgeformt, denn ihr lag noch das Urwerk in seiner vom Künstler, besser gesagt, vom leidenschaftlich gestaltenden Bildnerwillen bewirkten Form vor.« (a. a. O., 290)

Diese Bewertung zeigt, daß Borchardt seinen geschichtsirrealistischen Utopismus doch nicht durchhält. Hätte er nicht sonst auch dichten müssen in der Sprache, in die er Dante übertragen hat, anstatt in dem »Ostmitteldeutsch«, als welches Burdach das Neuhochdeutsch bezeichnet hat? Er selbst war gebürtiger Königsberger.

Borchardts »Beichte Belfortis« wird von Pröhl als ein Bekenntnis zur staatlichen Ordnung des mittelalterlichen deutschen Kaiserreiches sowie als eine halb-religiöse, halb politische Prophezeiung des bevorstehenden Gottesreiches gedeutet. So ganz möchte ich das nicht unterschreiben, denn Dichtwerke sind keine Kundgaben von Meinungen, sondern weisen immer über das unmittelbar Verlautbarte hinaus. Doch würde ich zugestehen, daß Borchardts persönliche Neigungen in der bezeichneten Richtung lagen. Von seiner geplanten Staufertragödie scheint nur das vielversprechende Vorspiel »Alpenübergang« ausgeführt worden zu sein. Borchardts wie auch Hofmannsthals Ideen über die ständische Ordnung waren spätestens mit dem Ausgang des Ersten Weltkrieges nach dem Ende der Hohenzollern und Habsburger anachronistisch. Die Anknüpfung an die Bildungswerte der mittelalterlichen Poesie finden wir in den Essays und Reden Hofmannsthals und Borchardts, doch wurde sie merkwürdigerweise auch in der Schule des Bonner Romanisten Ernst Robert Curtius bis in die Jahre des Zweiten Weltkrieges hinein vertreten, wie das »Pisaner Tagebuch« des reich begabten Karl Eugen Gass bezeugt, der 1944 in Belgien gefallen ist: Er ist völlig durchdrungen von der Überzeugung, »daß wir im Mittelalter eine ähnliche anfängliche schöpferische Zeit besitzen wie die alte Welt im Griechentum«; und an dieses Mittelalter soll angeknüpft werden, nicht unmittelbar an die Antike!

Im Grunde ist allen Verfechtern einer solchen schöpferischen Restauration der Utopismus solcher Bestrebungen klar gewesen: Es ist, wie gerade Gass' Tagebuch lehrt, viel mehr Verzweiflung als Programm in dieser Bildungsidee. Paul Ernsts »Kaiserbuch« (1922), ein Versepos in drei Teilen, ist dichterisch nicht ohne Reize; es will *das* Geschichtsbild für die Deutschen vermitteln. Auch dies war natürlich utopisch, wenn auch theoretisch anders begründet als die Versuche der Genannten.

Die Klagen um den Untergang des Vergangenen und die versäumten historischen Gelegenheiten müssen verstummen, wenn wir unseren Blick auf die immanenten Kräfte der Selbstauflösung richten, die in der provenzalischen Kultur der Trobadors wie in der sizilianischen der Staufer am Werke gewesen sind. Unsere geschichtsrealistischen Einsichten von heute nötigen uns zu einem härteren Standpunkt. Wo wir keine Außenkräfte als mißgünstig-bösartige Zerstörer anklagen können, bedarf es auch keiner Rechtfertigung und keiner transzendenten Korrektur der Geschichte. Eine Geschichtstheologie oder geschichtstheologische Theodizee wird nicht mehr benötigt. Unser Geschichtsbild ist, ob wir es wollen oder nicht, atheistisch: kein Gott ist haftbar. Wir können sogar, wenn wir wollen, mit Nietzsche einen Trost darin sehen, daß es kein höheres Wesen gibt, das wir für *diese* Welt verantwortlich machen können. Gegenüber dem tatsächlichen Gang auch der literarischen Geschichte gibt es keine Berufung auf die Endgültigkeit eines artistisch-utopischen Entwurfs. Übersetzt werden wird ebenfalls immer wieder von neuem. Schlegels Shakespeare, Voss' Homer, Tiecks Cervantes, Borchardts Dante sind keine endgültigen Aneignungen, was nicht ausschließt, daß sie bedeutende Leistungen sind und Generationen von Lesern zu den Originalen hinführen können. Sogar Produkte unserer eigenen literarischen Vergangenheit sind einem immer neuen Prozeß der Aneignung unterworfen – denn was heißt schließlich »eigen« und was »fremd«? Wie Goethe vom Nibelungenlied sagte (und von der Divina Comedia dachte)[2], es sei ein Stoff von riesenmäßiger Fremdheit, der nicht mit einem einmaligen Urteil abzufertigen sei, so »daß sich noch Jahrhunderte damit zu beschäftigen haben« (Rezension der Übers. Simrocks, 1827).

Die spanische Szene

Spanien ist neben Italien die wichtigste europäische Literaturprovinz zwischen dem 13. und dem 17. Jahrhundert. Es ist alles da, was die Zukunft im Schoße birgt. Das okzitanische Erbe wurde übernommen, in Kastilien lieferten bis zum Beginn des 13. Jahrhunderts emigrierte Provenzalen die Ly-

2 Goethes Verhältnis zum Mittelalter bleibt trotz der späten Zugeständnisse an die gotische Malerei unter dem Einfluß Sulpiz Boisserés reserviert. In Sizilien hatte er die Zeugnisse der byzantinisch-normannisch-staufischen Epoche konsequent übersehen. – Da die Kunsthistoriker sich immer wieder darüber wundern, daß Goethe es sogar versäumt hat, die normannische Kathedrale von Monreale zu besuchen, eines der »sieben Weltwunder«, ist hier vielleicht eine topographische Korrektur willkommen: Goethe ist nach Ausweis seines Itinerars am 18. April 1787 gar nicht die Straße nach Monreale hinaufgeritten, sondern die nach San Martino delle Scale: Es zog ihn mit Macht nach dem antiken Tempel in Segesta, die Kathedrale ließ er seitab liegen.– In Enna (Castro San Giovanni), wo sich eine Kastellruine Friedrichs II. befindet, mißverstand er die Frage der Bürger auf der Piazza, die sich bei dem nordischen Fremdling nach »Federico Secondo« erkundigten, als Frage nach dem Preußenkönig und beantwortete sie aufgrund »fritzischer« Jugenderinnerungen. An den großen Staufer dachte Goethe dabei nicht, so wie umgekehrt der große Preußenkönig den Bürgern jener Stadt bestimmt kein Begriff war.

rik, später angelernte Galizier. Der berühmte Marcabru war schon 1138 Gast Alphons des VII. gewesen, Geringere sind ihm gefolgt. Die ethnische Gemengelage und der religiöse Synkretismus sind in geradezu idealtypischer Steigerung vorhanden – zwischen dem 10. und dem 15. Jahrhundert war die spanische Geschichte tatsächlich christlich-islamisch-jüdisch. Das nicht-christliche Erbe, wenn sich dergleichen quantitativ abschätzen läßt, wiegt vielleicht schwerer als das christliche. Und das Erbe der Religionskriege erweist sich als geradezu übermächtig – nicht in den ersten Jahrhunderten, als die religiösen Gegensätze noch überdeckt wurden durch die ständisch-feudalen Spielregeln der christlichen und der islamischen Ritterschaft, dafür später um so unerbittlicher – und mündet in das gegenreformatorische Institut der Inquisition. Der Geist der Verfolgung und des Zwanges zur Gleichschaltung, der Ausschaltung, Austreibung und Liquidation der Fremdgläubigen ist nirgendwo fanatischer als in Spanien gewesen, und es fehlt nicht einmal die Ideologie der Blutsreinheit *(limpieza di sangre)* in ihrer Abwegigkeit und Unhaltbarkeit. Alle diese Einflüsse werden reflektiert in der Literatur, die aber nicht einfach ein Produkt der historischen Umstände und sozialen Zustände ist, nicht schlechthin sie bloß spiegelt, sondern sie oft transzendiert im Geiste eines »Trotzdem«. Spaniens Beitrag zur dramatischen Kunst ist überwältigend und noch nicht ganz rezipiert im übrigen Europa, trotz der Calderon-Begeisterung A. W. Schlegels, Eichendorffs, Immermanns, Hoffmanns, Wilhelm Grimms, Goethes – einzig Grillparzer ist eine Ausnahme, der spanische Motive besser verstand als die Genannten und der sie weiterbildete. Wichtiger ist aber ein anderer Vorgang: die Ablösung der chevaleresk-feudal inspirierten Literaturmuster durch die plebejischen Muster des sogenannten picaresken Romans, mit moralistischen und sozialrealistischen Einschlägen; ein Vorgang, der mit gewaltigen sozialen Umschichtungen, mit der Auslöschung der Welt des mittelalterlichen Ordo und mit dem Emporkommen anderer Gesellschaftsschichten gleichzeitig verläuft. Der Versuch der Neuchristen (Marannen), sich zu behaupten und durchzusetzen, spielt dabei eine entscheidende Rolle. »Picaresk« ist eigentlich nur eine Beschreibung für die schonungslose, nichts beschönigende Schilderung der sozialen Wirklichkeit; die Verfasser dieser Romane sind selber gewiß keine Schelme (was nicht ausschließt, daß sie manches erlebt haben und Autobiographisches in ihre Dichtungen in großem Maße eingegangen ist); und wo sie die Ich-Form der Darstellung wählen, wie der Verfasser des »Lazarillo« oder der des »Guzman von Alfarache«, geschieht es, um der Schonungslosigkeit der Darstellung und der Sprache die Fiktion einer fremden Subjektivität zu verleihen (»Was wollt ihr? Nicht ich bin es, der dies sagt, sondern mein Held, den ich bloß reden lasse!«).

Der Widerhall des picaresken Romans geht durch ganz Europa.

Aber wir greifen vor. Noch ist die ritterliche Welt des »Cid« lebendig, der Ehrenkodex beherrschend, die ständisch-ritterliche Überdeckung der ethnischen und religiösen Gegensätze so stark, daß der Cid, der einen arabischen Namen trägt (!), bald christlichen, bald moslemischen Herren dient. Im 12. Jahrhundert war dies noch durchaus denkbar und für die Zuhörer nicht anstößig. Beim Ehrenkomplex wird überwältigend deutlich – schon hier, im »Cid«, wie späterhin bei Calderon, Lope und in den picaresken Satiren –, wie er gegen alle Vernunft und persönliche Überzeugung sich durchsetzen kann, wirkend als ein sozialer Zwang *(contraint social* im Sinne Durkheims), doch völlig verinnerlicht in Gestalt einer asymmetrischen Dyade[3]. Natürlich können trotz der dyadischen Festlegung Konflikte entstehen, wenn z. B. der Lehnsherr gegenüber dem Lehnsmann eidbrüchig wird. Eindeutig ist die Lage aber nicht immer. Im »Cid« wird der Held als Gefolgsmann erst durch die große Strafrede der Infantin Uraka in Zweifel gestürzt:

»Rückwärts, rückwärts, Don Rodrigo,
Deine Ehre ist verloren!
Rückwärts, rückwärts, stolzer Cid!«

(Übersetzung von Herder, in Werke II, 399)

Man muß diese absurden Konsequenzen des Ehrenzwanges im Auge behalten, um die späteren satirischen Proteste dagegen in den Schelmenromanen zu verstehen.

Der nur kurze Zeit später lebende Raimundus Lullus gehört als religiöses Genie zur christlich-islamischen Tradition, ist aber durch seine Geburt als Katalane aus Mallorca mit der okzitanischen Kultur verbunden. Lullus hat seine Verwandtschaft mit der islamischen Mystik, dem sogenannten Sufismus, offen bekannt, stand also auf dem Boden derer, die er zum Christentum bekehren wollte. Er ist dennoch als Missionar von den Moslemen in Afrika umgebracht worden. Sein Bekenntnis zum Sufitum hat er in dem »Buch des Liebenden und der Geliebten« niedergelegt, bemerkenswerterweise in katalanischer Sprache. Die islamischen Sufis gehörten zu Lullus' Zeit ebenso zum spanischen Straßenbild wie die christlichen Mönche. Zwischen den Heiligkeitsvorstellungen beider gab es viele Berührungen, z. B. das Charisma der Zähmung wilder Wüstentiere. Auch Eberhard Gothein hebt in seinem klassischen Buch über Ignatius von Loyola die orientalischen Einflüsse in der christlichen Mystik hervor. Ihre Absicht gehe auf

3 Dyade = verpflichtende Verbindung zweier Personen; asymmetrisch bezeichnet dabei den Fall, daß die eine Person von der anderen stärker abhängig ist als diese von jener.

Askese im eigentlichen Wortverstande, als Ausbildung, um nicht zu sagen Technik:

»Es kann kein Zweifel darüber bestehen, daß hier der religiöse Einfluß des Orients vorliegt. Denn die orientalische Mystik bei Indern und Arabern ist eine Kunstlehre, eine Technik, sich durch äußere und innere Kunstgriffe in einen Zustand zu versetzen, in dem man der Gottheit, dem Übersinnlichen, dem Unbewußten, oder was es sei, nahe komme bis zur Vereinigung. In dem originellsten Werk der arabisch-spanischen Literatur, in Ibn Tofails Roman vom selbstgelehrten Philosophen, war sie zuerst zum System erhoben worden. Durch die spanische Mystik ist diese ganze orientalische Selbstbetäubung erst in den neuzeitlichen Katholizismus gekommen.« (Gothein, Ignatius von Loyola, 63)

Gothein vergleicht Raimundus Lullus mit Ignatius v. Loyola, dem Stifter des Jesuitenordens:

»Die beiden bekehrten Ritter, deren einer zuvörderst in der Zurückgezogenheit das Exerzierbuch der Empfindung als seine Waffe ausdenkt, wie der andere das Exerzierbuch des Verstandes als die seinige, die beide von Missionsgedanken ausgehend durch sie dazu gedrängt werden, die jeweils neueste Ketzerei in der Christenheit mit eigenen Mitteln zu bekämpfen, die beide alles Wissen nur als Vorbereitung für die Tat ansehen, aber eben deshalb auf die Ausbildung des Wissens den höchsten Wert legen, ... halb Mystiker, halb Rationalisten ...« (Gothein, a. a. O., 75 f.)

Mit Recht hat Gothein den Bekehrungsgedanken bei diesen beiden Mystiker-Rationalisten der Tat hervorgehoben, dem die Selbstbekehrung vorangeht; obwohl man hinzufügen muß, daß der Bekehrungsgedanke bei dem um fast dreihundert Jahre späteren Ignatius durch den sieghaften Fanatismus der Gegenreformation einen ganz anderen Impetus erhalten hat. Das Thema scheint mir im Hinblick auf Späteres so wichtig zu sein, daß ich dabei noch einen Moment verweilen möchte. Ignatius war durchaus ein Erbe und Zögling der chevaleresken Tradition des Landes:

»Mit Entzücken hatte er die Ritterbücher gelesen, und seine Gedanken beschäftigten sich damit, die Abenteuer des Krieges und der Liebe, die er hier so herrlich geschildert fand, in die Gegenwart zu übertragen.« (Gothein, a. a. O., 210)

Es ist dabei nützlich zu wissen, daß eben damals, in der Jugend des Ignatius und sechzig Jahre vor dem Erscheinen von Cervantes' »Don Quijote«, die Ritterromane ihre größte Wirkung ausübten. Die Cortes hatten Karl V. aufgefordert, den Druck dieser Romane zu verbieten, wobei sie drastisch die Gefahren schilderten, welche ihre Lektüre zumal für von der Welt abgeschlossene junge Mädchen mit sich bringe. Zu den eifrigen Leserinnen der

Ritterromane gehörte u. a. auch die heilige Therese von Avila. Ignatius las sie auf dem Krankenbette und ließ seine Phantasie dadurch befeuern:

»Er denkt sich dabei aus, wie er der Dame seines Herzens dienen wolle, wie er in die Stadt, wo sie wohnt, reiten, sie witzig und scherzhaft anreden, wie er um ihren Dank turnieren wolle. Und so, erzählt er uns, riß ihn dieser Traum hin, daß er gar nicht sah, wie unmöglich das alles sei, wie weit es seine Kräfte übersteige; ›denn sie war keine Gräfin, keine Herzogin, sondern höheren Standes als alle diese‹, setzt er bedeutsam hinzu.« (Gothein, a. a. O., 211)

Späte Transformationen des okzitanischen Minnedienstes! – Gothein meint, Ignatius ließe sich Zug um Zug mit Don Quijote vergleichen, wobei ihm anscheinend nicht zum Bewußtsein kommt, daß er eine historische Gestalt mit einer Romanfigur parallelisiert. Ein schönes Beispiel für die Quasi-Realität berühmter literarischer Gestalten; man könnte auch sagen: für die fiktive Identität des Don Quijote mit seinem Schöpfer, wie sie Pirandello als These vertritt (u. S. 222). Die enge Durchdringung ritterlichen und religiösen Geistes scheint mir dabei der bezeichnendste Zug zu sein. Sie ist in gewisser Weise auch ein allgemein mittelalterlicher Zug, doch nirgendwo so vollkommen ausgeprägt wie in Spanien, in der Phantastik des Realisierungsglaubens, wenigstens noch unter Karl V. – vor der Katastrophe der Armada. Für einen Typus wie Ignatius ist konstitutiv die scheinbar absolute Affirmation des Charismas der »Unterscheidung der Geister«: diese Heiligen wissen *genau*, welche ihrer Gefühle und Eingebungen Gottes und welche des Satans sind. In Wahrheit steht es um diese Affirmation nicht so gut; sie muß in Übung und Gebet ständig neu errungen und ritterlich durchgefochten werden gegen den heimlich nagenden Zweifel: *Nasce per quello, aquisa di rampello/ A pié del vero il dubbio* (Dante Paradiso IV, 130; vgl. u. S. 48). Um so heftiger ist dann die Entladung des Niemals-ganz-Zweifellosen nach außen, gegen die Ungläubigen: Selbstbeschwichtigung durch Projektion des Unglaubens nach außen. Gothein hat mit Recht die Rolle der Gegenreformation hervorgehoben, der spanische Strang sei dabei mächtiger als der italienische. Was Gothein des weiteren über die spanische und italienische Mystik bemerkt, lenkt bereits auf die allmähliche Ausbildung des Nationalgeistes in den Nationalliteraturen hin. Burlesker Humor, wie beim Italiener, sei beim Spanier undenkbar. Hier werde der Spanier sofort ernsthaft, das fröhliche Fabulieren, dem der Italiener huldige, liege ihm fern. Alle spanischen Heiligenlegenden seien langweilig. Wie die religiöse Allegorese auch die scheinbar profanen Handlungen durchdringt, beleuchtet Gothein an Hand von Calderons »Standhaftem Prinzen«:

»Der Verfasser des ›Standhaften Prinzen‹ kann auch das anmutige Bild des jungen Gutsherrn geben, der mit zärtlicher Sorgfalt an die schlummernde Gattin denkt, indes er am frühen Morgen seinen Dienern die Befehle erteilt und die

Bestellung des Ackers ordnet, ohne daß wir doch einen Augenblick bei diesem Stück frischen, gegenwärtigen Lebens vergessen, daß Christus, die Kirche und allerlei allegorische Tugenden mit diesen Personen gemeint sind. Es ist noch einmal der tiefliegende Zug orientalischen Wesens und Empfindens, der uns hier in seiner reinen Äußerung anspricht. Der Hauch des Hohen Liedes weht durch solche Dichtungen.« (Gothein, a. a. O., 73)

Die Travestie der Lebensformen (Cervantes' »Don Quijote«)

Don Quijote gehört zu jenen Gestalten der Weltliteratur, die bis an das Ende unserer Tage immer wieder das ästhetische und menschliche Interesse reizen und, die nachschaffende Phantasie beschäftigend, verschiedenartige Deutungen herausfordern werden. Heinrich Heine sieht (»Die Romantische Schule« II) in dem melancholischen Hidalgo, der im Zeitalter des Schießpulvers und der Muskete die vergangenen Ideale der irrenden Ritterschaft neu beleben will, die verkörperte Tragödie einer überlebten Einstellung; seine überlegen verständnisvolle Ironie sieht in der Narrheit Quijotes den Spiegel der ebenso ergötzlichen Torheit der romantischen Schule in der Literatur, die auch das mittelalterliche Rittertum wiederbeleben, eine abgestorbene Vergangenheit neu zum Dasein entfachen wollte. Vielleicht aber habe Cervantes – Heine legt sich wie gewöhnlich nicht fest – in seinem Roman auch eine Persiflage des Idealismus schlechthin geben wollen, verleiblicht in der Person unseres armen Ritters und parodiert durch den realen Verstand in der Person seines dicken Schildknappen Sancho Panza: dann sei das Buch »die größte Satire gegen die menschliche Begeisterung«, die je geschrieben worden sei; aber es sei nicht minder auch eine Satire gegen den Realismus, weil nämlich Sanchos klarer Menschenverstand mit all seinen gemeinnützigen bäuerlichen Sprichwörtern und trotz seiner gesünderen Einsicht nichts Besseres zu tun wisse, als auf seinem Esel hinter dem verquerten Ritter drein zu traben und alles Ungemach mit ihm zu teilen: So hinreißend wirke der Enthusiasmus! Andere Deutungen haben in Gestalt und Schicksal Quijotes die Tragödie des von idealem Wollen getragenen, aber geistig ungeschulten, autoritätsgläubigen Menschen sehen wollen. In seinen Charakterwerten überrage der Edle seine ganze Umgebung turmhoch; aber all sein Idealismus sei dazu verdammt, sinn- und nutzlos zu verpuffen, weil der Held ihn nicht für vernünftige Zwecke einzusetzen wisse, sondern blind die Heroen seiner Ritterbücher nachahme, denn seiner Denkstufe nach sei er ein mittelalterlicher Mensch geblieben, der an die

Erzählungen seiner fatalen Ritterromane genauso blind glaube wie der Mensch des Mittelalters an die Dogmen der Kirche. Die moderne ärztliche Psychologie schließlich sieht in dem »Ritter von der traurigen Gestalt« das klassische Abbild des sogenannten schizoiden Konstitutionstypus: endlos lang, dürr, ausgereckt, bleich und schlaflos, die Verkörperung eines weltfremden Idealismus und ethischen Rigorismus, der auch nicht das geringste Zugeständnis macht und mit dem Kopfe durch die Wand will. Danach wäre der Dichter also lebendigen Vorbildern gefolgt und hätte einen realen Charaktertypus mit der Treue eines gewiegten ärztlichen Beurteilers dargestellt; und die Verrücktheit des Helden wäre demnach als eine schizophrene Gehirnerkrankung aufzufassen, und er selbst als das bedauernswerte Opfer therapeutisch rückständiger Zeiten, welche noch nicht die Segnungen moderner Psychopharmaka kannte; heute wäre kein Don Quijote mehr möglich und der ganze Roman thematisch überflüssig. Sancho hingegen, des Ritters dicker Stallmeister, wäre die Verkörperung des entgegengesetzten, zykloiden Konstitutionstypus, behäbig, fett, ein Realist, der auch mal Fünf gerade sein läßt und im übrigen seinen Vorteil wahrnimmt, etwas beschränkt, eigennützig und bequem.

Keine dieser Interpretationen geht ganz auf. Kann irgendeine überhaupt aufgehen? Ist es nicht ein Vorurteil, daß eine allseitig ausreichende und zufriedenstellende Deutung gefunden werden könnte? *Begriffe* durch die Kunst mitteilen zu wollen, sagt Schopenhauer (»Die Welt als Wille und Vorstellung«, II. Kap. 34), sei ein Unding, und Kunstwerke, die einzig aus deutlichen Begriffen hervorgingen, seien unrecht; ganz befriedigt durch den Eindruck eines Kunstwerks seien wir erst dann, wenn es etwas hinterlasse, was wir trotz allem Nachdenken nicht zu der Deutlichkeit eines Begriffes herabziehen könnten. Das gilt in der Tat für den Quijote des Cervantes; der Held ist eine poetische Gestalt, vielschichtig wie Faust oder Hamlet. Alle Deutungen erfassen nur Facetten.

Für das Verständnis des Romans ist es wichtig zu wissen, daß der Dichter, als der erste Teil im Jahre 1605 erschien, noch nicht an eine Fortsetzung gedacht hat. Dieser Plan hat sich vielmehr erst an der Tatsache entzündet, daß ein literarischer Freibeuter mit dem Decknamen Alonso Fernandez de Avalleda eine selbstgebastelte Fortsetzung des »Don Quijote« veröffentlichte, deren brutal-alberne Spaßhaftigkeit unseren Dichter so empörte, daß er dadurch aufgereizt wurde, nunmehr selber eine Fortsetzung zu liefern. Er wählt dazu die geistreiche Methode, Quijote auf seinen Fahrten mit dem Machwerk des Avalleda bekannt werden und es durch Wort und Tat *ad absurdum* führen zu lassen. »Die ersonnenen Geschichten« sagt der Dichter durch den Mund seines Helden, »sind nur dann gut und ergötzlich, wenn sie sich der Wahrheit nähern oder doch den Schein von ihr haben, und die wahren sind um so besser, je wahrhaftiger sie sind« (Bd. II, Kap. 62). Cervantes hat einen heiligen Zorn auf das fremde Machwerk, und er kann es sich nicht versagen, es durch den Teufel selbst in den Orkus schleudern zu lassen.

Der erste Teil beginnt bekanntlich als eine Satire gegen die Ritterbücher. Doch die Verdammung des ganzen Genres im Munde des Kanonikus unter Ausdehnung auf die weltlichen und sogar auf die geistlichen Komödien – wegen der darin vorkommenden falschen Wunder! –, die Kritik an der inneren Unwahrheit und falschen Logik dieser Literatur, die Forderung, sie ins Feuer zu werfen, und die tatsächliche Verbrennung von Quijotes Ritterbuchbibliothek ausgerechnet durch den Barbier und den Pfarrer (!), relativieren das Verdammungsurteil. Abgesehen davon, daß die Perhorreszierung dieses Genres, wie wir gehört haben (s. u.), im Zuge der Zeit lag, abgesehen auch davon, daß Cervantes den »Amadis« ausdrücklich ausnimmt und sogar als wichtigste Quelle benutzt: die Einführung Quijotes als literarischer Autor im zweiten Teil, d. h. Quijote als momentaner Held zusammen mit dem erzählten Quijote des ersten Teils, schafft ein Schema des literarischen Lebens, das die ursprüngliche Disposition verändert. Ist denn der Enthusiasmus, um an Heines Urteil anzuknüpfen, eine so schlechthin verwerfliche Größe? »Gebt mir Märchen und Rittergeschichten«, soll Schiller noch auf dem Totenbette gefleht haben, »da liegt doch der Stoff zu allem Schönen und Großen.« (Schiller, Gespräche, 421) Ist dies nicht die Motivation unseres Hidalgo? Americo Castro, der auch darauf hinweist, daß der Kunstgriff des literarischen Charakters bereits im »Cid« angewandt wird, bemerkt:

»Als Charakter entsteigt Don Quijote einigen Büchern, die Alonso Quijano gelesen hat, und so erscheint er auf magische Weise in einen umherirrenden Ritter verwandelt, ohne daß jemals eine scharfe Grenze zwischen Wirklichkeit und Phantasie besteht. Der Don Quijote des zweiten Teils ist seinerseits eine magisch-menschliche Projektion des im ersten Teil ›erzählten‹ Charakters.« (Castro, Spanien. Vision und Wirklichkeit, 213 f.)

Castro fügt sogar hinzu, diese Doppelheit gelte »für jeden echten Ausdruck hispanischen Lebens« (!).

Freilich, was das Verbrennen angeht, so befinden wir uns in bezug auf Ort und Zeit der Handlung keinen Augenblick im Zweifel: wir bewegen uns im Spanien der Gegenreformation. Vom Bücherverbrennen ist im Roman oft die Rede. Sind nicht eigentlich immer Menschen *in effigie* gemeint? Dieses Verfahren erscheint vielleicht nur uns radikal. Die Zeitgenossen des Dichters hatten die Abstraktion der Literatur vom Leben noch nicht vollzogen. Bücher waren *Leben,* was in ihnen geschrieben stand, sollte *wahr* sein, auch die Grenze zwischen Unterhaltung und Belehrung war noch nicht scharf gezogen, und das Genre der ersonnenen Geschichten mußte noch um seine Existenzberechtigung kämpfen. Im »Don Quijote« wird uns ein Mensch geschildert, der die Literatur wörtlich nimmt und tödlichen Ernst mit ihr macht! Der selber Literatur wird! (Dies liegt in der *Denkstufe* der Zeit begründet, und eben darum habe ich Bedenken dagegen, die Verrücktheit des Helden klinisch aufzufassen.) Ist da ein Autodafé zuviel, wo solch verderbliche Wirkungen eintreten? Ist es doch dem Menschen der damaligen Zeit nicht gegeben, seine Phantasie in der Gewalt zu behalten: auch hierfür ist unser Held das tragische Beispiel. Es ist daher auch nur logisch, wenn Cervantes im zweiten Teil seine ästhetischen Urteile Don Quijote selber in den Mund legt:

»Es gehört ein großer Verstand und ein reifes Urteil dazu, um Historien zu verfassen; Lustigkeiten und Scherze niederzuschreiben, dazu gehört ein großes Genie. Die verständigste Figur der Komödie ist die des Tölpels, denn er muß es nicht selber sein, der uns zu verstehen gibt, er sei dumm. Die Historie ist eine fast heilige Sache, denn sie soll wahrhaftig sein, und wo die Wahrheit ist, da ist Gott in Ansehung der Wahrheit. Aber trotz allem gibt es jetzt Leute, die Bücher verfassen und damit um sich werfen, als ob sie Semmeln backten.« (II, 3)

Die Poesie, heißt es ein andermal rigoristisch, ist wie eine Jungfrau, man darf sie nicht durch die Straßen schleppen. Sie darf nicht käuflich sein, nicht zu schändlichen und unverschämten Satiren und Sonetten mißbraucht werden. Nicht Spaßmacher dürfen sie ausüben, nicht der unwissende Pöbel, der die in ihr verborgen liegenden Schätze nicht zu erkennen und zu begreifen vermag. Zum Pöbel aber rechnet nicht bloß das rohe und gemeine Volk, sondern jeder Unwissende, er sei selbst Graf oder Fürst. Das klingt revolutionär. Zu diesem Bilde gehört aber auch die Sprengung des herkömmlichen soziologischen Rahmens der chevaleresken Literatur. Nicht mehr im Milieu der Ritter, Fürsten, Edelfräulein und Turniere bewegen wir uns, sondern das *Volk* wird eingeführt mit der bäuerlichen Prachtgestalt Sancho Panzas, mit Schelmen, Strauchrittern, Dieben, Schankwirten, Knechten und Dirnen. Ein großer Teil der Begebenheiten spielt in Herbergen zweifelhaften Charakters, die nur der gewaltsam idealisierende Wahn Don Quijotes für Kastelle ansieht. Nein, mit dem chevaleresken Milieu ist es ein für allemal aus! Die hochgestellten Personen der Handlung, der Herzog, die Herzogin, die Geistlichen spielen keineswegs eine erfreuliche Rolle, sie müssen vielmehr die revolutionäre Auffassung Cervantes' bezeugen, daß auch ein Edelmann vom Pöbel sein kann, wenn ihm Rohheit und Unbildung eigen sind.

Daß dieser Dichter das Leben erlitten hat, läßt sich denken. Cervantes war Soldat, ein bis ins Alter begeisterter Fechter für diesen Beruf. Offizier ist er freilich nie geworden. Er hat an der Seeschlacht von Lepanto teilgenommen und ist dabei an der Hand verstümmelt worden. (Pirandello meint, in Quijotes Kampf mit den Windmühlen sei der Kampf mit den türkischen Galeeren in jener Schlacht verschlüsselt, Opere V, 99) Cervantes ist auch in Italien gewesen und hat sich zeitlebens dahin zurückgesehnt; und Sizilien hat er kennengelernt, wie gewisse Berichte in dem Roman »Persiles and Sigismunda« beweisen. Er fiel türkischen Piraten in die Hände und fristete fünf Jahre lang sein Leben als Sklave in Algier. In Spanien schlug sich der Invalide kümmerlich durch, trotz literarischer Erfolge kam er auf keinen grünen Zweig. Auch ins Gefängnis hat man ihn einmal gesteckt. Eine Zeitlang wirkte er als Steuerpächter; daß er in dieser Rolle seine Hände habe ganz sauber halten können, ist wenig wahrscheinlich, das politische und gesellschaftliche System ließ keine Lücken. Jedenfalls hat Cervantes die picareske Seite des spanischen Lebens ausgiebig, nicht nur aus der Entfernung, kennengelernt.

Zu den persönlichen Voraussetzungen des Werkes kommen die kulturhistorischen und soziologischen.

Der »irrende Ritter« hat im Kreise der Mittelmeerkulturen seit alten Zeiten sein Vorbild. Als kulturhistorisches Fossil treffen wir die chevalereske Lebensform noch in der Stammesdichtung weißafrikanischer (jetzt meist vernegerter) Gruppen der Sahel und des Sudan, wie sie Frobenius aufgezeichnet hat. Damals, so singen die Barden der Mande, kannten die Menschen unter Gleichen nur den Zweikampf, unter Ungleichen aber die Verachtung; im Kampfe mit Gleichen nur Schwert und Speer, im Kampfe mit Ungleichen nur den Sattelgurt, als Ziel des Kampfes aber stets ein adliges Weib, ein herrschaftliches Land und die Wohltat gegen die Armen. Sklaven zu machen oder Gold zu gewinnen war unter ihrer Würde. Bei den Fulbe und Marka hatte jeder Ritter seine Dame, der er Blut und Schwert lieh. Alle diese Züge finden wir beim »irrenden Ritter« wieder. Sogar das Detail, daß die von ihm im Kampfe überwundenen Ritter sich der Dame des Siegers zu präsentieren haben, begegnet uns bei den Soninke (vgl. Frobenius, Spielmannsgeschichten der Sahel, 16, 39 ff.). Mit allen Gesetzen des ritterlichen Kampfes durch eine hervorragende Erziehung vertraut, verläßt der junge Ritter die väterliche Burg, um, begleitet von einem Spielmann und einem Knappen, auf Abenteuer auszuziehen – es ist dasselbe Bild, das auch Don Quijote und Sancho Panza bieten, nur der Barde fehlt, der die Taten seines Herrn besingt. Statt seiner tritt der Dichter ein! Wenn der Ritter sich im Schatten ausstreckt und der Troßbursche aus dem ledernen Mantelsack die Speisen hervorzieht, fühlen wir uns gleich in jene Atmosphäre versetzt, die uns aus Cervantes' Roman entgegenweht. Diese weißafrikanischen Muster dürften für die spanische Szene und vor allem auch für Cervantes, der so lange Jahre als kriegsgefangener Sklave in der Berberei gelebt hat, ebenso wichtig sein wie die okzitanischen – vielmehr zeigen auch letztere eine unverkennbare Verwandtschaft mit den weißafrikanischen Modellen; beide sind wohl zurückführbar auf vorgeschichtliche zirkummediterrane Überlieferungen. Bezüglich des Frauendienstes ist wichtig, daß dessen Wandlung zur unbedingten Hingabe des Mannes nach Meinung einiger Gelehrter arabisch-islamisch beeinflußt ist. Später kommt die Vertiefung dieses Minnedienstes durch Christentum und Mariendienst hinzu.

Der Vorstellung vom »irrenden Ritter« liegt also eine kulturhistorische Realität zu Grunde. Neu ist nur die Idee Don Quijotes, dieses Rittertum wiederzubeleben. Doch dazu braucht man nicht verrückt zu sein, sondern nur ein »konservativer Revolutionär«.

Ich werde später auf die Dialektik von Alltäglichkeit und Außeralltäglichkeit zu sprechen kommen (s. u. S. 160), möchte aber schon hier festhalten, daß Alonso Quijanos Entschluß, als irrender Ritter Don Quijote in die Welt zu ziehen, Züge eines chiliastischen Aufbruchs trägt, eines Ausbruchs ins Außeralltägliche. Es ist die Flucht aus der unheroischen Gegenwart, aus dem grauen, ärmlichen Einerlei eines kastilischen Kleinstädtchens, der Leere und Bedrücktheit des Provinzlebens – in die große Welt, wo es noch abenteuerliche Erlebnisse zu bestehen und große Taten zu verrichten gibt. Der Romanist Werner Krauss hat dazu treffend bemerkt:

»Das Alltägliche verwandelt sich zum bedeutsamen Ereignis ... Don Quijotes Kampf ist weit weniger der Restauration eines vergangenen Standesideals verpflichtet als der Entzauberung der verzauberten Welt, und das bedeutet: ihrer Humanisierung, ihrer Rückkehr zu einem von menschlichen Kräften beherrschten Zustand des Daseins.« (Krauss, Miguel de Cervantes, 145)

Richtiger scheint mir zu sein: Verzauberung einer durch den Alltag entzauberten Welt. Denn die Entzauberung der Welt durch die moderne Technik und Arbeitsorganisation ist das große Thema der Max Weberschen Soziologie.

Cervantes' Roman stellt das literarische Leben des Helden dar, und zugleich ist er eine *heroische Travestie.* Das Genre der literarischen Travestien hat André Jolles als einer der ersten beleuchtet. Jolles geht vom französischen Roman des 17. Jahrhunderts aus (den »Don Quijote« betrachtet er nicht) und weist an einigen kennzeichnenden Beispielen drei Hauptformen von Travestien nach: die galant-heroische des Ritters, die bukolische oder pastorale des Hirten und die picareske des Schelms. In diesen drei literarischen Formen werden drei Lebensformen angestrebt. In der galant-heroischen ist die Welt ritterlich in Taten und Sitten: chevaleresk sind die Männer, höfisch die Frauen. Man trägt einen Degen an der Seite und einen Federbusch auf dem Hut, Spitzen am Mieder, einen Fächer oder eine Schleppe. Es wird viel gekämpft, und man ist hochgesinnt und edelmütig.– Anders das bukolische Genre. Hier sind die Frauen keine Damen, sondern

Nymphen und Schäferinnen, die Männer sind Hirten. Die Umgebung ist ländlich, man hütet seine Herden und schützt sie gegen den Wolf. Meistens herrscht Friede. Man trägt keine Helme, sondern Rosenhütchen oder Blumenkränze, kein Schwert, sondern einen Hirtenstab. Wieder anders die picareske Form. Hier befinden wir uns in der Gesellschaft von Hochstaplern und Taschendieben, Kupplern, Komödianten und Vagabunden. Diese werden von ihrer anziehenden Seite her geschildert, sie gewinnen die Sympathie des Leser, der ihre mehr buntfarbigen als wählerischen Streiche im Geiste mitmacht. – Das soziologisch Interessante ist nun, daß es im 17. und 18. Jahrhundert bestimmte gesellschaftliche Kreise gegeben hat, die den Übergang in eines dieser drei Genres praktisch-spielerisch zu vollziehen versuchten. Es ist sogar schwer zu sagen, was früher da war, die literarische Travestie als Vorbild solcher Seitensprünge oder die Tendenz zum Ausbruch aus der Gesellschaft. Doch scheint, wie ich glaube, die spanische Szene zu lehren, daß Veränderungen in den Lebensformen soziale Umschichtungen mit der sie begleitenden Infragestellung der alten kulturellen Werte vorangegangen sein müssen, und die literarische Travestie dann folgte. Der Eskapismus ins scheinbar Primitive, der sogenannte Primitivismus, ist ein immer wieder belebtes Verhaltensmuster der europäischen Oberschichten gewesen; er setzt aber jene Mobilisierung der Gesellschaft bereits voraus.

»Es kann geschehen, daß ein französischer König für seine Königin in der Nachbarschaft eines Landschlosses plötzlich eine Anzahl Bauernhöfe anlegen läßt, und daß Ihre Majestät mit ihren Hofdamen dort die Kühe melkt. Es kann geschehen, daß die vornehmen Kaufleute einer italienischen Stadtrepublik ... plötzlich als Ritter auftreten, Turniere abhalten, chevalereske Sitten annehmen mit allem, was dazugehört. Oder es kann sogar geschehen, daß ein König, wiederum ein französischer, statt als Fürst den feierlichen Einzug abzuwarten, sich lieber unter die Zuschauer auf der Straße mischt und bei dieser Gelegenheit vom Pöbel eine Tracht Prügel bezieht.« (Jolles, Die literarischen Travestien, a. a. O.)

Wer fühlte sich da nicht an Don Quijote erinnert, der es nicht lassen kann, sich immer wieder unters Volk zu mischen, und dabei vom einen zum andern Mal durchgeprügelt wird!

Die Travestie setzt also auf der sozialen Ebene eine falsche Identifikation voraus: Die Prügel, die der scheinbar Verwandelte vom Volke bezieht, dementieren drastisch die Realität seiner magischen Verwandlung. Das Heroische, das Bukolische und das Picareske, führt Jolles weiter aus, sind Begriffe unseres Lebens. Zu allen Zeiten sind die Menschen überzeugt gewesen, daß man sein eigenes Selbst verlassen und transvestieren in ein anderes könne. Auf dieser magischen Selbstverwandlung beruhen die ekstatischen Kulte der Alten und der Naturvölker. Man *will* außer sich geraten, wirft die Qual des Alltäglichen ab, sucht ein gesteigertes Dasein, möchte sich verwandeln in etwas ganz anderes. Daß dies, ganz materialistisch gedacht, durch Verkleidung geschieht, durch Annahme der bloßen *Hülle* einer fremden Wesenheit, kann den Kenner religionspsychologischer Tatbestände nicht befremden. Mit dem Überwerfen der fremden Hülle ist subjektiv die *faktische* (nicht etwa bloß die symbolische) Verwandlung vollzogen. Die Kraft des produktiven Hineinschauens ist hier bedeutend beim ekstatisch erregten Menschen. Das Formprinzip ist in der Hülle miteingeschlossen. Don Quijotes Barbierbecken, das er auf den Kopf stülpt, *ist* für ihn Mambrins Helm, und in seinem jämmerlich zurechtgeflickten Harnisch fühlt sich der Edle so felsenfest als irrender Ritter, wie nur je ein papuanischer Maskentänzer sich als re-inkarnierter Ahne, oder bei uns ein Zehnjähriger in Papierhelm und Papprüstung sich als General gefühlt hat.

Freilich, immer ist es auch ein artistisches Spiel mit den Möglichkeiten der vorgebundenen Maske, zumal beim Barockmenschen. Hochartistisch ist auch die Art, wie Cervantes die drei Genres in seinem Roman teils ineinanderspielen, teils miteinander verschmelzen läßt. Aber er sprengt sie auch als Genres, er objektiviert sie, macht sie als transvestierte Lebensformen zu *Problemen*. Der Held selber verkörpert den Ausbruch ins Heroische. Das Schelmenelement ist hineingemischt durch die Teilhabe derber Volkstypen an der Handlung und mit den zweideutigen Figuren des Strauchdiebs Gines Passamon und des Räuberhauptmanns Guinhart Roque. Die Begegnung Quijotes mit dem Letztgenannten und seinen vierzig katalonischen Briganten stellt das Schelmengenre dem heroischen des Titelhelden mit offenbarer Absicht gegenüber, zeichnet die Gegensätze und die Überschneidungen. Eigentlich verkehrt dabei der edle Räuber (wir finden ihn später bei Schiller wieder!) mit dem irrenden Ritter ganz kollegial (nachdem er ihn gelinde geplündert hat). Weil aber die innere Welt beider trotzdem ganz verschieden ist, ergibt sich eine unübertrefflich komische Wirkung aus dem Nebeneinanderstehen dieser beiden Ritter der Landstraße. Auch Sancho, der im Gefolge Don Quijotes aus seiner bäuerlichen Welt ausbricht, gemahnt am ehesten an das Schelmengenre. Schon im ersten Teil setzte der Dichter das Aufeinanderprallen des heroischen und des Schelmen-Genres mehrfach als künstlerisches Mittel ein, z. B. in der Szene, wo der fahrende Ritter mit großer Geste die Galeerensklaven befreit. Er, der sonst »das Ungerade gerademachen«, also dem Recht dienen will, wird durch diese Tat selbst kriminell. Aber ein großer Teil der komischen Wirkung, die der Edle von La Mancha durch sein Auftreten und seine Heldentaten entfesselt, resultiert aus der Kollision mit der realen Welt, die eben weithin – Cervantes ist durchaus Pessimist – eine Welt von Schelmen ist. Was z. B. der Herzog und die Herzogin an dem fahrenden Ritter und seinem Stallmeister verüben, indem sie beide auf einem Holzpferd angeblich in das Königreich Candaya fliegen lassen, ist einfach ein Bubenstück. Doch auch die Zurückführung Don Quijotes in seine Heimat (nach seiner zweiten Ausfahrt) im geschlossenen Käfig durch den Pfarrer und den Barbier ist eine Rohheit, der sich in diesem Falle die gebildetsten Personen seines Heimatdorfes schuldig machen. Cervantes muß eine geringe Meinung von den höheren Ständen seines Vaterlandes gehabt haben.

Versöhnlicher gestaltet sich das Hineinspielen des bukolischen Genres. Die Pastorale hat für des Dichters Weltbild große Bedeutung gehabt. Ihre antike und provenzalische Tradition wurde oben berührt (s. o. S. 29). Für den Ausbruch ins Außeralltägliche hat die bukolische Welt stets einen willkommenen Gegenstand geboten, ein Muster für die Verheißung einer kommenden, besseren Menschenwelt. Vom 16. Jahrhundert an wurde der arkadische Zustand geradezu leitend für die Wahrnehmungen der Reisenden – bis zur Verfälschung: eine inbildliche Motivation, geeignet, jede Wirklichkeitsbeobachtung zu deformieren. Dieser Motivation folgt auch Don Quijote. Einmal wird er mit Sancho zusammen von Ziegenhirten aufgenommen und verpflegt. Nach der Mahlzeit rafft unser melancholischer Ritter eine Handvoll Eicheln vom Boden auf, betrachtet sie aufmerksam und bricht dann in einen schwungvollen Hymnus auf das Goldene Zeitalter aus, in dem die Worte Mein und Dein noch unbekannt waren und jedermann nur die Hand auszustrecken brauchte, um Eicheln zu pflücken und aus der Quelle den herrlichsten Trank zu schöpfen, oder aus Felsenritzen und Baumhöhlen Honig zu ernten. Ohne Beil konnte man damals von den Korkbäumen die Rinde lösen, um damit Hütten zu bauen.

»Alles war Friede, Liebe, Eintracht, noch hatte das schneidende Eisen des gekrümmten Pfluges nicht gewagt, die frommen Eingeweide unserer ersten Mutter zu öffnen und zu verletzen: denn ungezwungen verbreitete von allen Seiten der fruchtbare große Schoß alles, was zur Sättigung, Erhaltung und Ergötzung ihrer Kinder diente. Damals schweiften die einfältigen und schönen Hirtenmädchen von Tal zu Tal, von Hügel zu Hügel, die Haare aufgeflochten und nicht weiter bekleidet, als das anständig zu verhüllen, was die Tugend damals und immer zu verhüllen geboten hat; aber sie waren nicht geschmückt, wie es jetzt geschieht, denn tyrischen Purpur und die tausendfältig zermarterte Seide kannten sie nicht. Grüne Blätter, mit Efeu verwebt, war ihre Tracht ...« (I, 11)

Es gab weder Betrug noch Bosheit, noch Ungerechtigkeit und natürlich auch keine Justiz. Auf diese Schilderung folgt die übliche Klage über »unsere verderbte Zeit«. Darum bedarf es des Ordens der irrenden Ritter, um die Tugend zu verteidigen, Witwen zu schützen, Waisen und Hilfsbedürftigen beizustehen. Mit dieser Konsequenz beleuchtet Don Quijote noch einmal die enge Nachbarschaft des heroischen Genres zum bukolischen. Die heroische und die bukolische Travestie sind psychologisch nur durch eine dünne Wand voneinander geschieden.

Doch wiederum ist die Identifikation falsch. Der Schäfer-Orden, den Quijote stiften will, hat mit der realen Organisation der iberischen Hirten, wie sie damals bestand, nichts zu tun. Die *Mesta,* eine mächtige, halb-autonome Körperschaft der Hirten, hatte ihre eigene Rechtsprechung und verfügte über eigene festgelegte und privilegierte Transhumanz-Wanderstraßen für ihre Herden durch die ganze Halbinsel in nordsüdlicher Richtung. Krauss macht für das Übergreifen des bukolischen Genres auf den Ritterroman die reale Zunahme des Hirtenwesens nach dem Niedergang der spanischen Wirtschaft verantwortlich und hebt hervor, daß Cervantes' »Galatea«, wie auch schon ältere Hirtenromane, sich genau auf den querfeldein trassierten Weidestraßen der *Mesta,* den sogenannten *canadas,* bewegt.

Die Gesellschaft, in der Cervantes lebte, muß voll gewesen sein von zwiespältigen Barockmenschen, die ständig bereit waren, ihrer Kultur zu entlaufen und aufwärts, seitwärts oder niederwärts, ins Heroische, Bukolische oder Picareske auszubrechen. In der Geschichte von der schönen Marcella werden wir mit einer ganzen Versammlung von Leuten bekannt gemacht, die ihre bürgerliche Beschäftigung mit dem Hirtenstab vertauscht haben. Derartige soziologische Ausgleitungen sind in den Augen des Dichters genauso verdammenswert wie der skandalöse Entschluß des Edlen aus dem Dorfe der Mancha, als irrender Ritter durch die Lande zu ziehen. Der Kanonikus weiß, warum er die Ritterbücher ins Feuer werfen will. Sie wirken nämlich *schismatisch.* Damit ist das entscheidende Stichwort gefallen. Vom gegebenen Pfade der gottgewollten Ordnung abzuweichen, ist Ketzerei. Der Kanonikus sagt von den Ritterbüchern:

»Sie sind falsch und betrügerisch und von allem entfernt, was natürlich zu nennen ist; sie sind als die Stifter neuer Sekten und Lebensweisen anzusehen, die Gelegenheit geben, daß der unwissende Haufe alle ihre Narrheiten glaubt und für ebenso viele Wahrheiten hält, ja sie gehen so weit, daß sie sich unterstehen, die Köpfe verständiger und unterrichteter Männer zu verrücken.« (I, 49)

Was Don Quijote tut, grenzt also in katholisch-spanischen Augen an Häresie. Mindestens gibt er ein böses Beispiel. Damit ist das Thema von Dostojewskis »Großinquisitor« angeschlagen: Die Forderung des Evangeliums so ernst nehmen, daß man selbst die Gestalt des christlichen Ritters neu verkörpern will, ist ein Skandal, der das Feuer verdient. Allerdings identifiziert sich Cervantes mit der Meinung des Kanonikus ebenso wenig wie mit seinem Titelhelden. Doch hat er als Autor sicher geglaubt, Grund zu haben, sich zu salvieren.

Fassen wir noch einmal die Gestalt des Hidalgo ins Auge. Der Psychiater Ernst Kretschmer hat einmal den Charakter der schizoiden Persönlichkeit stilisiert: Diese Menschen seien wie römische Häuser, kahl und fensterlos; Villen, die ihre Läden vor der grellen Sonne geschlossen haben: in ihrem gedämpften Innenlicht aber werden Feste gefeiert! So auch bei Don Quijote. Niemand vermutet in dem harmlosen, gutartigen, etwas einsilbigen und farblosen Edlen aus dem Dorfe der Mancha etwas Besonderes, Abartiges oder Skandalöses. Doch die Fassade täuscht. In seiner Seele werden Feste gefeiert! Eine unersättlich glühende Phantasie verzaubert ihm die albernen Erzählungen von Amadis von Gaula oder Reinald von Montalban, ihren Fahrten und Abenteuern, zu glanzvoll blühender Wirklichkeit. Ritter und Jungfrauen, Burgen und Wälle, glänzende Paläste im Mondenschein, dazu Kampf und Abenteuer mit Riesen, Drachen und bösen Zauberern, eine Welt des wogenden Gegeneinanders der guten und bösen Kräfte – das ist *seine* Welt, nicht das öde Einerlei des dörflichen Alltags, das er erblickt, wenn er den Blick von seinen Folianten hebt und über den Zaun schaut. Ja, die Welt müßte schöner, reicher, das Dasein erfüllter sein! Man müßte die alte versunkene Ritterherrlichkeit erneut in den Sattel heben, ihren Orden wiederbeleben als ein Instrument christlichen Mitleids und Hilfsbereitschaft für verfolgte Jungfrauen, schutzlose Witwen und Waisen, Arme und Elende. Die ritterlichen Begebenheiten in den Büchern sind für ihn historisch, nicht nur gleichsam oder gewissermaßen, sondern in konkreter Gegebenheit. Quijote ist darin Idealrealist, ein Jünger Platons. Und es reift in ihm das heran, was der normale Mensch eine fixe Idee nennt. Alle die ihn kennen, bezeugen, daß er, abgesehen von seinem Ritterwahn, der nüchternste, verständigste und besonnenste Mensch ist, den man sich vorstellen kann; auch sein Pfarrer bescheinigt ihm seinen hellen und gesunden Verstand. Sobald er aber für das Ritterwesen geladen hat, schießt er ins Blaue, oder, wie es ein andermal heißt: Sein guter Verstand wird durch den Kanal der irrenden Ritterschaft abgeleitet. Das Wesen der fixen Idee könnte nicht treffender bezeichnet werden. Gewaltig ist die Eindruckskraft, die unser Ritter entfaltet, wenn er genötigt wird, Wesen und Aufgaben seiner Berufung theoretisch vorzustellen. Dann vertritt er seine Sache mit einem Scharfsinn, der jeden Gegner in die Kniee zwingt. Es ist unmöglich, ihm nicht recht zu geben. Die psychologische Kunst des Dichters erreicht hier jene Suggestionskraft, die wir an den Romanen Dostojewskis bewundern, wo wir uns ja auch genötigt fühlen, dem, der gerade redet, recht zu geben – er treibe es, wie er wolle[4]. Zum Dorfbarbier räsonniert Quijote:

4 Übrigens hat Dostojewski im »Idioten« ein ähnliches Problem behandelt wie Cervantes im »Don Quijote«. Auch Fürst Myschkin ist ein reiner Tor und makelloser Ritter, an dem alle Welt Ärgernis nimmt. Dostojewski hebt die Verwandtschaft seines Helden mit Don Quijote auch selbst hervor in jener Szene, wo Aglaja Puschkins Romanze vom »armen Ritter« mit heimlicher Bezugnahme auf den

»Ich bestrebe mich ja nur, der Welt den Irrtum klarzumachen, in welchem sie sich befindet, indem sie nicht jene glückseligste Zeit wieder auferweckt, in welcher der Orden der irrenden Ritterschaft sich hervortat.« (II, 1)

Doch das entartete Zeitalter sei nicht würdig, dieses Gut zu genießen. Heutzutage, fügt Quijote hinzu, knarren die Ritter in Seide und Brokat, aber keiner denkt daran, die Anstrengung von Nachtwachen unter freiem Himmel oder von beschwerlichen Seereisen in zerbrechlichem Nachen auf sich zu nehmen. Statt dessen herrschen heute Trägheit, Müßiggang und Prahlerei.

Wer wollte ihm da nicht recht geben? Die Wiederbelebung der Vorwelt durch den einfachen Entschluß großer Seelen ist ein legitimes Ziel! Und wie überlegen fertigt er den Barbier ab, der ihn für verrückt erklären will! Dieser gar nicht mehr junge Mann – er wird als Fünfzigjähriger eingeführt – ist getragen von der unvergänglichen Hoffnung aller jugendlich Ewigsuchenden. Rastlosigkeit ist sein äußeres Hauptkennzeichen: »Denn niemals erfreuten, weder als Sieger noch als Besiegten, die faulen Federn den Don Quijote« (II, 70). Steckt darin nicht etwas von der zähen und ruhelosen Energie jener Conquistadoren, welche die Neue Welt eroberten? Daß der Roman in der im 17. und 18. Jahrhundert gern gepflegten Form des Reiseromans vorgetragen wird, ist innere Nötigung, ergibt sich zwingend aus dem schweifenden Charakter des Helden. Dieser Metaphysiker sucht und sucht das Ungewöhnliche. Immer ist er *novarum rerum cupidus;* er riecht förmlich die Gelegenheit zu Abenteuern. Man kann ihn sich, wie er auf seinem dürren Klepper Rosinante durch die Lande zieht, kaum anders vorstellen als die Welt eines ganz andern metaphysisch witternd.

Die fixe Idee bedarf nur eines geringfügigen äußeren Anstoßes, um die Einbildungskraft zu beflügeln. Dafür ist nicht nur der sprichwörtliche Ritt gegen die Windmühlen bezeichnend, die unser Edler für Riesen hält, sondern auch die noch komischere Geschichte vom Puppenspiel in der Herberge. Gespielt wird eine Szene, welche die Verfolgung flüchtender Christen durch Mauren zeigt. Das ist ein Thema für unseren Helden! Das Spiel reißt ihn dermaßen hin, daß er von der Bank aufspringt, den Degen zieht und in rasendem Zorn Figuren und Bühne kurz und klein schlägt. Seine Einbildungskraft läßt ihn, wie Kinder, Schein und Wirklichkeit verwechseln. Das ist echte Ekstase! Nachdem der Schaden angerichtet ist, steht er in der Tat wie ein hilfloses Kind vor den Trümmern und kann sich das Geschehen nicht anders erklären, als daß »diese Zauberer, die mich verfolgen, nichts tun als mir erst die Gestalten so vor die Augen stellen wie sie sind, sie aber

»Idioten« rezitiert. In dieser Romanze hat Puschkin seinerseits das Don Quijote-Thema paraphrasiert.

alsbald verwandeln und nach Belieben verwechseln« (II, 26). Er projiziert seinen eigenen Affekt als zauberische Machination anderer und gewinnt so seine Rechtfertigung:

»Ist es aber verkehrt ausgefallen, so ist dies nicht meine Schuld, sondern die jener Bösewichter, welche mich verfolgen ... Mir war, als wenn alles, was hier vorging, auch wirklich und in der Tat vorging, daß Melisendra Melisendra sei, Don Gayferos Don Gayferos, Marsiolio Marsiolio und Carolus Magnus Carolus Magnus.« (II, 26)

Solche Äußerungen geben natürlich auch den Schlüssel zu der Art, wie dieser Mann seine Ritterromane gelesen hat.

Die Hypothese der Zauberei stellt sich bei Quijote immer dann ein, wenn er ratlos vor den Folgen seiner Unternehmungen steht. Die Projektion der eigenen Phantasieerlebnisse als Zauber ist die einzige Deutung, die seiner Denkform zugänglich ist. Als er von seiner zweiten Expedition in einem Holzkäfig als ein Narr heimgeführt wird, räsonniert er:

»Ich weiß es und ich bin davon überzeugt, daß ich bezaubert bin, und dies ist mir genug, um mein Gewissen zu beruhigen, welches mich sehr ängstigen würde, wenn ich nicht glaubte, daß ich verzaubert sei, und mich so träge und feige im Käfig fortführen ließe.« (I, 49)

Auch sonst sind die Restbestände des archaisch-primitiven Denkens unübersehbar bei unserem Helden. Auch seine Autoritätsgläubigkeit gehört hierher. Bei allem, was er tut, beruft er sich immer auf das, was er in seinen Ritterromanen *gelesen* hat. In dieser Buchstabengläubigkeit ist er ein noch halb mittelalterlicher Mensch, der sein Denken aus der Magdschaft zur Theologie noch nicht gelöst hat. Der schweifend, doch noch nicht mündig gewordene Intellekt geht, noch ungeübt, auf Abenteuer aus. Er nimmt alles wörtlich, was über Amadis von Gaula, über die Infantin Floripe, Guy von Burgund, Fierrabras, Artus' Tafelrunde usw. in seinen Folianten zu lesen steht. Und er verficht dieses historische Wissen gegenüber Zweiflern mit einer Gewandtheit, die es ihnen schwer macht, ihm standzuhalten. »Der Kanonikus war erstaunt, diese Vermischung von Wahrheit und Lüge in Don Quijotes Mund zu hören.« Dieser Kanonikus vertritt gegenüber unserem Ritter die Notwendigkeit einer historischen Kritik der niedergeschriebenen Überlieferungen. Don Quijote aber will davon nichts wissen, denn hat jemand ein Evidenzbewußtsein, was bedarf es da der Kritik? – Und wie sein Wissen ein Buchstabenwissen ist, so ist seine Methode des Handelns die der Nachahmung. Genauso wie Amadis seinen Stallmeister zum Grafen einer Insel ernannt hat, wird auch er, Don Quijote, seinen Sancho Panza zum Lohn für seine treuen Dienste zum Statthalter einer Insel berufen. Das Vorbild der irrenden Ritterschaft wird in allen, auch den lächerlichsten Einzelheiten und Kleinigkeiten pedantisch durchexerziert, bis zum bitteren Ende. Da ihm nach seinem ersten Ausritt plötzlich einfällt, daß er noch gar nicht zum Ritter geschlagen sei, läßt er sich vom ersten Besten, der ihm begegnet, den Ritterschlag erteilen, »in Nachahmung vieler anderer, die ebenso verfahren, wie er in den Büchern *gelesen*«. Den Wirt der Schenke (die er natürlich für ein Kastell hält) prellt er um die Zeche mit dem Bemerken, das Bezahlen sei keine Gewohnheit der irrenden Ritter, nie habe er *gelesen,* daß ein irrender Ritter in Herbergen oder Schenken je bezahlt habe. Sein agonales Vorbild ist Amadis von Gaula, ihn sucht er in jedem Betracht nachzuahmen. Und da dieser Amadis, von seiner Dame Oriana verschmäht, auf dem Felsen »Armut« Buße tat, muß Don Quijote ihn auch hierin kopieren, wozu ihm die Gelegenheit recht kommt, als er mit Sancho das öde »schwarze Gebirge« durchzieht. Einen Verzweifelten, Wütigen will er vorstellen. Zugleich imitiert er damit den Rasenden Roland, der aus Verzweiflung über den Treubruch seiner Schönen Angelica »rasend wurde, Bäume ausriß, die Gewässer der klaren Quellen trübte, Hirten erschlug, Herden zerriß, die Hürden verbrannte, die Häuser niederriß, das Vieh entführte und tausend andere Tollheiten beging, die eines ewigen Andenkens wert sind«. Hier wird Ariost kopiert. Und als Sancho einwendet, jene Ritter hätten doch immerhin einen Grund für ihre Raserei gehabt, wogegen er, Don Quijote, doch keineswegs von seiner Dame wirklich verschmäht sei, da erwidert ihm unser Held: Das sei ja eben die Blume seiner Unternehmung: mit *Gründen* rasend werden – das sei keine Kunst, das könne jeder, »aber ohne alle Ursache irrsinnig werden, um seiner Dame zu verstehen zu geben, daß, wenn das am grünen Holze geschieht, wieviel mehr am dürren« – *das* eben sei die höhere Weihe seines Vorhabens. Die Ausführung der Tollheiten einer inszenierten Ekstase gestaltet sich, wiewohl ursprünglich Kopfstöße gegen Felsen usw. angedroht waren, harmloser. Die Imitation des »Orlando furioso« wird zur Persiflage – auch das gehört zur Entmythologisierung des galant-heroischen Zeitalters.

Und schließlich müssen wir noch den Funktionsverlust des Agon erwähnen. Ganz vorbildkonform spielt die Ruhmbegierde bei unserem irrenden Ritter eine bewegende Rolle. Im achten Kapitel des zweiten Teiles liefert er seinem Stallmeister eine Charakteristik und Kasuistik des herostratischen Ruhmes, die sich hören lassen kann, und knüpft daran die Feststellung, »daß der Wunsch, sich berühmt zu machen, auf eine gewaltige Weise wirkt«. Als klassische Beispiele der Ruhmsucht führt er Horatius, Mucius Scaevola, Cäsar und – Cortez (!) an. Die spanisch-katholischen Ritter aber hätten mehr nach der Glorie des Himmels zu trachten als nach der Eitelkeit des Ruhms in endlicher Zeit. Dennoch ist er sich bewußt, kein Heiliger, sondern ein weltlicher Ritter zu sein. Demgemäß gelingen ohne Großsprecherei seine kriegerischen Begegnungen ebenso wenig wie diejenigen der

Helden in der »Ilias«. Sie gehört nun einmal zum Modell des ritterlichen Agon, das Don Quijote ganz in sich aufgenommen hat. Einmal, als er mit anderen zusammen in einer Schenke bei der Abendmahlzeit sitzt, überfällt er plötzlich seine nichtsahnenden Tischgenossen mit dem agonalen Thema: »Was steht höher, das Waffenhandwerk oder die Wissenschaften?« Ein agonales Kampfgespräch entwickelt sich aber nicht, sondern nur ein Monolog – wir ahnen bereits, daß es für diesen Mann keinen Partner mehr gibt. Mit viel Sophistik beweist er, daß der Soldat doch noch über dem Gelehrten steht. Freilich muß auch der Gelehrte Armut, Hunger, Kälte, Entblößung, Nachtwachen erdulden, und auf der Leiter dieser Leiden steigt er, oft strauchelnd oder fallend, zum Gipfel. Doch die Leiden des Soldaten sind noch größer: elender Sold, Entbehrungen unter freiem Himmel, Wunden, Verstümmelungen usw. Und auch wer gesund bleibt, bleibt doch immer arm. Und wie viele müssen unterwegs sterben!

Das Abmessen des Wertes an der Summe der Leiden ist unzweifelhaftes Kennzeichen eines *christlichen* Agon. Das einfühlende Mittel aber dazu ist das Mitleiden, eine Empfindung, die der Dichter seinem Helden nachrühmt.

Übrigens mißt dieser auch seine Literaturhelden agonal.

»Er behauptete, Cid Ruy Diaz sei zwar ein ganz guter Ritter gewesen, er sei aber durchaus nicht zu vergleichen mit dem Ritter vom brennenden Schwerte, der mit einem einzigen Hieb zwei stolze und unhöfliche Riesen mitten durchgehauen habe. Mehr hielt er vom Bernado del Carpio, weil er bei Roncevalles den bezauberten Roland umgebracht, indem er die Erfindung des Herkules nachgeahmt, der den Antäus, den Sohn der Erde, in seinen Armen erwürgte. Viel Gutes sagte er vom Riesen Morgante, der, ob er gleich vom Geschlechte der Riesen abstammte, die alle stolz und unumgänglich sind, sich allein leutselig und artig betrug. Über alle aber ging ihm Reinald von Montalban ...« (I, 1)

Alle Streitfälle begreift er echt ritterlich nach den Gesetzen des Agon. Als er es einmal unternimmt, zwei streitende Dörfer miteinander zu versöhnen, behauptet er, nach den Gesetzen des Duells sei es unmöglich, daß eine einzelne Person einen ganzen Ort beschimpfen könne.

Alle Taten Don Quijotes aber sind eine tragische Exposition des Themas: Wie ergeht es einer agonalen Haltung in einer Welt, die ihr keinen Gegenspieler mehr zu stellen vermag? Mit vollem Recht beklagt er das Ende der Ritterschaft durch die Erfindung des Schießpulvers und »die furchtbare Wut jener verruchten Maschinen der Artillerie«. Dank dieser teuflischen Erfindung könne jetzt jeder Feigling sogar den tapfersten Ritter durch eine zufällige Kugel aus der Ferne erlegen. Dieser Gedanke wurmt ihn und könnte ihm fast das Metier des fahrenden Ritters verleiden.

Wie die Brutalität der technischen Mittel und der anonym auftretenden, zu keiner agonalen Partnerschaft mehr bereiten neuen Zeit den individuellen Wert der ritterlichen Haltung zermalmt, dies von der Seite der komischen Wirkung her geschildert zu haben, ist ein besonderes Verdienst des Romans »Don Quijote«. Was die Taten seines Helden charakterisiert, ist auch die Inadäquatheit seiner Partner vom Kampf mit den Windmühlen, die er für Riesen hält, bis zu seiner Überwindung im Zweikampf durch den Ritter vom silbernen Mond, der in Wirklichkeit bloß ein verkappter Bakkalaureus ist. Zwei Szenen gegen Schluß des Romans sind hierfür besonders erwähnenswert: In die Nähe Barcelonas gekommen, verfällt Quijote auf den fatalen Gedanken, sich mitten auf der Landstraße aufzupflanzen wie ein Wegelagerer, um alle Passanten, »Fremde und Reisende, Ritter, Stallmeister, Leute zu Fuß und zu Pferde« zu dem Einbekenntnis zu nötigen, daß seine Dame, Dulcinea von Toboso, die schönste Frau auf Erden sei. (Typisches Requisit aus dem agonalen Kanon der Ritterromane.)

»Zweimal wiederholte er diese Worte und beide Male wurde er von keinem einzigen Abenteurer gehört.«

Das ist die Tragödie der überlebten Einstellung: Agonales Getöne, aber keine Reaktion! Dann aber vollzieht sich das Schicksal: Eine Herde Stiere kommt die Straße daher, deren Treiber sich den Teufel um den tönenden Ritter kümmern, »und so geschah es, daß der Trupp der starken Stiere sowie der zahmen Ochsen, nebst der Menge von Ochsentreibern und anderen Leuten ... ihren Weg über Don Quijote und Sancho, Rosinante und den Grauen nahmen«. (II, 58)

Die Symbolik ist klar, und sie ist tragisch: Welt und Zeitläufte gehen über den agonalen Anspruch hinweg, trampeln ihn unter sich.

Das zweite Abenteuer ist ähnlich. Auf der Rückkehr von Barcelona, wo Don Quijote von dem angeblichen Ritter vom goldenen Monde besiegt worden ist, geraten er und Sancho in eine ihnen entgegenkommende Schweineherde, die sie zu Boden trampelt. Nachdem sie sich, übel zerschunden, vom Boden erhoben haben, meint unser Held:

»Laß sie fahren, Freund, denn dieser Schimpf ist die Buße meiner Sünden, und es ist eine gerechte Strafe des Himmels, daß einen besiegten irrenden Ritter die Hunde fressen, die Wespen stechen und die Schweine mit Füssen treten.« (II, 68)

Die ritterlich-agonale Attitüde hat sich überlebt, es ist nichts mehr mit ihr auszurichten. Und mehr noch hat sich überlebt: der Sinn der Rede überhaupt. Nicht so sehr in der Niederlage, im Überwundenwerden durch stärkere, mechanische und anonyme Kräfte vollzieht sich das Schicksal des Edlen, als vielmehr in der absoluten Partnerlosigkeit, im Ins-Leere-Stoßen, der

Widerhallosigkeit der Rede: *im rhetorischen Vakuum – im Nichts.* Cervantes hat hier eine bedeutende und ganz moderne Einsicht erreicht.

Unsere Analyse wäre unvollständig ohne die Phantasiegestalt der Dulcinea von Toboso. Man mache sich die Situation klar, wie Cervantes sie schildert. Ein fünfzigjähriger Hagestolz und Sonderling beschließt, als irrender Ritter in die Welt hinauszuziehen. Zu diesem Metier aber gehört – das hat er *gelesen* –, daß er verliebt sei (das ist ein alter, ursprünglich provenzalischer Topos). Alle irrenden Ritter haben unweigerlich ihre Dame, das Verliebtsein »ist ihnen so eigen, wie dem Himmel, Sterne zu haben«. Auch er muß sich also eine Dame zulegen. Und da er in jüngeren Jahren einmal in eine Bauerndirne aus einem Nachbardorf verliebt gewesen war, die aus Toboso gebürtig war, muß diese Reminiszenz jetzt als Vorwand dienen, um die Dulcinea von Toboso als Gebieterin unseres Ritters aus der Taufe zu heben. Der Dichter schildert mit großer Kunst, wie dieser Schemen für unseren Helden Leben gewinnt – aus dem Fundus des altüberlieferten Minne- und Mariendienstes –, so sehr, daß im zweiten Teil des Romans der Ritter den Entschluß fassen kann, seine Dame in Toboso aufzusuchen, um ihren Segen für seine weiteren Abenteuer zu empfangen, »weil nichts in der Welt die irrenden Ritter tapferer macht, als wenn sie sich von ihren Damen begünstigt sehen«. Sancho Panza als Schildknappe muß der Angebeteten die Botschaft überbringen, reitet zum Schein in den Ort ein und kehrt – wie soll er sich anders helfen? – mit drei auf Eseln reitenden Bäuerinnen zurück, deren eine er dem verliebten Ritter als die Prinzessin präsentiert. Prompt tritt bei Don Quijote die Katastrophe ein mit der Verzauberungstheorie; die herrliche Dulcinea ist in eine plumpe, häßliche Bäuerin verwandelt. Aber mehr: Was er sieht, ist das zerschundene, entstellte Bild seiner eigenen Seele *(anima* im Sinne C. G. Jungs). Die Konsequenz ist natürlich, daß die *Ent*zauberung der Verwunschenen die Reinheit seiner Seele wiederherstellen wird:

»Mehr will ich nicht wissen. Denn wenn ich Dulcinea nur entzaubert sehe, so bin ich überzeugt, daß mir alles übrige Glück zufallen wird, welches ich mir auch wünschen kann.« (II, 62)

Der Gedanke, die »Verzauberte« zu erlösen, kann also keine Schrulle sein; er ist der symbolische Ausdruck für ein Problem, das mit der innersten Existenz dieses Genies der psychologischen Projektion aufs engste verknüpft ist. Die entscheidende Bedeutung des Dulcinea-Komplexes für die Aufhellung der letzten Triebkräfte Quijotes ist damit wohl klar. Und die unvergleichliche Schönheit dieser Gestalt erweist sich so als mehr denn eine bloße agonale Phrase. Sie ist stammelnder Ausdruck numinoser Verzükkung und Staunen erregender innerer Anschauung eines ganz anderen, und es ist selbstverständlich, daß man diesem Erlebnis die Treue bewahrt. Als

Don Quijote, von dem Ritter vom silbernen Mond bezwungen und in den Staub gestoßen, schwören soll, dessen Dame sei schöner als die seine, gibt er sich nicht überwunden, sondern spricht mit schwacher und kranker Stimme:

»Dulcinea ist das schönste Weib auf Erden und ich der unglücklichste Ritter auf Erden; und es ziemt sich nicht, daß meine Schwäche diese Wahrheit verleugne, Stoßt zu mit der Lanze, Ritter, und raubt mir ebenso mein Leben, wie Ihr mir die Ehre geraubt habt.« (II, 64)

Der Überwundene muß sich verpflichten, in sein Dorf zurückzukehren und das Ritterhandwerk auf wenigstens ein Jahr ruhen zu lassen. Als er mit Sancho in das heimatliche Dorf einzieht, schnappt er aus einem zufälligen Wortwechsel zweier Gassenbuben die Worte auf, »du wirst sie in deinem ganzen Leben nicht zu sehen kriegen«, und bezieht diese Worte ominös und tendenziös auf seine Dulcinea, sie folgendermaßen Sancho kommentierend: »Siehst du denn nicht, daß diese Worte sich auf mich beziehen und alsdann bedeuten, daß ich niemals Dulcinea wiedersehen werde?« – (que non tengo de ver mas à Dulcinea) (II, 73). In diesem Wiedersehen liegt der vollständigste Platonismus, den man sich vorstellen kann.

Kurz danach geschieht ein zweites Omen. Ein Hase, der vor Jagdhunden flieht, versteckt sich zwischen Sanchos Beinen. Dieser ergreift ihn und überreicht ihn seinem Herrn, der die Gabe mit den Worten quittiert: »Malum signum, malum signum, der Hase flieht, Jagdhunde verfolgen ihn, Dulcinea erscheint nicht.« – (Dulcinea non parece) (II, 73). Der Kunfttag wird ihm nie beschieden sein, das Mirakel der eigenen Seele ihm nie gegenwärtig, er seiner niemals inne werden.

Sancho Panza, der Bauer, den Don Quijote zu seinem Schildknappen erkoren hat und dem er eine Grafschaft verspricht, sobald er selber zum Kaiser gekrönt sein werde, ist die zweite Hauptfigur des Romans und würde eine eigene Betrachtung verdienen so gut wie der Hauptheld; sie würde allerdings nicht soviel Raum erfordern, ähnlich wie die realistischen Systeme in der Philosophie sich knapper abhandeln lassen als die idealistischen. Sancho wird uns leiblich und seelisch als Kontrastfigur zu Don Quijote geschildert, darin liegt ein gut Teil der komischen Wirkung. Wie Don Quijote lang, dürr, bleich, sensibel, melancholisch und verstiegen ist, so begegnet uns Sancho kurz, dick, rosig, immer gut gelaunt, dickfellig und bequem, als der geborene Realist. Beide Charaktere parodieren und komplementieren sich ständig gegenseitig. In seinen Denkformen einfacher, wie jeder naive Mensch, kann er geistige Überlegenheit nur als angelerntes, auswendig gelerntes Wissen begreifen. Darum bewundert er restlos die Bildungsfülle seines Herrn und Meisters. Seine eigene Weisheit besteht in Sprichwörtern,

deren er eine unglaubliche Menge kennt und die er bei jeder passenden und unpassenden Gelegenheit wie einen Wasserfall über seinen Herrn ausschüttet. Dumm ist er keineswegs; als er zum Statthalter ernannt ist, benimmt er sich klug und maßvoll und bringt jetzt, wo alle Welt auf ihn schaut, sogar seine Sprichwörter sinnvoll an. Es fehlt ihm an Denkübung, Horizont, Erfahrung. Als Quijote aus der Höhle des Montesinos wieder emporsteigt, wo er höchst abenteuerliche Erlebnisse gehabt (in Wahrheit bloß erträumt) hat, wagt Sancho es, den phantastischen Bericht seines Herrn zu bezweifeln. Dieser fertigt ihn darauf ab: »Da du wenig in den Dingen dieser Welt erfahren bist, so hältst du auch alle Dinge, die etwas schwierig sind, gleich für unmöglich« (II, 23).
Der ewige Einwand des Metaphysikers gegen den Realisten!

Der Roman führt aber überhaupt den Raelismus *ad absurdum* – nicht den Idealismus! Sancho ist nämlich völlig hilflos, wenn ihn die Phantasieproduktion seines Meisters auf Flügeln davonträgt. Der angebliche Vertreter des gesunden Menschenverstandes weiß nichts Besseres zu tun, als Haus und Acker, Weib und Kind zu verlassen und auf seinem Esel hinter dem verschrobenen Idealisten dreinzutrotten. Schon Heinrich Heine hat darum mit Recht bemerkt, daß Sancho eigentlich die lächerlichere Figur des Romans ist. Er weiß und sieht genau, wozu diese Tollheiten führen, er kann die Prügel, die er beim nächsten Abenteuer beziehen wird, vorausberechnen – und trotzdem leistet er Gefolgschaft! Offensichtlich ist sein Realismus utopisch und selbsttäuschend. Der Hang zum Ausbruch aus dem Alltäglichen wohnt auch in einer Ecke dieser gewöhnlichen Seele und wartet nur auf das enthusiasmierende Stichwort. »Ich, ein Feind von Abenteuern«, sagt er von sich – aber der Realist ist ein Feind von Abenteuern nur, wenn sie schiefgegangen sind, also bis zum nächsten Mal.

Sanchos Haupteigenschaften sind Verführbarkeit und Bildsamkeit. Daß dieser Mann dem verstiegenen Hidalgo nachfolgt, sich von ihm imponieren, anleiten, bilden läßt, ihn am Ende gar verehrt, gehört auch zur Charakteristik des Idealismus. Das Überzeugende und zur Nachfolge Zwingende, das ethische Reinheit und Selbstlosigkeit gerade auch unter dem Aspekt ihrer Hilflosigkeit und Verlorenheit in einer picaresken Welt von jeher bewirkt haben, macht sich hier geltend.

Die Meisterschaft des Cervantes besteht darin, eine Komik sichtbar zu machen, die von Mitleid und Verstehen tingiert ist. Damit distanziert er sich von der Komik, die den Zeitgenossen des Dichters als faßlich erschien und die noch heute den oberflächlichen Leser allein berührt. Denn der Dichter macht uns in seinem Roman mit der ganzen Rohheit der Gebildeten seiner Zeit bekannt, welche die Lust am Komischen nicht anders zu genießen vermögen als in ihrer plumpesten Abart: als Schadenfreude, bei der sie eine billige Erhöhung ihres kläglichen Ich auf Kosten des als Narren mißverstandenen Helden erleben. Vordergründig, oberflächlich gelesen hat »Don Quijote« immer so gewirkt, so daß hintergründig das Publikum als der Narr erscheint, den Cervantes meinte.

Die picareske Travestie

Die Kritik der Ritterbücher, im »Don Quijote« nur vordergründig, ist kein rein literarisches Phänomen, sondern hängt mit einem sozialen Umschichtungsprozeß zusammen, in dem die gesamte Welt der picaresken Typen eine neue Bedeutung erlangt gegenüber dem verfallenden Ordo der höheren Gesellschaftsschichten. Es ist eine neue, realistische Gesinnung des Publikums, an die der picareske Roman sich wendet, angedeutet bereits in der Figur des Sancho Panza, und es ist auch ein neuer Typus von Schriftstellern, der sich auf dieses Feld begibt. Die Hauptexemplare des spanischen Schelmenromans drängen sich zusammen in einem Zeitraum von noch nicht dreißig Jahren: Mateo Alemáns »Guzmán von Alfarache«, der dem ganzen Genre zuerst den Namen novelas picarescas verliehen hat, erschien in seinen beiden Teilen 1599 und 1605, Espinels »Marcos von Obregon« 1618, Quevedos »Buscón« 1626, desselben Verfassers »Sueños« 1627; Cervantes' »Don Quijote«, der an diesem Genre nur Anteil hat, erschien 1605 (I. Teil.) und 1613 (II. Teil.), liegt also zeitlich genau in der Mitte. Nur der berühmte »Lazarillo von Tormes«, das Werk eines unbekannten Verfassers, ist beträchtlich älter, denn es ist schon 1554 zum erstenmal gedruckt worden.

Über André Jolles' vorläufige Charakteristik (s. o. S. 50 f.) müssen wir jetzt hinausgehen. Der Schelmenroman ist nicht einfach eine Darstellung von Bubenstreichen und mehr oder weniger einfallsreichen Gaunereien und Diebereien nach Art des Schalksnarren in unserem Volksbuch von Till Eulenspiegel (der übrigens ein Waisenknabe ist verglichen mit dem Einfallsreichtum etwa des Guzmán von Alfarache). Das Narrentum ist zwar da, aber transvestiert, ist die Maske, die ein armer, herumgestoßener junger Bursche zeitweilig vornehmen muß, um sich durchzuschlagen: so Guzmán, so später bei uns – wie wir sehen werden – Simplicius Simplicissimus. Der Schelmenroman ist auch, trotz der gewählten Ich-Form des Erzählers, nicht einfach autobiographisch. Gibt nicht auch Erasmus von Rotterdam im »Morias encomion« (1509) der Torheit das Wort zur Selbstdarstellung? Das »Lob der Torheit« ist ein Topos, der in bestimmten prekären Soziallagen dem bedrängten Menschen einleuchten kann. In der Tat waren die spanischen picaresken Romanciers erasmianisch beeinflußt, was damals freilich soviel bedeutete wie fast ketzerisch. Der Pícaro expliziert sich nicht einfach selbst. Vielmehr weist seine Ich-Erzählung eine typische Spaltung auf in das unmittelbar handelnde und das aus *späterer* Sicht reflektierende Ich. (Auch diesen Kunstgriff hat später Grimmelshausen im »Simplicius Simplicissimus« übernommen.) Das geht so weit, daß weite Partien etwa des »Guzmán von Alfarache« den Stempel später moralistischer Einblendungen tragen, teils in direkter Anknüpfung an die vom erzählten Ich begangenen Schandtaten, also selbstanklagend und reuevoll, teils aber auch als Reflexionen über den Lauf der Welt und die Torheit der Menschen, mit pessimistischer und skeptizistischer Note. Der picareske Roman ist also nur partiell picaresk, zum anderen Teil ist er moralistisch und reicht fast heran ans Sozialkritische! Bei Quevedo fällt beides sogar vollständig auseinander. Der »Buscón« ist eine *novella picaresca*, die »Sueños« (ein Jahr später veröffentlicht) ein rein moralistisches Opus, mit heftiger Kritik an der Korruptheit der oberen Gesellschaftsschichten. Wiederum wird man an Erasmus erinnert, und auf der spanischen Szene natürlich an Guevara und an Gracián, den Schopenhauer übersetzt hat, der seinerseits das Genre in gewisser Weise fortgesetzt hat mit seinen »Aphorismen zur Lebensweisheit«. Daß man sich durchschlagen müsse in dieser Welt, ist ein Ingrediens der Schopenhauerschen Philosophie.

In der traditionalen ständischen Gesellschaft ist der Ordo geprägt durch spezifische Werte, die in erster Linie von der chevaleresken Oberschicht repräsentiert werden, die aber abgestuft auch für die niederen Stände gelten, wenn nicht als das Handeln normierende, so doch als Respektswerte. Sie gruppieren sich vor allem um die Begriffe der Ehre und der Scham. Man muß sich die tiefe Einwurzelung dieser Werte in der altständischen Kultur klarmachen (s. o. S. 17), um zu begreifen, was es bedeutet, wenn der picareske Roman zum massiven Angriff auf sie einsetzt. Bei soziologischen Feldstudien über die soziale Rangordnung im heutigen Sizilien stießen wir (»Strummula siciliana«) auf das eigenartige Phänomen, daß es in kleinen Gemeinden eine Kategorie von Personen gibt, die als negative Prominenz (oder als negativ Stigmatisierte) zu charakterisieren sind und unter ganz bestimmten, fest geprägten Sozialtermini laufen (der »Gehörnte«, der »Trunkenbold«, der »Wortbrüchige«, der »Ehrlose«, der »Tagedieb«, der »Blöde«, der »Betrüger«, der »Geschäftemacher« u. a. m.). Diese Typen, die wir teilweise als picaresk erkennen können, gelten mehr oder weniger als ehrlos (*disonoratu*), teilweise aber bezeichnen sie Leute, welche die traditionellen Ehrbegriffe bewußt über Bord geworfen haben, um sich als negative Prominenz zu gerieren. (Wir werden diese Typen später bei Pirandello wieder antreffen.) Beim spanischen Pícaro ist dieses Phänomen des 20. Jahrhunderts schon im 17. Jahrhundert literarisch greifbar. Der Pícaro gehört zur negativen Prominenz. Die bewußte Absage an die Ehre wird freilich erst insofern als legitim motiviert, als die Ehre in der feudalen Gesellschaft mit der ritterlichen Arbeitsscheu, d. h. der antibanausischen Gesinnung gekoppelt, in einer veränderten Welt zur bloßen Farce geworden ist. Es ist dieser Anachronismus, den der picareske Roman entlarvt, den der Pícaro selbst aggressiv festnagelt. Der verarmte Junker läßt den Erzähler (Lazarillo) für sich betteln, will aber nach außen hin nichts von seiner Grandezza preisgeben, in den Zähnen stochernd, als hätte er soeben gespeist, »um seiner nichtswürdigen sogenannten Ehre willen« (seiner negra honra, der schwarzen, d. h. verfluchten Ehre). Daß dies keine bloße Erfindung des Dichters ist, bestätigt Quevedo, der die Ehre »die größte Tyrannin der Welt« nennt: Ein armer Edelmann muß Hungers sterben, läuft zerrissen und geflickt umher, oder er stiehlt, »denn betteln kann er nicht, er hat doch Ehre«. Fazit: die Ehre ist eine Torheit des Leibes und der Seele. Noch aggressiver führt sich Guzmán von Alfarache auf:

»O wie lastet das Gewicht der Ehre! Kein Metall kommt ihm gleich! Wie viele Pflichten hat der Unglückliche, der ihrer bedarf! Wie vorsichtig und gemessen muß er gehen! Wie behutsam und ängstlich! Über wie hohe und dünne Seile muß er tanzen! Wie viele Gefahren muß er dort durchsegeln! Welche Mühe muß er sich geben, in wie dornige Gebüsche sich zwängen! Denn meine Ehre hängt angeblich vom Munde eines Grobians und von der Hand eines Frechlings ab; von dem einen, weil er etwas sagt, und von dem anderen, weil er etwas tut, dem weder menschliche Kräfte noch Gewalt widerstehen können.«(Alemán, Das Leben des Guzmán von Alfarache, 218)

Weiteres erinnert unmittelbar an die soziologische Relativierung der Ehre, wie sie später Schopenhauer in seinem moralistischen Traktat vorgenommen hat.

»Die Gelehrten aber empfangen ihre Ehre von Anderen. Auf einmal siehst du sie, auf einmal siehst du sie überhaupt nicht mehr: Maienköniginnen währen so lange wie der Mai, und Gunst so lange wie der Begünstiger. Es geht dahin, und jeder bleibt, was er ist.« (Alemán, a. a. O., 221)

Irgendwie klingt in diesen Tiraden auch ein Gefühl der Befreiung durch: sie jubeln über abgeworfenen Ballast.

Dann die Absage an die Scham. Es klingt wie ein Leitmotiv der »Kultur der Armut«: »Hunger und Scham sind niemals Freunde gewesen.« (Alemán, a. a. O., 217) Scham ist einfach nicht verträglich mit der Existenznot dessen, der sich auf die erbärmlichste Weise am Leben erhalten muß:

»Als ich sah, daß ich verloren war, ergriff ich das Handwerk der blühenden Schelmerei. Meine Scham
... verlor ich unterwegs: weil ich zu Fuß ging und solche Schmerzen litt, konnte ich sie nicht länger tragen; oder sie wurde mir vielleicht mit meiner Mantelkapuze gestohlen

... Verflucht sei die Scham, welche mir verblieb und welche ich nicht mehr hatte; ich begann nämlich dreist zu werden, und meine vorige Schüchternheit verwandelte sich in Keckheit
... Ich sah, daß mein früheres Verhalten blöde war, und daß es eine Dummheit wäre, mich weiter zu schämen
... Ich schüttelte mir die Scham vom Finger, als wäre sie eine Viper, die mich gebissen hat.« (Alemán, a. a. O., 216 f.)

Verwertet werden bei solchen Auslassungen auch Redensarten und Sprichwörter. Folgende Fabel könnte auch aus dem Munde Sancho Panzas stammen:

»Du wirst die Fabel kennen, wie Scham, Luft und Wasser auseinandergehen und einander fragen, wo sie sich wiedersehen; die Luft sagt, oben auf dem Berge, das Wasser, unten in der Erde, die Scham aber, wenn sie einmal gegangen sei, treffe man niemals wieder. Ich verlor sie, hatte keine mehr und brauchte nicht zu hoffen, wieder welche zu bekommen. Auch paßte mir die Zeit nicht gut, denn *wem die Scham ausgeht, dem gehört die Stadt.«* (Alemán, a. a. O., 365; Hervorhebung von mir)

Die aus dem Weltlauf abgezogene Moral trägt mitunter die Züge einer Paria-Ethik, gewonnen nicht durch Spekulation, sondern durch bittere Erfahrung:

»... Und bei diesem allen mußte ich geduldig bleiben und den Mund nicht verziehen, mich zusammennehmen, um weiter zu leben: Wer alles rächen möchte, möchte ein schnelles Ende nehmen. Man muß bei vielem langmütig sein, falls man nicht ein kurzes Leben haben will. Wenn man die Schmähungen verachtet, wird der Urheber beschämt und erlahmt: wenn du dich aber schämst, verbleibt die Last bei dir.« (Alemán, a. a. O., 244)

Man solle sich keinen Menschen zum Feinde machen, den man bei geschickter Behandlung zu seinem Freunde machen könnte, »denn noch dein schwächster Feind ist eine Gefahr für dich: aus einem kleinen Funken, kann eine große Feuersbrunst entstehen.« (Alemán, a. a. O., 153)

Das picareske Verhalten ist die dieser Welt kongeniale Methode, um durchzukommen. Wir leben in einer Welt von Schelmen: Sieh es nur ein und handle dementsprechend. Das ist die Weisheit des Guzmán von Alfarache:

»Aber damals verlor ich meine Furcht: Ohne Schweinsblase sprang ich ins Wasser und lernte schwimmen. Alle spielten und fluchten, alle stahlen und bestachen: ich tat nichts anderes als sie, und kleiner Anfang führt zu großem Ende.« (Alemán, a. a. O., 249)

Der Schelmenroman kann, nachdem das ritterliche Tugendsystem mit allem Drum und Dran über Bord geworfen ist, auch keinen Helden mehr brauchen. Der Pícaro ist nicht der Held seiner Geschichte: das Thème de héros ist durch das Thème de situation ersetzt. Die neuen Hauptpersonen des picaresken Romans sind keine Helden, sondern negativ Stigmatisierte, doch das ist eine sozialpsychologische Situation!

Die Schwindelhaftigkeit der Welt erscheint in zahlreichen Beobachtungen:

»Sie schieben einander die Werte zu, heute mir, morgen dir, läßt du mich kaufen, lasse ich dich verkaufen; sie machen die Lebensmittelmonopole; sie steuern das Angebot, als wäre es ihre Sache, und deshalb verkaufen sie es so teuer wie sie wollen, denn was immer man kauft und verkauft – es ist ihrer.« (Alemán, a. a. O. 118)

In unserem Jahrhundert wird man diesen Verhaltensstil als mafios bezeichnen. Die Voraussetzungen der sizilianischen Mafia scheinen in der Tat älter und stärker von spanischen Mustern abhängig zu sein, als man bisher angenommen hat. Guzmán von Alfarache bemerkt einmal, man müsse sich organisatorisch zusammenschließen »wie die Mesta-Brüder« (vgl. o. S. 54); unmittelbar darauf folgt seine Schilderung der Verbandsstatuten der Gauner, einschließlich der Ganovenehre, die sich allem Gerede gegen die Ehre schließlich auch in diesen Kreisen herausbildet. – Ausführlich berichtet Cervantes hierüber in »Rinconete und Cortadillo« (eine der »Exemplarischen Novellen«). Es gibt da Gaunerzinken, auch eine besondere Gaunersprache, Arbeitsteilung sowie Verteilungsgewalt und Gerechtsame des Häuptlings. Die alte Pipota ist diebisch, aber fromm. Ihre Rede ist:

»Empfehlt mich Gott in euren Gebeten, ich werde dasselbe für euch tun, damit Er uns erlöse und uns in unserem gefährlichen Leben vor den Schrecken der Obrigkeit bewahre.« (Cervantes, Exemplarische Novellen, 261)

Diese notorische alte Diebin und Hehlerin geht zur Kirche, um den Heiligen Wachskerzen hinzustellen, und ist überzeugt, sie werde bekleidet und beschuht in den Himmel kommen. Und der Häuptling lobt einige seiner Gauner besonders, »sie seien sehr aufrichtige und ehrenhafte Leute, die Gott und ihr Gewissen fürchten und täglich mit größter Andacht die Messe hören«. Sie allesamt sind zuversichtlich, in den Himmel zu kommen, wenn sie nur ihre tägliche Devotion nicht versäumen.

Frömmigkeit dient als Tarnung. Diebe und Zuhälter lassen den Rosenkranz nicht aus den Händen, um sich als Verehrer unserer Lieben Frau aufzuführen. Sich wahrhaft anständig zu verhalten nutzt hingegen nichts, gute Taten zahlen sich nicht aus:

»Es wäre denn, du meinst, es sei der Lauf der Welt, daß man einen Menschen, gerade weil er gut, in seinem Handwerk geschickt und pflichttreu ist, zugrunde richtet und in den Winkel jagt, *damit nur ja alles verkehrt läuft;* oder daß Gott den Prädestinierten zuerst die Sünde und dann die Buße schickt.« (Alemán, a. a. O., 261; Hervorhebung von mir)

Man denkt an Goethes: »Mit dieser Welt ist's keiner Wege richtig;/ Vergebens bist du brav, vergebens tüchtig,/ Sie will uns zahm, sie will sogar uns nichtig!« (»Zahme Xenien« I). Das Thema der »verkehrten Welt« wird angeschlagen, das Grimmelshausen etwas später durchführen wird (s. u. S. 97). Es stammt aber aus dem spanischen Schelmenroman. In der Welt geht es genau entgegen der »Richtigkeitsrationalität« (Max Weber) zu; bei Alemán steht:

»Sie machen es zuerst wie die Apotheker, die das Heilkraut destillieren oder zerstampfen und es hernach, sobald sie ihm den Saft entzogen haben, auf den Misthaufen werfen. Sie informieren sich zunächst über eine Sache so gut sie können, und kommen dem wahren Urheber zuvor; hernach bewerfen sie ihn mit Schmutz, verkaufen seinen Rat als wäre es ihr eigener, und ziehen einen schönen Privileg daraus.« (Alemán, a. a. O., 437)

Alemán mag dabei auch an die gelehrten Diebe gedacht haben, die (wie es ihm selber geschah) Manuskripte stehlen, um sie – wohlgetarnt – unter ihrem eigenen Namen herauszubringen. Auch Cervantes hat sich ja gegen den falschen Fortsetzer seines »Don Quijote« wehren müssen. Ganz zu schweigen von den Raubdrucken, die damals im Schwange waren.

Es gelte einzusehen, sagt Guzmán von Alfarache, »daß die ganze Welt von einer Machart ist«. Die Verkehrtheit der Welt, moralisiert er, beginnt mit dem Sündenfall:

»Das ist der Lauf der Welt. Sie beginnt nicht von vorn, denn hinten wächst dem Kater der Schwanz. Da gibt es kein Mittel und keine Medizin. So finden wir sie vor und gerade so verlassen wir sie. Man sollte nicht auf bessere Zeiten warten oder meinen, die Vergangenheit sei besser gewesen. Alles war, ist und bleibt genau so wie es ist. Der erste Vater war aufsässig, die erste Mutter verlogen, und der erste Sohn ein Räuber und Brudermörder.« (Alemán, a. a. O., 302 f.)

Seine Lebensweisheit drückt sich in einer totalen Umkehr der Aspekte aus (wie später bei Schopenhauer):

»Wir sollten uns nicht darüber wundern, wenn wir auf diese Weise betrogen werden, sondern eher darüber, daß wir nicht immer betrogen werden.«
»... Doch nach den heutigen Gepflogenheiten ist die Bosheit so im Schwange, daß wir uns mehr darüber wundern müssen, wenn wir nicht betrogen werden, als wenn wir betrogen werden.« (Alemán, a. a. O., 301 f., 521)

Diese Sentenzen beweisen, daß der Pícaro über einen nicht korrumpierbaren Charakterrest verfügt. Nimmt man die Welt, wie sie ist, mit allen Versuchungen, denen der Mensch ausgesetzt ist, so müßte der Schelm eigentlich noch viel schlechter sein, als er ist. Dieser *relative* Optimismus, eingebettet in einen globalen Pessimismus, wird später von Schopenhauer – durchaus picaresk empfunden – auf die Welt als Ganzes ausgedehnt werden mit dem Diktum: Die Welt sei gerade so schlecht, um mit knapper Not noch bestehen zu können; wäre sie noch etwas schlechter, könnte sie schon nicht mehr bestehen. Es ist also der Rest von Inkorruptibilität beim Pícaro, der die picareske Welt als Ganzes noch gerade lebensfähig erhält. Seine Problematik erschöpft sich freilich damit nicht; die Fachleute streiten über seine Definition. Doch scheint mir ein wichtiger Zug im Wesenscharakter des Pícaro bisher nicht genügend beachtet worden zu sein: sein erfinderischer Geist. Ist nicht schon in den Romanen die Bezugnahme auf den listenreichen Odysseus auffällig? Man könnte sagen, daß das einfallsreiche Sichherausreden, -winden, -handeln aus scheinbar aussichtslosen Lagen ein Entwicklungs- und Schulungskurs ersten Ranges für den Pícaro ist: Wer sich *darauf* versteht, und *nur*, wer sich darauf versteht, kommt durch. Geistige und physische Beweglichkeit *und Einfallsreichtum* in rasch wechselnden, immer wieder andersartigen Situationen sind Bedingungen des Entkommens. Im allgemeinen allerdings beschränkt sich diese Kunst auf ordinäre Tricks, vor allem auf die Kunst des Sichheraus-*Redens,* wie in Lope de Vegas Komödie »El caballero del milagro«, deren Held kein Ritter ist, sondern bloß ein Glücksritter (bäuerlicher Herkunft), während das »Mirakel« einzig in dessen Kunst besteht, seine Kontrahenten dumm und dusselig zu schwätzen und sich so immer wieder zu entwinden, bis er zum Schluß dann doch der Geleimte ist. Sein Diener Lofraso vergleicht seine unwahrscheinliche Lügenhaftigkeit mit der des Ulysses. Insofern könnte man sagen, daß der homerische Odysseus picareske Züge aufweist. Das ist auch oft so empfunden worden, natürlich nicht bei Homer selbst, wohl aber bei Euripides, und vor allem bei Dante, der in der »Divina comedia« Odysseus in die Hölle bannt, wegen der arglistigen Erfindung des trojanischen Pferdes (*aguato* = Hinterlist; Borchardt übersetzt mit *laur,* v. Wartburg mit »Trug«). Erschwerend wirkt auch die Entdeckerlust des Odysseus, der nach seiner Heimkehr nach Ithaka nochmals nach den Säulen des Herakles aufbricht. Für die mittelalterliche Auffassung war die Entdeckerlust an sich schon Überhebung. Es fällt auch auf, wie stark in den sogenannten Heilbringer-Mythen der Naturvölker das Element des Entdeckerischen und Erfinderischen mit dem picaresken verbunden ist. Im Pantheon der Polynesier verkörpert der Gott Hiro den Typus des sogenannten heroischen Schelms; er ist der grundsätzlich respektlose Schutzgott der Diebe, Lügner und Betrüger, vor dessen frechen Fingern kein Tempel und Altar sicher ist, aber auch ein großer Seefahrer und der Erfinder des Plankenboots, mit dem man größere Seereisen unternehmen konnte; also eine Schlüsselfigur für die polynesische Hochseefahrt, gegen die des Odysseus sagenumwobenes Umhergegondele in dem kleinen ostmittelländischen Binnenmeer ein Kinderspiel ist. Dieser Doppelzug ist nur scheinbar widersprüchlich, denn die Erfindung eines Fortschrittlich-Neuen, die Innovation (wie die modernen Kulturforscher sagen) ist nur möglich für den, der sich über die Tabus und Hemmungen des Normalmenschen brüsk hinwegsetzt. Das tut Hiro ex officio, und das tut gerade auch der Pícaro. »Letzten Endes ist alles Neue angenehm, besonders wenn man wie ich einen unruhigen Geist hat, der Neuerungen mag«, sagt Guzmán von Alfarache. Ein andermal werden unter ausdrücklicher Berufung auf Odysseus einige besonders arglistige Anschläge als »archimedische Erfindungen« (!) bezeichnet. Die picareske Geistesverfassung hat also eine Beziehung zum Thema der Innovation. – Sollte am Ende die moderne Technokratie ein verspätetes – und tödliches – picareskes Abenteuer sein?

Es findet sich in der spanischen Literatur nicht nur der Schelm, sondern auch die Schelmin. Sie entstammt dem Dirnen- und Kuppler-Milieu und gestattet dem Dichter, das Wegwerfen der Scham und Ehre von der weiblichen Seite her aufzuzeigen. Dies gestaltet Ubeda in seinem Roman »La pícara Justina« (1605), die man als eine Vorläuferin der Courasche bei Grimmelshausen ansehen kann. Ubeda nennt sein Buch eine *picarada.* Die Verfasser von Schelminnen-Romanen haben Gefallen an der Rache, die die scharfsinnige und listige Schelmin an den Geizhälsen und lüsternen Alten nimmt. Die Pícara Justina ist die Tochter eines Neuchristen (Morisken) und einer Kupplerin. Auch die Listige Elena stammt von einer neuchristlichen Sklavin ab, und fast alle weiteren literarischen Schelminnen sind Mischlinge, Morisken oder Zigeunerinnen aus Gauner- und Armutsmilieu. Ubeda sagt am Beginn seines Buches:

»Armut und Gaunerei sind von demselben Stamm; wo auch immer Armut und Gaunerei sich begegnen, umarmen sie sich so kräftig, daß die Rippen krachen.«

Dann ist noch die »Celestina« von Fernando de Rojas zu erwähnen, ein Drama in zahllosen Akten; die Titelperson ist ebenfalls eine Pícara, nämlich eine Kupplerin.

Zweifellos an die literarische Tradition der Pícara knüpft Benito Pérez Galdos' großer Roman »Fortunata und Jacinta« (1886–87) an, doch zeigt dessen Hauptgestalt, die aus dem Madrider Subproletariat stammende Prostituierte Fortunata, die picaresken Züge in einer Differenziertheit, die eine eindeutige Einordnung in dieses Genre nicht mehr erlaubt. Fortunata unterhält immmer wieder erneuerte Beziehungen zu Juan, dem Sohne einer reichen, hochangesehenen Madrider Familie. Ihre Leidenschaft für diesen Mann ist dämonische Verfallenheit, ein Verhängnis, dem sie nicht zu entfliehen vermag:

»... Doch hatte die alte und ach, stets so neue Leidenschaft solche Gewalt über sie, daß sie das mahnende Gespenst von sich schob, ohne daß es eine Spur in ihr hinterlassen hätte. Fortunata fühlte sich als blindes Werkzeug einer höheren Macht; sie wurde gelenkt und getrieben von einer unsichtbaren, starken Hand. Was sie tat, entsprang dem Unbewußten, so meinte sie, und sie war untertan einem Gesetz, das die Sonne aufgehen läßt und die Schwerkraft der Körper bestimmt. Sie vermochte sich nicht gegen das Unvermeidliche aufzubäumen; ihr Verantwortungsbewußtsein war so geschwächt und verwirrt, daß sie die Folgen nicht übersah, sondern einfach ›nachgab‹, bereit, ihren Weg in die Verdammnis zu gehen.« (Galdós, Fortunata und Jacinta, 622)

Die Einführung des aus arabisch-islamischer Überlieferung stammenden Verhängnis-Gedankens ist ein modernes Psychologicum des Dichters Galdós, das in dieser Weise in den Schelmenromanen des 17. Jahrhunderts nicht vorzukommen scheint. Doch Fortunata ist nicht nur von echter Leidenschaft zu Juan ergriffen – sie ist überhaupt keine wahre Pícara, sie ist z. B. unfähig zu Lüge und Verstellung –, sie hegt vielmehr nur eine einzige picareske Idee: dem berühmten Hause Juan de Santa Cruz aus ihrer Verbindung mit Juan den Erben des Hauses unterzujubeln, nachdem Juans Ehefrau Jacinta offensichtlich keine Kinder bekommt. Mit dieser Idee will sie zum Himmel oder zur Hölle fahren. Zu Juans Mutter Doña Barbara sagt sie:

»Das ist meine eingefleischte Idee, die ich hier im Kopfe gehegt und gepflegt habe, bis aus ihr das kleine Menschenkind entstanden ist, ausgekrochen wie das Küken aus der Schale ... Jawohl, Doña Barbara, jetzt sind Sie meine Schwiegermama von unseres Herrn Jesus Christus Gnaden, und Sie können es drehen und wenden, wie Sie wollen: ich bin die Mama Ihres Engelsohns, Ihres einzigen Engels.« (Galdós, a. a. O., 926)

Und sie setzt diese Idee auch durch, ihr Kind wird von der berühmten Familie angenommen, obwohl sie selbst im Kindbett zugrunde geht. – Man muß das Picareske, auch in einer solch späten Abwandlung, in Bezug zu der Unbedingtheit einer ethischen Rache sehen, um seine Wirkungskraft in der Literaturgeschichte einschätzen zu können.

Die Forschung hat nachgewiesen, daß der spanische Schelmenroman als neues Genre letzten Endes ein Produkt der religiösen Verfolgung ist. Dasselbe gilt in gewissem Umfange für die spanische Intellektualität seit dem 16. Jahrhundert. Die Verfasser der *novelas picarescas* waren überwiegend getaufte Juden, also Neuchristen oder direkte Nachkommen solcher. Der Verfasser des »Lazarillo von Tormes« war ein Neuchrist, ebenso Matéo Alemán (trotz seines »deutschen« Namens), Fernando de Rojas, Jorge de Montemayor, Ubeda. Der Dichter des »Don Quijote« kann (nach Americo Castros ausführlichen Nachweisen) ebenfalls kein Altchrist gewesen sein.

Auch die berühmte Mystikerin Therese von Avila war Neuchristin. Der neue literarische Stil der Neuchristen entstammt ihrer eigenen prekären Soziallage als negativ Stigmatisierter. Seitdem der Gedanke der Blutsreinheit (*limpieza di sangre* oder *casticismo*) von der spanischen Gesellschaft Besitz ergriffen hatte, konnten Juden und Mauren auch durch ihre Konversion dem Geist der katholischen Gegenreformation nicht genugtun; vielmehr blieb gerade gegenüber den Neuchristen ein tiefes Mißtrauen bestehen, sie wurden sozial nicht akzeptiert, und selbst wenn sie den Gedanken der reinen Abstammung in ihren Romanen lächerlich machen (wie z. B. Alemán), suchen sie doch als Autoren (wie auch Alemán) ihre jüdische Familienherkunft zu verwischen. Der Haß der Öffentlichkeit verfolgte die Konvertiten. Die psychologische Lage ist hier äußerst verzwickt. In Heinrich Manns Henri-Quatre-Romanen, in denen die Religionskriege zwischen Katholiken und Hugenotten in Frankreich dargestellt sind, sieht der Verfasser die zerstörerische Entelechie in dem Prinzip, die Menschen mit Gewalt einander gleichmachen zu wollen (s. u. S. 83). In Spanien lagen die Dinge ungleich schwieriger: Das Problem bestand darin, daß trotz des ausgeübten Gleichheitszwangs die Gleichgeschalteten sozial nicht akzeptiert wurden. »Trotz« ist eigentlich falsch, denn je stärkeren Konformitätszwang ich ausübe, um so mehr muß ich damit rechnen, daß nicht alle Übertritte ehrlich gemeint sind. Und genau diese ausweglose Situation bestand: stärkster Zwang zur Gleichschaltung, Selbstmißtrauen gegen die Effektivität dieses Zwangs und folglich Fremdmißtrauen als Projektion. Dazu die Renegatenpsychologie vieler Konvertierter, die ihre Lehrmeister selbst- und fremdbeschwichtigend zu überbieten suchen, d. h. den Zwang und die Unduldsamkeit verschärfen. Das Ganze ist eine soziale Entelechie mit steigernder Wirkung (Kettenreaktion) und katastrophalen Folgeerscheinungen. Die Ideologie der Blutsreinheit, die theoretisch die Voraussetzung der *hidalguía* und jeder höheren Laufbahn war, war tatsächlich gegenstandslos, weil die Mischung bereits Jahrhunderte alt war und bis in die höchsten Adelskreise, ja in die königliche Familie hinein ging; Ferdinand der Katholische z. B. war Halbjude. Americo Castro sieht in der Blutsreinheit ein ideologisches Erbe der – ursprünglich sehr rassen- und kastenstolzen – spanischen Juden, das dann im 16. und 17. Jahrhundert von Adel und Kirche übernommen und gegen die Juden selbst gewendet worden sei – mit dem scheinbar paradoxen Effekt, daß die spanische Gesellschaft um so fanatischer wurde, je mehr Juden in ihr »verschwanden«. Der gegenreformatorische Impuls der Kirche tat ein Übriges, um die Menschen zu fanatisieren, doch hatte die Unduldsamkeit eine volkstümliche Quelle in dem Andrang der Konvertiten, von denen sich viele übertrieben als treu-katholisch gebärdeten; manche von ihnen wurden sogar erbarmungslose Inquisitoren! »Gott befreie dich von Vergehen gegen folgende drei Heilige«, stöhnt Guzmán von Alfarache, »Inquisition, Hermandad und Cruzada« (Alemán, a. a. O., 154)[5]. Wie immer löst dabei die zeitgenössische Literatur die Widersprüche nicht durchweg auf, sondern läßt sie öfters bestehen, z. T. allerdings mit bewußter Ironie die Inkonsistenzen festnagelnd. Die Pícara Justina z. B. nennt sich selbst seelenruhig eine hidalga, betont aber immer wieder, daß sie nicht von »reiner« Herkunft sei. Auch gehören das Überbordwerfen von Scham und Ehre und das bewußte, geradezu wollüstige Ergreifen einer Paria-Rolle zum Habitus der negativ Stigmatisierten. Americo Castro hat besonders auf den jüdischen Autor Don Santob hingewiesen, der die »Proverbios morales« schrieb, mit der Tendenz: Flucht aus der Welt, Verachtung der moralischen Ehren, Hochschätzung des unterlegenen Menschen, der am Rande der Gesellschaft lebt. Das sind auch die Themen des Lazarillo und seines Herrn sowie überhaupt der negativ Stigmatisierten. Santob schreibt:

»Die Qual, die der *fidalgo* in seinen Sorgen erleidet, der Mensch, so elend und erbärmlich, daß er keine Scham empfindet, genießt das glückliche Leben dessen, der weder denkt noch träumt.« (zit. nach Castro, Spanien, Vision und Wirklichkeit, 540)

Bei diesem bemerkenswerten Autor erscheinen auch die düsteren Vorboten der asketischen Literatur des 16. Jahrhunderts, wie sie der Guzmán von Alfarache verkörpert, und wie sie bei Quevedo zum Ausdruck kommen:

»Hast du vergessen, daß du aus Erbärmlichem geschaffen wurdest, aus einem schmutzigen Tropfen, verdorben und verfault? Und du hältst dich für einen kostbar glänzenden Stern!«

Das entspringt jüdischer Überlieferung, die aber, wie Castro hervorhebt, der authentischen Lebenswirklichkeit jener Menschen entspricht. Auch bei Alemán blickt sie aus dessen neuchristlichem Gewand hervor, wenn er Guzmán die Worte in den Mund legt: er habe gehandelt wie ein dummer Junge und sei dafür dementsprechend bestraft worden, »denn obgleich mir wohl war, wollte ich erkennen, was Gut und Böse ist« (Alemán, a. a. O., 152); besonders aber in der Reflexion über die Imitatio des Schöpfergottes durch den vermessenen Menschen: Wir sehen, daß Gott alle Dinge gemacht hat, und wir möchten ihm gleich werden in unserer Schöpferkraft:

»Ich sah die Werke seiner Hände und fand, daß sie sehr gut waren, denn es waren gesegnete und mächtige Hände. Er freute sich an ihrem Anblick, denn sie waren nach seinem Geschmack. Dies wiederholt sich heute buchstäblich: wir

5 Santa Hermandad ist die ob ihrer Willkür berüchtigte exekutivgewaltige Landpolizei. Santa Cruzada bezeichnet den Kreuzzug der spanischen Liga (Spanien, Venedig und Rom) gegen die Türken mit dem Sieg in der Seeschlacht bei Lepanto (7. Oktober 1571).

wollen machen oder wenigstens nachmachen ... Kurz und gut, alle lieben ihre Werke. Indem ich sie also liebe, gleiche ich meinem Schöpfer; von diesem habe ich es geerbt.« (Alemán, a. a. O., 327)

Eritis sicut Deus, scientes bonum et malum (vgl. Faust I, 2048). Allerdings bleiben die alttestamentlichen Reminiszenzen nicht auf den Schöpfungsoptimismus (»Alles war sehr gut«) beschränkt. Die Berufung auf den Koheleth (»Alles ist eitel«) fehlt ebenfalls nicht. Daneben gab es auch die Suche nach einem wirklich christlichen Neuverständnis auf paulinischer Grundlage, gefördert durch die Reformgedanken des Erasmus von Rotterdam. Daß – Erasmus zufolge – der Geistliche ein Ritter Christi sein sollte, ist ein Gedanke, der auch im »Don Quijote« anklingt. Castro hebt schließlich die Bedeutung der spanischen Literatur für das Verständnis der modernen Welt hervor. Ohne sich der abgegriffenen Formel vom Realismus des Schelmenromans zu bedienen, die im Grunde gar nichts bedeute, hebt er doch die thematischen Übereinstimmungen in den Detailcharakteristiken der pikaresken Welt hervor. Ohne dies wäre

»... niemals jene Spannung entstanden, die nötig war, um jene neuen Ausdrucksformen zu ermöglichen, denen die Spanier viele der höchsten Hervorbringungen ihrer Kultur verdanken. Die neuen Weisen der erzählerischen Prosa, des Dramas und der Poesie brachten die zugespitzte Konfliktsituation zum Ausdruck, die für die einen durch die Unterdrückung, für die anderen durch die Reaktion der Unterdrückten entstanden war. Wie bei so vielen anderen Gelegenheiten führt die Beobachtung der Vergangenheit in eine Sackgasse: Wir verwerfen die Ungerechtigkeit und die Mißstände jeglicher Art, müssen uns aber vor der Tatsache verneigen, daß ohne sie ein blühendes, gerechtes und sittliches 16. Jahrhundert zweifellos keinen Anlaß für den Lazarillo, für das Drama Lope de Vegas oder für das Werk Cervantes' gegeben hätte«.

Castro summiert:

»Die Geburt des modernen Romans und des modernen Dramas in der ›Celestina‹ stellt keine vergnügliche Angelegenheit dar. Der echte Roman entstand aus einem ›tragischen Lebensgefühl‹ und aus der hispanischen Überwindung und Wertung dieses Gefühls. Wo es kein episch-tragisches Lebensgefühl gab, gediehen weder Roman noch Drama.« (Castro, a. a. O., 544)

Dies gilt, wie Castro ausdrücklich feststellt, für »die Geburt des modernen Romans und des modernen Dramas«, also über die Grenzen der spanischen Literatur hinaus. Wir erwähnen lediglich die Fortsetzungen des eigentlichen Schelmenromans auf französischem Boden: Sorels »Francion«, Lesages »Gil Blas« und die Ausspinnung dieses Genres in modernen Figuren: Ibsens »Peer Gynt«, eine zynischen Mischung von Narr, Gauner, Scharlatan-

Prophet und Dichter, in der norwegischen Literatur auch ein Vorläufer mancher Hamsunschen Gestalten (»August Weltumsegler«); Laxness' Hreggvidson (in »Islandglocke«); Thelens »Insel des Zweiten Gesichts«, die wieder auf spanischer Szene spielt; Thomas Manns »Felix Krull«. Das Picareske ist am interessantesten, wo es die Schranke des Diebs-, Gauners- und Schalksnarren-Milieus überschreitet und die bresthaften Züge der Welt offenlegt – die Züge, die auch den Redlichen zwingen, sich durchzuschlagen wie Thomas Manns Joseph und Thelens Vigoleis. Der Blick von unten braucht nicht an ein soziales Unten gebannt zu bleiben, er kann sich ins Universale erweitern; so wie kainitische Ruhelosigkeit und ewige Flucht nicht bloß einfach mörderisch ist, sondern eine Möglichkeit des Menschen, zur Paria-Ethik sich erweitern kann zu christlicher Ethik schlechthin. Es geht nicht einfach um die Entlarvung der Pleonexie, der Habgier und Überheblichkeit, um die flach idealisierten Liebesverhältnisse der vornehmen Leute, sondern auch um die Entdeckung eines legitimen Gegenbildes, das freilich kaum je sichtbar wird infolge der skeptizistischen *Epoché,* die auch ein Erbe des Pluralismus der Religionen ist. Die sozialen Ausgangsbedingungen des Schelmenromans werden in dessen gelungensten Exemplaren transzendiert; sie werden es immer dann, wenn die Themen wirklich künstlerisch gemeistert sind.

Grillparzers spanisch-jüdische Dramen

Der einzige deutsche Dichter, der ein innigeres Verhältnis zur spanischen Literatur gehabt hat, hat auch versucht, das erotische Gegenbild des »castizismo« zu gestalten: Franz Grillparzer, in der nachgelassenen Tragödie »Die Jüdin von Toledo« (geschrieben 1824–27, 1839, 1848–51 und später). Daß hier ein Problem verborgen liegt, konnte dem Kenner der Literatur nicht entgehen. Ideologische Übersteigerungen wie der »castizismo«, d. h. das Sicheinsetzen-für-die-Reinheit lassen immer auf eine Gegeninstanz schließen, die geleugnet, bekämpft, verdrängt werden muß: eine ungewöhnliche erotische Anziehung eigenen Gesetzes. Verrät doch die Ideologie die heimliche Wirksamkeit dieses absolut Gegenteiligen. Der »castizismo« ist eine solche Ideologie; man kasteit sich nicht, wo es nichts zu kasteien gibt. Die im Begriff beschworene Forderung und Haltung verrät schon durch ihre Etymologie einen neuropathischen Tabu-Komplex, ist Ausdruck einer kulturell-religiösen Kontaktneurose, die neuplatonisch durch Reinheit geheilt werden soll, wobei diese Reinheit, pseudobiologisch als Blutsreinheit gedeutet, auf Rasse bezogen wird. Es handelt sich hier wahrhaft um eine

Pseudo-Biologie; wirklich tiefgreifende Unterschiede der systematischen Rassen sind in Iberien nicht vorauszusetzen, die Straße von Gibraltar ist schon vorgeschichtlich keine Rassenschranke gewesen. Daß Christen, Mauren und Hebräer in ihrer Visibilität voneinander deutlich unterschieden gewesen wären, ohne Zuhilfenahme anderer Kriterien wie Tracht, Gehabe, Bräuche, Riten, Redeweise, scheint gerade aus der picaresken Literatur nicht hervorzugehen.

Picaresk ist Grillparzers Tragödie in keiner Weise. Sie gestattet kein Abgleiten, eine Großheit der Personen beherrscht die Szene. Der Dichter hat die – möglicherweise legendäre – Liebesbeziehung Alphons des VIII. zu einer Jüdin einem Drama Lope de Vegas völlig selbständig nachgestaltet: der verführte König, die Königin, Engländerin von Geburt, die an eine reale erotische Verzauberung ihres Gatten durch die Hebräerin glaubt – wie nahe hätte eine Verzerrung dieser Gestalt ins Fischblütige gelegen! –, Manrique von Lara als Vertreter der Granden und ihrer Staatsräson, Esther als Schwester der Heldin, schließlich diese selbst: Rahel. Sie ist böse-dämonisch, den Reiz des Erotischen magisch einsetzend (»die Jüdin, sie gefiel Euch, leugnet's nur!«), das Bild des Königs zauberisch durchbohrend:

»O gäbe jeder dieser Stiche Blut,
Ich wollt' es trinken mit den durst'gen Lippen
Und mich erfreun am Unheil, das ich schuf.
Nun hängt es da und ist so schön als stumm.
Ich aber red' ihn an als Königin
Mit Mantel und mit Krone, die mich kleiden.«

(Grillparzer, Werke II, 2. Akt V. 590 ff.)

Also Blut, Unheil, Tod. Ihr Eros ist zerstörerisch, und sie weiß das. Die Magie wirkt. Der König fühlt den Stich, es ist eine echte fattura:

»War's doch, als fühlt' ich in der eignen Brust
Den Stich nach jenem Bild ...
Es trieb bis zu den Augen mir das Blut,
Und wie im wirren Licht seh' ich die Dinge

(2. Akt V. 632 ff.)

Diese Gestalt der Rahel wird man ins Auge fassen müssen, wenn man die Möglichkeit der Einwirkung semitischer Hingabe-Mystik auf die okzitanische Minnedichtung erörtert.

Rahel zu Garceran:

»Ich habe nie geliebt: Doch könnt' ich lieben,
Wenn ich in einer Brust den Wahnsinn träfe,
Der mich erfüllte, wär' mein Herz berührt.
Bis dahin mach' ich die Gebräuche mit,
Die hergebracht im Götzendienst der Liebe,
Wie man in fremden Tempeln etwa kniet.«

(3. Akt V. 957 ff.)

Ihre Schwester erwartend:

»Ich will indes nur schlafen, bis sie kommt,
Bin ich doch selbst ein Traum nur einer Nacht.«

(3. Akt V. 485; Hervorhebung von mir)

Auch diesen orientalischen Topos hat Grillparzer spanischen Vorlagen entnommen. Hat er doch in »Der Traum ein Leben« abermals ein Stück Lope de Vegas, allerdings unter völliger Umgestaltung, paraphrasiert.

Die Königin ist die einzige, die die Größe der Gefahr erkennt. Während ihr Gatte die Jüdin bloß rätselhaft findet, glaubt sie an die Liebesmagie: »Sie hat dein Bild«:

»O, laß mich glauben, was mich hält und tröstet.
Der Mauren Volk, und all, was ihnen ähnlich,
Geheime Künste üben sie verruchte,
Mit Bildern, Zeichen, Sprüchen, bösen Tränken,
Die in der Brust des Menschen Herz verkehren
Und seinen Willen machen untertan.«

(3. Akt V. 1423 ff.)

Die der Staatsräson schließlich Geopferte scheint den König stärker zu bannen als die Lebende:

»Als sie noch lebte, wollt' ich sie verlassen.
Nun, da sie tot, verläßt sie nimmer mich.
Und dies ihr Bild auf dieser meiner Brust,
Es gräbt sich ein und schlägt nach innen Wurzel.«

(3. Akt V. 1661 ff.)

Zu Rahels Schwester: Alle sind nur Schatten, ich, du, auch die Mörder:

»Sind jene andern Mörder, wie sie's sind,
Schon ihre Väter waren's, wenn es galt.
Die Welt ist nur ein ew'ger Widerhall,
Und Korn aus Korn ist ihre ganze Ernte.
Sie aber war die Wahrheit, ob verzerrt,
All, was sie tat, ging aus aus ihrem Selbst,
Urplötzlich, unverhofft und ohne Beispiel.
Seit ich sie sah, empfand ich, daß ich lebte,
Und in der Tage trübem Einerlei
War sie allein mir Wesen und Gestalt ...«

(3. Akt V. 1681 ff.)

Wie eine Oase war sie, die der durstige Wanderer in der Wüste findet (!). Freilich, was von Anfang an zu erwarten stand, tritt ein: die Entzauberung. Nachdem der König die Tote nochmals angeblickt, stellt er plötzlich fest:

»Sie war nicht schön...,
Ein böser Zug um Wange, Kinn und Mund,
Ein lauernd Etwas in dem Feuerblick
Vergiftete, entstellte ihre Schönheit.«

(3. Akt V. 1847 ff.)

Er wendet sich ab. »Weib, Kind und Volk« treten vor seine Augen. Er beschließt zu sühnen, indem er – »bloß als Feldhauptmann« – einen Kreuzzug gegen die Ungläubigen unternimmt (»zur Buße hinzieht nach Jerusalem, voraus, voran, gelobt es Gott: zum Sieg!« (V. 1885, 1920) Es ist künstlerisch groß, wie der Dichter diesen Übersprung unerbittlich durch Rahels Schwester Esther entlarven läßt. Diese zu ihrem Vater:

»Siehst du, sie sind schon heiter und vergnügt
Und stiften Ehen für die Zukunft schon.
Sie sind die Großen, haben zum Versöhnungsfest
Ein Opfer sich geschlachtet aus den Kleinen
Und reichen sich die annoch blut'ge Hand.«

Sie flucht den Christen, droht ihnen die Niederlage im Heiligen Lande an. Aber als sie sieht, daß ihr alter Vater auch in dieser Lage nichts Besseres zu tun weiß, als an sein Gold zu denken, nimmt sie den Fluch zurück: *dann* sind auch der Vater, die gemordete Schwester und sie selbst: alle, alle schuldig!

»Wir stehn gleich jenen in der Sünder Reihe.
Verzeihn wir denn, damit uns Gott verzeihe.«

(3. Akt V. 1921 ff.)

Grillparzers zweites spanisches Judendrama »Esther« folgt wiederum einer Vorlage Lopes (»La hermosa Ester«). Es ist leider Fragment geblieben. Wenn in der »Jüdin von Toledo« die Jüdin sich die Stellung der Königin anmaßt, so sollte in »Esther« umgekehrt die Jüdin Königin werden, diese Erhöhung aber zurückweisen. Der Dichter mag dieses Stück deshalb nicht vollendet haben, weil es im Habsburgerstaat zu politischen Auseinandersetzungen über Religionsfreiheit, politische Rechte und kirchliche Satzungen geführt haben würde, »das hätte damals unter keiner Bedingung gespielt, vielleicht – ja ganz gewiß – nicht einmal gedruckt werden können« (Grillparzer 1886, in: »Dichter über ihre Dichtungen«, 248 ff.). Der Geist der Gegenreformation war im vormärzlichen Österreich immer noch zu fürchten.

Religionskrieg in Frankreich

(Heinrich Manns »Henri Quatre«)

Montesquieu hat in seinen »Lettres persanes« die Verfolgung der Juden in Spanien mit der der Hugenotten in Frankreich verglichen. Religionskrieg und Religionsverfolgung sind das große Thema in Heinrich Manns Meisterwerk, den beiden Henri-Quatre-Romanen (»Die Jugend des Königs Henri Quatre«, »Die Vollendung des Königs Henri Quatre«, 1937, 1938). Man darf dieses Werk des berufensten Mittlers zwischen deutscher und französischer Kultur fast als ein Werk der französischen Literatur betrachten. Der aus den Religionswirren resultierende Relativismus (oder relativistische Skeptizismus) des protestantischen Kleinkönigs Heinrich von Navarra, die Einsicht in die zerstörenden Wirkungen des Religionskampfes, der *beide* Kontrahenten korrumpiert und ewige Vergeltung heraufbeschwört, der Wunsch, alledem ein Ende zu setzen als Herrscher über Paris – als ein notgedrungen zum Katholizismus konvertierender Herrscher –, dies alles erhält bei Mann seine Folie durch die Begegnung Henri Navarras mit Montaigne, dem zeitweiligen Bürgermeister von Bordeaux und gefeierten Verfasser der »Essais«. Wieviel davon historisch ist, tut hier nichts zur Sache. Montaigne wird die Meinung in den Mund gelegt, »daß alle diese Religionskriege nichts weiter sind als Unternehmungen zur Zerreißung Frankreichs« (Mann, Jugend, 351). Doch die Gespräche zwischen Montaigne und dem König enthüllen auch die Dialektik von Skepsis und Handeln. Montaignes Weisheit ist, daß man auch die Religion übertreiben kann – hugenottisch verstanden ein geradezu ungeheuerlicher Satz! Der Weise sagt: »Die meisten Handlungen geschehen mit dem Kopf nach unten. Wer Handeln sagt, sagt Verwirrung.« Doch folgt daraus gerade, daß Henri als Handelnder kein absoluter Skeptiker sein kann! Von Montaigne hat Henri gelernt, daß es nicht auf die Dogmen ankommt, sondern auf Güte, heiter-maßvolles Sichgebaren über den Abgründen – und daß *diese* Einstellung schließlich auch das Volk überzeugt.

»Aber er weiß: eine Gattung Mensch will dies nicht, und gerade ihr soll er begegnen überall, bis ans Ende. Es sind keine Protestanten, Katholiken, Spanier oder Franzosen. Es ist eine Gattung Mensch: die will die düstere Gewalt, die Erdenschwere, und Ausschweifungen liebt sie im Grauen und in der unreinen Verzückung. Das werden seine ewigen Gegenspieler sein, er aber ist ein für alle Male der Abgesandte der Vernunft und des Menschenglücks.« (Mann, Jugend, 352)

Diese Gattung Mensch wird immer gegen ihn sein. »Die Mörder wachsen immer nach« (Mann, Jugend, 353). Ein Mörder fand dann schließlich ja auch seinen Weg zu Henri IV.

Heiter und maßvoll über den Abgründen: das ist gewiß auch der gedämpfte Klang der Montaigneschen »Essais«. Seinen Skeptizismus rein philosophiegeschichtlich zu nehmen wäre zu kurz gegriffen. Die pyrrhonische Haltung – »Epochè– je m'abstiens« – ist keine Schreibsessel-Weisheit, sondern eine errungene Haltung. Man sollte nicht vergessen, daß die »Essais« in den Jahren eines tobenden Religionskrieges entstanden sind.

Und man sollte auch nicht vergessen, daß Montaigne mütterlicherseits aus einer aus Spanien vertriebenen jüdischen Familie (de Lauppes = Lopez) stammte[6]. Damit ist der Anschluß an die spanisch-jüdischen Moralisten hergestellt. Castro vergleicht Montaigne mit Santob, dem ersten Vertreter einer vitalistischen Psychologie, von dem er das Wort zitiert:

»Deshalb kann ich mich nie an einem einzigen Pfahl halten, noch weiß ich, welcher besser ist, der weiße oder der schwarze.«

Das läßt sich parallelisieren mit Montaignes Zeilen:

»Gewiß ist der Mensch ein wunderbar eitles, schwankendes und vielgestaltiges Wesen, auf das ein festes und einheitliches Urteil zu gründen schwierig ist.«

Santob, meint Castro, habe zweihundert Jahre früher dasselbe gesagt und damit die einzige philosophische Richtung begründet, die die Spanier wirklich interessierte, und die sie im 20. Jahrhundert bei Kierkegaard, Dilthey und Heidegger wiederzufinden glaubten.

6 Heinrich Mann schrieb seine Henri-Quatre-Romane in der Emigration in Frankreich.

Richtiger noch wäre es, Montaignes »Essais« mit des Philosophen Edmund Husserl Stenogramm-Monologen zu vergleichen[7], deren struktureller Moralismus auf dem immer erneuten Zurückdrängen der immer neu hereinbrechenden Skepsis beruht. Castro seinerseits zieht eine Linie von Santob über Montaigne zu Spinoza. Montaignes Maß-Begriff (»Modération«, »Essai« I, 30) und seine Wendung gegen eine exzessive Sittlichkeit entstammen den Erfahrungen der Religionskriege und berühren sich mit Spinozas »Ethik«; und die darin liegende Tendenz, »statt nach steiler Höhe zu trachten, das Nahe zu vergeistigen« (Friedrich, Montaigne, 376), berührt sich mit der modernen Philosophie der »Lebenswelt« (Husserl). Anklänge an Erasmus' »Lob der Torheit« und an den Koheleth fehlen nicht. Das Wahnhafte (»Vanité«, »Essai« III, 9) kann als das Leben ermöglichend nicht völlig abgewiesen werden. Freilich paßt Montaigne mit seiner Leidenschaft für Tropen und seiner Bilderfülle nicht in die Tradition des abstrakt-philosophischen Räsonnements, aber das gilt für die moralistischen Autoren (Guicciardini, Quevedo, Gracián) durchweg, deren komplexes Menschenbild, nach Hugo Friedrich, zu ergänzen ist durch die gleichzeitigen dichterischen Formen (bei Bandello, Cervantes, Shakespeare). Tatsächlich sind aber auch die großen Moralisten, auch Montaigne selbst, immer wieder zu den Dichtern gestellt oder in deren Nähe gerückt worden, so von Montesquieu und Jacob Burckhardt, besonders von De Sanctis: »Mondi nuovi poetici ci erano allora, ed erano in mondi che creavano Camões, Cervantes, Montaigne, Shakespeare e Milton.« (De Sanctis, Storia della Letteratura italiana II, 716)

Es ist also keine Künstelei von Heinrich Mann, sondern der Logik der Stunde im Hugenottenkrieg gemäß, wenn er Montaigne als Eideshelfer herangezogen hat. Die Einstellung dieses Denkers, äußerlich der katholischen Sache zuneigend, war in Wahrheit der Indifferentismus, auf den auch der »Handelnde«, Henri Navarra, unvermeidlich zusteuert. *Beide* Parteien, Katholiken wie Hugenotten, wüten gegeneinander. *Beide* verfolgen mit Terror auch die Nichtkombattanten. »Vor seinem Gesicht krümmten sich Bauern an Balken hängend, Feuer angezündet unter ihren Füßen.« Dies »war das Gesetz der Welt«, und Henri muß lernen, »daß der wahre Kampf um die Religion und das Königreich nicht anders aussah«. (Mann, Jugend, 58) Sogar der allerseits verehrte, später in der Bartholomäusnacht ermordete Admiral Coligny hat, wenn man ihm die Terrorakte seiner Hugenotten vorhält, die Rechtfertigung bei der Hand:

»›Aber unseren Glauben haben sie (die Katholiken) nicht‹: so hieß seine ganze Rechtfertigung, wenn wir geplündert hatten und gefoltert. An diesen Menschen hier ist zu sehen, wohin man kommt mit dem Streit um die Religion!« (Mann, Jugend, 116)

7 Publiziert in den Bänden der »Husserliana«, Den Haag (Martinus Nijhoff).

Die Hugenotten sprechen immer nur von *der* Religion, wenn sie ihre Überzeugung verteidigen. Ist das aber dann nicht eigentlich schon die zum »Glauben an den Glauben« gewordene Ideologie?

»An einem Kreuzweg haben heute meine Soldaten achthundert Feinde niedergemacht und dabei gerufen: Sankt Bartholomäus! Schrecklich ist, daß alles wiederkehrt und nichts, nichts kann je aus der Welt kommen. Ich wäre für Vergessen und Vergeben, ich wäre für Menschlichkeit. Was ist von unseren Streitfragen denn wahr? Was weiß ich? Gewiß ist, daß wir töten, draußen wie drinnen.« (Mann, Vollendung, 7)

Wie in Spanien die picareske Welt den Pícaro bedingt, so in Frankreich der Religionskrieg den Religionskämpfer, in seinen vollendeten Exemplaren eine schauerliche Synthese von »Heiligkeit und Abscheulichkeit«. »Es ist in der Welt, bevor es in meinem Geiste ist«, sagt der Hugenott Du Plessis-Mornay – er meint den Geist des Tötens! (Mann, Jugend, 154)

»Nicht einmal die Vernichtung des Landes hält den Feind der Gewissensfreiheit zurück. Wie denn! Er bemerkt weder Verwüstung noch Vernichtung, wenn er die Menschen zwangsweise gleichmachen kann.« (Mann, Jugend, 286)

Das ist es! Égalité wird es zweihundert Jahre später heißen.

Das steht allerdings nicht bei Heinrich Mann! Die aus den beiden Romanen abgezogene Ideologie ist überhaupt nicht haltbar. Die Deutung Henri Quatres als Macht der Güte nimmt gerade den Ertrag seiner Darstellung nicht in sich auf: daß die Güte hier Herrschaftsmittel ist. Auch die Interpretation der Menschlichkeit als einer Innovation (»die kühne Neuerung, menschlich zu sein«; Mann, Jugend, 338) ist historisch nicht haltbar. Zu allen Zeiten haben die großen Universalherrscher, von Ashoka und Dareios bis zu Konstantin dem Großen, nach den blutigen Kriegen zur Erringung, Befestigung und Erweiterung ihrer Macht, Gewaltlosigkeit und Milde verkündet und praktiziert – als Herrschaftsmittel. – Heinrich Mann war ein großer Künstler, aber als politischer Denker in die Tiefe zu gehen, war ihm versagt.

Die massenpsychologischen Symptome aber in den Religionskriegen hat er deutlich gesehen. In der Epoche dieser Kriege »erscheint noch einmal im Abriß eine ganze gräßliche Vorzeit: Totentanz, Veitstanz und Kinderkreuzzug, Pest, tausendjähriges Reich samt weiß verdrehten Augen, die auch zeitweilig erblindeten aus bloßer Einbildung... Anzeigen, angeben, ausliefern, an den Galgen bringen ...« (Mann, Jugend, 404): Der Geist der Verfolgung, aufgestachelt durch das Schwärmertum des ewigen Messianismus. Henri Navarra ist früh ernüchtert: kein Mensch kann auf die Dauer diesen Glaubenseifer aushalten. Wechselseitige Verkämpfung wird eigengesetzlich, ein bloßes Gerücht kann mit augenblicklicher, höchst wirklicher Vergeltung quittiert werden, denn »man wurde, wofür man einander hielt«, d. h. unmenschlich, untermenschlich, schlechthin ausrottungswürdig.

Henri Quatres Übertritt zum Katholizismus hat nichts mit einem Wechsel der religiösen Überzeugung zu tun, er drückt bloß den endgültigen Überdruß an dem ewigen Gleichtakt des Vergeltens aus. Sein großer Plan, ausgearbeitet von Sully, sieht ein Bündnis aller christlichen Staaten vor und eilt seiner Zeit weit voraus; künftige Religionskriege sollten dadurch verhindert werden:

»Ein Religionskrieg, noch einer? Ich bin der Fürst, der sie kennt!... Ich kenne die Religionskriege. Daß niemand wagt, bei meinen Lebzeiten noch einen zu beschwören!« (Mann, Vollendung, 488)

Er wird umgebracht (1610). Und der Dreißigjährige Religionskrieg in Deutschland kann alsbald beginnen.

Religionskrieg in Deutschland

(Gryphius, Moscherosch, Grimmelshausen)

Ohne das Spanien der Inquisition und Hermandad kein Schelmenroman, kein Cervantes und kein Lope de Vega und Calderon. Ohne den Religionskrieg in Frankreich kein Montaigne, Labruyère, Larochefoucauld und Pascal. Und ohne den Dreißigjährigen Krieg in Deutschland keine deutsche Barockdichtung. Als Lyriker und Dramatiker tragischen Lebensgefühls ragt Gryphius hervor. Daß das Kriegserlebnis das Gefühl der Unbeständigkeit begünstigt, ähnelt das deutsche 17. Jahrhundert dem spanischen und französischen 16. Jahrhundert an. Der Koheleth wird überall zum Eideshelfer, so auch in Gryphius' Gedicht »Es ist alles eitel« (»Du siehst, wohin du siehst, nur Eitelkeit auf Erden...«); wobei »Eitelkeit« nicht im heutigen Wortsinn, sondern im Sinne des lateinischen *vanitas* zu verstehen ist. In demselben Gedicht stehen die Verse:

»Nichts ist, das ewig sei, kein Erz, kein Marmorstein.
Itzt lacht das Glück uns an, bald donnern die Beschwerden.«

(Gryphius, Gedichte, 5)

Es kommt »bald anders«, wie Grimmelshausen allegorisiert. Das einzig Beständige ist die Unbeständigkeit.

Das Sonett »Tränen des Vaterlandes« (1636) steigert sich nach einer grausigen Aufzählung des Kriegselendes zu den Schlußversen:

»Was grimmer denn die Pest, und Glut und Hungersnot,
Daß auch der Seelen Schatz so Vielen abgezwungen.«

(Gryphius, Gedichte, 7)

Wobei unter dem »Seelenschatz« der religiöse Glaube zu verstehen ist, der so vielen Zeitgenossen durch die gewaltsame Rückbekehrung zum Katholizismus entrissen wurde. Die moralische Zerstörung ist in Gryphius' Augen noch ärger als die physische. Auch hier ein Parallelvorgang zur Katholisierung in Spanien oder zu der Unbekümmertheit der Feinde der Gewissensfreiheit im Frankreich der Hugenottenkriege (»er bemerkt weder Verwüstung noch Vernichtung, wenn er die Menschen zwangsweise gleichmachen kann«).

Gryphius ist als Lyriker und Dramatiker ebenso groß wie Grimmelshausen als Erzähler.

Zwischen beide schiebt sich zeitlich die merkwürdige Gestalt des Elsässers Johann Michael Moscherosch, dessen »Gesichte des Philander von Sittewald« (1640, 1642) in ihrem ersten Teil eine freie Paraphrase der »Träume« von Quevedo sind. Die Aggression der spanischen Romanciers gegen die falschen Ehren, die dem Sein der Menschen nicht mehr entsprechen, wird bei Moscherosch zu einer allgemeinen Entlarvung der Widersprüche und zur Polemik gegen die Heuchelei. Die Heuchelstraße ist die größte der Welt, nirgends entspricht das Innere dem Äußeren: der Pfeffersack will Junker sein usw. Moscherosch hält donnernde Reden gegen die Ausländerei, gegen die damals aufkommende Allongeperücke, gegen die welschen Tischsitten usw. Die Abwehr der französischen Moden ist aus der Elsässer Grenzlage des Autors erklärbar; er preist die volkstümliche Redeweise, vor allem natürlich die elsässische Mundart! Ein rechter deutscher Mann ißt den Salat nicht nach welscher Art mit der Gabel, sondern gut deutsch mit den Fingern, so schmeckt er auch besser! Das Soldatentum wird zeitnah geschildert – alle Sprachen höre man, Schweizerisch, Niederdeutsch, Schwäbisch, Kroatisch, Französisch, Latein, Italienisch, daneben die Idiome der Landstreicher, Marodeure und Verbrecher: Sie sind stolz darauf, daß sie morden können, ohne mit der Wimper zu zucken, das ist die Moral dieser Krieger, deren Väter zwei Jahrzehnte zuvor in einen Religionskrieg gezogen waren! – Das alles ist bei Moscherosch billig und wiegt leicht, hält keinem Vergleich mit dem spanischen Vorbild stand. Trotzdem ist dieser Elsässer mit seinem Rückgriff auf den spanischen Moralisten einem richtigen Instinkt gefolgt. Die Familientradition indessen – die Moscheroschs sollen aus Saragossa stammen, adlig gewesen sein (selbstverständlich!), und der Urgroßvater unseres Autors soll im Gefolge Karls V. nach Deutschland gekommen sein – ist im ganzen nicht haltbar, der Stammbaum gefälscht. Doch das sind viele Marannen-Stammbäume, und gewisse Selbstbekenntnisse Moscheroschs legen die Vermutung nahe, daß er der Nachkomme eines aus Spanien entkommenen Marannen ist. Moscherosch heißt Moseskopf, als »hebräischer Moseskopf« wird er im ersten Teil des »Philander« von dem Expertus Robertus angeredet, sucht freilich diesen »wunderseltsamen« Namen abzuwehren. Der Name Rosch war unter spanischen Juden in Verbindung mit bestimmten Vornamen häufig und ist auch in Saragossa nachweisbar. Nicht diese Indizien als solche sind wichtig, es ist vielmehr die Tatsache, daß der Geist einer prekären Soziallage über vier Generationen hinweg in ein neues Vaterland übertragen worden ist und seinen Einzug in Moscheroschs Werk gehalten hat. Dieses ragt nicht durch seine literarischen Qualitäten hervor, sondern als ein Denkmal für den *historischen Charakter der Verängstigung*. Die Anlehnung an den nur wenig älteren spanischen Zeitgenossen Quevedo spielt erst in zweiter Linie eine Rolle, sie erfolgt vielmehr bei Moscherosch aus der Erahnung eines wahlverwandten »thème de situation« in den »Sueños«. Nicht die Übernahme, die Wahlverwandtschaft ist das Entscheidende. Die Analogie der Situation kann man unter dem Stichwort »Verfolgung« fassen. Moscherosch spricht sogar direkt merkwürdig oft von erlittenen Verfolgungen – ob er wirklich übertrieben hat? Im »Traurigen Gespräch« tritt unser Autor als der Geängstigte auf, heimliche Feinde verfolgen ihn, treiben ihn in eine Sackgasse (!), spotten seiner, frohlocken über ihn, Sie haben seine Ehre und seinen guten Namen »häßlich angetastet und beschnitten [!], ihn verlogen verleumdet, beschissen und betrogen« (Faber du Faur, Moscherosch, 240). Möglicherweise hat sich Moscherosch wirklich wegen seiner zeitweiligen Tätigkeit als Steuereinnehmer unbeliebt gemacht (ähnlich wie Cervantes), und vielleicht hat man ihn auch wegen seiner Abstammung gehänselt. Sein Äußeres muß fremdartig gewesen sein, südländisch – »Der Teuffel hat uns mit der großen Nasen beschissen« (Faber du Faur, a. a. O., 242) –, die oben zitierte Szene mit dem Expertus Robertus spiegelt die Marannen-Lage des Entdecktwerdens, desgleichen die Szene mit seinem geliebten Ariovist, den er als Elsässer (!) im zweiten Teil seines Werkes herausstreicht, den er aber auch Zweifel an des Autors bzw. Philanders deutscher Abstammung äußern läßt: er sehe ja aus wie ein Welscher, und wozu denn ein griechischer (Philander) und ein hebräischer (Moscherosch) Name? »Sollst du ein Deutscher sein? Dein gantze Gestalt gibt uns viel ein anders zu erkennen.« (Moscherosch, Geschichte Philanders von Sittewald, II) Expertus Robertus nennt den Autor »halb teutsch, halb welsch«, demgemäß habe er auch ein »Bastardherz«, das sich in seinen Neigungen zu erkennen gebe. Die Widersprüche zwischen Innen und Außen, die unser Autor überall feststellt, löst er auf aus der Struktur seines Selbst – er sagt es selbst! Genauer gesagt findet sich bei Moscherosch ein ständiges Hin und Her zwischen Verstecken und Decouvrieren. Der germanendeutschtümelnde Moralismus, der uns heute ziemlich anödet, die Tiraden gegen welsche Tracht, Sprache, Tischsitten etc. sind Überkompensationen seines »welschen« Erbes, genährt durch die Überfremdungsangst aufgrund der elsässischen Grenzlage. – Für die geradezu inquisitorische Übersetzung der Selbstaggression in antisemitische Fremdaggression kann noch die Szene »Jud und Commissarius« (gegen Ende des Buches) erwähnt werden, die beide als gleiche Brüder dargestellt werden, auswechselbar, einer wie der andere: Lügner, Betrüger, Ausbeuter, Erpresser, alles mit gesetzlicher Deckung, bestechlich, Schelme; so daß man das alte Wort »homo homini lupus« heutzutage ersetzen müsse durch:

»Homo homini Judaeus,
Homo homini Commissarius«.

(Moscherosch, a. a. O., 371)

Dazu muß man wissen, daß die sozioökonomische Figur des Steuerpächters (denn dieser ist mit dem Commissarius gemeint) zu allen Zeiten und in allen Ländern die verhaßteste gewesen ist; man denke nur an die Steuerpächter (Luther übersetzt »Zöllner«) in den Evangelien; sie galten als der Auswurf der Menschheit. Moscherosch spricht aus seinen Erfahrungen als Straßburger Fiskal. Die Identität der beiden Gestalten hat er nicht erfunden, sondern – als Nachrede – erlebt.

Der »Philander von Sittewald« wirft aus der deutschen Literatur des 17. Jahrhunderts noch einmal ein helles Licht zurück auf den Geist der spanischen Schelmenromane.

Grimmelshausen ist eine Wiederentdeckung des 19. Jahrhunderts. Im 18. war er vergessen. Die Romantiker waren hingerissen vom »Simplicius Simplicissimus«, Arnim und Brentano nahmen das Nachtigallenlied in ihr »Wunderhorn« auf. Arnim zeigt sich offenkundig von Grimmelshausen beeinflußt, das Alraun- und Bärenhäuter-Motiv spuken durch seinen Roman »Isabella von Ägypten«. Und natürlich Tieck! Auch bei Fouqué sind Grimmelshausens Spuren zu entdecken. Da die Tendenz zur Regression in das archaische Seelenleben an dem Dichter des 17. Jahrhunderts deutlich zu gewahren ist – wie hätte da nicht die Romantik um 1800 daran anknüpfen sollen? – zumal die folkloristischen Versatzstücke dazu bereit lagen. Der Mümmelsee im »Simplicius Simplicissimus« erscheint wieder in Grimms Deutschen Sagen, und in Mörikes Gedicht »Die Geister vom Mümmelsee«. Die heutige Literaturforschung ist sich in der hohen Einschätzung Grimmelshausens einig, braucht sie sich doch nur auf die Romantiker zu berufen. Emil Ermatinger stellt unsern Dichter mit Shakespeare auf eine Stufe – Schwärmerei; »Simplicius Simplicissimus« sei der Faust des 17. Jahrhunderts – Unsinn. Andere haben Grimmelshausens Hauptwerk in die Kategorie der Entwicklungsromane einordnen wollen – abwegig. Gebeutelt, herumgeworfen, herumgestoßen und verstoßen, bald oben, bald unten (Baldanders!), aber Entwicklung? »Simplicius Simplicissimus« ist ein Schelmenroman, aber im Sinne des Guzmán von Alfarache (von dem er beeinflußt ist): Nicht der Held (der keiner ist) ist ein Pícaro, die Welt selber ist picaresk, total verkehrt und total verworfen, und der Held kann nur insoweit als ein Pícaro erscheinen, weil er anders als angepaßt an *diese* Welt nicht überleben kann! Dahin gehört denn auch die Übernahme der Narrenrolle, zu welcher der junge Simpel beim Gubernator von Hanau genötigt wird (wie Guzmán beim Botschafter, Don Quijote beim Herzog): Nur als Narr kann man in dieser aus den Fugen geratenen Welt durchkommen, die bereits die Jüngsten zur Maske erzieht:

»Doch war ich so schlau, daß ich nichts sagte; dann wann ich die Wahrheit bekennen soll, so bin ich, als ich zum Narrn werden sollte, allererst witzig und in meinen Reden behutsamer worden...« (»Simplicius...« I, 164)

Eine Äußerung, die zugleich das doppelte Ich des Erzählers bloßlegt, der als Älterer über seine jugendliche Rolle im Narrengewand reflektiert. Er blickt auf sein Leben wahrhaftig als ein Leben der Narrheiten zurück (»...fing ich wieder auf ein neues an, mit der Leimstangen zu laufen und am Narrenseil zu ziehen...«) – man beachte das picareske Vokabular! Die abgezogene Philosophie des gereiften Mannes aber lautet: Nicht närrische Einfälle machen den Narren, auch nicht die Unterdrückung der Narrheit, an der wir alle Teil haben. Diejenigen aber, die ihren Narren

»... nach Gelegenheit der Zeit bisweilen ein wenig mit den Ohren herfürragen und Atem schöpfen lassen, damit er nicht gar bei ihnen ersticke, dieselbige halte ich vor die beste und verständigste Leute.« (»Simplicius...« II, 93)

Dies ist erlittene und nicht erspekulierte Lebensweisheit:

»Die Welt ist der Torheiten so voll, daß sie keiner mehr acht' noch selbige verlacht oder sich darüber verwundert, weil sie deren gewohnt ist. So hatte auch ich den Ruf eines klugen und guten Soldaten und nicht eines Narren.« (»Simplicius...« II, 93)

Wirklich ist er auf seine Weise ein guter und brauchbarer Junge. Schelme sind »die anderen«. Olivier, sein Gegenspieler, ist der eigentliche, der Erzschelm, der sich zynisch auf die Verfassung der politischen Welt beruft:

»...daß die Rauberei das alleradligste Exercitium ist, das man in dieser Zeit auf der Welt haben kann! Sage mir, wieviel Königreiche und Fürstentümer sind nicht mit Gewalt erraubt und zuwege gebracht worden. . .Siehst du nicht täglich vor Augen, daß die höchste Potentaten meistenteils einander berauben? Siehst du nicht, wie der Stärkste den Schwächern in Sack zu stecken trachtet?. . .Du bist noch Simplicius, der den Machiavellum noch nicht studiert hat. Könnte ich aber auf solche Art eine Monarchiam aufrichten, so wollte ich sehen, wer mir alsdann viel darwider predigte.« (»Simplicius...« II, 215 f.)

In der Szene mit dem geisteskranken Jupiter, auf die wir noch zurückkommen werden, werden nicht nur Zoilus und Momus als maßgebende Gestalten des klassischen Pantheons eingeführt, zusamt Vulcanus als »hinkendem Gauch«, sondern der ganze olympische Götterhimmel wird mehr oder weniger als ein Schelmenverein geschildert[7]. Sie sind ja alle so. Die Welt ist eben so. Kann man sich dagegen auflehnen?

Hier scheint mir eine Zwischenbemerkung über die poetische Rolle des Narren am Platze. Wenn ich schon anläßlich des Don Quijote darauf hinweisen konnte, daß dessen Narrheit nicht »klinisch« aufzufassen sei, so gilt dasselbe hinsichtlich des Simplicius Simplicissimus und verwandter dichterischer Figuren (z. B. des Fürsten Myschkin in Dostojewskis »Idiot«). Die Stigmen der Narrheit sind z. T. als ein Alibi gedacht, als eine Rückversicherung, die den Autoren gestattet, bestimmte Aussagen zu riskieren, die nur im Munde geistig Gestörter für das Publikum erträglich sind. Insofern knüpfen Simplicius (am Hofe des Gouverneurs von Hanau), Don Quijote (am Hofe des Herzogs) und Guzmán von Alfarache (am Hofe des Botschafters) in ihren Narrenrollen an die Traditionsgestalt des Hofnarren an, und ihre Reden und Taten offenbaren so etwas wie einen umgekehrten Fürstenspiegel, der jetzt aber schon ein Spiegel der Welt ist. Goethe läßt in Faust II den Mephistopheles die Rolle des Narren am Kaiserhofe übernehmen, und das gegen ihn gewendete Wort des Kanzlers, die Ketzer und Hexer seien dem Narren nahe verwandt, klingt an gewisse Äußerungen im »Don Quijote« an. Den Ästhetikern des Humors konnten diese Beziehungen nicht verborgen bleiben. Jean Paul verwendet in seinen Romanen durchweg die Figur des »Kauzes«, der so etwas ist wie ein bürgerlich gemilderter Narr, scheinbar harmlos. Kommerell bemerkt über die Roman-Vorreden Jean Pauls:

»Wenn im heiligen Spiel Gott selbst nicht sprechen will, füllt das Ich als sein Hofnarr mit läppisch verstellten Gebärden die Pause. Dafür braucht es Narrenfreiheit, und so nehmen sich die Vorreden vielfach des Humors an...« (Kommerell, Jean Paul, 171)

Jean Paul sagt auch in seiner »Vorschule der Ästhetik« (§§ 32 ff.), der Humorist sei »sein eigener Hofnarr«. Nur ist das Narrentum bei Jean Paul musikalisch verinnerlicht und verkauzt, obwohl dadurch bloß scheinbar

7 Ein picaresker Nachklang aus moderner Zeit ist Joseph Wincklers »Irrgarten Gottes« (vgl. u. S. 371).

entschärft. Der musikalische Charakter seiner Ästhetik zieht alle Folgerungen aus der prekären Lage des Dichters, setzt an Stelle des verlorenen Wissens vom Festen die »Weisheit der Übergänge« in gleichsam enharmonischen Verwechslungen. Die moderne Idee des Humors ist in diesem musikalischen Sinne alles Vorangehende vernichtend und unendlich, ewige Bewegung. Jean Paul ist sich der Tradition der mittelalterlichen Narrenfeste wohl bewußt, doch auch, daß deren burleske Gestalt vergangen ist (»zu solchem Lebenshumor ist jetzo unser Geschmack zu fein, als unser Gemüt zu schlecht«[!]); die Verfeinerung ist eben zugleich eine Vertückung. Auf dieser Linie liegt auch sein Vorschlag, der Hanswurst des klassischen Fastnachtsspiels möge nicht länger so genannt werden, sondern den Rats-Titel erhalten, der Hofnarr also entsprechend dem Hofrat, Legationsrat usw. Die moderne Narrenfreiheit dient nicht mehr der Zeitkritik, sondern entspringt dem »Welt-Humor«, der die große Antithese des Lebens als solche behandelt. Den Anfang dazu macht Shakespeare mit einigen seiner melancholischen Narren (darunter der Hypostase), in diesen »treibt er hinter einer wahnsinnigen Maske die Welt-Verlachung am höchsten« – Goethe schließlich zieht die Summe der idealisierenden Existenz der produktiven Persönlichkeit schlechthin, wenn er (am 7. März 1808 an Jacobi) schreibt:

»Der Schauspieler, Musikus, Maler, Dichter, ja der Gelehrte selbst erscheinen mit ihren wunderlichen, halbideellen, halbsinnlichen Wesen jener ganzen Masse der aus dem Reellen entsprungenen und an das Reelle gebundenen Weltmenschen wie eine Art von Narren, wo nicht gar als Halbverbrecher, wie Menschen, die an einer levis notae macula [d. i. an einem leichten Makel] laborieren.«

Wer überhaupt an einer geistigen Welt baut, muß der Mehrheit seiner Zeitgenossen zum mindesten als »verstiegen«, wenn nicht Schlimmeres, erscheinen.

Kehren wir zurück zu Grimmelshausen. Simplicius gibt nach seinen schlechten Jugenderfahrungen nicht sofort auf, widmet sich vielmehr der Aufgabe, den Leuten den Gegensatz zwischen ihrem Handeln und den christlichen Grundsätzen (die er als Knabe bei dem Eremiten gelernt hatte) unter die Nase zu reiben:

»Wann ich nun so etwas hörte, sahe und beredete, wie meine Gewohnheit war, mit der heiligen Schrift hervorwischte oder sonst treuherzig abmahnte, so hielten mich die Leute vor einen Narren und Schwärmer, ja ich ward meiner guten Meinung halber so oft ausgepfiffen, verhöhnt und ausgelacht, daß ich endlich auch unwillig ward und mir vorsatzte, gar zu schweigen, welches ich doch aus christlicher Liebe nicht halten konnte.« (»Simplicius. . .« I, 104)

Und als er sich bei einem Pfarrer darüber beklagt, daß er wegen seiner christlichen Moralreden verspottet und ausgelacht werde, antwortet ihm der geistliche Herr:

»Dessen verwundere dich nicht, ich glaube, wann unsere erste fromme Christen, die zu Christi Zeiten gelebt, ja die Aposteln selbst anjetzo auferstehen und in die Welt kommen sollten, daß sie mit dir eine gleiche Frage tun und endlich auch so wohl als du von jedermänniglich vor Narrn gehalten würden. . .Aber laß dich das nicht ärgern.« (»Simplicius. . .« I, 104)

Vielleicht muß man aber doch ein Heiliger sein, um das Ärgernis der christlichen Botschaft in einem aktiven Weltleben zu ertragen. Das Zeitalter der wütenden Glaubenskämpfe gestattet keine ruhige Befestigung religiöser Überzeugungen; es erzieht vielmehr zum Skeptizismus:

»Zu welchem Teil soll ich mich dann tun, wann je eins das ander ausschreit, es sei kein gut Haar an ihm?« (»Simplicius. . .« II, 109)

Simplicius räsonniert sogar darüber hinaus: Selbst christliche Bekenntnisse gebe es nicht nur zwei, die sich in diesem Kriege auf Leben und Tod bekämpfen, sondern mehrere: Es gibt die armenischen, die abessinischen, die griechischen und die georgischen Christen. Das Resultat des Widerstreits aller könne doch nur ruchlose Gottlosigkeit sein! – Natürlich ist das Bildungsreflexion des erzählenden Ich, denn Landsknechte aller dieser Glaubensbekenntnisse kann der Soldat Simplicius wohl kaum in seiner Kumpanei angetroffen haben. Für diesen Soldaten handelte es sich bloß um »schwedisch« oder »kaiserlich«, und auf welche Seite man gerade geriet, war nicht Sache der Überzeugung, sondern Zufall, unter Umständen, d. h. bei Gefangennahme durch die eine oder andere Partei einfach Zwang der Lage. Auch Springinsfeld ist »keiner Religion zugetan« – »demnach mir's gleich galt, ob kaiserlich oder Schwed' siegen würde«. (»Simpl. Schrift.«, 214, 193). – Doch auch für die Nichtkombattanten wird das Sichdurchwinden zum beherrschenden Gesichtspunkt. Im »Wunderbarlichen Vogelnest«, I. Teil, gibt die alte Zigeunergroßmutter präzise Anweisungen, wie man sich als Bettler in einem Gelände konfessioneller Gemengelage zu benehmen hat: in protestantischen Gemeinden um Gottes willen kein Ave Maria beten, in calvinischen »Unser Vater« beten, nicht »Vater unser« usw.; wenn man sich nicht klar darüber ist, welche Konfession in einer Gegend herrscht, auf Bildstöcke, Heiligenhäuslein etc. am Wege achten, überall vorsichtig sich durchschlängeln. Maßgebend wird der Gegensatz Kombattanten – Nichtkombattanten, das heißt: Beutejäger – Beuteobjekte. Nur der persönliche Vorteil gilt. Ein wichtiges persönliches Motiv des Beutemachens ist, wie »Simplicius Simplicissimus« an vielen Stellen lehrt, der soziologische Grundsatz der Selbstequipierung der Krieger, von deren Quantität und Qualität nicht nur ihr Ansehen, sondern bis zu einem gewissen Grade auch ihr militärischer Rang abhängt. Auch der Heerführer als Unternehmer baut hierauf. Das Beutemachen ist also als Motiv ebenso wichtig, für die unteren Chargen sogar wichtiger, als das Siegen[8]. Beutemachen bedeutet militärischer Aufstieg. Das Rauben, Stehlen und Marodieren tritt besonders in der Karriere des Jägers von Soest hervor; der Fachjargon hierfür lautete: »auf Partei gehen«. Dem Mutigen, Gewissenlosen und Raschen gehört die Welt! Moralische Bedenken kommen nicht in Betracht. »Mein Gewissen war bereits so weit, daß ein großer Heuwagen hindurch hätte fahren mögen«, bemerkt Simplicius drastisch (»Simplicius...« II, 232). (Man wird dabei an das Bild von Hieronymus Bosch im Escorial erinnert.) Natürlich kann man beim »auf Partei gehen« auch schwer hineinfallen; das Risiko ist groß, daß man selber ausgeraubt wird und alle Reichtümer mit einem Schlage einbüßt. In diesen Zusammenhang gehört Grimmelshausens Rollentheorie. Sie paßt zu der barocken Idee des Theatrum mundi, entstammt aber auch den Erfahrungen des Soldatenlebens und wird in der Gestalt des Baldanders allegorisiert, der Simplicius im Buche begegnet. Baldanders ist die Verkörperung der Unbeständigkeit, die den Menschen zu ununterbrochenem Rollenwechsel zwingt. Baldanders wirft Simplicius vor, daß er niemals seiner geachtet habe,

»...unangesehen ich dich mehr als andre Leute bald groß, bald klein, bald reich, bald arm, bald hoch, bald nieder, bald lustig, bald traurig, bald bös, bald gut und in Summa bald so und bald anders gemacht habe.« (»Simplicius...« III, 193)

Die enge Beziehung dieser Figur zum Topos der »verkehrten Welt« wird ersichtlich (s. u. S. 97). Simplicius hat seine Rollentheorie selbst erlitten, all dieses Auf und Ab, Hin und Her am eigenen Leibe erlebt; als Bauernbub und Analphabet beim Knän aufgewachsen, später seine adlige Abkunft entdeckend, als Soldat auf Partei bald mit mächtiger Beute beglückt, alsbald alles wieder einbüßend usw.

Entscheidend aber ist das Tempo des Wechsels und auch das Tempo der Ortsveränderungen in den Bewegungen des Krieges. Liest man Grimmelshausen, so wird man als Soziologe zu Betrachtungen über die Beschleunigung der vertikalen und der horizontalen Mobilität durch den Dreißigjährigen Krieg verlockt. Nicht nur die Heere ziehen ununterbrochen umher, nicht nur die Marode-Brüder tauchen bald hier, bald da auf, nicht nur die

8 Es ist schwer begreiflich, wie Bertolt Brecht (in seinem Stück »Mutter Courage«) diese Praxis, die ein ausgesprochenes Merkmal der ständischen Verfassung unter den Bedingungen der Söldnerheere ist, als »kapitalistische Ausbeutung« mißverstehen konnte.

Krieger wechseln dauernd freiwillig oder unfreiwillig ihren Truppenteil, sondern auch die geplagte, gebrandschatzte, terrorisierte und vertriebene Zivilbevölkerung, Zehntausende von individuellen Landstreichern und Glücksrittern aller Farben sind unterwegs. Im »Springinsfeld« ist die Rede von den »liederlichen Bettlern, Vaganten und unnützen Landstörtzern, mit denen unser Teutschland gleichsam überschwemmt ist« (»Simpl. Schrift.«, 260). Die »Landstörtzerin Courasche« mag literarisch durch die »Pícara Justina« angeregt sein: Daß es diesen *Typus* von verwegenem, völlig bedenkenlosem und mit allen Hunden gehetztem Weibsbild damals in großer Zahl gegeben hat, ist unbezweifelbar. Sie ist das Gegenstück zu Simplicius, halb aristokratisch von Geburt, »mehr mobilis als nobilis«, wie Grimmelshausen sarkastisch bemerkt. Ihre Geschichte beichtet sie dem Simplicius. Auch sie ist ständig »baldanders«, taumelt zwischen adligen Verehelichungen, vom Rittmeister abwärts bis zum Musketier, die Ehemänner gehen ab, einer nach dem andern, denn – wie lehrt die Soziologie? – »die Sterblichkeit der Männer ist in Kriegen größer als die der Frauen«, im übrigen, sie schafft's auch ohne Soziologie, ganz oben auf einem Schloß in Dänemark, ganz unten als Landsknechtshure. Auch hier bei aller Verworfenheit ein Rest von Unantastbarkeit; in Gaunerstücken freilich dem Simplicius weit überlegen, eine wirkliche »Pícara«. – Springinsfeld ist der richtige Gaukler, von balkanischer Herkunft.

Wenn die Unstetheit in den spanischen Schelmenromanen mehr den Charakter einer kainitischen Ruhelosigkeit hat, ist sie bei Grimmelshausen wodanistisch gefärbt. Es müßte kaum mit rechten Dingen zugehen, wenn angesichts dieses endlosen Krieges der ganze Komplex des »wilden Heeres« nicht aufgelebt wäre. Von Bärenhäutern ist in den simplicianischen Schriften immer wieder die Rede; es ist ein Schimpfname unter Landsknechten, der den Anklang an archaisches Kriegertum bewahrt. Davon ist im Märchen nur der tapfere Soldat übriggeblieben, der sieben Jahre ungewaschen und ungekämmt umherschweifen muß und dafür am Ende die Braut kriegt. Ursprünglich aber waren die Bärenhäuter in Bären verwandelte ekstatische Kämpfer, *Berserker*, d. i. Wodanskämpfer, die in Anfällen von rasender Wut – *Wodan id est furor* – über ihre Feinde herfielen. Es heißt auch, daß sie als Bären unter ihren Feinden wüten, während ihre Körper andernorts schlafend daliegen. Verwandlung, Ekstase, Entrückung sind die typischen Erscheinungen. Es versteht sich von selbst, daß ein Schriftsteller des 17. Jahrhunderts diesen heidnischen Komplex nur pejorativ stilisiert vorführen kann. Er ist aber da. Auch Wodan selbst ist da – als Teufel natürlich; Wodan als Wunschgott und – in einer Zeit des Krieges und der Krieger – Kriegergott, Sturmgott des wilden Heeres. Auch im Zusammenhang mit der teuflischen Spielwut der Landsknechte steht er (»das verfluchte Würfelspiel«): als Herr des Loswerfens. Zur Erklärung rascher Ortsveränderungen wird bei Grimmelshausen, ganz schamanistisch, das Entrückungsmotiv herangezogen. Der Krieg wirkt tiefenpsychologisch auflockernd und begünstigt die Regression in halb- oder ganzvergessene folkloristische Deutungsschemata. Grimmelshausen muß mit dergleichen Schemata vor allem als Jäger von Soest reichlich in Berührung gekommen sein, der westfälische genius loci paßt dazu. Vieles im »Simplicius Simplicissimus« ist Resonanz aus dem Munde des Volkes. Aber unser Autor (oder nur Simplicius?) glaubt offenbar auch selber an Hexenwesen und Weissagungen, obwohl der reflektierende Autor einmal bemerkt, dem Wallenstein habe man eine trügerische Prophetie gemacht: statt mit Saitenspiel zum König gekrönt zu werden, sei er »zu Eger eingewiegt worden«. Grimmelshausen läßt Schwarzkünstler auftreten, es gibt den Teufelspakt, die Geister vom Mümmelsee und eine geradezu schamanische Seelenreise.

In solchen Zeiten der Krise werden auch die eschatologischen Stimmungen und Erwartungen wieder lebendig. »Simplicius Simplicissimus« wird mit dem Satz eröffnet:

»Zu dieser unserer Zeit, von welcher man glaubt, daß es die letzte sei...« Und am Ende des V. Buches heißt es abermals: »... die wenigen Tage, die die Welt noch vor sich hat...« Damit schließt sich der Ring[9]. Grimmelshausen hat nicht gefackelt; er gibt einer damals, auch noch nach dem Westfälischen Frieden, weitverbreiteten Stimmung Ausdruck.

Chiliastisch-messianisch sind die Phantasien, die einem Geistesgestörten in den Mund gelegt werden, der sich für Jupiter hält. Jupiter in der messianischen Gestalt des Teutschen Helden, den damals viele erwarteten, und mit dem Friedensreich, welches der Held errichten wird. Auf Simplicii bescheidene Frage, wie das möglich sei angesichts der Glaubenshetze der unterschiedlichen Pfaffen, antwortet Jupiter mit der Idee eines Konzils, das alle christlichen Religionen vereinigen werde, verbunden mit einem Hunger-Konklave, das so lange andauern wird, bis alle einig sind (!), »und welcher alsdann dawider glaubt, den wird er mit Schwefel und Pech martyrisieren oder einen solchen Ketzer mit Buchsbaum bestecken und dem Plutoni zum Neuen Jahr schenken«. Das Geld wird abgeschafft, Schulden erlassen, das Reich ausgestattet mit zusammengeraubtem Gut. Der Teutsche Held wird auch Konstantinopel einnehmen in einem Tage, »und allen Türken, die sich nicht bekehren und gehorsam werden, die Köpfe vor den Hintern legen«. Alle Könige Europas werden ihre Länder von dem Teutschen Helden zu Lehen nehmen. Möglicherweise hat Grimmelshausen etwas von den mittelalterlichen Kaiserprophetien gehört; dem Jäger von Soest können sie

9 Mit dem V. Buch könnte der Roman schließen, was noch folgt, wirkt wie angeklebt. – Anders steht es mit den »Simplicianischen Schriften«, die für das Gesamtbild nicht entbehrt werden können.

zu Ohren gekommen sein, gerade in Westfalen wurden sie überliefert. Was aber an dieser Jupiter-Geschichte auffällt, ist die antik-olympische Drapierung, dazu die picaresk-vulgäre Spracheinkleidung. Jupiter beschwert sich auch darüber, daß Zoilus und Momus ihn verschrien hätten, und er droht, er werde »der Pandore Büchse von neuem füllen und selbe den Schelmen auf ihre heillosen Köpfe ausleeren lassen...«. Nach Günther Weydt hat Grimmelshausen die Figur des Jupiter dem Don Quijote nachgebildet, der Dichter müsse sowohl direkt (vielleicht durch eine holländische Übersetzung) als auch indirekt (über den Harsdörffer-Kreis in Nürnberg) Kenntnis von dem Roman des Cervantes gehabt haben. Jupiter werde bei Grimmelshausen als »überstudiert und in der Poeterey gewaltig verstiegen« charakterisiert, und das gelte ja auch für den verschrobenen Ritter von der traurigen Gestalt. Sicher sind diese beiden alten Soldaten, Cervantes und Grimmelshausen, die so viel herumgewirbelt worden sind und so viele ähnliche Erfahrungen gemacht haben, auch auf viele gleichartige Gedanken gekommen. Am Ende steht bei beiden die Weltüberwindung und Weltentsagung: »Der Wahn betreugt.« Bei beiden Dichtern findet sich auch die Entwertung des Kriegshelden durch die Erfindung des Schießpulvers, die schon in Ariosts »Rasendem Roland« konstatiert wird. Wichtig und erhellend scheint mir Weydts Bemerkung über die Einschätzung des Narren in der Epoche beider Dichter: »Die Epoche empfand selten Grauen und eigentliches Mitleid angesichts der Narrheit und suchte sich eher in naiver Weise an ihr zu belustigen.« (Weydt, Don Quijote Teutsch, 269) Im Gegensatz dazu sähen unsere beiden Dichter das Problem der Narrheit in seiner Tragik. Was uns als moderne Leser sowohl im »Simplicius Simplicissimus« als auch im »Don Quijote« an der Reaktion der geschilderten Personen auf den Narren und die Narrheit am meisten abstößt, ist die hämische Belustigung, die Schadenfreude. Leicht lassen sich bei Grimmelshausen auch die Linien zum spanischen Schelmenroman ziehen, etwas flüchtiger zum französischen. Am stärksten sind die Ähnlichkeiten mit Alemáns »Guzmán von Alfarache«, nur schwach die mit Charles Sorels »Françion«. Guevaras »Menosprecio de corte y alabanza de aldea« hat Grimmelshausen in einer Übersetzung von Aegidius Albertinus (1643) gelesen, seine Zeitklage und sein Lebensrückblick sind dadurch beeinflußt. Das Gewicht dieser Anregungen, Übernahmen und Entlehnungen einzuschätzen ist Sache der Literarhistoriker. Grimmelshausen ist in jedem Falle ein großer Dichter. Seinen Stil brauchte er nicht zu suchen; er ist völlig kongenial der grausigen Zeit mit ihrer Brutalität, Grausamkeit, Not und Angst, Verwahrlosung und Unfläterei. Die moralische Verwilderung im langewährenden Krieg, die Thukydides im Altertum in klassischer Sprache herausgearbeitet hatte, ist im Religionskrieg durch den wildesten Fanatismus noch gesteigert und erscheint bei Grimmelshausen in den grellen Farben des auf unterer Ebene Mitlebenden und Mitleidenden, der sich eine sprachliche Glättung nicht erlauben will. Eine Distanzierung kann später allenfalls die Bußpredigt bieten. Der Dichter kommt uns ja nicht als Historiker: es ist ihm alles selber passiert. Man vergesse auch nicht, daß das ganze Grauen mit dem Westfälischen Frieden keineswegs zu Ende war – es war nur ein kurzes Aufatmen, dann begannen schon 1672 die Raubkriege Ludwigs XIV., die Grimmelshausen als Schultheiß im badischen Renchen noch erlebt hat. In diese Zeit fallen seine Spätschriften, abgeschlossen 1675, ein Jahr vor seinem Tode: nichts von abgeklärter Altersweisheit, sondern »Continuation« des simplicianischen Themas. Der zweite Teil des »Wunderbarlichen Vogelnests« (1675) ist kapitelweise mit einer kaum erträglichen, unflätigen Bosheit geladen, und die Amsterdamer Judennovelle, in der ein angeblicher Engel Uriel den Messiasglauben mißbraucht, um ein jüdisches Mädchen zu verführen, ist so voll satanischen Hohns, daß es, wie die Schlußräson lautet,

»... in unserem Gesicht unter den Menschen so voller Unmenschen herumkrabbelt', daß man unter ihnen schier keine rechten Menschen mehr sehen konnte, wenngleich Diogenes mit seiner Laternen daher kommen wäre«. (»Simpl. Schrift.«, 504)

Grimmelshausen ist auch der Dichter der »verkehrten Welt«. Er hat diesem Topos eine universale, ja kosmologische und damit auch eine literarische Bedeutung gegeben, die in der Weltliteratur, soweit wir urteilen können, nicht wieder erreicht worden ist.

Den Topos an und für sich konnte der Dichter vorfinden. Im »Ewigwährenden Kalender« nimmt er Bezug auf einen Kupferstich, auf dem dargestellt ist, »wie der Ochs den Metzger metzelte, das Wild den Jäger fällete, die Fisch den Fischer fraßen, der Esel den Menschen ritte, der Lay dem Pfaffen predigte, das Pferd den Reuter tummelte; der Arm dem Reichen gabe, der Bauer kriegte und der Soldat pflügte«. Ähnliche Bilderbogen waren seit dem späten Mittelalter weit verbreitet. Die vollständigste Kasuistik hat der sizilianische Volkskundler Guiseppe Cocchiara geboten (»Il mondo alla rovescia«). Welzig schreibt:

»Das Märchen vom Schlaraffenland will durch Aufzählung unsinniger Dinge aus einer verkehrten Welt, die der Erzähler selbst geschaut zu haben vorgibt, ergötzen. Zahlreiche bildliche Darstellungen beweisen, wie tief derartige tolle Vorstellungen in der Phantasie des Volkes wurzelten.« (Welzig, Ovolo und verkehrte Welt..., 425)

Welzig zitiert dazu Uhlands Abhandlung »Zur Gattung der Lügenlieder«. Daselbst kann man nachlesen, daß in den Spruchgedichten des 14. und in einigen Volksliedern des 16. Jahrhunderts »alle Gattungen des Widersinnigen und Ungereimten bunt durcheinander [laufen]«. Die Tierwelt wird als

Bild menschlichen Treibens begriffen usw. Doch werden die Tiere auch häufig so zueinander gestellt, daß unter Vertauschung ihrer natürlichen Eigenschaften etwa die Kleinen die Großen fressen, die Schwachen die Starken meistern und dergleichen. Dem Menschen wird durch solche Lügenstücke ein Spiegel vorgehalten. Uhland bietet des weiteren eine reiche Charakteristik, die auch die Lügenmärchen einbezieht.

Daß der Topos weit verbreitet ist, hat E. R. Curtius in seinem bekannten Werk »Europäische Literatur und lateinisches Mittelalter« gezeigt. Er hat dort auf das antike Prinzip der Reihung von Unmöglichkeiten (Adynata, Impossibilia) hingewiesen und dieses in die mittellateinischen Literaturen hineinverfolgt. Ich selber konnte das Mythologem von der verkehrten Welt an ethnographischem Material nachweisen und seine Virulenz bis in die modernen Bewegungen, vor allem in Ozeanien und in Afrika, hinein verfolgen. Das mythische Absurdum – in der Totenwelt ist z. B. alles entgegengesetzt: Tag, wenn es bei den Lebenden Nacht, Sommer, wenn es bei uns Winter ist; Baumwipfel zeigen nach unten, die linke Hand ist die rechte, so daß man manchmal sogar die Grabbeigaben falsch herum orientiert, damit sie im Jenseits richtig zu liegen kommen; oder die Zukunftsvision: Yams und Kartoffeln werden auf Bäumen wachsen, die Kokosnüsse aber in der Erde, die Landtiere werden im Meere leben, die Wassertiere aber auf dem Lande usw. usw. – dieses Absurdum kann in den modernen Emanzipationsbewegungen auch ins Soziale übersetzt werden: Wenn das Heilsreich kommt, werden die Weißen schwarz und die Schwarzen weiß werden, und diese werden über jene herrschen. Dieses soziale Virulentwerden eines an und für sich so harmlos aussehenden Mythologems erfolgt in der Regel (nicht immer) unter missionschristlichen Einflüssen, in der Konsequenz der Lehre »Die letzten werden die ersten sein«. Die evangelische Botschaft wird wörtlich genommen, so wie es die Ketzerbewegungen am Rand der christlichen Kirchen im Abendland von jeher getan haben.

Hier ist Grimmelshausen einzuordnen. Von revolutionärer Konsequenzmache kann man bei ihm freilich nicht reden; was aber sichtbar wird, ist die Verkehrung der Welt vom Standpunkt des altständischen Ordo her: daß der Große Krieg eine Mobilisierungstendenz zeigt, die das Oberste zu unterst kehrt und die alten Ordnungen *definitiv* zerstört. Im 18. Jahrhundert wird diese Zerstörung die Voraussetzung sein für die praktische revolutionäre Schlußfolgerung, die ihrerseits im 19. und 20. Jahrundert die Voraussetzung für den Export des Revolutionsgedankens in die »Dritte Welt« sein wird. Das alles ist bei Grimmelshausen nicht vorausgesehen, auch nicht soziologisch im modernen Sinne durchdacht, sondern kosmologisch verstanden, d. h. transzendental verankert. Es ist die Weltverkehrung, die der Dichter selbst *erlebt* hat, die aber seither auch ein labiles »Existenzial« unserer gesellschaftlichen »Ordnung« ist. Dabei braucht der Topos »Verkehrte Welt« wörtlich nicht einmal vorzukommen. Er taucht im Roman nur einmal auf: »Dergestalt verkehrt sich alles in der verkehrten Welt« (Simplicius...« II, 92), ist aber impliziert in nahezu allem, was geschieht und geschildert wird. Die Allegorese des »Baldanders« ist das Äußerste an Abstraktion, was der Dichter sich leistet; sonst nur die Zeitklage über die Zerstörung des Ordo: Allüberall Abgötterei und Verachtung der wahren, göttlichen Majestät, niemand hält sich mehr an Gottes Wort und Gebot, dagegen verstoßen viele und übertreffen noch die Zöllner und Sünder an Bosheit. Es ist bezeichnend, daß hier wieder auf die Steuerpächter (Publikanen) als das Nonplusultra an Bosheit zurückgegriffen wird, wie bei Moscherosch, und daß deren Bosheit von den heutigen sogenannten Christen aber noch übertroffen werde, die noch weit schlimmer seien als die Türken und Tataren. Freilich dürfen wir diese gewaltige Jeremiade des Dichters nicht bloß als solche nehmen; in seinem Weheruf ertönt schrill die Feststellung, daß die überlieferte Gesellschaftsordnung aus den Fugen geraten ist, die Fundamente des Ordo weggebrochen – wenn auch der revolutionäre Zusammenbruch des Oberbaus noch hundert Jahre auf sich warten ließ. Auch ist Grimmelshausen bzw. sein erlebendes Ich als Simplicius kein unbeteiligt Darüberstehender, der wie ein moderner Soziologe vom sicheren Beobachtungsturm aus seine Diagnosen stellt, die dann in der Regel falsch sind. Er ist vielmehr dauernd beteiligt, das Absurde ist nicht ausgedacht, es geschieht ihm, und zwar in schuldhafter Verwicklung: Das in seiner Ehe geborene Kind ähnelt fatal dem Knecht in seinem Hause, dafür wird ihm von einer anderen Frau ein Bankert vor die Tür gelegt, der wirklich *sein* Kind ist:

»Aber es geht nit anders her, wann man in einem so gottlosen und verruchten Leben, wie ich eins geführt, seinen viehischen Begierden folgt.« (»Simplicius...« III, 48)

Es ist dieses schuldhafte Drinstecken und Mitverantwortlichsein, was die Soziologie Grimmelshausens von der Einstellung des modernen Menschen unterscheidet, der in seinem Objektivismus immer so tut, als ginge ihn auch das, was er anklagt oder beklagt, im Grunde nichts an, als geschehe es ohne ihn und an ihm und gegen ihn, ohne daß er im geringsten selber dafür haftbar gemacht werden könnte. Was der Dichter als im Kriegsgeschehen erschreckend zutage tretende äußerste Bosheit konstatiert, ist dieser moderne Typus Mensch mit dem detachierten Verantwortungsgefühl, auf den alles Geschehen hinsteuert.

Durchgeführt wird der Topos der verkehrten Welt vom Dichter in der Spätschrift über den »Ewigwährenden Kalender«. Erst auf der Basis der totalen Weltverkehrung und -umwälzung erhalten die harmlos erscheinenden Beispiele, daß Blinde Blinde führen, Ochsen tanzen und Esel die Laute schlagen, einen neuen, virulenten Sinn als Chiffern, die uns anschauliche Deutungsschemata für die Welt, in der wir gezwungen sind zu leben, an die Hand geben. Wenn die Welt auf den Kopf gestellt ist, stellen wir uns am besten auch auf den Kopf: dann ist's wieder richtig, und das ist schließlich auch der Sinn der adoptierten Narrheit, die der Dichter immer wieder befürwortet. Unter anderem gibt er ein Bild mit einem Kreuz auf einer Erdkugel, nach unten weisend, und über dem Ganzen die Inschrift: »Also steht und thut die Weldt«. Einverstanden. Wo die Verkehrtheit als das Normale und Gewöhnliche erkannt ist, kehrt sich auch der Ordo-Begriff um. Hat man sich auf den Ruinen das *alten* Ordo erst eingerichtet, so können die irdischen Verhältnisse als leidlich lebenswert, ja – ironisch – sogar als lobenswert erscheinen. Das Fazit ist die *dialektische Aspektumkehr, die uns begreifen läßt, daß die Weltordnung als solche eben verkehrt ist.* Und daß sie dennoch eine Ordnung ist. Oder wenigstens so etwas wie eine Ordnung. Fragt sich bloß, ob dieses Fazit dann noch christlich genannt werden kann. Welzig meint: ja, ich meine: nein. Viel eher nähert sich dieser unaufgelöste Schlußakkord der gnostizistischen Weltansicht an. Wir sollten den Ton der Verzweiflung in Grimmelshausens Spätschriften, kurz vor seinem Ende, nicht überhören.

Zweiter Zugang

Aufbruch nach Osten

Goethe

Unser zweiter Weg zur Weltliteratur führt uns aus dem Abendland heraus und konfrontiert uns mit dem *Begriff* der Weltliteratur. Nichts ist dabei natürlicher als die Anknüpfung an Goethe, der sich zu diesem Thema bekanntlich oft geäußert hat. Wir führen sein Wort zu Eckermann an (31. Januar 1827). Goethe erzählt bei Tisch, daß er einen chinesischen Roman gelesen habe (es handelte sich um »Chinese Courtship Verse« von P. P. Thoms, 1824), und er repliziert auf Eckermanns erstaunte Äußerung, das müsse wohl eine sehr fremdartige Lektüre sein: »Nicht so sehr, als man glauben sollte.« Und weiter:

»Die Menschen denken, handeln und empfinden fast ebenso wie wir, und man fühlt sich sehr bald als ihresgleichen, nur daß bei ihnen alles klarer, reinlicher und sittlicher zugeht. Es ist bei ihnen alles verständig, bürgerlich, ohne große Leidenschaft und poetischen Schwung und hat dadurch viele Ähnlichkeit mit meinem Hermann und Dorothea, sowie mit den englischen Romanen des Richardson. Es unterscheidet sich aber wieder dadurch, daß bei ihnen die äußere Natur neben den menschlichen Figuren immer mitlebt. Die Goldfische in den Teichen hört man immer plätschern, die Vögel auf den Zweigen singen immerfort, der Tag ist immer heiter und sonnig, die Nacht immer klar; vom Mond ist viel die Rede, allein er verändert die Landschaft nicht, sein Schein ist so helle gedacht wie der Tag selber. Und das Innere der Häuser so nett und zierlich wie ihre Bilder. Zum Beispiel: ›Ich hörte die lieblichen Mädchen lachen, und als ich sie zu Gesicht bekam, saßen sie auf feinen Rohrstühlen.‹ Da haben sie gleich die allerliebste Situation, denn Rohrstühle kann man sich gar nicht ohne die größte Leichtigkeit und Zierlichkeit denken. Und nun eine Unzahl von Legenden, die immer in der Erzählung nebenher gehen und gleichsam wie sprichwörtlich angewendet werden. Zum Beispiel von einem Mädchen, das so leicht und zierlich von Füßen war, daß es auf einer Blume balancieren konnte, ohne die Blume zu knicken. Und von einem jungen Manne, der sich so sittlich und brav hielt, daß er in seinem dreißigsten Jahre die Ehre hatte, mit dem Kaiser zu reden. Und ferner von Liebespaaren, die in einem langen Umgange sich so enthaltsam bewiesen, daß, als sie einst genötigt waren, eine Nacht in einem Zimmer miteinander zuzubringen, sie in Gesprächen die Stunden durchwachten, ohne sich zu berühren. Und so unzählige von Legenden, die alle auf das Sittliche und Schickliche gehen. Aber eben durch diese strenge Mäßigung in allem hat sich denn auch das chinesische Reich seit Jahrtausenden erhalten und wird dadurch ferner bestehen.«

Mit welcher Sicherheit und Prägnanz sind hier charakteristische Züge der ostasiatischen poetischen Anschauung und sittlichen Kultur erfaßt! (Die Frage bleibe unerörtert, ob Goethe sein Urteil über das »Sittliche und

Schickliche« angesichts berühmter erotischer Romane wie »Kin Ping Meh« usw. aufrechterhalten haben würde.) Wichtig ist für uns, daß gerade dieses chinesische Beispiel für Goethe der Ausgangspunkt gewesen ist, um sich über den Begriff der Weltliteratur so entschieden zu erklären wie in keinem anderen Zusammenhang. Auf Eckermanns Frage, ob jener von Goethe gelesene Roman »vielleicht einer ihrer vorzüglichsten« sei, erwidert Goethe, »keineswegs, die Chinesen haben deren zu Tausenden und hatten ihrer schon, als unsere Vorfahren noch in den Wäldern lebten«. Und dann holt er aus:

»Ich sehe immer mehr, daß die Poesie Gemeingut der Menschheit ist und daß sie überall und zu allen Zeiten in Hunderten und aber Hunderten von Menschen hervortritt ... Aber freilich, wenn wir Deutschen nicht aus dem engen Kreise unserer eigenen Umgebung hinausblicken, so kommen wir gar zu leicht in diesen pedantischen Dünkel. Ich sehe mich daher gerne bei fremden Nationen um und rate jedem, es auch seinerseits zu tun. *Nationalliteratur will jetzt nicht viel sagen, die Epoche der Weltliteratur ist an der Zeit, und jeder muß jetzt dazu wirken, diese Epoche zu beschleunigen.«* (Hervorhebung von mir)

Der Begriff der Weltliteratur wird aber nicht in erster Linie durch Goethes theoretische Beiträge zu diesem Thema bestimmt, auch nicht durch seine praktischen Bemühungen, seine Rezensionen serbischer, neugriechischer, böhmischer Volkslieder, seine engen Kontakte mit den jungen französischen Mitarbeitern des »Globe«, seine Korrespondenz mit Carlyle, sein warmes Eintreten für Scott und Manzoni, so wichtig alles das auch sein mag; sondern, da der Maßstab der Bedeutsamkeit einer fremden Anregung immer bestimmt war durch die Energie, mit der er sich »dagegen produktiv verhielt«, so sind in seinem Falle die dichterischen Aneignungen und Umformungen für die Konstituierung des Begriffs der Weltliteratur wichtiger. Wir wählen als Beispiel aus der Sammlung »Gedichte der hundert schönen Frauen« nach der Thomsschen Vorlage das letzte Stück nebst dem (unbedingt hinzugehörigen) Prosakommentar; außerdem setzen wir eine wörtliche Übersetzung der chinesischen Vorlage, die Goethe natürlich nicht gekannt hat, neben die Goetheschen Verse:

(Name der Dichterin: Kae-Yven)

»Eine Dienerin im Palaste. Als die kaiserlichen Truppen im strengen Winter an der Grenze standen, um die Rebellen zu bekriegen, sandte der Kaiser einen großen Transport warmer Monturen dem Heere zu, davon ein großer Teil in dem Harem selbst gemacht war. Ein Soldat fand in seiner Rocktasche folgendes Gedicht:

›Aufruhr an der Grenze zu bestrafen
Fechtest wacker, aber nachts zu schlafen
Hindert dich die strenge Kälte beißig.
Dieses Kriegerkleid, ich näht' es fleißig,
Wenn ich schon nicht weiß, wer's tragen sollte;
Doppelt hab' ich es wattiert, und sorglich wollte
Meine Nadel auch die Stiche mehren,
Zur Erhaltung eines Manns der Ehren.
Werden hier uns nicht zusammenfinden,
Mög' ein Zustand droben uns verbinden!‹

›Im Grenzland postierter Soldat –
In Kälte und Kummer mußt du deine Zeit verbringen.
Eigenhändig habe ich dieses Kriegergewand gemacht,
Aber ich weiß nicht, wem es zufallen wird.
Ich habe voller Gedanken mehr Fäden hineingetan,
Voll von Gefühl habe ich noch mehr Watte hineingearbeitet.
Das jetzige Leben ist schon, ach, vertan,
Deshalb möchte ich in einem künftigen Leben mit dir zusammentreffen.‹

Der Soldat hielt für Schuldigkeit, das Blatt seinem Offizier vorzuzeigen, es machte großes Aufsehen und gelangte vor den Kaiser. Dieser verfügte sogleich eine strenge Untersuchung in dem Harem: Wer es auch geschrieben habe, solle es nicht verleugnen. Da trat denn eine hervor und sagte: Ich bin's, und habe zehntausend Tode verdient. Der Kaiser Yuen-tsung erbarmte sich ihrer und verheiratete sie mit dem Soldaten, der das Gedicht gefunden hatte, wobei Seine Majestät humoristisch bemerkte: ›Haben uns dennoch hier zusammengefunden!‹ Worauf sie versetzte:

›Der Kaiser schafft, bei ihm ist alles fertig,
Zum Wohl der Seinen, Künftiges gegenwärtig.‹
Hierdurch nun ist der Name Kae-Yven unter den chinesischen Dichterinnen aufbewahrt worden.«

Die Zweizeilen-Replik der Dichterin am Schluß hat Goethe aus Eigenem hinzugefügt und damit der humanen Idee des Ganzen eine geistreiche Abrundung gegeben, die an sich dem chinesischen Original nicht eigen ist. (Nach einer Variante verheiratete der Kaiser die schuldige Dame nicht mit dem Soldaten, sondern mit dem Offizier, dem der Soldat das gefundene Gedicht ausgeliefert hatte.)

Goethes orientalische Dichterlaufbahn endet mit den chinesischen Gedichten, die man mehr beachten sollte, als es bisher geschehen ist, aber sie beginnt mit der im Knabenalter erworbenen Bibelfestigkeit, dem »jugendlieben Palästina« und den Reminiszenzen der patriarchalischen Erzvätergeschichten (»Dichtung und Wahrheit«, I. Teil, 4. Buch) als einem unerschöpflichen Fundus, zu dem auch der Alternde immer wieder zurückkehrt: »Der Mensch mag sich wenden, wohin er will, er mag unternehmen, was es auch sei, stets wird er auf jenen Weg wieder zurückkehren, den ihm die Natur einmal vorgezeichnet hat.« So ist in der Tat die Arbeit am »Westöstlichen Divan«, gerade nach der vorangegangenen intensiven Beschäftigung mit China und Japan zu Ende des Jahres 1814, ein *ritornar al sogno*. Ferner sei daran erinnert, daß in die gleichen Jahre Goethes enge Beziehungen zu den Brüdern Boisserée fallen, die ihm mit ihrer Sammlung von Kölner Meistern des Mittelalters eine ganz neue, bislang unbekannte und aus Unbekanntheit verachtete Dimension erschlossen, so daß Korffs Behauptung, der Divan sei nachklassisch und das »Orientalische« in ihm bedeute den Durchbruch eines »zweiten Stils«, nicht von der Hand zu weisen ist. Der Goethe des Divan ist in gewissem Sinne sogar romantisch, so wie die ganze Beschäftigung mit der orientalischen Poesie von Herder bis zu den Brüdern Schlegel in der deutschen Literaturgeschichte romantisch inspiriert ist.

Auch an Jean Paul ist zu erinnern, mit dem »Titan« von 1803, der »genialsten Abrechnung mit der antikisierenden Klassik Goethes und Schillers so gut wie mit dem romantischen Ichprinzip der Schlegel und Fichtes«, und mit seinem Protest gegen die klassizistische Weimaraner Selbstbeweihräucherung (». .. diese perennierende Balsamstaude, die den inneren Menschen immerwährend anräuchert, sollte man sie ausziehen oder beschneiden lassen?«) Man sieht, die polemischen Fronten gehen etwas durcheinander. Joseph v. Hammer-Purgstall, Goethes Mentor bei seinem Einstieg in die Hafis-Dichtung, hatte bemerkt, daß unter den lebenden Dichtern keiner der orientalischen Poesie so nahe stehe wie Jean Paul; dieser blicke »nach eigentlichst orientalischer Weise munter und kühn in seiner Welt umher, erschafft die seltsamsten Bezüge, verknüpft das Unverträgliche, jedoch dergestalt, daß ein geheimer ethischer Faden sich mitschlinge, wodurch das Ganze zu einer gewissen Einheit geleitet wird.« Goethe nimmt dieses Urteil mit einem gewissen Widerstreben einschränkend auf (in den Noten und Abhandlungen zum Divan). Er ist sich, wie seine theoretischen Auseinandersetzungen mit der persischen Poesie zeigen, der Ungereimtheit, des manierierten Verbindens von Stilelementen verschiedener Höhenlage in dieser Dichtart durchaus bewußt gewesen, ließ sich aber dadurch nicht abschrekken, da die orientalischen Meister ihm gestatteten, zum Traum seiner Jugend (Mahomet!) zurückzukehren und deren freien Stil, unter Aufnahme prosaischer Elemente, wiederzubeleben – wie ja zwölf Jahre später auch in den chinesischen Gedichten. 1821 wird es in der 2. Abteilung der »Zahmen Xenien« heißen: »Wir sind vielleicht zu antik gewesen;/Nun wollen wir es moderner lesen«. Aber orientalisierend ist eigentlich die ganze Goethesche Spruchpoesie schon seit 1812. Der Verjüngungsgedanke, der den Divan beherrscht, bringt das explizit zum Ausdruck. Die Koransprüche und sonstigen islamischen Paraphernalien sind vorgebundene Maske, teilweise bewußt ironisch und zu den mittelalterlich-katholischen Kunstanregungen der Brüder Boisserée so wenig im Gegensatz stehend, daß Goethe es fertig bringt, im ersten Gedicht des Buches Hafis (»Beiname«) dem bewunderten Vorbild des persischen Dichters den eigenen Glauben entgegenzustilisieren, unter Bezugnahme auf das Bild des Meisters der hl. Veronika (Köln, um 1420), das er aus der Boisseréeschen Sammlung kannte:

»Und so gleich' ich dir vollkommen,
Der ich unsrer heil'gen Bücher
Herrlich Bild an mich genommen,
Wie auf jenes Tuch der Tücher
Sich des Herren Bildnis drückte,
Mich in stiller Brust erquickte,
Trotz Verneinung, Hindrung, Raubens,
Mit dem heitern Bild des Glaubens.«

Hochironisch sind diese Verse durch die vier-, ja fünffache Brechung, in der sich der Glaube in ihnen stilisiert, und erst recht durch die supponierte Vereinbarkeit mit dem islamischen Glauben. Wir haben es mit Kunst zu tun, nicht mit Religion.

Für die Idee der Weltliteratur entscheidend sind nun aber in Goethes Entwicklungsgang die Gefühlsexpansion und Horizontausweitung mitsamt dem begleitenden Entlastungserlebnis der napoleonischen Jahre bis 1815, die die psychologische und historische Basis für die Entstehung des Divan bilden. Die Epoche war wichtig, das revolutionäre Zeitalter und der napoleonische Imperialismus – Napoleon in Italien, Napoleon vor den Pyramiden, Napoleon vor Accon, vor Jena, vor Moskau, bei Leipzig und bei Waterloo – dazu die historische und archäologische Erweiterung des Weltbildes. Im Divan ist bekanntlich die Gestalt des großen Korsen unter dem Namen des türkisch-mongolischen Welteroberers Timur verschlüsselt, und bei aller Sympathie für den autokratischen Gesetzgeber (»Mir gefällt zu konversieren/Mit Gescheiten, mit Tyrannen . . .«) – Reminiszenz an die Audienz in Erfurt (»Divan« ist auch der Name der Audienzhalle) – antwortet der Dichter doch auf den Andrang bedrohlicher Zeitereignisse mit der Hegire (d. i. Hedschra): »Wie sich in der politischen Welt irgendein ungeheuer Bedrohliches hervortat, so warf ich mich eigensinnig auf das Entfernteste« – in diesem Falle (Ende 1813) auf die Marco-Polo-Lektüre. Hinzu kommt die psychische Entlastung nach dem Sturz des Tyrannen, und nach den Kriegsjahren die Möglichkeit, den Horizont durch eigene Reisen wieder zu öffnen. So nennt Burdach den Divan ein entoptisches Bild, die beiden Rhein-Reisen 1814 und 1815 sind Chiffren für das geistige Entweichen in den Orient, die Heidelberger Schloßterrasse ist der Zypressenhain von Schiras usw. Die Bilder schieben sich ineinander in »wiederholten Spiegelungen«, und während der Arbeit am Divan bewahrt sogar eine scheinbare Episode wie das Rochusfest in Bingen (16. August 1814) die kostbare Einsicht: »Also wiederholt sich alles Bedeutende im großen Weltgange, der Achtsame bemerkt es überall.« Den Noten und Abhandlungen zum Divan ist das Motto vorangestellt:

»Wer das Dichten will verstehen,
Muß ins Land der Dichtung gehen;
Wer den Dichter will verstehen.
Muß in Dichters Lande gehen.«

Und in der Einleitung heißt es explizierend hierzu:

»Am liebsten aber wünschte der Verfasser vorstehender Gedichte als ein Reisender angesehen zu werden, dem es zum Lobe gereicht, wenn er sich der fremden Landesart mit Neigung bequemt, deren Sprachgebrauch sich anzueignen trachtet, Gesinnungen zu teilen, Sitten aufzunehmen versteht. Man entschuldigt ihn, wenn es ihm auch nur bis auf einen gewissen Grad gelingt, wenn er immer noch an einem eigenen Akzent, an einer unbezwinglichen Unbiegsamkeit seiner Landsmannschaft als Fremdling kenntlich bleibt.«

Also der Versuch einer lebensweltlichen Einstimmung in den Horizont einer fremden Kultur, wie man ihn als Räsonnement eines modernen Ethnologen fast eher erwarten würde als von einem Dichter! Wolfgang Lentz scheint dasselbe zu empfinden, wenn er das *tertium comparationis* des Goetheschen Versuchs, »Gesinnungen zu teilen«, in der Einsicht in die innere Gemeinsamkeit von Dichten und Forschen sieht. Aber Goethe spinnt die Fiktion des reisenden Forschers noch weiter. In seinem Kommentar zum »Buch der Betrachtungen« schreibt er nämlich, daß dieses Buch sich tagtäglich erweitere für denjenigen, »der im Orient hauset« (!):

»Denn alles ist dort Betrachtung, die zwischen dem Sinnlichen und dem Übersinnlichen hin und her wogt, ohne sich für eins oder das andere zu entscheiden. Dieses Nachdenken, wozu man aufgefordert wird, ist von ganz eigener Art; es widmet sich nicht allein der Klugheit, obgleich diese die stärksten Forderungen macht, sondern es wird zugleich auf jene Punkte geführt, wo die seltsamsten Probleme des Erdenlebens strack und unerbittlich vor uns stehen und uns nötigen, dem Zufall, einer Vorsehung und ihren unerforschlichen Ratschlüssen die Knie zu beugen und unbedingte Ergebung als höchstes politisch-sittlich-religöses Gesetz auszusprechen.«

Wenn dieses erstaunliche Diktum – mit seiner scheinbar absichtslosen und nebenher geübten Verquickung von Christlichem (»unerforschlicher Ratschluß«) und Islamischem (»unbedingte Ergebung«) auf eine unmittelbare existentielle Erfahrung Goethes in einem fremdkulturellen Milieu bezogen werden soll, so bleibt nur die Italienische Reise, und besonders der italienische Süden: Neapel und Sizilien. Eine wirkliche, keine fiktive Reise, und eine Erfahrung, die Goethe zu seinem Leidwesen nie hatte wiederholen können. (An der zweiten Italienreise, 1796, hatte ihn der »Tyrann« gehindert!) War nicht auch die Italienreise von 1786 eine »Hedschra« gewesen, dürfen wir vielleicht auch sie als ein entoptisches Bild für die Geisterreise in den Orient auffassen? Interessant ist auch, daß Goethe während der Arbeit am Divan immer wieder an der Redaktion der »Italienischen Reise« gearbeitet hat (Dezember 1813, Herbst 1815, Januar bis August 1817). Nicht für das Stoffliche, wohl aber für die Lage des Reisenden in einem fremden Kulturmilieu gilt dies durchaus; sogar die Konzeption der »Nausikaa« scheint aus einer prekären Situation des odysseischen Fremdlings erwachsen zu sein:

»Es war in dieser Komposition nichts, was ich nicht aus eignen Erfahrungen nach der Natur hätte ausmalen können. Selbst auf der Reise, selbst in Gefahr, Neigungen zu erregen, die, wenn sie auch kein tragisches Ende nehmen, doch schmerzlich genug, gefährlich und schädlich werden können; selbst in dem Falle einer so großen Entfernung von der Heimat abgelegene Gegenstände, Reiseabenteuer, Lebensvorfälle auszumalen, von der Jugend für einen Halbgott, von gesetztern Personen für einen Aufschneider gehalten zu werden, manche unverdiente Gunst, manches unerwartete Hindernis zu erfahren, dies alles gab mir ein solches Attachement an diesen Plan, an diesen Vorsatz, daß ich darüber meinen Aufenthalt zu Palermo, ja den größten Teil meiner übrigen sizilianischen Reise verträumte.«

So schieben sich die Villa Giulia zu Palermo, die Heidelberger Schloßterrasse mit dem Gingo-Biloba-Baum, der Zypressenhain zu Schiras und der Garten des Alkinous (nach Homers Schilderung) ineinander. Goethe kultiviert seinen Traum, er schafft aus einer inbildlichen Motivation heraus, deren archetypische Bilder durch Reiseeindrücke evoziert werden. – Später werden idyllische Szenen wie die Flucht der Heiligen Familie nach Ägypten (in den »Wanderjahren«), die Reminiszenz an das »jugendliebe Palästina« mit Beobachtungen verbinden, wie sie noch heute der Reisende in der süditalienischen Macchia machen kann, um davon ebenso biblisch berührt zu werden. – So wie Goethe Teil hat am Archetypus der »glücklichen Inseln«, sucht er auch in Sizilien sein Arkadien und bekennt: »Italien ohne Sizilien macht gar kein *Bild in der Seele:* Hier ist erst der Schlüssel zu allem.« Zugleich lernen wir, daß dem Goetheschen Begriff der Reise und des Reisenden auch etwas von der mittelalterlichen *aventure* anhaftet: als ein gewagtes Unternehmen mit ungewissem Ausgang (wie etwa in Wolframs »Parzival«), wundererfüllt und zauberkräftig und, falls die Gestaltung der Erlebnisse gelingt, ein »Abenteuer des Geistes«. Keinen Augenblick darf man vergessen, daß die »Italienische Reise« trotz der diaristischen Einkleidung eine Dichtung ist. Die aufgenommenen Eindrücke haben nicht den Charakter der ethnographischen Information, auch da nicht, wo es so scheinen möchte; Goethe versteckt hinter diesen Schein-Objektivitäten sein Geheimnis: die Anverwandlung des homerischen Traums. So gesehen, ist auch die »Nausikaa« ein Beitrag zur Weltliteratur, mehr als die blassere »Iphigenie«, weil in der Landschaft des Südens erlebt, und korrekt gehört der Prosabericht »Aus der Erinnerung« mit dem Fragment zusammen publiziert. Der Divan ist noch Anverwandlung fremder Vorbilder, diesmal wirklich fremder (denn Homer kann als verwandt gelten), und ausgesprochenermaßen auf der historischen Basis westöstlicher Wechselbeziehungen. Goethe war dies auch bewußt, wie der Bogen beweist, den er von Hafis zu Calderon schlägt, mit welchem er sich gerade in der Divan-Zeit beschäftigt. An den Übersetzer des »Lauten Geheimnis« und »Wundertätigen Magus« (einer Parallelfigur zum Faust! s. u. S.199), J. D. Gries, schreibt er am 29. Mai 1816:

»Noch Eins füge ich hinzu, daß mein Aufenthalt im Orient mir den trefflichen Calderon, der seine arabische Bildung nicht verleugnet, nur noch werter macht, wie man edle Stammväter in würdigen Enkeln gern wiederfindet und bewundert.«

Weltliteratur hatte aber schon der Brief an Schiller vom 28. Januar 1804 geatmet, begeistert durch Calderons »Standhaften Prinzen« (nach A. W. Schlegels Übersetzung), von dem Goethe meinte, »wenn die Poesie ganz von der Welt verloren ginge, so könnte man sie aus diesem Stück wiederherstellen«[19]. Im »Buch der Sprüche« (VI, 14) wird es dann heißen:

»Herrlich ist der Orient
Übers Mittelmeer gedrungen;
Nur wer Hafis liebt und kennt,
Weiß, was Calderon gesungen.«

Ein Beispiel für intensive westöstliche Beziehungen sind die Wanderungen der Gralssage aus dem Orient nach Westeuropa und wieder zurück. (Nicht auszudenken, was Goethe in einem »Künftigen Divan« daraus gemacht haben würde, zumal ihm der Stein der Weisen ja ein Begriff war!) Der Divan-Kommentator G. v. Loeper schreibt dazu:

»Der heilige Gral ist von dem Osten nach dem Abendland auf den Monsalvatsch, aber von da zurück nach dem Orient gelangt. Unsere Dichtung ist ein Glied in der so vorgebildeten Kette der Wechselwirkungen zwischen Orient und Okzident in Religion, Wissenschaft und Kunst.«

Die Gralssage selber scheint Goethe nicht gekannt zu haben. Doch war er auf ihrer Spur – in Sizilien. Wolfram von Eschenbach verlegt im »Parzival« das Wunderschloß *(Schastel Marveile)* des bösen Zauberers Clinschor nach *Kalot Enbolot* in Sizilien, d. h. »in jenen Teil des Okzidents, welcher, nach langer arabischer Herrschaft, noch immer halb-arabisch war, das Sizilien der Hohenstaufen«. Auf dieser Burg voller Wunder – der Gegenburg zur Gralsburg *Monsalvatsch* – herrschte der magische Fürst Clinschor – mächtig durch den *list von nigrômanzi* –, der von dem Templerritter Gawan überwunden wurde:

»›Uf Kalot enbolot
erwarber der werlde spott:
daz ist ein burc vest erkannt.«

Kalot enbolot, eine sarazenische Gründung des 9. Jahrhunderts, ist das heutige Caltabellotta, 800 m über der Küstenstadt Sciacca, Provinz Agrigent, gelegen. Goethe notiert am Abend des 23. April 1787 nach der Reise Sciacca-Girgenti in sein Tagebuch: »Die wunderliche Felsenlage von Calata Bellotta.«

Das Wunderschloß – die wunderliche Felsenlage: als solche imponiert sie aus der Ferne noch heute dem Reisenden, der die Staatsstraße Nr. 115 daherkommt. Goethe war selbst nicht oben, und er kannte natürlich auch nicht die arabische Etymologie des Namens: *Kalaat-el-ballut,* d.i. »Kastell der Korkeichen«. Aber wieder war er auf der richtigen Spur, denn seine Tagebucheintragung vom Abend vorher (22. April 1787) in Sciacca endet mit dem Ausruf: »Endlich auch Pantoffelholz!« (In arabischer Zeit ist die Korkeiche in der Gegend offenbar noch verbreiteter gewesen.) So sind tausend Jahre wie ein Tag, und der Divan erscheint wie eine Fortsetzung jenes Geistes westöstlicher Toleranz, der in der späten Kreuzfahrerzeit nicht ganz ungewöhnlich war und der auch Wolframs Epos beseelt. Der Dichter zeigt sich als duldsam auch gegen die Mosleme, wenn sie nur »dem Ideal des vollkommenen Ritters nachkommen, tätig und tapfer, aber auch verantwortungsvoll, großherzig und von edlen Sitten sind . . ., Schützer der Armen, Unterdrückten und Unglücklichen«. So schreibt Hermann Goetz, der zugleich dartut, daß die weltliterarische Informationsbasis des »Parzival« viel weiter greift, als man bisher angenommen hat, denn sie schließt außer den Einflüssen spanisch-jüdischer Kabbala und syrisch-schiitischer Häresien auch indische Motive ein. Parzivals sarazenischer Halbbruder Feirefitz (d. i. »Halbblut«), der nach Gawans Sieg auch in Sizilien auftaucht, ist zugleich der muslimische Beschützer der Hindu-Fürstin Secundille, hinter der sich die historische Gestalt einer Fürstin von Adschmir (Radschputana) aus dem Anfang des 13. Jahrhunderts verbirgt. Kundry ist identisch mit einer indischen Muttergöttin. Auch der Gral gelangt schließlich nach Indien zurück in die Hände des legendären Priesterkönigs Johannes. Mittelpunkt des Wolframschen Epos ist nach Goetz nicht die keltisch-französische Gralsmythe, sondern das Zusammentreffen von Okzident und Orient in einem Horizont, der von Schottland und Spanien über Sizilien, Ägypten,

Syrien und Bagdad bis nach Hindustan reicht. Natürlich tragen alle diese Lokalisierungen den Stempel der magischen Entrückung – nicht anders als der Orient Goethes.

Damit aber erhebt sich die Frage nach dem Wirklichkeitsgehalt der *aventure*. Goethe möchte im Divan am liebsten als ethnographischer Reisender angesehen werden, aber er ist Künstler. Gelesenes, Aufgenommenes, Erfahrenes ist Stoff für selbstherrliche Aneigung und Verarbeitung. Wenn die lederne Hafis-Übersetzung Joseph v. Hammers, wenn die holperigen Trochäen der Schlegelschen und Griesschen Calderon-Übersetzung oder gar die gutgemeinte und gewandte Forstersche deutsche Version von Kalidasas »Sakuntala« (nach einer englischen Übertragung aus dem Sanskrit) ausreichten, um Goethe bis zu Tränen zu rühren – wie geringfügig und fast zufällig durften dann die Anregungen sein, die seine Einbildungskraft in Bewegung setzten! In den chinesischen Gedichten reicht die Bindung an die englische Übersetzungsvorlage von wörtlicher Übersetzung über die freie Übertragung bis zu völliger Loslösung von seiner Vorlage. Entsprechendes gilt für den Divan. Goethe hat nicht nur Hammers Hafis verarbeitet, sondern auch gelehrte Mitteilungen desselben, dazu Details aus der Lektüre anderer Orientalisten, Diez, Silvestre de Sacy, Herbelot, Oelsners »Mohamed«, Übersetzungen aus den »Fundgruben des Orients«, Reiseberichte von Chardin und Tavernier u. a.m., auch eine Reminiszenz an Calderons »Über allen Zauber Liebe« findet sich; dazu kommen Gedichte von völlig eigener Erfindung. Der Orient, sagt Wolfgang Lentz, sei »für Goethe klassischer Ort von Komponablem, eine Ära eigner, eigenwilliger Formensprache, die den Dichter reizt, mit eigenen Melodien in den Chor dieser Stimmen einzutreten, zugleich aber darüber zu meditieren, daß es nur um andere Formen und nicht um andere Denkinhalte geht«. Das Forschen und Dichten der Noten und Abhandlungen zum Divan ruhe auf dem Fundament des Sittlichen. »Es ist die Fähigkeit, das Fremde gelten zu lassen, wo immer es *Ursprüngliches* zu überzeitlichen Werten gestaltet. Sie drückt sich aus in dem Bestreben, allgemein Menschliches auch noch in dem Bizarrsten des Orients zu finden, das eigene Schaffen dagegen den Maßstäben der östlichen Welt zu unterwerfen.« Dies ist sehr stark von der in den Noten und Abhandlungen zum Divan waltenden Reflexion her gesehen. So gerechtfertigt es ist, den Divan mitsamt den Noten und Abhandlungen zum Divan als ein Ganzes zu betrachten, so wenig darf man darüber das Gedicht vernachlässigen und die Spannung übersehen, die zwischen beiden waltet. Goethe hat in den Noten und Abhandlungen zum Divan eine Distanzierung vorgenommen, welche der Hafis-Identifikation des Gedichtes zu widersprechen scheint; am deutlichsten in den Kapiteln »Zweifel«, »Despotie« und den assoziativ daran anschließenden, mit ihrer klaren Negation orientalischer Herrschaftsformen und deren korrumpierender Wirkungen auch auf die

Dichter (!). Die Diskrepanz bleibt unaufhebbar, trotz gewisser Beschwichtigungstendenzen. Um so schärfer tritt das Bild des Orients als ein idealisiertes in Erscheinung. Schon das Eröffnungsgedicht der Hegire hebt an:

»Nord und West und Süd zersplittern,
Throne bersten, Reiche zittern:
Flüchte du, im reinen Osten
Patriarchenluft zu kosten ...«

Natürlich ist hier auf eine Flucht aus der Erlebniswelt der Napoleonischen Jahre angespielt. Als ob nicht im Osten die Throne von jeher viel öfter geborsten wären als in Europa zwischen 1793 und 1815! Und ob die Patriarchenluft an den Höfen der Sultane, Schahs und Rajas und in den Dorfoligarchien des Ostens leichter zu atmen war als an den europäischen Fürstenhöfen, darf füglich bezweifelt werden. Der Goethe der Noten und Abhandlungen zum Divan weiß dies natürlich, eben darum schreibt er sie ja. Doch wie viele andere haben östliche Weisheit und Poesie für die Lebenswirklichkeit des Ostens genommen! Die Kluft zwischen Traum und Wirklichkeit bleibt bestehen.

Anders als viele seiner Vorgänger und Zeitgenossen, Aufgeklärte wie Romantiker, anders auch als der von ihm bewunderte und übersetzte Diderot mit seiner abscheulichen Mystifikation der Südseeinsel Tahiti, hatte der Reisende Goethe ein Bewußtsein für ethnographische Wahrheit, und dies nicht erst als Resultat der Bewußtseinsausweitung der Revolutionsepoche, sondern schon vorher, als Resultat der Italienreise. Wenn man den Traum vom patriarchalischen Osten mit dem klassischen Traum der Italienreise in Parallele setzen darf, so auch, in gewisser Weise, die Noten und Abhandlungen zum Divan mit dem Vorbereitungsschema zur zweiten Reise nach Italien vom Spätsommer 1795. In beiden Fällen tritt eine Distanzierung zur dichterischen Verklärung ein. Geplant war im Schema nicht weniger als ein Italienwerk, das eine komplette Kulturmorphologie und -soziologie enthalten sollte:

»Boden, Künste, Handwerke, Wissenschaften; religiöse, moralische und politische Kultur (!); regionale und Stadtcharakteristiken, Lebensformen mit Haus, Siedlung, Küche, Feste, Musik, Theater, Oper; die hemmende Wirkung des Klimas und der Malaria; Jahreszeiten, Landwirtschaft, Dialekte, Zeichensprache, Sprichwörter, Spiele (auch Kinderspiele), Jagd, Haustiere; die alte Neigung zu gewaltsamer Selbsthülfe, das Verhältnis der sozialen Schichten zueinander, Verhältnis der Bedienten zu den Herren. Scheint von oben herab despotisch, dann wieder im Umgang lose zu sein, die Herren heftig, dann wieder nachgiebig ...«

Kein Zweifel, hier war an ein umfassendes *wissenschaftliches* Werk ethno- und soziographischen Zuschnitts gedacht. Freilich, meint Requadt, die

Sinneinheit des klassizistischen Italienerlebnisses von 1786–1788 wäre durch dieses Programm, das bekanntlich nicht realisiert wurde, gesprengt worden. Wir möchten meinen: diese Sinneinheit war bereits gesprengt, als Goethe dieses Schema entwarf. Denn man darf nicht vergessen, daß dieser weitgespannte und völlig modern-realistisch anmutende Entwurf doch größtenteils von Erfahrungen, Eindrücken und Hypothesen zehrt, die Goethe bereits auf der ersten Italienreise gesammelt, aber verdrängt und literarisch niemals geformt hat. (Nur in den »Maximen und Reflexionen« finden sich italienische Sprichwörter.) Die rund zwei Jahrzehnte später, während der Arbeit am Divan, vorgenommene Redaktion der »Italienischen Reise« enthält davon wenig, sie sucht noch einmal den klassischen Traum zu konservieren, unter der Maske des Reiseberichts, ohne dem realistischen Gegenbild im Detail mehr Raum zu geben, als zum Verstecken des Traums erforderlich ist. Solche Details sind der römische Karneval und die Richtigstellungen über die angebliche Faulheit der Neapolitaner, in Sizilien fast nichts. Auch das Historische wird verdrängt. »Er lehnt alles ab, was die Erde je mit Gewalt bedroht und beleidigt hat: die Erdbeben, die Kriege, das gewaltsame unruhige Tun der Menschen. Er lehnt die Geschichte ab, als welche dies alles heranbringt«(Hofmannsthal). Eine heute unmöglich gewordene Perspektive! Eine Perspektive, die aber auch unvereinbar wäre mit dem Schema zur zweiten Italienreise.

Genau dies ist nun aber der Weg der Weltliteratur: allmähliche Verwandlung des Traums in immer mehr Wirklichkeit und Rückverwandlung der neugewonnenen Wirklichkeiten in neuen dichterischen Traum. Erfüllung der »Wunschräume und Wunschzeiten« mit realem Gehalt – dann aber erneute Verwandlung in dichterischen Traum. Dies nun aber als Prozeß: Gewinnung und Assimilation von immer mehr Wirklichkeit in Raum und Zeit, Hereinziehen immer neuer, fremder Stoffe und Themen aus fremden Sprachen und Kulturen, Erblicken vorher unbekannter oder nur in dämonisierter Ungestalt vertrauter Mythologien und Religionen, Sitten und Bräuche, Sozial- und Herrschaftssysteme und deren Aufnahme in den Kreis der dichtenden Phantasie, dichtende Verwandlung dieses Fremden in ein Eigenes. Dieser weltliterarische Prozeß ist zugleich revolutionär, weil er das Bewußtsein öffnet für die Eroberung neuer Wirklichkeiten, die er verwandelt in eigenen Bestand. Im kleinen ist dieser Prozeß vorgezeichnet in den Noten und Abhandlungen zum Divan, wo das Programm eines künftigen Divan skizziert wird. Der Divan, wie er jetzt vorliegt, sagt Goethe, sei unvollkommen. Wäre er jünger gewesen, so hätte er das Produkt noch zurückgehalten bis zu seiner Vollendung. Künftig sollten die einzelnen Gedichtbücher erweitert werden, wobei Goethe nun, höchst charakteristisch, dem »Buch des Unmuts« den breitesten Raum zumißt. »Schon jetzt«, heißt es da, »hätte dies Buch viel stärker und reicher sein sollen; doch haben wir manches, um alle Mißstimmung zu verhüten, beiseite gelegt« (!). Später sollte davon in den Paralipomena noch einiges zum Vorschein kommen. Es ist dasselbe Versteckspiel wie mit den »sehr ernsten Scherzen« seines Faust II (nach dem letzten Brief vor seinem Tode an Wilhelm v. Humboldt vom 17. März 1832), die er bei Lebzeiten nicht preisgeben will. Doch der künftige Divan sollte in diesem Punkte offenbar rücksichtslos realistisch sein. Nochmals wird das Thema der despotischen Anmaßung aufgegriffen. »Vom Thron durch alle Stufen herab bis zum Derwisch an der Straßenecke [ist] alles voller Anmaßung zu finden . . ., voll weltlichen und geistlichen Hochmuts, der auf die geringste Veranlassung sogleich gewaltsam hervorspringt.« Der Satz könnte von Kipling sein.

Künftiger Divan. – Rückert

Revolutionär ist aber nicht das Sichtbarwerden und Verarbeiten neuer Stoffe, sondern auch die Aneignung neuer Formen. Die Verwandlung von Fremdem in Eigenes ist selber ein Formvorgang. Wenn nach dem Wort Hofmannsthals im Divan »alles einer fremden Welt angenähert oder zwischen ihr und uns in der Schwebe . . ., alles doppelblickend« ist (in »Wert und Ehre deutscher Sprache«), so stellt sich die Frage, welche Form Goethe seiner Dichtung unter dem doppelten Blick gegeben hat. Lentz stellt an der persischen Dichtung fest

». . . ein graduelles Hervortreten der *Bildersprache*, deren hyperbolischer Charakter uns teilweise abstößt. Wir können diese Fremdheit intellektuell mildern, indem wir uns klar machen, in welcher kulturellen Überlieferung diese Hyperbolik steht, und gelangen damit auf die Despotie als sozialpsychologischen Hintergrund dieses literarischen Zugs«.

Dieses Resumee fußt bereits auf Goethes Noten und Abhandlungen zum Divan. Goethe stellt dort u. a. fest, daß die orientalischen Dichter »ohne Bedenken die edelsten und niedrigsten Bilder [verknüpfen], an welches Verfahren wir uns nicht so leicht gewöhnen«. Wir fühlen uns, meint Goethe, dabei erinnert an den orientalischen Basar, wo auch die kostbarsten und die niedrigsten Waren nebeneinander liegen. Diese Dichter erheben uns scheinbar unmotiviert von der Erde in den Himmel, um uns sogleich wieder herabzustürzen. Doch sei die Grenze zwischen dem Lobens- und dem Tadelnswerten fließend, weil die Tugenden der orientalischen Dichter die Blüten ihrer Fehler seien. Es bleibe uns nichts anderes übrig, als »uns zu orientalisieren, der Orient wird nicht zu uns herüberkommen«. Man dürfe die orientalische Dichtung nur mit sich selbst vergleichen, »man muß dabei vergessen, daß es Griechen und Römer gegeben hat«. Da haben wir wieder die Resignation des klassischen Traums! Als Beispiel zitiert Goethe ein Gedicht des persischen Dichters Nizami über einen verfaulenden Hundekadaver am Wege, den alle Passanten verabscheuen, nur Jesus, des Wegs kommend, bemerkt: »Was hat er für schöne weiße Zähne!« Goethes Widerstreben ist offenkundig, obwohl er sich um Verständnis bemüht. Wir aber müssen eingestehen, daß wir heute angesichts dieses Beispiels keine Schwierigkeiten mehr haben. Unsere Ästhetik muß eine andere sein. Wir sind nicht einmal sicher, daß wir darüber vergessen müssen, daß es Griechen und Römer gegeben hat, weil Goethes klassischer Traum eben doch klassizistisch war und Griechen und Römer vielleicht nicht ganz so waren, wie Winckelmann und sein Jahrhundert sie sich vorgestellt hatten.

Über die eigentümliche Verbindung des Sinnlichen mit dem Geistigen in der persischen Dichtung, besonders der des Hafis, bemerkt Schaeder, daß eine solche Verbindung »freilich im Wesen des Dichterischen liegt« und zitiert dazu das Gedicht »Wink« aus dem Buch Hafis

»Und doch haben sie recht, die ich schelte:
Denn daß ein Wort nicht einfach gelte
Das müßte sich wohl von selbst verstehen«,

worauf das orientalisierende Gleichnis vom Fächer folgt, zwischen dessen Stäben zwei schöne Augen mit der vergeblichen Absicht des Verbergens hervorblitzen. Räsonnierend wird später Rückert dichten:

»Hafis, wo er scheinet Übersinnliches
Nur zu reden redet über Sinnliches;
Oder redet er, wo über Sinnliches
Er zu reden scheint, nur Übersinnliches?
Sein Geheimnis ist unübersinnlich,
Denn sein Sinnliches ist übersinnlich.«

(Rückert, Ghaselen des Hafis, 28).

Es geht uns mit dem Wein- und Liebesgenuß und der erotischen Poesie der persischen Vorbilder ähnlich wie mit den erotischen Skulpturen an den Tempeln von Khajuraho und Konarak, wo wir auch bewogen werden sollen, diese Darstellungen nur spirituell-mystisch aufzufassen; als hätten wir nicht den »Gitagovinda« und das »Kamasutram«, wo uns die Kniffe indischer Liebeskunst mit allen wünschenswerten Details als Techniken geschildert werden! Allerdings entspringt die Mehrdeutigkeit oft auch der Absicht, bestimmte Darstellungen der Kritik grundsätzlich zu entziehen, indem die Möglichkeit einer allegorischen Deutung unterstellt wird. Dies gilt gerade auch für heikle erotische Themen, z. B. für gewisse chinesische Gedichte. Nach Waley wird in den von ihm übersetzten Schamanengesängen aus dem 4.–3. Jahrhundert v. Chr. nach eurasischem Muster die Besessenheit des Schamanen als Vereinigung mit der Gottheit begriffen, wobei sich der männliche Gott mit dem weiblichen Schamanen, die Göttin mit dem männlichen Schamanen verbindet. Ohne allegorische Interpretation wären nach Waley solche Dichtungen nicht durchgegangen. Ein weiteres Beispiel wäre das Hohelied, das in die Bibel nur aufgenommen wurde, weil seine Erotik allegorisch gedeutet werden konnte. Man vergleiche dazu auch, was Goethe im Kapitel »Hebräer« der Noten und Abhandlungen zum Divan über das Hohelied sagt, das er selbst als Sechsundzwanzigjähriger übersetzt hatte, sowie seine Bemerkungen über die Knabenliebe bei den persischen Dichtern, die er im Divan »unseren Sitten gemäß in aller Reinheit« behandelt sehen möchte. Über den Weingenuß, den die islamische Religion verbietet, bemerkt ein Kenner der Materie (Rudolf Gelpke), es müsse kein Rebensaft sein, wenn der Wein poetisch bei den persischen Dichtern vorkomme, es seien vielmehr zwei oder mehr Auslegungen möglich, wobei die eine die andere nicht ausschließe:

»Die berühmte Vieldeutigkeit orientalischer Dichter entspringt sowohl künstlerischem Raffinement wie persönlicher Vorsicht. Es ist auch bezeichnend für den im allgemeinen humanen Charakter des Islamischen Mittelalters, daß gewöhnlich die Theologen den Poeten entgegenkamen, indem sie durch wohlwollende Interpretation besonders gefährdete und gefährliche Verse ›retteten‹.«

Und speziell zu Hafis schreibt Gelpke:

»Die Schulmeister-Streitfrage, ob beispielsweise in den Ghaselen von Hàfez (Hafis) der Wein ›symbolisch‹ oder ›real‹, und folglich der Dichter selbst als ›Mystiker‹ oder ›Genießer‹ aufzufassen sei, erübrigt sich: selbstverständlich hat der Wein für einen Wissenden von der Größenordnung eines Hàfez *beide* Bedeutungen, und war er selbst Mystiker *und* Genießer.« (Gelpke, Vom Rausch im Orient und Okzident, 34 f., 53)

Diese Volte befriedigt vielleicht nicht jedermann.

Man kann die Mehrdeutigkeit der poetischen Figuren aus der von Gobineau, dem berühmten französischen Iran-Kenner, herausgearbeiteten Haltung des sogenannten *Ketman* ableiten. Darunter ist zu verstehen die Praxis des grundsätzlichen Verleugnens der eigenen Identität und eigenen Überzeugungen in einem despotischen Milieu der Garantielosigkeit, Unsicherheit und allezeit möglichen Verfolgung; eine Haltung, die uns seinerzeit bewog, dieses Thema von der religionssoziologischen Seite her unter dem Titel »Ethnische Entfremdung und Pseudologia« zu behandeln. Im Milieu der orientalischen Despotien ist die Reservatio mentalis Prinzip, weil lebenserhaltend; keine Figur ist verbindlich im Sinne des abendländischen

Entweder-Oder, jede vielmehr allegorisch auswechselbar im Sinne eines Sowohl-als-Auch, technisch manipulierbar, rein instrumental bezogen auf den Zuhörer bzw. Partner, mit dem man es gerade zu tun hat. Und eben dieses Technische, diese konventionalisierte Manier, die »rhetorische Verstellung«, wie Goethe von Hafis sagt, sind es, die uns teils als unseriös, teils als fremd berühren – aber poetisch doch nur als festgewordene Formeln, in zu häufiger Wiederholung! Daher denn auch Goethes Weigerung, die Gedichtform des Ghasel zu übernehmen (mit einer Ausnahme), seine Ablehnung der »zugemeßnen Rhythmen« (in »Nachbildung«, Buch Hafis):

»Das Talent erfreut sich wohl darin;
Doch wie schnelle widern sie abscheulich,
Hohle Masken ohne Blut und Sinn.«

Doch wenige Jahre später hat die Entwicklung des Ghasel durch Platen und Rückert gezeigt, daß diese Form in der Nach- und Umbildung keineswegs »hohle Maske ohne Blut und Sinn« bleiben mußte. Überzeugende Beispiele dafür sind die beiden Ghaselen Rückerts auf seine verstorbene Gattin (»Und hast du nicht, was du mir schworst, vergessen in der Nacht?« und »Wie um dich hier deine Kinder weinen«) – beide leider zu umfangreich, um hier wiedergegeben werden zu können. Die unerhörte artistische Meisterschaft dieser Verse scheint für unser Empfinden mit Spontaneität des Erlebnisses nicht vereinbar zu sein, doch ist dieser Eindruck trügerisch, wir sollten lieber unsere überlieferte Ästhetik überprüfen. Denn das Ganze ist von einem Ton der Innigkeit erfüllt, der unsere Kritik zum Schweigen bringt. Was aber ist hier Suleika passiert? Daß in diesen Rückertschen Gedichten die unsterbliche Geliebte auch noch identisch ist mit der Ehefrau des Dichters, ist weltliterarisch so revolutionär, daß schon aus diesem Grunde die beiden Ghaselen einen besonderen Hinweis verdienen.

Rückert ist kein Goethe, doch hat er eine Eigenschaft, die im nachgoetheschen Prozeß weltliterarischer Aneignung fast noch wichtiger ist: Kongenialität. Seine Dichtung ist nicht denkbar ohne den Divan, sie versteht sich selbst als künftigen Divan, aber sie zieht aus Goethes Dichtung den einzig möglichen Schluß, daß es nunmehr notwendig für den Dichter sei, sich die orientalischen Sprachen selbst anzueignen. Goethe selbst hatte in den Noten und Abhandlungen zum Divan als Höchstleistung des Fachwissenschaftlers die »identifizierende Übersetzung« definiert:

»Hierdurch werden wir an den Grundtext herangeführt, ja getrieben, in welchem sich die Annäherung des Fremden und des Einheimischen, des Bekannten und des Unbekannten bewegt«,

wobei für Goethe diese Annäherung gleichbedeutend mit der Fähigkeit ist, aus einer fremden geistigen Welt, »das Unbekannte an's Bekannte, das Schätzenswerte an das Geschätzte anzuschließen«.

Rückert ist diesem Ideal näher gekommen als irgendein anderer Dichter des 19. und 20. Jahrhunderts. Seine Sprachenkenntnisse umfaßten außer den alten Sprachen Slawisch, Albanisch und Litauisch, Persisch, Türkisch, Arabisch Sanskrit, Tamulisch. Aus den meisten dieser Sprachen hat er übersetzt, und dabei nicht nur Formen gefunden, die philologische Genauigkeit mit Geschmeidigkeit und sprachschöpferisch-dichterischer Kraft verbinden, sondern auch Eigenprodukte geschaffen, die Motive und Formen aus den fremden Sprachwelten nur benutzen. In vielen Fällen ist eine scharfe Grenze zwischen Nachschöpfung und Eigenschöpfung nicht zu ziehen, und es ist leicht zu erkennen, daß Rückert auch in dieser Hinsicht in der Nachfolge des Divan steht. Goethe hatte aus der Unklarheit des Lesepublikums, ob es sich bei der ersten Veröffentlichung im Damenkalender um Übersetzungen oder Nachbildungen handelte, sein gewohntes Versteckspiel gemacht, und dieselbe zweideutige Lage begegnet uns wieder bei vielen Rückertschen Gedichten. Vielleicht aber liegt gerade in diesem Zwischenreich seine Hauptbedeutung. Die Verwandlung ins eigene kann fast vollständig sein; wer würde wohl darauf kommen, daß ein Gedicht wie »Du bist die Ruh' ...«, bekannt durch Schuberts herrliche Vertonung, ein Hafis-Nachklang ist, als solcher kenntlich bestenfalls dem Fachmann durch die Wortverbindung »Augenzelt«? Auch die Gedichte aus dem »Mahabharata« (»Nal und Damajanti« und »Sawitri«) sind nicht einfach Übersetzungen, sondern teilweise Um- und Neudichtungen. »Bücher wie seine ›Östlichen Rosen‹ oder ›Erbauliches und Beschauliches aus dem Morgenland‹«, schreibt Oskar Loerke, »bauen Viadukte durch die Wüsten und Brücken über die Meere« (Oskar Loerke, Gedichte und Prosa II, 474). Dasselbe gilt für die metrischen Übersetzungen des »Atharvaveda«, des »Gitagovinda«, für »die hundert Strophen des Amaru«, die danteske Höllenszene aus dem »Markandeya-Purana« (nur daß hier, anders als bei Dante, der zur Hölle hinabgestiegene gute König durch sein Allerbarmen die Verdammten zum Paradiese befreit!), das Bruchstück aus Kalidasas »Kumara-sambhaya« u. a.m., mit denen Rückert in den indischen Literaturkreis vordringt, der Goethe fast noch ganz unzugänglich geblieben war. Die meisten Übersetzungen Rückerts sind erst postum ans Licht gezogen worden, vieles ist überhaupt noch nicht publiziert. Trotz der energischen Hinweise Loerkes und Borchardts und trotz der Teil- und Auswahleditionen hervorragender Sachkenner wie Herman Kreyenborg, Helmuth v. Glasenapp und Annemarie Schimmel steht die Revision im Falle Rückerts noch aus und bleibt ein dringendes Desideratum; wobei man editorisch auf die inflatorischen Reimereien aus »Haus und Jahr« usw., auf die mißglückten Epen und manches andere verzichten, die Nachdichtungen aber und den ganzen Nachlaß unverkürzt veröffentlichen sollte.

Mit seinem sprachlichen Universalismus ist Rückert eine der wichtigsten

Gestalten der Weltliteratur im 19. Jahrhundert. Wenn allerdings der Übergang von der Übersetzung zur Eigenproduktion so fließend wird, wie steht es dann mit Goethes Begriff der »identifizierenden Übersetzung«? Rückert sagt sublim:

»... Du aber suche fein die Geister zu belauschen,
Wie, wandelnd unsichtbar, sie Wortgewande tauschen.«

Und ein andermal, ebenso wenig philologisch greifbar, dafür aber philologisch Schrecken erregend:

»Der Übersetzung Kunst, die höchste, dahin geht,
Zu übersetzen recht, was man nicht recht versteht.«

Da klingt romantische Ironie an, die sich nur jemand leisten kann, der die rhetorischen Figuren der orientalischen Dichtung so vollendet wiederzugeben vermag wie Friedrich Rückert! Als Beispiel sei die »Schmetterlingsverbrennlichkeit« herangezogen, bei Rückert nach einer Dschami-Vorlage:

»Zauberblick, auf Herzen prägend Wahnsinns Unverkenntlichkeit;
Von sich selber trennt sich, wer von dir sucht Unzertrennlichkeit.
Überall wo deiner Wange Kerz' erhellt der Schönheit Fest,
Beten Schöne um das Glück der Schmetterlingsverbrennlichkeit.
Die ihr sprechet: Mannesmut ist, holdem Antlitz widerstehen:
Geht! denn nicht bei Dschami ist zu finden diese Männlichkeit.«

(Rückert, Nachlese II, 442)

während Goethe die berühmte Figur (in »Selige Sehnsucht«, Buch Hafis) Hammers Hafis-Übersetzung entommen hat. H. H. Schaeder meint, daß Rückert trotz der großen philologischen Treue seiner Hafis-Übersetzungen in »die Wiedergabe der persischen durch deutsche Verse ein Moment der Beseeltheit, des Gefühlsklanges in das Original hineinträgt, von dem dieses nichts weiß. Der Vers ist bei Hafis so durchsichtig, so klar, so hart wie Glas: die deutsche dichterische Sprache ist zu tief in Stimmung eingetaucht, als daß sie zur Wiedergabe persischer Ghaselen taugte. Eben an diesem Punkte tritt die Meisterschaft von Rückerts Sprachbehandlung hervor« (»Goethes Erlebnis ...« 113). Wir finden dieses Urteil widersprüchlich. Wenn der Iranist Schaeder mit seiner Beurteilung der persischen Dichtersprache recht hat, hat der Kritiker des Ghaselen-Dichters Rückert Unrecht. Sind denn die »Beseelung« eines fremden Verses, sein »Eintauchen in Stimmung« ein Manko? Das Rückertsche Ghasel ist ein deutsches Gedicht, kein persisches. Es bereichert die deutsche Poesie um eine neue Form, und die Rezeption eines persischen Dichters des 14. Jahrhunderts in die Weltliteratur bleibt auf jeden Fall auf die Verwandlung in einer der großen modernen Literatursprachen angewiesen. Mit sich selbst identisch bleiben im strengen

Sinne kann kein übersetztes Werk der Weltpoesie. Je dichterischer die Verwandlung ist, um so mehr wird sie sich von einer Identifizierung entfernen. Denn wie Goethe angesichts der Hammerschen Hafis-Ausgabe reagierte:

»Ich mußte mich dagegen produktiv verhalten, weil ich sonst vor der mächtigen Erscheinung nicht hätte bestehen können.« (Goethe, Werke C VIII, 1233)

so verhielt sich Rückert gegenüber den orientalischen Mustern nicht weniger produktiv, allerdings verband er die Rollen des sprachgeschulten Übersetzers und des Dichters. Das bedeutet ohne Frage einen Realitätsgewinn im Prozeß der Weltliteratur. Der künftige Divan konnte kein Goethescher Divan mehr sein, er mußte die Form annehmen, die Rückert ihm gab. Man darf nicht vergessen, daß die Goethezeit die Epoche eines großartig bewegten Dilettantismus gewesen ist – eines Dilettantismus im besten Sinne des Wortes, der die Quelle alles geistig Guten im 19. Jahrhundert war, der aber unvermeidlich einmal durch ein Zeitalter der Fachorientierung und -spezialisierung abgelöst werden mußte. Goethe hielt sich an Hammer, Platen und Rückert lernten bereits Persisch; fortan trennten sich der Künstler und der Wissenschaftler, die Rückert beide noch einmal verbunden hatte.

Seine eigene Rolle aber hat er stolz und zugleich resigniert, mit ironischer Schlußfloskel, als Epilog (»quantitativ-prosodisches Ghasel«) zur Dschami-Übersetzung (1845) formuliert:

»Nicht ewiges Erz, wie Vater Horaz zustande gebracht,
Hab' ich, doch denk' ich, Rühmliches auch zustande gebracht.
Ich habe gebracht zum Markte der Allweltliteratur
Des Frachtschiffs Gut, aus Morgen- in Abendlande gebracht.
Ein Moschusreh, von Dufte genährt auf persischer Au,
Hab' ich zur Schau in heimische Wohllautsbande gebracht.
Ihr Günstigen, an vieljährige Gunst ermahnt es euch,
Der Liebe Bemühn hat's euch zum Erinnerungspfande gebracht.
O Freimund, schweig! das junge Gewächs ist altem gram;
Ich fürchte du hast aufs neue dich hier in Schande gebracht.«

(Rückert, Nachlese II, 465)

Abwehr und Aneignung

Goethes Neigung zum Orient war – abgesehen von der chinesischen Eskapade des Jahres 1827 – räumlich über den persisch-islamischen Osten nicht hinausgediehen. Indien war ihm eine verschlossene Welt geblieben. Die Absage an das hinduistische (und nebenher auch an das ägyptische) Pantheon in den »Zahmen Xenien« II (etwa 1821) läßt an Derbheit nichts zu wünschen übrig:

»Auf ewig hab' ich sie vertrieben,
Vielköpfige Götter trifft mein Bann,
So Wischnu, Kama, Brahma, Schiven,
Sogar den Affen Hannemann.
Nun soll am Nil ich mir gefallen,
Hundsköpfige Götter heißen groß:
O, wär' ich doch aus meinen Hallen
Auch Isis und Isiris los!«
...
»Und so will ich ein für allemal
Keine Bestien in dem Göttersaal!
Die leidigen Elefantenrüssel,
Das umschlungene Schlangengenüssel,
Tief Urschildkröt' im Weltensumpf
Viel Königsköpf' auf einem Rumpf,
Die müssen uns zur Verzweiflung bringen,
Wird sie nicht reiner Ost verschlingen.«

Den reinen Osten hatte er im Divan gespriesen: ein Idealbild, dessen islamisch-monotheistische Substanz auf Goethe eine starke Anziehungskraft ausgeübt haben mußte, weil er sich an den Monotheismus des Alten Testaments aus jugendlicher Bibelkenntnis anschließen ließ – der allerdings historisch mit der islamischen Eroberung das hinduistische Indien verschlungen hatte, so daß Goethe merkwürdigerweise die Partei jener Eroberer zu ergreifen scheint, für die das hinduistische Tempel-Pantheon mit Brahma, Schiva, Wischnu, Ganesha und Hanuman ein ebenso großer Greuel gewesen ist wie für Goethe. Wenn er freilich fortfährt:

»Der Ost hat sie schon längst verschlungen:
Kalidas' und andere sind durchgedrungen;
Sie haben mit Dichterzierlichkeit
Von Pfaffen und Fratzen uns befreit.
In Indien möcht' ich selber leben,
Hätt' es nur keine Steinhauer gegeben ...«

(Goethe, Werke C I, 645, 642)

so befindet er sich im Irrtum, denn zwischen indischer Poesie und indischer Tempelplastik läßt sich kein Gegensatz konstruieren, und Kalidasa ist keine Instanz gegen die hinduistische Mythologie, vielmehr finden sich die verhaßten Brahma, Kama, Schiva mitsamt Elefanten und Schlangen alle in der »Sakuntala« wieder. Wir wissen freilich nicht, welches Anschauungsmaterial Goethe bei seiner Verdammung zu Gebote stand, viel kann es nicht gewesen sein, wir hören nur, daß August Wilhelm v. Schlegels und Christian Lassens Bekehrungsversuche bei ihrem Besuch in Weimar (am 24. April 1827) vergeblich waren. Nur Lassens Belehrungen über indische Literatur waren Goethe willkommen, »um sein eigenes, immerhin nur sehr lükkenhaftes Wissen in diesen Dingen zu ergänzen«. (Goethe, Werke A XXIV, 625 f.) Goethe war damals immerhin achtundsiebzig. Ob er sein Urteil revidiert haben würde, wenn er den Trimurti von Elephanta, die Tore von Sanchi hätte in Augenschein nehmen können, darf bezweifelt werden; er hätte vermutlich einen Vergleich mit dem Griechischen, wie er es verstand, gezogen. Die Bewußtseinsöffnung für exotische Kunst war damals einfach noch nicht da, sie ist erst langsam im 19. Jahrhundert herangereift und noch heute nicht vollkommen, geschweige denn in ihrer revolutionären Bedeutung ganz erkannt: »Denn da ist keine Stelle,/die dich nicht sieht. Du mußt dein Leben ändern.« (Rilke, »Archaischer Torso Apollos«) Wir meinen also, nicht fehlzugehen, wenn wir bei Goethe auch eine *innere* Grenze gegen das indische Wesen feststellen. Erst Rückert hat diese innere Grenze überschritten mit seiner künstlerischen Eroberung des Sanskrit. Diesen fränkischen Spielmann des 19. Jahrhunderts hat seine geistige *aventure* noch weit über den arabisch-persischen Raum hinaus nach dem Osten geführt, nach dem arischen, sogar dem dravidischen Indien, ja mit einigen Übersetzungsproben aus dem »Schi-king« sogar nach China.

Es ist eigentümlich, daß Rückert, obwohl in einem Sprachraum sich bewegend, aus dem alle Weltreligionen hervorgegangen sind, als Übersetzer vorwiegend weltliche Vorlagen aus diesem Raum bevorzugt hat. Das gilt selbst für die Übertragungen aus dem »Atharvaveda«, dessen Zaubersprüche geradezu ein Schulbeispiel seien können für die unter Religionswissenschaftlern so umstrittene Abgrenzung von Religion und Magie, da sie nämlich eindeutig auf die Seite der Magie gehören, mithin *carmina* im eigentlichen Sinne sind, vergleichbar den »Merseburger Zaubersprüchen«, obwohl von diesen mindestens durch tausend Jahre getrennt. Aber natürlich lief die spätere literarische Entdeckung und Erschließung des Ostens überwiegend in der Richtung der heiligen Schriften, wodurch das Interesse der Gelehrten immer mehr von der poetologischen nach der religionshistorischen Seite verschoben wurde. Goethe hatte noch in den Noten und Abhandlungen zum Divan im Kapitel »Hebräer« bemerkt:

»Ein großer Teil des Alten Testaments ist mit erhöhter Gesinnung, ist enthusiastisch geschrieben und gehört dem Felde der Dichtkunst an.«

Und in den Paralipomena heißt es gar:

»Schriften, in welchen alte Traditionen zusammengestellt sind, bleiben immer eine Art von Poesie; nicht gerechnet, daß ihr größter Teil selbst der Form nach

Lied war, so ist ihr Inhalt meist poetisch, das heißt: es ist gerade nur der Sinn *wahr*, das ausgesprochene Faktum ist meist nur Fabel.« (Goethe, Werke C II, 151, 359)

Wilhelm v. Humboldt behandelte noch 1826 in seiner Akademieabhandlung über das indische Lehrgedicht »Bhagavadgita« dieses sowohl nach seinen philosophischen wie nach seinen dichterischen Qualitäten. Er nimmt sogar grundsätzlich Stellung zu der Frage beider Qualitätsarten zueinander und behauptet, im echten philosophischen Gedicht sei beides miteinander verknüpft durch eine »unsichtbare Macht innerer Begeisterung«.

»Das Feuer und die Erhebung der Dichtung muß notwendig scheinen, die Wahrheit aus der Tiefe des Geistes hervorzurufen, die philosophische Lehre muß nicht die poetische Einkleidung als einen erborgten Schmuck suchen, sondern sich aus innerem Drange in freiwilligem Rhythmus ergießen, sich in der Dichtung wie in ihrer natürlichen und angeborenen Form bewegen. Dies kann aber nur der Fall sein, wie die philosophischen Ideen bis zu dem Punkte zurückgehen, wo es der räsonnierende Verstand aufgeben muß, Wirkungen aus Ursachen zu entwickeln, und wo die Wahrheit durch die bloße Läuterung und Richtung des Geistes, durch die Entfernung alles dialektischen Scheins, aus der Steigerung des reinen Selbstbewußtseins hervorflammt. In diesem Gebiet, wo der Dichter die Stärke in sich fühlt, der Wahrheit ihr Wesen auch mitten in dem Schwunge der dichterischen Einbildungskraft zu erhalten, liegt allein das wahrhaft philosophische Gedicht.« (v. Humboldt, 54)

Den Gegenpol zur ästhetisch-philosophischen Einheit sieht Humboldt bei Lukrez, bei dem die poetische Form nur »gefällige Einkleidung« sei; anders als bei Empedokles und Parmenides, obwohl deren Gedichte bereits mit dem Bewußtsein der Kunst gedichtet seien.

Buddhistische Vermittelungen

Wenn Schopenhauer sich nicht nur für die »Bhagavadgita« begeisterte, die er in der lateinischen Übersetzung A. W. v. Schlegels las, sondern auch für die 1801 in Frankreich erschienene lateinische Übersetzung der »Upanishaden«, von deren Lektüre er sagte, »sie ist der Trost meines Lebens gewesen und wird der meines Sterbens sein« (Schopenhauer, Werke V 418, »Einiges zur Sanskrit-Literatur«), so kann man angesichts der engen Zusammenhänge seiner Metaphysik mit seiner Ästhetik überzeugt sein, daß ihn dichterische Form und philosophischer Gehalt noch als Einheit ansprachen. Darauf weist schon die Auffassung der künstlerisch-symbolischen Form des metaphysischen Erkenntnisgehalts als *consolatio* hin, die Schopenhauer mit Boethius teilt, dessen »De consolatione philosophiae metra« Konrad Weiss so wunderbar übersetzt hat; und die er auch teilt mit dem von ihm vertretenen Buddhismus, dessen heilige Texte (soweit sie nicht scholastisch erstarrt sind) durch ihre Form denselben Trost ausüben – und ausüben sollen –, entgegen dem kognitiven (trostlosen) Gehalt der Lehre; wie auch die buddhistische Architektur, Plastik, Malerei und Lebensgestaltung in den Ländern Ost- und Südostasiens die genaue ästhetische Gegeninstanz bildet zu den scholastischen Theoremen, die in den heiligen Texten zum Ausdruck kommen. Aber dies war nicht der Gang des 19. Jahrhunderts, das die Kluft zwischen wissenschaftlicher Erkenntnis einerseits, Kunst und Philosophie andererseits immer weiter aufriß und die religiösen Texte des Ostens völlig auf die wissenschaftliche Seite zog. Die Kluft ward derart, daß schon der bloße Versuch, philologische Treue mit dichterischer Nach- und Neugestaltung zu verbinden, die Gefahr der Diffamierung durch die Zunft mit sich führte und dem kühnen Autor die Rückertsche Selbsterkenntnis aufnötigte: »Ich fürchte, du hast aufs neue dich hier in Schande gebracht.« (Rükkert, Nachlese II, 465) So erging es Karl Eugen Neumann (1865–1915), aus dessen Feder zwischen 1893 und 1928 große Teile aus dem pali-sprachigen »Dreikorb« (Tipitaka) des Hinayana-Buddhismus in deutscher Übersetzung erschienen. Auch Neumann war ein Begeisterter, und ohne anderen englischen und deutschen Übersetzern Unrecht zu tun, darf man sagen, daß seine Version künstlerisch gelungener ist und daß sie den Anschluß der heiligen Schriften der südlichen Buddhisten an die Weltliteratur jedenfalls für den deutschen Sprachraum bewirkt hat, überzeugender als etwa Edwin Arnolds »The Light of Asia« für den englischen. Zwar waltet in den dem Buddha zugeschriebenen Lehrreden des »Majjhima-Nikaya« und »Digha-Nikaya« wenig von dem Enthusiasmus, von dem Goethe und Humboldt die religiöse Dichtung der Inder beseelt sahen, mehr dagegen das Motiv der unterschwelligen litaneihaften Einhämmerung durch stete Wiederholung derselben Gedanken mittels wechselnder rhetorischer Figuren, ein rhythmisch-magisches Hineinarbeiten in den »Stoff« (Beckh II, 73) der Seele, wie die Arbeit des Töpfers, Elfenbeinschnitzers oder Goldarbeiters. Deutlicher tritt das Dichterische in den metrischen Texten der Lieder der Mönche und Nonnen (»Theragata« und »Therigata«) und besonders im »Wahrheitspfad« (»Dhammapada«) hervor. Bei alledem ist die an Neumann geübte philologische Kritik berechtigt. Doch steht der hemmungslosen Verdammung durch den Indologen R. Otto Franke die ebenso unbedingte Anerkennung durch Dichter wie Paul Ernst und Oskar Loerke gegenüber.

Im Gegensatz zum »Hinayana« sind die heiligen Texte des »Mahayana« aus dem Sanskrit, Prakrit, Tibetischen und Chinesischen größtenteils noch unerschlossen, Fach-, nicht Weltliteratur. Manches ist in den letzten Jahren zugänglich gemacht worden, vor allem durch die rege Übersetzungstätigkeit des Engländers Edward Conze, aber die Formanalyse dieser Texte hat noch nicht einmal begonnen. Der Zen-Buddhismus, auf indische Anregung zuerst nach China und von dort nach Japan gelangt, ist in den letzten Jahren durch die Schriften von D. T. Suzuki und anderer Autoren im Westen bekannt geworden und hie und da in Europa und Amerika als Meditationspraxis in Mode gekommen – doch auch wenn dies nicht der Fall wäre, ist die kognitive Vermittlung des Zen noch lange nicht Zen. Es ist schwer einzusehen, wie man ohne Kenntnis der Formen des Zen sich ein Verständnis von dessen Gehalten aneignen könnte. Insofern gründet die ganze Propaganda des Zen im Westen auf einem Mißverstehen. Edward Conze freilich glaubt Suzuki in Schutz nehmen zu sollen. Wenn dieser den Intellekt als ein Hemmnis für die Entfaltung der Spontaneität bezeichne, gehe er von der Voraussetzung aus, daß mit der Ausschaltung des Intellekts schlichtweg das *Tao* herrschend werden würde; Suzuki sei nicht vertraut gewesen mit der westlichen irrationalistischen Philosophie, wo die Ausschaltung des Intellekts nichts anderem Raum gebe als hemmungslosen selbstischen Instinkten. Wenn Suzuki von Spontaneität gesprochen habe, sei die Spontaneität von Heiligen gemeint gewesen und nicht die von Schulbuben (Conze, Thirty Years of Buddhist Studies, 29).

Das redlichste Verfahren, um an den Zen-Buddhismus heranzuführen, scheint mir noch der Versuch zu sein, über verwandte europäische Praktiken wie die Exerzitien des Ignatius von Loyola ein wenigstens angenähertes Verständnis zu erschließen, wie dies einige Jesuiten versucht haben. Das aber bedeutet sachliche Information und hat mit religiöser Dichtung nichts zu tun. Wer mehr will, wage sich an die englischen Übersetzungen des »Saddharma-Pundarika« oder des »Lankavatara Sutra« heran. Die hermetischen Oden des »Biyän-lu«, die Gundert neuerdings aus dem Chinesischen übersetzt vorgelegt hat, muten zwar hochdialektisch an, werden aber durch ihre dramatischen Kommentare, denen sich nochmals Kommentare des Übersetzers anschließen, nur noch undurchsichtiger, so daß sie zunächst den Eindruck absurder Inszenierungen hinterlassen. Die Hofmannsthalsche »Verzweiflung an der Sprache« scheint bestätigt zu werden. Bis zu einem gewissen Grade zugänglich ist dagegen die vom Zen ebenfalls durchdrungene japanische Haiku-Lyrik (Basho u. a.). Chinesische und japanische Poesie und Tuschmalerei spricht uns durch ihr inniges Verhältnis zur Natur unmittelbarer an als die Kunst des indischen Kulturkreises. Wir verstehen diese Kunst gern mystisch, doch ist dies nur unsere unbeholfene Chiffre für jenes undifferenzierte seelische und ästhetische Kontiunuum, in dem die Scheidung zwischen Ich und Außenwelt vorübergehend aufgehoben wird und die Zeit zum Stillstand kommt. Dieser Zustand ist uns durch den künstlerischen Ausdruck eher zugänglich als durch theoretische Belehrungen. Frühe chinesische Lyrik, in der das alte und innige Naturverhältnis des *Tao* waltet, hat ihre Widerspiegelung in den Philosophenlandschaften der Tuschbilder; mit Buddhistischem ist sie oft, aber nicht immer verbunden.

Schamanismus und Katharsis

(Fernöstlicher Humanismus: Arthur Waley)

Bei weitem das Beste zur literarischen Erschließung klassischer ostasiatischer Dichtung hat der berühmte britische Sinologe und Japanologe Arthur Waley geleistet. Man könnte ihn, der hundert Jahre später lebte und auf das Chinesische und Japanische spezialisiert war, wie Rückert vorzugsweise auf die Poesie des islamischen Vorderen Orients geradezu den englischen Rükkert nennen. Mit Rückert teilt Waley auch die Kombination von gelehrter Philologie und dichterischer Intuition sowie die autodidaktische Vielsprachigkeit; außer den europäischen Hauptsprachen beherrschte er Chinesisch und Japanisch, las Mongolisch, Ainu, Sanskrit und kannte sich aus in der tamulischen Literatur. Er begann 1918 mit englischen Übersetzungen chinesischer Lyrik, die das Original in genuine englische Lyrik verwandelten. Seine Übersetzung des berühmten japanischen »Genji«-Romans, verfaßt von der Hofdame Murasaki Shikibu (um 1000 n. Chr.), gehört zum Besten englischer Prosa und erregte eine solche Sensation, daß sogar japanische Gelehrte, für die das klassische Japanisch des Originals schwer lesbar ist, zu dieser englischen Version griffen. Auch die chinesischen Balladen und Geschichten von Tunhuang und andere Übersetzungen Waleys sind geniale Leistungen. Allerdings ist sich Waley des Dilemmas von Gelehrsamkeit und dichterischer Schöpfung bewußter, als es Rückert gewesen war; beide Aufgaben miteinander zu verbinden, werde mit dem Fortschritt der akademisch-philologischen Forschung immer schwieriger. Zu seinen Übersetzungen aus dem japanischen No-Theater bemerkt er unter ausdrücklichem Hinweis auf seine künstlerische Absicht, »if they are mere philology, not literature – then I have indeed fallen short of what I hoped and intended« (Waley, Nō-Plays, 55). Noch deutlicher wird Waley, wenn er sich gegen den naiven Positivismus jener Philologen wendet, die stets nur »die Texte selber sprechen lassen« wollen (Waley, Nō-Plays, 55). »I have always found that it was I, not the texts, that had to do the talking.« Hundertmal habe er vor Texten gesessen, deren Sinn er vollkommen verstand, und die er doch nicht so habe ins Englische übertragen können, daß nicht bloß die korrekten Wörterbuch-Bedeutungen dabei zutage getreten seien, sondern die Emphase, der Ton, die Eloquenz des Originals. Daß man die fremde Sprache zunächst einmal kennen müsse, sei selbstverständlich, aber eine bloße Sache der Linguistik. Es gebe natürlich Texte, in denen es nur auf die logische Bedeutung ankomme, ohne daß Gefühl dabei ausgedrückt werde, aber besonders im Fernen Osten seien solche Texte äußerst selten:

»... the appeal, even in philosophical texts, has always been the emotion rather than the logic.« (Waley, »Madly Singing...«, 158)

Und, dürfen wir hinzufügen, dies gilt nicht nur für den Fernen Osten. Denn sonst wäre kaum zu begreifen, daß neuere Strömungen in der westlichen Philosophie auf eine »Meta-Sprache« hinaus wollen, die sich auf logistische Formeln beschränken soll; ein interessantes Unternehmen und ein neuer Beitrag zur »Verzweiflung an der Sprache«; nur daß eben eine solche Philosophie, weil sie nicht zu reden weiß, uns auch nichts mehr zu sagen hat.

Das Übersetzungsproblem ist durch die Leistungen Arthur Waleys bis zu einem Punkte vorangetrieben worden, wo man das Fazit ziehen muß: Eine Übersetzung, die bloß philologisch korrekt sein möchte, ohne zugleich Emphase, Ton und Eloquenz des Originals kongenial wiederzugeben, *das heißt: ohne zu interpretieren*, ist nicht nur dichterisch, sondern auch wissenschaftlich unzulänglich.

Der »Genji«-Roman ist in erster Linie ein humanistischer Beitrag zum Thema »Schamanismus und Katharsis«. Zeugnis dessen ist nicht nur der Roman selber, sondern auch die Beliebtheit seiner Motive im japanischen Theater. Hauptträger der Handlung ist der Prinz Genji, ein Sohn des Kaisers. Europäische Interpreten bringen uns diese Gestalt nahe als einen »Don Juan von geringem sittlichen Empfinden, aber mitunter großer Zartheit ...« (Revon-Adler, Japanische Literatur, 165). Der erste Teil dieses Satzes stimmt aus mehreren Gründen nicht. Der Prinz ist bei aller erotischen Freizügigkeit doch recht skrupulös und reflektiert über seine zahlreichen Geliebten, für die er auch sorgt. Schon darum paßt das Don-Juan-Schema nicht. Übrigens ist die erotische Freizügigkeit in der damaligen höfischen Gesellschaft mehr oder weniger institutionell, und Genji ragt allenfalls durch den Umfang seiner Beziehungen hervor. Drittens erhebt sich die Frage, ob der Ausdruck »Freizügigkeit« (Libertinage) überhaupt zutreffend ist angesichts des ungeheuren, beengenden, hochstilisierten Zeremonialismus, in den *courtship* und *love making* eingeengt sind. Alles ist an vorgeschriebene Formeln der höfischen Kultur gebunden, die man *gut* erfüllen muß, wenn man sich nicht blamieren will. Der werbende Mann teilt sich der Umworbenen durch Mittelspersonen mit, die Briefe und Gedichte hin und her tragen, die teils alten

Mustern folgen, teils neu verfaßt sind; deren Stil und Qualität sind starker Kritik, auch Selbstkritik unterworfen, man unterhält sich miteinander getrennt durch Wandschirme und Vorhänge, doch werden auch ohne persönlichen Anblick des Partners aus dessen Sprechweise, aus seinen Utensilien scheinbar gleichgültigster Art seine Eigenschaften und seine Gemütsart erfühlt. Erotisiert ist die ganze Berührungswelt. Man ist als westlicher Leser versucht, von einer zart gefilterten Dreingabe der Persönlichkeit in ihre Umgebung zu reden. Diese aufs äußerste spiritualisierte Erotik ist von dem Draufgängertum eines westlichen Don Juan ebenso entfernt wie von der Grobsinnlichkeit mancher chinesischen Romane. Wir haben eine raffiniert verfeinerte höfische Kultur vor uns, die aber eine formende Gewalt auch auf die Frauen aus dem Volke ausübt, die etwa zu Hofdamen aufrücken. Und trotz aller Tabu-Distanzen, die Stände und Geschlechter voneinander trennen, hat der Leser dieses Romans das Gefühl: es sind Menschen wie wir, weil (und damit kommen wir zum Kernpunkt) der Zeremonialismus (oder Ritualismus) zur *äußersten Erfüllung der Individualität* innerhalb der vorgeschriebenen Formen zwingt, und nur zusammen mit dieser Erfüllung, nicht etwa als beengendes Prinzip allein, bringt er die höchste Kultur hervor. Lebenserfüllung und Ästhetik wirken aufs engste zusammen. Jede wichtige Situation wird poetisiert durch rascheste Formgebung mittels wechselseitigen Sich-Andichtens – ein Brauch, der wie jeder Brauch dem Gesetz der Konventionalisierung unterliegt und folglich in jeder Gestalthöhe erfüllt werden kann, oft genug nur schlecht und recht; am einfachsten ist natürlich die Verwendung bereits abgegriffener Muster. Doch nur über einem weit geübten Mittelmaß erhebt sich die höchste Poesie! Auch der buddhistische Karma-Gedanke, der das ganze Volk durchzieht, kann echterfüllt sein und in konventionalisierter Form auftreten. Personen, die sich zueinander hingezogen fühlen, meinen, sie wären in einem früheren Leben schon einmal zusammen gewesen; dieser Gedanke kann hoch poetisiert sein, manchmal aber ist er nur so hingesagt. – Viertens, Genji durchläuft eine Entwicklung, eine Reifung seines Charakters. Dabei spielen schamanistische Erfahrungen und Praktiken die entscheidende Rolle. Am deutlichsten wird dies bei dem Rivalitätskonflikt zwischen zwei Frauen. Die eine ist Genjis rechtmäßige Gattin Aoi, die andere seine Geliebte Rokujō. Beide fahren in ihren Wagen zum Kamo-Fest und geraten in enger Straße gegeneinander, Deichsel gegen Deichsel. Keine will weichen; Rokujōs Wagen geht dabei zu Bruch. Kurze Zeit danach erkrankt Aoi schwer, sie ist von einem Monokoke-Geist besessen. An diesem Punkt setzt ein nach dem Roman gearbeitetes Nō-Spiel aus dem 15. Jahrhundert ein, das die Exorzisation des Monokoke-Dämons beschreibt. Dabei tritt die kranke Aoi gar nicht auf, sondern wird auf der Bühne nur als Puppe, im Bett liegend, dargestellt. Dagegen treten auf ein Höfling, eine Schamanin, die Prinzessin

Rokujō, der Heilige von Yokawa, ein Bote und ein Chor. Die Schamanin kann mit ihrer Bogensehne den bösen Geist, von dem Aoi besessen ist, diagnostizieren. Sie spricht ihren Zauber aus, und es erscheint – Rokujō, vielmehr deren lebendes Phantom. Kein Wunder! Denn diese gefährliche Dame, d. h. ihr lebendes Phantom hat schon einmal eine Mätresse Genjis aus Eifersucht umgebracht. Und jetzt hat sie es auf Aoi abgesehen. Sie klagt mit bewegten Worten über die Beleidigung, die sie bei der Wagenkollision erfahren hat und die sie nicht verwinden kann; sie phantasiert von zerbrochenen Rädern – buddhistische Symbolik spielt herein:

»Das Rad des Lebens dreht sich wie das Rad eines Wagens; den sechs Pfaden und vier Geburten kann man nicht entkommen ...«

Das heißt, der Vergeltung kann man nicht entrinnen. Auch in dem folgenden Dialog zwischen Rokujō und der Schamanin spielt der »zerbrochene Wagen« eine Rolle. Die Schamanin sieht die Wagenszene leibhaft vor sich und erkennt in der weinenden Dame des zerbrochenen Wagens Rokujō. Diese ist genötigt, ihre Identität zu bekennen: »Ich bin gekommen, um meinen Haß abzuklären.« Sie inkantiert buddhistische Sutren: Unsere Beschwerden in dieser Welt sind nicht von anderen verursacht, sondern die Vergeltung unserer eigenen Taten in einer früheren Existenz! – Sobald sie aber den Blick auf Aois Bett richtet, ergreift ihre Passion sie aufs neue:

»Ich bin voll Haß! Ich muß schlagen, schlagen! ...«,

wobei sie mit ihrem Fächer auf das Bett schlägt. Darauf:

»Schamanin: Für das mußt du bezahlen!
Rokujō: Und dieser Haß ist die Bezahlung für vergangenen Haß!
Schamanin: Die Flamme des Zorns ...
Rokujō: ... verzehrt nur sich selbst.«

Rokujōs Haß flammt mit immer wilderen Schreien auf, in abgerissenen Worten zeigt sie sich besessen von dem zerbrochenen Wagen, sie reißt sich die Kleider vom Leib, wechselt ihre Maske gegen die eines weiblichen Dämons und ergreift einen Holzhammer gegen Aoi. Der Kranken geht es schlechter und schlechter. Da gibt der Höfling den Auftrag, den Heiligen von Yokawa zu holen. Der Heilige kommt und inkantiert über Aois Bett, wobei Rokujō bei jedem seiner Verse stichomythisch einen Gegenvers spricht. Am Ende greift der Chor mit den Versen eines buddhistischen Sutra ein, eines wortmagischen Spezifikums gegen weibliche Dämonen. Das endlich hilft, Rokujō gibt sich geschlagen, wirft den Hammer weg und gelobt, niemals wieder als böser Geist aufzutreten, »sie geht auf Buddhas Wegen«. – Während das Nō-Stück als ein gleichsam theologisches Drama den Konflikt drastisch vorführt und die schließliche Katharsis sinnfällig macht, stellt der Roman vor allem die psychischen Rückwirkungen der Krankheit Aois auf Genji dar. Er schildert, wie Genji, an das Krankenbett Aois tretend, Aoi völlig verändert findet, weil sogar Rokujōs Stimme aus der Kranken redet (!). Zwar hatte Genji schon früher gehört, daß es solche Weisen von Fremdbesessenheit gebe, hatte das aber immer für Geschwätz gehalten.

»Nun aber, da es ihm selber klar geworden war wurde ihm bei der Erkenntnis, welch fürchterliche Dinge es auf Erden gab, die Welt verleidet.«

Doch auch die Dame Rokujō ist, als sie davon hört, bestürzt und fühlt sich selbst entfremdet. Für Genji aber ist es ein Schlüsselerlebnis; daß es so etwas gibt, läßt seine Aufgeklärtheit und Unbekümmertheit zusammenbrechen. (Dasselbe Erlebnis der Fremdbesessenheit wiederholt sich später bei Genjis Nebenfrau Murasaki.) – Als eine Art Vergeltung kann man auch ansehen, daß Genjis angeblicher Sohn Kaoru bei seinen Werbungen um Frauen ebenso erfolglos ist wie sein Vater erfolgreich. Alle Frauen werden ihm von seinem Rivalen Niou weggeschnappt, außer Ukifune. Niou aber schleicht sich bei Ukifune im Dunkel in der Gestalt Kaorus ein. Als die Getäuschte den Betrug entdeckt, will sie sich vor Scham ertränken, denn ihr Verführer hat ihr, sie gesteht es sich, besser gefallen als ihr wirklicher Geliebter Kaoru. Ein Priester rettet sie aus dem reißenden Fluß, sie wird Nonne, und auch Kaoru gelingt es trotz aller seiner Bemühungen nicht, sie zur Rückkehr aus dem Kloster in die Welt zu bewegen. So endet dieser scheinbar so libertinistische Roman mit dem Motiv des Verzichts.

Wenn Mérimée seinen Don Juan im Kloster endigen läßt (»Les âmes du Purgatoire«, 1834), wirkt das verkrampft, ganz zu schweigen von Hoffmanns reuigem Bruder Medardus (»Die Elixiere des Teufels« 1815–16). In dem japanischen »Genji«-Roman dagegen kann der Leser ein Stück unverfälschten buddhistischen Karma-Denkens und buddhistischer Lebenskonsequenz unmittelbar kennenlernen, in seiner ästhetischen Gestalt einprägsamer und sogar sachrichtiger als viele theoretischen Auseinandersetzungen.

Auch das zweite berühmte japanische Literaturdokument, das sogenannte Kopfkissenbuch der Hofdame Sei Shōnagon, stammt aus der Zeit um 1000 n. Chr. Es ist kein Roman, sondern eine lockere Aneinanderfügung von Gedanken und Eindrücken, ursprünglich nicht für die Veröffentlichung bestimmt, sondern ein Tagebuch. Schamanische Exorzisationen kommen auch in diesem Werk vor, sie mißlingen zuweilen. Im übrigen offenbart dieses Buch eine ganz andere Individualität als Murasakis »Genji«-Roman. Sei Shōnagon schildert ganz einfach Bilder und Erlebnisse, äußerst schmucklos und genau; doch ist alles für sie bedeutungsvoll. Wir empfinden eine unbeschreibliche Anmut des Verhaltens, eine Aisthesis im ursprünglichen, griechischen Wortsinne. Alles prägt sich dieser Dichterin ein, und findet durch sie seinen Ausdruck.

»I am even happier of a butterfly or small bird flutters prettily near the flowers and can see its face.« (Sei Shōnagon, Übers. Morris, 24)

War sie kurzsichtig wie die Droste? Ihr Stil erweist sie als hypersensitiv, sie leistet sich Idiosynkrasien; die positive Seite dieser Geistigkeit ist Diskretion, Geräuschlosigkeit. Der soziale Zwang eines extremen Zeremonialismus ist verinnerlicht, eingefangen in einer Etikette und in einem Schamgefühl, die Natur geworden sind. Der Untergrund ist das buddhistische Leiden an der Existenz; Schönheitsdurst und Epikureismus sind ästhetische *consolatio*. Der Amida-Buddhismus als damals herrschende Religion ist vorausgesetzt. Sei Shōnagon ist, bei allem eigensinnigen Individualismus, fromm; im Pilgertempel-Milieu fühlt sie Gemeinschaft und betet um das, worum die anderen den Buddha bitten. Wie zeitlos-modern berührt uns dies alles! Wir vergessen vollständig, daß diese verfeinerte Dichtkunst gleichzeitig entstanden ist mit den Schriften der Roswitha von Gandersheim, begreifen, wie wenig die Gleichzeitigkeit im kalendarischen Sinne bedeutet.

Abderitismus, Vergleichung, Quasi-Realität

Aber diese japanischen Dichtungen sind ein Glücksfall der Weltliteratur. Ihr Humanismus ist uns verständlich. Doch ihnen stehen andere Zeugnisse gegenüber, wie die religiösen Mahayana-Dichtungen, die uns unzugänglich sind. Es ist auch gar nicht der Unterschied zwischen Ost und West, der eine Schranke des Verstehen errichtet; auch nicht unbedingt die Fremdheit der Sprache. Erinnern wir uns der »riesenmäßigen Fremdheit«, die Goethe am Nibelungenlied empfunden hat, einem Literaturdenkmal, das uns doch historisch näher steht, stehen sollte, als die japanische Romanliteratur des 11. Jahrhunderts.

Solche Paradoxien rufen uns eine Warnung zu vor allen Verengungstendenzen, die im Begriff der Nationalliteratur liegen. Hüten wir uns davor, die Fremdphänomene von vornherein abzuweisen! Es gilt, sie ernstlich und unverstellt anzuerkennen; aber man muß hinzufügen, daß die Unfähigkeit hierzu beinahe das Normale ist, denn sie ist eine Funktion des geistig wie geographisch und historisch engen Horizonts, mit dem das individuelle Menschenleben beginnt, in dem aber auch das kollektive Leben vieler traditionsgebundener Kleingruppen in Dorf, Kleinstadt, Nachbarschaftsgruppe zeitlebens verharrt. »Der Mensch interessiert sich nur für Nachbarschaft und Gegenwart«, schreibt Jean Paul. »Der wichtigste Vorfall, der in Zeit und Raum sich von ihm entfernt, ist ihm gleichgültiger als der kleinste neben ihm; so ist er, wenn er die Vorfälle erlebt, und mithin auch so, wenn er sie lieset« (Jean Paul, Werke I, 29). Die Befangenheit in der eigenen, zeitgenössischen Gruppe und lokalen Kultur ist also das Gegebene, eine ethnozentrische Einstellung immer die Ausgangslage, und die menschliche Möglichkeit, darüber hinauszukommen, ist gebunden an eine Erweiterung des Horizontes durch die Berührung und Auseinandersetzung mit dem Fremden. Nur dann kann der Mensch *vergleichen*.

Die ethnozentrische Befangenheit und Vereinseitigung in der isolierten Kleingruppe ist schon früh als ein verhängnisvolles, tragisches oder komisches oder auch tragikomisches Thema erkannt worden. Hebbel spricht in seinen Tagebüchern 1844 von der »Gebundenheit des Lebens in der Einseitigkeit, aus der von vornherein alles Unheil der Welt entspringt« (!) (Hebbel, Werke II, 444). Er thematisiert diese Einseitigkeit und dieses Unheil in seinem bürgerlichen Trauerspiel »Maria Magdalena« als »schroffe Geschlossenheit, womit die aller Dialektik unfähigen Individuen sich in dem beschränktesten Kreise gegenüberstehen« (Hebbel, Werke II, 302).

Das ist Wesselburen, aus dessen Enge der junge Hebbel selbst sich mit verbissener Zähigkeit heraus- und hochgearbeitet hat, dessen Leidensspuren er aber nie ganz verwischen konnte! – Schon viel früher hat Wieland in seinem Roman »Die Abderiten« (1781) diese Unfähigkeit zur Dialektik satirisch beschrieben. Die Kontroversen zwischen den Pfahlbürgern von Abdera, die nie über die Mauern ihrer Stadt hinausgeblickt haben, und dem weitgereisten, vielerfahrenen Demokritos, der von Äthiopien, Chaldäa und Indien zu erzählen weiß, laufen unmittelbar auf das Thema des Kulturrelativismus hinaus. Es gelingt dem Gelehrten nicht, den Bürgern klarzumachen, daß die Menschen in Südäthiopien die schwarze Hautfarbe schön finden, und daß die Nacktheit indischer Gymnosophisten sehr wohl mit einem Schamgefühl vereinbar sei. Das ist für die beschränkten Köpfe zu schwierig. Sie verlachen ihn, beschimpfen ihn als Kosmopoliten und halten ihn, der in so viele fremdländischen Mysterien eingeweiht ist, sogar für einen Zauberer. Wieland beleuchtet als Konsequenzen der Einseitigkeit der Abderiten nicht sowohl ihre Dummheit als ihre grundsätzliche Verkehrtheit und Absurdität. Sie sind unfähig zu unterscheiden. Das schlechteste Theaterstück gefällt ihnen ebenso wie ein gutes, »ihnen schmeckte alles«; sie sehen prinzipiell eine Sache von der schiefsten Seite an. Das Ganze aber ist nach des Dichters Absicht nicht bloß eine Satire auf das deutsche Kleinstadt-Philistertum seiner Zeit. »Abderiten«, sagt Demokrit, gibt es vielmehr allenthalben, sie sind unverbesserlich, wohin man sie auch verpflanzen mag:

»Sie sind immer noch die nämlichen, die sie vor zweitausend Jahren in Abdera waren; und wiewohl man schon längst nicht mehr sagen kann: siehe, hier ist Abdera, oder da ist Abdera: so ist doch in Europa, Asia, Afrika und Amerika, so weit diese großen Erdviertel poliziert sind, keine Stadt, kein Marktflecken, Dorf noch Dörfchen, wo nicht einige Glieder dieser unsichtbaren Genossenschaft anzutreffen sein sollten.« (Wieland, Werke II, 332)

Ethnozentrismus überall, wohin das Auge schaut, als Ausgangslage, mit allen seinen absurden Konsequenzen. Paul Ernst, der wertvolle Essays über Fielding und Thackeray geschrieben hat, dem aber die versöhnlich lächelnde Ironie Wielands fehlt, beklagt »diese elende, dumme, alberne und gemeine Gesellschaft, welche ihre Lebensbedingungen als die allgemein menschliche Sittlichkeit auffaßt«, und fügt einsichtig hinzu:

»Es gibt unendlich viele Möglichkeiten von Menschenwelten, von menschlichen Gesellschaftsformen. Einige sind geschichtliche Wirklichkeit gewesen. Einige sind von Dichtern geschaffen worden. Der weitaus größte Teil ruht noch unbekannt in der Zukunft.« (Ernst, Gedanken zur Weltliteratur, 239)

Übertragen wir dies auf die Literaturen, so ist uns Paul Ernsts Hinweis auf die Zukunft wichtig; denn Weltliteratur ist ein Prozeß, der den Bestand dauernd erweitert und der in der Tat einen unendlichen Horizont eröffnet mit Möglichkeiten, die wir kaum ahnen können. Wir müssen nur immer wieder das natürliche Weltbild des begrenzten ethnozentrischen, des abderitischen Horizonts überwinden und ausweiten, das Neue aufgreifen, schätzen und vergleichen mit dem schon Bekannten, welches durch das Vergleichen sich als ein Wandelbares erweist und in immer neue Perspektiven rückt. Die Bewertungen der vorhandenen Literaturdenkmäler sind in einem beständigen Fluß, keine ist endgültig, Ausgrabungen von Vergessenem finden immer wieder statt, Hochberühmtes rückt in den Hintergrund, Mißachtetes in den Vordergrund. So bestimmt nicht nur die Gegenwart die Vergangenheit, es gibt auch, nach den Worten Paul Ernsts, eine unbekannte Zukunft, die gewiß unsere Bewertungen wieder verändern wird. Die Wissenschaften erweitern dauernd unseren Gesichtskreis: die vergleichende Völker- und Kulturforschung, die vergleichende Religionsforschung und die vergleichende Literaturforschung. Auf die Probleme und Methoden dieser Fächer einzugehen, ist hier nicht der Ort. Aufmerksam machen möchte ich auf eine methodologische Voraussetzung: Wir müssen unsere eigenen jeweiligen Seinsgeltungen verlassen, vor allem unsere kulturellen Wertungen. Auch verschiedene Literaturen repräsentieren verschiedene Werthaltungen. Die »riesenmäßige Fremdheit« des Nibelungenliedes beruht auf den gänzlich anderen Werten der handelnden Personen. Bruno Snell hat auseinandergesetzt, wie grundverschieden das Menschenbild der »Ilias« und der »Odyssee« von dem unsrigen ist. Und für die fremden, die orientalischen, afrikanischen Literaturen usw. gilt dasselbe. Fremdphänomene völlig unerwarteter Art werden noch in unseren Gesichtskreis treten, und wir müssen darauf gefaßt sein, ihnen gerecht zu werden. Aber diese Auffassung darf nicht zum Kulturrelativismus verführen. Wenn wir die Seinsurteile durch Geltungsurteile ersetzen, dürfen wir darüber doch nicht vergessen, daß für die betreffenden Kulturträger ihre eigenen Werte die Qualität eines absoluten Seins haben, jedenfalls, solange sie noch »naiv« und nicht in eine Kulturkrise geraten sind. Nur unsere eigene wissenschaftlich-epochistische Haltung verwandelt vorübergehend das Sein in ein Gelten. Der englische Dichter und Kritiker W. H. Auden scheint diese epochistische Einstellung dem Dichter zusprechen zu wollen, wenn er sagt,

»... daß in der Dichtung alle Tatsachen und Glaubenssätze aufhören, wahr oder falsch zu sein, und zu fesselnden Möglichkeiten werden. Der Leser muß nicht den in einem Gedicht ausgedrückten Glauben teilen, um es zu genießen ...« So »ist der Dichter beständig versucht, sich einer Idee oder eines Glaubens zu bedienen, nicht weil er sie für wahr hielte, sondern weil er in ihnen eine interessante dichterische Möglichkeit sieht. Es mag vielleicht nicht unbedingt erforderlich sein, daß er an sie *glaubt*, doch erfordert es freilich, daß sein Gefühl zutiefst von ihnen bewegt wird, was nur geschehen kann, wenn sie ihm, als Mensch, mehr bedeuten denn eine bloße dichterische Avantage.« (Auden, Des Färbers Hand, 34)

Ich möchte darauf hinweisen, daß dieses artistische Spiel mit den Möglichkeiten, an die der Dichter halb glaubt, halb nicht glaubt, auf eine bestimmte literarische Kultur zu beziehen ist, nicht schlechthin auf die Kultur. Es hat durchaus Zeitalter gegeben, deren Leserschaften an den Dichter die Anforderung stellten, daß das Gelesene wahr im positiven Sinne zu sein habe. (Das Problem des »Don Quijote«!) Der Begriff der Fiktion ist erst neueren Datums. Auden hat aber doch etwas Richtiges im Sinne. Was er an der dichterischen Produktion hervorhebt, ist offenbar ein Gelten, das zwar nicht Seinssetzung ist, aber an diese heranreicht – Ingarden spricht von »Quasi-Realität«. Ich habe diese etwas schwierige Sachlage an anderer Stelle erörtert (Mühlmann, Bestand und Revolution in der Literatur, 99) und erwähne sie hier nochmals, weil sie für den Vergleich von Literaturen aus sehr verschiedenen Kulturhorizonten besonders wichtig ist. Der Grundsachverhalt ist einfach und jedem Leser vertraut. Wir alle kennen Literaturwerke, die z. B. bestimmte Personen so glaubwürdig und lebendig vor uns auftreten lassen, so daß sie für uns vorübergehend fast reale Menschen werden. Von der Heldin Rebekka in Thackerays »Vanity Fair« bekannte Paul Ernst, sie komme ihm vor, als sei sie lebendig und gar nicht »gedichtet«; ebenso habe Tolstoi eine solche Gabe der Verlebendigung, worin ihm wohl jeder Leser von »Krieg und Frieden« zustimmen wird. Fiktion und Leben werden austauschbar, wenn dichterische Figuren wie Faust, Don Juan, Hamlet, Don Quijote zu Symbolen werden, die bestimmten menschlichen Einstellungen und Wesenszügen korrespondieren. Auden bemerkt, manchmal begegne man im realen Leben Figuren, die aus den Dichtungen Shakespeare oder Dickens entsprungen sein könnten. Im Werk Kafkas hingegen treffe man solche Personen nicht, wohl aber gebe es *Situationen*, die man »kafkaesk« nennen könne. Auch können bestimmte Romanfiguren die Sympathie (oder Antipathie) des Lesers gewinnen. Die beiden Hauptfiguren in Stendhals »Chartreuse de Parma«, die Duchezza und ihr Neffe Fabrizio, erwecken unsere Zuneigung, obwohl (und dies beweist des Dichters hohe Kunst) uns gleichzeitig ihre Schwächen vor Augen geführt werden; wir verkraften sogar den Giftanschlag der Duchezza auf den regierenden Fürsten. Wer Dostojewskis »Raskolnikoff« gelesen hat, wird sich erinnern, daß er bei der Lektüre fast wünschte, der Mörder möchte von der Polizei nicht überführt werden. Trollopes Doktor Thorne ist auf solche Weise geschildert, daß wir nicht umhin können, ihn zu lieben. In Galdós' »Fortunata und Jacinta« sind einige Nebenpersonen – die großartige Tanta Guillermina, die Gelder zur Gründung eines Kinderheims zusammenschnorrt (man kann ihr nicht widerstehen!), der Apotheker Ballester, der alte Oberst Feijoo – Säulen der Anständigkeit innerhalb eines ansonst grundkorrupten Milieus, eine Erholung für den Leser. In Maxim Gorkis Kindheitsroman ist die Großmutter eine Menschenoase inmitten einer familiären Wüste aus Haß, Neid, Übelwollen und Prügelei; sie greift überall helfend ein, berichtet ihrem Herrgott (sie hat ihn nie gesehen, wohl aber Engel und Teufel) alles, was im Hause passiert – und gibt ihm gute Ratschläge, wie's zu bessern sei. Wie sollten wir uns an einer solchen Gestalt nicht erlaben? Wir tun es um so mehr, als wir uns des entsetzlichen Hintergrundes bewußt sind, auf dem sie sich bewegt. Gorki bekennt:

»Alles, was ich in diesem Hause gesehen hatte [Prügelei, Feuersbrunst, Tod] zog an meinem Innern vorbei, wie sich ein Schlittenzug im Winter durch eine Straße hinzieht, und drückte mich nieder, vernichtete mich.« (Gorki, Autobiographische Romane, 65)

Die Wirkung der »Quasi-Realität« kann durch sehr verschiedene Qualitäten hervorgerufen werden. (Bei Ingarden wird sie eindeutiger bestimmt als sie ist.) Es müssen keineswegs besonders eingängige Charaktere oder Situationen sein, die uns glaubwürdig erscheinen, keineswegs besonders liebenswerte oder durch menschliche Schwächen Mitleid erregende Romanfiguren; es dürfen auch schwierige, in tragische Lagen versetzte Figuren sein. Da ist z. B. die großartige Franziska in Fontanes »Graf Pétöfy«, die in ihrer fast übermenschlichen Herbheit eigentlich erschreckend wirkt – und dennoch überzeugend (was Goethes Ottilie nach meinem Empfinden nicht ist). Es kann die vom Dichter als existentiell erfaßte Situation sein, die über die Grenzen der Nationalliteraturen hinweg uns ans Herz greift. Die erschütterndsten Abschiedsszenen von Mann und Frau, die ich kenne, sind Gerhart Hauptmanns Schlußszene des »Magnus Garbe« und das 37. Kapitel von Solschenizyns »Der erste Kreis der Hölle«.

Allgemein bemerkt Theodor Fontane über die Gattung des Romans (übrigens anläßlich einer Rezension von Gustav Freytags »Ahnen«, die einem Verriß gleichkommt): Der Roman

»... soll uns, unter Vermeidung alles Übertriebenen und Häßlichen [!], eine Geschichte erzählen, an die wir *glauben*. Er soll zu unserer Phantasie und zu unserem Herzen sprechen ... er soll uns eine Welt der Fiktion auf Augenblicke als eine Welt der Wirklichkeit erscheinen, soll uns weinen und lachen, hoffen und fürchten ... lassen.« (Fontane, Sämtl. Werke I, 316 f.)

Die Doppelschichtigkeit von Seinssetzung als bloßer Geltung, die Ingarden im Begriff »Quasi-Realität« aufzunehmen versucht, ist schon tausend Jahre früher in dem japanischen Roman vom Prinzen Genji, verfaßt von der Hofdame Murasaki Shikibu um das Jahr 1000 n. Chr., in einem fesselnden Dialog zwischen dem Titelhelden und der von ihm umworbenen Hofdame Tamakasura zum Austrag gekommen. Wir zitieren diesen Dialog aus zwei Gründen: zum einen, weil dieser Roman eine bemerkenswerte Besonderheit der Weltliteratur ist (vgl. o. S. 127 ff.), zum andern, weil das transkulturelle Verstehen uns hier keine besondere Mühe abverlangt.

»Prinz Genji macht eines Tages mit einer Anzahl von Romanexemplaren, die er zu verleihen versprochen hatte, die Runde im Palast. Er kommt in Tamakasuras Gemach und findet sie kaum fähig, die Augen von dem Buch zu erheben, das sie gerade liest. Er neckt sie: Sie gehöre wohl auch zu denen, die den Lieferanten von Widersinnigem und Unwahrscheinlichem (d. h. den Romanschriftstellern) einen Markt böten. Sicher stehe in dem Buche, das sie gerade lese, der tollste Unsinn. Und das verfolge sie mit äußerster Spannung! So, daß ihre Frisur in Unordnung gekommen sei, und sie merke es nicht einmal! Allerdings, was soll man an einem solchen Regentag auch anderes machen als lesen? – Eigentlich neckt Genji die Dame nur, denn er gesteht ihr gleich darauf, daß er sich selber auch mit Büchern befasse, und daß eine gut erzählte Geschichte ihm einen hohen Genuß bereite. *Der Leser werde, obwohl doch alles reine Erfindung sei, dazu überredet, die Erzählung aufzunehmen, als hätte das alles leicht geschehen können* ... ›Ich kann dir beteuern, daß ich für mein Teil, wenn ich eine Erzählung lese, sie immer als einen Bericht über etwas hinnehme, was wirklich und wahrhaftig geschehen ist.‹ Genji stimmt ihr zu. Die Kunst des Romans setzt Menschen voraus, die ihre Erfahrungen mit Menschen und Dingen, gute oder böse, leidenschaftlich bewegt verarbeiten, so daß sie sie nicht länger für sich behalten können. Es wäre darum falsch, vom Erzähler zu erwarten, er dürfe nur erzählen, was gut und schön ist. Auch die Laster und Torheiten der umgebenden Welt sind wichtig und müssen eingefangen werden. Überhaupt alles Irdische. Es ist auch falsch, wie manche Leute tun, Einwendungen zu erheben gegen die Darstellung des Unvollkommenen neben dem Vollkommenen. Auch die Reden Buddhas enthalten *zurechtgemachte Wahrheiten* (Upāya)[1]; man findet solche in den Mahayana-Schriften; es handelt sich dabei um eine Mischung von Wahrheit und Dichtung. Hauptsache ist nur, daß die Schriften uns zur Erlösung leiten. Die Kunst des Erzählens braucht ebenso wenig geringgeschätzt zu werden, wenn sie nur die Tugend neben das Laster setzt bzw. Weisheit mit Torheit vereinigt. So betrachtet, dienen auch die Romane durchaus einem ernsten Zwecke.« (Murasaki Shikibu, Die Geschichte vom Prinzen Genji ..., Übers. Herlitschka nach Waley 710–713)

Damit wären wir beim Realismusproblem des modernen Romans – mit neunhundert Jahren Verspätung gegenüber der japanischen Literatur. Bevor wir uns aber darauf einlassen, noch einige Bemerkungen zum Wachstum des weltliterarischen Bestandes.

1 Benl übersetzt (I, 728): »Kunstgriffe«; dazu Note: Die Übermittelung einer der unterschiedlichen Fassungskraft der Hörer angepaßten, nur vorläufigen buddhistischen Wahrheit. Benls Erläuterung: »In den Schriften des ›Großen Fahrzeuges‹ sind diese ›Kunstgriffe‹ außerordentlich zahlreich, aber am Ende wird alles auf eines zurückgeführt, und der Unterschied der Erleuchtung und der Begierde ist gleich dem Unterschied zwischen den guten und den bösen Menschen in den Erzählungen. Legt man es richtig aus, verschwindet dann das scheinbar Sinnlose nicht von selbst?«

Dritter Zugang

Unser expansives Erbe
(Die große Empörung)

Mit den neuen Dimensionen wächst auch der Reichtum an Themen, Stoffen und Stilen, die in das Bewußtsein des literarischen Publikums treten. Der Gang der Weltliteratur erweitert nicht nur den Bestand im quantitativen Sinne, sondern auch die Fülle des menschlich-thematisch Möglichen und dessen Behandlungsarten. Dazu die Fülle der Sprachen! Der Zusammenhang des Prozesses der Weltliteratur mit dem Übersetzungsproblem war niemandem deutlicher als Goethe. Und doch hat auch er nicht geahnt, daß das 20. Jahrhundert in seinem letzten Drittel rund tausend lebende Literatursprachen aufzuweisen haben würde. Ich kann auf die ästhetische Seite des Übersetzungsproblems hier nicht eingehen, beschränke mich vielmehr auf die soziologische, insofern der Gang der Weltliteratur zum großen Teil ein Phänomen der Verbreitung (»Diffusion«) durch Übersetzungen ist, wodurch ein größeres Publikum erreicht wird als je zuvor. Und zwar in einem doppelten Sinne:

1. Durch Übersetzungen innerhalb des Kreises der meistverbreiteten Literatursprachen werden Werke einem internationalen Publikum zugänglich gemacht, das möglicherweise die fremde Originalsprache liest, es aber bequemer findet, zur Übersetzung zu greifen. Zu bedenken ist dabei auch, daß die Kenntnis fremder Sprachen bei uns rückläufig ist und sich mehr und mehr beschränkt auf ein technisch verwendbares »Basic«.

2. Durch Übersetzungen wird wertvollen Werken aus Literatursprachen mit geringer Verbreitung überhaupt erst die Chance eröffnet, Anschluß an die Weltliteratur zu finden, genauer: Weltliteratur zu *werden*. Russisch wird außerhalb Rußlands wenig gelesen, durch Übersetzungen aber haben die großen russischen Literaturwerke des 19. Jahrhunderts eine ungeheure Wirkung ausgeübt. Vor allem haben sie dadurch zur Psychologisierung der Literatur beigetragen. Erinnert sei nur daran, wie vieles die Psychologie Nietzsches der Lektüre Dostojewskis verdankt (»er gehört zu den schönsten Glücksfällen meines Lebens, mehr selbst noch als die Entdeckung Stendhals«, »Götzendämmerung«, Aph. 45), er las diesen russischen Dichter aber in französischer Übersetzung. Entsprechendes gilt für die Literaturen des Orients, die alten wie die neuen. Rabindranath Tagore z. B. hat mit seinen Gedichten, Romanen und Dramen in Bengali nur ein schmales Publikum seiner Heimat erreicht, und auch bei diesem nicht die verdiente Schätzung gewonnen. Erst als er selbst seine Lyrik ins Englische übersetzte, mehr schlecht als recht, und sie in England selber vortrug, fand er den erwünschten Widerhall und wurde 1913 mit dem Nobelpreis für Literatur ausgezeichnet. Tagore ist ausschließlich durch die Übersetzungen seiner Werke ins Englische berühmt geworden, obwohl diese von dem Schmelz,

der Musikalität und dem Rhythmus des bengalischen Originals nach dem Urteil von Kennern nichts bewahren. Reymonts berühmter Bauernroman (»Chopi«, 1904–1909), der auch ihm den Nobelpreis einbrachte, hätte in seiner polnischen Originalsprache keine große Verbreitung finden können, er gewann sie durch Übersetzungen (deutsch 1912). Auch die großen Skandinavier sind durch Übersetzungen zuerst im Ausland berühmt geworden, und erst durch den Widerhall dieses Ruhmes in ihren Vaterländern. Ibsens und Strindbergs Ruhm ist ohne die deutsche Bühne, der Erfolg der großen Erzähler Dänemarks, Norwegens, Schwedens, Finnlands sind ohne die Verleger, Kritiker, Leser und Theaterleute des Auslandes, vor allem Deutschlands, nicht zu denken. Hamsuns Weltruhm war zuerst ein deutscher und ein russischer Ruhm, dann ein norwegischer. Seine Landsleute, die den Sechsundachtzigjährigen nach 1945 mißhandelten, zwischen Spital, Altersheim und Irrenhaus hin und her schleppten und endlich als Landesverräter diffamierten, haben damit noch einmal dargetan, daß er in erster Linie der Weltliteratur gehört: »Auf überwachsenen Pfaden« (1949), so souverän gegenüber dem unerbittlich registrierten eigenen senilen Verfall und so skeptisch gegen den eddischen »Nachruhm«, ist ein einzigartiges Zeugnis von heroischer Überwindungskraft.

Mit den neuen Ländern treten neue Nationalliteraturen in unseren Gesichtskreis. Vieles davon ist zunächst ideologische Mache, weil der Begriff der Nationalliteratur als solcher dazu zwingt, eine Literatur auf die Beine zu stellen, aber auf die Dauer wird doch das Spontane und Echte entfesselt. Viele uns ungewohnte Stoffe und Themen werden in diesen Werken behandelt. Und gerade, weil das Stoffliche überwiegt und durch das Stoffliche auch das Interesse eines breiteren, auch ausländischen Publikums geweckt werden soll, werden die Formen des Romans, der Novelle, der Kurzgeschichte bevorzugt. Das Vordringen des Romans in der Weltliteratur hängt mit diesem Appell an das stoffliche Interesse zusammen und dieser sowohl mit der Demokratisierung der massenhaft wachsenden Leserschichten als auch mit der Diffusion dieses Lesestoffs ins Ausland durch Übersetzungen. Denn Prosa, zumal die durch den Erzählstoff wirkende, ist leichter zu übersetzen als Lyrik und Versepos. Die Formbeobachtung setzt differenziertere Leser voraus, diese aber werden seltener, zumindestens relativ seltener.

Das muß keine Unterschätzung des Romans als Gattung bedeuten. Der Prozeß der Diffusion beginnt mit gewichtigen Werken. Goethe hat den großartigen Beginn der modernen italienischen Literatur mit Manzonis »I promessi sposi« (1827) noch erlebt und begrüßt, und Manzonis Ode zum Tode Napoleons (»Il cinque maggio«) ins Deutsche übersetzt; Horst Rüdiger hat diese Übersetzung eingehend untersucht und als einen bewußten Beitrag Goethes zur Weltliteratur gewürdigt, zugleich als eine experimentelle Probe auf Goethes Theorie der identifizierenden Übersetzung. Wobei die Problematik dieser Theorie hier außer Betracht bleibe. – Dagegen sind Stendhal, Balzac, Puschkin nicht mehr in Goethes Horizont getreten, ebensowenig Jane Austen, Dickens und Poe. Doch spiegelt sich das Vordringen des Romans in Goethes lebhaftem Interesse für diese Gattung, das sich in seinen Rezensionen niederschlug. Nach seinem Tode werden Welt und Literatur von Jahrzehnt zu Jahrzehnt »prosaischer«. Das lyrische Ich wird zurückgedrängt, und angestrebt wird ein »Höchstmaß von objektiver Kälte und Schärfe, an satirischer Emanzipation von einer Gesellschaft, der er doch eine günstige Entwicklung zutraute«, sagt Max Rychner (in »Antworten, Aufsätze zur Literatur«, 105) mit Bezug auf Stendhal; das Wort kennzeichnet eine im 19. Jahrhundert sich steigernde Tendenz. Durch den emanzipatorischen Charakter des Romans, in dem man deutlich das Erbe der spanischen *novelas picarescas* erkennt, wird der Leser gewissermaßen zu einem Eingeweihten gemacht; das Gemeinsame von Komik, Spannung und Illusion ist der Leser als überlegener Mitspieler. Noch verstärkt wird dieser Appell an den überlegenen Mitspieler, wenn im Roman die bestehende Gesellschaft analysiert, vielleicht sogar enthüllt wird, denn wer möchte dabei nicht Zeuge, um nicht zu sagen Voyeur, wenn nicht gar Richter sein? Der Appell an den emanzipatorischen Anspruch des Lesers ist selten vergeblich. Goethe war allerdings der Meinung gewesen, der Roman solle keine Meinungen produzieren. Bemerkenswert ist auch der steigende Anteil der Frauen nicht nur am Romanlesen, sondern auch am Romanschreiben. (In Frankreich Frau v. Staël, George Sand; in England Jane Austen, die Schwestern Brontë, George Eliot; in Deutschland Johanna Schopenhauer [von Goethe rezensiert], Louise v. François, Marie v. Ebner-Eschenbach. Das Lesepublikum und die Schriftstellerei werden beide prosaischer. Romane sind zum Lesen gedacht, Versepen und Lyrik ursprünglich zum Vortragen bzw. Hören. Wer hat heute noch die Geduld zum Lesen von Miltons »Paradise Lost«, Byrons »Don Juan«, Goethes »Reineke Fuchs«, Spittelers »Olympischer Frühling«, Liliencrons »Poggfred«, Paul Ernsts »Kaiserbuch«? – ganz zu schweigen von Homer, Vergil, Dante. Man verlangt derbere Kost – und eine entstrafftere Form: einen Roman.

Realismus

Das Problem des Realismus steht schon lange drohend an. Bei näherer Betrachtung ist es allerdings nicht so grimmig, wie es scheint. Den naiven Realismus von Balzacs Programm der »Comédie humaine«: »Ce ne seront pas des faits imaginaires; ce cera ce qui se passe partout« (in Auerbach, Mimesis, 448), teilen wir heute nicht mehr. Selbstverständlich hat auch Balzac »des faits imaginaires« dargestellt. Der soziologische Anspruch, den seine Romane erheben, ist nicht aufrechtzuerhalten, wenn darunter eine Beschreibung der sozialen Wirklichkeit Frankreichs unter dem Bürgerkönigtum im objektivistischen Sinne verstanden werden soll. Es handelt sich immer um *Bilder*, »gesehen durch ein Temperament« (Goethe). Das bedeutet keineswegs, daß wir nicht großen Gewinn aus der Sicht des Dichters zu ziehen vermögen, eben darin besteht seine Kunst, daß er uns hierzu bewegt – seine Kunst, denn es handelt sich um Kunst, nicht um objektivierende Soziologie. Die Aussagekraft des »Père Goriot« oder der »Eugénie Grandet« wird damit nicht ins Unverbindliche abgeschoben; aber sie liegt nicht auf dem Gebiet der Sozialwissenschaft.

Auch philosophisch ist der naive Realismus unhaltbar. Nichts hindert uns, Gedanken, Träume und das Unbedingte für minder real zu halten als sinnlich wahrnehmbare Dinge. Und sollte es nicht sogar Stufen der Wirklichkeit geben? Gewöhnlich, bemerkt Edward Conze, würden Fakten als gleicherweise real angesehen, und qualitativen Unterschieden werde kein Sinn zugestanden. Das sei aber nur der zur Zeit herrschende schein-demokratische Gesichtspunkt, eine kosmologische Widerspiegelung der gesellschaftlichen Gleichheit der Menschen. Dies ist zu ergänzen durch W. H. Audens Diktum:

»Das erste anthropologische Axiom des Bösen ist nicht ›Alle Menschen sind böse‹, sondern ›Alle Menschen sind gleich‹; und sein zweites: ›Menschen handeln nicht, sie verhalten sich bloß‹.« (Auden, Des Färbers Hand, 328)

In der Tat ist der deterministische Behaviorismus, der das – immer verantwortliche! – Handeln der Menschen auflöst in ein bloßes »Verhalten«, unentrinnbar, gesteuert durch äußere Einflüsse (Taine: *race, milieu, moment*), ein Pendant des Gleichheitsgedankens, zugleich aber auch eines der großen Themen des Romans des 19. Jahrhunderts. (Die bedeutendste Gegeninstanz ist Fontane.)

Die Menschen sind aber nicht gleich, und die Tatsachen sind es ebenfalls nicht. In einer glänzenden Studie über »Don Quijote« hat Alfred Schütz seine These von der »multiplen Realität« entwickelt, die darauf hinausläuft, daß wir alle ganz verschiedene Interpretationsschemata für die Dinge unserer Umwelt haben, die ständig miteinander kollidieren. Sogar in den Erfahrungen ein und desselben Individuums können verschiedene »Sub-Universa« miteinander streiten: nicht nur was Don Quijote, auch was Sancho Panza, der »Realist«, bekundet, zeigt die tollsten Widersprüche und Verschränkungen. In Wahrheit meint man mit Realismus im allgemeinen etwas viel Schlichteres: die Darstellung von aktuellen Problemen, vornehmlich solchen, die uns auf den Nägeln brennen; uns, d. h. einer supponierten Zeitgenossenschaft, von der man annimmt oder von der man uns weismachen will, daß diese Probleme sie vital interessieren. Der vielberufene Realismus relativiert sich also soziologisch. Ursprünglich war er, wie wir gehört haben (o. S. 65 ff.), eine Perspektive der »negativ Privilegierten«, die in ihrer zeitgenössischen Gesellschaft nicht ganz akzeptiert waren. Der spanische Schelmenroman mit den Gestalten des Lazarillo, des Guzmán von Alfarache etc., der »Simplicius Simplicissimus« sind alle in dem Sinne realistisch, daß sich in ihnen das »Wir«-Bewußtsein der Zu-kurz-Gekommenen, der Herumgewirbelten und Mißhandelten sich spiegelt. Realismus bedeutet hier eine Deutung der sozialen Wirklichkeit von den unteren Schichten, wobei nicht mehr nur die Oberschichten, sondern das »Volk« geschildert wird.

Man vergißt dabei nur, daß auch diese Perspektive unvollständig ist. Man kann die Wirklichkeit von unten deuten, aber auch von oben, man kann dicht herangehen und die Vogelperspektive bevorzugen: real ist alles – und nichts. Keine Zeitgenossenschaft hat das Recht, sich selbst und ihr borniertes Realitäts-Verständnis absolut zu setzen. Für das Publikum Jean Pauls, Novalis' und Brentanos waren ganz andere Dinge wirklich als für das Romanpublikum des späten 19. Jahrhunderts. Die Interpretationsschemata wandeln sich dauernd. Die Realisten muten uns zu, nur das für wirklich zu halten, was ihnen gerade als wichtig erscheint. Fontane warf ihnen vor (1879!), »daß sie mit einer Riesenpapierschere an das sich wandelbildartig vorbeibewegende Leben herantreten, ein beliebiges Stück herausschneiden und uns präsentieren« (Fontane, Sämtl. Werke II, 432).

Die Schätzung dieser herausgeschnittenen Segmente des Lebens durch ein bestimmtes Publikum bzw. durch eine sich als avantgardistisch gebärdende Kritik ist ein Phänomen des Geschmackswandels, von dem Fontane in seiner langen literarischen Laufbahn eine deutlichere Vorstellung erhalten hatte als manche seiner Zeitgenossen. Warum soll beispielsweise Jean Paul, einer der beliebtesten Autoren zu Beginn des 19. Jahrhunderts, später aber beiseite geschoben, weniger realistisch sein als etwa die großen Russen? Wenn ein Autor nicht leicht zu lesen ist, wäre zu fragen, ob denn die Wirklichkeit so simpel ist, wie die Realisten uns weismachen wollen? In der Wortwahl sei Jean Paul »der verwegenste Neuerer, der in die deutsche Sprache trat: kaum die Gegenwart hat ihn eingeholt«, schreibt Kommerell (Kommerell, Jean Paul, 60). Den Lauf der Welt aber hat dieser Dichter wiederum »durch ein Temperament gesehen«:

»Der könnte für Jean Paul höchstens das Urdumme bedeuten. Was man in seinen Romanen Welt nennen könnte, ist das Verzogene gegenüber dem Rechtwinkligen der Seele – der kleine Hof des 18. Jahrhunderts mit Lüstlingen und Bösewichtern. Die Trägheits- und Fallgesetze, nach denen Macht und Gunst wechseln und das Zarte und Hohe verleugnet wird, bilden die Physik des

Bösen: und wo das Böse in der versöhnlichen Gestalt des Dummen erscheint, da fährt der Teufel beschworen vor dem Humoristen auf und steht ihm Rede. Dieser Weltlauf ist zuletzt mystisch begriffen, ein Stück Erdengang der Seele, und wird persönlich in einigen Handlangern und Schergen des schlechten Willens, die Jean Paul, ganz in die Tinte der Hölle getunkt hat.« (Kommerell, a. a. O., 70)

Vielleicht aber wurde Jean Paul einem fortschrittsgläubigen Zeitalter zu idealistisch? Darf man doch nicht vergessen, daß die Fortschritte des technischen Zeitalters mit einer Unterschätzung, Verleugnung und Verdrängung der seelischen Innenkräfte verbunden gewesen sind, die nichtsdestoweniger wirksam blieben – nur als verdrängte. Dieser Dichter, in seiner Musikalität Spohr wahlverwandt (Schumann hat ihn später biedermeierlich idyllisiert), war nicht so harmlos, wie man ihn nachmals sehen wollte. Im ganzen Schrifttum der Deutschen, sagt Kommerell, sei »Jean Paul der einzige, der Shakespeare und sogar Beethoven erreicht in der Heftigkeit, ja Unerträglichkeit der Erschütterungen«. (Kommerell, a. a. O., 157)

Das Beispiel Jean Pauls lehrt, daß die literarische Entgegensetzung von Romantik und Realismus theoretisch nicht zu halten ist; man kann sie höchstens schlagwortartig verwenden. So, wenn von gewissen Dichtern (etwa Achim von Arnim oder Aleksis Kivi) behauptet wird, sie ständen zwischen Romantik und Realismus. Gemeint ist damit, daß einer sehr genauen Beobachtung und Vertrautheit des realen Lebens, z. B. auch in seinen ökonomischen Aspekten, ein Element beigemischt ist, das dem nüchternen Bürger als Leser phantastisch scheint. Wenn dies mehr bedeuten soll als einen artistischen Kunstgriff der Überraschung, wie etwa die Einmischung des Wunderbaren in den Novellen E. T. A. Hoffmanns, ist es künstlerisch berechtigt, wo es eine sinnvolle Funktion im Ganzen der Dichtung erfüllt. Das Übereinanderschieben verschiedener Interpretationsschemata des Realen (wie in Cervantes' »Don Quijote« und, ebenso meisterhaft, in Arnims »Majoratsherren«) kann dann sogar ein Kunstmittel sein, das den Reiz einer Dichtung erhöht, obwohl es eigens erfunden zu sein scheint, um die Realisten zu vergrämen. In Kivis »Sieben Brüdern« (1870) sind Geisterglaube und eschatologische Gesichte Funktionen teils einer übermächtigen Natur (wie der Animismus bei den hyperboräischen Völkern), teils Abwehrreaktionen auf den Andrang der modernen Zivilisation, und das Phantastische wirkt unmittelbar überzeugend, auch wenn dem Leser nicht ausdrücklich versichert wird, es handele sich dabei um seelische Projektionen. Arnims »Majoratsherren« enthalten dieses sogenannte Phantastische in reichem Maße, aber im Kontrast mit dem nüchternen Realismus, und das Ganze ist ein künstlerisches Erzeugnis von hoher Lebenswahrheit, so daß nicht einzusehen wäre, warum es nicht modern sein sollte. Der späte Hauptmann bewegt sich, offenbar beeinflußt von Arnim, auf ganz ähnlichen Pfaden

(»Der neue Christophorus«). Es sieht fast so aus, als habe Hauptmann in den Bilderstürmer- und Wiedertäuferfragmenten eine Fortsetzung von Arnims »Kronenwächter«-Torso liefern wollen. Daß gerade die Visionen der eschatologischen Schwärmer die prachtvollsten Beispiele für die Kollision verschiedener Interpretationsschemata sind, bedarf keiner Hervorhebung.

Als Siegelbewahrer des Realismus gelten die großen Russen. In »Eine alltägliche Geschichte« hat Gontscharow meisterhaft Realismus und Romantik entgegen einander stilisiert in ihren Entartungstypen, Onkel und Neffe (Adujew senior und Adujew junior). Das läßt sich schematisch aufzeigen: *Realismus:* Rationalismus (im Extrem, sinnentleert, »eisig bis zur Erstarrung«); Prosa; bürokratisierte Arbeitswelt, städtisch. – *Romantik:* Affektuell (im Extrem: unechte Gefühle, Sentimentalität, »exaltiert bis zum Wahnsinn«); Poesie; faules Dahinleben und Warten auf »Inspiration«, in ländlichem Gutshof-Milieu, die Arbeit tun die Leibeigenen.

Der Witz der Sache ist nun bei Gontscharow, daß weder Onkel noch Neffe in ihrem Konflikt Recht behalten: *beide* scheitern. Der Gänsefüßchen-Realismus wird ebenso *ad absurdum* geführt wie die Gänsefüßchen-Romantik.

Die großen russischen Romandichter sind Meister der Psychologie, doch haftet ihrer Seelenschürfung ein Element der Selbstquälerei an, dessen Hintergrund ein unhumaner, halbbarbarischer Zustand der Gesellschaft ist. Das verzerrt die Proportionen – am wenigsten bei Gontscharow, am meisten bei Dostojewski. Über diesen fällt Paul Ernst das merkwürdige Urteil:

»Wer in einer gänzlich entgotteten Gesellschaft die Herzen untersuchen will, der wird immer verlogen werden, wie es Dostojewski ist. Diese Verlogenheit merken die Zeitgenossen nicht, sie offenbart sich erst später, wenn in der Gesellschaft eine andere Lüge auf den Thron gehoben ist, auf dem wir Gott sehen müßten.« (Ernst, Gedanken zur Weltliteratur, 229)

Liegt wirklich die bessere Psychologie in der Perspektive von unten?[1] Paul Ernst stellt Cervantes und Fielding über Tolstoi und Dostojewski. Wir meinen auch, daß Otto Ludwig, Fontane und Galdós, Jane Austen und Sigrid Undset als Psychologen gegenüber dem großen Russen (und Franzosen) nicht zurückstehen. Es ist gar nicht gesagt, daß die Absicht einer *vollständigen* Durchleuchtung des Menschen psychologisch am weitesten trägt. Eine sublimere Seelenkunde könnte eine Grenze finden im Bewußtsein der Unausschöpfbarkeit des Individuums. Ästhetik und Psychologie könnten sich in der Erkenntnis begegnen, daß es nicht möglich ist, *alles* zu sehen und alles zu sagen. Ist es nicht weiser, wie etwa Fontane, die Nachtseiten der menschlichen Psyche zu kennen, aber sie nur fühlbar zu machen, statt sie

1 Als ob der Cortex weniger real wäre als das Subkortikale!

zu bereden? Die Griechen seien »oberflächlich aus Tiefe« gewesen, sagt Nietzsche. Das könnte, recht verstanden, auch Fontane beschreiben. Was an den russischen Dichtern stört, ist die Maßlosigkeit ihres psychologischen Bohrens, das sie schließlich auf das Unglaubwürdige stoßen läßt. In dem großen Roman des Spaniers B. P. Galdós, »Fortunata und Jacinta«, ist die Gestalt der Prostituierten offenbar der Maslowa in Tolstois »Auferstehung« nachgebildet; sie ist aber lebenswahr und glaubwürdig, was Tolstois Maslowa nicht ist. Und solche Verkrampftheiten wie die Absichten des Fürsten Nechljudow, die Prostituierte zu heiraten und seine Gutsbesitzerstellung nihilistisch zu unterminieren, wären bei Galdós nicht denkbar. Dabei kennt dieser Autor die Nachtseiten seiner Gesellschaft wie kein anderer, und seine Milieuschilderung des Subproletariats von Madrid um das Jahr 1873 ist an Schonungslosigkeit nicht zu überbieten.

Otto Ludwig wird als Vorläufer der großen Russen angesehen. Er ist ihnen aber überlegen in seinem Meisterwerk »Die Heiteretei und ihr Widerspiel« (1854). Dieser Roman ist hervorragend in der Darstellung des Dorf-Geistes, der kollektiv-psychologischen Abläufe und deren tragischer Rückwirkung auf die beiden Hauptpersonen, das Annedorle und den Holders-Fritz (Ludwig, Sämtl. Werke II, 192, 222). »Die Leut!? Wer sind denn nun eigentlich die Leut!? Die da sagen, soll nix auf die Leut geben, die sind ja selber wieder die Leut! ...« Das heißt, Gruppengeist und öffentliche Meinung sind einfach *real*. Im Fieber hat der Fritz immer wieder sein linkes Bein für einen Hund angesehen, der ihn anbellt, und wenn er ihn hat treten wollen, hat er sich selbst getreten. »Die Leut sind nix wie so ein verwünschter Fieberhund«, den man los werden muß. Aber auch die Heiteretei hat einen »Fieberhund«, den sie los werden muß. Dieser ist nichts anderes als ein Symbol für »die Leute«, *einschließlich* deren Reflex im verrückt gemachten Individuum, das in den Gestalten der beiden Hauptpersonen mit Hybris, Stolz, Übersteigerung und Gefühlsverklemmung reagiert. Die endliche Katharsis, nach immer erneuter Verklemmung, wirkt, psychotherapeutisch gesprochen, als Entkrampfung. Diese ist darum so schwer zu erreichen, weil es im Grunde nur »Fieberleut« gibt, »eigentliche Leut gibt's gar nicht.«, das heißt, Gruppengeist und öffentliche Meinung sind ihrer Substanz nach schon etwas Verstelltes und Entstelltes, von dem man sich nur unter größten Schwierigkeiten frei machen kann.

Aufklärung, Liberalismus, Revolution

Zu den geistigen Vorbereitern der Revolution gehören die utopischen Romane, deren Genre schon im 17. Jahrhundert in England und Frankreich einsetzt. Sie sind so oft behandelt worden, daß ich sie hier nur zu erwähnen brauche. Die kühnsten Einfälle von Rousseau und Morelly sind schon drei bis vier Generationen früher von anderen vorweggenommen worden, und immer war das Genre ein Vorwand für Kulturkritik. Schon 1699 wird in Frankreich gesagt, daß der Atheismus zum guten Ton für junge Leute gehöre – aber was kann man anderes erwarten in einem Lande, das die Hugenottenkriege hinter sich hat? Das vollständige Bild entsteht allerdings erst mit der innigen Lebendigkeit religiösen Lebens, die uns aus Bremonds »Histoire littéraire du sentiment religieux en France« (1923–1933) entgegenweht. Es ist das wahre Wunder des menschlichen Geistes, daß er auch durch die ärgsten Erfahrungen der Verfolgung, des Terrorismus und Fanatismus nicht ganz zu korrumpieren ist. Doch leider wirken die destruktiven Kräfte in der Weltliteratur noch stärker. Rousseau ist von Bedeutung, weil er über Frankreich hinaus Einfluß genommen hat. Vor allem seine nichtpolitischen Schriften (zumal »Nouvelle Héloise« und »Émile«) nährten den Geist der Exaltation und des Enthusiasmus sowie eines humanitären Optimismus, die zu den unentbehrlichen vorbereitenden Stimmungen der Revolution gehörten. Bedeutend ist auch Abbé Raynal, der sich als einen Propheten der Krise verstand und der Vorsehung in die Karten schauen zu können glaubte. Friedrich der Große bemerkte über ihn nach einer Unterhaltung ironisch: »J'ai cru m'entretenir avec la Providence.« Raynal wird wichtig für die spätere sozialkritische Literatur, weil er ein Richteramt in Anspruch nahm. Sein »Weltgericht« ist ein säkularisiertes Jüngstes Gericht. Der Mensch an Stelle Gottes übernimmt als moralischer Richter die Führung der Geschichte. Raynals »Histoire philosophique et politique des établissements et du commerce des Européens dans lex deux Indes« (1770) betrachtet die Kolonialgeschichte der europäischen Völker als Weltgeschichte, die Weltgericht ist. Sie operiert mit dem in der französischen Literatur seit langem gängigen, aber schon aus antiker Überlieferung stammenden Leitbild des »edlen Wilden« und mythologisiert dessen Welt zu einer Unschuldswelt, welche durch die schuldige, ausbeuterische und despotische Welt Europas überrannt worden ist. Dies ist für Raynal zugleich ein methodischer Kunstgriff, um im Spiegel der kolonialen Ausbeutung die harten und elenden Lebendsbedingungen der französischen Bauern und Handwerker zu beschreiben und das *Ancien régime* anzuklagen. Und darum geht es Raynal in Wirklichkeit – zuletzt sind die »edlen Wilden« doch Hekuba, nachdem sie ihre illustrierende Schuldigkeit getan haben: ein überaus moderner, propagandistisch auswertbarer Trick, der heute wiederholt wird von manchen »Intellektuellen«, die von Tuten und Blasen der »Dritten Welt« keine Ahnung haben, deren Ausbeutung durch die »Weißen« aber gern zum Anlaß nehmen, um ein »sozialkritisches« Bild ihrer eigenen Gesellschaft zu entwerfen. Was heute die Imperialisten sind, waren damals die Könige. Das moralische Gericht, das folgen wird, ist nach Raynal der Bürgerkrieg. Das ideologische Prinzip, nach dem dieser Weltprozeß vonstatten gehen wird, ist »das Glück der Menschen«, ein Topos, den Raynal nicht erfunden, sondern als eine dem ganzen Zeitalter inhärente und dieses beherrschende Ideologie vorgefunden hat. Das Glück wird freilich nur negativ charakterisiert durch sein Gegenteil: das Unglück, das aus der Ungleichheit der Lebensbedingungen resultiert, verstanden als das Unglück aller Menschen, reicher wie armer. Die Ungleichheit gilt es zu beseitigen – dann kommt von selbst das Glück, das schon ganz als *aurea mediocritas* verstanden wird, *le bonheur de juste milieu*.

Dichterisch ist dies alles belanglos. Aber das Werk Raynals mußte erwähnt werden, weil es allein in Frankreich vierundfünfzig Auflagen hatte und in dreißig Jahren fünfundzwanzig Auflagen in fünf oder sechs anderen Sprachen, und weil sein methodischer Kunstgriff: Erzeugung einer revolutionären Krise im eigenen Lande durch Spiegelung in den Sozialstrukturen der (wie man heute sagt) »Dritten Welt«, seither immer wieder propagandistisch eingesetzt worden ist. Ähnliche Gedankengänge haben auch in die antikolonialistischen Literaturen dieser fremden Länder Eingang gefunden. Diese Idee des Glückes ist ein beherrschender Topos in der Literatur des menschenreichsten Volkes der Erde, des chinesischen, von klassischen Zeiten bis auf die kulturrevolutionäre Gegenwart.

Der Resonanz der französischen »Großen Revolution« in der Dichtung der Nachbarvölker können wir hier nicht nachgehen. Daß die Revolution von Anfang an in ihren ideellen und enthusiastischen Grundlagen expansiv war, daß sie ursprünglich menschheitlich, nicht nur nationalfranzösisch entworfen war, ihrer innersten Tendenz nach Weltrevolution, hoffe ich an anderer Stelle zeigen zu können. Demnach konnte die Restaurationsepoche nur ein Zwischenspiel der Selbstbeschwichtigung sein, bis die Julirevolution von 1830 auch den Beschwichtigten die Augen öffnete (siehe Immermanns »Epigonen«). Heinrich Heine begrüßte in Paris sogleich »die weit umfassendere Universalrevolution«, die ein ganzes Zeitalter ablöst – das Zeitalter Goethes (»Goethe mit seinem Eiapopeia« rechnet Heine zu den einschläfernden Kräften). Zwölf Jahre später schreibt er in »Lutezia«, 18. Juli 1842:

»Der zweite Akt ist die europäische, die Weltrevolution, der große Zweikampf der Besitzlosen mit der Aristokratie des Besitzes, und da wird weder von Nationalität noch von Religion die Rede sein: nur Ein Vaterland wird es geben, nämlich die Erde, und nur Einen Glauben, nämlich das Glück auf Erden.« (Heine, Werke III, 180)

Wieder das Glück! Heine spricht hier nicht als Dichter, er redet nur das abstrakte Räsonnement der Glücks-Aufklärer des 18. Jahrhunderts nach. Keine historische Rückbesinnung ist in dieses Räsonnement eingegangen, die doch in Paris so billig zu haben gewesen wäre: keine Erinnerung an das Umschlagen der kosmopolitischen Menschheitsbeglückung in den wilden Nationalismus; den gutgläubigen Pazifismus der 1789er in kriegerische Expansion und imperialistische Unterdrückung fremder Völker; der Brüderlichkeit in blutigen Terror, der Gleichheitsideen in den Sieg der durch die Revolution hochgekommenen Klasse; auch keine Erinnerung an den grausamen Untergang jenes anderen revolutionsbegeisterten deutschen Emigranten, Georg Forsters, der in Paris so elend zugrunde ging wie später Heine. Auch, daß die Revolution, die von der Güte der menschlichen Natur soviel Aufhebens macht, genau den entgegengesetzten Typ zur Macht bringt, wird nicht erkannt. Dies blieb dem Romantiker Achim von Arnim vorbehalten, den Heine als Dichter sehr geschätzt hat. Arnim beschreibt diesen Typ in »Gräfin Dolores« in der Person des widerlichen, ausbeuterischen Barons. Der beleidigte Graf fordert den Baron, doch dieser lacht ihn nur aus, erklärt sich zynisch zur Abbitte bereit und leistet diese sogar schriftlich, aber dies rührt ihn gar nicht, er mokiert sich darüber, denn er hat alle Ehrbegriffe seines Standes hinter sich gelassen. Der Graf kann nur staunen

»... über eine Natur, die aus dem ganzen Ehrenkreise seiner Zeit, seines Volkes, ohne große Begebenheiten, bloß durch sich selbst herausgerissen worden; mit Schrecken dachte er, daß eine Revolution gerade notwendig solche Menschen an ihre Spitze tragen müsse, und mancher jugendliche Umwälzungsplan, den er mit dem gärenden Moste der Zeit getränkt hatte, verschwand vor seinen Augen in dem einen bedeutenden Augenblicke; nur der Ruchlose fängt eine neue Welt an in sich, das Gute war ewig ...« (Arnim, Sämtl. Romane und Novellen I, 67)

Der entwurzelte, nihilistisch-zynische Typ ist für den Umsturz vorbestimmt; ein solcher kann auch ein Aristokrat von Geburt sein, wenn er – schon Cervantes hatte das gesagt – innerlich zum Pöbel gehört. Arnim schrieb dies ein halbes Jahrhundert vor den ganz ähnlichen Revolutionsreflexionen in Jacob Burckhardts »Weltgeschichtlichen Betrachtungen«, und fast achtzig Jahre vor Ibsens »Rosmersholm« (1886).

Merkwürdigerweise hat die großartige Gestalt der Charlotte Corday d'Armont keinen kongenialen Dichter gefunden. Das Versdrama François Ponsards, »Charlotte Corday« (Paris 1850), muß man als verfehlt ansehen. Schiller hat eine »Charlotte Corday« in seine Dramenpläne aufgenommen. Das Thema des Tyrannenmordes mußte den Dichter des Tell reizen, die Gestalt der jungfräulichen Heroine den Dichter der Jeanne d'Arc. Schiller wäre der Mann für diesen französischen Revolutionsstoff gewesen, den er wohl als zeitlich zu nahe liegend verworfen hat. Aber er hätte gewiß vermieden, der Heldin den Gesichtspunkt des rationalen Erfolges ihrer Tat zu supponieren, was moderne Historiker zuweilen tun (wie auch Ponsard), indem sie darauf hinweisen, daß die Ermordung Marats dem Terror keinen Einhalt gebot, ihn vielmehr entfesselte, verbunden mit einem widerlichen Märtyrerkult (mit aufbewahrtem Herzen usw.). Auch Klopstock war im Sommer 1793, kurz nach der Tat Charlottes, rasch bei der Hand mit einer Ode, in der er behauptete, sie sei umsonst für das Vaterland gestorben (»Die beiden Gräber«). Aber diese normannische Urenkelin Corneilles, die, ihren Plutarch unter dem Arm, nach Paris zieht, um das Ungeheuer Marat zu erdolchen, ist nicht nach modernen Maßstäben des Erfolges, sondern nur nach denen einer heroischen Gesinnungsethik zu messen. Jacob Burckhardt hat sie richtig gesehen:

»Charlotte Corday ist eine der sublimsten Erscheinungen jener Zeit und als eine vollkommen ideale Gestalt zu betrachten; was sie getan hat, ist nur nach dem Altertum zu messen. Sie tat es aus Begeisterung für ein ideales Bürgertum nach antikem Maßstab. Sie hat es ungerecht getroffen, doch wird sie immer einer der lichtesten Punkte der ganzen Revolution bleiben.« (Burckhardt, Vorlesungen, 263)

Die Dramatisierung aber lieferten Leben und Tod selbst im Stile Corneilles. Man vergleiche den Dialog bei der Gerichtsverhandlung:

»Präsident: Was hofften Sie, als sie ihn töteten?
Charlotte: Meinem Vaterland den Frieden wiederzugeben.
Präsident: Glauben Sie denn, alle Marats getötet zu haben?
Charlotte: Da jener tot ist, werden die übrigen vielleicht Furcht bekommen.«

(Michelet, Histoire de la révolution française II, 506)

Freilich bekamen die übrigen Furcht, aber gerade aus Furcht voreinander brachten sie sich gegenseitig um. Dies war der Erfolg – inkommensurabel mit der exemplarisch gemeinten Tat.

Auch manche Zeitgenossen haben so empfunden. Der nach Paris geflüchtete Mainzer Klubbist Georg Forster, der die Hinrichtung Charlotte Cordays mit angesehen hat, preist ihre antike Heldenstärke, Reinheit und Heiterkeit bis zum Letzten (Brief aus Paris vom 19. Juli 1793). Und er schließt:

»Ich bleibe dabei, wenn es nicht in den Schicksalen des Menschengeschlechts geschrieben ist, daß diese Revolution standhalten soll, diese Menschen werden es nicht durchsetzen, weil sie nicht wollen und nicht können. Zu beiden fehlt es ihnen an Humanität, das heißt an Erkenntnis und Sinn ...« (in: Landauer, Die Französische Revolution in Briefen, 349)

Einen Monat später, in einem Briefe aus Arras (16. August 1793) stellt Forster bezüglich Charlotte Cordays bereits resigniert fest:

»Die schnelle Vergessenheit alles Geschehenen, der Sturm, in welchem man von heute zu morgen übergeht, sind mir neue Beweise von der gänzlichen Verschiedenheit unseres Zeitalters von dem vorigen und von dem Mangel der Charaktere, die den großen Menschen machen. Es ist auch nicht in der Natur dieser Revolution, daß sie Größe dulden könne. Was ist am Ende diese Größe? Die Menschheit *in der Masse* scheint keine Ehre davon zu haben ...« (in: Landauer, a. a. O., 354 f.; Hervorhebung von mir)

Der exemplarischen Geste bleibt die Wirkung versagt, weil das Zeitalter der Massen ein Vakuum geschaffen hat, in dem sie ins Leere verläuft. Erst die Nachwelt, die in das schreckliche Geschehen selbst nicht mehr verwickelt ist, mag »jenseits des Massenprinzips« mit Jacob Burckhardt die wenigen »Lichtpunkte« wieder zu entdecken.

Forster aber war verwickelt, oder wenigstens engagiert, wie man heute zu sagen pflegt, und es kostete ihn Mühe, sich aus dem Augenschein des Miterlebten in die Distanz zu ent-wickeln. Seine Pariser Briefe spiegeln schrittweise die Enttäuschung des ehemaligen revolutionären Enthusiasten bis zur Verzweiflung an der Revolution. Uneigennützigkeit und Freiheitsliebe, stellt er bereits im April 1793 fest, sind nichts als Kinderklappern und heuchlerische Töne im Munde der Herrschenden. Er, der noch als Jüngling und Südseeforscher zwischen Rousseauismus und Anti-Rousseauismus geschwankt hatte, mit dem Revolutionsgedanken aber bereits damals (1773) kokettiert hatte (siehe vor allem »Reise um die Welt« I, 278), ist jetzt von den Schwärmereien der utopistischen Menschheitsbeglücker endgültig geheilt.

Das alles ist als Wort, Urteil, Verkündigung natürlich nicht während der Revolution zum Ausdruck gekommen. Es war nicht für die damalige Öffentlichkeit bestimmt, weil es den Schreiber unter die Guillotine gebracht haben würde, sondern ist erst postum ans Licht gekommen: Literatur mit Öffentlichkeitscharakter, aber nicht publizierbar zum Zeitpunkt ihrer Entstehung. Und das ist kein Einzelfall. Die ganze repräsentative französische Revolutionsliteratur ist Emigranten- und Verfolgtenliteratur, oder Nachlaß-Literatur, oder dies alles zusammen[2]. André Chenièr, der einzige Lyri-

2 Dies gilt auch für die Schriften von De Maistre, Mallet du Pan und Rivarol.

ker von Rang, den die französische Literatur des 18. Jahrhunderts hervorgebracht hat, hat seine Gedichte gegen die Schreckensmänner natürlich nicht publizieren können, ebenso wenig seine Ode auf Charlotte Corday; er schrieb sich dies alles in seinem Versailler Versteck von der Seele – bis die Schergen des Konvents den erst Einunddreißigjährigen erwischten und, von Analphabeten verurteilt, auf das Schafott führten (am 25. 7. 1794). Liest man heute die Prosastücke dieses Autors, besonders die Diatriben »Avis au peuple français sur ses véritables ennemis« (1791), »Réflexions sur l'esprit de parti« (1792) etc., erkennt man, daß hier genau jene Grundsätze hochgehalten werden, die noch heute das Mißfallen autoritärer Herrschaftssysteme erregen, und die schon damals ihre Verteidiger ans Messer lieferten. Der Geist des Verfolgens aber entstammt auf französischem Boden, wie wir gesehen haben, den europäischen Religionskriegen: Calvin und Robespierre. Beiden ist der Ton der unerschütterlichen Gewißheit eigen, der einzig das gute Gewissen für die Durchsetzung jenes Systems der terroristischen Unerbittlichkeit verschaffen kann. Aber auch das Grenzgebiet zwischen Selbstgewißheit und Scharlatanerie öffnet sich. Den Zeitgenossen konnten die karnevalsmäßigen Züge der Frührevolution nicht verborgen bleiben, mit ihren engen Beziehungen zum Gauklertum. Hatten doch die Mesmer und Cagliostro wenige Jahre vor dem Sturm auf die Bastille ihr Wesen in den Pariser Salons getrieben. Chénier hatte eine aristophanische Komödie »Les charlatans« geplant, von der leider nur Fragmente überliefert sind. Wie sie aber gedacht war, erfahren wir aus dem erhalten gebliebenen Prolog, in dem die Verse vorkommen:

»... Ouvrez donc de grands yeux. Notre scène
Va vous offrir toute la vie humaine:
Vous, vos amis; miracles et jongleurs,
Songes, esprits, prophètes, bateleurs,
Contes sacrés, sottises qu'il faut croire,
Dupes, fripons; bref toute votre histoire,
Si qu'entre vous vous regardant au nez,
Vous rirze bien de vous voir bien bernés.« (Chénier, 574)

Es ist nur eine Transformation der Chiffren, wenn dann in dem »brillanten Narrenspiel« der Revolution (Jacob Burckhardt) die großartigen Begriffe ins Gegenteil entarten. Chénier weist diese Heuchelei unbarmherzig an den Schlagworten, mit denen die Demagogen jonglieren, auf: ordre, union, paix, patroitisme, civisme, liberté, égalité, républicain etc., die in Wirklichkeit nur auf ihren Vorteil sinnen. Überall ist der Geist der Verfolgung am Werke, heute wie früher: Damals habe man die Gegner, die man vernichten wollte, als häretisch, jansenistisch oder deistisch denunziert, heute heißen sie aristokratisch, gemäßigt oder unparteiisch (Chénier, a. a. O., 234, 260, 306). Die Chiffren ändern sich, der Geist bleibt derselbe.

Was aber soll man von den »Jamben« halten, die Chénier gegen die Schreckensmänner geschleudert hat? Er nennt sie alle beim Namen und sagt, daß jeder von ihnen das Los Marats verdient habe – doch was sind »Jamben«, die ihren Feind gar nicht treffen, weil sie nur in der Schreibstube eines Verfolgten entstehen und erst Jahrzehnte später ans Licht kommen, wenn ihr Verfasser längst tot und alles vorbei ist? »Ces vers cadavéreux de la France asservie égorgée«, sagt Chénier selbst von diesen Produkten (Chénier, a. a. O., 194). Zwar nimmt Chénier ausdrücklich bezug auf Archilochos (7. Jahrhundert v. Chr.), den klassischen Schöpfer des polemischen Jambengedichts; auch soll dieser Dichter der bevorzugte Autor der letzten Tage des Verfolgten gewesen sein. Doch das antike Genre der »Jamben« bedeutete keine bloße Anrempelung eines Gegners, es sollte diesen wirklich zauberisch treffen (also, italienisch gesprochen, eine echte *fattura* sein) ihn durch den Verlust seines Gesichts außer Gefecht setzen, ihn zum Selbstmord treiben. Die »Jamben« Chéniers sind dagegen bloße postume Invektiven, abstrakte Literatur ohne eine andere Wirkung als die einer Korrektur unseres historischen Bewußtseins, das ein Bedauern einschließt, über die Vergeblichkeit des Widerstandes gegen ein despotisches Regime[3]. So laufen denn Chéniers nachgelassene »Jamben« auf Georg Forsters Urteil über die Antiquiertheit der heroischen Größe im Massenzeitalter hinaus: Abermals stehen wir vor dem Phänomen des »rhetorischen Vakuums«.

Dennoch wächst diese Art der Produktion in die Dimension der Weltliteratur hinein aus dem einfachen Grunde, weil ihre Sekretierung und ihr aktuelles Funktionsloswerden kein Phänomen einzig der Französischen Revolution ist, sondern mit deren weltrevolutionärer Expansion eine allgemeine Verbreitung erlangt hat: Die Heimlichkeits- und Verfolgten-Literatur ist zu einem literatursoziologischen Phänomen von geradezu universaler Bedeutung geworden .

Das gilt bis zu einem gewissen Grade auch von den Schriften der umstrittenen Frau von Staël: Der größte und wichtigste Teil ihrer Schriften erschien nicht zuerst in Frankreich, sondern im Ausland, oder wurde mit Verspätung bzw. überhaupt erst aus dem Nachlaß veröffentlicht. Sie ist aber unzweifelhaft eine Gestalt der Weltliteratur, ihr berühmtes Deutschland-Buch (»De l'Allemagne«) vermittelt zwischen dem geistig verengten

3 Dabei müssen wir noch dankbar sein dafür, daß der literarische Nachlaß Chéniers überhaupt erhalten geblieben ist. Ein modernes totalitäres Herrschaftssystem mit seinen perfektionierten Mitteln der sozialen und technischen Kontrolle hätte sicher auch den literarischen Nachlaß des Hingerichteten an sich gebracht bzw. vernichtet.

postrevolutionären Frankreich und dem militärisch besiegten, aber geistig aufsteigenden Deutschland, wie schon früher ihr Roman »Corinne« zwischen Frankreich und Italien. Der nationalistische Horizont Frankreichs wird geöffnet nach der Welt der freieren Bewegung, die unter dem Stichwort »Romantik« sich bemerkbar macht. Das Deutschland Goethes, Schillers, Jean Pauls wird als geistige Macht der Zukunft gesehen. Daß diese Macht unter dem Wort »Romantik« erscheint, ist literaturgeschichtlich vielleicht fragwürdig, konnte aber einem französischen Publikum einleuchten, wenn darunter eine Lebendigkeit begriffen wurde, die eher gegenrevolutionär als revolutionär im politischen Sinne, aber gleichwohl eine Lebendigkeit war. Das durfte nicht sein. Der Sieger Napoleon ließ die erste Auflage (1810) beschlagnahmen und vernichten. Erst 1813 konnte das Buch in England, 1814 auch in Frankreich erscheinen. Seine Verfasserin ist als Persönlichkeit vielleicht noch bedeutender denn als Schriftstellerin. Die Tochter des gescheiterten Finanzministers Ludwigs XVI., des Genfer Bankiers Nekker, war Jahre lang auch eine Figur in der Pariser Politik der neunziger Jahre. Ihr Salon war einer der einflußreichsten. Mutig und hilfsbereit versucht Germaine de Staël Verfolgte zu retten: die Überlebenden der Schweizergarde, die Königsfamilie, ihre persönlichen Freunde. Mit knapper Not entgeht sie am 2. 9. 1792 den »Septembermorden«, flüchtet nach Coppet am Genfer See, dem Refugium ihrer Familie. Sie pendelt dauernd zwischen Emigration und Remigration, denn sie kann trotz aller schlimmen Erfahrungen die Hände nicht aus der Politik lassen. Unter dem Direktorium erreicht sie die Berufung Talleyrands zum Außenminister mit der zweifelhaften Empfehlung (wenn man den Memoiren Barras' glauben darf), daß dieser Mann in sich »alle Laster des alten und des neuen Regimes vereinige«; dafür hat der zur Macht Aufgestiegene sie dann später verfolgt; die Reue kam zu spät. Den Korsen nannte sie einen Robespierre zu Pferde und wäre, so Barras, bereit gewesen, die Hand zu seiner Beseitigung zu reichen. Auch ihren Liebling Benjamin Constant hat sie in die politische Karriere hinein lanciert. In jenen Jahren in Paris, wo jeder jeden zu benutzen versuchte, fallen ließ und nach Bedarf wieder heraufzog, umarmte oder ans Messer lieferte, gab es keine eindeutigen und konstanten Präferenzen und Parteinahmen. Der einstmals berühmte Publizist des Liberalismus, Constant, eine Spieler-Natur, deren selbstgefälliger Wahlspruch »Solo in inconstantia constans« seinen Opportunismus beschönigt, ein typisches politisches Chamäleon, das wie Talleyrand alle Wendungen in der Politik in jenen Jahren, einschließlich der Kehrtwendungen, mitgemacht hat und dies alles unter dem Paravent der »Freiheit«, ist kein problematischer Charakter wie seine große Freundin. Für diese spricht immerhin, daß Bonaparte sie, die zu scheuen er Grund hatte, 1803 endgültig verbannte. Damit beginnt ihre europäische Laufbahn. Zusammen mit ihrem überschätzten Günstling bereist sie 1803–1804 Deutschland – mit Goethe, Schiller und Wieland als Höhepunkt –, 1805 zusammen mit August Wilhelm Schlegel Italien. Ihr literarisches Werk ist eine Frucht der Revolution, obwohl es außerhalb von deren Ursprungsland erscheint. Goethe hat, wie so oft, den Nagel auf den Kopf getroffen, als er am 5. Dezember 1796 anläßlich der für die »Horen« vorgesehenen Publikation ihres Essays »De l'influence des passions sur le bonheur des individus et des nations« an Schiller schreibt:

»Es ist äußerst interessant zu sehen, wie eine so höchst passionierte Natur durch das grimmige Läuterfeuer einer solchen Revolution, an der sie soviel Anteil nehmen mußte, durchgeht und, ich möchte sagen, nur das geistreiche Menschliche an ihr übrig bleibt . . .«

Als Germaine de Staël den Plan zu ihrem Deutschland-Buch faßte, konnte sie kaum Deutsch. Das Interesse an deutscher Sprache und Literatur hatte Wilhelm von Humboldt in ihr geweckt, in Paris, Ende der neunziger Jahre; er berichtet an Goethe über sie (10. Oktober 1800):

»Wie Ihnen, ist es auch mir immer vorgekommen, als sei ihr der Kreis, in den Erziehung und Bildung unter Franzosen und durch französische Literatur sie gebannt hat, zu enge, als strebte sie sich davon los zu machen, ohne daß dies doch jemals gelingen kann. Es ist ein wunderbares Phänomen, mitten in einer Nation manchmal Menschen zu finden, die einen fremden Geist in diesen Banden der Nationalität tragen, und ich möchte nicht entscheiden, ob hier nicht ein Streit zwischen der angeerbten, bei der Staël also deutschen Eigentümlichkeit und der durch Bildung erworbenen sei.« (zit. bei de Pange, 20)

Man braucht die deutsche Abstammung der Germaine Necker nicht zu überschätzen. (Die Necker stammten aus Pommern.) Doch diese protestantischen Waadtländer, wie Constant und vor ihm schon Rousseau, waren nicht im Vollsinne Franzosen, sondern berufene Vermittler zwischen deutscher und französischer Kultur und Literatur. Constant sprach gut deutsch, und von ihm lernte es die Staël; aber das meiste verdankte sie doch August Wilhelm Schlegel, den sie auf Goethes Empfehlung als Erzieher ihrer Kinder mit nach Coppet nahm und der von 1804 bis zu ihrem Tode (1817) ihr Mentor und Reisebegleiter war. Der Salon von Coppet ist in dieser Zeit zu einem Mittelpunkt europäischer Geistigkeit geworden. Auch Friedrich Schlegel ist hier zu Gast gewesen, Zacharias Werner und viele andere. Bei so mannigfachen Einflüssen hat man die Originalität der Staël oft bestritten. Stendhal findet ihren Ehrgeiz parvenuhaft, sie sei ideenlos und reflektiere nur, was sie in ihren Salons aufgeschnappt habe (Stendhal, Voyage en Italie, 235, 326). Gewiß war die Staël in erster Linie eine Salondame, immer selbst im Mittelpunkte, aber sie war dieser Mittelpunkt. Sie ist nie echter, als wenn sie als »Corinna« auf dem Kap Miseno im Mondenschein die Leier schlägt und inmitten entzückter Zuhörer das Leid der Welt besingt (»Corinne«, Buch XIII, Kap. 4). Immerhin hat sie dieses Leid erfahren, und der Eindruck der Egozentrik trügt. Es war ihr Ernst mit ihrer Bemühung um die deutsche Literatur, und ihre Kraft der Auffassung bleibt bewundernswert, auch da, wo sie versagt, wie gegenüber Goethes »Natürlicher Tochter«, die ihr unverständlich blieb. Sie schreibt im Sinne der gesellschaftsbezogenen Literaturauffassung der Franzosen, doch das heißt vor allem, daß sie die ganze andersartige Kreativität der Deutschen als spontanen und genialen Gegenpol zur Gefahr des Konventionalismus im französischen literarischen Betrieb empfinden muß; in dieser Spannung lebt sie, und man fühlt bei der Lektüre, wie sie bald hierher, bald dorthin gerissen wird. Sie reflektiert also nicht nur Gehörtes, wie Stendhal meint, sie verarbeitet es auch und bildet sich ein eignes Urteil, das mitunter auch von dem ihrer Mentoren abweicht wie im Falle Jean Pauls, den August Wilhelm Schlegel nicht akzeptieren wollte. Germaine de Staël ringt um eine eigene Stellungnahme. In der kritischen Ausgabe von »De l'Allemagne« kann man an Hand der Textentwürfe und Varianten verfolgen, wie sie sich bemüht, diesem faszinierenden Dichter gerecht zu werden. (»De l'Allemagne ...«, III, 274 ff.) Sie vergleicht ihn mit Montaigne und Rabelais, um den letzteren sofort wieder aus dem Vergleich zu streichen, denn »l'imagination de Jean-Paul est trop vivant et trop sensible pour créer le style mordant et le caractère décidé de Rabelais«: Sie ringt um eine Charakteristik, findet alles mögliche an diesem Dichter auszusetzen, um zum Schluß der kühnen Traumvision der »Rede des toten Christus, daß kein Gott sei« in französischer Übersetzung Raum zu geben. Damit hat aber die Staël ihre eigene Voraussage, nichts von Jean Paul werde über die Grenzen der deutschen Sprache hinausdringen, selbst zunichte gemacht. Denn gerade die Jean-Paul-Passagen aus »De l'Allemagne« haben diesen Dichter in Frankreich bekannt gemacht und französische Übersetzungen encouragiert. Auch Carlyle, der 1827 einen großen Aufsatz über Jean Paul schrieb, den er als einen »intellektuellen Koloß« neben Shakespeare, Cervantes und Sterne stellt, war ursprünglich durch Frau v. Staëls Buch zu Jean Paul hingeführt worden. Ihre vermittelnde Wirkung ist also unverkennbar. – Im Grunde haben ihre deutschen Zeitgenossen, Goethe, Schiller und Wilhelm v. Humboldt, diese kongeniale Halbfranzösin in ihren überlieferten Gesprächen und Briefen ganz gerecht und schlüssig beurteilt.

Die Langeweile und das »Außer-Alltägliche«

Auch der europäische Pessimismus gehört zum expansiven Erbe der Weltliteratur. Sein berühmtestes Zeugnis im letzten Menschenalter ist T. S. Eliots großes Gedicht »The Waste Land« gewesen, das man als einen Ausdruck der geistigen Öde und des Überdrusses verstanden hat. Ein Abschnitt dieses Gedichts »Burial of the Dead« enthält als letzte Zeile ein Zitat aus Baudelaires »Fleurs du mal« (»Au lecteurs«), in dem die Langeweile (*ennui*) als ein französisches Phänomen begriffen wird:

»C'est l'ennui! – l'oeil chargé d'un pleur involontaire,
Il rêve d'échafauds en fumant son houka.
Tu les connais, lecteur, ce monstre délicat,
– Hypocrite lecteur – mon semblable – mon frère!«

(Baudelaire, Les fleurs du mal, 34)

Stefan George hat Baudelaires Buchtitel »Spleen et idéal« übersetzt mit »Schwermut und Vergeistigung«. Die dichterische Vergeistigung des *ennui* erscheint auch immer wieder unter dem Titel »Schwermut« (oder Melancholie).

Ähnliches findet sich schon viel früher (in den zwanziger Jahren des 19. Jahrhunderts) in dem Gedichtwerk des Italieners Giacomo Leopardi, das von der Schwermut ganz durchzogen ist. Die Langeweile (*la noia* – dem französischen *ennui* entsprechend) wird ausdrücklich beschworen in dem Gedicht an den Grafen Pepoli, und noch stärker in jenem, das Leopardi an sich selbst gerichtet hat (»A se stesso«), dessen Schlußverse lauten:

«. . . Bittre Langeweile
Ist unser Sein, und Kot die Welt – nichts andres.
Beruh'ge dich. Laß diese
Verzweiflung sein die letzte. Kein Geschenk hat
Für uns das Schicksal als den Tod. Verachte
Dich, die Natur, die dunkle
Gewalt, die schnöd' uns quält, im Dunkel herrschend,
Die grenzenlose Nichtigkeit des Ganzen.«

(»Leopardis Gedichte«, 108, übersetzt v. Hamerling)

Die engen Berührungen von Leopardis Weltbild mit der Philosophie Schopenhauers sind von dem berühmten italienischen Kritiker Francesco de Sanctis in einer längeren Abhandlung (1859) herausgearbeitet worden, und der deutsche Philosoph hat diese Darstellung akzeptiert, obwohl sie ihn selber nicht freundlich bedachte. Übrigens hat Schopenhauer die Kanzonen Leopardis schon vorher gekannt. Er erwähnt, daß im Jahre 1823 er, Leopardi und Byron, drei verwandte Geister, gleichzeitig sich in Rom aufgehalten hätten, ohne aber sich kennengelernt zu haben.

Leopardi hat die Langeweile (»*La noia immortale*«) in seinen Tagebüchern (»Zibaldone«) auch theoretisch behandelt; er führt sie auf die Eintönigkeit der Erfahrungen (*uniformità*) zurück (s. vor allem: Leopardi, Tutte le opere II, 663).

Damit hätten wir das englische, das französische und das italienische Beispiel – das dänische fügen J. P. Jacobsen und Kierkegaard hinzu (die Langeweile als »Wurzel alles Übels«, Kierkegaard, Entweder – Oder I, 304 ff.) und das deutsche natürlich vor allem Schopenhauer, der auch öfters (z. B. IV 549 f.) den Koheleth heranzieht:

»Was ist's, das geschehen ist? Eben das hernach geschehen wird. Was ist's, das man getan hat? Eben das man hernach wieder tun wird; und geschieht nichts Neues unter der Sonnen.« (Prediger Salomos I,9)

Hier sind alle wesentlichen Stichworte genannt: Es geschieht immerfort dasselbe, morgen werde ich tun, was ich heute getan habe, die ewige Iteration (Leopardis *uniformità*) – buddhistisch würde man sagen: die dauernde Wiedergeburt – den buddhistischen Widerhall hat man auch in Eliots »The Waste Land« finden wollen –, das Ewig-Alltägliche. Der deutlichste und durchdringendste Widerhall dieses *taedium vitae* aber klingt uns aus den Werken des Russen Iwan Gontscharow entgegen. Zunächst als Selbsterlebnis während der Weltreise auf der Fregatte Pallas, die dieser Autor aus Gott weiß welchem Antrieb mitgemacht hat (1852–53). Die endlose Seereise wird für diesen osteuropäischen Kontinentalen, dem jedes Verhältnis zum Meer fehlt, zum Symbol des Ewig-Eintönigen. Indem aber die Langeweile literarisch gestaltet wird, bleibt sie doch nicht stofflich, sondern wird eine selbstbefreiende Schilderung von hoher Schönheit; auch eine leichte Selbstpersiflage und Koketterie waltet darin. Die Psychologie des Banalen in diesem Reisebuch wird in den späteren Romanen »Eine alltägliche Geschichte« (1847) und »Oblomow« (1869) ausgeführt. In dem erstgenannten Roman liegt das Alltägliche in der Typik, mit der der großartige Aufschwung des jungen Dichterlings im urbanen Alltag versandet, das Banale in den süßlichen und unaufrichtigen Ergüssen seiner miserablen, falsch-romantischen Lyrik. Der Onkel zum Neffen:

»Bei ruhiger Betrachtung der Dinge hättest du erkannt, daß du weder schlechter noch besser bist als die anderen ... Es ist lächerlich, sich einzubilden, ein besonderer, ein großer Mann zu sein, wenn man nicht danach geschaffen ist.« (Gontscharow, Eine alltägliche Geschichte, 331)

Das ist eine neue Perspektive, die Perspektive des mittleren Menschen (*homme moyen*), eine Sicht nicht von unten wie in den Schelmenromanen, sondern aus der Mitte. Empfohlen wird dem falschen Romantiker das Sich-Ergeben in die Philistrosität des Alltags, denn dazu ist er prädestiniert, und das ist auch das einzige, was ihm übrigbleibt.

In Gontscharows »Oblomow« erscheint das Alltägliche in der humoristischen Form einer schier übermenschlichen Faulheit, doch so versöhnlich, daß die »Oblomowerei« in Rußland sprichwörtlich werden konnte – auch wieder nicht ohne den Gontscharowschen Anflug von Koketterie und Selbstpersiflage.

Ganz unversöhnlich dagegen ist Anton Tschechow, den ich geneigt bin, für den größten russischen Dichter des 19. Jahrhunderts zu halten. In seinen Stücken kommt das Wort Langeweile so oft vor, daß man seine tragische oder komische Verdichtung in einzelnen Hauptpersonen für die idealtypische Konstruktion auf dem Grund einer sozialpsychologischen Welt halten möchte, in der mehr oder weniger alle handelnden Personen in diesem provinziell russischen Milieu mit seinen Gastereien und Saufereien, seinem Kartenspiel, seiner Klatschsucht und seiner armseligen Geselligkeit befangen sind. In »Iwanow« (1887) ist die Hauptperson nicht bloß schwierig, wie Hofmannsthals Hans Karl, sondern krankhaft melancholisch, gewissermaßen ein ins Psychopathologische übersetzter Oblomow. Das Leben in seinem Hause ist für ihn schlimmer als eine Folter; überall langweilt er sich.

»Wo ich erscheine, da bringe ich Trübsinn, Kälte, Langeweile, Unzufriedenheit, Lebensüberdruß mit ...«
»Was ich nicht vertrage, was ich einfach nicht aushalte, das ist der Hohn, mit dem ich selbst mich überschütte. Ich vergehe vor Scham, wenn ich daran denke, daß ich, ein gesunder, starker Mann, mich in einen Hamlet verwandelt habe oder in einen Manfred, oder in einen von diesen überflüssigen Menschen ... der Teufel selbst kennt sich da nicht aus!« (Tschechow, Gesammelte Werke IV, 180)

Seine Umgebung aber hält ihn für einen Tartüff, der aus Berechnung eine Frau aus reicher jüdischer Familie geheiratet hat, deren Eltern ihr, nach ihrer Konversion nicht verziehen und ihr keine Mitgift gegeben haben, und die er, nachdem sie schwindsüchtig geworden, nicht mehr liebt; und aus derselben Berechnung will er nun wieder eine andere, Sascha Lebedew, heiraten. – Deren Vater aber erklärt ihm rund heraus: »Weißt du was? Du bist im Sumpf des Alltags erstickt.« (Tschechow, a. a. O., 197)

Was aber Iwanow gar nicht ausstehen kann, ist der penetrante Moralismus der sogenannten anständigen Menschen um ihn herum. Denn in diesen konzentriert sich geradezu der Inbegriff der Langeweile! Tschechow wird hier psychologisch durchdringend, so daß man sich eines merkwürdigen Ausspruchs von Kierkegaard erinnert (im »Tagebuch des Verführers«):

»Das Ethische ist gleich langweilig in der Wissenschaft wie im Leben. Welche ein Unterschied: unter dem Himmel der Ästhetik ist alles leicht, schön, flüchtig: wenn die Ethik dreinkommt, wird alles hart, eckig, unendlich langweilig.« (Kierkegaard, Entweder – Oder I, 396)

Zum Schluß erschießt sich Iwanow an seinem Hochzeitstage und entgeht auf diese Weise seiner Trauung.

Tschechow hat dieses Stück als Komödie bezeichnet; auch den »Waldteufel« (1889), in dem ebenfalls eine der Hauptpersonen, Woinitzki, Hand an sich legt. Zwei Wochen später läßt der Dichter das Stück mit einem Doppel-Happy-End enden, wobei eine der beiden Bräute in dem Selbstmörder sogar ihren Onkel zu beklagen hätte. Komödie? Tatsächlich löst der Freitod Woinitzkis die Verkrampftheit in den Beziehungen der beiden Brautpaare. Wir konstatieren am Schluß die brutale Fröhlichkeit in der Ur-Situation des Überlebens: denn das Leben geht ja weiter, immer dasselbe.

Der Freitod ist nicht die einzige Möglichkeit, um aus dem ewigen Einerlei auszubrechen. In Tschechows Stücken kommt das Sich-Erschießen der frustrierten Versager so oft vor, daß es schon wieder langweilig wird. Sich selber aus dem Wege räumen – das ist sozusagen die vorrevolutionäre Lösung des Problems der Langeweile.

Russische Welt

Angedeutet haben wir die russische Welt, aber sie verdient eine genauere Betrachtung, die bis in die Gegenwart oder fast bis in die Gegenwart zielt.

Die Literatur des »Bewußtseinsknicks«, von der Nadeshda Mandelstam (1899–1980) spricht, wäre ein uferloses Thema, auf das wir verzichten müssen. Ebenso wenig ist es unsere Absicht, die Literatur über Dostojewski und Tolstoi um eine neue Darstellung zu vermehren. Wir beschränken uns auf zwei Große, die bei uns wenig bekannt sind: Nikolaj Leskow (1831–1895) und Iwan Bunin (1870–1953).

Daß die evangelische Ethik der Non-Resistenz (»Widersteht nicht dem Bösen!«) aus der Paria-Situation der Überlagerten, zum Gehorchen und Stillhalten Gezwungenen stammt, dürfte wohl heute auf keinen Widerspruch mehr stoßen. Das gilt für die Juden unter der römischen Herrschaft ebenso wie für die leibeigenen Bauern Rußlands im 19. Jahrhundert, für die »Unberührbaren« in Indien unter brahmanischer Fuchtel und für die Inder insgesamt unter britischer kolonialer Herrschaft. Es ist daher nur folgerichtig, daß Mahatma Gandhi in Indien die evangelische Lehre von der Non-Resistenz nicht nur direkt aus der Bibel, sondern auch indirekt von Tolstoi übernahm, der sie auf die russische Formel gebracht hatte. Und es ist daher andererseits auch nicht falsch, wenn Tolstoi seine Lehren für »ur-christlich« hält.

In Leskows Roman »Ein absterbendes Geschlecht« (1883) erklärt Tscherwew (Typ eines Russen vom Lande), daß er sich nicht der Gewalt widersetzen werde, »erstens, womit? und zweitens will ich nicht«. Tscherwew zweifelt offenbar auch an der Berechtigung der Staaten, d. h. der legitimen Gewaltanwendung; er verkörpert den Typus des gesinnungsethischen Idealanarchisten. Die alte Fürstin zeigt sich stark beeindruckt von Tscherwews Ideen, der wegen seiner Überzeugungen nach dem hohen Norden, am Weißen Meer, verbannt wird; insofern stellt sie ihrerseits den Typus der reuigen Seelenbesitzerin dar:

»Ich habe mein Leben schlecht und unehrsam verbracht und laufe jetzt wie eine Gottlose hin und her, obwohl vielleicht kein Einziger mich verfolgt. Mich hat das Herrentum verdorben – ich habe mich ihm ergeben und dabei das Beste versäumt.« (a. a. O., 269)

Nur mit Mühe wird sie dazu bewogen, in ihrem Hause zu bleiben,

»... bei ihren Söhnen zu Gast. Sie führte dann ein einfaches Leben, speiste mit ihrer alten Dienerin gemeinsam die einfache Kost, die diese zubereitete, will von keinen Fragen des Staates und der Verwaltung mehr hören und fand gefestigten Sinnes ein ruhiges Ende.« (a. a. O., 270)

Leskow ist der früheste russische Dichter der Paria-Ethik, zugleich der überzeugendste, weil er Haltungen aus dem Volk wiedergibt, ohne wie Tolstoi ideologisch zu werden. In der Erzählung »Der versiegelte Engel« heißt es von Vater Panewa:

»Fuhr man ihn mit grober Rede an – segnete er einen; schlug man ihn – verneigte er sich bis zur Erde. Ein Mensch von solcher Demut ist unüberwindlich.« (Leskow, Meistererzählungen, 157)

Ist er es wirklich? Die heutige Generation in Rußland glaubt erfahren zu haben, daß die Haltung der Non-Resistenz vergeblich ist. Der Mensch wird vielmehr zurückgeworfen auf den Versuch, auch unter fast unmöglichen Bedingungen einen Rest seiner Menschenwürde zu bewahren: Das ist eine universale Erfahrung unseres Zeitalters.

Doch Leskow überragt alle seine literarischen Zeitgenossen durch die Breite seiner Kenntnis Rußlands und der russischen Menschheit. In den acht Jahren seines Kiewer Domizils (1849–1857) kam er mit drei Kulturen in Kontakt: der russischen, repräsentiert durch höhere Beamte und Gutsbesitzer, der polnischen, vertreten durch Intellektuelle und Arbeitgeber, und der ukrainisch-bäuerlichen. Aber auch das übrige Rußland, vom hohen Norden bis zum tiefsten Süden, hat Leskow in seiner ganzen ethnographischen und ständisch differenzierten Vielfalt kennengelernt. Demgemäß verfügt er sprachlich über einen ungeheuren Wortschatz, an den nur Gogol heranreicht. Rogoschin, ein russischer Don Quijote, erläutert die verschiedenen Sprachen des Herrschers, des Edelmanns und des gewöhnlichen Volkes, und der Dichter selbst ist dieser Don Quijote, der alle drei Tonlagen vollendet beherrscht hat. Besonders der untersten Tonlage – Erich Auerbach hätte sie die des *homo humilis* genannt – hat Leskow Geltung verschafft, die »Dulcinea« seines Don Quijote beherrscht nur diese, das allerunterste Register der Alltäglichkeit; Rogoschin erzählt ihr die heroische Geschichte von Jarl Torgnir und der Prinzessin Ingigerde, sie aber schläft dabei ein. Genau wie Don Quijote wittert Rogoschin überall Abenteuer, zieht agonale Vergleiche und bezieht Prügel. Das ist Leskows Humor, aber er beherrscht noch viel mehr.

Schon lange vor der Aufhebung der Leibeigenschaft befanden sich viele Gutsbesitzer in sozialem Abstieg – die Güter verfielen. Die Hauptursache dafür war der ökonomische Unverstand der Besitzer. Der Verfall und Untergang von Adelsfamilien ist daher ein stehendes Thema in der Romanliteratur des 19. Jahrhunderts. Saltykow-Schtschedrins »Die Herren von Golowlew« sind vielleicht das berüchtigtste, auch von der kommunistischen Propaganda ausgebeutete Beispiel, aber Leskows »Ein absterbendes Geschlecht« (1873) ist wichtiger, weil differenzierter. Die Leibeigenschaft wird hier nicht nur von der negativen Seite geschildert, wie das z. B. in den berühmten »Aufzeichnungen eines Jägers« von Turgenjew der Fall ist. Da ist u. a. der Freigelassene Patrikej, der seinen Freibrief aus Nachlässigkeit vergißt. Er setzt seine Ehre in das Dienen:

»Darin lag sein point d'honneur ja noch mehr: es war für ihn ein Bedürfnis, ihr [der Fürstin] schrankenlos ergeben zu sein. Ich weiß zwar, das mag von vielen für dumm gehalten werden oder zu mindesten für sonderbar und unbegreiflich ...« (Leskow, a. a. O., 26 f.)

Es gab auch die freigelassenen Bauern, die aus Angst vor Polizei und sonstiger Obrigkeit von ihrer Freiheit keinen Gebrauch machten, sondern weiter für ihren Herrn arbeiten wollten,

»... weniger aus Großmut als wegen des Spottes der Nachbarn, daß sie lebendig ihren Herrn Hungers sterben ließen...« (a. a. O. 102)

Es gab auch Gemeinschaft zwischen Herren und Leibeigenen (obwohl die Komplikation dieses Verhältnisses erst aus den späteren Erzählungen Bunins erhellt wird). Leskow ist groß in seiner reichen, vielfältigen und vor allem unverkrampften Menschlichkeit, worin er Tolstoi und Dostojewski überragt. Von dem Moralismus dieser ist er weit entfernt; er hat zu viele Typen von Menschen im weiten Rußland kennengelernt, um sich auf einen Idealtypus festzulegen. *Den* Russen gibt es bei ihm nicht, und allein deshalb ist er für die westliche Welt wichtig zur Korrektur gängiger Klischees. Sein Humor ist ohne die Schärfe Gogols und die Bitterkeit Tschechows. Dabei wäre es irrig anzunehmen, daß Leskow Hintergründigkeit fehle. In »Parolin« z. B. finden wir proteusartige Wandlungen mit Schwindel mittendrin und Heiligung am Schluß. Das Proteische kann den Charakter einer Konversion annehmen. Heiligkeit und Gauklertum liegen dicht beieinander (»Der Gaukler Pamphalon«), in skurrilem Humor ist Leskow unerreicht (»Der ungetaufte Pope«). Im Grunde ist Leskow ein religiöser Dichter – sein Großvater war Priester, er selbst wollte ursprünglich auch Geistlicher werden und behielt eine Vorliebe für religiöse und klerikale Themen (»Die Klerisei«), behandelt sie aber ebenso psychologisch eindringlich wie objektiv-tolerant. In der großartigen Novelle »Am Ende der Welt« wagt es Leskow sogar, mit seiner Menschlichkeit auf die Welt ostsibirischer Naturvölker überzugreifen. In dieser transbaikalischen Missionsgeschichte stoßen russische Orthodoxie, lamaistischer Buddhismus und Schamanismus weltanschaulich aufeinander, und der Missionar, der als Erzähler auftritt, wird von seinem Bekehrer-Fanatismus geheilt durch die Menschlichkeit eines tungusischen Eingeborenen, der ihm als Reisebegleiter das Leben rettet. Dieser Erretter, der nicht an Gott glaubt, aber an den »Herrn, der von oben herunterschaut«, rührt ihn durch seine natürliche Güte, so daß er die Anschauung des Augustinus abweisen muß, daß »die höchsten heidnischen Tugenden nur verborgene Laster« seien. Dieser Mann sei sicher nicht nur dem natürlichen Gefühl des Mitleids gefolgt, um ihn zu retten, »sondern auch, weil er im Besitze der *religio* war, die ebenso teuer ist wie die Wiedervereinigung mit dem Herrn, ›der von oben herunterschaut‹!« (Leskow, Werke II, 430) Die christliche Mission erscheint in dieser Novelle in ihrer ganzen, zweischneidigen Problematik. Die Eingeborenen sind der Überzeugung, daß ein Getaufter verloren sei, »der Schamane verjagt ihn, der Lama nimmt ihm die Rentiere weg, seine eigenen Leute glauben ihm nicht, denn einem Getauften darf man nicht glauben«. Der Erzähler respektiert auch die Schamanen, »die Schamanen können mehr als ich«. Behutsamerweise ist er schon sehr zufrieden, wenn die Eingeborenen Christus »erst einmal am Rande seines Gewandes festhalten« können.

Im Unterschied zu Leskow ist Iwan Bunin kein objektiver Schilderer. Was er darstellt, ist immer eine Spiegelung der Innenwelt, Subjektivation mehr als Objektivation. Er ist der Phänomenologe unter den russischen Dichtern, als Adelssproß und bewußter Aristokrat bei aller Verwurzelung in russischer Heimwelt europäischer als irgendeiner seiner Zeitgenossen. Wer dieses Anderssein fassen will, lese seine Jugendmemoiren (»Arsenjews Leben«) parallel mit denen von Maxim Gorki: beide literarisch von hohem Rang, doch wie verschieden im äußeren Schicksal wie auch in der inneren Verarbeitung! Und dennoch ist es gerade Gorki, der Bunin aufs höchste schätzte und ihm die Freundschaft hielt, bis die gegensätzliche Einstellung zur Oktoberrevolution sie trennte: Bunin emigrierte nach Frankreich, Gorki wurde zu einem bedingten, freilich bald enttäuschten Anhänger der Revolution. Aber trotzdem hat Gorki an der Hochschätzung des Dichters Bunin auch später festgehalten. Einmal fragte Malraux bei einem Besuch in Moskau, 1936, Gorki, ob ihm ein Artikel Radeks bekannt sei, in dem dieser über James Joyces literarisches Werk sage, es sei »eine antihumanistische Apotheose der gesellschaftlichen und menschlichen Fäulnis«?

»Gorki sagte, diesen Artikel habe er nicht gelesen. Wenn aber Radek das geschrieben habe, so sei er damit einverstanden. Er hätte versucht, Joyce zu lesen, hätte ihn aber unerträglich, physisch abstoßend gefunden.
Auf Malraux' Einwand, Joyce bedeute eine wichtige neue Etappe menschlicher Sensibilität, machte Gorki nur eine abwehrende Handbewegung und sprach über Bunin, der heute zwar ein Emigrant und Konterrevolutionär sei, aber in dem Wert seines literarischen Werkes weit über den individualistischen westlichen Modegrößen mit ihren kranken Nerven stehe.« (Sinkó, Roman eines Romans...«, 336)

Das ist Gorki, mit seinem untrüglichen Gespür für Qualität und seiner ebenso starken Abneigung gegen die Dekadenz. Daß ihm bei der Erwähnung Joyces (es hätte auch Proust sein können) gerade Bunin einfällt, ist kein Zufall, Bunin ist oft *à la recherche du temps perdu*.

Auch Bunin läßt in seinen Novellen einen Reichtum an Phänomenen sichtbar werden, der oft einem entfesselten Pandämonium, ja Pan-Erotikum gleicht. Darin mag er oberflächlich an Jahnn erinnern, ohne aber dessen abstoßende Wirkung zu hinterlassen – und wenn von Phänomenologie die Rede ist, kann man die Wirkung auf den Leser nicht unbeachtet lassen. Etwas erinnert seine Naturergriffenheit auch an Wilhelm Lehmann, dessen Apotheose des »Grünen Gottes« in seinen Romanen und Gedichten freilich zahm erscheint im Vergleich mit Bunin. Die Summe aller Phänomene – das ist die ganze Wirklichkeit, eine Wirklichkeit, in der die Grenze zwischen Subjekt und Objekt aufgehoben ist. Zugleich aber muß man hier den Husserlschen Begriff des »Gelingens« einführen: die *gelungene* künstlerische Gestaltung ist das Werk des von der »Welt« Ergriffenen; wem diese Gestaltung mißlingt, der ist bloß dämonopathisch *besessen*. – So glaube ich Gorkis Argument für Bunin und gegen Joyce weiterführen zu dürfen.

In Gorkis Lob für Bunin und seiner ablehnenden Haltung gegenüber

Joyce klingt so etwas nach wie die slawophile Kritik des 19. Jahrhunderts am »verfaulten Westen«. Westliche Antikritik könnte auch Bunin, den erklärten Aristokraten aus hochgezüchteter Familie, zu den »dégenérés supérieurs« rechnen – nur, was wird damit gesagt? Nichts, angesichts solcher künstlerischer Gestaltungskraft. Das offizielle Rußland der nachstalinschen Ära hat es sich denn auch nicht nehmen lassen, diesen Emigranten und Nobelpreisträger von 1933 durch eine postume Gesamtausgabe, die freilich nicht vollständig ist, für seine große Literatur zu beanspruchen. Es kann sich darauf berufen, daß Bunin schon 1909–1910 einen Roman »Das Dorf« geschrieben hat, der fast das Schrecklichste an Hunger- und Elendsschilderungen enthält, was die russische Literatur aufzuweisen hat. Und doch ist es einfach Bunins Phänomenologie, die hier zu Worte kommt: er ist kein sozialer Dichter! Bunin hatte weniger die Revolution gehaßt, als die vorrevolutionären Stimmungen und Ideologien, die er in seinen Jugenderinnerungen erbarmungslos zerpflückt: die kollektivistische Stimmungsmache, die aufgezwungenen falschen Gefühle, die Selbstberauschung und nihilistische Selbstzerstörung, das Ersticken schöpferischer Arbeit in ideologischem Gerede, das man aus den Dialogen in Dostojewskis Romanen so gut kennt; die Unfähigkeit, etwas wirklich Beständiges zu schaffen und die Selbstglorifizierung der ideologischen Intelligenzija, ihre Überheblichkeit gegenüber allen wirklich produktiven Berufen:

»Nur wir und alle ›Erniedrigten und Beleidigten‹ sind Menschen; alles Böse ist rechts, alles Gute links.« (Bunin, Arsenjew, 297)

Die alte slawophile Konfrontation von »Wir« und »Sie«! Alexander Twardowski, in seinem Bemühen, diesen Dichter den offiziellen Sprachregeln verspätet anzupassen, schreibt, die dörflichen Helden Bunins hätten immer Hungerträume vom Essen; ein Stück Brot, eine Zwiebel, eine Kartoffel mit Salz seien der Inhalt ihrer Träume. Wenn das Realismus sein soll, so ist es die Wirklichkeit des Träumens, vermehrt durch die traditionelle Leidensbereitschaft, die Geduld, den Stoizismus in den Heimsuchungen durch Hunger und Kälte. Viel eher ist Bunin ein Phänomenologe der Heimwelt (s. u. S. 343), und zwar nach seiner Emigration der verlorenen Heimwelt (*temps perdu* und verlorene Heimat in einem), von Paris aus gesehen, also nostalgisch gefärbt, versetzt mit romantisierendem Vergangenheitskult. Dazu eine eigentümliche »Solitude«; dieser Herrensprößling mit seinem innigen Verhältnis zu Vater und Mutter, Geschwistern, spricht in seinen Jugenderinnerungen von seiner »einsamen Kindheit«, ein Hohlweg ist ihm »der einsamste aller einsamen Plätze, mir war, ich könnte mein Leben lang da sitzen und jemand lieben oder um jemand trauern«. (Bunin, Arsenjew, 23) War das wirklich so, oder ist es gesehen mit den Augen des in Paris Exilierten? Und immer diese »Faszination durch den Verfall«. Bunin betont sein »Verständnis für das Wesen des alten, versickernden Rußland« und sucht dessen Züge im Außenraum liebevoll auf. Symbol ist eine einsame, hinfällige Weide mit ihrem hohlen, vom Blitz zerschmetterten Rumpf (!). Notiert werden die Metaphern der Hinfälligkeit:

»Die Ahnung der Verbundenheit mit dem Vergangenen, dem Fernen [dem Allgemeingültigen, das oft für einen Augenblick unsere Seele, unser persönliches Dasein weitet und uns bang-freudig unserer Teilnahme daran bewußt werden läßt.« (Bunin, Arsenjew, 103 f.)

Den sozialen Hintergrund aber bildet die eigene Herkunftsfamilie: Bunin bildet in seinen Memoiren auch den Verfall einer Familie ab, das beliebte Thema der russischen Prosaisten des 19. Jahrhunderts: der Vater unfähig zu wirtschaften, zeitweise Trinker, das Gut geht schließlich verloren. Bunin ist ein »anaklitischer« Dichter, überall die Wunschräume mit den Wunschzeiten verbindend:

»Wie viele verlassene Gutshöfe und vernachlässigte Gärten gibt es doch in der russischen Literatur, und mit welcher Liebe sind sie stets beschrieben! Wie kommt es, daß der russischen Seele die Einöde, die Verwüstung, die Vernachlässigung, der Verfall so lieb, so angenehm sind?« (Bunin, Arsenjew, 155)

Zu dieser Vergangenheitsnostalgie paßt der Folklorismus. Ein Beispiel: Beim Blick auf den Hals seines Pferdes erinnert sich der Reiter der Sage vom Pferde, das einst, in längstvergangenen Zeiten, weise zu reden wußte: Assoziation einer grauenvollen Möglichkeit:

»Furchtbar war sein schicksalvolles Schweigen, das bis in alle Ewigkeit nicht gebrochen werden konnte, die Stummheit dieses mir so nahen und gleich mir lebendigen Wesens, das lebhaft, vernünftig war, fühlen und denken konnte, und noch unheimlicher die sagenhafte Möglichkeit, daß es plötzlich dieses Schweigen brechen könnte.« (Bunin, Arsenjew, 270)

Einmal im Jahr, am Tage des Florus und Laurentius, hat das Pferd seine heilige Stunde, in der es darauf aus ist, einen Menschen zu töten, aus Rache für sein dienendes Pferdedasein.

Daß die heimliche Mordlust zum dienenden Dasein gehört, weiß Bunin. In »Suchodol« (1917) bringt der Leibeigene Gerwaska den adligen Gutsbesitzer Piotr Kyrillowitsch, dessen natürlicher Sohn er ist, um. Die Heldin dieser Erzählung, Natalja, ist die Milchschwester des Sohnes von Piotr Kyrillowitsch, was nicht hindert, daß sie in dessen Familie der schlimmsten Behandlung ausgeliefert ist, die man einer Leibeigenen zuteil werden lassen kann. Dabei ist das Bewußtsein der Blutsverwandtschaft zwischen Herrn und Gesinde vorhanden, Gemeinschaft ist in intimem Umgang verwirklicht.

»Das Leben einer Familie, eines Geschlechts, einer Sippe ist tief, vielfach verknotet und geheimnisvoll, oft auch erschreckend. Aber eben durch seine dunkle Tiefe, durch seine Legenden, durch seine Vergangenheit ist es stark.« (Bunin, Grammatik der Liebe, 29)

Diese Verknotung, diese Tiefe wird nirgends deutlicher als in den Erzählungen Bunins. Sie erscheint in der alles über- und durchschauenden Perspektive der Herrenrolle, die von Bunin nicht nur in seinen Figuren gestaltet, sondern auch von ihm als Erzähler durchgehalten wird: innigste Intuition und herrentümlich distanzierte Phänomenaufweisung miteinander verbunden (»Antonäpfel« 1900). Bunin hält hoch den Adel und das Bauerntum, gegen den Kaufmannstand ist er kritisch. Er kennt aber auch den Typ des entarteten Aristokraten, wie auch den, weniger beschriebenen, des entarteten Bauern, der, den Pilger spielend, von einer heiligen Stätte zur andern zieht, nur wegen Unzucht vom Ausland verjagt nach Rußland zurückkommt:

»Und wirklich, er kam nicht um: Rußland nahm ihn, den schamlosen Sünder, nicht weniger gastfreundlich auf als die, denen es um ihr Seelenheil ging; es gab ihm zu essen und zu trinken, ließ ihn nicht ohne Nachtquartier und hörte ihm mit Begeisterung zu.« (Bunin, Grammatik der Liebe, 82)

Bunin ist weder Mensch noch Landschaftsschilderer im üblichen Sinne. Man findet freilich, oberflächlich gesehen, Psychologie bei ihm, wie auch Landschaft in unvergeßlichen Bildern. Er ist aber Phänomenologe auch dadurch, daß er Innen- und Außenraum miteinander kontrastiert. So schildert er leidenschaftlich-räumlich ein Milieu mit Gewitter, Hundemeute, Blumen in einer verwilderten Senke, die früher ein See war; eine Intensität der Welt, welche die dahineingestellte Liebesgeschichte gleichsam ersetzt; diese Geschichte wird ausgespart: technisch interessant, doch kein bloßer Kunstgriff, denn wer kann eine solche Liebe schildern? So ist Bunins Darstellungsweise eher atmosphärisch-musikalisch, als zeichnend oder malend, und dies trotz der geradezu eidetischen Präzision der Anschauung, und schon gar nicht ist sie realistisch, so daß schon allein die Tatsache einer Moskauer Neuausgabe seiner Werke eine Korrektur des realistischen Anspruchs der offiziellen Sowjet-Literatur ist. Der außergewöhnlichen Sensibilität dieses Dichters entspricht die Schärfe seiner Sinne, besonders des Geruchssinns. Seine Novellen wimmeln von »Hyperosmien«, und in seinen Kindheitserinnerungen rühmt er sich dieser Gabe, die in den merkwürdigsten Assoziationen auftritt. Ein Beispiel für viele:

»An den Fischständen roch es nach salzigem Fisch, so daß ich mich plötzlich leidenschaftlich nach dem Asow'schen Meer, nach Rostow oder Zarizyn sehnte...« (Bunin, Arsenjew, 218), das er bis zu jenem Zeitpunkt noch nie gesehen hatte.

»Zu meinen Eigentümlichkeiten gehörte auch eine erhöhte Empfänglichkeit für Licht, Luft und ihre feinsten Schwingungen« (Bunin, Arsenjew, 291),

schreibt er ein andermal. Boris Pasternak bekennt im »Doktor Schiwago« einmal:

»Gerade die alltäglichen und gewöhnlichen Dinge sind es, die magisch wirken, wenn die Hand des Genius sie berührt. In dieser Hinsicht ist Puschkin der beste Lehrmeister.« (Doktor Schiwago, 328)

Bunin ist es aber auch! – Pasternak sagt des ferneren:

»Jedem Kunstwerk liegt ein Prinzip zugrunde, das sich aus eigener Kraft seine besondere Wahrheit schafft. Ich habe die Kunst niemals nur als Form angesehen, sondern als ein verborgenes und geheimnisvolles Element der Wirklichkeit, die ihren Inhalt ausmacht. . .« (Doktor Schiwago, 374)

Und auch das gilt für Bunin. Vielleicht ist seine Sensibilität sogar noch stärker als die Pasternaks. Das Geräusch des Wetzens einer Sense, auf deren blitzender Schneide bald auf der einen, bald auf der anderen Seite ein rauher, nasser Wetzstein hin und her flitzt, ist »ein unbeschreiblich entzückender Laut« (Bunin, Arsenjew, 37). Ein andermal hat er die »Erkenntnis (!) des wahrhaft göttlichen Sinnes der Farben von Himmel und Erde« (Bunin, a. a. O., 50). Seine Produktivität aber definiert er als den dichterischen Beruf, »das heißt die Erkenntnis und die Beseelung meines Seins und Tuns, eine Neigung, die vielleicht einzig der Furcht vor dem Grabe der Vergessenheit entspringt«. (Bunin, Arsenjew, 8)

Dazu nun die Todesmetaphysik, die das ganze Werk Bunins durchzieht. Der späte Bunin ist in Indien und Ceylon gereist und hat buddhistische Ideen aufgenommen. In »Die Brüder« bringt er ein Zitat aus dem »Suttanipata«:

»Vergiß nicht, daß alles Leiden dieser Welt, in der jeder mordet oder gemordet wird, daß alle ihre Leiden und Klagen der Liebe entspringen.« (Bunin, Grammatik der Liebe, 1).

Das ist buddhistisch, aber es ist auch echt Bunin. Er ist überzeugt, daß wir schon mit dem Gefühl des Todes auf die Welt kommen. Die leidenschaftliche Liebe zum Leben ist nur das Gegenstück zur Todesmetaphysik. Das im Leben erworbene Wissen ist Stückwerk, mit einem unendlich reicheren kommen wir bereits auf die Welt. Dieser »Karma«-Gedanke kehrt in Varianten wieder: Bei der Lektüre des »Don Quijote« wird ihm klar, daß auch er einmal dieser Ritterwelt angehört hat. Aber er hat auch anderen Welten angehört: der Welt des Robinson, der Tropen, und er empfindet allen Exotismus der Indianer- und Südseewelten, der Insel Tahiti als »bekannt und wesensverwandt«. »Ägypten, Nubien, alles mit ungeheurer Intensität erlebt«, so daß er, als er viel später wirklich in diese Länder reist, nur sagen kann: »Ja, das ist alles genau so, wie ich es vor dreißig Jahren in meiner Erinnerung hatte.«(!) Mit derselben Fähigkeit zur Vergegenwärtigung liest aber auch bereits der Knabe die russischen Dichter: Lermontow, Puschkin, und besonders Gogol. Der Tod beschäftigt bereits die jugendliche Phantasie, angespornt durch die enervierenden Riten der orthodoxen Totenwache. Die Stimme eines die Totenwache haltenden Mädchens, die der Vater ironisch als seraphisch bezeichnet, erweckt im Dichter die Assoziationen des Unheimlichen, zugleich Fesselnden und Unangenehmen. In den Jugenderinnerungen werden Totenriten dreimal ausführlich geschildert, die letzte gilt offensichtlich dem 1929 in Antibes verstorbenen Großfürsten Nikolaj Nikolajewitsch; mit ihr endet das Buch. Anläßlich des Todes eines Verwandten bezieht sich der Dichter auf die Riten für diesen Verstorbenen als »dieses letzte, furchtbare Kirchliche . . ., dieses Herrlichste in der Welt«, die Leichenriten! Hier erscheint die Todesmetaphysik freilich als ein Dekadenz-Phänomen des *fin de siècle,* ähnlich wie bei Tschechow, in Deutschland bei Hofmannsthal und Thomas Mann (»Der Tod in Venedig« u. a.). Auch in einer Szene des Satanismus zeigt sich Bunin bei aller Meisterschaft der Darstellung als der westlichen Dekadenz-Literatur verhaftet, ebenso in einigen Novellen: durch die makabre Darstellung eines Lustmords, der als genetisch fixierter Trieb aufgefaßt wird (natürlich ohne so bezeichnet zu werden, »Ohren mit Schlingen«, 1916) und durch die meisterhafte Kontrastierung von Außen- und Innenraum ein automatischer Ablauf scheint; durch die Schilderung der russischen Renommierhaltung, der Alkoholintoxikation ohne Verlust der Selbstkontrolle, aber mit deutlichem physischen Exzitationsstadium (»Sachar Worobjew«, 1912) u. a. m. Auf voller Höhe zeigt sich Bunin dort, wo ein tragischer Verlauf als unvermeidliches Endresultat einer komplexen Situation erscheint (»An der Straße«, 1913): die Liebe zwischen Vater und Tochter, und deren Ablösung. Wieder finden wir eine eigentümliche Kontrastierung von Landschafts- und Interieurdarstellung mit dem seelischen Zustand der Personen. Die Einsamkeit spielt hier die pathogenetisch entscheidende Rolle, denn das blitzartige Ergriffenwerden des Mädchens von der Liebe zu einem zufällig vorbeikommenden, menschlich ganz belanglosen Kleinbürger ist nur aufgrund der Isolation möglich; die Enttäuschung durch beide, den Vater und den Kleinbürger, löst Verzweiflung und Wahnsinn aus. Pathogenetisch kann auch ein übersteigerter Besitztrieb werden, eine indirekte Folge der Leibeigenschaft und »Kultur der Armut«, die alles Besitzen überbewerten läßt, ohne doch das Gefühl, hierüber schuldig zu werden und die Liebe versäumt zu haben, zum Schweigen bringen zu können (»Ein schönes Leben«).

Am ausgiebigsten sind in »Suchodol« die Variationen über das Thema Besitz – Besessensein durchgespielt. Sie decken sich förmlich mit dem sizilianischen *Roba*-Komplex. Die Leiblichkeit, intensiv erfaßt über das Wuchern der Nesseln und Bäume, die Fruchtbarkeit der Felder und der Tiere, die Gerüche – das der eigenen Leiblichkeit Unterworfensein – dann das Ergriffenwerden durch ein Gewitter oder durch die Liebe. Zuletzt aber die Leibeigenschaft als ein Hörigsein gegenüber dem anderen, als ein geduldig-fatalistisches Ertragen (Natalja muß die Medizin des Fräuleins ausprobieren!) oder auch als ein Aufbegehren bis zur Gewaltanwendung. Man ist ausgeliefert dem eigenen Körper und mit diesem der Leibeigenschaft, ein Gefühl, das auf unglaubliche Weise widerstandslos und hörig macht gegenüber dem aber doch als Teufel empfundenen, mit Wetterleuchten eingeführten Wandermönch; dazwischen die Liebesgeschichte, bei der sich alle Elemente mischen. Schließlich setzt das Détachement und die Befreiung ein, die eine Art Stolz zurückläßt darüber, in Milchgeschwisterschaft und Erleiden des gleichen Schicksals den Herren gleich zu sein. (Die auch von den frühen Christen geübte Praxis: »Alle sind Gottes Kinder, Christi Brüder« und damit geistig aus der Paria-Existenz heraus!) Bunin hat mit »Suchodol« ein Werk geschaffen, das seinesgleichen sucht in seiner Fülle und Glaubhaftigkeit, der sinnlichen Spannung und geistigen Kraft.

In »Rusja« (1940) gelingt Bunin eine Rahmen-Novelle mit eingeschlossener Beschwörung vergangener Liebe: eine impressionistisch süße und grundlos tiefe Außenlandschaft im Kontrast zu der Ärmlichkeit eines Second-Empire-Salons – Liebe und Konvention unverbunden nebeneinander; aber einmal geschieht der Einbruch: ein schwarzer, metallisch-grüngoldglänzender Hahn bricht in den Salon und erschreckt die Liebenden, eingerahmt vom dahinrasenden Nachtschnellzug und der wahnsinnigen Mutter. Die Hyperosmie als abscheulich parfümierte Mütze des Geliebten, deren widerlichen Geruch die Liebende endlich doch liebt (»amata nobis quantum amabitur nulla«). (Vgl. Sappho: »... und erbebte in tödlicher Mattigkeit beim Gedanken«.)

Aufbegehrende Gnosis

Die literarischen Quellen und unterschwelligen Elemente dieser Bereitschaften sind uns in den letzten Jahrzehnten genauer bekannt geworden: Es sind die Elemente der gnostischen und manichäischen Weltansicht und Heilslehre, die in den ersten Jahrhunderten n. Chr. im Vorderen Orient Fuß gefaßt und während eines Jahrtausends eine gewaltige Verbreitung nach Osten (Zentralasien) und Westen (Europa) gefunden haben. Während im Osten der Synkretismus mit christlichen und jüdischen Religionslehren, nestorianischem Christentum, iranischem Dualismus (Zarathustrismus) zu immer neuen Metamorphosen geführt hat, gerieten im Westen die Ableger des manichäischen Systems in einen scharfen Gegensatz zu den Dogmen der katholischen Kirche und wurden mehr oder weniger zu einem Ketzerdasein verdammt, das in den Sekten der Bogomilen und Katharer (Albigenser) sich abkapselte – eine Existenzform, die das unterschwellige Weiterwirken und die in andere (philosophische und dichterische) Chiffren überführte Verbreitung niemals gehindert hat. Denn was am einen Ende unterdrückt wird, sucht sich seinen Ausgang an anderen Enden. Die primären religionsgeschichtlichen Quellen sind heute weitgehend erschlossen: die manichäischen Sammlungen (Ginza, Johannesbuch, Qolasta), seinerzeit zusammengestellt in Babylonien im 7. und 8. Jahrhundert nach dem Einbruch des Islam, formuliert in Abwehrstellung gegen diesen, doch im Kern älter – viele Texte stammen aus Manis Zeit (1. Drittel des 3. Jahrhunderts n. Chr.); doch nicht nur Babylon und Syrien sind alte Diffusionszentren dieser Lehren, sondern auch das hellenistische Ägypten mit einer theologischen Literatur unter dem Namen des Hermes Trismegistos, schon gegen Anfang des 2. Jahrhunderts n. Chr., später vereinigt unter dem Titel »Poimandres«. Für den Manichäismus haben wir Texte in koptischer, syrischer, persischer, uigurischer, tibetischer und chinesischer Sprache. Manichäisches und Gnostisches sind nicht immer scharf voneinander zu trennen, und für unsere Zwecke ist dies hier auch nicht erforderlich. Erwähnt werden aber muß als Hauptmedium der Verbreitung aller dieser Lehren die ausgedehnte Missionspropaganda. Im Osten sind es nestorianische und buddhistische Mönche und Kaufleute gewesen, die diese Literatur verbreitet haben, im Westen war es Mani selbst, der weniger Religionsstifter war als Missionar und synkretistischer Verarbeiter und Redakteur persischer, chaldäischer, spätjüdischer und frühchristlicher Religionselemente; sowie später durch seinen bedeutendsten Anhänger: Faustus von Mileve, uns bekannt durch eine Gegenschrift des Augustinus (»Contra Faustum«), der der manichäischen Lehre viele Jahre hindurch selbst angehangen hatte. So rückt auch dieser großartige religiöse Schriftsteller in unser Blickfeld; kann es uns doch nicht gleichgültig sein, daß sein Leben und seine Lehre in der Abwehr der mächtigen Häresien ihre geistige Form gefunden haben. Der Widerhall des Manichäismus ist in den »Confessiones« stark. Augustinus mokiert sich u. a. darüber, daß die Manichäer Baumfrüchte für beseelt hielten durch Lichtelemente, so daß sie sie nur seufzend und aufstoßend zu verzehren wagten:

»Ich Elender bildete mir ein, man schulde den Früchten des Feldes mehr Mitleid und Erbarmen als den Menschen, für die sie doch wachsen.«[4]

Auch in seiner Anti-Faustus-Schrift legt Augustinus den Finger nicht sowohl auf die Falschheit als auf die Verkehrtheit der manichäischen Anschauungen, obwohl mit viel weniger Überzeugungskraft.

In meiner Deutung der gnostischen Weltschau (einschließlich der manichäistischen) folge ich dem Werk von Hans Jonas (»Gnosis und spätantiker Geist«), dessen Existenzanalyse mir auch für meine eigenen Absichten methodologisch vorbildlich zu sein scheint. Auch mir geht es in erster Linie nicht um eine Text-, sondern um Existenzanalyse, auch ich bin überzeugt vom methodologischen Primat der Wesensbestimmung, und auch für mich fallen eidetische und genetische Phänomenbestimmung zusammen, »und zwar in der Ordnung, daß die Wesensbestimmung die Ursprungsfrage mitentscheidet« (Jonas, a. a. O. I, 40):

»Bei diesem radikalen Anspruch an den Ursprungsbegriff – dem allein ernsthaften, nicht trickhaften – wird also die Angabe einer Provenienz überhaupt nichts anderes sein als eine abkürzende (klassifizierende) Umschreibung der Essenz selbst . . .: ›platonischen Ursprungs‹ z. B. muß dann allen Ernstes soviel besagen wie: ›platonischer Art‹ – also in Wahrheit eine phänomenologisch-deskriptive Feststellung. Diese also . . . muß in jedem Fall vorangehen . . .« (Jonas, a. a. O. I, 41)

Man kann also nicht von historischen Geschehnissen, Übertragungen, Beeinflussungen usw. mit bezug auf bestimmte Phänomene reden, bevor diese selbst bestimmt sind. Dies deckt sich mit dem Husserlschen Programm einer genetischen Phänomenologie oder »inneren Geschichte«, die der äußeren »Ereignisgeschichte« voranzugehen hat.

Was Jonas vorschwebt, wird vielleicht am deutlichsten, wenn man das Milieu zu klären versucht, in dem die von ihm analysierten mandäischen bzw. manichäischen Texte entstanden sind, das Milieu des sogenannten

4 Dies erinnert an die der manichäischen Lehre in diesem Punkte ähnliche Lehre von der Gewaltlosigkeit (*ahimsa*) bei den indischen Jainas. Man kann in indischen Städten Jaina-Tempel antreffen, in denen z. B. kranke Tauben gesund gepflegt werden, während daneben Menschen in der Gosse verkommen. Natürlich gibt es für diese Widersprüche sophistische Erklärungen.

Synkretismus. Jonas befaßt sich mit dem charakteristischen Zug, daß in den mandäischen Texten die alten babylonischen Götter als Teufel und Dämonen erscheinen. Er zitiert dazu Bousset:

»Deutlich merkt man noch den mandäischen Quellen den Ingrimm des Kampfes an, der hier gespielt hat. Mit fast fanatischer Wut werden die alten Göttergestalten entwürdigt und in die Tiefe hinabgestoßen.« (Jonas, a. a. O. I, 32)

Die Gnosis sei »die Aktualisierung dieses Kampfes«, in ihm *manifestiere* sie sich, an ihm seien ihr Sinn und ihr Wesen zu erkennen. Falsch aber sei es, wenn Bousset nach den Einflüssen frage, die zu jener Degradierung der babylonischen Gottheiten geführt habe, und zu dem Schluß komme: christlich seien diese Einflüsse nicht gewesen, auch nicht jüdisch, folglich könnten sie bloß persisch gewesen sein. Jonas lehnt das ab, denn jene Degradierung sei nicht Symptom, sondern Erklärung des Gnostizismus. Bei solchen Ableitungen, wie Bousset sie vornehme, komme das eigentliche Sinnprinzip dieser gewaltigen Bewegung, der Dualismus, zu kurz. Jonas wendet sich aber überhaupt gegen jene »Alchemie der Ideen«, die ein Phänomen aus der bloßen Verbindung mehrerer Elemente ableiten wolle. So behaupte Bousset, der Geist der spätgriechischen Antike habe durch die *Verbindung* mit dem persischen Dualismus eine pessimistische Grundanschauung der Gnosis *erzeugt*. Was Jonas hier kritisiert, ist in der Religionsgeschichte genau jene elementaristische Betrachtungsweise, die z. B. auch in der »kulturhistorisch« orientierten Völkerkunde die Analyse der interethnischen und interkulturellen Beziehungen lange Zeit verflachte, die aber auch in der Literaturgeschichte noch nicht ganz überwunden ist. Die Bedeutung von Jonas' Explikationen liegt nicht in der isolierten Polemik gegen Bousset (einem Gelehrten, dem hohe Verdienste um die Erforschung der Gnosis zukommen), sondern darin, daß er uns an Hand eines Phänomens von ungeheurer Virulenz und Verbreitungskraft – bis zum heutigen Tage! – die Unfruchtbarkeit einer nur äußerlich historisierenden Betrachtungsweise und die Notwendigkeit einer genetischen Existenzanalyse vor Augen führt. Die Gnosis, dies ist sein Schluß, verdankt ihre Existenz nicht dem Interesse an einem einheitlichen (die »Einflüsse« synkretistisch verbindenden) System, sondern es muß Menschen gegeben haben, die die Welt so erlebten, wie es die Texte bekunden! So vernehmen wir in diesen Texten ein

»... unendliches, vielfältig tönendes Wehklagen der kosmisch geknechteten Kreatur, Haß und Verachtung gegen die Welt, Angst vor ihrem finsteren Zwang (dem kosmischen ›Schicksal‹), Einsamkeit in ihrer Fremdheit, Abkehr von ihrer Versuchung, Hoffnung auf Erlösung, Dank für die Verheißung ...« (Jonas, a. a. O. I, 38);

und das alles nicht etwa, weil irgendwelche Priester oder Laien daran interessiert waren, »Einflüsse« aus verschiedenen Religionen zu harmonisieren, sondern weil eine existentielle Situation bestand, die dazu disponierte, die Welt so zu erleben. In den Texten kollidieren nicht griechische oder persische oder sonstige Elemente zu einem feindlichen Gesamtresultat: dem Bilde einer entgötterten, satanisierten Welt und eines weltfremden, akosmischen Menschentums; sondern die Siebung der verfügbaren »Elemente« *selber* ist bereits das *Motiv* der neuen »Synthese«, ist tendenziell, um nicht zu sagen tendenziös. Sie entstammt dem totalen menschlichen Sein, und ein bestimmtes Welt- und Selbsterleben muß ihr zugrunde liegen.

Diese existentielle Situation kann nun allerdings die moderne Ethnologie genauer bestimmen. Oder eigentlich sind es zwei typische Situationen, die immer wieder auftreten und ähnliche Reaktionen hervorrufen:

Erstens die Situation des interethnischen Druckes, besonders im Falle einer ethnischen Überlagerung mit Herrschaftsgefälle und Kulturgefälle, meist verbunden mit Unterdrückung und Hinabdrücken des überlagerten Volkes in eine paria-ähnliche Lage.

Zweitens die Situation des interkulturellen Konflikts und der Verwirrung der kulturellen Werte; an die Stelle des Synkretismus tritt hier der Pluralismus der Werte.

In beiden Lagen treten typische Reaktionen auf: in der ersten kollektive soziale Bewegungen nativistischen oder messianisch-prophetischen Charakters; in der zweiten Skeptizismus, Agnostizismus, Nihilismus.

»Gnostizistische« Züge machen sich in beiden Fällen bemerkbar.

Es ist nun bezeichnend für die Fruchtbarkeit der eidetischen Typologie, daß Jonas an Hand der gnostischen Texte sowohl die *nativistische* als auch die in einem allgemeineren Sinne *revolutionäre* Bedeutung der Bewegungen hat herausarbeiten können. Wiederum können wir, indem wir seinen Gedankengängen folgen, seinen wissenstheoretischen Standpunkt nicht übergehen, und dies um so weniger, als seine Ausführungen auch die Grenze zwischen Soziologie und szientistischem Soziologismus deutlich machen; und dies kann uns nicht gleichgültig für die Literatursoziologie sein. Jonas erörtert das Verhältnis seiner Existenzanalyse der Gnosis zu der Deutung geistigen Geschehens »aus der empirischen Lebensganzheit der ideenträgerischen Gruppen«. Nach seiner Meinung ist dieses geistige Geschehen ein »gegenüber allen Verursachungen prinzipiell *Überschießendes*, das sie zwar insgesamt aufnimmt, wie es auch von ihnen ›ausgelöst‹ wurde, dessen Wirklichkeit aber durch sie nicht gedeckt und dessen Sinn nicht in ihnen erschöpft ist (auch wenn sie für sein Werden unentbehrlich waren). Jede bestimmte Kausalzurechnung birgt hier die Gefahr in sich, daß um ihretwillen der Sinn des Phänomens zu kurz genommen wird und *durch* die Zurechnung als solche sein ›Mehr‹, seinen absoluten Überschuß, d. h. sein Eigentliches einbüßt«. (Jonas, a. a. O. I, 61 f.) Die gnostische Weltschau, wie sie in den Texten empirisch zum Ausdruck kommt, transzendiert also ihre Ausgangsbedingungen, sie ist ein Neues. Der Mensch verhält sich produktiv gegen seine Situation, und insofern ist es auch nicht richtig, oder zum mindesten unscharf gedacht, in ihr bloß eine Reaktion auf die Situation zu sehen: Sie ist Aktion, nicht Reaktion. Jonas weist darauf hin, daß auch die Welt-Verneinung, die in der Gnosis oft einen überwältigenden Ausdruck findet, tatsächlich äußerst *aggressiv* sei. »Nicht ein unter dem Druck der Welt erliegendes, sondern ein gegen den Druck der Welt erwachendes Leben ist einer solchen oppositionellen und in der Opposition schon *überbietenden* Neubildung fähig.« (Jonas, a. a. O. I, 67) Das muß man erfaßt haben, um nicht auf die oberflächliche, scheinsoziologische These vom »Realitätsdruck« hineinzufallen. Tatsächlich aber wird der empirische Realgrund für die gnostische Welthaltung bei Jonas aus vielen Stellen seines Werkes ersichtlich. Er stellt selbst die Frage nach den »kollektiven Trägern der gnostischen Bewegung, nach ihrem vollziehenden Subjekt und dessen besonderer Seinslage«, und fordert sogar, man müsse diese so konkret wie möglich angeben:

»Die Frage nach dem ›Wer‹ und seinem konkreten Ort im Sein schließt zugleich die nach dem positiven *Willen* ein, der den Gnostizismus trägt und als eine *Bewegung* vorantreibt, mit welcher dies Dasein seinen Prozeß aufnimmt und sein Ziel erreichen will: sie faßt ihn also von vornherein als ein *aktives* Phänomen, womit das bloß passive Leidens- und Reaktionsmoment schon grundsätzlich überholt ist.« (Jonas, a. a. O. I, 68)

Der soziologische Ort der gnostizistischen Bewegungen aber ist folgendermaßen zu bestimmen: Wenn im gnostischen Weltbild gerade der griechische Kosmos-Gedanke angegriffen und der Kosmos selbst verteufelt wird, dann muß man den soziologischen Ort dieser Bewegungen in der oberflächlich hellenisierten orientalischen Polis Syriens, Mesopotamiens, Persiens und Ägyptens suchen bzw. in der sich auflösenden »Kosmopolis« mit ihrem intensiven Gemenge der Rassen, Völker, Religionen und Sekten, ihrem Pluralismus der Werte. Und da der Kosmos-Gedanke zugleich die Herrschaftsidee der griechischen Überlagerer repräsentiert, wird *er* zum Hauptangriffsziel der neuen Bewegungen, und zwar um so mehr, je mehr sein Realgrund schwindet und bloß ideologisch wird, also lediglich begrifflich überdauert. Und im Gegenzug gegen das Verdünnen und Schwinden der hellenischen Herrenschicht kommen die neuen Völker hoch: die Steppenvölker des Ostens, teilweise auch unter neuen Dynastien (Arsakiden, Sassaniden u. a.). Dabei wäre auch Altheims Theorie eines Zusammenhangs der nomadischen Bewegungen der Hunnen, der Araber und der oberägyptischen Dromedar-Nomaden (Blemyer) samt ihrer Hilfsvölker heranzuziehen. Doch weniger diese Bewegungen sind wichtig als ihre Reperkussionen auf die Stätten der hellenisierten Hochkultur. Denn es sind nicht diese Nomadenstämme, welche zu Trägern des Gnostizismus werden, sondern lediglich ihre verstädterten Teile, die in den kosmopolitischen Städten zu neuen Eliten aufzusteigen suchen; immer wieder werden Teile der neuauftauchenden Stämme in diese Hochkulturen hineingesogen, werden zivilisiert und urbanisiert, bilden Halb-Eliten nichtgriechischer Provenienz, um Selbstausdruck ringend, aber nicht wirklich anerkannt, oft in halber oder völliger Paria-Stellung, der hellenischen Kosmogonie fremd gegenüberstehend. In diesem Milieu muß die Gnosis als nativistische Abwehr- und Gegenbewegung gegen den bereits unterhöhlten, faktisch aber noch herrschenden Kosmos-Gedanken entstanden sein. – So weit in der Levante. Der Westen dagegen ist Expansionsgebiet dieser Bewegungen mit Diasporabildung. Daß »jene Geisteshaltung eine Entthronung und Verneinung aller Werte dieser westlichen Welt einschloß« (Jonas, a. a. O. I, 71), hat ihre Verbreitung im Westen nicht gehindert. Denn auch im Westen gab es viele Deklassierte, Sklaven und Unansehnliche, »Volksschichten mit geringen Möglichkeiten in der Welt, deren große Geschichte über sie hinwegging, ohne daß sie Einfluß darauf nehmen konnten. In ihr waren sie nur Objekt, nicht Subjekt. In der neuen Ordnung wurden sie Könige, absolutes Subjekt« (Jonas, a. a. O. I, 69). Andererseits hatte die vordringende orientalische Religiosität, sobald sie mit einer eigenen hermetischen Literatur scholastisch und damit salonfähig geworden war, auch viel Anziehendes für Vornehme, der Hochkultur Überdrüssige, der »ewigen Langeweile« Verfallene, die nach dem *Mysterium fascinans* lechzten. »Tödlicher Überdruß, sein zu müssen«, notiert Karl Eugen Gass einmal in seinem »Pisaner Tagebuch« (1937), und etwas später:

»Philosophiere ich jetzt um eine Grundidee der sphärischen Ordnung, so empfinde ich es als einen Mangel, nicht zugleich mehr den Blick in den Abgrund des Nichts senken zu können« (Gass, Pisaner Tagebuch, 196 f.),

damit einer durchaus gnostizistischen Stimmung Ausdruck gebend. Freilich, Kosmos-Gedanke und Faszination des Nichts sind wie Feuer und Wasser unvereinbar miteinander. Aus dieser Unvereinbarkeit heraus begreift man aber auch, daß gerade Intellektuelle in Paria-Lage, die einer entwerteten, sich dennoch immer noch als herrschende gebärdenden Kosmos-Idee gegenüberstanden, leicht in das faszinierende Nichts kollabierten, wie die alten Gnostiker, die Katharer und andere Sektierer, die Philosophen des deutschen Idealismus (besonders Schelling und Hegel), und auch viele Moderne. Diese Strömung ist durch zwei Jahrtausende neben dem offiziellen Christentum hergegangen, sie war weder christlich noch antichristlich, sondern etwas Drittes, obwohl sie sich als das eine und als das andere aufführen und hinter allen Richtungen und Denominationen tarnen konnte.

Für Jonas versteht es sich, daß für diese Tendenzen immer die Levante

Unruhe- und Expansionszentrum gewesen ist. »Alle gnostischen Lehrhäupter waren Orientalen.« (Jonas, a. a. O. I, 70)

Jonas betont das revolutionäre Element in der Gnosis. Die überkommene Ordnung wird in diesen Schriften aus den Angeln gehoben und durch eine total neue Sinngebung ersetzt, die das Alte verneint und die Grundlagen neu stiftet. Der bisherige Kosmos wird überboten durch ein inkommensurables Prinzip der Gegenweltlichkeit, das sowohl den Begriff eines außerweltlichen Gottes als auch eines nicht-weltlichen Selbst neu gründet. Es kehrt sich hervor eine neue Freiheitsidee und ein unerhört neues Selbstbewußtsein. Damit verbindet sich ein Umsturz der Moral, eine »extreme Negation antiker Werthaltungen«, und geradezu »eine Raserei der Überlegenheit nicht über ihre, sondern über jegliche Normen«. Man überschlägt sich in sittlichem Anarchismus und Libertinismus, um dann allerdings in neue Bindungen überzugehen, in eine neue asketische Gemeindeethik:

»Überhaupt der ganze exzessive Stil der Bewegung, ihre Urteilsbildungen und ihre Gefühlsäußerung, die heftige Bewußtheit des Bruches, die Stimmung von Hohn und Verachtung gegen die alte Welt und ihre ›Weisheit‹ – alles das trägt unverkennbar revolutionäre Züge.« (Jonas, a. a. O. I, 215)

Der Atemzug des Aufbegehrens ist in den Texten unverkennbar. Immer noch fühlt man sich determiniert, geknechtet durch eine fremde Macht, die Macht des Kosmos. Diese wird aber nun dämonologisch verstanden und gedeutet. Dasein ist Besessensein. Psychologisch wird der dämonisch verstandene Kosmos verinnerlicht, seine Tyrannei wird in der Seele selbst als Dämon tätig, und zwar so, daß dabei die Grenzen zwischen äußerer und innerer Fremdgewalt schwinden: Im Erlebnis der Entfremdung fließt beides ineinander über. Die gnostische Psychologie ist Dämonologie und Dämonopathie und durch dieses Medium mit der Kosmologie verbunden. Die mythischen Weltherrscher, in den Texten »Archonten« genannt, sind zugleich Seelenbeherrscher, letztlich innerseelische Fremdgewalten. Bei alledem handelt es sich um die dämonopathische Seite der ethnischen Überlagerungssituation. Zum Vergleich können wir uns auf den sibirischen Schamanismus berufen, wobei Patienten von einem Dämon nicht ihrer eigenen, sondern einer fremden ethnischen Gruppe besessen sind und auch in deren Sprache exorzisiert werden müssen.

Die gnostischen Texte verwenden die Allegorie, aber nicht mehr wie früher zu geschmeidiger Anpassung, sondern zu bewußter Brüskierung. Sie machen »die aggressive Umkehrung, das Paradoxe und gewissermaßen Blasphemische [zur] eigentlichen Pointe der Allegorie, ja überhaupt [zu] ihrem tieferen Prinzip«:

»Wir erleben im allegorischen Symbol die weltgeschichtliche Ablösung der alten und mächtigen Vaterreligionen durch die Sohnesreligionen, der kosmischen durch die akosmische Religion: Der ›Mensch‹ oder der ›Sohn des Menschen‹ wird über die alten Götter erhoben und selber zum höchsten Gott oder zum göttlichen Zentrum der Heilsreligion; das pneumatische Selbst überbietet die Welt und weiß sich in Verachtung ihrer Numina mit dem überweltlichen Urgrund identisch.« (Jonas, a. a. O. I, 219)

Zugleich aber appellieren die Texte an die Kunst exegetischer Mehrdeutigkeit, die Unterscheidung von exoterischer und esoterischer Auffassung, mit dem Ziel bewußter Irreführung der Gegner bzw. der Nichteingeweihten:

»Die pneumatische Auslegung in der Gnosis geht auf einen Hintersinn, der den Vordersinn umkehrt und der offiziellen eine Ketzertradition gegenüberstellt, auf die alle – später wieder unterirdisch werdende – Opposition, bis in den Satanismus des Mittelalters, zurückgriff.« (Jonas, a. a. O., I, 221)

Also die alte vorderasiatische Ketman-Technik als eine Kampfform von in der Opposition befindlichen Minoritäten, die aber auf künftige Machtergreifung sinnen.

Die Gnosis kokettiert mit dem Ärgernis der Auflehnung, nimmt Partei für alle Aufrührer und Empörer: für Prometheus, für Kain den Geächteten. Sie frönt der Ketzermethode der Umkehrung, praktiziert und überanstrengt das Mythologem von der verkehrten Welt und bemüht sich um eine rebellische Geschichtsinterpretation, die der offiziellen mit entgegengestellt wird. Neben den »Sethianern« gibt es eine Sekte der »Kainiten«, die vom Weltschöpfer die Deutung hatten, daß im Alten Testament Gutes und Böses genau umgekehrt zu nehmen seien. Wer das Wohlgefallen des Schöpfers hat, ist als schlecht anzusehen, wen der Schöpfer haßt und verfolgt, als gut. In dem ständigen Dualismus der guten und bösen Kräfte verkörpert Kain die stärkere (gute), Abel die schwächere (böse) Kraft. Byron wird diesen Gedanken in seinem Kain-Drama wiederholen (u. S. 2). Mandäische Texte lassen die Weltschöpfung überhaupt mit einem Verbrechen (Doppelinzest) beginnen; Gerhart Hauptmann wird diesen Gedanken in seinem Epos »Der Große Traum« aufnehmen (u. S. 229). Nach der manichäischen Kosmogonie von Theodor Bar Koni ist der Schöpfergott eigentlich ein neidischer Demiurg, der die Menschen in unwissender Abhängigkeit halten will und daher das Essen vom Baume der Erkenntnis verbietet. Die Menschen tun also gut, wenn sie dem Rat der Schlange, die im Auftrage der Sophia (Weisheit) redet, folgen, denn die Erkenntnis ist heilbringend. Dieser gnostische Mythos vom »heilsamen Sündenfall« wird in zahlreichen Texten wiederholt, u. a. in den Apokryphen Johannis, während in den ebenfalls apokryphen Petrus-Akten die »Umwertung aller Werte« konsequent durchgeführt ist.

Entscheidend aber ist, wie Jonas betont, der Sinn der Allegorese. Was von Kain gesagt wird, wird »grundsätzlich auf alle Verstoßenen der Schrift ausgedehnt«. Diese werden gleichgesetzt mit der »Wir«-Gruppe der Bekenner und mit dem sogenannten Pneuma (Geist) ausgestattet als einer Art von Adelsprivileg einer neuen Menschenart, die auf solche Weise ontologisch verstanden wird wie die Kaste bei den orthodoxen Hindus oder die Rasse bei den Rassenfanatikern. Es handelt sich um das Motiv der »Parias als Elite«, d. h., das Bewußtsein der Verworfenheit schlägt um in ein Bewußtsein der Auserwähltheit. Darauf wird auch die in den gnostischen Sekten so häufige Anomie und der faktische Immoralismus begründet. Da die Gnosis ontologisch denkt, erklärt sie den Pneumatiker kraft seiner Natur für erlöst, kein Frevel, den er verübt, kann ihm etwas anhaben, er kann eigentlich gar nicht sündigen.

Die Konsequenz der Anomia findet sich in allen gnostischen und vom Gnostizismus abgeleiteten oder mit ihm verwandten Literaturdenkmälern im Osten und im Westen; sie ist die logische Folge des neuen Freiheitsbewußtseins, das sich zu einem Bewußtsein der Vollkommenheit ausgewachsen hat.

Aus dem gnostizistischen Erbe stammen die großen Themen der gefallenen Engel, worunter Luzifer die bedeutendste Rolle spielt; die Gestalt des Verführers (Don Juan), der faustische Lebensdrang, das Alles-wissen-Wollen, der höllische Geisterzwang und der Teufelspakt; die titanische Empörung, das Übermenschentum und der Göttlichkeitsanspruch, der Satanismus und die magischen Künste, einschließlich der magischen Scharlatanerie sowie endlich das sophistische Gauklertum, das mit Vorder- und Hinter-Sinn jongliert.

Faust

Will-Erich Peuckert hat in seiner »Pansophie« (1956) die Zeit von 1500 bis 1550/60 eine »zaubrische Zeit« genannt, in der die Magie geblüht habe. Es war die Zeit, da die Faust-Volksbücher geschrieben wurden: »Dr. Johann Faustens Miracul-Kunst- und Wunderbuch oder die schwarze Rabe genannt, auch Der Dreifache Höllenzwang«, mit dem Entwurf einer höllischen Rangliste: Luzifer an der Spitze, sein Vertreter Belial, dazu Statthalter: Satan, Beelzebub, Astaroth, Pluto; und Großfürsten, darunter Mephistopheles sowie eine beträchtliche Anzahl weiterer Funktionäre. Die dahinter stehende Lebenswirklichkeit ist durch den Zweifel am bisher Gültigen bezeichnet: Nicht ohne Grund ist Peuckerts »zaubrische Zeit« zugleich die Epoche der Reformation in Europa. Ist doch bei Luther selbst der Teufel eine erlebte Realität. Zweifel und Selbstversicherung (das Sichberufen auf die »Schrift«) sind Zwillinge. In seinen »Erdachten Gesprächen« berichtet Paul Ernst, der protestantische Dichter, folgendes Gespräch zwischen Luther und Melanchthon:

»Melanchthon: Wie? Wenn wir sagen: Es ist kein Gott, müssen wir dann nicht mit Recht auch sagen: Es ist kein Satan?
Luther: Wie kann ich dann am Teufel zweifeln, wenn ich ihn täglich, stündlich, jeden Augenblick spüre, wie er in meinem Herzen arbeitet?
Melanchthon: Ich spüre ihn nicht.
Luther: Deshalb wirst du auch nie fest werden im Glauben, denn nur wer seine eigene tiefe Verworrenheit gespürt hat, der kann auch fühlen, daß er errettet ist durch unsern Herrn Jesus Christus.«

(Ernst, Erdachte Gespräche, 127)

Luthers Appell an die universal gewordene Paria-Ethik (Erlösung gerade der Verworfenen durch den Glauben) ist aber nicht der Punkt, auf den ich hier Nachdruck legen möchte; sondern auf die Realität seines Teufelsglaubens. Dieser ist die Basis einer dämonisierten Epoche. Teufelsspuk und Hexenglaube gehören in dieses Bild. Diese Dämonologie und Dämonopathie verbindet das 16. Jahrhundert mit der spätantiken, gnostizistisch eingefärbten Epoche. Rudolf Otto hat einmal über das charismatische Milieu der synoptischen Evangelien mit ihren gehäuften Berichten über Wunderheilungen und Austreibungen unsauberer Geister, d. h. Exorzisationen, bemerkt, es gebe »dämonisierte Zeitalter«. Das gilt aber nicht nur für das von römischer Herrschaft bedrückte Palästina zur Zeit Jesu, sondern für den ganzen hellenistisch überlagerten Orient der Spätantike. Ob dämonisierte Zeitalter oder zaubrische Zeit – man kann die Figur des mittelalterlichen Faust an die gnostisch-manichäische Überlieferung, wenn nicht an den manichäischen Propagandisten Faustus von Mileve, den Verführer des jungen Augustinus, dann an den samaritanischen Simon Magus, der schon in der Apostelgeschichte als Gegner des Petrus auftritt und den die ganze frühchristliche Überlieferung für das eigentliche Haupt der häretischen Gnosis gehalten hat (den »Vater aller Ketzerei«), anknüpfen, von den apokryphen Petrus-Akten (Actus Vercellenses, 2. Jahrhundert n. Chr.) über den Kirchenvater Irenäus (aus Lyon, um 200 n. Chr.) bis zu den sogenannten Pseudoklementinen (3. Jahrhundert n. Chr.). Er tritt zuerst um 40 n. Chr. in seiner Heimat Samaria als Wundertäter auf, mit gewaltigem Zulauf und Anhang und als ernsthafter Konkurrent des Judenchristentums, dann aber von Philippus bekehrt, jedoch mit Petrus in Konflikt geratend; die Probe auf das Charisma lieferte offenbar die Rivalität in Wundertaten, d. h. die thaumaturgische Praxis durch Dämonenzwang: Exorzisation »unsauberer Geister« (Krankenheilung und Totenerweckung), die sich nach dem Muster des Schamanen-Wettkampfes abspielt. In dieser Kraft (*dynamis*) wird Simon Magus nach frühchristlicher Darstellung anscheinend zuerst von Philippus in Samaria, später von Petrus in Rom übertrumpft. Seine Ende findet er, ebenfalls schamanistisch, beim versuchten Himmelsflug, der mit dem Sturz in die Hölle endet. Was uns noch an diesem Manne interessiert, ist der Glaube an seine Übermenschlichkeit, ja Göttlichkeit. Simon hat sich als eine über den Weltschöpfer erhabene Kraft ausgegeben, seine Gefährtin Helena aber, angeblich von ihm aus einem Bordell in Tyros entführt als die verkörperte Weisheit (*sophia*) und Mutter des Alls – Helena, die eingeschlossen und gefangengehalten wurde in Frauenleibern und von Leib zu Leib wanderte bis in das tyrische Freudenhaus, wo sie schließlich befreit wurde durch die wunderwirkende Kraft Simons. Das alles klingt verzweifelt gnostisch, so daß Eduard Meyer die Übersetzung von Joh. 1, 1 durch Goethes Faust (I, Vers 1233) mit »Im Anfang war die *Kraft*« für diese magisch-gnostische Kategorie für völlig entsprechend hält. – Nach dem Zeugnis des Kirchenvaters Justinus, der aus der Heimat Simons stammte, ist dieser ein vom Teufel selbst angestifteter Selbstvergötterer gewesen; den Ursprung des praktischen Libertinismus der Simonianer erklärte er aus dem neuen Freiheits- und Vollkommenheitsbewußtsein der vom jüdischen Gesetzesformalismus befreiten Samaritaner; er konstatiert ein Umschlagen in »wüste Zuchtlosigkeit und als Mysterium verhüllte Sinnlichkeit«, ähnlich wie bei vielen anderen gnostizistischen Sekten des Altertums und Mittelalters in Ost und West.

Calderon hat in seinem Drama »Der wundertätige Magus« (*El mágico prodigioso*, 1637) die Überlieferung von Simon Magus verschmolzen mit der Legende des hl. Cyprian von Antiochia, der zusammen mit der hl. Justina angeblich unter Diokletian den Märtyrertod erlitt. Vor seiner Bekehrung soll Cyprian ein Christenverfolger gewesen sein. Wie Faust schließt er einen mit Blut besiegelten Teufelspakt, nur um die keusche Justina zu verführen (vgl. Faust I, Vers 2618: »Hör, du mußt mir die Dirne schaffen!«); er ergibt sich der Magie und Nekromantik, der Dämon Luzifer vermag ihm aber bloß ein Phantom Justinas vor Augen zu zaubern, die Verführung des frommen Mädchens gelingt ihm nicht. Die Bekehrung Cyprians erfolgt etwas unmotiviert. Noch während seiner Hinrichtung als Märtyrer verursacht Cyprian ein Erdbeben, das den Palast des Stadthalters erschüttert, wozu dieser aber bloß bemerkt:

> »Alles dies sind Zauberkünste,
> Die der Magus, dort verscheidend,
> Noch bewirkte.«
>
> (Calderon, Werke IV, 308).

Natürlich ist die Magie des *bekehrten* Magus für den katholischen Dichter prompt eine *weiße* Magie. Goethe hat diesem Stück, das er 1794 durch die Einsiedelsche Übersetzung kennenlernte, eine Bewunderung gezollt, die wir heute schwerlich noch zu teilen vermögen, die sich aber aus den offenbaren motivischen Beziehungen zum »Faust« erklärt, obgleich Goethe wohl nicht direkt durch Calderons Stück beeinflußt worden ist. Immermann hat in seinen »Memorabilien« (1843) den Calderonschen »Magus« scharf kritisiert, der Geist dieses »spanischen Faust« wiege leicht und reiche nicht weiter als der Katechismus, Cyprians Übergang vom leidenschaftlich Begehrenden zum Grübler sei unmotiviert, Justina leiste gegen die Stimme des Bösen zu geringen Widerstand, der Teufel selbst benehme sich dumm usw. Als eigentlich dramatisches Gedicht aber stehe der »Magus« *über* Goethes »Faust«.

Realer als die spanisch-deutschen Faust-Beziehungen sind die deutsch-englischen Wechselwirkungen. Der von Peuckert beschworenen zaubrischen Zeit entspricht auch ein zaubrischer Ort: Wittenberg, die Wiege der protestantischen Ketzerei. Luther berichtet in seinen Tischreden (1537), daß der Doktor Faust sich habe hören lassen, »wenn ich, Martin Luther, ihm nur die Handt gereicht hette, wolt er mich vorterbet haben«; doch würde er keine Angst vor ihm gehabt haben, »ich würde ihm im Namen Gottes und mit Gottes Schutz die Hand dargeboten haben« (zit. nach Grisar III, 201). »Doctor Johannis Fausti sogenannter Manual-Höllenzwang« ist in Wittenberg 1524 erschienen. Christopher Marlowes, des großen Zeitgenossen Shakespeares, Tragödie »Doktor Faustus« hat eine andere deutsche Quelle, das sogenannte Spiessche Faustbuch, Frankfurt 1587, in einer englischen Fassung 1592 erschienen. Wahrscheinlich noch in demselben Jahr ist Marlowes Tragödie zuerst herausgekommen. Dieses Stück spielt größtenteils in und um Wittenberg (der 3. Akt in Rom)[5]. Schon im 17. Jahrhundert wurde das Drama durch englische Schauspieler in Deutschland bekannt, viele Varianten und Puppenspiele schlossen sich daran an; Lessing nimmt im siebzehnten Literaturbrief darauf Bezug (»Und wie verliebt war Deutschland, und ist es zum Teil noch, in seinen ›Doktor Faust‹!«, Lessing, Werke II, 80 f.), die von ihm zitierte Szene mit den sieben Todsünden (nach Marlowe 2. Akt, 6. Szene) glaubt er Shakespeare zuschreiben zu müssen, und sein eigenes, verloren gegangenes Faust-Drama ist vermutlich ein im Sinne der Aufklärung umgearbeiteter Marlowe gewesen. Wie Goethes Faust, hat auch der Marlowes Doktor Faustus sich der Magie ergeben, um der Gottheit gleich zu werden:

5 Auch Shakespeares Hamlet hat bekanntlich in Wittenberg studiert und will dorthin zurück. Gerhart Hauptmann war nur folgerichtig, wenn er dem zaubrischen *genius loci* seinen Tribut zollte in seinem dramatischen Gedicht »Hamlet in Wittenberg« (1935).

» A sound magician is a demi-god:
Here, tire my brains to get a deity!«

(Marlowe, Doktor Faustus, 61)

Er hat leider auch Theologie studiert, Marlowe läßt ihn gleich in der ersten Szene sich festhaken an den Widersprüchen der Vulgata: Wenn Röm. 6,23 (»der Tod ist der Sünde Sold«) vereinbar sein soll mit 1. Joh. 1,8 (»wenn wir sagen, wir sind sündlos, so täuschen wir uns, und die Wahrheit ist nicht in uns«): »Why, then, belike we must sin, and so consequently die: ay, we must die an everlasting death« (Marlowe, a. a. O., 60). Was also soll's? Er wendet sich der Magie und Nekromantik zu. Er, dessen Wittenberger Lehrstuhl die Blüte der Studenten umschwärmte »wie die Hadesgeister den Musaios«[6], dessen Logik die Pastoren der deutschen Kirche in Verlegenheit setzte, beruft den berühmten Nekromanten und zweideutigen Abenteurer Cornelius, d.i. Cornelius Agrippa von Nettesheim, als Lehrer zu sich, dessen Kunst ihm nicht nur »a world of profit and delight, of power, of honour, and omnipotence« bescheren wird, durch dienstbeflissene höllische Geister so sicher geschützt wie die spanischen Conquistadoren durch ihre Indiandersklaven, oder speerbewehrt wie deutsche Ritter, sondern auch kanonische Anerkennung sichern wird – dienstbare Geister, die sich aber auch in Liebesgöttinnen verwandeln und alle Reichtümer Venedigs und der Neuen Welt beschaffen können. Man sieht, daß Marlowe Goethes Faust in mancher Beziehung überbietet. Faust ruft die Hölle an, und es erscheint Mephistophilis in der Kutte eines Franziskaners, ein Knecht Luzifers, mit diesem zusammen einst geliebte Engel Gottes, doch wegen Hochmut aus dem Himmel in die Hölle gestürzt. Auf Fausts Frage, wieso denn Mephistophilis sich außerhalb der Hölle bewegen dürfe, antwortet dieser bemerkenswert:

»Why, this is hell, nor am I out of it:
Think'st thou that I, that saw the face of God,
And tasted the eternal joys of heaven,
Am not tormented with tenthousand hells,
In being depriv'd of everlasting bliss?«

(Marlowe, a. a. O., 72)

Bei einer späteren Gelegenheit erklärt Mephistophilis, die Hölle sei unbegrenzt und nicht räumlich gebunden:

» . . . but where we are is hell,
And where hell is, there must we ever be:
And, to be short, when all the world dissolves,

6 Berühmter hellenischer Sänger orphischen Zuschnitts.

And every creature shall be purivied,
All places shall be hell that is not heaven.«

(Marlowe, a. a. O., 86)

Diese dämonopathische Auffassung wird von Faust, da er zum Blutpakt mit der Hölle bereit ist, in fürchterlicher Überhebung noch überboten:

There ist no chief but only Belzebub,
To whom Faustus doth dedicate himself.
This word ›damnation‹ terrifies not me,
For I confound hell in Elysium[7]:
My ghost be with the old philosophers!«

(Marlowe, a. a. O., 71)

Das heißt, Faust ist bereit, mit den alten Philosophen, die ja Heiden waren, zur Hölle verdammt zu werden, Dante behandelt (Inferno IV, 130–144) die Philosophen nicht anders. Zu jedem Frevel ist er gerüstet, will dem Satan Kirche und Altar errichten und Neugeborene opfern, aber auch Übermächtiges erreichen: den Kaiser und die deutschen Fürsten nur so lange leben lassen, wie es ihm paßt, selber Kaiser der Erde werden, eine Brücke über den Ozean schlagen, Spanien und Afrika zu einem Erdteil verbinden, Heere hinüberführen usw. – der Kopf schwirrt ihm von fortschrittlichen Projekten. Durchgeführt wird in Marlowes Stück aber von alledem nichts. Faust verübt mit Mephistophilis' Hilfe nur dumme Streiche, die, ebenso wie das umtriebige Schweifen und Sich-Entrücken in alle möglichen Länder (wie auch bei Goethe), ein Erbe des Hermes Trismegistos sind; und zum Schluß jammert der »verhätschelte Weltnarr« (*fond worldling*):

»Though my heart pant and quiver to remember that I have been a student here [in Wittenberg] these thirty years, O, would I had never seen Wittenberg, never read a book! And what wonders I Have done, All Germany can witness, yea, all the world; yea, heaven itself, heaven, the seat of God, the Throne of the blessed, the kingdom of joy; and must remain in hell for ever –« (Marlowe, a. a. O., 167)

Die Hölle hat jetzt plötzlich einen Ort. Faustus wird von Luzifer und Belzebub eingefordert, aber dann doch nicht in die Hölle entführt, sondern von Teufeln zerrissen.

»Alle die Wunder, die ich tat – ganz Deutschland, ja die ganze Welt kann sie bezeugen.« Sie hat sie bezeugt, nicht nur dadurch, daß »das Faustische« zu einem äußerst fragwürdigen Quidproquo für »deutsches Streben« schlechthin wurde, sondern auch durch den Nachhall in allen Ländern Eu-

7 Das erinnert an gewisse Mahayana-Texte, in denen das *Nirwana* mit dem *Samsara* (dem ewigen Kreislauf der Geburten) gleichgesetzt wird.

ropas. Der bedeutendste Faust-Dichter nach Goethe, Friedrich Maximilian Klinger, auch aus Frankfurt am Main, aber drei Jahre jünger als Goethe, hat aufgrund seiner erweiterten Weltkenntnis in russischen Diensten das »Faustische« als Exportartikel satirisch behandelt in jener köstlichen Satire (»Sahir, Evas Erstgeborener im Paradiese«, 1797), in der die Deutschen, gewissermaßen als Vorläufer moderner Entwicklungshelfer, »aus Menschenliebe und aus der nur ihnen eigenen Weltbürgerschaft zum Heile der ungesitteten Völker« *den kategorischen Imperativ Kants* in – Tscherkessien einführen, zum gewaltigen Schrecken dieser braven Kaukasier, die sich »über den trockenen, gebieterischen, dumpfen Ton« dieser Heilsbotschaft nicht genug verwundern können (Klinger, Werke XX, 140 ff). Aber Klinger hat für das Faust-Thema eine weitergreifende Bedeutung. Das Schlagwort »Sturm und Drang« nach seinem Jugenddrama (1776, dessen Titel aber nicht einmal von ihm selber stammt!), erschöpft ihn keineswegs, auch nicht der Titanismus des Genie-Kults, den Goethe im neunzehnten Buch von »Dichtung und Wahrheit« ironisch behandelt hat: das »Genie« habe sich damals manifestiert,

» ... indem es die vorhandenen Gesetze überschritt, die eingeführten Regeln umwarf und sich für grenzenlos erklärte. Daher war es leicht, genialisch zu sein, und nichts natürlicher, als daß der Mißbrauch in Wort und Tat alle geregelten Menschen aufrief, sich einem solchen Unwesen zu widersetzen.« (Goethe, Werke C VIII, 79 f.)

Doch zeichnet Goethe eine Zeitstimmung, an der er selber Anteil hatte und der er auch in seinem »Faust« Ausdruck verliehen hat. In der sympathischen Schilderung, die Goethe von Klinger gegeben hat (im vierzehnten Buch von »Dichtung und Wahrheit«), wird uns kein maßloses Sturm-und-Drang-Genie vorgeführt, sondern eine charaktervolle und standfeste Persönlichkeit, die »nicht mit sich selbst, aber außer sich mit der Welt des Herkommens zu kämpfen hatte ... ; er mußte sich durchstürmen, durchdrängen ...« (Goethe Werke C XIII, 706)

Das ist mehr als eine Nuance, deutet zudem den Niederschlag im Werke Klingers, über das Goethe sich ausschweigt, nicht an. Doch hatte Klinger bereits in seiner Tragödie »Die Zwillinge«, die er als Dreiundzwanzigjähriger schrieb, die scheinbare Kraft-Natur des »Sturmes und Dranges« als pathologischen Umschlag des Machtwillens in Neid, Bosheit und wilde Wut, bis zum Brudermord, in einer Weise objektiviert, die zu dem auf den Dichter selbst angewandten literaturgeschichtlichen Sturm-und-Drang-Klischee keineswegs paßt. Das Thema ist also nicht faustisch, sondern kainitisch. Den Brudermord Guelfo charakterisiert zerstörerische Besessenheit: »O ich will alles zerreissen!« (Klinger, Die Zwillinge, 78)

»Herausgeben sollst du mir die Erstgeburt, herausgeben sollst du mir Vater und

Mutter, herausgeben sollst du mir alles; oder ich will dich erwürgen wie Kain, und verflucht, den Mord auf der Stirne, herumirren.« (Klinger, a. a. O., 13)

Guelfo erschlägt seinen Bruder, weil der ihm die Erstgeburt (unter Zwillingen!) nicht zugestehen will und auch die Braut weggenommen hat. »Ich habe meinen Feind erlegt, hab' der Schlange den Kopf zertreten ...« (Klinger, a. a. O., 59). Er knallt mit der Pistole zum Fenster hinaus, nur um sich zu entladen. »Ich möchte diese Feuerwolken zusammenpacken, Sturm und Wetter erregen, und mich zerschmettert in den Abgrund stürzen.« (Klinger, a. a. O., 38) Fremd- und Selbsthaß fallen zusammen. »Hat nicht alles den Stachel der Rache?« (Klinger, a. a. O., 44.) Man sieht, die Pathologie des »Genies« hat nicht auf die moderne Psychiatrie warten müssen: sie ist bei Klinger bereits da. Schon Klingers Zeitgenossen haben so und nicht anders empfunden. G. A. Bürger nannte den Guelfo nicht eine Kraftnatur, sondern einen »Tollhaus-Charakter«. Erst recht die Nachwelt. Otto Ludwig, der strenge Kritiker, hat das Drama hoch geschätzt: »Die Leidenschaft ist unendlich wahr und doch künstlerisch geschildert« – was aber eben Objektivierung voraussetzt:

»Es ist dasjenige Stück, in dem unter allen, die ich kenne, Shakespeare'sche Charakterzeichnung, Malerei der Leidenschaft, psychologisches Detail und tragische Stimmung mit der konzentrierten Form der Neuzeit am ungezwungensten und glücklichsten vereinigt ist.« (Ludwig, Werke IV, 237 ff.)

Wie tief die Wirkung von Klingers »Zwillingen« auf Ludwig gewesen ist, begreift man, wenn man die Worte vernimmt, mit denen Guelfo die Braut von seinem Bruder fordert:

»Himmel und Erde! wenn ich der Wonne denk', in der ich schwebte, ihre Gestalt vor mir seh' in aller Glorie der Schönheit! ...« (Klinger, a. a. O., 26)

und sich erinnert, daß Ludwig dieses Motiv in seiner Novelle »Zwischen Himmel und Erde« aufgegriffen hat, allerdings unter Umkehrung der Brudercharaktere.

Eine so krasse Ästhetik des Zerstörerischen wie bei Klinger, die so vieles aus den kommenden Zeiten vorwegnimmt, konnte dem neuen Liebling des Weimarer Hofes nicht zusagen: Goethe hat Klinger, der im Sommer 1776 versuchte, in Weimar einen Rückhalt zu finden, nicht Fuß fassen lassen. Am 14. Juli 1776 schreibt er an Merck: »Klinger kann nicht mit mir wandeln, er drückt mich, ich hab's ihm gesagt, darüber er außer sich war und's nicht verstund und ich's nicht erklären konnte noch mochte«, und am 16. September an Lavater: »... Klinger wie ein Splitter im Fleisch, er schwürt, und wird sich herausschwüren leider.« Klinger war immerhin eine Persönlichkeit, doch damals wohl noch unfähig, sich in einer höfischen Atmosphäre zu akkomodieren. Gelernt hat er's später, nach einem unsteten Wander- und Soldatenleben, nachdem er 1780 nach Russland berufen worden war, wo ihn eine glänzende militärische Karriere erwartete, als Leiter des Kadettenkorps, seit 1801 im Generalsrang, seit 1803 als Kurator der Universität Dorpat. Er wurde früh geadelt, heiratete 1790 eine vornehme Russin, angeblich eine natürliche Tochter der Zarin Katharina, sein Sohn ist als Offizier 1812 in der Schlacht bei Borodino gefallen. Klingers Hoffnung auf einen Alterssitz in der deutschen Heimat hat sich nicht erfüllt. Goethes Urteil (geäußert zu dem Kanzler v. Müller 1831, kurz nach Klingers Tode): »Es ist gut, daß Klinger nicht wieder nach Deutschland kam; der Wunsch danach war eine falsche Tendenz. Er würde sich in unserem sansculottischen Weimar und respektive Deutschland nicht wieder erkannt haben, denn seine Lebenswurzel war das monarchische Prinzip« (Goethe, Werke A XXIII, 749), trifft daneben: Dieser unbändig feurige Mann hatte sich in Rußland gebändigt nicht unter das »monarchische Prinzip« (das doch wohl auch in Weimar bestand?), sondern – als ein Kenner des Traum-, Theater- und Hoflebens – zum diplomatischen Versteckspiel unter wechselnden despotischen Kamarillen: unter dem tyrannischen, später geistig gestörten und 1801 durch eine Offiziersverschwörung beseitigten Paul I., dann unter dem zeitweilig liberalen Alexander I., dessen Wendung zu der mystisch-obskuranten Scharlatanerie der Frau von Krüdener Klinger 1816–1818 zwang, seine Ämter aufzugeben und sich ins Privatleben zurückzuziehen. Gerne wüßten wir mehr darüber, wie das halbe Jahrhundert in Rußland Klingers Œuvre beeinflußt hat. Sicher hat es ihn einerseits von der deutschen Literaturentwicklung abgeschnitten. Doch ebenso gewiß ist, daß Klingers Œuvre, von dem hermetischen Romanzyklus »Faust« und seinen Seitenstücken (1791–1794) über die orientalisierenden Utopien (1795–1798) bis zu »Das zu frühe Erwachen der Menschheit« (1803), sich nicht ohne die Folie des despotischen Herrschaftssystems denken läßt. Diese Romandekade ist Klingers Hauptwerk. Die Romane zusammen, nicht bloß der »Faust« von 1791 und der »Faust der Morgenländer« von 1795, sind sein »Faust«. Sie alle sind nur Masken des Ich, das sich hinter historischen Zeiten und orientalischen Märchen verbirgt. Es ist »das durchgehende Prinzip der Dekade, durch Rücknahme der Denkresultate das Vexierspiel mit dem Leser weiterzutreiben (Hering, Klinger, 301). Das war nicht nur List gegen die Zensur – fast alle Verlegernamen und Verlegerorte dieser Werke sind fingiert –, das hermetische Versteckspiel entspricht auch der literarischen Technik der gnostizistischen Schriften, die unter einen fremden und abgelehnten Herrschaftssystem in den Untergrund gehen; und eine gnostizistische Haltung charakterisiert den Klingerschen Romanzyklus: Immer geht es zwischen Faust (und seinen Nebengestalten) und Satan (Leviathan usw.) um den Dualismus von Wahrheit und Lüge, wobei sich der

Vorder- und Hintersinn vertauschen können, wie im Kampf zwischen *Pravda* und *Krivda* bei gewissen russischen Sekten, der merkwürdigerweise oft mit der Niederlage der Wahrheit (*Pravda*) endet, wie auch bei Klinger. In der biographischen Methode folgt er zeitgenössischen Vorbildern (Voltaire, Wieland), doch der Geist ist ein anderer; von Aufklärung keine Spur, alles ist Verhüllung. Der Autor nimmt die romantische Ironie und Byron vorweg. Die Form der Reise (im »Faust« und in den »Reisen vor der Sündflut«) oder die Traumhandlung (im »Giafar«) sind Seelenerlebnis, Seelenreise schamanischen Gepräges.

Der Faust-Roman knüpft an die beiden Erfindungen des Buchdrucks und des Höllenzwangs an. Faust will Satan zum Glauben an das Gute im Menschen zwingen, Satan will diesen Glauben in Faust zusammenbrechen lassen. Die Erfindung des Buchdrucks wird von Satan als unheilvoll willkommen geheißen:

»Triumph! bald wird sich das gefährlichste Gift des Wissens und Forschens allen Ständen mitteilen! Wahnwitz, Zweifel, Unruhe und neue Bedürfnisse werden sich ausbreiten, und ich zweifle, ob mein ungeheures Reich sie alle fassen möge, die sich durch dieses reizende Gift hinrichten werden ... Das vielgeliebte Volk ... wird über Meinungen, die keiner begreift, in blutigen Krieg zerfallen und sich zerreißen wie die wilden Tiere des Waldes. Greuel werden Europa verwüsten, die allen Wahnsinn übertreffen, den die Menschen von ihrem Beginnen an gerast haben ...: *Religionskrieg* heißt diese neue Wut, wovon die alte Geschichte der Frevel und Rasereien der Menschen kein Beispiel hat.« (Klinger, Werke III, 22 f.)

Der Fanatismus, »der wilde Sohn des Hasses und des Aberglaubens«, wird alle Bande der Natur auflösen, der Vater wird den Sohn, der Sohn den Vater umbringen (wobei Klinger eine direkte Anspielung auf Luk. 12,53 unterläßt).

»Könige werden frohlockend ihre Hände in das Blut ihrer Untertanen tauchen, den Schwärmern das Schwert überliefern, ihre Brüder zu Tausenden zu ermorden, *weil sie anderer Meinung als sie sind.* Dann wird sich das Wasser der Ströme in Blut verwandeln, und das Geschrei der Ermordeten wird selbst die Hölle erschüttern. Wir werden Verbrecher mit Lastern besudelt herunterfahren sehen, wofür wir bis jetzt weder Namen noch Strafe haben.« (Klinger, a. a. O., 23)

Satans rückgewandte (nur rückgewandte?) Prophetie schwört die Albigenser- und Hussittenkriege, die Religionskriege des 16. und 17. Jahrhunderts, Scheiterhaufen und Ketzerverbrennungen, die Ausrottung der Indianer der Neuen Welt, die der religiösen Wut und der Goldgier der Conquistadoren zum Opfer fallen werden. Satan schließt mit dem Ausruf: »Es lebe Faust!« – mit dem Widerhall der Hölle: »Es lebe Faust! Es lebe der Vergifter der

Söhne des Staubs!« Eigentümlich ist bei Klinger die dialektische Rollenvertauschung zwischen Faust und Satan: jener erscheint mitunter als der Anstifter, dieser als der Moralist! Als Faust einer Vivisektion am lebenden Menschen durch Ärzte beiwohnt, ist er so empört, daß er dem Teufel befiehlt, das Haus über den Köpfen dieser Ungeheuer zum Einsturz zu bringen. Satan wendet ein:

»Faust, warum rasest du? Fühlst du denn nicht, daß du eben auf diese Weise in der moralischen Welt verfährst, wie diese in der physischen? Sie schneiden in das Fleisch der Lebenden, und du wütest durch meine zerstörende Hand in der ganzen Schöpfung ...«

Das ist der Angelpunkt! Da aber Faust nicht nachgibt, ist sein Scheitern vorauszusehen. Er wird mit dem Problem der Theodizee nicht fertig;

»Sah ich was anderes als Morden, Vergiften und Greuel in der Welt? Sah ich nicht überall den Gerechten zertreten und den Lasterhaften glücklich und belohnt? ... Nie drangen [die Zweifel] giftiger in mein Herz als in dieser Stunde, da ich den Jammer meines Lebens, meiner Zukunft überblicke. Ist das menschliche Leben etwas anders als ein Gewebe von Pein, Laster, Qual, Heuchelei, Widersprüchen und schielender Tugend? Was ist Freiheit, Wahl, Wille, der gerühmte Sinn, Böses und Gutes zu unterscheiden, wenn die Leidenschaften die schwache Vernunft überbrüllen, wie das tosende Meer die Stimme des Steuermannes, dessen Schiff gegen die Klippen treibt?? Wozu das Böse? Warum das Böse? Er wollte es so; kann der Mensch den Samen des Bösen aus der ungeheuren Masse, nur aus seinem Herzen heraureißen, den Er mit Willen hineingelegt hat? Noch wütender hasse ich nun die Welt, den Menschen und mich ...« (Klinger, a. a. O., 62 f.)

Die Theodizee ist sogar des Teufels, bloß dazu geeignet, von schlechten Philosophen kopiert zu werden. Im Prolog zu »Das zu frühe Erwachen des Genius der Menschheit« (1803) spricht der Genius zum Dichter:

»Jetzt ziehe ich die Wolken von deinem Geiste weg und eröffne ihm den Schauplatz – die Hölle – die Erde – den Himmel; die Handelnden sind – verwegene, schreckliche, verblendete und große Sterbliche – angstvolle und jauchzende Teufel – schweigende Götter.« (Klinger, Werke X, 195 f.)

Wirklich eine gnostische Vision! Und wieviel großartiger ist sie als hundert Jahre später Nietzsches positivistische Versicherung, daß jenes höchste Wesen, das da schweigt, gar nicht existiert!

Zwar bangt der Teufel um seine Herrschaft, denn eine lichtvollere Ordnung erscheint als möglich. Der Genius der Menschheit eilt nach Frankreich, woher der Welt eine neue Hoffnung zu erblühen scheint. Die Revolution aber ist eine Täuschung. Die auf den Trümmern der alten Ordnung tobenden Menschen kennen nur Blut und Bosheit, und aus dem Terror wächst die stumme Frage des Genius der Menschheit: Warum das alles? Das Fazit ist die Resignation der Aufklärungsideologie: »Die« Menschheit gibt es nicht, der Mensch versinkt vor den Fragen, die der Weltlauf stellt. Nur Gott könnte helfen, zu ihm flieht der Genius, die Hölle der Revolution hinter sich lassend. Aber auf seine Frage hat Gott nur Schweigen. Der Genius wird auf die Erde zurückverwiesen.

Großartig ist auch die Vision, wie die aus blutigem Nebel auftauchenden Geister der Liquidierten den Schrei ausstoßen: »Es lebe die Republik!«

Ist dies bereits aus der Perspektive der von Bonaparte liquidierten Revolution gesehen, so steht doch auch im Faust-Roman von 1791 das Ergebnis bereits fest. Hier lautet das Fazit aus den sich ständig steigernden Erfahrungen der menschlichen Greuelhaftigkeit, deren Schilderungen vieles aus dem »Satanismus« der Literatur des 19. Jahrhunderts vorwegnehmen: Es gibt keine Heilung, es gibt nur die Rache! Faust läßt den Teufel für sich morden und zerstören. Sein Ende ist, wie es auch in Goethes »Urfaust« vorgesehen war, tragisch: Er fährt zur Hölle. Das Schlußwort aber spricht mit wildem Humor Satan:

»Das sind mir Menschen, und wenn sie etwas Scheußliches vorstellen wollen, malen sie den Teufel. So laßt uns denn, wenn *wir* das lächerlichste, eitelste, frechste, stolzeste und niederträchtigste, grausamste und feigste, verzerrteste, undankbarste – kurz! das echt schändliche und echt erbärmliche Ding der ungeheuren Schöpfung vorstellen wollen, den Menschen zur Wiedervergeltung malen ...« (Klinger, Werke III, 75)

Auch auf die Inquisition als eine höllische Errungenschaft hat Satan bereits im Faust-Roman Bezug genommen. Eine der Reisen Fausts und Satans führt sie nach Spanien, wo sie Zeugen eines Autos da fé werden. Spanien ist auch der utopische Schauplatz der »Geschichte Raphaels de Aquilas«, der während des Höhepunktes der Schreckensherrschaft des Pariser Konvents geschrieben worden ist (1793). Christoph Hering kennzeichnet dieses Werk so:

»Die Historie als Folterkammer und Schlachthaus, die Vorherbestimmung sinnloser Abläufe und die Unfähigkeit des reinen Herzens, in diesem Chaos aufbauend zu wirken, all das wird mit dem großen Pathos gestaltet, das aus Erlittenem stammt.« (Hering, Klinger, 292)

Der Titelheld wird der Inquisition überantwortet wegen Apostasie, Priestermord, Ehe mit einer Ungläubigen und Begräbnis seines Vaters. In gewaltiger Umkehr der Rollen wird seine Verteidigungsrede zu einer machtvollen Anklage gegen den anmaßenden Geist der Verfolgung bei seinen Richtern – was natürlich sein martervolles Ende nicht verhindert. Selbstverständlich geht es Klinger nicht um den spanischen Schauplatz und um die spanisch-inquisitorische Sondergestalt dieses Phänomens der menschlichen Entwürdigung. Ebenso ist in den orientalisierenden Romanen der Kalifenhof nur der zufällige Ort der Handlungen; die Anregungen der Geschichten aus »Tausendundeiner Nacht«, die seit etwa 1730 durch die Übersetzung Gallands der europäischen Lesewelt vertraut geworden waren, sind ebenfalls nur äußerlich, geben bloß einen Vorwand her für die Verschiebung des grauenvoll Erzählten auf eine Märchen-Ebene scheinbarer Unverfänglichkeit. Deshalb treten jetzt auch an die Stelle der Teufel persische Dämonen (*Dschinn*). Ideen aus dem »Faust« werden weitergeführt. »Der Faust der Morgenländer, oder Wanderungen Ben Hafis« (1796) nimmt das Thema des Quietismus auf, nachdem dem orientalischen Faust, hier Abdallah geheißen, alles Handeln fragwürdig und peinigend geworden ist. Den Gedankengang dieses Romans hat Rieger vorzüglich wiedergegeben. Abdallah wird zuletzt in seinem Wunsche, den Täuschungen der Sinne enthoben zu werden, einer Vision ausgeliefert, in der der Kosmos sich in ein fürchterliches Chaos verwandelt, mit dem er selber ununterscheidbar verschmilzt. Da wird ihm klar, daß das, was wir Kosmos nennen, nur die Idealisierung von etwas an sich Gestaltlosem ist. Eine Einsicht, die Abdallah nicht zu ertragen vermag: er stürzt sich ins Meer. – Man fühlt sich an Husserls Kritik an Kants »Ding an sich« erinnert. Aber ein philosophischer Roman? Die Gattung ist nicht beliebt in Deutschland. Christoph Hering meint mit Bezug auf Klinger: »Leider hat das Aufkommen eines unverbindlichen belletristischen Dichterbegriffs im 19. Jahrhundert die Traditionsbildung des kritischen Schriftstellers verhindert.« (Hering, Klinger, 374) Aber es ist nicht nur das. Der Moralist ist überhaupt im deutschen Schrifttum eine seltene Figur. Man darf sich für die ältere Zeit an Moscherosch und Grimmelshausen erinnert fühlen, dann an Lichtenberg, im 19. Jahrhundert an Seume und Gotthelf (der aber gerade, wo er zu predigen beginnt, schwer erträglich ist), im 20. Jahrhundert an Karl Kraus. Klinger hat von seinen Jugenddramen an einen gewaltigen Weg durchmessen, der in seinen »Betrachtungen und Gedanken über verschiedene Gegenstände der Welt und der Literatur« (1803–1804) eindeutig mit der nichtdichterischen Prosa endigt. Prosa ist das Ende: eine Vorwegnahme des späten 19. Jahrhunderts. Jean Paul hat in seiner »Vorschule der Ästhetik« (§ 25) den Nagel auf den Kopf getroffen mit seinem Urteil:

»... daß Klingers Poesien den Zwiespalt zwischen Wirklichkeit und Ideal anstatt zu versöhnen, nur erweitern, und daß jeder Roman desselben, wie ein Dorfgeigenstück, die Dissonanzen in eine schreiende letzte auflöse ... Aber ein durch seine Werke wie durch sein Leben gezogenes Urgebirge seltener Mannhaftigkeit entschädigt für den vergeblichen Wunsch eines froheren farbigen Spiels.«

Der Topos der Versuchung

Ein Blick sei hier auf Josef Viktor Widmanns lyrisches Drama »Der Heilige und die Tiere« (1905) geworfen. Unter Anknüpfung an Mk. 1, 13:

»... Und bald trieb ihn der Geist in die Wüsten/ und war allda in der Wüsten vierzig Tage/ Und ward versucht von dem Satan/ Und war bei den Tieren...«,

wird hier das Problem der Theodizee, projiziert auf die wechselseitige Vernichtung der Wüstentiere – als Chiffre der Menschenwelt – erörtert. Das kleine Werk ist bemerkenswert wegen eines durchgehaltenen mephistophelischen Tons, den man dem scheinbar harmlosen Wahlschweizer und Freunde Kellers, Spittelers und Johannes Brahms' gar nicht so recht zutraut. Aber Widmann war auch ein Jünger Schopenhauers, womit wir an das Mephistophelische schon etwas näher herankommen. Eine Rahmengeschichte führt zwei wandernde Theologiestudenten als Gäste zu dem Pfarrer Lux, der, gnostischer Neigungen verdächtigt, mit der Idee eines atheistischen Christentums spielt und den beiden Gästen die Wüstengeschichte als Schattenspiel vorführt. Der Versucher-Topos erscheint dabei gleich zweimal, mit unterschiedlicher Zuspitzung. Drei Raben weissagen dem Wüstenheiligen, seinen Einzug in Jerusalem mit »Elias« und »Hosianna«:

»Und also wird er sein der Auserwählte,
Der alles Volk befreit und neu errichtet
In Davids Stadt das alte Königtum.«

Der Heilige weist diese schändliche Versuchung zurück:

»Versucher, schändliche, hebt euch von hinnen! ...
Nach falschem Trugbild wollt den Hals ihr recken
Dem Heil'gen Israels, wollt mich verblenden
Zu Teufelswerken ...«

(Widmann, Der Heilige und die Tiere, 130 f.)

Aber später zieht er doch unter Hosianna in Jerusalem ein. War das also Teufelswerk? Man muß es fast annehmen, da man sich kaum vorstellen kann, daß der Dichter nicht aufgepaßt hat. Übrigens steht es ja auch so in der Bibel.

Der Heilige legt sich das verrückte wechselseitige Umbringen der Tiere der Wildnis sozusagen nach dem indischen Karma-Prinzip zurecht: Die Lustbegier, die Leidenschaft ist an allem schuld! »Das ist das Ding!«

»Wahrlich! Das ist das Ding.
Und weil ihr's ewig nicht könnt lassen,

Bekommen Schmerz und Tod euch stets zu fassen
In eures Dasein schauerlichem Ring.«

Worauf ihm Frenek der Fuchs erwidert:

»Je nun, der Weltsaft ist nun einmal so ...«

(Widmann, a. a. O., 144)

Hier lugt Schopenhauer hervor mit seiner Deutung des kantischen »Ding an sich« als »Wille«.

Wo bleibt die Theodizee angesichts dieser ewigen gegenseitigen Vernichtung? Die Zwiesprache zwischen dem Heiligen und der Schlange, die sich über die Theodizee lustig macht, erweist die Schlange als die Überlegene:

»Nun deklamiere weiter deine Fabel
Von einem Vater, der an alles denkt.
Das aber glaub' ich, daß er meiner Muhme
Ihr paradiesisch Lehramt nicht verziehn;
Wahrhaftig dient' es nicht zu seinem Ruhme,
Als je der dummen nackten Menschenblume
Im Apfel, der ihr gar zu lockend schien,
Erkenntnis ward von Bös und Gut verliehn.
Denn diese Welt, was auch der Spiegel lüge
Von ihrem goldnen Sonnenangesicht,
Erbleichen müßte sie, wenn jemand früge,
Nach ihrer Güte; das erträgt sie nicht.«

(Widmann, a. a. O., 147)

Heilige müssen dumm sein. Die Schlange, bekanntlich nach Goethe die Muhme des Mephistopheles, hat dessen Ton. Der Heilige kann zu alledem nur den Mund halten. Die Schlange verabschiedet sich von ihm mit den Worten:

»Du hoffst von oben noch Erleuchtung.
Wir treffen uns vielleicht ein andermal.
(dem Sumpfe sich zuwendend)
Ich sehne mich jetzt nach Befeuchtung.
Morast ist minder trocken als Moral.«
(wälzt sich fort).«

(Widmann, a. a. O., 148)

Der Heilige huldigt natürlich dem Ideal der Gewaltlosigkeit (wie Gandhi). Die Wüstentiere machen sich darüber lustig. Der Fuchs Frenek mokiert sich:

»Ein stiller Wahnsinn in ihm rast
Von Friede stiften und von Schmerzen mindern,
Doch auch die Lust des Fleisches möcht' er hindern ...!«

Der Heilige behauptet, »ich liebe, was da lebt«, doch der sterbende Löwe erwidert ihm:

»du liebst, was krank.
Du kennst des Lebens trauervolle Lüge,
Das letzte Siechtum jeder Kraft ...«

(Widmann, a. a. O., 152)

In der Wüste ist der Friede nicht erlaubt. Wüste aber ist die ganze Welt!

Auf dem Berge der Versuchung findet dann ein großartiger Dialog zwischen dem Heiligen und dem Wüstendämon Asasel, der in Bocksgestalt erscheint, statt. Es ist der Sündenbock, der laut 3. Mos. 16 am Versöhnungstag in die Wüste gejagt wurde. Der Dämon widerrät dem Heiligen seine guten Absichten:

»Der Menschen Volk laß für sich selber sorgen,
Dem hilft kein noch so heiliges Panier,
Dieselben sind sie gestern, heute, morgen;
Der Mensch ist bestenfalls das schlimmste Tier.
Du kannst es, wenn du Lust hast, selbst erproben,
Doch widerrat' ich das Experiment;
Sie haben Martern, die mit scheelem Loben
Der Teufel selbst unübertrefflich nennt.
Nein! diese Brut wird nie und nimmer besser,
Wie seit Äonen gilt in Zukunft auch
Krieg aller gegen alle bis aufs Messer,
Und immer bleibt ihr höchster Gott der Bauch.
Geh' hin, versuch' es, ihrem Tun zu wehren,
Sag ihnen, Liebe sei das Hauptgebot,
So schlagen sie, ich wette, dir zu Ehren
Mit neuer Lust und List einander tot.«

(Widmann, a. a. O., 152)

Das heißt, schlimmer als die in ihrem Morden naiven Tiere der Wildnis! Asasel tituliert den Heiligen als Gottessohn. Das weist dieser zurück, er sei nur »Menschensohn«. Worauf Asasel erwidert:

»Ein Pseudonym, vorsichtig ausgeheckt,
Das einen König, der verließ den Thron,
So tief in sein Incognito versteckt,
Daß er am Ende selber hat vergessen,
Auf welchem goldnen Stuhl er einst gesessen.«

(Widmann, a. a. O., 166)

In diesen tollen Dialogen liegt das »Faustische« gerade in dem Fortspinnen des mephistophelischen Tons nach Goethe. Der Heilige, groß aber »tumb« vom Dichter herausgestellt, macht in Wahrheit die schlechtere Figur.[8]

Don Juan und das Motiv der Verführung

Während im »Faust« das Motiv der magischen Verführung zum Bösen obwaltet, ist im »Don Juan« die erotische Verführung das Motiv. Zwischen beiden ist die Trennung freilich keine absolute. Eine erotische Komponente eignet dem Bestricken durch Worte wohl immmer. Das Charismatisch-Magische als »Fascinans« spielt herein, auch wenn die Absicht der erotischen Verführung nicht direkt (oder überhaupt nicht) das Ziel ist. Verzauberung in eine andere Sphäre kann den Übergang zur erotischen Verlokkung bilden, muß es aber nicht. Unser papierenes Zeitalter hat für die verführende Magie des gesprochenen Wortes vielleicht kein rechtes Organ mehr, doch müssen wir uns daran erinnern, daß Dichtung ursprünglich erzählt und gehört wurde, also auf die auditive Sphäre wirkte, die weit passiver ist, und insofern zur Verzauberung geeigneter als die visuelle des Lesers. Wir befinden uns im Bereich der »emotional-rezeptiven Akte« (Nicolai Hartmann), wo die »Universalität des Pathischen« (Erwin Straus) gilt. Das wußten die alten Wundererzähler und Visionendeuter (Aretalogen), und das wissen noch heute die persisch-arabischen Naqâl, die berufsmäßigen Erzähler in den Teehäusern, Basaren und Karawansereien. Rudolf Gelpke bemerkt dazu:

»Bekanntlich lebt und erlebt der Orientale im allgemeinen intensiver durch das *Ohr*, als wir im Westen – durch das *Auge*. Die Kunst des gesprochenen Wortes wurde denn auch in der islamischen Welt zu höchster Vollendung entwickelt. Sie gilt als der Schlüssel, der die Schatzkammern der Innenwelt aufschließt, die Flügel der Phantasie entfaltet, das ›Seelenauge‹ öffnet und zugleich das äußere Auge entfaltet, das verschleiert.« (Gelpke, Vom Rausch im Orient und Okzident, 92)

Die magische Erzähltechnik wird oft durch den Genuß von Rauschgiften unterstützt.

Ähnliches gilt für die berühmten Geschichten aus »Tausendundeiner Nacht«:

8 Man wird an Gustaf Gründgens' Faust-Inszenierung (um 1959) erinnert, in der Mephisto, nicht Faust, als Hauptperson herausgestellt wurde.

»Der Erzähler ist immer ein Zauberer und sein Zuhörer ein Verzauberter, zusammen tauchen sie in den Traumstrom des Lebens und lassen ihren Schatten in der Zeit, das ›Ich‹ am Ufer zurück. Jenes Rad aus Tag und Nacht, aus Geburt und Tod, das uns unerbittlich die eine Tat und Begierde mit immer neuen Taten und Begierden zu büßen zwingt – es steht still, wenn der Erzähler zaubert und der Verzauberte sich selber vergißt. *Das* aber ist Sinn und Geheimnis auch der Rahmenerzählung von Tausendundeiner Nacht: Schahrzâd, die schöne Zauberin, läßt ihn das Böse vergessen, das er erlitten hat, und hält ihn ab von der Tat, die dieses Böse vergelten soll.« (Gelpke, Neue Liebesgeschichten, 683 f).

Die vermittelt erotische Atmosphäre wird gerade aus »Tausendundeine Nacht« ersichtlich. Die zauberische Erzählerin gehört zu den Erzählungen mit dazu – ebenso der lauschende König. Durch die Literaturisierung geht diese verzaubernde Atmosphäre verloren und ist gerade auch durch eine philologisch getreue Übersetzung nicht wiederherzustellen.

Dem modernen Dichter gelingt das verzaubernde Wort am ehesten noch als Lyriker, als Dramatiker nur in Verbindung mit der Szene, also dem optischen Organ, kaum als Epiker. Der moderne Roman bildet die große Überleitung, die vom verzaubernden Wort schließlich hinüberführt zur bloßen Information – dem, was der moderne Leser fast einzig noch sucht. Der moderne Leser erwartet im allgemeinen auch gar keine Betörung oder Entrückung. Das Märchenspiel im Theater kann sie allenfalls noch bieten – darin liegt der große Reiz von Hauptmanns »Versunkener Glocke« und Strindbergs »Traumspiel«[9]. An die Stelle der Naqâl-Atmosphäre des verzaubernden Wortes tritt die Musik. Das hat E. T. A. Hoffmann, der Dichter-Musiker, deutlich gemacht in seiner Don-Juan-Novelle, in der eine Aufführung von Mozarts Oper erzählt wird. Hoffmann legt dar, daß die Verführung der Donna Anna durch Don Juan eigentlich nur aus der Musik vernehmbar wird; sie ist zerstörend, tödlich, und die Sängerin der Donna Anna geht in dieser Erzählung zugrunde an ihrer Identifikation mit der Rolle. Die Nachbarschaft zum Faust klingt nur an, indem von dem Sänger des Don Juan gesagt wird, er habe »sekundenlang etwas vom Mephistopheles in der Physiognomie, das, ohne dem Gesicht die Schönheit zu rauben, einen unwillkürlichen Schauder erregt« (Hoffmann, Werke II, 80). Das entscheidende Merkmal ist für Hoffmann indessen nicht die Verführung eines unbescholtenen Mädchens, sondern das Motiv der Brautverführung aus Lust am Durchbrechen der Ordnungen, aus reiner nihilistischer Zerstörungssucht:

9 Als Oper komponiert von Julius Weismann, der auch »Schwanenweiß« vertont hat (1923–24).

»Jede Verführung einer geliebten Braut, jedes durch einen gewaltigen, nie zu verschmerzendes Unheil bringenden Schlag gestörte Glück der Liebenden ist ein herrlicher Triumph über jene feindliche Macht, der ihn immer mehr hinaushebt aus dem beengenden Leben – über die Natur – über den Schöpfer! – Er will auch wirklich immer mehr aus dem Leben, aber nur, um hinabzustürzen in den Orkus. Annas Verführung ... ist die höchste Spitze, zu der er sich erhebt.« (Hoffmann, a. a. O., 89 f.)

Bei Faust fehlt das Motiv der Brautverführung, doch äußert er sich zynisch genug, daß er für die Verführung Gretchens nicht einmal auf die höllische Hilfe angewiesen sei:

»Hätt' ich nur sieben Stunden Ruh',
Brauchte den Teufel nicht dazu
So ein Geschöpfchen zu verführen.«

(Goethe, Faust I, Verse 2642-44)

Worte und Verhalten bezeugen eine Mißachtung der Frau, die sich mit der Don Juans durchaus messen kann. Das zerstörende Element ist da. Die Verwandtschaft von Faust und Don Juan ist auch von Goethe bemerkt worden in einer gelegentlichen Bemerkung zu Eckermann (12. Februar 1829), der Faust sei nicht komponierbar, »die Musik müßte im Charakter des Don Juan sein; Mozart hätte den Faust komponieren müssen«. Von Lenau, der viel Sinn für gnostizistische Themen hatte – er schrieb ein Epos »Die Albigenser« –, haben wir ein Faust-Epos (1836) mit einer total gnostisch-manichäischen, dem Mephistopheles in den Mund gelegten Auffassung des Schöpfergottes als des »ungeheuren Urdespoten« sowie ein Don-Juan-Drama (1844). Im übrigen hat Lenau gemeint, die Sage vom Don Juan sei »groß, größer als die des Faust, die in ihrer ursprünglichen Gestalt gar nichts Besonders hat« (Lenau, Werke I, 116). Auch Kierkegaard hielt (1842) Don Juan und Faust für »verwandte Ideen«:

»Faust und Don Juan sind des Mittelalters Titanen und Giganten, die in der Großartigkeit des Erstrebten von denen des Altertums sich nicht unterscheiden ... Don Juan ist mithin der Ausdruck für das Dämonische, das als das Sinnliche bestimmt ist, Faust ist der Ausdruck für das Dämonische, das als jenes Geistige bestimmt ist, welches der christliche Geist ausschließt.« (Kierkegaard, Entweder – Oder I, 96).

Kierkegaards Thema ist die Verführung der Musik (vielmehr der Pleonasmus dieses Begriffes), aufgezeigt an Mozarts Oper, ganz im Sinne E. T. A. Hoffmanns, dessen Novelle er aber anscheinend nicht gekannt hat. Dagegen ist es Grabbe vorbehalten geblieben, Don Juan und Faust in einem einzigen Drama zu verbinden (1829). Die Handlung ist weitgehend aus Louis Spohrs Faust-Oper (1813) übernommen, der ein Text des Wiener Schriftstellers J. C. Bernard zugrunde liegt, der nicht auf Goethe, sondern auf das alte Volksbuch zurückgeht: Faust entführt in Straßburg Röschen durch Zauberei, entflieht im Zaubermantel, verführt die Gräfin Kunigunde und tötet deren Bräutigam im Zweikampf. Die Verbindung faustischer und donjuanesker Motive mußte den Musiker Spohr, der sich als Nachfolger Mozarts fühlte, reizen. Diese Oper, deren geniale Partitur über einen schwachen Libretto gestülpt ist, besticht durch die offenbar von Klinger übernommene Idee, höllische Magie zum Wohle der Menschheit einzusetzen, freilich ohne Glück, denn Faust wird immer wieder das Opfer seiner Sinnengier und seines Frevelmutes. Grabbe hat die bei Spohr verbundenen Motive wieder in zwei Personen verkörpert, vereinigt aber den Zerstörungstrieb nur im Faust:

> »... Aus nichts schafft Gott, wir schaffen aus
> Ruinen! Erst zu Stücken müssen wir
> uns schlagen, eh' wir wissen, was wir sind
> und was wir können!«
>
> (Grabbe, Werke II, 153)

Benno von Wiese spricht mit Bezug auf Grabbes Faust von einem »ekstatischen, schmerzhaften Zerstörungstrieb, mit dem der Geist sich gegen sich selbst richtet« (v. Wiese, Die deutsche Tragödie, 479) – was allerdings auf E. T. A. Hoffmanns Don-Juan-Deutung paßt –, während Grabbes Don Juan als »südlicher Ironiker gegen Fausts Übermenschentum« auftritt.

Henry de Montherlants Stück »Don Juan oder der Tod geht auf den Strich« (1958) ist eingestandenermaßen mit der Absicht geschrieben, die Figur des Helden von dem Tiefsinn zu befreien, in den sie durch eine angeschwollene Don-Juan-Literatur eingetaucht sei. Nach Montherlant geht dieser Figur alles Mythisch-Dämonische, das an Faust oder Hamlet haftet, ab. Nichtsdestoweniger hat der französische Dichter in diese sehr persönliche Tragikomödie seine Todesmetaphysik hineingeheimnist. Er führt seinen Helden als einen sechsundsechzigjährigen Coureur ein, der in Ermangelung von Tigern in Andalusien gezwungen ist, Frauen zu jagen, und den sein Sohn Alcacer, vierzig Jahre jünger, vergeblich zur Vernunft zu bringen sucht. In der Schlußszene tritt auch der steinerne Gast auf, Don Juan schlägt ihm im Duell den Kopf ab, aber aus dem Restkörper taucht der Kopf des Karnevalschefs auf, mitsamt zwei Gehilfen, die die Statue vorwärtsschieben, wie es mit dieser Art Figuren in der Semana-Santa-Prozession in Sevilla üblich ist: Das Ganze war also ein Scherz. Don Juan, anfangs erschrocken, ist schnell wieder obenauf und will zur »Jagd« zurück nach Sevilla. Alcacer versucht den Rasenden zurückzuhalten, man werde ihn in der Stadt erkennen und verhaften:

»Alcacer:Man wird Euch sofort erkennen!
Don Juan:Ich trage meine Maske. (Er zieht seine Maske über, aber das ist jetzt nicht mehr die Maske aus dem 1. Akt. Sie stellt jetzt einen Totenkopf dar.)
Alcacer (einen Schrei ausstoßend):Was ist das? Was ist das für eine Maske?
Don Juan: Was soll das sein? Das ist meine alltägliche Maske.
Alcacer:Setzt sie schnell wieder ab.!
Don Juan (dies versuchend):Aber ich kriege sie nicht herunter, was ist das bloß? Sie hat sich eingefressen in mein Gesicht, sie ist verwachsen mit dem Fleisch ... Versuch' doch, sie mir abzuziehen.
Alcacer (zitternd):Nicht anrühren werde ich sie!
Don Juan:Warum?
Alcacer:Das ist ja ein Totenkopf.
Don Juan:Ein Totenkopf? So ist's recht! Vorwärts! Im Galopp nach Sevilla!
(Er stürmt davon, den taumelnden Alcacer um den Leib fassend und mitreißend).«

(Montherland, Théatre, 1076; eigene Übersetzung)

Die »Jagd« war also von jeher in den Tod, »jenseits des Lustprinzips« (Freud).

Gauklertum

Im Bereich dieser Möglichkeiten und Verhaltensweisen liegen die unechte, bloß gespielte Dämonie, das Gauklertum, der faule Zauber, die Scharlatanerie, und zwar mit derart fließenden Übergängen zu den echten Phänomenen, daß eine scharfe Grenzziehung kaum möglich zu sein scheint. Über Simon Magnus bemerkt der Historiker Eduard Meyer:

»Wie weit er ehrlich gewesen ist und selbst an seine Verkündigungen geglaubt hat, wie weit ein Schwindler, der sich die Zeitströmung geschickt zunutze machte, läßt sich hier so wenig entscheiden, wie bei den zahlreichen gleichartigen Erscheinungen dieser und der verwandten Epochen; weitaus der häufigste ist eine Mischung von beidem.« (Meyer, Ursprung, 285)

Meyers Erwähnung des Empedokles in diesem Zusammenhang läßt allerdings deutlich werden, daß die dichterische Gestaltung dieses Typus (wie bei Hölderlin) die erwähnte Grenzzone nicht sichtbar machen muß. Aber Meyer hat vollständig Recht und wird auch bestätigt durch das, was die völkerpsychologischen Untersuchungen über den Typus des Schamanen zu berichten wissen. Die Fähigkeit des Hineinsteigerns in die Ekstase ist derart ritualisiert und routiniert, daß sie bis zu einem gewissen Grade willkürlich inszeniert werden kann, und zwar als eine gesteuerte Ablaufsganzheit. In diesem Formprinzip liegt auch begründet, daß die Ekstase poetisch fruchtbar werden kann, vor allem in der erotischen Verrückung. In dem persischen Liebesroman »Leila und Madschnun« von Nizami gebärdet sich der verliebte Madschnun als »tanzender Derwisch« vor seiner Geliebten; und die Leute sagen von ihm:

»Dieser Verrückte bringt durch sein Benehmen unseren ganzen Stamm in Verruf. Tagtäglich zieht er im Lande herum, mit wirrem Haar, und hinter sich allerlei übles Pack, das ihm nachfolgt wie eine Meute von losgelassenen Hunden. Bald tanzt er, bald küßt er den Boden. Ständig dichtet und singt er seine Ghaselen; und *da seine Verse leider gut sind* und seine Stimme schön ist, so lernen die Leute diese Lieder von ihm.« (Nizami, Leila und Madschnun, 57)

»Und seltsam! War Madschnun auch verrückt, so waren es doch nicht seine Verse. Mochten die Menschen auch Spott und Schimpf auf ihn häufen, sie konnten in seinen Gedichten keine Mängel entdecken.« (Nizami, a. a. O., 75)

Viele kamen, um seine Gedichte zu hören und sie niederzuschreiben, trugen sie mit sich fort überallhin und wurden davon manchmal selber zu Liebenden.

Auch die erotische Verführung kann dichterisch objektiviert werden. Fausts Bildungs-Imponiergehabe gegenüber Gretchen wirkt so und läßt Fausts satanisches Spiel und Vagieren in der sinnlich-übersinnlichen Zwischenzone doppelt peinlich werden. Achim von Arnim hat in seinen Roman »Gräfin Dolores« (1809-1810) ein Verführungskapitel eingeführt. Ein spanischer Marchese bemüht sich als Gast auf dem Schloß des deutschen Grafen um die Gräfin mit raffinierten Mitteln:

»Von einem Don Juan war er schon dadurch unterschieden, daß er keineswegs bloß sinnlich war mit all und jedem Weibe: nur mit den sinnlichen war er sinnlich; noch eifriger konnte er mit streng-moralischen sein Leben durchgehen und bessern; mit einer Religiösen beten. Hätte Don Juan seine Vielseitigkeit gehabt, er hätte sich durch des Teufels Großmutter vom Teufel losgeschwatzt.« (v. Arnim, Sämtl. Romane I, 247 f.)

Der Marchese operiert mit der Mystifikation von geheimnisvollen, einflußreichen politischen Beziehungen und Plänen, an denen die Gräfin teilnehmen soll. Er hat sich auch in die Geheimnisse der Rosenkreuzer einweihen lassen, »um sie, vermischt mit dem Mesmerschen Magnetismus, als eine furchtbare Geisterhand in das Innerste der Gemüter auszustrecken«. Er zeigt der Gräfin geheimnisvolle Briefe angeblich hochprominenter Absender und liest ihr vor aus einem Buche von der »chymischen Hochzeit«, von dem er behauptet, es selbst geschrieben zu haben (es ist aber von Christian

Rosenkranz, Straßburg 1616). Das ganze Kapitel hat Arnim betitelt »Politik, Alchemie, Verführung«, es ist äußerst modern, obwohl fast gleichzeitig veröffentlicht wie »Faust I« – modern vor allem durch die schwindelhafte Verwendung des Initiations-Mysteriums (Einweihung in Geheimnisse) als Medium der Verführung und durch die Taktik der Ablenkung von dem wirklichen Ziel, um dieses um so sicherer zu erreichen. Gröber ist E. T. A. Hoffmann, der allerdings auf diesem Gebiet auch Bescheid wußte, in seinen »Elixieren des Teufels« (1815-16). Diesmal ist nicht die Musik das Medium der Verführung, und auch nicht die Mystik, sondern die Religion: Rhetorischer Sermon und inbrünstiges Gebet mit der Geliebten, die noch dazu die hl. Rosalie verkörpern soll. Hoffmanns Medardus ist ein entlaufener Kapuziner, der sich in grauenhafter Überhebung für einen Erkorenen des Himmels hält, jedoch Frevel auf Frevel häuft, schicksalsmäßig, da sein Vater ihm darin vorangegangen. Den hohl-dröhnenden Ton der religiösen und zugleich krypto-erotischen Exaltation trifft E. T. A. Hoffmann mit einer geradezu orientalisch anmutenden Fähigkeit des ekstatischen Hineinsteigerns; »Die Elixiere des Teufels« sind ein psychologisches Phänomen, aber künstlerisch ungenießbar. Demgegenüber ist Heine, der in seinem Tanzpoem »Faust« (1847) den Mephistopheles als Balletteuse vorführt, ein harmloser Buffo.

Wenn vom Gauklertum die Rede ist, darf der palermitaner Gassenbube und Apothekergehilfe Giuseppe Balsamo nicht vergessen werden, der literarisch als »Graf Cagliostro« weiterlebt. Dieser Wundermann trieb sich fast zwanzig Jahre lang als Spiritist, Goldmacher, Taschenspieler, Quacksalber, Kuppler und Betrüger in Ägypten, Kleinasien, Italien, Rußland, Deutschland, Frankreich, England und der Schweiz herum, erregte überall großes Aufsehen, mystifizierte die höchsten Gesellschaftskreise und betörte – trotz seiner eminenten Häßlichkeit – vor allem die vornehmen Damen. Er ehelicht eine römische Gräfin Felichiani, unter deren Protektion er überhaupt erst gesellschaftsfähig wird, nennt sich dann auch »Graf«, wird Mitglied einer Freimaurerloge. Eine baltische Baronin von der Recke, die ihm zunächst verfällt, entlarvt ihn. Nichtsdestoweniger feiert er noch einmal hohe Triumphe in Paris, wird aber durch die Gräfin La Motte in die berüchtigte Halsbandaffäre verwickelt und in die Bastille gesperrt. Begnadigt und aus Frankreich ausgewiesen, geht er nach England, schreibt (oder inspiriert, das ist nicht ganz klar) dort einen haßerfüllten »Brief an das französische Volk« (1786), in dem er die Schleifung der Bastille fordert; das Pamphlet findet eine ungeheure Verbreitung. Die historische Wirkung ist unbestreitbar, drei Jahre später wird der Pariser Pöbel das verhaßte Bauwerk stürmen, vier Jahre später wird es geschleift werden. 1795 stirbt Cagliostro in einem päpstlichen Gefängnis bei Urbino.

Der literarische Widerhall seines Gauklertums ist bemerkenswert und ward noch bei seinen Lebzeiten vernehmbar. Die russische Kaiserin Katharina II. schrieb drei kleine Komödien, »Der Betrüger«, »Der Verblendete« und »Der sibirische Schaman«, die in russischer, deutscher und französischer Übersetzung erschienen (1786) und in Petersburg auch erfolgreich aufgeführt wurden. Die kaiserliche Autorin stand dem Phänomen Cagliostro mit illusionsloser Verachtung gegenüber; besonders das dritte Theaterstück, »Der sibirische Schaman«, zeigt, daß ihr auch die soziologische Parallele des schamanischen Gauklertums gegenwärtig gewesen ist, wobei sie freilich dem zeitgenössischen Vorurteil unterlag, daß der Schamanismus nichts anderes als Betrug sei. – Literarisch wichtiger ist Schillers »Geisterseher« (1787-89), ein Romanfragment, das auf sein Ende dramatisch so gerafft zuläuft, daß man es gar nicht für einen Torso halten möchte, und das die Atmosphäre der Mystifikation glänzend trifft:

»Was für einen kürzeren Weg gibt es, sich eines Menschen zu versichern, als das Kreditiv eines Wundertäters?«

Gerade das Unwahrscheinliche wunderbarer Erscheinungen besticht unseren Verstand, weil das Wahrscheinliche leicht zu begreifen ist. Auch die Taktik der Ablenkung wird von Schiller durchschaut. Der Gaukler »bedient sich des gröbern Gaukelspiels, um dem feinern eine Folie unterzulegen«, er lenkt

»... meine Wachsamkeit nach einer entgegengesetzten Richtung, [fixiert] meinen noch unbestimmt umherschweifenden Argwohn auf Gegenstände, die von dem eigentlichen Ort des Angriffs am weitesten entlegen sind«. (Schiller, Werke V, 87 ff.)

Bei Goethes Faszination durch die Gestalt des sizilianischen Scharlatans ist es unmöglich, sich nicht an Faust zu erinnern, der seine Schüler herauf, herab und quer und krumm zehn Jahre lang an der Nase herumgeführt hat. So sagt es Faust von sich gleich zu Beginn des Dramas! Mephistopheles aber drückt sich über Fausti Verlogenheit in der Verführungsszene noch viel derber aus:

»Ist es das erstemal in Eurem Leben,
Daß Ihr falsch Zeugnis abgelegt?
Habt Ihr von Gott, der Welt und was sich drin bewegt,
Vom Menschen, was sich ihm in Kopf und Herzen regt,
Definitionen nicht mit großer Kraft gegeben?
Mit frecher Stirne, kühner Brust?
Und wollt Ihr recht ins Innre gehen,
Habt Ihr davon, Ihr müßt es grad' gestehen,
Soviel als von Herrn Schwerdtleins Tod gewußt?«

Faust weist dies zwar als Sophistik zurück (I. Teil, 3042–3050) –aber wer hat Recht, er oder Mephistopheles? Die Verlogenheit der Verführungsszene demonstriert die faustische Sophistik *ad oculos*. Man sollte meinen, Goethe stehe hier ganz auf das Mephistopheles Seite.

Goethe aber wußte, was er objektivierte. Hatte er doch selbst eine faustische, eine alchemistische Periode durchlaufen, und die Verkündung des Gauklers im »Großkophta«:

> »Die größten Geheimnisse, Kräfte und Wirkungen liegen verborgen *in verbis, herbis et lapidibus*« (3. Akt, 9. Szene),

war auch einmal sein Glaube gewesen und behielt eine gewisse Faszination sein Leben lang. Goethe hat es sich auch nicht nehmen lassen, bei seinem Aufenthalt in Palermo 1787 die Familie Balsamo im Quartiere della Loggia aufzusuchen – die Familie des Mannes unter falschem Namen, er selbst unter falschem Namen! – und ihr seine Hilfe anzubieten. Und noch vier Jahre später verlockte ihn das Thema der Halsbandgeschichte zu seiner mit Unrecht unterschätzten Komödie »Der Großkophta«, in der das zynische Spiel der auch von der guten Gesellschaft mitinszenierten Mystifikation ebenso getroffen ist wie die geradezu mafiose Selbststilisierung des genialen Schwindlers (3. Akt, 9. Szene).

Indessen, es gibt in demselben Zeitalter imposantere Figuren, und dies sogar auf deutschem Boden. Wichtiger als die ephemere Gestalt des sizilianischen Allerweltsschwindlers ist das Gauklertum als eine Erscheinung des Zeitgeistes, gebunden an die Atmosphäre der philosophischen Mystifikation und »Niaiserie« (Albernheit), wie sie Schopenhauer mit Bezug auf die ungeheure Wirkung Hegels bemerkt. Ist doch die in das philosophische Gewand gehüllte Mystifikation viel gefährlicher als die plumpe Gaukelei, und die Anfälligkeit vor allem des gebildeten und intellektuell anspruchsvollen Publikums für jene gehört zu den merkwürdigsten Problemen der Literatursoziologie. Sie scheint aber auf die geistige Verfassung bestimmter, ins Labile geratener Gesellschaftsschichten in vorrevolutionären Phasen abgestimmt zu sein und dazu prädestiniert, Formeln bereitzustellen für die geistige Abdankung und Entmachtung dieser Schichten. Der Cagliostrismus ist insofern auch ein Phänomen der Dekadenz. Deutlich wird dies in der Verssatire des palermitaner Dichters Giovanni Meli (»Lu Cagghiostrisimu«, 1795), die sich nicht gegen die Person seines Landsmannes wendet, sondern gegen einen anderen zeitgenössischen Schwindler. Der Terminus Cagliostrismus ist hier bereits technisch geworden für zeitgenössische Dekadenz-Erscheinungen, die über die arme Person des namengebenden Scharlatans hinausreichen und den scheinphilosophischen Geist der Zeit anprangern. Leonardo Sciascia hat die Schwindlergeschichte, die Meli sich vornahm, neuerdings nochmals romanhaft behandelt (»Il consiglio d'Egitto«, 1967, deutsch unter dem Titel »Der Abbé als Fälscher«). Das ist schon Gaukelei auf höherer Ebene. Auf eine noch höhere gelangen wir, wenn wir die Gaukelfuhre der nachkantianischen Philosophie der Fichte-Schelling-Hegel in Augenschein nehmen. Schopenhauer hat sie ins Licht gerückt, aus dem sie allerdings immer wieder in das Dunkel der ewigen Exegese in Hunderten von Dissertationen entweicht. Doch haben sich schon die Zeitgenossen nicht täuschen lassen. An der Spitze steht die geistreiche Travestie des absoluten Ichs Fichtes in Jean Pauls »Clavis Fichtiana« (1800). Die Einwände der Dichter richteten sich meist gegen den sprachlichen Ausdruck, so wenn Hebbel, der seinem Freunde Felix Bamberg zu Liebe große Mühe auf das Studium Hegels gewandt hat, diesen schließlich doch als unlesbar in die Ecke warf. Otto Ludwig kritisierte Hegels verfehlte Ästhetik des Tragischen und mokierte sich über die »Prokrustesleidenschaft des absoluten Geistes«. Grillparzer nennt die Philosophie Hegels »die monströseste Ausgeburt des menschlichen Eigendünkels«. Schopenhauer, als massivster Kritiker Hegels, trifft vielleicht am schärfsten, wenn er »den Ton ... der unerschütterlichen Gewißheit«, hervorhebt, »wie er der Charlatanerie in jeder Art und jeder Zeit eigen ist« (Werke IV, 36), wenn er sich gegen das »Prophetentum der Vernunft« wendet, dessen Verkünder »mit ernsthafter Miene vom Unendlichen, vom Absoluten und vielen anderen Dingen, von denen sie schlechterdings nichts wissen konnten, ihrem Publiko vorerzählten.« (Werke III, 528). Im übrigen geht es natürlich gegen die Apotheose des Absurden und des Mythologems von der »verkehrten Welt« in den Kunststücken des Begriffsrealismus und der Dialektik, in den hohlen Phrasen und spielenden Parallelismen – abermals ein Thema von Faust I (Vers 29 ff.):

»... daß ich erkenne, was die Welt
Im Innersten zusammenhält,
Schau alle Wirkungskraft und Samen
Und tu' nicht mehr in Worten kramen.«

Das alles ist nicht neu. Die gnostizistischen Wurzeln der Schellingschen Natur- und Offenbarungsphilosophie und der Hegelschen Religionsphilosophie hat ein protestantischer Theologieprofessor, Ferdinand Christian Baur, schon 1835 herausgearbeitet; es ist aber begreiflich, daß das Licht, in das die Philosophie des deutschen Idealismus damit gerät, von manchen als zu grell empfunden wird. Auch Goethe hat Bescheid gewußt. Wie sollte man seine Ironie gegenüber dem »jetzt berühmtesten modernen Philosophen« – Hegel – anders verstehen können, den er als Gast an seinem Tische mit der Frage nach der Dialektik bedrängt: daß nämlich solche dialektischen Künste und Gewandtheiten »häufig gemißbraucht und dazu verwendet würden, um das Falsche wahr und das Wahre falsch zu machen« –, und was von Hegels wahrhaft monumentaler Antwort hierauf: das könne nur Geisteskranken passieren! Hat man schon einmal geprüft, ob Schopenhauers Kennzeichnung der nachkantianischen Philosophie als einer Epoche der Unredlichkeit und Scharlatanerie nicht doch mehr sein könnte als eine Denunziation, nämlich eine Diagnose? Und sein Urteil, »diese Periode der Literatur [werde] als ein bleibender Schandfleck der Nation und des Zeitalters figurieren« (Werke V, 495), müßte auch hinsichtlich der tragischen Konsequenzen bedacht werden: »Dergleichen Attentate auf den menschlichen Geist bleiben nicht ungestraft: die Saat ist aufgegangen.« (Werke II, 695). Das ist sie allerdings, und keineswegs nur bei den Deutschen, sondern auch bei den Russen, Italieniern, Engländern, selbst den Amerikanern, die alle dem Hegelianismus viel stärker gehuldigt haben, als Schopenhauer voraussehen konnte. Ihm war allerdings wohl auch am Ende klar, daß Erfolg und Resonanz des Gauklertums nicht bloß der deutschen »Niaiserie« zu verdanken seien, sondern einer übernationalen Anfälligkeit des menschlichen Geistes für das sprachlich und gedanklich Absurde; weshalb er diesen Sachverhalt als Exempel einer erst zu schreibenden tragischen Literaturgeschichte genommen wissen wollte.

Man verweilt nicht gern in diesem trüben Zwischenreich, kann es aber nicht ganz vermeiden, weil es auch die Sphäre der politischen Verführung gibt, die Schiller, Goethe und Arnim berührt haben, die aber auch ein moderner Historiker wie Reinhart Koselleck kennzeichnet, wenn er die manichäischen Mystifikationen der Geheimbünde des 18. Jahrhunderts in ihrer Virulenz für die Erzeugung prärevolutionärer Stimmungen in Europa beleuchtet. Was Koselleck über die Beziehungen zwischen Kritik und Hypokrisie schreibt, gehört unmittelbar in unseren Zusammenhang. Die von seinem philosophischen Zeugen, Maurice Merleau-Ponty, charakterisierte »metaphysische Heuchelei« mit ihrem schwindelhaften »absoluten Groll« und konsequenten Freiheitsverlust, ist doch auch das Problem, das Faust bedrückt. Die Literaturgeschichte müßte durch die Sprachanalyse sowohl der Dokumente der Hypokrisie selbst als auch jener der Gegeninstanzen, die die Hypokrisie künstlerisch abfertigen, bestätigt werden.

Noch besser vielleicht beleuchtet der von Georges Sorel geprägte Begriff des politischen Mythos die Szene. Denn er paßt genau in dieses Zwischenreich, wo nicht immer klar ist, ob ein Mythos noch Mythos im echten Sinne ist oder schon instrumentalisiert für Zwecke der politisch-ideologischen Demagogie. Die Konstruktionen der idealistischen Philosophie der Fichte-Schelling-Hegel lassen sich weitgehend als Mythologeme im Sinne Sorels begreifen: Leerformeln, die der ideologischen Anwendung gleichsam harren, auch wenn sie vielleicht für eine solche ursprünglich nicht entworfen waren.

Aber so hätte man sie immer auffassen sollen. Auch Schopenhauer wäre Hegels System gerechter geworden, wenn er es als Mythendichtung aufgefaßt hätte. Dies hätte ihm nicht einmal schwer fallen müssen, da nach seiner Meinung für jedes kosmologische und metaphysische System eine mythische Allegorie besteht, der er sogar eine gewisse vorphilosophische Wahrheit zu konzedieren bereit ist. Nur daß die Behandlung der Mythendichtung zwischen Lüge und Wahrheit die leichte Hand des romantischen Satirikers erfordert. Etwa die Hand Immermanns im »Münchhausen« (1838). Schopenhauer hat Hegel zu ernst genommen – wodurch er selbst teilweise der Wirkung des Verhaßten unterliegt! Immermann nimmt ihn, indem er ihm die proteische Figur des Lügenbarons unterlegt, als mythologische Existenz. Seine Vorbilder sind weniger Bürgers »Münchhausen« und dessen Vorformen, als Aristophanes, Lukan und vor allem Hariris »Verwandlungen des Abu Seid von Serug«, deren geniale Nachdichtung durch Rückert 1837 in der zweiten Fassung erschienen war. Der Held ist ein Reisender, der sich unerkannt hinter wechselnden Masken verbirgt (wie Goethe in Italien); das Ganze ist kein zusammenhängender Schelmenroman, sondern schwankhaft in die Arabesken einer manirierten Reimprosa gebannt. Der Abu Seid von Serug ist wahrhaft ein »Proteus«,

»... der sich allerlei Stammbäume machte, – und sich vielerlei Gewerbezweige erdachte, – bald sich gab für einen Sprößling von Sassan, – bald für einen Schößling der Königswurzel von Ghassan, – heut im Gewand des Poeten auftrat, – morgen den Mund eines Propheten auftat, – hier schien mit der Würde des Emirs – und dort mit der Bürde des Fakirs; – nur daß immer – in seinem wechselnden Farbenschimmer, – in seiner Verwandlungen Truggeflimmer – er sich zeigte sagenmundig, – redekundig – witzig und bündig, – spitzig und sündig ...« (Rückert, Werke V, 27)

Was Immermann hieran anknüpft, um Hegel zu persiflieren, ist zu umfangreich, um hier zitiert zu werden.

Es ist nur billig, wenn wir zum Schluß dieser Betrachtung noch einmal auf die asiatische Heimat der Gnosis zurücklenken.

An einem sehr fremdartigen Material hat der deutsche Orientalist Albert Grünwedel, berühmt durch seine Entzifferungen neuentdeckter religiöser Texte aus Zentralasien, die Gefahr der Hypokrisie beleuchtet. Er beklagt, daß man von religiösen Zeugnissen aus der Zone des zentralasiatischen Synkretismus, in der der Buddhismus, der Tantrismus, das nestorianische Christentum und der Manichäismus einander begegnen, immer nur einige ansprechende Nebensächlichkeiten publiziert habe, sich selbst und das Publikum auf diese Weise benebelnd, daß man aber das abscheuliche Gauklertum der vorgeblichen Heiligen und Stifter (Padmasambhava, Naropa u. a.)

verschweige. Dabei kann die beliebt gewordene Gepflogenheit, esoterische und exoterische Versionen zu unterscheiden, immer dazu dienen, bestimmte Dinge als bestaunenswert in den Vordergrund zu schieben bzw. andere Dinge, die weniger ansprechend sind, zu vertuschen. Immerhin treten in den Texten von Padmasambhava, der eine Art tibetischer Simon Magus gewesen zu sein scheint, so erbauliche Dinge zutage wie folgende:

»Indraraja, ein kleiner König des Urgyan-Landes, wurde zum Feind der Religion und ebenso seine Untertanen, die seinem Beispiel folgten. Padma ging als eine der Zornvollen Gottheiten verkleidet hin und nahm dem König und allen Männern unter den Ungläubigen ihre Körper oder die Möglichkeiten, weiter böses Karma zu säen. Magisch verwandelte er die Körper, trank ihr Blut und aß ihr Fleisch. Das Wesen ihres Bewußtseins befreite er und bewahrte es davor, in die Höllen zu fahren. Jede Frau, der er begegnete, nahm er bei sich auf, um sie geistig zu läutern und ihr die Fähigkeit zu geben, Mutter religiöser Kinder zu werden.« (Evans-Wentz, Das tibetische Buch der großen Befreiung, 178 f.)

Zu der hier verherrlichten Abschlachtung der Ungläubigen bemerkt der Herausgeber dieses Textes hypokritisch:

»Diese Legende zeigt, daß es für einen großen Yoghi richtig ist, das Leben eines Bösewichts zu verkürzen, indem er ihn seines Körpers beraubt und sein Bewußtseinsprinzip (das völlig verschieden ist von der ›Seele‹ der westlichen Theologie) so lenkt, daß es in einer religiösen Umgebung wiedergeboren wird. Das Leben nehmen ohne die Yoghakraft, die das Bewußtseinsprinzip zu lenken vermag, wäre eine furchtbare Sünde.« (Evans-Wentz, a. a. O., 324)

Und zu der Libertinage, die dem Gaukler und Verbrecher jede ihm begegnende Frau zuspricht, sagt der Herausgeber:

»Wie viele andere Helden gebraucht hier Padamasambhava seine männliche Kraft ausschließlich zum Guten. In unserer Allgemeinen Einleitung zeigten wir, daß er überkommene Moralbegriffe über das Sexuelle durchaus leugnet. Unter anderen Umständen wird sein sogenanntes tantrisches Tändeln mit menschlichen Frauen wie auch mit weiblichen Dakinis von den Nyingmapas als eine seiner vielen religiösen Taten angesehen, die esoterische Bedeutung besitzen und für die Religion segensreich sind. Die Tat selbst heißt tibetisch: *Dze-pa*«, (Evans-Wentz, ebd.).

Nun wissen wir's also. Und wehe dem westlichen Leser, der an der Genuität und Genialität dieser östlichen Esoterik zu zweifeln wagt! Wir zitieren diese Textstellen nicht als Beispiel für den östlichen Manichäismus, sondern als ein Beispiel scheinheiligen Gauklertums, das man uns als zurechtgemachten Teil der religiösen Weltliteratur aus dem Osten und als passende Heilslehre zur »großen Befreiung« vorsetzen möchte. Die Unverschämtheit ist unaustilgbar, sagt Marc Aurel, es muß sie sogar geben. Wenn wir aber veranlaßt werden sollen, sie zu glauben, müssen wir sie kritisieren.

Abschließend ein kritisches Lob für Walter Muschgs »Tragische Literaturgeschichte«. Sie enthält nämlich ein vorzügliches Kapitel über die Gaukler. Darin findet sich die bemerkenswerte Feststellung, »die typische Farbe der Mischformen« werde im Verlauf der geschichtlichen Tradition »immer schwerer erkennbar und verschwimmt schließlich ganz, so daß Priester, Poeten und Gaukler die gleichen Worte gebrauchen und höchstens noch in ihrer Pose verraten, daß sie sich nicht für dasselbe halten« (Muschg, Tragische Literaturgeschichte, 264). Unsere Betrachtung dringt nun gerade darauf, sich durch die »Pose« nicht bestimmen zu lassen. Darum fügt sie noch die Schamanen und die ideologischen Mythendichter (mit und ohne Lehrstuhl) hinzu, um das Bild zu vervollständigen, das Poesie und Sophistik proteus-artig umfaßt. Als Oberbegriff könnte sich »der Tragöde« empfehlen, so wie Marc Aurel diesen Ausdruck, ihn mit der »Dirne« in Parallele setzend, versteht; oder noch besser der sizilianische *tragediaturi*, den wir aktuell als einen der Typen der »negativen Prominenz« feststellen konnten, der aber auch den Aspekt des thersiteischen Aufwieglers umfaßt, der mit seiner Rhetorik die Leute verrückt macht und aufeinander hetzt; durchaus ein zugehöriger Zug des histrionischen Intellektuellen. Rehm verweist auf Roquairol, den pseudogenialen Trauerspieler aus Jean Pauls »Titan«:

»Die unglückliche Richtung zu Willkür und Phantasterei, das Unstete, Grausame, Neronisch-Histrionische und Lügenhaft-Literarisierte prägt sich aus als Lebensweise, der jede Leidenschaft sich zum ›artistischen Kunstwerk‹ wandelt.« (Rehm, Begegnungen, 174)

Das ist ziemlich genau der hier gemeinte Typ. Und deshalb sind die Vaganten, Narren, Artisten, romantischen Ironiker und *poètes maudits*, die Muschg namhaft macht, die harmloseren Vertreter dieses Genres. Muschg verweist mit Recht auf den Schamanismus und die Gnosis des Hermes Trismegistos als »eine Hauptquelle des Mystizismus und der Wortalchemie«, und genau deshalb sind die gefährlichsten Typen des Gauklertums nicht die reinen Typen, sondern die Produkte des Zwischenreichs aus Schwindel und Echtheit – nicht offen zu Tage liegend, sondern hermetisch verborgen.

Luzifer und der Titanismus

Manche Dichter haben von den burlesken Zügen der Teufelsgestalt keinen Gebrauch gemacht, sondern die Figur des Höllenfürsten selbst (Satan ist Luzifer) auftreten lassen. Dadurch kann das Satanische eine bedeutende Vertiefung erfahren. Der Teufel des Volksbuchs wird als häßliche Erscheinung dargestellt und ist, sobald er auftritt, an seinem Pferdefuß zu erkennen. Darin liegt eine Verharmlosung des Satanischen. Wenn der Versucher Christi so unliebenswürdig dargestellt wird wie etwa in mittelalterlichen Evangeliaren, d. h. als zottiger, geschwänzter Unhold, ist es offenbar gar kein Wunder, daß Christus ihm widersteht; wie es umgekehrt kein Wunder ist, daß die Menschen einem so edlen und holdseligen Propheten wie Christus nachfolgen – womit das Ärgernis der christlichen Botschaft in sein Gegenteil verkehrt wird. Luzifer bewahrt die Reminiszenz des gefallenen Engels, der Engel bleibt; man ist geneigt, ihn sich so vorzustellen, wie Thorwaldsens Christus-Bildnis: von glatter Schönheit, erhaben und etwas gramvoll. Luzifer ist viel verführerischer als der Volksteufel. Schon in Miltons »Paradise Lost« (1667) ist Satan zum mindesten die rhetorisch überzeugendste Figur und durch die Qual wegen seines Sturzes auch die menschlichste – ein konsequentes Ergebnis der puritanischen Theologie. Byrons »Cain« (1821) läßt das Miltonsche Vorbild erkennen, aber auch die gnostische Kosmologie: Empörung des Menschen über sein elendes, dem Fluch des Todes ausgeliefertes Dasein, Identifikation des Dichters mit Luzifer und Kain, die die Göttlichkeit der Weltordnung in Frage stellen, Bejahung des Sündenfalls, der das Erkenntnismonopol des neidischen Schöpfers gebrochen hat:

»Adam:. . .O mein Sohn,
Lästre nicht: das sind Schlangenworte!
Kain:Sei's!
Sie sprach ja *wahr.* Es *war* der Baum des Wissens;
Es *war* der Baum des Lebens: gut ist Wissen,
Und Leben gut. . .«

(Byron, Werke IV, 30)

Luzifer will, wenn Seligkeit gleichbedeutend ist mit Knechtschaft, lieber darauf verzichten.

Luzifer entführt Kain in das All. Sie haben eine kosmonautische Vision:

»Kain:O Gott du oder Dämon – was du seist –
Ist das dort unsere Erde?
Luzifer:Kennst du nicht mehr
Den Staub, von dem dein Vater stammt?
Kain:Ist 's möglich?
Der kleine blaue Kreis, im fernen Äther
Schwingend, und nach ihm ein geringres Kreislein
Wie das, das unsre Erdennacht erhellt?
Und dort ist Eden? Wo sind seine Mauern
Und deren Wächter?

Luzifer:Zeige mir die Lage
Von Eden.
Kain:Kann ich? Wie wir vorwärtsschießen
Gleich Sonnenstrahlen, wird sie schmal und schmäler,
Und wie sie klein wird und dann noch geringer,
Sammelt ein Hof sich um sie, gleich dem Licht
Des rundesten der Sterne, wenn ich sie
An Edens Saum betrachtete. Mich deucht,
Sie scheinen beide, wie wir uns entfernen,
Sich den unzähl'gen Sternen zu gesellen,
Die um uns sind, und, wie wir vorwärtsstreben,
Die Myriaden zu vermehren.
Luzifer:Sollten
Darunter größre Welten sein als deine,
Bewohnt von größern Wesen und an Zahl
Viel reichern als den dumpfen Erdenstaub,
Und wär' er auch beseelt atomenweise,
Lebendig all, zum Tod verdammt und elend –
Was würd'st du denken?
Kain:*Stolz auf den Gedanken*
Wär' ich, der dies erkennt.«

(Byron, a. a. O., 332 f.; Hervorhebung von mir)

Aber dann erschlägt er seinen Bruder.

Am Ende des 19. Jahrhunderts (1899) nimmt der amerikanische Dichter-Philosoph und ehemalige Harvard-Professor George Santayana das Thema wieder auf. Der nach Neuengland verpflanzte gebürtige Spanier war einzigartig disponiert, die moderne Krise des Puritanismus im Reflex alteuropäisch-spanischer Kultur aufzufangen (zu seinem Roman »The Last Puritan«, 1935, s. u. S. 295); und aus diesem Grunde, als Erbe Cervantes' und Calderons, ist er für uns wichtig. Da ist Spanien, die Heimat, der Mutterboden – und die neue eisige Welt, in die Santayana hineingestellt wurde, ebenso natural gegeben; und der Konflikt zwischen beiden, sogar als Krieg (1898) erfahren. Außerdem schreibt er das Gedicht »Lucifer« – aber der Konflikt persistiert. In Santayanas Philosophie ist etwas von Treue zu den Gegebenheiten, und insofern eine denkbar große Ferne, ironisch und skeptisch, zu jeder szientistischen Überheblichkeit. Das Luzifer-Gedicht, eine theologische Tragödie, ist der Tradition der geistlichen Spiele Calderons verpflichtet. Hermes besucht Luzifer in der Eiswüste, in welcher Luzifer nach seinem Sturz aus dem Himmel seine Zeit fristet. Einst ist er Gottes Heerführer gewesen, ihm an Ehren zunächst, bis er ihm eines Tages die verhängnisvolle Frage nach seiner »Allmacht« stellte:

»Tell, O Lord, the cause
Why sluggish nature doth with thee contend,
And thy designs, observant of her laws,
By tortuous paths must struggle to their end.«

Unwillig, sich mit schönen oder ausschweifenden Worten abspeisen zu lassen, rüstet er sich um Aufbruch:

»I nerved my heart for battle; for my doom
I sway upon me, and that I was born
To suffer, and to fill the world with grief.«

Der Gram des Gestürzten ist nicht von der Art des Menschengrams.

»My grief is not that I am not like them,
Or that the splendour of my life is less.
My soul hath kinship with the wilderness.
But rage that fate should never overwhelm
The right with cunning and the truth with lies,
And that the lust of living never dies,
Gnaws at my heart; my noble trust deceived
In reason's might and in the Power of truth,
The unthought-of shame that I should stand alone
When universal nature was aggrieved
And should have mutinied! Faith of my youth,
That my stout heart did never yet disown,
Prove thyself true, and still to be believed!
Hasten, just day, and hurl him from his throne,
As children in a chasm cast a stone!«

(Santayana, Poems, 163 ff.)

Hermes antwortet darauf gelassen, der Tag werde vielleicht einmal kommen; ihn jetzt schon herbeizuwünschen, sei vergeblich. – Keiner von beiden behält recht, der Konflikt dauert an.

Santayana hat sich selbst als Autor dieses Mysteriendramas zu deuten versucht: Seinem Temperamt nach stehe er auf Luzifers Seite, seinem Urteil nach jedoch keineswegs. »Even the pervasive sadness of the verses is instinct with too much piety and with too positive an appreciation of the beautiful to be called pessimism« (Santayana, a. a. O., 176): Das ist kaum überzeugend, weil die ästhetische *consolatio* an der Fragwürdigkeit der Weltschöpfung nichts ändert. Schopenhauers Ästhetik steht auch nicht im Widerspruch zu seinem Pessimismus. Santayana ist ein Gnostiker eigener Art. Die sprachliche Schönheit seiner Verse überzeugt, wo er sich dagegen als gnostischer Theologe zeigt, wie in der Schrift »The Idea of Christ in the Gospels, or God in Man«, wirkt er befremdend; kritische Bibelexegese und gnostische Mythologie gehen nicht unter einen Hut.

Schon im Faustbuch von 1587 wird Fausts Abfall von Gott mit dem der Titanen und der luziferischen Engel verglichen. »Das erste Motiv des Faust-Stoffes, das Goethes innerstes Leben traf, war das des Titanismus«, schreibt Erich Trunz (Trunz, Goethes Faust kommentiert, 468). Erinnert sei auch an das Prometheus-Fragment von 1773 und das Gedicht von 1774: Goethes Tribut an das »Genie«-Zeitalter. Hierher gehört auch der Topos des Gottes »Mensch« in der christlichen Gnosis, der theologisch auf die Spekulationen über Gen. 1, 26 f. zurückgeht (»Lasset uns Menschen machen, ein Bild, das uns gleich sei ... Und Gott schuf den Menschen nach seinem Bilde, zum Bilde Gottes schuf er ihn«). Die Ebenbildlichkeit des Menschen mit Gott ist ein Motiv im »Faust«, freilich von vornherein bestritten, wie Fausts Erschrecken über die ihm von dem beschworenen Geiste bezeugte Verachtung beweist (»Du gleichst dem Geist, den du begreifst, nicht mir«):

»... Nicht dir?
Wem Denn?
Ich, Ebenbild der Gottheit,
Und nicht einmal dir?«

So steht es schon im Urfaust (V. 159–164) 1775! In derselben Szene taucht auch schon der Ausdruck »Übermensch« auf – der Geist fragt den erschrockenen Magier, der seinen fürchterlichen Anblick nicht zu ertragen vermag:

»... Welch erbärmlich Grauen
Faßt Übermenschen dich!«

Ironisch wird also der Terminus »Übermensch« in die Weltliteratur eingeführt. (Nietzsche hat das übersehen.) Man darf nicht vergessen, daß Goethe nicht Faust ist, sondern, wie ich meine, fast immer auf der Gegenseite steht, die sich des »Falles« des Menschen wohl bewußt ist.

Byrons »Manfred« ist ein gutes Beispiel nicht nur für den magischen Geisterzwang, sondern auch für einen Geistertrotz, der als Selbstzweck wirkt – zu nichts, mit nichts, rein selbstzerstörend. Manfred verlangt nichts von den Geistern, nur Vergessen, denn der Überdruß ist sein beherrschendes Gefühl – das Thema Leopardis, der freilich eines titanischen Trotzes nicht fähig war. Der Hölle spottet Manfred, denn ihn beherrschen

»... the innate tortures of that deep despair,
Which is remorse without the fear of hell«.

(III. Akt, 1. Szene)

Die Hölle ist *in* ihm, wie in Marlowes Faust, und der Bannfluch, der ihn zu Boden wirft, lautet:

»... By thy delight of other's pain,
And by thy brotherhood of Cain,
I call upon thee! and compel
Thyself to be thy proper Hell.«

(I. Akt, 1. Szene)

Sinnloser Trotz! Manfred verweigert den Fußfall vor Ahriman und den Geistern, die den Sterbenden holen wollen:

»I do defy ye, – though I feel my soul
Is ebbing from me, yet I have earthly breath
To breathe my scorn upon ye ... I stand
Upon my strenght – I do defy – deny –
Spurn back, and scorn ye – ...«

(III. Akt, 4. Szene)

Auch die Erinnerung an seine Freveltaten bricht nicht seinen Widerstand:

»The mind which is immortal makes itself
Requital for its good or evil thoughts –
Is its own origin of ill and end –
And its own place and time – its innate sense,
When stripp'd of this mortality, derives
No colour from the fleeting things without;
But is absorbed in sufferance or in joy,
Born from the knowledge of its own desert.
Thou didst not tempt me, and thou couldst not tempt me;
I have not been thy dupe, nor am thy prey –
But was my own destroyer, and will be
My own hereafter.«

(III. Akt, 4. Szene)

»Ich war mein eigener Zerstörer«: Dieses Byronsche Selbstbekenntnis ist auch Ausdruck des Verhängnisses des luziferischen Trotzes:

»I could not tame my nature down, for he
Must serve who fain would sway – and soothe – and sue –
And watch all time – and pry into all place –
And be a living lie – who would become
A mighty thing amongst the mean, and such
The mass are; I disdain'd to mingle with
A herd, though to be a leader – and of Wolves.
The lion is alone, and so am I.«

(III. Akt, 1. Szene)

Der Trotzende weiß – wie später bei Santayana – gute Gründe vorzubringen: nicht immer wachsam sein, nicht immer heucheln und lügen müssen wie jeder Angepaßte, was aber Manfred-Byron wahrhaftig nicht konnte, und *darum* nicht wollte. Er wußte sich nicht zu zähmen. Ist dieser Trotz »Wille«? Im Schopenhauerschen Sinne gewiß! (In seinem »Don Juan« hat Byron mit seinem Trieb, die Ordnungen zu durchbrechen, die »gute Gesellschaft« viel ärger und direkter geschockt.) Er *wollte* nicht zerstören, *wirkte* aber zerstörend wie eine Naturkraft:

»And yet not cruel; for I would not make,
But find a desolation: – like the wind,
The red-hot breath of the most lone Simoom,
Which dwells but in the desert, and sweeps o'er
The barren sands which bear no shrubs to blast,
And revels o'er their wild and arid waves,
And seeketh not, so that it is not sought,
But beeing met it deadly; such has been
The course of my existence; but there came
Things in my path which are no more ...«

III. Akt, 1. Szene)

Desolation, desert, Polarwüste: Man vergleiche Santayana; alles Metaphern für die Hölle, bis zu Eliots »The Waste Land«.

Eng sind auch die Beziehungen zu Grabbes Faust, bei dem noch deutlicher Fortschritt und Zerstörung gleichgesetzt werden. Gemeinsam ist beiden Dichtern der nihilistische Hang zu weltschmerzlicher Zerrissenheit. Auch an Leopardi wird man erinnert. Was aber als wirkliche Aporie sichtbar wird, ist der Widerspruch, der darin liegt, Satan und seine Gesellen zu verachten und ihre Dienste gleichwohl nicht entbehren zu wollen; ähnlich wie in Spohrs fast gleichzeitiger Faust-Oper. Manfred fehlt allerdings die Tatenlust, die Marlowes, Goethes und Grabbes Faust wenigstens zur Schau tragen – auch wenn ihnen praktisch nur der Sprung auf das Gebiet des Unfugs und der Schelmenstreiche gelingt. Manfred ist eine Stufe weiter, er ist blasiert. »Die Blasiertheit ist der Indifferenzpunkt zwischen Titanismus und Weltschmerz.« (Nieten, Grabbe, 168)

Erwähnt werden muß auch Jean Pauls großer Roman »Titan« (1800–1803). Scheinbar ein Werk ganz anderer Art, hat uns doch Kommerells glänzende Interpretation gelehrt, dieses Werk als tragischen Entwurf zu verstehen. »Titan sollte heißen Anti-Titan«, schreibt Jean Paul 1803 an Jacobi, »jeder Himmelsstürmer findet seine Hölle ...« (Kommerell, Jean Paul, 214). Das war fünf Jahre vor Erscheinen von Faust I; das Goethesche Fragment von 1790 kann Jean Paul gekannt haben, er knüpft aber nur an den Genie-Begriff des Sturm und Drang an, nähert sich insofern Klinger, und der erste Titel des Romans hatte auch »Genie« gelautet. In diesem Begriff sollten die Vollkraft des Schöpferischen und die Lebensentfremdung des Geistes miteinander gepaart werden; dieser Versuch scheiterte, im »Titan« scheidet sich das Eitle vom Gediegenen, Roquairol von Albano – eine andere Trennung und ein anderes Paar als Don Juan und Faust oder Mephistopheles und Faust.

Am Ende des 19. Jahrhunderts hat der »Dämon der Zerstörung« in einigen der Theaterstücke Tschechows überzeugenden Ausdruck erhalten. Der Zusammenhang von Zerstörung und Fortschrittsideologie ist jetzt sichtbarer als ein Jahrhundert früher und kann daher auch viel nackter und unverblümter beim Namen genannt werden. Für Tschechow, der Arzt war, ist die Zerstörung auch ein ethisches Anliegen. Und es ist daher im »Waldteufel« (1889) und in der umgearbeiteten Fassung dieses Stückes, »Onkel Wanja« (1892), ein Arzt, der den Kampf gegen das Abholzen der Wälder aufgenommen hat. Es wird aber nicht einfach die Natur gegen den »Dämon der Zerstörung« geschützt. Es geht dem Dichter auch um die Würde des Menschen – die Würde der Frau. Einer seiner Frauengestalten legt er die Worte in den Mund:

»Warum könnt ihr eine Frau nicht gleichmütig ansehen, wenn sie euch nicht gehört? Weil in euch allen – dieser Doktor hat ganz recht – der Teufel der Zerstörung sitzt. Ihr kennt kein Mitleid, weder mit den Wäldern noch mit den Vögeln noch mit Frauen noch einer mit dem anderen ...« (Tschechow, Dramen, 397)

Der Arzt besitzt eine Karte, von ihm gezeichnet, mit den Wäldern, die alle während eines gewissen Zeitraums abgeholzt worden sind; den verschwundenen Wildgehegen, den aufgelassenen Höfen, den zerstörten Weilern und Mühlen: eine Art Topographie des Nihilismus. Und vorausschauend um hundert Jahre!

Siciliana und Theatrum mundi absurdum pirandellianum

Als Goethe 1787 in Palermo weilte, tönte ihm allenthalben auf den Gassen die Verse einer Canzona entgegen, die schnell beliebt geworden war:

»Ucchiuzi niuri
si taliati ...«

(Meli, Opere I, 335)

Goethe hat die ersten acht Verse übersetzt:

»Ihr schwarzen Äugelein!
Wenn ihr nur winket,
Es fallen Häuser ein,
Es fallen Städte«

(Goethe, Werke C I, 111)

Den Dichter selbst, Giovanni Meli, hatte Goethe nicht kennengelernt. Die kleine Kanzone »L'occhi« zeigt den großen Satiriker von der harmlosen Seite, die auch das Entzücken eines Kenners wie Stendhal hervorgerufen hat. Auch Melis in demselben Jahr erschienenes satirisches Gedicht »Don Chisciotti e Sanciu Panza« hatte Goethe nicht gekannt. Es ist eine Paraphrase frei nach Cervantes, wobei aus diesem Roman nur wenige Szenen übernommen wurden. Doch zeigen sie die Affinität des Sizilianers zu dem Spanier. Die Insel gehörte von alters her zur okzitanischen Kultur und teilte von den Zeiten der Araber, Normannen und Staufer her die maurischen Rassen- und Kulturvoraussetzungen, den Averroismus und den Skeptizismus. Die Jahrhunderte der spanischen Herrschaft haben das Band noch fester geknüpft, die Bindung an Neapel hat es kaum gelockert. Garibaldi hat die Bindung an den Süden mit seinem Gewaltstreich von Marsala zu unterlaufen versucht (1860), aber das Schlachtdenkmal von Calatafimi ist eine späte Stiftung, und die Begeisterung der heldenverehrenden Ricarda Huch (»Garibaldi«, 1906–1907) stößt auf der Insel auf eine gewisse Skepsis, denn dort lebt man in größerer Nähe zu den historischen Tatsachen. Das Risorgimento hat in Sizilien nicht tief gewirkt, die Kultur ist eben viel älter und hat andere Wurzeln. Giovanni Meli mag als ein Vertreter der Sizilianität herausgegriffen werden. Er stammte aus dem kleinen palermitaner Handwerkerstand, stand also von vornherein in einer intimeren Beziehung zum einfachen Volk, die er als Arzt nützte, ähnlich wie hundert Jahre später Giuseppe Pitré, der berühmte Volkskundler, der auch seine intimen Kontakte zum Volke durch seine ärztliche Tätigkeit gewann. In seiner Jugend las Meli arabische Novellen und begeisterte sich für das sizilianische Puppenspiel, dessen Hauptstoff bekanntlich der »Orlando furioso« war – und bis heute ist! Er dichtete in der Mundart seiner Insel, doch ist das ein literarisiertes Sizilianisch, das den Dialekt »arkadisch« verfeinert und mit Toscanismen durchsetzt – trotzdem literarisch eine Sackgasse, weil das Sizilianisch mit seiner Häufung des u-Vokals etwas dumpf klingt und daher gegen das sonore Toscanisch schwer aufkommt. Nachdem Meli mit seinen frühen Kanzonen (»Bucolica«) dem Geschmack der damaligen palermitaner Oberschicht Genüge getan hatte, wandte er sich der Satire zu. In der ironischen Don-Quijote-Paraphrase wird uns der irrende Ritter als Protagonist utopischer Reformsucht vorgeführt. Leicht sind wir geneigt, in sein Loblied auf die armen, hart arbeitenden Hirten und Bauern, deren Tätigkeit doch das Fundament der Schlösser und Paläste ist, einzustimmen. Wir stutzen aber, wenn wir bemerken, daß diese Tiraden aus dem Munde eines närrischen Utopisten erklingen. Meli verfaßte sein Gedicht während der letzten Regierungsjahre des Vizekönigs Caracciolo, der durch ein umfassendes Programm sozialer Reformen in Sizilien die Lebensgrundlagen der breiten Massen verbessern wollte und sich dadurch die herrschende Aristokratie zum Feinde machte. Mit dieser sympathisierte Meli keineswegs, doch beurteilte er als ein Kenner des Volkes, der auch von der Landwirtschaft etwas verstand, anders als die Bürokraten in Neapel, die Reformbemühungen des Vizekönigs skeptisch und sah ihr Scheitern voraus. Doch ist nicht etwa im Don Chisciotti der Vizekönig verschlüsselt, Meli meint mit dieser Figur auch sich selbst mit seinen humanitären und sozialen Idealen im Stadium des »Deliriums« – und den leichten Intervallen von Vernunft und Skepsis, die ihn dann zur Reue über seine heroischen Weltverbesserungspläne zurückbringen. Das Programm einer Gesellschaftsveränderung erscheint mithin dem Rückblickenden als ein »deliröses« Vorhaben. Auf dieser Ambivalenz fußt Melis Satire. Ihre unmittelbare Tendenz wendet sich gegen die modischen Dilettanten, die ihre fehlende ökonomische Sachkenntnis (»keine Hände in der Pasta noch Salz im Kürbis«, d. h. im Kopf) durch Prinzipien, zum Teil falsche, ersetzen zu können glauben – just wie der irrende Ritter. Die Gegeninstanz ist Sanchiu Panza, den Meli sich auf Platon (»Gesetze« Buch 7) berufen läßt, wo gesagt werde, daß die absolute Ignoranz nicht das Schlimmste und am meisten zu Fürchtende sei, sondern die schlecht angewandte Vielwisserei. (Buch 7, besonders 797 B ff., ist das berühmte Kapitel gegen die Systemveränderungen.)

Wir machen einen Sprung über ein Jahrhundert. Auch Luigi Pirandello ist West-Sizilianer. Er stammt aus Porto d'Empedocle bei Agrigento, wo sein Vater eine Schwefelgrube betrieb. Die Familie soll aus Genua stammen, doch sind die aus Norditalien zugewanderten Gutsverwalter und Unternehmer ebensolche »Sizilianer« wie die Einheimischen, ihre Ausbeutungsmethoden passen zu dem Lande. So ist auch Pirandello ein waschechter Sizilianer, dem der arabische Tropfen Blut nicht fehlt. Er hat, wie Meli, zum Teil in sizilianischer Mundart geschrieben, über die er in Bonn eine deutsche Doktorarbeit angefertigt hat, doch ist das nur als Anpassung zu verstehen an die sizilianische Lokalbühne, wo Pirandello mit Martoglio, seinem wichtigsten Vorgänger auf der sizilianischen Volksbühne, zusammengearbeitet hat. Sonst schrieb Pirandello fast alles in Italienisch; das bedeutet keine Italianisierung des Dichters, wie wir sie sonst wohl bei insularen Schriftstellern bemerken, sondern Pirandello ist ein so in der Wolle gefärbter Sizilianer, daß seine Sizilianität weder der Mundart noch der insularen Stoffe bedarf: sie bricht in jedem Falle durch, nicht etwa als Provinzialismus, sondern im Sichtbarmachen eines Universal-Menschlichen im Lokal-Begrenzten. Dieses Universale ist okzitanisches Erbe aus dem 13. und 14. Jahrhundert, aber in der Umkehrung, picaresk durchsetzt und völlig modernisiert. Pirandello mußte nicht wie Meli aus der Hefe des Volkes stammen, um die sozialen Probleme der Insel und die Miseria zu bemerken. Sizilien hat vom Altertum bis zur Gegenwart eine Herrschaftsüberlagerung nach der anderen erlebt – griechisch, karthagisch, römisch, byzantinisch, arabisch, normannisch, staufisch, spanisch, bourbonisch, italienisch, faschistisch – der Aspekt »von unten her« ist daher jedem Sizilianer geläufig. Es ist kein Zufall, daß der soziologische Entdecker des »Kreislaufs der Eliten« ein Sizilianer ist (Gaetano Mosca, aus Palermo). Die Unterdrücker- und Ausbeuter-Rolle der Latifundisten, mehr noch der Verwalter, der sogenannten *gabellotti,* ist kein Geheimnis und war auch literarisch längst vor Pirandello bekannt, es genügt, an die Romane von Capuana und Verga zu erinnern. Pirandello hat die Probleme der Insel im Spiegel der Ideologie des Risorgimento in seinem Frühroman »I vecchi e i giovani« behandelt, der stark autobiographische Züge trägt. Wie bei Meli sind es die eigenen Ideale des jungen Dichters, die einer Ernüchterung weichen. Das Risorgimento war schon bald nach 1870 als gescheitert anzusehen, zum mindesten aus der Perspektive des Südens. Es ist im wesentlichen eine norditalienische Pflanze; wer es von seiner liebenswertesten und menschlichen Seite her kennenlernen will, greife zu Fogazzaros »Piccolo mondo antico« (1895), während die Arbeiten von Ricarda Huch mehr den Aspekt der Historikerin »von oben her« widerspiegeln. Im Süden ist das Risorgimento zunächst nichts als ein neues, vielversprechendes Experiment einer neuen Herrschaftsüberlagerung gewesen, das sein Können erst zeigen mußte. Es blieb aber bei den großen Versprechungen, die Ideale der Gerechtigkeit und Freiheit wurden nicht verwirklicht, und die Agrarprobleme des Südens blieben ungelöst.

Zu den Kindheits- und Jugendeindrücken des Dichters gehört *l'atmosfera oppressiva del borgo siciliano* (die bedrückende Luft der sizilianischen Kleinstadt) mit der Übermacht, Eitelkeit und Korruption der lokalen Konsorterien und dem Bankrott des Patriotismus. Pirandello sagt über seine Vaterstadt:

»Das Akragas der Griechen, das Agrigentum der Römer endeten im Kerkent der Muselmanen, und der arabische Markt war unauslöschlich im Geist und in den Gewohnheiten der Leute eingeprägt geblieben. Schweigsame Trägheit, finsteres Mißtrauen und Eifersucht ...« (in Mennemeier, Der Dramatiker Pirandello, 126)

Die kleinen grauen Waisenmädchen aus der religiösen Fürsorgeanstalt (Boccone del Povero), die Trauerprozessionen auf der einzigen geraden Hauptstraße: ein mitleiderregender, gnadenloser Anblick. Sedimentierte historische Erfahrung! Und offenbar unbrechbar durch den oft nur vorgespiegelten Reformeifer. Auch die Bauernrebellion von 1893 war nur eine Farce. »La visione di una umanità misera e impenetrabile« (De Castris). »Impenetrabile« – das ist das Wort: undurchdringbar. Die vorübergehenden Sympathien für die sozialistischen Ideen sind nicht die Folge der Undurchdringbarkeit, umgekehrt, diese ist bereits die Folge des Falliments auch der sozialistischen Ideale. Der Grauheit der Vision entspricht bei Pirandello, soweit ich sehe, das Fehlen der Landschaft. (Ähnlich wie bei Dostojewski.) Die hellenische Tempelszenerie von Agrigent hat für den Eingeweihten etwas Akademisch-Unwirkliches – heute, auf dem Hintergrund der Wolkenkratzer (einer stürzte 1966 ein), geradezu etwas Groteskes. Russo sagt: Auch wenn die Personen Pirandellos im Freien spazierengehen, spielt sich ihr dramatischer Geisterzug im geschlossenen Dunkel ihres Schädels ab. (Russo bei Mennemeier, a. a. O., 128). Es ist das, was der Philosoph Sciacca den »Immanentismus« Pirandellos nennt. Noch mehr: es ist Nihilismus. Der Raubbau an der Landschaft ist Ausdruck einer typischen Gesinnung. Daß er inzwischen auf Mittel- und Westeuropa übergegriffen hat, weist auf die universale Tendenz des lokalen sizilianischen Musters hin. Die Novelle »Il fumo« schildert einen Grundbesitzer, der von seinem Konkurrenten, der ihm vieles verdankt, nach Strich und Faden betrogen wird. Als ihm jener auch noch sein letztes Stück Land entreißen will, verkauft er es rasch an die Schwefelminen-Gesellschaft zum Abbau und weidet sich nun an dem Gedanken, daß der Rauch die ganze grünende Natur, Bäume, Wiesen und Felder zerstören werde! Wenn schon! »Weder er noch ich! Zerstörung, Zerstörung. Alles soll verbrennen!« Eine Tendenz der modernen Welt ist hier schon früh (1922) vorweggenommen.

Die Erfahrungen des jungen Schriftstellers in Rom waren nicht dazu angetan, die destruktiven Eindrücke des *borgo siciliano* zu verwischen. Die Enttäuschung Pirandellos (und vieler anderer junger Sizilianer) über die Korruption der frühen Ära Crispi war um so größer, als der gefeierte Staatsmann selbst Sizilianer von Herkunft und ehemals ein revolutionärer Kämpfer von 1848 und 1860 gewesen war. Aber die Macht der neuen Umstände war größer als die der alten Ideale; die alten Konsorterien erwiesen sich auch im geeinten Italien als unsterblich. Der Bewegung des Risorgimento und der Reformen, die nach dem Süden vorzudringen versuchten, hat von Anfang an eine gegenläufige Tendenz geantwortet, welche den insularen Geist auf das Festland übergreifen ließ. Ist es ein Zufall, daß die italienischen Literatur-Nobelpreisträger (mit Ausnahme d'Annunzios und Montales) alle aus dem Süden stammen? Grazia Deledda war Sardin, Pirandello und Quasimodo waren Sizilianer. (Die Werke Vergas, des »sizilianischen Balzac«, erschienen fast alle vor der Stiftung des Nobelpreises.)

Pirandellos Anknüpfung an die picareske Tradition geht nicht über den

Roman, sondern über die *comedia dell'arte,* besonders in der Form der Dialektstücke Nino Martoglios. Pirandello hat mehrere Theaterstücke im Dialekt geschrieben oder zumindest italienisch und sizilianisch herausgebracht – bezeichnenderweise gerade die, in denen das picareske Wegwerfen der Scham den Kern bildet. Das heißt, es werden negativ stigmatisierte Rollen auf die Bühne gebracht, bewußt ehrlose oder Narren-Rollen. Der übersteigerte, aus der feudalen Tradition stammende Ehrenpunkt *(puntigghiu d'onuri)* schlägt in sein Gegenteil um: demonstrative Selbsterniedrigung und bewußtes Ergreifen einer Narren- oder Paria-Rolle mit gleichzeitiger verächtlicher Absage an den guten Ruf (die *fama* oder *diceria*). Wir beziehen uns auf unsere Felderfahrungen im sizilianischen Borgo, die uns das Verständnis für unseren Dichter geebnet haben. In »'A birritta cu' 'i ciancianeddi« (italienisch: »Beretto a sonagli«, d. i. Schellenkappe) zwingt ein betrogener Ehemann seine Frau, die Verrückte zu spielen und auf der Piazza ihre Schande den Menschen ins Gesicht zu schreien, weil dadurch, da man einer Verrückten nicht glauben werde, der Betrogene der Notwendigkeit überhoben wird, die konventionelle Rache durch Blut zu vollziehen. Der Einfall, daß man die Wahrheit nur herausschreien muß, um zu erreichen, daß sie nicht geglaubt wird, gibt zweifellos etwas von der Struktur der heutigen öffentlichen Meinung wieder. Ein anderes Stück (»A patenti«, 1919) dreht sich um den Glauben an den bösen Blick *(malocchio).* Es ist das Drama eines *jettatore,* d. h. eines Experten im Werfen des bösen Blickes. Der Betreffende verklagt Leute, die vor ihm Abwehrbewegungen machen, wegen Verleumdung, in der Erwartung, daß er den Prozeß verlieren wird, denn auf diese Weise erhält er *indirekt* das Diplom eines *jettatore,* und nur diplomiert ist er mit seiner Familie wirtschaftlich existenzfähig. Pirandello hat dazu mündlich geäußert, es gebe Leute, die an den bösen Blick nicht glauben; andere aber glauben daran, und darum gibt es ihn. Ein schönes Beispiel für des Dichters »Immanentismus«.

Viel ist über die chaotische Zerschlagenheit der Realität und die Zersplitterung des Ich in den Dramen Pirandellos geschrieben worden. Man spricht von einer existentiellen Situation des Menschen, der zu ewigem Fließen verurteilt sei und niemals seine Form finden könne. Mir scheint eher, daß Pirandello seine eigene Rollentheorie hat, ähnlich wie Grimmelshausen, und daß sein Protest vor allem gegen die Unverschämtheit unserer sozialen Mitwelt geht, uns um jeden Preis zu identifizieren mit der Rolle, die wir gerade zu spielen gezwungen waren oder sind. Der Erfahrungsbasis nach ein Protest gegen den brutalen Festlegungszwang der sizilianischen Piazza (mit ihrer *diceria,* dem »Gerede«), aber ins Allgemeingültige erhoben. Das Selbst des Menschen wird damit nicht geleugnet, es wird nur betont, wie schwer der soziale Zwang es uns macht, unsere Form zu finden. Das ist weniger eine skeptizistische als eine epochistische Einstellung[10]. Pirandello hat seine Rollentheorie nicht theoretisch ausgearbeitet, sie findet sich aber dargelegt in seinem dramatischen Œuvre. Das artistische Spiel mit dem »Theater im Theater« und die planmäßige Inszenierung des Umkehrdenkens wird von Francis Fergusson erhellt, der über unseren Dichter schreibt:

»Er kehrt die Konvention des modernen Realismus um: anstatt vorzugeben, die Bühne sei gar nicht die Bühne, sondern der vertraute Salon, behauptet er, der vertraute Salon sei nicht wirklich, sondern eine Bühne mit vielen ›Wirklichkeiten‹.« (in Mennemeier, Der Dramatiker Pirandello, 88)

Und so bringt er denn auch das *Spiel* der Narrheit, seit Ariost über Cervantes und Alemán bis zu Grimmelshausen ein epischer Vorwand, dahin, wo es rechtens hingehört: auf die Bühne. Der toskanische Aristokrat, der sich närrischerweise für Heinrich IV. hält (es ist der deutscher Kaiser gemeint), seine Villa als Kaiserpfalz aufzieht und seine ganze Umgebung samt Sekretär, Pagen etc. zum Mitspielen zwingt, setzt diese Rolle auch nach seiner Heilung vom Wahn fort. Das heißt, er *muß* sie fortsetzen, da die anderen ihn dazu zwingen, seine Rolle weiterzuspielen, wie er sie zwingt: Alle zappeln im Netz wechselseitig aufgenötigter Rollen. Warum er das Ganze inszeniert hat? Um Geschichte zu *sein*, die sich nicht mehr wandeln kann, sondern für immer festgehalten ist. Entrinnen freilich kann er auf diese Weise dem Rollenspiel nicht:

»Dieses Kleid ist für mich das freiwillige Zerrbild jenes anderen großen immerwährenden Possenspiels, dessen unfreiwillige Narren wir sind, wenn wir ohne es zu wissen, uns in das verkleiden, was uns als Wirklichkeit erscheint.« (Pirandello, Heinrich IV., 100)

Der Weisheit Ende ist, daß geistig gesund ist, wer in aller Ruhe den Narren spielen kann: die Weisheit des Simplicissimus!

In zwei Werken hat Pirandello die mythologische Sphäre berührt: in den »Giganten vom Berge« (»I giganti della montagna«), das Fragment blieb, weil der Dichter vor der Vollendung starb; und in der Nachdichtung des euripideischen Satyrspiels »Kyklops« in sizilianischer Sprache (»U Ciclopu«, veröffentlicht aus dem Nachlaß 1967). Das Gigantenproblem mußte dem Sizilianer besonders naheliegen. Die gestürzte Gigantenstatue im Agri-

10 Die Sachlage scheint mir ähnlich zu sein wie in der buddhistischen Lehre vom *an-attan*, dem »Nicht-Selbst«: Dadurch, daß immer wieder in den Texten versichert wird, Nicht-Definierbares sei identisch mit dem Selbst *(attan)*, wird nicht das Selbst geleugnet, sondern nur seine Definierbarkeit. Also nicht Negation, sondern *Epoché*.

gentiner Tempelgelände ist dem Dichter sicher von Kindheit an ein bekannter und erregender Anblick gewesen. Homers Kyklop als kannibalischer Oger wurde zum Symbol brutaler Lebensgier und Ausbeutung. Die sizilianische Romanliteratur hat diesen Typ öfters markant geschildert, etwa in der Figur des catanesischen Grundbesitzers Onkel Edmondo in Vitaliano Brancatis »Pablo il caldo« (1955) mit seiner auch ideologisch verteidigten Freß- und Lebensgier, kombiniert mit der antibanausischen Lebensphilosophie und der Devise: Die anderen, die dumm genug dafür sind, mögen für mich arbeiten: Arbeiter, Bauern, Kleinbürger. Gier, Unmaß, Raffsucht müssen als Überkompensationen in einer »Kultur der Armut« verstanden werden. Der menschenschlingende Kyklop, der am Ätna in seiner Höhle haust, ist schon bei Euripides eine Persiflage »jener Moral der Selbstsucht und des Übermenschentums, die sich über alle ›konventionellen‹ sittlichen Begriffe hinwegsetzten« (Nestle, Euripides, 203). Erinnert sei an die Sophistik des Gorgias, der auch ein Sizilianer aus der Ätna-Gegend (Leontini) war. Der Kyklop Polyphem bei Euripides verficht, wie Onkel Edmondo, das Recht des Stärkeren, die Allmacht des Reichtums und die frivole Habgier. Dieser dichterischen Figur müsse »ein wirklich vorhandener Menschentyp zu Grunde [liegen], dessen Exemplare am Ausgang des 5. Jahrhunderts in Griechenland nicht allzu selten gewesen zu sein scheinen« (Nestle, a. a. O., 335 f.). Pirandello verschlüsselt in der Gestalt des Polyphem die Lebensanschauung und Lebensgier[11] der sizilianischen Großbourgeoisie. Wiederum wird dieser Zug ins Universale gehoben, wie die Bemerkung zeigt, daß »die Mehrzahl der Menschen Giganten im dantesken Sinne« seien. Luigi Russo bemerkt hellsichtig, Pirandello sei der Dichter einer metaphysischen Provinz, die man Sizilien nennen kann, die man aber auch Island nennen könne. Die Arglist aber, mit der Odysseus den Kannibalen täuscht und sich mit seinen Gefährten dessen Klauen entwindet, erscheint bei Pirandello als ein picareskes Überspielen (siz. *furberia*), das allerdings die einzige Methode ist, wie der Schwächere in diesem sozialen System durchkommen, d. h. entkommen kann, wie im spanischen Schelmenroman. Die Auffassung des Odysseus als eines arglistigen Bösewichts ist übrigens schon euripideisch, man lese die »Troerinnen«.

Zur Lebensgier gehört auch das erotische Verlangen (die Metaphern für Hunger und Liebe sind im Sizilianischen oft auswechselbar), so daß sich Pirandello die Satyrszenen bei Euripides nicht konnte entgehen lassen, am wenigsten den Stoßseufzer eines Satyrs: »O daß doch der Weiber Volk gar nie geboren wäre – außer denn für mich allein!« (Euripides, Der Kyklops, 36 f.) Es gibt eine Übersetzung des »Kyklops« von Adolf Wilbrandt, der in der zweiten Hälfte des vorigen Jahrhunderts ein angesehener Theaterdichter

11 Siz. *roba (robba)*. Das Wort hängt etymologisch mit Raub zusammen.

war (Fontane hat seine Lustspiele geschätzt) und zeitweilig (1881–87) auch Direktor der Wiener »Burg«. Wilbrandt hat in seine Übersetzung eine Passage eingeschmuggelt, die bei Euripides nicht zu finden ist: Die Satyrn schleppen aus einem Stall eine große weibliche Puppe in bunten Kleidern herbei, sie nennen sie ihre Göttin Ariadne und umtanzen sie. Einer der Satyrn kommentiert diese Szene dem zuschauenden Odysseus:

»... Sie ist unser Geheimnis. – Ich will dir's sagen. Weil wir armen jungen Leute hier so ganz allein sind – es gibt am Ätna keine Frauenzimmer, kein einziges, guter Odysseus –, und da wir doch etwas Weibliches um uns haben wollten, so haben wir in der Wintereinsamkeit uns aus Ziegenfellen diese Göttin gemacht und ihr die mühsam zusammengestohlenen Lappen angezogen. Und wenn wir allein sind, beten wir sie an und regen uns durch die Erinnerung an schönere Zeiten auf.« (A. v. Wilbrandt in: Euripides, Tragödien, 323)

Pirandello hat sich die Ausspinnung des Satyrtanzes (den sogenannten sikinnischen Reigen) ebenso entgehen lassen wie den obszönen Kyklopentanz (nach Aristophanes, Plutos), obwohl auch Erasmus von Rotterdam (»Lob der Torheit«) den ganzen Komplex erwähnt. Nicht so Pirandellos Landsmann, der Romancier Vitaliano Brancati, der in »Don Giovanni in Sicilia« (1942) die Geschichte erfindet, daß junge Männer aus Catania sich eine Puppe anfertigen, die sie kultisch anbeten.

Pirandello war ein scharfer Denker, der sich auch kritisch über sein Schaffen Rechenschaft abgelegt hat. Doch geschieht dies bei ihm ex post facto, also aus der Erfahrung der künstlerischen Gestaltung heraus, nicht aus vorweg entworfenen ästhetischen Prinzipien. Verständlicherweise mußte daher der Dichter zu der idealistischen Ästhetik des mächtigen und einflußreichen Philosophen Benedetto Croce in Gegensatz geraten. Sie haben sich beide gehaßt. Der Dichter vertritt gegenüber dem Philosophen in einem Essay von 1921 den Standpunkt des Fachmannes, dessen kreative Erfahrungen mit Croces Auffassungen des Verhältnisses von Struktur und Poesie unvereinbar sind. Das künstlerische Schema z. B. könne kein Skelett sein, weil es das erste Stadium der erlittenen künstlerischen Kreation ist. Das schrieb Pirandello in demselben Jahr, als die »Sei personaggi...« herauskamen und er selber, bewußt von der Novelle zum Drama weiterschreitend, mit einer eigenen Theatertruppe seine moralische Konzeption der Welt und des Lebens mit der Bühnentechnik zu verbinden suchte. Schon früher (1908) hatte Pirandello gegen Croce bemerkt, die ästhetische Tatsache sei ein Geschehen *(avvenga)*, sie ist daher nicht Ausdruck oder abstrakte (mechanische, objektive) Form der Intuition, sondern deren Subjektivation. Der Irrtum der italienischen Erzähler des 19. Jahrhunderts sei gewesen, sich an französischen Vorbildern mit dem Vorurteil des Objektivismus anzulehnen, darum habe ihnen auch die Ästhetik Croces imponiert. Das literarische Kunstwerk ist aber ein schöpferischer Vorgang, Pirandello verteidigt diesen fast wie eine physische Tatsache. Aufschlußreich für seine Auffassung ist ein dritter Essay (über Dante, 1916), wo er sich mit dem 21. Gesang des »Inferno« auseinandersetzt. Dante nehme da gleichsam die Rolle des Schauspielers in der Welt ein, wobei sein Gefühl fast eine Realität außerhalb seiner selbst geworden sei, existent in der Repräsentation des Zustandegebrachten. Pirandello spricht dabei auch von der »armen Materie der schöpferischen Aktivität« und der »intimen dramatischen Repräsentation«, sogar vom »Spielen mit der Materie« (Pirandello, Opere VI, 331, 923). Das totale Mißverständnis der künstlerischen Absichten und der künstlerischen Persönlichkeit Pirandellos durch Benedetto Croce ist im Grunde vulgär. Es ist das alte Vorurteil, daß im literarischen Kunstwerk Ansichten ausgedrückt seien – überhaupt etwas ausgedrückt –, wogegen es nach Pirandellos Selbstverständnis nichts Belangloseres und Unverbindlicheres gibt als »Ansichten«. Gewiß spricht der Dramatiker durch seine Personen. Doch das, was die Personen sagen, ist nicht theoretische Explikation, sondern künstlerische Darstellung. Selbst ein sicherlich nicht oberflächlicher Kritiker wie Tilgher hat Pirandello als Relativisten verschrien. Aber müßte dann nicht jeder Dramatiker Relativist sein? Die Rolle ist eine Relativierung im System der Handlungen, aber ist darum der Dramatiker ein Relativist? Nicht besser steht es mit dem angeblichen Skeptizismus Pirandellos. Wenn jemand als Erzähler oder Dramatiker das Phänomen des Skeptizismus behandelt – ist er dann Skeptizist? Ich meine, dann gerade *nicht*. Pirandello hat einmal gesagt, daß unter so vielen Träumen und Illusionen, die das Labyrinth des Lebens bilden, es eine Erscheinung gibt, die mit ihren Gebeten alle Mängel aufhebt: die Kunst. *Sie* gibt uns das Gefühl des Seins, befreit uns vom Zweifel und offenbart uns die große Kraft des Glaubens und der Wahrheit.

Konfluenz der Motive (Gerhart Hauptmann)

Ich schließe diesen Abschnitt mit einigen Bemerkungen zu Gerhart Hauptmann. Wenn man im Gelände einem Riesen begegnet, kann man ihm nicht ausweichen; aber man soll ihn nicht überblicken wollen. Das Lebenswerk dieser »stärksten literarischen Potenz des Jahrhunderts« (Rudolf Alexander Schröder), wie es jetzt in den vierzehntausend Seiten der Centenar-Ausgabe vorliegt, ist zwar greifbar, aber noch nicht überschaubar; der Rest unseres Jahrhunderts wird noch damit zu tun haben, es in die Scheuern zu bringen, die Themata zu sondern und ihre zahlreichen Querverbindungen und Abwandlungen aufzuweisen. »Die stärkste literarische Potenz« – das trifft auch zu in bezug auf die Gattungen. Hauptmann ist zwar in erster Linie Dramatiker gewesen, seinem innersten Nerv nach (»soweit der Mensch denkt, ist er Dramatiker«). Aber lägen nur die Novellen vor, nur die Romane, nur die Lyrik, nur die Versepen oder auch nur die Fragmente: so wäre das alles schon für sich ein kaum zu bewältigendes Erbe. Machtvoll vor allem jedoch ist dieses Werk durch seine grundwaltende Ursprünglichkeit. Hauptmann war (wie Goethe gesagt haben würde) »eine Natur«. Es gibt bei ihm keine Spur von Ideologie, von erdachter »Weltanschauung« (wie Benno von Wiese einleuchtend auseinandergesetzt hat); daher ist auch seine Ironie keine Ironie des Schriftstellers, sondern eine den Situationen innewohnende: die Ironie der Welt selber. Ein keineswegs nebensächlicher Sachverhalt! An anderer Stelle (in »Tradition und Bestand in der Literatur«) habe ich auseinandergesetzt, wie stark sich Hauptmanns künstlerische Intentionen mit den zeitgenössischen Warnungen vor Weltanschauungsphilosophie (bei Max Weber und Edmund Husserl) berühren; und ich möchte unterstreichen, was v. Wiese in seiner Interpretation der »Ratten« präzis bemerkt: »... Denn jede Form ideologischer Interpretation der Wirklichkeit ist in Wahrheit selbst noch ein destruktives Element der Zerstörung« (v. Wiese, Wirklichkeit..., 231). Derselbe Autor sagt hellsichtig, daß sogar der sogenannte Naturalismus des frühen Hauptmann immer zweifelhafter geworden sei – was aber doch nicht weniger heißt, als daß man ein literarisches Phänomen ersten Ranges falsch etikettiert hat. Zum Teil mag das daran liegen, daß von den Spätwerken aus ein Licht auf die Frühwerke fällt, das neue Facetten aufglänzen läßt. Bewundernswert ist bei Hauptmann die Beharrungskraft einverleibter Motive aus früher Jugend bis in das höchste Alter. Am 8. Januar 1934 stellt der Zweiundsiebzigjährige bei der Durchsicht der »Galahad«-Aufzeichnungen fest:

»Seit letztern Blättchen sind ungefähr fünfundzwanzig Jahre vergangen: in meinen fortlaufenden Ideen nur eine Gegenwart: Galahad! – heut wie einst als Problem gegenwärtig. Aber was besagt ›einst‹?« (Hauptmann, Werke VIII, 967)

Erstaunlich bleibt, wie für diesen grundnaiven Dichter alles lebendig ist, was für den gewöhnlichen Sterblichen allenfalls Bildungselement ist; wie für ihn der Bildungsbegriff seine ursprüngliche Paideia-Bedeutung zurückgewinnt. Hauptmanns mythische und poetische Figuren sind für ihn reale Gestalten.

Man lese nach, was er in seinem Reisebuch »Griechischer Frühling« über die Stätte der Vermählung Fausts und Helenas schreibt. Vergleichbar an elementarer Vergegenwärtigung ist höchstens Goethes Garten des Alkinous. Noch elementarer wirkt es, wie Hauptmann inmitten der klassischen Landschaft von der Heilandsgestalt verfolgt wird, und zwar wortwörtlich.

Eidetische Fähigkeiten mögen bei solchen Visionen mitgewirkt haben. Daß für ihn der Große Pan nicht tot ist, mag das Befremden der klassischen Philologen erregen, für die etwas gründlich tot sein muß, um ihr Interesse wachzurufen. Auch das Arkadisch-Pastorale ist für Hauptmann voll von verhaltener Dämonie und damit endlich der Sphäre schwächlich-gefühlvoller und niedlicher Verharmlosung entrückt, mit der wir Jahrhunderte lang gelangweilt worden sind. Im »Ketzer von Soana« wird die Antwort affirmiert: Der Große Pan lebt noch, samt dem Pandämonium von Fruchtbarkeitsdämonen, wobei der Eindruck der Quasi-Realität dieses Geschehens, das in eine klassische südtessiner Landschaft verlegt ist, vollkommen ist. Der Sieg des Paganismus scheint in dieser Novelle endgültig zu sein. In der späten Atriden-Tetralogie der vierziger Jahre, dem letzten vollendeten Werke des Dichters, ist die Entfremdung gegenüber der Welt, und aller von allen, in den ursprünglich erlebten archaischen Gestalten gefaßt: Gorgo, Kere, Hekate, doch selbst in der Gestalt der hier ganz ungoetheschen Iphigenie und ihrer schreckenerregenden Verwandlung aus einer zarten Jungfrau in die dämonische Priesterin der gnadenlosen Göttin waltet eine künstlerische Intention, die von der blassen Klassizität weit ab liegt. Die Perspektive dieser Dichtung ist in der Tat gnadenlos, völlig unchristlich, der Zeitlage (1940 – 44) gemäß, doch da die Zeitlage das wahre, gorgonische Gesicht der Welt enthüllt hat, überzeitlich gültig. Der Ausgleich mit dem Christentum ist Hauptmann nicht gelungen, weil er nicht gelingen kann. Dabei ist dieser Dichter genauso christlich, wie er antik ist, der Widerspruch ist eben da und muß akzeptiert werden. Die bis in die letzten Tage vor dem Zusammenbruch von dem Dichter genährte Selbsteinrede, daß »Gott der Gute« sich schon wiederherstellen werde, erfährt in anderer Spruchweisheit aus den Jahren 1944 – 46 ein scharfes Dementi; war sie doch auch in ihren Bildern mehr islamisch-schiitisch als christlich gewesen, wie die Rückert nachfolgenden Gedichte »Harut und Marut« und »Siebenschläfer« (beide 1944). Der tanzende Heiland des ersten Gedichts ist ein ketzerischer Einfall, und wo Hauptmann sich christlichen Themen zuwendet, handelt es sich um ein Ketzer-Christentum. Wie könnte es anders sein bei dem Schlesier, der seinen Landsmann Jakob Böhme, einen ursprünglichen christlichen Gnostiker, gelesen hat? Dasselbe läßt sich auch feststellen für sein Roman-Fragment »Der neue Christophorus«, an dem er in denselben Jahren gearbeitet hat wie an der Tetralogie! Es ist ketzerisch und verwegen synkretistisch. So kommt es dem Dichter nicht darauf an, Buddhistisches mit aufzunehmen; er vergleicht Mara, den legendären Versucher des Buddha, mit Satan als dem Versucher Christi. Das ist religionsgeschichtlich fragwürdig, paßt aber zu der synkretistischen Tendenz, die der Gnosis innewohnt. Vom Venedig-Erlebnis schlägt Hauptmann die Brücken zu der Figur des alten schlesischen Schamanen Wann (im Glashüttenmärchen »Und Pippa tanzt«), indem er die historisch bezeugten Wanderungen der »Venediger« heranzieht. Aber er verknüpft Venedig auch mit dem westöstlichen Märchenzauber von »Tausendundeiner Nacht« und sieht das seidene Kopftuch der Scheherezade auf der Altane hinter den Säulen der Ca' d'Oro leuchten. Michael Hellriegels und Pippas Gondelfahrt über die Wolken von Schlesien nach Venedig läßt sich mit der imaginären Luftreise Don Quijotes und Sancho Panzas auf dem Zauberpferd nach dem Inselreich von Candaya vergleichen. Gewiß ist es magische Entrückung, wobei der nordische Schamane Wann sich mittelmeerisch-orientalischer Requisiten bedient.

Der Herkunft und dem Familienerbe nach ist Gerhart Hauptmann so gut protestantisch wie sein Landsmann Andreas Gryphius, obwohl das mystisch-gnostische Erbe Jakob Böhmes sehr mächtig ist. Was er gestaltet hat, ist Tragödie und Komödie in der Nachfolge der großen attischen Tragiker und des Aristophanes, also Antike; hinzu kommt der dialektische Widerspruch in der gnostischen, anti-antiken Mythologie und die Verwendung ketzerchristlicher, manichäischer Mythologeme und Gestalten; protestantische Motive werden mystisch-ketzerisch verstanden; und am Ende überwiegt eindeutig das Ketzerisch-Schwarmgeistige (Münsterer Wiedertäufer): Resümee eines gewaltigen Prozesses abendländischer Seelen- und Geistesgeschichte, unter nachdrücklichem Hinweis auf die Dramatik der zerstörenden Kräfte.

Die gnostizistischen Züge in Hauptmanns Dichtungen habe ich an anderer Stelle behandelt. Sie sind nicht nur im Spätwerk zu finden, sondern reichen mindestens bis zu dem Kain-und-Abel-Fragment und den Dom-Fragmenten von 1917 zurück. Satanael als Christus-Bruder und Weltschöpfer, ein aus der bogomilischen Theologie entnommener Topos, erscheint bereits in Fragment X predigend (!) und im Gespräch mit Eckart:

»... Wann ahnen diese Taufelspfaffen,
daß ich die Welt und sie geschaffen.«

(Hauptmann, Werke VIII, 1010)

Mit der Rede von den Teufelspfaffen wird das Luziferische abgehoben gegen den Teufel, den Bösen der christlichen Kirche, der »eine niedrige, plumpe, soweit er volkstümlich geworden ist, wenigstens grobianisch-drollige Kreatur« ist, wogegen das Luziferische (oder Prometheische) sich in »eigenwilligen Demiurgen« vom Schlage Miltons und Beethovens manifestiert (Hauptmann, Werke V, 1230 f.).

In dem großartigen Fragment »Gotische Walpurgisnacht« (1934) werden die Bildwerke des Straßburger Münsters lebendig. Sie treten in Bruder Martins Traum und reden zu ihm. Die Lebendigkeit des luziferisch oder prometheisch Erschaffenen erscheint auch im Bauhüttenfragment im Gespräch zwischen Veit (Michelangelo) und Martin (Luther): Jener pocht auf seine göttliche Schöpferkraft, wobei er – ganz gnostisch – die Positivität des Sündenfalles vertritt, dieser mahnt zur Demut. Dagegen hält dem entgegen Veit: Zur Demut ist's zu spät.

»Wer als Rebell sich aufgebäumt
und sich als Herr und Gott geträumt,
wer will den zum geduld'gen Schöpse machen?«

(Hauptmann, Werke VIII, 1005)

Doch auch Bruder Martin ist ständig angefochten. In alle seine Reden und Gedanken mischt sich Satan ein:

»Mit jedem Beter tritt er ein,
taucht er die Finger in das Becken,
ja selbst in deinem Brot und Wein
gelingt es ihm, sich zu verstecken.
Im Licht, das durch das Fenster strahlet,
auf jedem Bild ist er gemalet,
er wirbelt hin in Weihrauchs Düften;
und tönt Gesang vom hohen Chor,
so dringt er herrlich mit hervor
und jubiliert in heiligen Lüften. –
Wie kommt es, daß du solche Macht
dem Feinde deines Reichs gegeben?
Wie sollen wir dem widerstreben,
den du zum Herrn der Welt gemacht?
Ein Fürst der Engel an Gewalt,
unendlich vielfach an Gestalt,
unendlich reichen Zaubers mächtig,
allfältiger List und Bosheit trächtig;
dem es gelang, dich zu betrügen,
wie sollte den ein schwacher Mensch besiegen!«

(Hauptmann, a. a. O., 1007 f.)

Man vermißt aber in diesem lutherischen Gebet den Schluß, daß »ein Wörtlein ihn (d. h. den Fürsten dieser Welt) fällen kann.« Das ist auffällig. Die gnostische Schöpfungslogik taucht, wie gesagt, schon früh bei Hauptmann auf. In der Veland-Tragödie, deren Konzeption bis 1898 zurückreicht, ist sie nordisch-mythologisch chiffriert. Der von seinem Feind König Harald verkrüppelte Schmied ist ein Oger luziferischen Zuschnitts – seine Feuerflügel sind luziferisch! – ganz Rache, nichts als Rache, und für gnostische Deutungen wie geschaffen, denn zu diesem Weltbild gehört unablässige Rache und Widerrache. Velands Monolog:

»Verdammte Schöpfung, bist du immer noch ringsum
bewegt von deines Erbfluchs ungebrochner Kraft? ...
Und du, du Erde, wüster Schauplatz einer Wut,
die sich in Zeugung spalte und Vernichtung! ...
... Wer zwingt sich selbst zum Morde, außer dem,
der selbst der Schöpfer ist? Aus Mordgestöhn erblüht
die Welt! Und Blütenmord erschafft die reife Frucht...
Was lebt, harrt seines Mörders! Ja sogar der Stein,
auf dem ich hocke, harret sein voll Ungeduld...«

(Hauptmann, Werke III, 21 ff.)

Nachdem Harald aus dem Schädelbecher seines ermordeten Kindes getrunken, brechen alle Teilnehmer der Tafelrunde in Flüche über diese Welt aus, obwohl sie noch gar nicht wissen, was geschehen ist. Gott hört nicht die Schreie der gepeinigten Kreatur, er vernimmt in ihnen nichts anderes »als jener Stürme, jener Winde Heulen, die er seit dem Anfang aller Dinge selbst erregt« (Hauptmann, a. a. O. 98). Auch das Verbrechen an Haralds Kindern wiegt für Veland nicht schwer, denn Gott hat es nicht verhindert:

»Trau nicht Allvatern, denn er ließ ja dies geschehn
in seiner Tücke. Doch geschah es ohne ihn
und gegen seinen Willen, wer ist mächtiger,
ich oder er? – ...«

(Hauptmann, a. a. O., 100)

Sogar in das Legendenspiel »Kaiser Karls Geisel« (1906–1907), in dem Hauptmann dem Geiste von Grillparzers »Weh dem der lügt« zeitlich und atmosphärisch nahe gerückt ist, drängt sich die gnostisch negative Theodizee in Karls Schlußrede ein, mit dem ungeheuerlichen Ausspruch, Gott sei »zerschellt an dem Engel, den er schuf«, d. h. an Luzifer, »von Menschenmacht ganz zu geschweigen und von mir« (Hauptmann, Werke II, 575). Und in der in Macbeth-Atmosphäre getauchten »Winterballade« (geschrieben zwischen 1912 und 1916) werden nach gnostischer Astrologie die bösen Sterne für das Handeln der Menschen verantwortlich gemacht. Sir Douglas:

»... Seht dort! Seht dort! Seht dort! Seht, wie sie schießen!
Sollt ich vielleicht dem Schleifer Luzifer
ins Messer fallen, wenn es Gott nicht tun mag?«

(Hauptmann, Werke II, 1141)

(Am Schleifstein haben sie in der ersten Szene die Messer gewetzt, mit denen sie den Pfarrer Arne und sein ganzes Haus ausgemordet haben.)

Das Gnostische erscheint auf abendländischem Boden in Gestalt der christlichen Heterodoxien, vor allem des christlichen Schwärmertums und der Verkündigung des Tausendjährigen Reiches. Darin stecken Kräfte, die in der säkularisierten Form des Fortschrittsglaubens und der revolutionären Menschheitsbeglückung bis heute weiterwirken. Für diese Dinge hatte Hauptmann einen Nerv wie kein anderer Dichter seiner Zeit. Ich gehe nicht auf den großen Schwärmer-Roman »Der Narr in Christo Emanuel Quint« ein, der bekannt genug ist, sondern nur auf die »Wiedertäufer« – und »Dom«-Bruchstücke (1901–1916, 1917–1941). Glänzend geschildert ist die chiliastische Aufbruchsstimmung des Jan von Leyden in seinen Worten, die er an den Türmer richtet:

»... Du siehst auch nicht
des neuen, ungeheuren Anfangs Brunst,
die dort schon glimmt in blutiger Verheißung.«

»Und dennoch sag' ich dir, du hörst, du siehst nicht!
Es geht ein Sterben durch die Mitternacht,
und ungeheuer will ein Leben aufgehn!«

(Hauptmann, Werke VIII, 979)

Auf dem oberen Teile einer gotischen Kathedrale (zu Münster in Westfalen) ist die Spitze abgetragen, auf der dadurch gewonnenen Basis steht ein Geschütz, daneben Luzifer als Stückmeister. Luzifer:

»... Vater unser
im Himmel, du bist gut. Doch diese Welt
nenn' ich mein Werk. Ich schuf sie, und du mußt
sie dulden: denn du duldest sie...«

»... Er, den ihr allmächtig nennt,
Haustiere Gottes! seine Allmacht ist
der Drüse meiner Bosheit nicht gewachsen,
Gift soll er melken von den Lämmern und
Wolfszähne statt der Wolle scheren. Qual
sei die Geburt und das Geborne Angst.«

(Hauptmann, a. a. O., 973 f.)

Hauptmann hat sich auch an einer dramatisierten Fassung der »Wiedertäufer« versucht. Glänzend getroffen ist darin die psychische Expansion der Schwärmer in ihrer Verbindung mit gleichzeitiger Verengung des Horizonts (»Ja, Münster ist Zion! Der Nabel der Welt!« [Hauptmann, a. a. O., 766]). Inmitten von Mord und Brand hören diese perfekten Heiligen Harfen und Zymbeln ertönen. Der Geist der verbohrten, paranoischen Besessenheit tritt in den Abgleitungen der Gläubigen vor unsere Augen. Hauptmanns Notizen sahen die Ausführung folgender Themen vor:

»Die tiefe, gefährliche Schwärmerei, scheinbar harmlos,
und doch der Lebenskern.«

»Im rohen Menschen liegt der Bilderzerstörungstrieb.«

»Kains Mord vertausendfacht.«

Zu Jan von Leyden:

»Ziehe zur Erklärung seiner Grausamkeiten auch den Verfolgungswahn heran: Der sich isoliert Fühlende, der Herrscher, der Höchste, ungewohnterweise der Einsame, Vereinsamte und dadurch Furchtsame. Kein Muhammed, bei weitem kein Muhammed.«

»Eulenspiegelhaftes. Er findet alle diese Benebelten: die Praktiker umnebelt, die scharf distinguierenden Theologen unpraktisch. – Er macht einen Herrschversuch durch Prophetie und ist erstaunt, welche Folgen er hat. Vorsichtig geht er weiter, bis er selbst sein eigener Narr wird.«

»Jan.
Immer wieder Eulenspiegel.
Rembrandt.
Rembrandt-Gesichter.«

(Hauptmann, a. a. O., 830 ff.)

Einmal heißt es auch: »Die Behandlung des Lebens als Traum durchführen.« Eine Exposition dieses Topos in der Veland-Tragödie sei wenigstens kurz angemerkt:

»Bödwild:
Wann wirst du aus dem Traume mich entlassen, Schmied?
Veland:
Nicht eh' zu Ende dieser ganze Traum geträumt,
Wenn du für Traum dies halten magst, o Königskind.
Bödwild:
Obgleich dies alles wirklich scheint, ist es doch Traum...«

(Hauptmann, Werke III, 61 f.)

Bödwilds Traum ist eine magische Bannung, aus der sie nicht zu erwachen vermag. Unter einem ähnlichen Bann stehen die chiliastisch Erregten: Es gelingt ihnen nicht, zu erwachen, obwohl sie sich als »Erweckte« aufführen.

Aus demselben traumhaften Bann nährt sich der Wunderglaube, der gerade im Angesicht des Untergangs blüht. Auch hierfür gibt es – typisch für Hauptmanns Schaffensweise! – eine Exposition in der Jahrzehnte später geschriebenen »Grönlandtragödie«. Der illusionäre Wunschraum ist der hohe Norden. Der Hauptheld des Stückes hat seine Gefolgschaft, eine desperate

Gruppe von Isländern, dazu verlockt, nach Grönland zu segeln, das angeblich ein Paradies sein soll mit Trauben und Früchten. Das Stück ist eigentlich kein Fragment, das Entscheidende ist ausgeführt, sprachlich-dramatisch ungeheuer. Die Gruppe geht im Schneesturm zugrunde – inmitten einer letzten verzweifelten Halluzination des »Weinlandes«. – Aus Behls Gesprächen mit dem Dichter geht hervor, daß das Werk in Hauptmanns letztem Riesengebirgswinter 1944–1945 entstanden ist. Zeitgenossen werden sich erinnern, wie gerade damals, angesichts des Untergangs, der Wunderglaube an den End-Sieg blühte.

Vierter Zugang

Die exotische Szene

Neue Horizonte

Vom Sultan von Marokko wird erzählt, man habe ihm nur Globen zeigen dürfen, auf denen sein eigenes Reich vier Fünftel der Erdoberfläche bedeckte. Eine hübsche Erzählung! Je enger der Horizont, um so relativ größer sieht jeder sein Land. Man kann darüber auch humoristisch reflektieren wie die Bewohner von Texas (USA) über ihren eigenen Staat:

»Texas nimmt den ganzen Kontinent von Nordamerika ein mit Ausnahme der kleinen Anteile der Vereinigten Staaten, Mexikos und Kanadas. Es wird im Norden von zwanzig oder dreißig Staaten, im Osten von allen Ozeanen der Welt mit Ausnahme des Pazifik und im Westen vom Pazifik selbst und von der Milchstraße begrenzt.« (Gunther, Inside U. S.A. II, 367)

Wir wissen aber schon: Abdera ist überall. Was der alte Wieland aber noch nicht gewußt hat, ist, daß weder Abdera noch Marokko noch Texas sich als Horizonte auf die Dauer halten können. Sie werden von den Fakten überrollt. Die wachsende Kommunikation der Länder untereinander erzwingt die Erweiterung der Horizonte.

Der Horizont hat seine Innenseite. Abdera – oder Pirandellos Girgenti – ist auch eine Metapher für die Monade, den geschlossenen Schädel, in den nichts hinein – und aus dem nichts herausdringt. Die Öffnung ist dann allerdings ein chirurgischer Eingriff, dessen Erfolg nicht feststeht. Man weiß nicht, was die Konsequenzen sein werden.

Den Eindruck des geschlossenen Schädels hat man nicht nur bei den Menschen Pirandellos, sondern auch Dostojewskis. Nur täuscht bei diesem Dichter die psychische Expansion darüber hinweg. Ich muß immer wieder hinweisen auf die merkwürdige Erscheinung, daß Horizontverengung und psychische Expansion zusammengehen. Den Eindruck der hermetischen Abgeschlossenheit gewinnt man bei Dostojewski besonders dort, wo er von Europa redet – abgeschlossen und ablehnend. Seine slawophile Einstellung steht unter der entschiedenen Kontrastierung von »Wir« und »Sie«. Da gibt es keine Versöhnung. Dostojewskis tödlicher Haß gegen den »Westen« ist unüberhörbar. Man muß dazu nicht auf das »Tagebuch eines Schriftstellers« (1873–1881) zurückgreifen, den reichsten Aufschluß eröffnet der Roman »Die Dämonen« (1871), den Albert Camus unter dem noch bezeichnenderen Titel »Les Possédés« dramatisiert hat (1959).

Der schärfste Widerspruch kam aber nicht aus Frankreich, Deutschland oder Amerika. Er kam von dem anglisierten Polen Joseph Conrad, der »mit den Augen des Westens« (»Under Western Eyes«, 1911) im Zynismus den Kern des russischen Wesens erblicken zu können glaubte:

»Dies ist eine russische Geschichte für Leser aus dem Westen, die ... den Sinn für gewisse grausame Färbungen und sogar in höherem Grade für moralisches Elend verloren haben, weil alles dies in unserem Teile von Europa schwerlich mehr anzutreffen ist.« (Conrad, Mit den Augen des Westens, 161)

Conrad, der 1924 gestorben ist, hat das Dementi dieser Meinung in Europa nicht mehr erlebt. Übrigens besagt sein Diktum nicht, daß er von der Psychologie der Russen nicht gelernt hätte, und wer künstlerisch Gestaltetes mehr liebt als psychologisches Feuilleton, wird bei ihm mehr »Psychoanalyse« finden als anderswo.

Wir finden das Gegenstück zur monadischen Abgeschlossenheit, die Öffnung der Horizonte nach draußen, bei den Völkern mit überseeischer Tradition. Diese Perspektive ist der große Vorzug der englischen, auch der amerikanischen und holländischen Literatur (Stevenson, Melville, Multatuli [d. i. Douwes-Dekker, »Max Havelaar«, 1860]); während die festlandseuropäische Romanliteratur selbst dort, wo sie sich mit weltmännischer Geste gesellschaftskritisch gab, doch zumeist in das Medium der westlichen Gesellschaft gebannt blieb und daher um so unvermeidlicher provinziell werden mußte, je mehr der ganze Erdkreis mit vielen Völkern, Kulturen, Sprachen und Religionen in den Prozeß der Weltliteratur einbezogen wurde.

Unter den Deutschen ist ein echter Kosmopolitismus, der nicht bloß ideologisch, sondern auf wirkliche Weltkenntnis gegründet war, immer Ausnahme geblieben, auch literarisch. Gegen Ende des 18. Jahrhunderts hatten sich aus der Provinzialität erhoben Georg Forster (1754–94) und Johann Gottfried Seume (1763–1810); der eine, als Anthropolog und Völkerkundler von Rang von mir wiederentdeckt (1938, 1955), war mit seinem Vater, dem berühmten Naturforscher, Johann Reinhold Forster, zuerst in Rußland, wo der despotische Alte dem Elfjährigen Übersetzungen aus dem Russischen ins Englische einbleute; später ist er bekannt geworden als Weltreisender (»Reise um die Welt«, 1778, 1780) unter dem Kommando des britischen Kapitäns James Cook (1772–1775, abermals zusammen mit seinem Vater) sowie als Niederrhein- und Hollandfahrer zusammen mit den Brüdern Humboldt (»Ansichten vom Niederrhein«, 1791); lebte in Wilna, in Kassel, in Mainz – nirgends wirklich seßhaft werdend. – Der andere, Seume, aus kleinen Verhältnissen stammend, mit energisch angeeigneter gründlicher klassischer Bildung, wurde, von hessischen Werbern verschleppt, unfreiwilliger Nachbar irokesischer Indianer in Kanada (daher das berühmte Gedicht von dem »Kanadier, der Europens übertünchte Höflichkeit nicht kannte« mit dem Schluß: »Seht, wir Wilden sind doch bessere Menschen! – Und er schlug sich seitwärts in die Büsche« [Seume, Werke II, 72]); heimgekehrt entlief er dem Soldatenleben in Emden und Bremen, wurde wieder eingefangen, entlief abermals und entkam; entkam als Offizier in russischen Diensten bei den Greueln im belagerten Warschau (1793) knapp der Metzelei; wanderte als »huronischer« Fußwanderer von Leipzig nach Syrakus (1801) – nur von Neapel nach Palermo nimmt er das Paketboot sowie in Sizilien einige Male gezwungenermaßen das Maultier –, begabt mit dem Blick für die Armut und das Elend der kleinen Leute (ein Aspekt, dem gegenüber Goethe vierzehn Jahre früher hartnäckig die Augen verschlossen hatte), entkam bei Gela mit knapper Not den Banditen; wiederum wanderte er, als Fußwanderer immer verdächtig, mit seinem ewigen Tornister nach Rußland, ins Baltikum; in Dorpat trifft er mit dem Universitätskanzler Klinger zusammen – erschütternd ist, wie dieser große Mann dem kleinen, aber charakterlich ebenso großen Seume die Nachricht bringt: »Schiller ist tot!« –, dann nach Petersburg, nach Moskau, Finnland, Schweden. Beiden Männern wurde nichts geschenkt, sie haben ihren Kosmopolitismus einer harten Umwelt bitter abringen müssen. Seume stand, als er auf dem Marsch nach Syrakus Duino durchwanderte, »am Ausgang der grimmigen Einsicht« kein gastliches Schloß als Zufluchtsort mit einer verständnisvollen Thurn- und Taxis-Fürstin zu Gebote, und den Besuch der berühmten Höhlen mußte er sich versagen wegen der darin lauernden Banditen: enthaltsam auch gegen das »hübsche Stück Erbsünde«, das ihn am Abend vorher am Triestiner Tische bedient hat. (Goethe hätte im gleichen Falle vermutlich von den »hübschen Kindern« gesprochen, Seume riskiert: »drei Grazien«, um das Epitheton sofort zurückzunehmen). – Forster konnte auf der Südseeinsel Raiatea im Mai 1774 denselben Mimus von Kindbettwehen und Kindesgeburt, dargestellt von erwachsenen Männern, beobachten, den dreizehn Jahre später Goethe beim römischen Karneval ganz ähnlich gesehen und beschrieben hat; beides ausdeutbar nach der zyprischen Kultmythe von der von Theseus verlassenen, im Kindbett gestorbenen Ariadne: Zeugnis archaischer, vom Mittelmeer bis in die polynesische Inselwelt reichender Kultzusammenhänge. Aber Forster und Goethe, die sich kannten, haben ihre Reiseerfahrungen nicht austauschen können. Ihre Schicksale waren zu konträr. Als Goethe an der Belagerung von Mainz teilnahm (1793), war Forster als Mainzer Jakobiner und Klubbist in die Reichsacht erklärt und nach Paris geflüchtet, wo der enttäuschte Revolutionär bald zugrunde ging. Forster ist vierzig Jahre alt geworden, Seume siebenundvierzig. Kein Deutscher hat zu jener Zeit so reiche Weltkenntnis gesammelt und beschrieben wie diese beiden. Dafür sind sie denn auch bei den Deutschen gründlich vergessen[1].

1 Von Forster gibt es seit einigen Jahren zwei neue, noch nicht abgeschlossene Werkausgaben, über die sich manches sagen ließe. Für Seume ist man immer noch auf die alten Gesamtausgaben angewiesen, ich zitiere nach der vierten von 1839.

Indien

Zu dem Wunderlande Indien haben die Deutschen anscheinend immer eine besondere emotionale Beziehung gehabt. Doch hat die deutsche philologische Indienforschung, fast ausschließlich auf den religiös-metaphysischen Texten aufbauend, doch ohne Kenntnis von Land und Leuten, zudem befangen in der philosophischen Tradition der Schlegel, Fichte und Schelling, ein idealistisch-überhöhtes Indienbild geschaffen, das mit der Wirklichkeit des Landes und seiner Menschen wenig zu tun hatte. Das reale Indien war von jeher geprägt von Unterdrückung, Despotie, Grausamkeit und wechselseitiger religiöser Unduldsamkeit und Verfolgung, wovon der nichts weiß, der nur die erhabenen ethischen Postulate der religiösen Texte kennt. »In Wirklichkeit war Indien nie ein tolerantes Land«, schreibt einer der besten Kenner des Landes, Hermann Goetz. »Dies wird aber heute verschwiegen, wenn jene Hochleistungen der indischen Religion, Philosophie, Kunst und Literatur zur politischen Propaganda gebraucht werden, weil es natürlich zu dem Bild einer toleranten, gewaltfeindlichen Welt nicht paßt, welches eine der Propagandawaffen des Neo-Hinduismus und vor allem des Gandhismus gegenüber dem Abendland geworden war.« In diesem Zusammenhang muß auch der Franzose Romain Rolland als Propagandist Gandhis und des Reform-Hinduismus der Ramakrishna und Vivekananda im Westen genannt werden. Die Perspektive, unter der der Kampf Gandhis für die Befreiung Indiens von der britischen Herrschaft gesehen wird, ist aber verzerrt. Die Sympathie mit dem Mahatma, das Charisma seiner Erscheinung und seines Auftretens, die Schlagkraft seiner Diktion und die unnachgiebige Zähigkeit seines Ringens haben übersehen lassen, daß dies alles nur möglich gewesen ist, weil England die von Gandhi gespielte Rolle – trotz der oft wiederholten Einkerkerung – im ganzen tolerierte und sogar ermöglichte. Englische Sprache (Gandhi schrieb Englisch), englische Herrschaftsklammer über den zahlreichen Landschaften, Staaten, Sprach- und Religionsgemeinschaften, englische Verfassungsideen und englisches Repräsentationssystem, länderverbindende Eisenbahnen, Presse und Rundfunk waren die Voraussetzungen, auf denen die antikoloniale Propaganda sich entfalten konnte. Unnötig, hervorzuheben, daß auch der Gedanke der Volkssouveränität und des Nationalstaates westlicher Import waren. Das Bewußtsein einer auf politischer Ebene zu realisierenden Einheit wurde der intellektuellen, britisch geschulten Elite des Landes erst vom Westen her vermittelt. Und was westliche Sprach- und Religionswissenschaft an indischem Material erarbeitet hatten, wurde für jene Elite ein hochwillkommener Rohstoff für die Ausarbeitung eines ideologisch polierten Indienbildes. Gandhis politische Ideen und Methoden aber entstammen nur zum geringeren Teil dem indischen Boden, stärker dem englisch-puritanischen Ideenerbe, den Vorbildern irischer Boykottmethoden und englischer Suffragetten sowie literarisch den Einflüssen des Engländers Ruskin, des Amerikaners Thoreau und des Russen Tolstoi. Sogar seine Vorstellungen über den indischen Buddhismus wurden durch das Epos des Engländers Edwin Arnold, »The Light of Asia«, geformt; und in Arnolds Übersetzung hat Gandhi, der kein Sanskrit konnte, auch die »Baghavadgita« gelesen, das berühmte hinduistische Lehrgedicht, das auf seine religiöse Vorstellungswelt am stärksten eingewirkt hat. Der Wert dieses außerordentlichen Gedichtes wird dadurch nicht verkleinert – auch wir im Westen kennen es als Literaturwerk nur in Übersetzungen, Schopenhauer hat es in der lateinischen Version A. W. Schlegels gelesen und aufs höchste geschätzt –, aber der Umweg zu seinem Eigensten über die englische Sprache ist für einen Inder doch bemerkenswert!

Erst die englischen Landeskenner haben die idealistische Übermalung beseitigt und die unvermeidliche Korrektur besorgt. Den höchsten literarischen Rang nimmt unter ihnen Rudyard Kipling ein mit den »Jungle Books« (1894–99), dem Entwicklungsroman »Kim« (1901), den Erzählungen und Balladen. Hiervon kennt man bei uns normalerweise nur den Titel des Gedichts »The White Man's Burden«, den man heute gern als bloße Idealisierung des kolonialen Herrschaftsanspruchs auffassen möchte, sowie die berühmte Formel:

»Oh, East is East, und West is West
And never the twain shall meet,
Till Earth and Sky stand presently
At God's great Judgment seat.«

Man vergißt aber darüber die zweite Strophe:

»But there is neither East nor West,
Border, nor Breed, nor Birth,
When two strong men stand face to face,
Though they come from the ends of the earth!«
(Kipling, »The Ballad of East and West«)

womit sich eine rassistische Auslegung verbietet.

Es ist natürlich heute leicht, das ideologische Moment bei Kipling hervorzuheben und sich über »the white man's burden« lustig zu machen; obwohl Gandhi die Sache zu einfach gelöst hat, wenn er die zum Schlagwort gestempelte Zeile einfach umphrasierte in »the white man's yoke«. Englands Herrschaft über Indien ist doch nicht bloß ein den Indern auferlegtes Joch gewesen, sondern – unter anderem – auch eine gewaltige zivilisatorische Leistung, in der die investierten Faktoren des Dienstes, des sanitären Fortschritts und der Rechtssicherheit nicht nur ideologisch, sondern in hohem Grade real waren. Für eine Gesamtbilanz ist es wohl historisch noch zu früh. Immerhin ist heute schon sichtbar, daß Kiplings Schlußverse:

»... watch Sloth and heathen Folly
Bring all your hope to nought«

sich in erschreckendem Maße verwirklicht haben.

Zu »East is East...« hat Kipling später bemerkt:

»Dies schien mir richtig; denn ich hatte es genau nachgeprüft. Ich war indes vorsichtig genug, die Umstände aufzuzählen, welche dies ändern könnten. Vierzig Jahre rollten vorüber, und die gute Hälfte von ihnen schrieben mir die erleuchteten und aufgeklärten Geister aller Länder gelegentlich jeder neuen großzügigen Torheit in Indien, Ägypten oder Ceylon, daß sich Ost und West begegnet seien – wie ihre verwirrten Gehirne es sich nebelhaft vorstellten.« (Kipling, Erinnerungen, 275)

Dieser Dichter, der manchmal als Ideologe des britischen Imperialismus und als Anwalt der Unvereinbarkeit von Osten und Westen interpretiert wird – (Westöstl. Divan, Buch des Sängers) – wogegen man dann billig Goethe zitiert: »Gottes ist der Orient, Gottes ist der Okzident...«, hat doch andererseits in »Kim« das Verhältnis eines tibetischen Wandermönches zu seinem weißen (irischen) Schüler, dem halbwüchsigen Kim, auf die zarteste Weise geschildert und mit einem völlig mahayanistischen Schluß versehen. Auch das ist Kipling, und es wiegt schwerer als ein bloßes Lippenbekenntnis zu einem falsch verstandenen Buddhismus, den es auch gibt und der immer die Gefahr der Hypokrisie mit sich bringt. Über die berühmte Theosophin und Propagandistin eines Neo-Buddhismus in Indien, Mme. Blavatsky, hat Kiplings Vater aus persönlicher Kenntnis bemerkt, sie sei »eine der interessantesten und gewissenlosesten Betrügerinnen, welche er je getroffen habe«. Kipling hat in seinen Erinnerungen einige Beispiele für die Verwüstungen bewahrt, die die Theosophie in manchen europäischen Gehirnen anrichtete (Erinnerungen, 71).

Von seinem Vater, der ihm die Zeichnungen zu der Erstausgabe des »Kim« anfertigte, empfing der Dichter den Rat, sich immer nur um die einfache Schönheit zu bemühen. Kipling glaubt, diesen Rat beherzigt zu haben, er sei dadurch allerdings auch unduldsam geworden »gegen den Hochkannibalismus, der heute die Welt beherrscht« (Erinnerungen, 175 f.).

Der europäische Leser dieses kosmopolitischen Dichters mag sich gern zu den Tiergeschichten der Dschungelbücher flüchten. Diese sind aber nur scheinbar harmlos. Daß das Tigergesetz des Dschungels noch immer in

Kraft steht, auch in der nachkolonialen Ära, und nicht nur in Indien, ist inzwischen wohl klar geworden.

Die selbstverständliche Überzeugung von der Überlegenheit der westlichen Zivilisation teilte Kipling mit seinen Freunden Cecil Rhodes und Theodore Roosevelt. Alle drei glaubten nicht an die politische Gleichheit aller Menschen, doch bedurften sie dafür keiner Rassen-Ideologie. Eher sind ihre gemeinsamen Überzeugungen der calvinistischen Auserwähltheitslehre verpflichtet.

Psychologisch schärfer umrissen werden die Verstehensschwierigkeiten zwischen Ost und West in Edward Morgan Forsters »A Passage to India« (1924). Dieses Werk ist auf den ersten Blick ein britischer Gesellschaftsroman auf indischem Boden, in Wahrheit aber die Tragödie des Mißverstehens zwischen West und Ost, die den besten Willen zu gegenseitiger Freundschaft scheitern läßt, sobald die Handelnden in die Sachzwänge ihrer je eigenen Gruppen geraten und dann einer ethnischen Kontaktneurose verfallen, die alle Rationalität fahren läßt. Das Fremdphänomen ist hier nicht mehr Gegenstand eines möglichen Verstehens, sondern wird zu einer dämonischen Fremdbesessenheit, die manche Züge der gnostischen Dämonopathie, aber auch des Hexenwahns früherer Zeiten aufweist. Das Erlebnis des Echos in einer Felsengrotte, das bei einer der Hauptpersonen sich zu einer Halluzination auswächst, wird zum Symbol der Ausbreitung des Bösen schlechthin, als der englische Lehrer Fielding folgendes Räsonnement anstellt:

»Es hat keinen Zweck, wir alle haben auf Sand gebaut. Und je mehr das Land sich modernisiert, um so schlimmer wird später die Einsturzkatastrophe sein. Als früher, im achtzehnten Jahrhundert, Grausamkeit und Ungerechtigkeit wüteten, war eine unsichtbare Macht am Werke, die von beiden geschlagenen Wunden zu heilen. Aber heute löst alles ein Echo aus – und das Echo ist nicht zum Verstummen zu bringen. Der ursprüngliche Laut mag ganz harmlos sein: das Echo ist stets etwas Böses.« (E. M. Forster, Auf der Suche nach Indien, 266)

Man könnte hieran einige Überlegungen zur Sozialpsychologie des Widerhalls durch die modernen Kommunikationsmittel knüpfen. Weder die Menschen sind schlechter geworden als früher, noch die Sozialzustände – (eher haben letztere sich gebessert) –, aber alles findet ein weltweites Echo und erzeugt ein weltweite Hysterie.

Philosophie des Scheiterns (Joseph Conrad)

Joseph Conrad hat seine großen Romane nach der »Standpunkttechnik« verfaßt. Diese verzichtet bekanntlich auf die Figur eines kontinuierlichen Erzählers, rückt vielmehr die Personen der Handlung, mitunter sogar Nebenpersonen, als Erzähler in den Vordergrund, komponiert aus diesen Facetten das Ganze des Geschehens, läßt zuweilen sogar Lücken in der Geschehensfolge offen mittels der Fiktion, daß nicht alles, was man eigentlich wissen müßte, ans Licht gekommen sei, und erreicht auf diese Weise einen hohen Grad von Lebenswahrheit; denn von uns wird der Handelnszusammenhang der sozialen Welt bloß in solchen Facetten erkannt, zugänglich nur in den Aspekten des subjektiv gemeinten Sinnes der einzelnen Akteure. Eine ähnliche Anschauung entstand in Deutschland in der »verstehenden Soziologie« Max Webers, die den Sinnzusammenhang des sozialen Dramas aus diesen Subjektiven zusammenzusetzen versuchte. Damit verweist sie auf die »leistende Subjektivität« der Husserlschen Phänomenologie. Erst das Zusammenspiel aller dieser »Leistungen« läßt eine höhere und wahrhafte Objektivität entstehen. Gegenüber der Technik des geradlinigen und stetigen Erzählens vom Standpunkt eines Narrators, der angeblich alles weiß, wie sie in der älteren englischen Literatur geübt wurde (auch bei Fielding, später bei Jane Austen, Walter Scott bis zu Thackeray und Trollope), stellt die Standpunkttechnik ein neuartiges künstlerisches Konzept dar. Der im geradlinigen und kontinuierlichen Erzählen liegende Anspruch auf die Position eines Alles-Wissers (und Alles-Vorauswissers!) könnte sogar als ungerechtfertigt angesehen werden, denn der Erzähler ist kein allwissendes Wesen, und die von uns allen gekannte Wirklichkeit ist die aus Facetten zusammengesetzte. Auch ist diese Technik bei Conrad nicht aus ästhetischen Reflexionen entstanden, sondern ein Reflex des kreativen Prozesses selber. Sind doch die erzählten Geschehnisse zum guten Teil hervorgegangen aus den Kapitänserzählungen in den Hafenkneipen der östlichen Inselwelt; dieses Netzwerk knüpft sich aus zahlreichen Stücken von Seemannsgarn mit ihrem Sinn für das Abenteuerliche und Außer-Alltägliche an einer frühkolonialen Welt, deren Menschen und Schicksale an Buntheit nichts zu wünschen übrig ließen, so daß Realistik und Romantik zusammenfallen konnten: ein moderner »Sindbad der Seefahrer« aus der Endzeit der Segelschiffe und Anfangszeit der Dampfer. Der defiziente Modus, der in der Lückenhaftigkeit und zum Teil wohl auch Unzuverlässigkeit und Klatschhaftigkeit der Hafenerzählungen liegt, wird für Conrad zum Vorwand künstlerischer Gestaltung, vieles Erzählte bleibt Gerücht, Vermutung, Hypothese. Aber bewegt sich unser wirkliches Leben nicht auch in Hypothesen? – Es kommt hinzu das Werkstattwissen eines Seemanns, der bis zu seinem achtunddreißigsten Lebensjahr mit keinem Gedanken daran gedacht hatte, zu schreiben, und nun gar in Englisch, das nicht seine Muttersprache war und das er nie ohne Akzent gesprochen hat. Und doch ist der harte und entsagungsvolle Dienst an Bord, Tag für Tag, die praktische Grundlage dieser einzigartigen dichterischen Existenz; auch Gefahren, Abenteuer, Bewährung in Sturm und Seenot. Aber dies alles wird nicht ein bloß Äußeres, sondern wird zum Symbol der Existenz. Eine kennzeichnende Einzelheit in diesen Romanen und Novellen ist die Symbolverdichtung von Schiff und geliebter Frau. Conrad ist ein großer Dichter, einer der größten.

Seine der Lebenspraxis entstammende Berührung mit der »verstehenden Soziologie« Max Webers vervollständigt sich durch die Anwendung der idealtypologischen Methode. Seine Helden (Kapitän Lingard, Nostromo, Gould, Heyst u. a.) sind Typen, Steigerungen aus erfahrbaren Einzelzügen der menschlichen Realität. Am besten gelingen ihm die britischen Typen. Das Überzeichnen der Charaktere verbirgt freilich auch Gefahren; seine Deutschen (Schomberg in »Victory«, 1915) geraten ihm als Karikaturen. Den Gipfel der idealtypischen Zeichnung erreicht er, indem er den Helden an dessen eigenen Maßstäben mißt und zugrunde gehen läßt, wie in »Lord Jim«, der Tragödie des Über-Ich (1900):

»Wir wollen auf so verschiedene Weise *sein*. Dieser prachtvolle Schmetterling findet einen kleinen Schmutzhaufen und bleibt darauf sitzen; aber der Mensch will niemals auf seinem Schmutzhaufen stillsitzen. Bald will er *so* sein, bald will er wieder *so* sein[2]... Er will ein Heiliger sein, und er will ein Teufel sein, und so oft er die Augen zumacht, sieht er sich als einen feinen Kerl – so fein, wie er niemals kann... Im Traum... Und weil man die Augen nicht immer geschlossen halten kann, kommt dann das wirkliche Leid – der Seelenschmerz – der Weltschmerz. Ich sage Ihnen, mein Freund, es ist keine leichte Sache, dahinter zu kommen, daß man seinen Traum nicht verwirklichen kann, daß man nicht stark genug oder nicht gescheit genug dazu ist.« (Conrad, Lord Jim, 157)

Conrad, der Seemann und Dichter, ist der Überzeugung, es gebe, »was Glauben, Denkart, Liebe, Haß, Überzeugung, ja selbst nur das Aussehen greifbarer Dinge angeht, so viele Schiffbrüche, wie es Menschen gibt« (Conrad, a. a. O., 93). Das wurde viele Jahre vor Jaspers' Philosophie des Scheiterns geschrieben[3]. Ausgeführt wird dieses Thema bis zur Vollendung in »Victory«. Conrad entwickelt seine Philosophie an der Person des Axel Heyst, eines Schweden, der als Sohn eines Philosophieprofessors früh den

2 Vgl. die Figur des Siebenmark in Ernst Barlachs Drama »Der arme Vetter«.
3 Das Scheitern ist ein seemännisches Sachproblem. Ein Philosophieprofessor kann gar nicht scheitern. Wo sollte er das gelernt haben?

Nihilismus in sich aufgenommen hat und dadurch zum Handeln unfähig wird bzw. wenn er doch handelt, Torheiten begeht. Diese Figur ist also eine Art Verbindung von Hamlet und Don Quijote. Über seine Tat, die Entführung einer jungen Violinistin aus einem Damenorchester in Surabaja, äußert sich Heyst zu dem Kapitän Davidson:

»Es mag sein, daß ich in einer Hinsicht Unheil angerichtet habe, dadurch, daß ich mich zu einer Handlung hinreißen ließ. Sie schien ganz harmlos, aber alles Handeln muß Unheil anrichten. Es ist teuflisch. Darum ist die Welt auch im großen und ganzen so übel. Aber ich bin mit ihr fertig! Nie wieder werde ich einen Finger rühren. Früher dachte ich, daß die intelligente Beobachtung von Tatsachen das beste Mittel sei, die Zeit totzuschlagen, die uns noch, ob wir wollen oder nicht, zugewiesen ist. Aber jetzt bin ich auch mit Beobachtungen fertig.« (Conrad, Sieg, 70)

Das Mädchen sagt zu Heyst, sie könne sich nicht wehren, »sie sind zu viele für mich«.Heysts Kommentar: »Diese paar Worte kommen aus der gemeinsamen Erfahrung der Welt.«Er empfindet sie als eine Offenbarung und ist immer wieder bezaubert von ihrer Stimme, die Illusion menschlicher Gemeinschaft auf Erden verschwindet für ihn vor der bloßen Existenz dieser Frau, beide befinden sich Auge in Auge mit einer moralischen Wüste, so unfruchtbar wie die Sahara, schatten- und wasserlos. Seine Philosophie des Scheiterns (»seine schiffbrüchige Philosophie«) ist nur durchzuhalten in der Rolle des unbeteiligten Zuschauers (»unconcerned spectator«), was eben an die Husserlsche *Epoché* gemahnt wie an den mythologischen Weltbetrachter im Mahayana-Buddhismus. Der Mensch, meint Heyst modern-existentialistisch, ist auf Erden ein unvorhergesehener Zufall, der keine genaue Untersuchung verträgt: »A man drifts. The most successful men have drifted into their successes.«

»Was die Leute dir auch früher für sogenannte Wahrheiten erzählt haben mögen, es gibt auch die, daß Sperlinge *doch* auf die Erde fallen, daß sie sogar zur Erde geworfen werden. Das ist keine eitle Behauptung, sondern eine Tatsache.« (Conrad, a. a. O., 441)

Ob mit oder ohne Gottes Willen, wird nicht entschieden. Es reicht aus, diese Frage beiseite zu lassen.

Conrads Philosophie des Scheiterns muß man im Auge behalten, um seine kolonialsoziologische Position beurteilen zu können. Er hat sie in voller Breite in »Nostromo« entwickelt. Es ist Conrads umfang-, figuren- und gedankenreichster Roman. Er spielt in Sulaco, der Provinzhauptstadt und Hafenstadt einer fiktiven südamerikanischen Republik Costaguana. Nicht der Titelheld, die romantische Figur des Capitanos der eingewanderten italienischen Hafenarbeiter, ist die Hauptperson, auch nicht der Engländer

Charles Gould, staatlich konzessionierter Inhaber der San-Tomé-Silbermine, sondern die Mine selbst als Institution und Symbol der materiellen Interessen, die aber ihrerseits nicht in ihrer Nacktheit aufgefaßt werden, sondern als der harte Kern einer Ordnungsmacht und des Fortschritts für das ganze Land. Damit zeichnet sich so etwas ab wie eine frühe Idee der Entwicklungshilfe. Charles Gould ist der Repräsentant dieser Philosophie der materiellen Interessen:

»Was wir hier brauchen, ist Gesetz, Treu und Glauben, Ordnung, Sicherheit. Jeder kann über diese Dinge Vorträge halten, aber ich setze meinen Glauben in die materiellen Interessen. Laß die nur einmal festen Fuß fassen, und sie werden sich schon selbst die Lebensbedingungen schaffen, die sie zu ihrem Fortbestehen brauchen. Das ist es, was das Geldmachen hier angesichts der Gesetzlosigkeit und Unordnung rechtfertigt. Es ist gerechtfertigt, weil die Sicherheit, die es verlangt, auch einem unterdrückten Volke zugute kommt. Eine bessere Gerechtigkeit wird folgen.« (Conrad, Nostromo, 379)

Wenn man diese Denkweise Materialismus nennt, so darf man nicht vergessen, daß das Angreifen der Materie in der europäischen Zivilisationsgeschichte eine notwendige Neuerung war, um die antibanausische Einstellung der frühen Jahrhunderte zu überwinden. Selbst ein Mahatma Gandhi hat dies gelegentlich, wenn auch ungewollt, zugegeben, wenn er an den englischen Kolonialherren in Indien deren Sauberkeit und Energie hervorhebt und als nachahmenswert rühmt; obwohl er nicht begriff, daß diese Qualitäten in einem Zugreifen auf die Dinge begründet sind, das von der materiefernen östlichen Spiritualität weit entfernt ist.

Die San-Tomé-Mine appelliert an die materiellen Interessen als kapitalistisch bändigende Ordnungsmacht: In den politischen Kreisen der Hauptstadt von Costaguana gilt es z. B. als ausgemacht, daß jemand zuerst Finanzamtspräsident in Sulaco gewesen sein müsse, um später Finanzminister zu werden. Die gesamte Westprovinz, in der die San-Tomé-Mine liegt, scheint das gelobt Land der Sicherheit zu sein: Treu und Glauben, Ordnung, Ehrlichkeit und Frieden sind mit diesem Ausstrahlungsgebiet verbunden:

»Die San-Tomé-Mine wurde allmählich zu einer besonderen Einrichtung *(an institution)*, zum Sammelpunkt für alles in der Provinz, was Ordnung und Gleichmaß zum Leben brauchte. Aus der Bergschlucht schien sich über das ganze Land Sicherheit zu ergießen.« (Conrad, a. a. O., 398)

Ohne die materiellen Interessen der Ausländer sind auch die Einheimischen gar nichts. Diese Interessen sind so wichtig, daß im Zweifelsfall sogar eine Sezession der westlichen Provinz nötig werden würde, die dann am Ende auch stattfindet.

Charles Goulds materialistische Motivation ist eigener Art. Sie ist eine Idee auf dem Untergrunde der Schwärmerei. Decoud bemerkt über ihn: »Er könnte seinen eigenen Beweggründen nicht glauben, wenn er sie nicht zuerst zum Zubehör eines Märchens machte. Die Welt ist nicht ganz gut genug für ihn.« (Conrad, a. a. O., 474) – Gould ist Idealist: »Sein starker Tatsachensinn war in heftigem Widerspruch mit der fast mystischen Anschauung, die er sich von seinem Recht gebildet hatte. Die Gould-Konzession war ihm ein Sinnbild abstrakter Gerechtigkeit. Mochten die Himmel einstürzen.« (Conrad, a. a. O., 613) – Der Chefingenieur der Mine sieht sich schließlich zu der Generalisierung genötigt: »Die Dinge scheinen wertlos als das, was sie an sich sind. Ich beginne zu glauben, daß das einzig Wesentliche an ihnen die geistige Bedeutung ist, die jeder einzelne nach der Art seiner Tätigkeit ihnen zumißt.« (Conrad, a. a. O., 551)

An dieser Stelle pflegen dialektische Materialisten nervös zu werden, denn der geschilderte Sachverhalt paßt nicht in ihr Konzept. Das Stichwort »Ideologie« ist ebenfalls unzutreffend, denn Charles Goulds Handeln ist konsistent mit seinen Ideen, die ihn wirklich leiten und keine aufgepfropfte Rationalisierung seiner materiellen Interessen sind. Was seine Philosophie freilich übersieht, sind die Eigendynamik und die sekundären Wirkungen der materiellen Interessen, deren Entwicklung keine Ruhe und keinen Frieden zuläßt; sie unterliegen ihrem eigenen Ablaufgesetz und haben ihre eigene Gerechtigkeit. Sie verändern die Menschen, und die Gould-Konzession wird eines Tages auch Haß hervorrufen, Blutvergießen und Rache heraufbeschwören; auch die Bergleute, jetzt noch so willig, werden aufsässig werden und sich gegen ihren Administrator wenden. Die Gould-Konzession wird als ausländische Einmischung denunziert werden und Feindschaft gegen die Fremden im Lande erregen. Nativistische Reaktionen werden nicht ausbleiben:

»Unter den Schreien der Menge hatte nicht zum wenigsten auch der mitgeklungen: ›Tod den Fremden‹.« (Conrad, a. a. O., 553)

Die Gould-Konzession hat sich als eine haltende Macht inmitten eines republikanischen Milieus der Korruption und der Garantielosigkeit der Existenz entfaltet. Erst innerhalb dieses Milieus ist ihre Rolle überhaupt ganz zu definieren. Conrad charakterisiert das »großmächtige Räubergesindel, das die Regierung von Costaguana in Händen hält«. Diese Republik ist »ein Faß ohne Boden für zehnprozentige Anleihen und andere Narrenstücklein«. Viele Jahre lang hat die Republik europäisches Kapital geschluckt, das mit beiden Händen hineingeworfen wurde – ein frühes Beispiel für finanzielle Entwicklungshilfe, die für Charles Gould allerdings auch darin besteht, daß die San-Tomé-Mine immer auch eine Mine für unverschämte Bestechungsansinnen sein muß. Die Konzession funktioniert innerhalb eines verrotteten politischen Systems, »inmitten einer Bestechlichkeit, die so allgemein war, daß sie fast schon wieder gegenstandslos wurde«, die aber doch zu einer relativen Anpassung zwingt und das Problem heraufbeschwört, inwieweit eine an sich gesunde Institution in einem korrupten Medium auf die Dauer intakt bleiben kann. Gould ist zu Zugeständnissen an dieses System der Bestechung gezwungen, »die so kindisch unverschämt war, daß sie auch den Haß eines Mannes entwaffnen konnte, mutig genug, die unverantwortlichen Auswüchse eben dieser Bestechlichkeit nicht zu fürchten. Sie erschien ihm zu verächtlich sogar für seinen heissen Zorn«. (Conrad, a. a. O., 421)

In hellsichtigen Momenten ist er sich aber klar darüber, daß dieses politische System als solches nicht zu retten ist:

»Gott sieht mit einem bösen Auge auf diese Länder, sonst würde er wohl einen Hoffnungsstrahl durch eine Ritze in dem Vorhang von Lug und Trug, Blutvergießen und Verbrechen senden, der über die Königin unter den Erdteilen gespannt ist.« (Conrad, a. a. O., 379)

An die haltende Macht der Gould-Konzession kristallisieren sich die wenigen Horste der Anständigkeit: die britischen und amerikanischen Geldgeber, die eingewanderten garibaldinischen Italiener, einschließlich der Hafenarbeiter, die einheimischen alten kreolischen Familien, verkörpert in dem Grandseigneur Avellanos, »dessen Dasein ein glühender Widerspruch gegen die unverantwortliche Gewaltherrschaft sämtlicher Parteien war, gegen die sittliche Finsternis des Landes« (Conrad, a. a. O., 557), der jedoch gerade durch sein Ankämpfen gegen dieses System donquixottische Züge annimmt. Decoud leistet sich eine Generalisierung der lateinamerikanischen Unabhängigkeitskriege:

»Wir haben einen Erdteil wegen unserer Unabhängigkeit in Aufruhr versetzt, die Beute von Schuften und Gurgelabschneidern; unsere Einrichtungen ein Narrenspiel, unsere Gesetze eine Posse.« (a. a. O., 442)

Tritt ein Despot ab, so folgt ihm ein neuer. Das Ganze ist ein Zerrbild der Demokratie. Schon der große Befreier Bolivar habe »die Gesetzlosigkeit des Gesindels aller Farben und Rassen, die Barbarei und unabänderliche Gewaltherrschaft« angeprangert und die Meinung vertreten, dieses Amerika sei unregierbar, »für seine Unabhängigkeit arbeiten, heißt die See pflügen«. Alle anständigen Elemente pendeln zwischen Verbannung und Heimkehr. Die Machthaber führen ständig das Wort liberal im Munde, aber was heißt bei ihnen liberal? »Die Worte, die man so gut kennt, haben in diesem Lande eine gespenstische Bedeutung. Freiheit, Demokratie, Patriotismus, Regierung – allen haftet der Beigeschmack von Mord und Irrsinn an.« (Conrad, a. a. O., 617)

Conrad hat die heutige Perversion der politischen Sprache vorweggenommen und Zustände beschrieben, die höchstens in den Schilderungen der sizilianischen Mafia-Romane Leonardo Sciascias erreicht werden können. Costaguana wird aber auch zu einem Symbol für den innerpolitischen Verhaltensstil in manchen postkolonialen Neustaaten, etwa Afrikas. Die Kämpfe der Faktionen enden mit der Ermordung der Besiegten. Der Arzt Dr. Monygham ist das verkrüppelte Opfer von Folterungen, deren Entwürdigung ihm zeitlebens anhaftet. Inquisitorische Instinkte toben sich aus. Avellanos hat eine Geschichte dieser unaussprechlichen Grausamkeiten geschrieben, sie bleibt Manuskript. Der Blutdurst und Fanatismus der Bürgerkriege vergangener Zeiten, so heißt es, sei einer veränderten Haltung gewichen: Jetzt ist alles

»... gemeiner, niedriger, verächtlicher und unendlich lenkbarer infolge der ganz offen zynischen Beweggründe. Es lief auf ein schamloses Geraufe um eine ständig abnehmende Beute hinaus; denn jeder Unternehmungsgeist im Lande war in der törichsten Weise erstickt worden.« (Conrad, a. a. O., 405)

Die Garantielosigkeit der Existenz führt schließlich dazu, daß der Vertreter der Ordnungsmacht, Gould, und der Bandit, Nostromo, auf die gleiche Stufe zu stehen kommen:

»Sie waren einander gleichgestellt vor der Gesetzlosigkeit des Landes. Es war unmöglich, die eigene Tätigkeit in der Berührung mit soviel Niedertracht sauber zu erhalten. Ein engmaschiges Netz von Verbrechen und Verworfenheit lag über dem ganzen Land.« (Conrad, a. a. O., 591)

Charles Gould muß sich am Ende geschlagen geben, »... besiegt nach einem lebenslangen Kampf gegen die Mächte der moralischen Finsternis, die aus ihren sumpfigen Abgründen ungeheure Verbrechen und ungeheuerliche Wahnvorstellungen gebiert«. (Conrad, a. a. O., 584) Am Ende steht die Resignation:

»Die grausame Nichtigkeit aller Dinge enthüllt sich im Leichtsinn und im Leiden dieses unverbesserlichen Volkes; die grausame Nichtigkeit des Lebens und Sterbens, im sinnlosen Kampf für eine dauernde Lösung des Problems.« (Conrad, a. a. O., 585)

Denn die schließliche Sezession der Westprovinz, welche die bereits vorbereitete Sprengung der San-Tomé-Mine unnötig macht, ist keine wirkliche Lösung. Sie bedeutet zwar auch die persönliche Rettung der Mehrzahl der Hauptbeteiligten, doch sie ist verbunden mit der Opferung anderer, ist »Rettung im Scheitern« – ein Grundgedanke ähnlich jenem in Conrads bedeutendstem Roman, »The Rescue« (1920). Conrad läßt das Menschliche gerettet sein, aber unter Opfern und Isolierung und Verzicht auf die großen

Ziele. Das Scheitern liegt in den Konsequenzen des Sezessionismus, dessen kognitive Hauptfunktion nach modernen Erkenntnissen zu sein scheint, den fortschreitenden Zerfall der Menschheit infolge der Sprengkraft des Nationalstaat-Gedankens aufzuzeigen.

Ein Blick auf »The Rescue« mag das Bild abrunden. Die Fabel dieses Romans spielt an den Küstengewässern der Insel Borneo, knüpft an wirkliche Geschehnisse an und läßt als ethnologischen Hintergrund die Piratenfahrten der Ilanun (Moros der Sulu-Inseln und Mindanaos) und die Entstehung von Asyl-Siedlungen aus Geächteten, Fanatikern und Flüchtlingen verschiedener ethnischer Herkunft, also vom Typus der »Colluvies gentium« erkennen. Das »Gestade der Zuflucht« (»The Shore of Refuge«) des Arabers Belarab, des »Vaters der Sicherheit« (»Father of Refuge«), ist ein solches Asyl. Ein aus seiner Heimat Wajo (Celebes) exiliertes prinzliches Geschwisterpaar, Hassim und Immada, plant mit Hilfe von Belarabs Gefolgschaft eine siegreiche Rückkehr in die Heimat, ein englischer Kapitän, Tom Lingard, ein hochgesinnter, zur Romantik neigender Mann, im ganzen Archipel als »Raja Laut« (König der Meere) bekannt, hat die Führung dieses Vorhabens, scheitert aber im Konflikt zwischen seinen malaiischen Freunden und den weißen Passagieren seiner gestrandeten Yacht, die er retten soll und auch rettet. Conrad hat den soziologischen Typus des Asyls in eine übersoziologische, rein humane Region hineingehoben, die er auch in der Widmung dieses Werkes zu erkennen gibt:

»To Frederic Courtland Penfield, last Ambassador of the United States to the last Austrian Empire, this old-time tale is gratefully inscribed in memory of the rescue of certain distressed travellers effected by him in the world's great storm of the year 1914.«

Da die großen Weltstürme seit diesem Unglücksjahr 1914 nicht mehr nachgelassen, sondern noch ständig sich gesteigert haben, ist das rettende Asyl ein bedeutendes Thema. Conrad hat es als das im Schiffbruch aller sonstigen Pläne und Ideologien in der heutigen Welt gerade noch Erreichbare stilisiert.

Kapitän Lingard ist ein Geistesverwandter Charles Goulds. Offenbar hat dem Dichter ein Idealtypus des englischen Seefahrers und Pioniers vorgeschwebt, dem er Besseres zutraute als anderen Typen von Kolonisatoren. Das Romantische, das er hervorhebt, ist sicher der Wirklichkeit abgesehen, wie Conrad sich andererseits über die negativen Seiten der weißen Kolonialexpansion keine Illusionen gemacht hat. Dies beweist der Roman über seine Kongofahrt von 1890 (»Heart of Darkness«, 1898–99). Den Hintergrund dieser Erzählung bilden die bekannten Kongo-Greuel mit ihren Sklavenjagden und der Ausbeutung der Eingeborenen. Die makabre Figur des Kurtz wollte Conrad, wie er später (1903) versichert hat, kosmopolitisch verstanden wissen, denn »alle Europäer trugen zur Erschaffung von ›Kurtz‹ bei«, doch hat das Wesentliche die historische Gestalt eines britischen Majors beigetragen, der Stanley auf dessen Kongo-Expedition begleitete und der ob seiner sadistischen Brutalität berüchtigt war, schließlich aber von einem Eingeborenen, dessen Frau er bedrohte, erschossen wurde.

Conrads Schauplätze sind meist die der Seefahrer der viktorianischen Epoche, vorzugsweise die Inselwelt des westlichen Pazifik, auch die pazifische Nordwestküste Südamerikas (»Nostromo«), der Kongo (»Heart of Darkness«), das westliche Mittelmeer (»The Arrow of Gold«, 1919, »The Rover«, 1923). Auch Farbige treten auf, nicht nur leidend oder als Statisten, oder als exotische Folie, sondern auch handelnd mit dem Handeln der weißen Menschen verflochten. Conrad hat mit der Breite und Tiefe seiner Welt- und Menschenkenntnis das Scheitern der großen Ideen des Imperialismus und der Entwicklungshilfe in prophetischen Symbolen vorweggenommen. Er geht noch einmal auf das rein Menschliche zurück wie auch Kipling in seinen besten Werken. Sein Humanismus ist der des späten 19. Jahrhunderts, was aber keine Einschränkung bedeutet, weil die Menschheit inzwischen nicht darüber hinausgelangt, wohl aber dahinter zurückgefallen ist. Was sie damals erreichen konnte, waren Ritterlichkeit gegenüber Bedrängten, Hilfs- und Opferbereitschaft, das Ineinanderschließen von Herrschaft und Dienst und das Wissen um das alte große Thema von Schuld und Sühne, projiziert auf den geographischen Horizont der europäischen Expansionsgebiete in Südostasien, Amerika und Zentralafrika – Tugenden, die heute nur noch spärlich vorhanden sind, die aber nicht ganz aussterben dürfen, wenn der Menschheit noch eine Hoffnung verbleiben soll.

Selbstzeugnisse im Kulturkonflikt

Josef Conrads Standpunkttechnik fand eine theoretische Stütze in dem Buch »Creative Writing« des amerikanischen Kritikers Georg G. Williams. Dieser Autor meint, dem Erzähler werde zuviel aufgebürdet, wenn er zum Zeugen von Vorgängen oder gar Gesprächen gemacht werde, denen er niemals allen beigewohnt haben kann. Die objektivistische Erzählung verstößt gegen die Wahrscheinlichkeit. Doch selbst wenn man die Existenz eines allseitig orientierten und fabelhaft gedächtnisstarken Erzählers unterstellt, könnte aus dieser nicht die verschiedenartigen Aspekte der handelnden Personen erhellen. Die objektive Wahrheit kann nur aus den subjektiven Facetten der Handlungsträger zusammengesetzt werden, d. h. sie wird oft, möglicherweise auch immer, lückenhaft oder in der Schwebe bleiben. Die Skepsis gegen die objektivistische Allwissenheit wiederholt sich in den anthropologischen Wissenschaften. Viele Ethnographen und Sozialforscher sind in den letzten Jahrzehnten dazu übergegangen, ihre sogenannten objektiven Beschreibungen durch Autobiographien der fremden Kulturträger zu ergänzen. Daß diese Zeugnisse fast durchweg evoziert, d. h. vom Forscher angeregt, daß sie in präliterarischen Gesellschaften meist auch vom Forscher nach Diktat niedergeschrieben, nicht selten auch in eine literarische Form gebracht werden, ist nicht entscheidend; auch nicht, daß dabei neben respektablen und interessanten Dokumenten auch Belangloses produziert wird; das spricht nicht gegen diese Methode, sondern eher für sie. Beweist es doch, daß es in diesen fremden Gesellschaften just wie bei uns außer Menschen, die etwas zu sagen haben, auch solche gibt, die nichts zu sagen haben. Es ist keine Eigentümlichkeit der präliterarischen Gesellschaften, gilt vielmehr für alle Literaturen. Das unterschiedliche Niveau von Gehalt und Form ist an diesem Material leicht erkennbar, auch innerhalb derselben ethnischen Gruppe, ja innerhalb ein und derselben Familie, wenn etwa der alte Herr sich als ein Schwätzer entpuppt, und eine seiner Töchter blendend zu erzählen weiß. Das gilt für die zahlreich gesammelten Selbstbiographien amerikanischer Indianer ebenso wie für Bantu- und Sudan-Neger oder Südseeleute. Den im Spiegel von Lebensläufen aufgefangenen Sitten und Bräuchen kommt sehr verschiedenes kulturelles Gewicht zu. Sind doch z. B. einige Individuen geradezu areligiös, während andere, zumal im Stadium kultureller Krisen, ansprechbarer sind sogar für christliche oder semichristliche Erweckungsbewegungen; wie beispielsweise auch in skandinavischen Romanen. Der Familismus ist meist stark ausgeprägt, der soziale Zwang in der Regel nicht größer als in Dörfern oder Kleinstädten der zivilisierten Menschheit. Hingegen treten die Sachzwänge der Abhängigkeit von der äußeren Natur und der Ernährungswirtschaft übermächtig hervor, namentlich, wenn wir es mit der »Kultur der Armut« (Arthur Lewis) zu tun haben. Besonders wichtig sind hier die Dokumente aus den proletarisierenden Übergangskulturen, halb-naturhaft, halb-zivilisiert, in der Nachbarschaft moderner Großstädte (in Indien, Lateinamerika usw.). Die »Kultur der Armut« ist freilich nicht so einheitlich, wie sie sich in Lewis' amerikanischen Dokumenten darstellt (»The Children of Sanchez«). Die fesselnd erzählte Selbstdarstellung eines sardischen Banditen zeigt das Brigantentum des Mezzogiorno als aus der »Kultur der Armut« hervorgegangen, doch ist seine heroisierende Selbstglorifizierung im Bewußtsein der Bevölkerung ein regionales Produkt der sardischen Hirtenkultur, wie auch die von Gerhard Gesemann erforschten montenegrinischen und albanischen Kurzgeschichten, die ebenso das Gepräge der Selbstinterpretation im Stile der heroischen Armut tragen. Doch ist eben nicht jede Armut heroisch. Die von Lewis gesammelten, im Detail viel vollständigeren Selbstdarstellungen der Familie Sanchez und des Pedro Martínez (Mexiko) und der puertoricanischen Einwandererfamilie Rios (New York) tragen stilmäßig ein ganz anderes Gepräge. Daß sie nach Lewis' Absicht Wissenschaft sein wollen und nicht Literatur, stört uns nicht. In diesen und anderen Dokumenten wird die Knappheit der materiellen Subsistenzmittel erschreckend deutlich – alle Dinge der materiellen Kultur werden dadurch überwertig, der Geist ist durch sie präokkupiert. (So daß die Unterscheidung von materieller und geistiger Kultur nicht hinreichend ist.) In Halldor Laxness' »Islandglocke« (1943–46) sagt der alte Jón Hreggvidson:

»Ich bin ein alter Mann aus niederem Volke, verstehe nur das, was ich nehmen und anfassen kann. Ein Beil verstehe ich. Und Wasser in einer Kanne. Ein armer Mensch kann sich glücklich preisen, so er sein Leben behalten kann.« (Laxness, Islandglocke, 225)

Hreggvidson ist zugleich »ein alter gerissener Schelm«, und der erste Teil der Trilogie von Laxness, deren Held er ist, ist ein Schelmenroman vom reinsten Wasser, denn picareskes Milieu und »Kultur der Armut« schließen sich nicht aus. Laxness steht mit der Schonungslosigkeit und bitteren Schärfe seiner Schilderungen nicht hinter den spanischen Schelmenromanen zurück; manchmal erinnert er an Pirandello. Von diesem verfluchten Hundearsch namens Island, so Jón Hreggvidson, sollte man überhaupt nicht reden. In diesem Lande ist, obwohl die Alten sich scheuten, davon zu sprechen, »für alle Ewigkeiten die Hölle zu Hause« (a. a. O., 425). Ein andermal heißt es, Island sei »das einzige Land in Europa, das unter Hungerspein litt und dessen Volk von den Gelehrten *gens paene barbara* genannt wurde« (a. a. O. 278). In diesem Lande sei der Hunger die häufigste Todesursache, und das einzige Kennzeichen seiner Bewohner sei schäbiges Schuhzeug. »Sein bleiches Volk, in seiner erschütternden Armut«, muß sich andererseits Schilderungen gefallen lassen, die die Grenzen der Satire erreichen. Das erbärmliche Fischerdorf Oseyri in Nordisland, in dem der Roman »Salka Valka« spielt, wird so charakterisiert:

»... Das ganze Leben besteht hier förmlich aus Fisch, und die Menschen scheinen gewissermaßen Abarten zu sein, die der Herrgott aus gekochtem Fisch und vielleicht ein paar schlechten Kartoffeln und einem Rest Hafergrütze zusammengemengt hat: die ehelichen Kinder sind Abarten von Fisch, die unehelichen ebenfalls.« (Laxness, Salka Valka, 119)

Das spanische Sprichwort »Je kleiner das Dorf, um so größer die Hölle« trifft auch auf dieses Fischernest zu:

»Die Menschen [in dem kleinen Fischerdorf], die in dem einförmigen, stumpfsinnigen Leben während solch einer ermüdenden Jahreszeit einander gründlich satt bekommen haben, so daß niemand sich länger zutraut, ein kräftiges Wörtchen mit seinem Nachbarn zu reden, um ihm klar zu machen, wie der ihm zum Halse heraushängt, ihm auf die Nerven geht samt seiner Nase mit Sommersprossen und Warzen...« (Laxness, Salka Valka, 144 f.)

Hier hätte Laxness noch ein Mittelstück einschalten können: Je größer die Armut, um so ärger die gegenseitige Topfguckerei. Doch hat die »Kultur der Armut« manchmal auch ihr eigenes Ethos. In Oseyri ist es die größte Schande, so arm zu sein, daß man nicht einmal sein eigenes Begräbnis bezahlen kann, sondern auf Gemeindekosten unter die Erde gebracht werden muß. Man muß deshalb ehrbar und tüchtig sparen. Es ist eine Schmach, »das Geld zum Fenster hinauszuschmeißen, bis nicht einmal mehr etwas zur Beerdigung übrig bleibt«. Andererseits heißt es einsichtig, daß es keine große Tugend ist, Geld zu sparen, wenn man nichts zu sparen hat. Fast ist man versucht, einen satirischen Anhang zu Max Webers »Protestantischer Ethik und Geist des Kapitalismus« zu schreiben. Doch im Grunde ist die Satire von Laxness selbst schon geschrieben.

Allein schon im Aufweis der obligaten Heuchelei, die die sexuelle Brutalität übertüncht und ein unentbehrliches Versatzstück des sektiererischen Protestantismus ist. Als die Halbwüchsige von dem Liebhaber ihrer Mutter vergewaltigt wird, ist dies »ihre erste persönliche Erfahrung mit der Liebe« (Laxness, Salka Valka, 117).

Zur »Kultur der Armut« in ihrer proletarischen Gestalt gehören die Pest und andere Seuchen, Schwindsucht, Rachitis, Aussatz.

»Wiewohl einige lang, andere kurz von Wuchs, einige breite, andere schmale Gesichter hatten, einige blond, andere dunkel, eine Sammlung der verschiedensten Rassen ...« (Laxness, Islandglocke, 64)

»Aussätzige und andere arme Teufel, Bänkelsänger, gebrandmarkte Diebe, Sonderlinge, Geistesschwache, Dirnen, Meßner, Krüppel, Musikanten und völlige Idioten...« (Laxness, a. a. O., 52)

Es ist, als ob unserem Autor daran gelegen sei, den nordischen Mythos der *Ultima Thule* zu zerstören:

»Als Folge langwährenden Hungers waren die Menschen geringen Wuchses, so daß ein jeglicher, der das Glück hatte, richtig zu wachsen, Gegenstand von Volkssagas wurde und für ebenbürtig dem Gunnar von Hlífarendi und anderen Isländern der Vorzeit gerechnet...« (Laxness, a. a. O., 369)

In »Salka Valka« sind die psychischen Folgen der »Kultur der Armut« konzentrierter geschildert als in der großen Trilogie. Das von allen Seiten, vor allem von seinen Mitschülerinnen beschimpfte, gedemütigte und herumgestoßene Mädchen weiß nicht mehr aus noch ein:

»... Kam sie dann nach Hause, war ihre Kehle ganz geschwollen von unterdrücktem Weinen, und sie konnte kein Wort hervorbringen. Meist flüchtete sie in den Schafstall und vergoß ihre Tränen vor den unschuldigen Tieren. Die Schafe drückten sich in einer Ecke des Stalls zusammen und blickten nach ihr hin, wie sie da in einer Krippe saß und in die Hände weinte. Bis eins von den klügsten Mutterschafen auf den Einfall kam, das Mädchen habe vielleicht etwas zum Essen bei sich, und das Tier ging zu ihr hin, blieb eine Elle vor ihr stehen, spitzte die Ohren, glotzte sie eine Weile an, stampfte schließlich auf den Boden und setzte ein komisches, hochmütiges Gesicht auf, als wollte es sagen: ›Gib es doch lieber auf.‹ Dann ging das Tier einen Schritt näher, schnüffelte an dem Mädchen herum, als wollte es sehen, was die Kleine aß, und fand heraus, daß es etwas Salziges war. Und das Mädchen schubste das Tier weg.« (Laxness, Salka Valka, 69)

Am schlimmsten ist »das Bewußtsein der Ohnmacht der Bosheit der Welt gegenüber ... der dummen und grundlosen Bosheit, die verletzt, nur um zu verletzen, die sich die empfindlichste Stelle in der Brust des Wehrlosen aussucht, nur um die Wollust zu genießen, anderen wehe zu tun« (Laxness, a. a. O., 69 f.). Einzig erlösend, wenigstens vorübergehend, sind die Geschichten vom verwunschenen Königssohn, die ihr der Knabe Arnaldur erzählt; für den Verwunschenen hält er sich selber! Das kann man glauben, es verzaubert, Träume sind wichtiger. Der Gegenhalt gegen die Welt der Armut erwächst nicht aus irgendeiner »Aufklärung«, sondern aus dem Märchen – wie bei den armen sizilianischen Bauern und Arbeitern, die sich auf den gemalten Brettern ihrer Karren und im Puppentheater an den heroischen Geschichten von Karl dem Großen und seinen Paladinen ersättigen, zu denen sie gar keine realen Beziehungen haben, einfach als Traum, als erlebte Travestie. In »Islandglocke« bezieht Laxness seine Schilderungen vor allem auf die Unterdrückungs- und Ausbeutungspraxis der dänischen Herrschaft, deren Justizterror an die spanischen Inquisition im beherrschten Sizilien erinnert. Noch im 17. Jahrhundert war man anscheinend schnell beim Köpfen, Stäupen, Händeabhacken usw. Die nördlichste und die südlichste Insel Europas haben da manches miteinander gemein durch das gleiche Schicksal fremder Herrschaftsüberlagerung. Den atmosphärischen Druck fängt Laxness unvergleichlich ein:

»Über den Dörfern, inmitten der niedrigen, grünen Triften, zwischen den träge fließenden Gewässern des Südlandes, lastet eine drückende Schwermut. Jedes Auge ist wie von einer Wolke überschattet, durch die keine Sonne zu dringen vermag, jede Stimme klanglos wie das Piepen eines flüchtigen Vogels, jede Bewegung schlaff und halb; Kinder dürfen nicht lachen, man darf niemandes Aufmerksamkeit wachrufen, daß man noch lebt, nicht leichtfertig die himmlischen Gewalten reizen, sondern hat sich knechtisch zu fügen und hat nur gedämpft zu sprechen; möglich, daß die Gottheit noch nicht genug Schläge ausgeteilt hat, sich irgendwo noch ungesühnte Sünde verbirgt, da und dort noch ein Wurm kraucht, der zertreten zu werden verdient.« (Laxness, Islandglocke, 401)

Gehört nicht zum Bild auch der Professor, der die Welt verbessern will und sich in die Politik versteigt, Jupiter im »Simplicissimus«: »Überstudiert und in die Poeterey verstiegen« – oder der scharfsinnige Edle von La Mancha, der auch aus Büchern weiß, wie alles in der Welt *sein sollte?!* Laxness hat diesen Typus in der Gestalt des grundgelehrten Arne Arnaeus geschildert, der nach Kopenhagen geht, um dort für sein Volk zu wirken. Er hätte es in der Hand, Island an die Hamburger zu verkaufen, entschließt sich aber nicht dazu. Er scheitert schließlich.

»Dieser Büchermann, der sich eine Zeitlang von seinen Büchern hatte fortlokken lassen und sich berufen gefühlt, um der Gerechtigkeit willen der Schutzgeist seines Vaterlandes zu sein, erntete nun, was er gesät, den Lohn, wie er dem unsterblichen Ritter von der traurigen Gestalt seit je gebührt. Wer solch einem Rufe Gehör gibt, vermag nie mehr zu dem Buch zurückzufinden, das für ihn einst die ganze Welt bedeutet hat.« (Laxness, Islandglocke, 372)

Dieses nämlich wird ihm gestohlen, und am Schluß geht seine ganze einzigartige Sammlung isländischer Altertümer beim Brande Kopenhagens zugrunde.

Aber dieser Intellektuelle ist ein seltenes Pfropfreis auf dem armseligen Stamme der »Kultur der Armut«. Ein ursprüngliches Verhältnis zur Materie, wie es sich bei dem Schelm Hreggvidson findet, wirkt innerhalb dieser Kultur überzeugender. Wir halten es mit dem Amerikaner Sherwood Anderson, der in der Kulturgeschichte der Pionierzone des Mittleren Westens das Gewicht nicht dem anti-ästhetischen puritanischen Sündenbegriff zumißt, aber auch nicht dem Schießheldentum der Slade und James, sondern den Händen der Arbeiter:

»In die kleinen Städte zogen Handwerker ein – der Geschirrmacher, der Stellmacher, der Lastwagenbauer, der Schmied, der Schneider, der Schuhmacher, dazu die Bauleute für Häuser und Stallungen. Und wie die Slade und James die Stammväter der heutigen Schießhelden wurden, so wurden diese Handwerker die Stammväter kommender Künstlergenerationen. Im Werk ihrer Hände begann die Liebe zur Schönheit der Form, die sinnbildliche Liebe zum Material lebendig zu werden, ohne die keine echte Kultur entstehen kann.« (Anderson, Werke II, 80; in der dt. Übersetzung steht im letzten zitierten Satz »Zivilisation« statt »Kultur«; richtiger erscheint mir »Kultur«.)

Anderson, der selbst Arbeiter war, bevor er Romandichter wurde, muß es wissen. Eine Kultur, die ein produktives Verhältnis zur Materie gewonnen oder sich erhalten hat (sie mag im übrigen technisch dürftig sein), ist nicht vollständig arm. Eine arktische Kultur, die wundervolle Kleinplastiken, Tierdarstellungen aus Knochen und Geweih hervorbringt, ist weniger arm als eine Kultur in den Slums von Mexiko, Bogotà oder Kalkutta, die vielleicht sogar etliche Halb-Intellektuelle ausbrütet. Gewiß wäre es einseitig, dafür zu plädieren, daß jeder Dichter einmal ein Handwerk erlernt haben müßte, wie Conrad, Anderson und noch einige andere. Doch beschwört die Entfernung von den lebensweltlichen Grundlagen des Materiellen, verbunden mit der antibanausischen Tradition, daß es sich für einen feinen Mann nicht gehöre, sich die Hände schmutzig zu machen, die Gefahr der Ideologie herauf; vor allem bei den exotischen Selbstinterpreten[4]. Der christliche Sotho Thomas Mofolo, der nacheinander Lehrer, Kaufmann und Farmer war, schreibt die mythisch-legendäre Geschichte seines Volkes in dessen Sprache (»Chaka«, 1925). Die späteren afrikanischen Schriftsteller haben meist nur eine intellektuelle Biographie, mit Studium in Paris oder London, dort womöglich an der School of Economics, mit salonsozialistischer Indoktrinierung – just das, was ihnen zu ihrem antibanausischen Glücke noch fehlt; die schreiben meist französisch oder englisch, Tendenz nativistisch: das heißt, sie bauen eine antikolonialistische Ideologie von nationaler Eigenständigkeit auf mit Hilfe der Vokabeln, die sie von der Kolonialmacht gelernt haben. So behauptet der aus Martinique stammende Lyriker Aimé Césaire, ehemals Literaturdozent in Paris und Abgeordneter seiner Heimatinsel in der französischen Nationalversammlung, in seinem Gedicht »Wenn ihr den Tag der Freiheit seht...« allen Ernstes, die Städte London, Paris, New York und Amsterdam, die »um uns herumstehen wie siegreiche Monde«, seien mit dem Schweiß der unterdrückten Farbigen »geschaffen worden« (in Klemisch, Afrikanische Lyrik, 57 f.). Petersburg, das mit dem Schweiß zwar nicht der Farbigen, aber der russischen Untertanen erbaut wurde, wird nicht erwähnt. Césaire schließt mit den Versen:

»Seht nur die weiße Welt,
wie sie die großen Anstrengungen leid ist,
wie sich ihr Aufbegehren unter starren Sternen bricht,
wie ihre blaugestählte Schnelligkeit erlahmt im Geheimnis des Fleisches,
vernehmt, wie aus den Siegen ihre Niederlagen tönen,
vernehmt ihr klägliches Gestolper in den großen Alibis!
Gnade, Gnade für unsere allwissenden, einfältigen Besieger!«

4 Bei uns ist das Vorurteil, daß ein feiner Mann nicht zugreifen, daß z. B. ein Adliger keinen bürgerlichen Beruf ergreifen dürfe, doch schon geraume Zeit überwunden. Im Orient ist die antibanausische Tradition noch heute lebendig. Bekanntlich macht sich ein Reisender aus dem Westen, der in Persien oder Indien seinen Koffer selbst trägt, unmöglich.

Solchen Werken ist die – ebenfalls französisch geschriebene – Lyrik des Senegalesen Léopold Sédar Senghor, der seit 1960 Staatspräsident der Republik Senegal ist, hoch überlegen. Sie kann nämlich auch getrennt von der Ideologie der Négritude genossen werden, die Senghor ausgesponnen hat, die aber ethnologisch unhaltbar ist. Denn es ist ein merkwürdiger Rassismus, zwischen den Eingeborenen Schwarzafrikas und den Negern und Negermischlingen Westindiens und Festland-Amerikas eine ideelle Einheit konstruieren zu wollen. Die Konstruktion einer afrikanischen Literatur beider Hemisphären ist daher begrifflich unhaltbar; die Neger und Negermischlinge der Neuen Welt sind keine Afrikaner; ihre Ahnen waren es – zum Teil – einmal. Die rassische Verwandtschaft kann hier ebensowenig eine Kultur-, Gefühls- und Ideeneinheit begründen wie in anderen Fällen. Nicht einmal die Tausende von Bantu- und Sudan-Stämmen des afrikanischen Kontinents bilden eine kulturelle Einheit, ganz zu schweigen von den Niloten, Hamiten, Ful etc. und anderen Afrikanern des Ostens und Nordens, die kultur- und rassenhistorisch aus dem »schwarzen« Rahmen ohnehin herausfallen! Und was sich aus den zahlreichen Neustaaten, die sich nach dem Zweiten Weltkriege aus dem Zerfall der Kolonialreiche gebildet haben, als Völker herauskristallisieren wird, ist äußerst problematisch. Senghor knüpft in seinen Gedichten an die altsudanische Überlieferung der fahrenden Sänger *(Dialli)* an, die ihm auch Anklänge an die Trobador-Lyrik gestattet. Diese Barden-Tradition, die u. a. Leo Frobenius in seinen »Spielmannsgeschichten der Sahel« (1921) ausführlich beschrieben hat, ist allerdings ironischerweise zirkummediterran und *weiß*-afrikanisch, folglich mit der Négritude-Lehre nicht vereinbar. Aber Senghors Lyrik ist, wenn man die politischen Gedichte ausschließt, echt und musikalisch konzipiert; für zahlreiche Gedichte gibt er die Begleitung durch bestimmte Instrumente an (verschiedene Trommelarten, Flöten, Hörner, Xylophon, Harfe u. a.m.).

In dieser Hinsicht erinnert Senghors Lyrik an die Rabindranath Tagores, die allerdings in einer alten Literatursprache, dem Bengali, gedichtet ist und durch die Übersetzung ins Englische, nach dem Urteil von Kennern, nahezu alles verliert. Auch Tagore ist sowohl Musiker als auch Dichter und hat zahlreiche Singspiele geschaffen, die in seiner Heimat beliebt geworden sind. Am zugänglichsten sind uns seine Romane, die freilich, auch wenn sie alltägliches Leben schildern, in eine uns wirklichkeitsfern anmutende Atmosphäre getaucht sind; bei der Schilderung der einfachen Leute hat der Leser immer das Gefühl, verzauberte Prinzen und Prinzessinnen vor sich zu haben. Man atmet eine Sakuntala-Luft. Tagores philosophische und politische Traktate gehen nicht hinaus über die üblichen Intellektuellen-Töne der nativistischen Beweisführungen und das Ausspielen östlicher Geistigkeit gegen westlichen Mechanismus. Sie enthüllen auf diese Weise den inneren Widerspruch einer Zivilisationskritik durch den Hochzivilisierten:

»Das Abendland scheint stolz darauf zu sein, daß es sich die Natur unterwirft; als ob wir in einer feindlichen Welt lebten, wo wir alles, was wir brauchen, einer fremden und widerwilligen Ordnung der Dinge gewaltsam entreißen müßten!« (Tagore, Werke I, 649)

Er vergißt dabei nur, daß die »Widersetzlichkeit der Dinge« eine Grundbedingung der menschlichen Technik ist; daß es in der »Kultur der Armut«, die doch auch in Indien reichlich verbreitet ist, Millionen von Menschen gibt, die in die bitterste Notwendigkeit versetzt sind, »einer fremden und widerwilligen Ordnung der Dinge« das Minimum von Lebensannehmlichkeit zu entreißen. Er vergißt auch, daß ohne die von ihm abgelehnte abendländische Mentalität weder die hygienisch gepflegte Atmosphäre von Shantiniketan denkbar wäre noch die Verlagsanstalten, die Tagores Weltruhm begründet haben, noch die Stiftung, die ihm den Nobelpreis verlieh.

Tagore besaß von der »Kultur der Armut« des indischen Dorfes vielleicht keine sehr intime Kenntnis. Diese ist der Hintergrund von Bhabani Bhattacharyas eindrucksvollem Roman »A Goddess Named Gold« (1960), deutsch unter dem Titel »Alle warten auf das Wunder«. Dieses Wunder, auf das alle Einwohner eines bengalischen Dorfes warten, ist die Verwandlung von Kupfermünzen in Gold auf dem Körper eines jungen Mädchens namens Mira. Sie ist nach der Dichterin Mira-bai genannt, deren Badschan-Lieder jedermann in Bengalen kennt. Sie muß einen Wunschstein auf der bloßen Haut tragen und eine Tat der Güte vollbringen, dann wird das Kupfer zu Gold werden und das ganze Dorf reich. Alle Einwohner beben nach diesem Gold in einer Gier, die das unvermeidliche Korrelat der »Kultur der Armut« ist; und der Angst vor der Unwahrscheinlichkeit dieser Verwandlung leben wir doch, so sagen die Leute, im Zeitalter der Finsternis, das mit der völligen Vernichtung des Lebens auf der Erde enden wird. In die Verwandlungsgeschichte verwickelt ist die Figur des dörflichen Seth, des berufsmäßigen Wucherers, in dessen Person sich die Ausbeutung eines vorkapitalistischen Wirtschaftssystems verkörpert. Sein Trick besteht im Aufkaufen von Waren und deren Verkauf zu Wucherpreisen – eine weltweit verbreitete Funktion des Geldverleihers in vorkapitalistischen Gesellschaften, deren Systematik Arthur Lewis vergessen hat:

»Der Trick, alle Ware aufzukaufen, war nicht seine Erfindung. Er hatte ihn gelernt, als er vor vier Jahren [das müßte etwa 1943 gewesen sein] während der Hungersnot in Bengalen seine Vorbilder beobachtet hatte. Zu dieser Zeit mußten drei Millionen Männer und Frauen sterben, damit es dreißig neue Millionäre geben konnte, und niemand hatte die Profitjäger verurteilt. Verglichen damit war das, was er tat, ein Kinderspiel.« (Bhattacharyas, Alle Warten auf das Wunder 40)

Der Seth bringt ein Grundstück nach dem andern an sich. Das ganze Dorf ist ihm verschuldet.

»Ein Darlehen im Hauptbuch des Seth verdoppelte sich innerhalb von zwölf Monaten. Wenn er zwanzig Rupien auszahlte, so war die Zahl, die er in sein Buch eintrug, vierzig – die Zinsen für ein Jahr vorausberechnet, sogleich, wenn das Darlehen gegeben wurde. Die Schuldner mochten weinen oder toben, sie hatten keine Wahl...« (a. a. O., 83)

Unterzeichnet wurde von den Analphabeten mit Fingerabdruck.

Der Seth ist die Verkörperung eines legalen Systems. Er ist kein schlechter Mensch. Er ist religiös. Er bewahrt das Siegel mit der eingravierten lotusäugigen Göttin des Reichtums. Auch weiß er seine Berufsideologie. Sein Raffgier ist nämlich unegoistisch. Was immer er besitzt, verwaltet er bloß als Treuhänder seines kleinen Sohnes – es wäre daher Unrecht, auch nur einen einzigen Pais zu vergeuden. Auch diese hochstilisierte Berufsideologie ist ein gemeinsames Kennzeichen der Geldverleiher in vorkapitalistischen Ausbeutungssystemen. Und die Treuhänderschaft ist ein Prätext, den sogar Gandhi gern zur Verteidigung der großen Vermögen verwandt hat. Der Seth ist zaubergläubig, er hält das Mädchen Mira als Schatzträgerin aus. Auch die geforderte Tat der Güte wird durch ihn instrumentalisiert und manipuliert; Mira wird in diese Entfrommung des vorgeblich edlen Zwecks verwickelt, und daran scheitert schließlich das Wunder. Bhattacharya hat das subtil herausgearbeitet. Eine käufliche Güte, versteht sich, gerät mit sich selbst in Widerspruch. Die sogenannten Taten der Güte schlagen ins Gegenteil um. Mira spricht zum Seth:

»Du verstehst, Taten der Güte auszudenken, ohne überhaupt zu wissen, was Güte bedeutet. Du hast alles in deinem Kopf ausgearbeitet und hast Gefühle in Zahlen in deinem Hauptbuch verwandelt.« (a. a. O., 259)

Mitunter scheint der Seth selber zu begreifen, daß er besser mit der »Jagd auf das Gute« aufhören sollte. Doch immer erneut ergreift ihn die Raffgier:

»Erwerb um seiner selbst willen, ein Zweck in sich selbst. Das Zeug aufstapeln, einfach um zu sehen, wie das Große größer wird. Das ist die Ordnung des Lebens, der Daseinszweck: in seiner Art ist es Religion. Du forschst nicht, du glaubst einfach. Diese Idee kam zu Beginn des Lebens und wird bis ans Ende dauern.« (a. a. O., 325)

Die Dorfleute glauben schließlich, daß Mira selbst eine Art Seth werden will, sie gerät in höchste Gefahr, man will sie *in effigie* verbrennen, was nach geltender Auffassung einem wirklichen Mord gleichkommen würde. Es ist eine echte kollektive Psychose, eine tatsächliche *Besessenheit von*

Gold. Es gibt wirklich böse weibliche Dämonen (bhutni), die diese Besessenheit verursachen, ein Symptom davon ist die sogenannte Koprolalie, das zwangsneurotische Ausstoßen unflätiger Ausdrücke. Auch der Seth ist besessen, derart, daß er sogar seine geschäftliche Alltagsarbeit vernachlässigt. Die Rettung Miras geschieht schließlich durch Sohanlal, einen von auswärts zugewanderten jungen Mann, der im Kriege gewesen ist und so einen weiteren Horizont erworben hat. Die eigentliche Heilung des Dorfes von der Gold-Besessenheit aber bewirkt Miras Großvater, ein wandernder Barde, der an fremden Orten aus dem Ramayana und Mahabharata vorträgt. Dieser Alte durchschaut das Seth-System als ein Ganzes und stilisiert seine illusionslosen Einsichten zu wesenhaften Verallgemeinerungen über den Charakter der von Indien errungenen Freiheit:

»Freiheit ist der Anfang jener Straße, wo es keine Straße gab. Doch die neue Straße wimmelt von Räubern.« (a. a. O., 146)

Diese Räuber sind »Seths von mancher Art«, mehr in den Städten lebend als auf dem Lande, Geld-Seths, die nach der Erringung der politischen Unabhängigkeit Indiens den Handel an sich reißen auf allen Terrains, die von den Ausländern geräumt wurden; Seths der Politik, welche die Leute mit ihren glatten Zungen hineinlegen; Beamten-Seths, die als Opportunisten beliebig ihren Herrn, damit aber nicht ihre Gesinnung wechseln und sich an den Meistbietenden verkaufen; Seths mit der Gandhi-Kappe – die Kappe ist selbst ein Betrug – und noch viele andere. Die anständigen Männer von gestern werden bald nach der Erringung der Souveränität vergessen sein. Großvater sagt:

»Ich kann mir die Flaggenehrung in unserem Curzon-Park vorstellen. Die Polizei hat den Raum für die Privilegierten abgeriegelt. Sie sitzen bequem mit dem Rücken zum Absperrseil und schauen zu, wie Indien in die Unabhängigkeit schreitet. Diese Männer waren die Kerkermeister der Sklaverei von gestern. Sie sind bestimmt, die Wächter der Freiheit von morgen zu sein.« (a. a. O., 146)

Großvater ist ein Barde anderer Art als Léopold Sédar Senghor. Bhabani Bhattacharya kann es sich leisten, ihm Überzeugungen in den Mund zu legen, die nicht in Gefahr sind, ernst genommen zu werden, weil ihnen das avantgardistische Timbre fehlt.

Eine große Rolle spielt in diesem Roman Mahatma Gandhis schönes Wort: Sein Ziel sei, jede Träne aus jedem Auge fortzuwischen. Diese Parole macht Eindruck auf das hochgesinnte Mädchen Mira. Im Dorf gibt es auch »die Fünf aus dem Kuhstall«, Frauen, die eine gewisse Initiative entfalten. Sie beklagen zornig, daß die »Freiheit« anscheinend bloß für die Männer gedacht ist, »wir sind bloß dazu da, um die Beine unserer Herren und Meister zu kneten«. Zitiert wird auch Gandhis Wort, daß Freiheit ein Geisteszustand sei. Und in gewisser Weise ist dieses Wort sogar die Quintessenz des ganzen Romans. Nur wird diese schöne Losung, die auch die Befreiung von der Goldbesessenheit bedeutet, im Dorf erst am Schluß begriffen. Es ist der heimgekehrte alte Wandersänger, der schließlich den Dorfleuten einsichtig macht, daß die Verwandlung nur durch Taten der Pflichttreue bewirkt werden könne, nicht durch Zauber. Der Wunschstein, das magische Vehikel, ist bloß dazu gut, um in den Fluß geworfen zu werden, und Mira hat ihn bereits in den Fluß geworfen.

»Entzauberung der Welt« ist aber nicht nur die Formel für den Kulturumbruch in der sogenannten Dritten Welt der Exoten. Es ist ursprünglich die Max Webersche Formel für die revolutionären geistigen Veränderungen, die im europäischen Bewußtsein seit dem 16. Jahrhundert vonstatten gegangen sind, mit stetiger Beschleunigung seit dem Industriezeitalter. Man kann diesen noch immer voranschreitenden Prozeß in räumlichen Kategorien beschreiben, als Zusammenstoß der abendländischen Kulturen mit den außerokzidentalischen Kulturen der »Exoten«, im Gefolge der euro-amerikanischen Expansion über die Erde – im Gefolge auch des Herrschaftsgefälles der modernen industriellen Zivilisation. Man kann diesen Prozeß aber ebenso, wie Max Weber dies seinerzeit in seinen Kapitalismus-Forschungen getan hat, in zeitlichen Kategorien beschreiben, als einen historischen und genetischen Wandel, der auch bei uns vonstatten gegangen ist während der letzten Jahrhunderte, nur langsamer, stetiger, unmerklicher und insofern schmiegsamer, gleichsam mit Luftkissen für die psychische Anpassung und Umstellung der Menschen auf das Neue, Folge der Ablösung der Generationen, der Prozesse der Verstädterung und Verbürgerlichung. Eine letzte theoretische Gültigkeit hat freilich diese Unterscheidung von räumlichen und zeitlichen Kategorien nicht. In den Vorgängen der Verstädterung z. B. verbindet sich beides; die Diffusion von Neuerungen, die heute gern unter dem Stichwort »Innovation« beschrieben wird, hat ihre räumliche, zugleich aber auch ihre zeitliche Erstreckung. Wir vermengen unachtsam auch beide Kategorien. Wenn wir z. B. sagen, daß Japan seit 1860 unter westlichem Einfluß gleichsam mit einem Sprung aus dem Mittelalter in die Neuzeit hinübergetreten sei, verbinden wir das Bild des räumlichen Zusammenstoßes mit dem des zeitlichen. Und wenn wir andererseits von marginalen oder peripheren Kulturen sprechen, gehen wir von der – im allgemeinen richtigen – Erwartung aus, daß kulturelle Prozesse verschiedene Tempi der Veränderung aufweisen, und daß das Veränderungstempo in den Zentren schneller ist als in den Peripherien.

Man kann nicht sagen, daß dieser Prozeß der Literaturkritik ganz entgangen wäre; nur hat sie ihn nicht genügend durchdacht. So hat der Romanist Erich Auerbach in einem gedankenreichen Aufsatz (»Philologie und Weltliteratur«) den Goetheschen Gedanken der Weltliteratur in Frage gestellt mit dem sehr modernen Bedenken, daß die Standardisierung der Lebensformen auf unserem Globus – teils nach europäisch-amerikanischem, teils nach russisch-bolschewistischem Muster – zum Schluß nur noch eine einzige literarische Kultur zurücklassen werde: und damit sei der Gedanke der »Weltliteratur« erledigt. Ich halte eine solche Perspektive für unwahrscheinlich und auf jeden Fall viel zu weit und zu pessimistisch in eine ungewisse Zukunft vorgegriffen. Auerbach scheint mir in dem von ihm visierten Prozeß die Kräfte der Unifizierung zu über- und die fortwirkenden und gegenläufigen Kräfte der Differenzierung zu unterschätzen. Letztere sind *auch* sehr stark, und der Drang nach Selbstäußerung und Selbstdeutung ist gewaltig und wird sich nicht so leicht unterdrücken lassen. Welchen literarischen *Rang* die neuen Produkte aufweisen werden – das ist freilich eine andere Frage. Aber auch diese Frage hat von jeher bestanden.

Hyperboräer

Wir beschränken uns zur Illustration des Gesagten auf einige Zeugnisse aus der *Hyperboräischen Welt:* das Ausstrahlungsgebiet mittelmeerischer und mitteleuropäischer Kulturen nach Norden und Nordosten: Fennoskandien, Rußland, Sibirien. Die Altvölker, deren Literaturen in Betracht kommen, umgreifen skandinavische Germanen, Suomi-Finnen und andere Ostsee-Finnen, Lappen, Finno-Ugrier in Rußland und Westsibirien, Turktataren und Tungusen in Sibirien. Die Marge, auf der die Randvölker in den Horizont der christlichen Hochzivilisation des Mittelalters und der Neuzeit treten, schiebt sich auf einer Linie zwischen Elbe und Donau vor. Wir greifen nur wenige repräsentative Namen heraus: den Finnen Elias Lönnrot, den Dichter des »Kalevala«, seinen Übersetzer ins Schwedische Matthias Alexander Castrén, der zugleich der wichtigste Erforscher der Sprachen und Völker dieser Region in der ersten Hälfte des 19. Jahrhunderts gewesen ist, und seinen Übersetzer ins Deutsche, den rußlanddeutschen Historiker und Orientalisten Anton Schiefner, ihren Nachfolger Aleksis Kivi, den norwegischen Lappen Johan Turi, die Schwedin Selma Lagerlöf, den Esten Anton Gailit, die Norweger Hamsun und Duun. Ihnen allen ist im Aufbau der hyperboräischen Nationalliteraturen eine beträchtliche Rolle zugefallen, die gleichwohl nicht unproblematisch ist; denn sie ist, mitsamt dem Erbe der Volkstumsromantik, die Rolle von Deutern eines krisenhaften Kulturwandels.

Wir beginnen mit dem Epos »Kalevala«, einer Schöpfung von Elias

Lönnrot (1802–1884). Er hat als Student auf ausgedehnten Wanderungen, besonders im finnisch-karelischen Grenzgebiet, alte Zauberlieder aus dem Munde des Volkes gesammelt und diese zu einem Epos nach vermeintlich homerischem Vorbild zusammengedichtet (1835, revidierte Fassung 1849). Diese romantische Schaffung eines finnischen Nationalepos kann man nicht geradezu eine Fälschung nennen, denn es wurden Volkslieder gesammelt, doch ist das Ganze eine Dichtung des Sammlers. Bevorzugt hat Lönnrot als Grundmaterial nicht die ältesten und echtesten Stücke, sondern die schönsten, hinzugedichtet hat er auch und die karelische Sprachsubstanz der meisten Lieder ins Westfinnische hinübertransponiert. Verschiedene Örtlichkeiten und Personen wurden miteinander identifiziert, um eine zusammenhängende Komposition hervorzubringen. Nicht viele Verse stehen heute so im »Kalevala«, wie sie im Munde der frühen Sänger gelautet haben. Hans Fromm bemerkt dazu:

»Sprachlicher Ausgleich ist Literarisierung: die Sprachform der Lieder war auf die zuhörende Gemeinschaft, auf ein *hic et nunc* gerichtet. Lönnrot hatte die Nation heute und morgen im Auge. Er vereinheitlichte bewußter als seinerzeit Homer, der die äolischen und jonischen Sprachschichten der Lieder und Kleinepen zu einer von der gesprochenen Sprache durchaus verschiedenen Kunstsprache überhöht hatte.« (Fromm im Textband zu »Kalevala«)

Das Bild wird aber erst vollständig, wenn wir hinzufügen, daß Lönnrot nichts weniger im Sinne lag als der Ehrgeiz, als originaler Dichter vor sein Volk zu treten. Beide veröffentlichten Fassungen des »Kalevala« erschienen nämlich anonym, und nur in der Vorrede hat sich der Schöpfer genannt. Hans Fromm sagt dazu treffend:

»Auch Lönnrot meinte sich dem ungeschriebenen Gesetz unterwerfen zu müssen, wonach der im Bereich des heroischen Genos Schöpferische als Traditor frühzeitlicher Wahrheit und Geschichte sich namenlos hinter seinem Werk verbirgt. Es ist das Gesetz, das uns heute noch nach dem Dichter des Nibelungenepos fahnden läßt.« (Fromm, a. a. O., 344)

Die Folge davon war, daß die Zeitgenossen das anonyme Epos als Zeugen der Tradition nahmen und damit operierten wie mit Nibelungenlied und Beowulf. In Deutschland hat Jacob Grimm der Neuerscheinung eine begeisterte Aufnahme bereitet.

Die finnische philologische Forschung unseres Jahrhunderts hat den Entstehungsprozeß dieser Dichtung gewissenhaft aufgedeckt. Das war sicher nicht im Sinn des Erfinders, wiewohl, sobald die nötige Aufklärung erfolgt ist, sogar der Titel »Nationalepos« sein relatives Recht zurückerhalten kann, nur eben nicht im Sinne des Uralten, sondern eines modernen Kunstwerks. Was ja keine Schande ist. Zu einem Beitrage zur Weltliteratur wurde das »Kalevala« erst durch seine Übersetzung ins Deutsche, die der deutschbaltische Orientalist Anton Schiefner (geb. 1817 in Talinn, gest. 1879 in Petersburg) geleistet hat (zuerst 1852). So weit, so gut, sehr interessant in folkloristischer Hinsicht – und wirkliche Poesie! Nur ist das alles eben nicht »ur-finnisch«, sondern durchsetzt mit germanisch-wikingschen und mittelalterlich-katholischen Elementen. Die nationale Rechtfertigungsbasis ist durch die finnische Forschung selbst zerstört worden, die Poesie bleibt. Und das ist viel.

Doch das »Kalevala« ist nicht allein ein Denkmal finnischer Nationalliteratur. Das in vierhebigen Trochäen mit Stabreim gedichtete Werk von Lönnrot-Schiefner imponiert nämlich nicht nur durch die folgerichtig entwickelte finnische Mythologie mit Juamala als höchstem Wesen, Wäinämöinen als Schöpfer-, Ukko als Donnergott, sondern vor allem durch die transnationalen Züge der allgewaltigen Wortmagie auf schamanistischer Grundlage. Die Wortmagie ist hier (anders als etwa in Rückerts »Atharvaveda«) nicht nur ein gegenüber Menschen angewandter Zauber, sondern schöpferisch, ja weltschöpferisch, »kosmoplastisch«:

»Wäinämöinen alt und wahrhaft,
Dieser ew'ge Zaubersprecher ...
Hebt dann an mit Zaubersprüchen,
Selbst beginnt er da zu sprechen
Ursprungsworte, heilgewaltig,
Jedes Grundwort recht vollkommen ...«

(Kalevala, übers. Schiefner I 91, 8. Rune 65 ff.).

Wer den Ursprung einer Sache ausspricht, wird dadurch Herr über dieselbe. Daher gibt es viele »Grundworte«. In den finnischen Zeugnissen wird uns das Wesen des magischen Aktes vielleicht am deutlichsten: die Auffassung nämlich, daß der »intentionale Akt« (Husserl) zwischen Ich-Pol und Gegenstands-Pol, der irreal ist, eine *reale* Bewegung sei, die unmittelbar *Wirkungen* hervorrufe. Die schamanische Wortmagie *bewegt* Menschen und Dinge. Der Dritte Gesang enthält die Darstellung eines schamanischen Singkampfes zwischen Wäinämöinen und dem (von Lönnrot als Lappen vorgestellten) Joukahainen. Bei der ersten Begegnung beider gerät Deichsel gegen Deichsel, so wie im theriomorphen Schamanenkampf Hirschgeweihe oder Stierhörner sich ineinander verhaken:

»Deichsel haftet an der Deichsel,
Riemen reibt sich an dem Riemen,
Kummet klappert an dem Kummet,
Krummholz an des Krummholz' Kante ...
Wasser tropfte von dem Krummholz,
Von der Deichsel stieg der Dampf auf ...«

(a. a. O., I 27, 3. Rune 93 ff.)

nämlich von der Heftigkeit des Aneinanderprallens. Die beiden Schamanen singen gegeneinander an, Joukahainen blamiert sich dabei, Wäinämöinen siegt und singt Joukahainen immer tiefer in den Boden hinein, bis fast über den Mund, bis der Überwundene ihm für seine Befreiung aus dieser Lage die Hand seiner Schwester Aino verspricht. Worauf Wäinämöinen seinen Zauber rückgängig macht und Joukahainen aus dem Boden wieder heraussingt (wie ein rückwärts laufender Film).

Lönnrot hat also eine in ihrer Grundlage schamanische Poesie literarisiert, und Schiefner hat dieses Werk durch seine Übersetzung in die Weltliteratur eingeführt.

Ganz anderen Charakters, doch auch literaturfähig sind die Lebenserinnerungen des Koutokäino-Lappen Johan Turi geworden durch die Bearbeitung, die ihnen Emilie Demant hat angedeihen lassen. Sie tragen trotzdem den Stempel der Authentizität als das Zeugnis eines intelligenten, scharf beobachtenden und intensiv reflektierenden Mannes. Sie spiegeln getreu das für diese Pionierzonen Nordeurasiens typische Drama von Ansässigen und Nomaden: vordringende Bauernkolonisation unter Wegnahme der Triften – Zurückweichen der Rentierhirten und Verknappung des Lebensraumes derselben; daneben der ständige Streit um Jagd- und Fischereirechte. Und dies alles »gespiegelt in einem Temperament« – dem des Schwächeren. Den Hintergrund der Schilderungen Turis bildet die *laudatio temporis acti,* das Lob der guten alten Zeit, als die Lappen noch heiter leben und gut durchkommen konnten und ihre nomadische Freizügigkeit noch unbeschränkt war, »als es [für sie] noch keine Norweger gab und auch noch keine Schweden«. Freizügigkeit ist vielleicht nicht der richtige Ausdruck, denn tatsächlich ist die rentiernomadische Ökologie gänzlich von den Lebensgewohnheiten und Raumbewegungen der Tiere abhängig, bis fast zur Identifikation:

»Der Lappe hat beinahe dieselbe Natur wie das Ren. Die beiden sehnen sich nach Süden und Norden, ja nach der Gewohnheit, der sie zu folgen pflegen.« (Turi, 52)

Turi schildet, wie die Norweger zuerst längs der Meeresküste nach Norden vordrangen und die Lappen zur Flucht »in das Oberste des Waldes« zwangen, wo sie dann fürs erste wieder Ruhe hatten. Doch dann drangen »die dunkel gekleideten Leute« – so nennt er die Norweger, im Gegensatz zu der bunten Tracht der Lappen – weiter vor und siedelten sich auch im Gebirge an, verjagten die Lappen, erschlugen auch manche von ihnen; »und da waren nicht mehr Waldgebirge höher hinauf, und da konnten die Lappen nicht mehr fliehen, und da wurden sie gezwungen, sich zu ducken«. Und von da an mußten die Lappen für die Wohnplätze, die eigentlich ihnen gehörten, schweres Geld bezahlen, und da sie dieses nicht hatten, gerieten sie in Schuldknechtschaft. Turi beklagt auch die zu seiner Zeit noch bestehende Schutzlosigkeit der Lappen, denn die Regierung beschützte damals die Bauern, nicht die Lappen. »Aber es kommt, wie es kommen soll« (Turi, 21). Seine Lebensphilosophie spiegelt die historische Erfahrung des Rückzugs und des Sich-Beugen-Müssens. Interessant ist, was er über den Hund sagt. Der Hund ist auch einst ein wildes Tier gewesen, da er aber schwächer war als andere reißende Tiere, schloß er sich dienend an den Menschen an. Daraus zieht Turi das Fazit: »Wenn der Schwächere nicht flieht, wird er getötet.« So wird das Hundeleben zur Metapher für das historische Schicksal der Lappen: Fliehenmüssen aus der Wildnis, Domestikation, Anschluß an Stärkere. Der Hund kann auch sprechen, sagt Turi, nur versteht heute niemand mehr seine Sprache. In den alten Zeiten konnte alles sprechen, alle Tiere, auch die Bäume, die Steine, alles was auf Erden ist. (So wird der verstehende Einklang mit der Natur, unter den alten, ungestörten Zuständen, vom Standpunkt des in seine Biozönose aufs engste eingepaßten Rentierhirten stilisiert.) Und dann bäumt er sich auf: »Und so wird auch alles zur Zeit des Jüngsten Gerichts sprechen.« Wenn der Hund alt wird, soll man ihn ordentlich erhängen und nicht auf andere Weise umbringen, damit er nicht lange gequält wird. Wer seinen Hund ordentlich erhängt, und wer immer gut gewesen ist zu seinem Hund, der doch streng für ihn hat arbeiten müssen, der bekommt gutes Hundeglück; wer aber seinen Hund schlecht behandelt hat, bekommt schlechtes Hundeglück:

»Und am Jüngsten Tage ist der Hund der erste Ankläger, und danach alle Tiere, die in der Gewalt des Menschen gewesen sind. Und daran sollten alle denken und darum nicht zu hart sein gegen ihre Diener, seien es Menschen oder Tiere.« (Turi, 134–137)

Gedacht ist hier natürlich vor allem an den bäuerlichen Patron, zu dem jeder einzelne Lappe in einem Hörigkeitsverhältnis steht. Zweifellos stellt Turi sich vor, daß am Jüngsten Tage auch die Lappen als Ankläger gegen ihre Unterdrücker auftreten können – er sagt das nicht, doch klingt es deutlich durch. Die Bereinigung der irdischen Ungerechtigkeiten wird ins Eschatologische entrückt, der Ausgleich wird im Jenseits erfolgen. Es ist ein ins Christliche gewendeter Schamanismus, der mit christlichen Metaphern arbeitet. Für das Diesseits aber gibt es nur einen bündigen Rat für den, der schwächer ist: sich zurückhalten, zurückziehen, schweigend erdulden, fliehen, wo Flucht möglich ist, operieren auf der Linie des geringsten Widerstandes. Darin liegt die ganze lappische Rückzugsgeschichte, nicht nur in Norwegen, sondern auch in Schweden, Finnland und Rußland. Diese Geschichte haben sie verinnerlicht und ihrer Geistesverfassung einverleibt, sie durchdringt viele Stellungnahmen. So hat Turi u. a. auch ein hochinteressantes Kapitel über die lappische Heilkunde geschrieben, verheimlicht aber das Wichtigste mit der bezeichnenden Begründung:

»Es ist nicht günstig, alle Ratschläge in dieses Buch hineinzuschreiben, weil das Buch über die ganze Welt gelesen wird, und vielen gelehrten Herren paßt es gar nicht, von allen den Ratschlägen zu hören, sie glauben nicht daran, sie spotten nur über die Dummheit der Lappen – obwohl, wenn sie alles sehen würden, was der Lappe ausrichtet, sie sich wundern würden über die Kraft und woher sie kommt.« (Turi, 149)

Turi hat aber noch einen anderen Grund, nicht alle Beschwörungen preiszugeben: Emilie Demant mußte ihm versprechen, nicht alles zu veröffentlichen, weil sonst die Formeln ihre Kraft verlieren würden! Trotz christlichen Bekenntnisses ist die schamanische Weltanschauung in Turi noch lebendig. Der Wettkampf zweier Schamanen (Noaiden), den wir schon aus dem »Kalevala« kennen, ist für ihn eine wichtige Tradition, ebenso die Wolfsverwandlung und der Bärenkult (letzterer ein uralter nordeurasischer Topos von Lappland bis nach Sachalin); über beides erhält man Aufschlüsse in einer anderen lappischen Selbstdarstellung von Anta Pirak (1938). Eine dritte Selbstdarstellung von dem Gällivare-Lappen Nils Nilsson Skum (1938) ist nicht literarisch, sondern stellt den ganzen Komplex der Rentierhaltung auf hundert prachtvollen Zeichnungen und Bildern dar, begleitet von kurzen erläuternden Texten in schwedischer Sprache. Sichtbar gemacht wird hier eine Übergangsform von intensiver zu extensiver Rentierzucht, die sich im Gefolge der schwedisch-norwegischen Grenzabmachungen durch das massenhafte Hinüberwandern norwegischer Lappen nach Schwedisch-Lappland ausgebildet hat.

Alle diese Dokumente sind nicht zweckfrei, stammen sie doch von Schöpfern, für die das Literarische und das Künstlerische noch keine isolierten Begriffe sind. Sie wollen um Verständnis werben für eine vom Untergang bedrohte Lebensform, sind also Selbstzeugnisse einer Kulturkrise, die sich freilich nicht erst in unseren Tagen bemerkbar gemacht hat, sondern schon früher: nur daß wir sie erst heute voll begreifen. Es haben aber schon ältere Autoren psychopathologische Erscheinungen der Krise bei den Lappen beschrieben: Angstzustände, Starrsucht, Zitter- und Zappelreaktionen, die man früher wohl auch als hysterisch bezeichnet hat. Somit konnten auch die Lappen in das Syndrom der sogenannten »arktischen Hysterie« einbezogen werden, das bei allen Nordeurasiaten vorkommt. Es handelt sich dabei psychologisch um eine der Grunddispositionen des Schamanismus – natürlich nicht um diesen selbst! –, die in den Phasen der Kulturkrise aktiviert wird. So ist es kein Wunder, daß die Lappen auch an den in Skandinavien endemischen religiösen Erweckungsbewegungen ihren Anteil haben. In Norwegen und in Schweden wurden sie erfaßt von der Bewegung, die der Prädikant Lars Levi Laestadius (1800–1861) entfesselte. Sie haben diese Bewegung sogar inspiriert. Turi stellt fest: »Laestadius hatte nicht den heiligen Geist, ehe er ihn durch ein Lappenmädchen bekam« (Turi, 235), d. h. durch eine lappische Noaidin (Schamanin). Dies geschah 1852. Turi äußert sich über die Bekehrung der Lappen kritisch:

»Ihr Verstand verwirrte sich, und sie begannen Laestadius nachzuahmen. Sie predigten und verurteilten alle die, welche sich nicht anschickten, ihnen zu folgen. Und sie wurden allmählich eine kleine Schar. Und darauf griffen sie noch härter zu. Und sie begannen so erregt zu werden, daß sie ihre Sidas [Lager nebst Herde] verließen, und fingen an, den anderen Sidas zu folgen und so zu predigen, wie sie Laestadius hatten predigen hören. Aber sie wußten nichts anderes mehr, als alle die in die Hölle zu verdammen, die ihnen nicht folgten und nicht auf dieselbe Weise zu predigen anfingen wie sie. Und da sie noch immer mehr Leute bekamen, so wurde es noch ärger, und ihr Verstand verwirrte sich immer mehr. Und sie begannen Leute stark zu beschwören, daß sie ihnen folgen sollten. Und als sie sie nicht dadurch bekamen, daß sie sie verdammten, da fingen sie an zu schlagen und zur Hölle zu verurteilen und zu fluchen und die zu verspotten, die nicht beginnen wollten. Und als das eine Zeit gewährt hatte, da wurden sie außerdem noch so, daß ein jeder sich selbst lobte: ›Ich bin größer als du.‹ Und der nächste sagte: ›Ich bin noch größer.‹ Und ein anderer sagte: ›Ich bin so groß wie Gott.‹ Der dritte sagte: ›Ich bin noch größer als Gott.‹ Und sie sagten, daß sie die ganze Welt gewinnen wollten. ›Und wenn wir nicht auf andere Weise gewinnen, so führen wir Krieg, und wir gewinnen sicher die ganze Welt.‹ Und sie drohten schon den Streit anzufangen; aber die Leute glaubten es nicht; doch fürchteten sich die Lappen, die sahen, daß sie die Lappen prügelten, die sich nicht anschickten, ihnen zu folgen. Und allmählich wurde es ja so, daß der eine oder der andere gezwungen wurde, widerwillig in den Glauben einzuwilligen, damit sie aufhören sollten zu prügeln. Und da wollten sie anfangen, die Sündigen, die nicht ihrem Willen folgten, zu richten und zu verfluchen. Und viele Jahre lang waren sie in einem solchen Nebel, und die Schar bekamen sie größer und größer. Und da kamen ihre Köpfe in einen noch schlimmeren Nebel, so sehr, daß sie anfingen, sich Henkertätigkeit zuzulegen. Und diese Arbeit der Finsternis wurde von ihnen ausgeführt, als ihnen das Gesetz zu Kopf gestiegen war. Und sie fingen an, die ›Herren‹ zuerst zu töten. Und es wurde endlich ein völlig ernster Streit.« (Turi, 236 f.)

Ich habe dieses einzigartige Dokument auch darum ausführlicher zitiert, weil es zeigt, wie wenig Emilie Demant an Turis Erzählung retuschiert hat. Was er berichtet, ist noch ganz unliterarisch, allenfalls Literatur *in statu nascendi,* stockend und schwerfällig, aber von unbestreitbarem Öffentlichkeitscharakter. Die Geschehnisse sind schon aus der Distanz der Überlieferung gesehen. Wir verdanken aber dem ungarischen Forscher Ignács Halász die Aufzeichnung des Selbstzeugnisses eines siebzigjährigen Karesuando-Lappen über die Geschehnisse aus seiner Jugendzeit:

»Die Menschen stritten sich und zechten, gingen aber in die Kirche und zum Abendmahl, doch besserten sie sich nicht. Aus der Kirche gingen sie direkt in die Schnapsläden. Betrunken zogen sie umher wie kläffende Hunde und lagen in den Straßen herum in der Kälte. Aus Jammer betranken sie sich abermals, verunglückten mit dem Schlitten und wurden zu Freunden gebracht, wo sie ihren Rausch ausschliefen. Damals gab es viel Sünde, die aber nicht als solche erkannt wurde. Die dritte Sünde ist die weltliche Freundschaft [d. h. die Hurerei]. Dann wurde ich Christ, lernte beten usw. Mit neunzehn Jahren kam ich in die Missionsschule. Der Lehrer war Laestadius. Er las vom Leiden und Tod Christi. Ich nahm wahr, daß ich ein ans Kreuz geschlagenes Kind Christi sei, mit meinen selbstbegangenen und vererbten Sünden. Ich bekam Herzweh und wurde unglücklich, mein Gewissen begann sich mit der Hölle bekannt zu machen. Und mein Herz wurde sehr verlassen und traurig. Als aber unser Pfarrer anfing, uns zum Abendmahl zuzulassen, wollte auch ich hin, aber ich fühlte mich noch zu schlecht dazu. Doch am Tisch des Herrn fiel ich auf die Knie, mein steinernes Herz brach, und während des Brotes und Weines wurde mir ein Fleischherz gegeben [nach Hesekiel 36,26]. Vier christliche Geschwister gingen freudig aus dem Leben. Auch meine Eltern gingen fröhlich in das Reich Gottes. Die heilige Versammlung kann's bestätigen. Ich selbst blieb am Leben, um viel Häßliches zu sehen und zu hören, worunter ich sehr litt. Gott bewahrte mich vor allem Schlechten und den Wortsünden des täglichen Lebens. Gott stärkte meinen Glauben, ich habe Zuversicht, die Herrlichkeit und Pracht der neuen Welt zu erleben. Dies ist mein größter Trost im Untergang [d. i. in der Zerstörung der Welt, eschatologisch verstanden].« (Halász, 182 ff.)

Einer meiner akademischen Lehrer, der Ethnologe und Religionsforscher Konrad Theodor Preuss, hatte schon 1932 gelegentlich die Frage gestellt, wie lange wohl die moderne Menschheit »die mit den Erlösungsreligionen verbundene Zerknirschung« noch werde ertragen können, ohne in frühere Formen zurückzufallen«. (Archiv f. Religionswiss. 37, 187) Preuss hegte in dieser Hinsicht starke Zweifel an dem Weiterbestehen der christlichen Lehre über fernere Jahrhunderte. – Bei Halász haben wir ein so ursprüngliches Zeugnis für Sündenbewußtsein, Zerknirschung und demütige Enderwartung, daß wir nicht umhin können, diesem religiösen Selbstbekenntnis eines Bekehrten eine Wahlverwandtschaft mit der seelischen Verfassung früher Christen zuzugestehen – eine Wahlverwandtschaft auf der Grundlage derselben Paria-Lage. Daher überragt dieses Dokument auch die vielen ähnlichen Berichte in den Romanen skandinavischer Autoren, obwohl die literarisch bedeutendste Darstellung einer eschatologischen Erweckungsbewegung, der Roman »Jerusalem« (1901–1902), die berühmte Selma Lagerlöf zur Verfasserin hat. Die norwegischen und schwedischen Bauern waren zwar auch Träger und Erleidende einer Kulturkrise – spät christianisiert und noch halb barbarisch, ethnologisch eine Zwischenstaffel im Auffangen der zivilisatorischen Einflüsse aus dem Süden, die sie an die voreingesessenen Hyperboräer, Finnen und Lappen weiterleiteten –, aber doch die Herren im Lande, nicht Unterdrückte, sogar in der Lage, die Kirche als Herrschaftsapparat in Bewegung zu setzen. Gerade deshalb kann ihr Verhältnis zur christlichen Botschaft nicht so ursprünglich sein wie das der unterdrückten und verdrängten Vorbevölkerung. Auch ist zu bedenken, daß mit dem Luthertum Elemente eines modernen Rationalismus nach dem Norden gekommen sind, die den alten magischen Anschauungen des naturabhängigen Menschen nicht günstig gesinnt waren, sondern zur »Entzauberung der Welt« mit beitrugen – vor allem durch die Schule und die neue protestantische Kirche. Lehrer und Pfarrer sind daher oft die Schlüsselfiguren, in denen sich die kulturelle Krise inkarniert. In Selma Lagerlöfs farbenprächtigem Hauptwerk (1891) ist der abgesetzte Pfarrer Gösta Berling der Hauptträger der Krise: Einerseits desequilibriert, »der tolle Pfarrer«, der Unruhigste der unruhigen Kavaliere, wodanistisch schweifend, andererseits von christlichem Paria-Bewußtsein erfüllt, die Wonne der Verworfenheit auskostend; und dies ganz »inkarniert«, das Wort ist nicht übertrieben; denn eigentlich wird er von vielen geliebt, auch im Volke. Seine Idee, das schwachsinnige Besenbindermädchen zu heiraten, unter wollüstiger Ausmalung des Schocks, den er damit den feinen Leuten versetzen wird, wenn er beim Festmahl auf Ekeby die zerlumpte, schmutzige und stammelnde Braut den erlauchten Gästen vorstellen werde, ist paria-haft, doch zugleich nicht ohne picaresken Anstrich – »... hatte er schon jemals einen lustigeren Streich unternommen?« (Lagerlöf, Gösta Berling, 152)

(Dies gilt für das nichtsnutzige Treiben der Kavaliere überhaupt, der von ihnen verübte Schwindel mit den Eisenbarren ist ganz picaresk.) Aber das Paria-Bewußtsein Göstas wirkt auch ansteckend auf die von ihm geliebte Frau, die Gräfin Elisabeth, die, mit einem Kümmerling verheiratet, den abgesetzten Pfarrer nicht wiederzulieben wagt, sich von ihrer Schwiegermutter als Magd am Waschfaß erniedrigen läßt (wie Gudrun!) und das Martyrium der Erniedrigung masochistisch auskostet, alles »wie feurige Kohlen auf ihr Haupt versammelnd«. Die interessanteste Figur in diesem Roman ist der böse Hüttenbesitzer Sintram, dessen Teufelspakt konstitutiv für die ganze Fabel ist. Er wird von den Leuten als Verkörperung des Bösen angesehen. Und die Dichterin stellt es so dar, als ob das ganz rechtens und in Ordnung sei. Angeblich hat Gösta Berling den Teufelspakt mit seinem Blut unterschrieben, die Wunde an seinem Finger heilt niemals. Sintram sagt das zu Anna Stjärnhök, und diese

»... kämpft und kämpft, um sich von der Verzauberung zu befreien, die sie umfangen hat. Das ist ja alles Wahnsinn, Tollheit. Niemand kann seine Seele dem scheußlichen Versucher verschreiben. Aber sie hat keine Macht über ihre Gedanken, die Dämmerung lastet so schwer auf ihr, der Wald ist so dunkel und still. Sie kann sich des unheimlichen Grauens nicht erwehren.« (Gösta Berling, 129)

Und das ist das Entscheidende. Es wird nicht an Magie »geglaubt«, wie eine rationalistische Folkloristik sich früher auszudrücken pflegte, es wird die Magie rational sogar in Zweifel gezogen, und dennoch beherrscht sie die Seelen! Sintram gilt als wölfisch, kommt im Wolfspelz in die Kirche, wirft seine Fäustlinge so krachend auf die Bank, daß man die Krallen aufschlagen hört, Frauen werden ohnmächtig usw. Man glaubt Blitze in seiner Hand zu sehen, die er über das Land schleudern wird. Sintram ist verleumderisch und zynisch, er widerspricht nicht, wenn man auf sein Bündnis mit dem Teufel anspielt:

»Und die Menschen lebten in stummer Verzweiflung, denn sie wußten, daß des Bösen Macht groß war, daß er alles Lebende haßte, daß er das Tal zur Wildnis wandeln wollte, und daß er gern Pestilenz oder Hungersnot oder Krieg in seinen Dienst gestellt hätte, um jeden zu verjagen, der nützliche, freudebringende Arbeit liebte.« (Gösta Berling, 186 f.)

Dieser Unhold will schließlich Gösta Berling dazu überreden, sich umzubringen, »um den Menschen einen Schabernack zu spielen«. Alles angerichtete Elend, Aussaugung des Volkes, Dürre, Hungersnot, Mord und Diebstahl schreibt er sich selbst zu. Das Land wäre schließlich so abscheulich und verhaßt geworden, daß niemand mehr dort hätte wohnen können, denn Sintram liebt wüste Gegenden und Brachland. Die Zerstörung hätte ihm wohl gefallen können, »denn«, sagt er zu Gösta, »ich bin böse. Ich bin der reißende Bär auf dem Hochgebirge, ich bin der Schneesturm in der Ebene, ich liebe es zu morden und zu verfolgen. Fort, sage ich, fort mit Menschen und Menschenwerk. Ich kann sie zwischen meinen Klauen durchlaufen und sie Bocksprünge machen lassen – das kann mir auch eine Weile Spaß machen – aber jetzt habe ich das Spiel satt ... jetzt wollte ich gern zuschlagen, jetzt wollte ich töten und verderben...« (Gösta Berling, 297 f.)

Toll und an Arnim erinnernd ist der Einfall, einen empirischen Menschen, der sich sonst ganz normal zwischen den anderen bewegt, zur Verkörperung des Bösen zu machen, als ob sich das Übernatürliche genauso verstände wie das Natürliche. Doch ist *dies* nicht der wahre Realismus?

Das ganze Romangeschehen spielt sich ab vor der Hinter- und Mitwelt der Dämonen. Die Motivierung der menschlichen Handlungen ist bei Selma Lagerlöf manchmal schwach. Warum? Weil kausal eben das Dämonische ist. Diese Dichterin ist großartig im Zusammenklingen von Natur und Menschenwirken, das für sie immer Menschenschicksal ist. Der Roman

»Gösta Berling« ist genuin animistisch und dämonistisch; sogar totemistische Anklänge fehlen nicht. Wie bei Arnim reicht das Geisterreich unmittelbar und determinierend hinein in das, was die nüchternen Menschen real nennen. Die Wildtiere sind dämonisch, vor allem der Bär, wie bei Turi. Nicht alle Bären sind so böse; aber unter ihnen leben besondere Bären, die kein Jäger erlegen kann, »es ist unheimlich, darüber zu reden, entsetzlich, es zu glauben«. Hexen, die aus Wolfshöhlen kommen, Töchter von Finnen (!), verursachen Hagel, Dürre, Viehsterben usw. Das sind vertraute Motive aus dem europäischen Volksglauben. Großartig ist diese Dichterin, wenn sie die ganze Natur als dömonische vorführt:

»Das Grausen ist eine Hexe. Sie sitzt im Dämmerlicht der Wälder, dichtet böse Zauberlieder für die Menschenohren und erfüllt ihre Herzen mit unheimlichen Gedanken. Dadurch entsteht die lähmende Furcht, die das Leben belastet und die Schönheit freundlicher Landstriche verdunkelt... Tückisch ist die Natur, heimtückisch wie eine Natter, ihr kann niemand trauen. Dort liegt der Löfven-See in herrlicher Schönheit, aber traue ihm nicht, er lauert auf Beute: jedes Jahr muß er seinen Tribut in Gestalt von Ertrunkenen einziehen. Dort liegt der Wald, verlockend friedlich, aber traue ihm nicht! Der Wald ist voll gefährlicher Tiere, in welche die Seelen bösen Hexengesindels und mordgieriger Verbrecher gefahren sind.« (Gösta Berling, 71)

Und ebensowenig soll man dem Bache trauen, dem Kuckuck, dem Moose, dem Heidekraut, den Felsenplatten: »... die Natur ist böse, von unsichtbaren Mächten besessen, die den Menschen hassen« (ebd.). Hier ist keine freundwillige Naturmystik, es herrschen Tücke und Mißtrauen, eine Atmosphäre der Unheimlichkeit, die mitunter an Eichendorff erinnert (Zwielicht: »Dämmerung will die Flügel spreiten...«), dessen Naturverhältnis aber doch zuletzt ein christlich-erlöstes ist. Selma Lagerlöf ist romantisch in einem viel paganeren Sinne als alle deutschen Romantiker. Die Majorin erzählt:

»Es wohnt eine alte Frau auf Ekeby, die des Himmels Winde gefangen hielt. Jetzt ist sie eingekerkert, und die Winde sind frei. Ist es nun wunderbar, daß ein Sturm durch das Land braust? Ich, die ich alt bin, habe den Sturm schon früher gesehen... Ich kenne ihn, ich weiß, daß der Donnersturm Gottes über uns kommt. Bald braust er über die großen Reiche, bald über die weltvergessenen Gemeinden hin. Gottes Sturm vergißt keinen. Er kommt sowohl über die Großen als auch über die Kleinen. Es ist glorreich, Gottes Sturm kommen zu sehen. Sturm Gottes, du gebendeites Wetter des Herrn, brause über die Erde hin! Stimmen der Luft, Stimmen der Gewässer, ertönet und verbreitet Entsetzen! Laßt Gottes Sturm tosen! Machet Gottes Sturm schreckenerregend! Mögen Sturmwinde über das Land hinjagen, gegen wankende Mauern rasen, verrostete Schlösser zerbrechen und schwankende Häuser umstürzen! Angst und Schrekken wird sich über das Land hinbreiten. Die kleinen Vögel werden aus ihren Nestern auf den Zweigen niederfallen.« (Gösta Berling, 130 f.)

Gottes Sturm? Es ist wodanistische Apokalyptik. *Wodan id est furor.*

Die Waldfrau verkündet elbisch-verhängnisvoll: »In dieser schrecklichen Zeit ist alles Böse in Bewegung.« (Gösta Berling, 280) Das ist der Schlüssel zu allem. Die Dichterin schildert den Dammbruch durch die heranbrausenden Fluten des Stromes: Die Wogen rasen heran

»... mit Eisschollen als Wurfgeschossen, Holzbalken werden zu Mauerbrechern. Manchmal verharren sie, als berieten sie untereinander, brechen dann von neuem los. Es ist ihr Tag der Freiheit, fort mit den Menschen und Menschenwerk!« (Gösta Berling, 155)

Man denkt an Fontane: »Brücke am Tay«.

Die Naturmächte sind gegen den Menschen. Das Bollwerk der menschlichen Tyrannei soll fallen! Auch der See wird animistisch geschildert:

»Ein stattlicher, herrlicher See... Oft ist er auch in böser Laune, er kann vor Wut hoch aufschäumen und Segelschiffe umstürzen, aber er kann auch in träumender Ruhe daliegen und den Himmel widerspiegeln.« (Gösta Berling, 22)

Sogar die Ebene wird »beseelt«, aber wie die Lagerlöf das macht!

»Es genügt vollkommen, wenn ihr rund um mich her eure Mauern auftürmt, das bietet Schutz genug, sagte die Ebene zu den Bergen.« Das Zwiegespräch zwischen Ebene und Bergen: Wer kein Nominalist ist, kann's wohl glauben. – Die Kavaliere hören, wie die ganze Natur höhnisch über Ekeby lacht, und es dünkt sie, die Erde erbebe vor Schluchzen, die Bäume drohten ihnen mit zornigen Gebärden, und Gras und Kräuter klagten darüber, daß es mit Ekebys Ehre vorbei sei.

Das Kapitel »Die Dürre« beginnt:

»Wenn leblose Dinge lieben können, wenn Erde und Wasser Freunde von Feinden zu unterscheiden wissen, so möchte ich gern deren Liebe besitzen. Ich wollte, daß die grüne Erde meine Schritte nicht als eine schwere Last empfände. Ich wollte, sie verziehe es, daß sie um meinewillen mit Pflug und Egge verwundet wird, und ich wollte, daß sie mich meinem toten Leib bereitwillig öffnete. Und ich wünschte, daß die Woge, deren blanken Spiegel meine Ruder zerschlagen, dieselbe Geduld mit mir hätte, wie eine Mutter sie mit einem stürmischen Kinde hat, das auf ihre Knie klettert, ohne darauf zu achten, daß es ihr seidenes Festgewand zerknittert...« (Gösta Berling, 236)

Und doch ist die Determination durch die Naturdämonen keine absolute. Der Mensch ist von Verantwortung nicht entlastet, denn *er* ist die letzte Ursache der Unruhe. Die Unrast der Kavaliere hat das Land verstört, sie hat auch die leblosen Dinge aufgerührt(!):

»Wie soll man die Ansteckung schildern, die sich über das Land ausbreitete? Muß man nicht glauben, daß die Kavaliere die Götter der ganzen Gegenden waren, und daß ihr Geist alles beseelte? Der Geist der Abenteuerlichkeit, der Sorglosigkeit, der Wildheit!...« (Gösta Berling, 237)

Mehrmals spricht die Dichterin noch von der »Ansteckung«, die sich auch unter dem Volke weiterverbreitet habe. Wo ein Laster vorhanden war, brach es hervor, aber auch wo eine große Tugend war oder ein starker Wille sich verbarg, traten sie nun hervor:

»Denn nicht alles, was geschah, war böse, doch die Zeit brachte es mit sich, daß das Gute oft so verderblich wirkte, wie das Böse. Es war so wie bei großen Stürmen tief im Walde, wo ein Baum über den andern niederstürzt, eine Föhre die andere mitreißt, und wo sogar das Unterholz von den stürzenden Riesen zu Boden gerissen wird.« (Gösta Berling, 237)

Hier erscheint die Weltanschauung der Lagerlöf gleichsam als ein christlicher Animismus: Die Menschen selber sind schuld an der bösartigen Bewegung in der Natur. Doch ganz eindeutig ist die Sachlage nicht, irgendwie ist die heidnische Dämonologie ungebrochen. Und zuletzt scheint die Bösartigkeit in eschatologischen Kategorien abgewälzt zu sein auf das Verhängnis der »Zeit«. Jedenfalls scheint es Zeiten zu geben, in denen allgemein die Aggression, die Bereitschaft zur Gewaltanwendung, wächst: Die Unruhe ergreift die Menschen, aber auch die Tiere, die Winde usw. Wolf und Bär haben niemals schlimmere Verwüstungen angerichtet, Uhu und Fuchs niemals ärger geheult, niemals so viele Schafe sich im Walde verirrt, niemals Viehseuchen so heftig gewütet usw. Dann kommt es darauf an, solche Zustände als »Zeichen« zu erkennen:

»Die Zeichen in der Natur beachten... Begreifen, wie die leblosen Dinge von den lebendigen abhängig sind... Erkennen, daß es die Unruhe auf Erden ist, die den Frieden der leblosen Dinge stört. Das Volk weiß es... In solchen Zeiten verlöscht die Waldfrau die Flamme des Kohlenmeilers, zertrümmert die Seehexe das Boot, sendet der Nöck Krankheiten, läßt das Wichtelmännchen die Kuh krepieren... Niemals hatte die Frühjahrsflut schlimmere Verwüstungen angerichtet... Kleine Flüsse, die sonst, wenn der Frühling sie stark machte, höchstens eine leere Scheune mitzureißen vermochten, gingen nun zum Angriff auf ganze Höfe über und spülten sie fort...« (Gösta Berling, 238)

Wer aber daraufhin den christlichen Bußruf erwartet, sieht sich enttäuscht.

Selma Lagerlöf bietet in »Gösta Berling« auch einen Beitrag zur »Kultur der Armut« in Nord-Värmland, dem dünnbesiedelten Land, wo noch die Finnen in Rauchhütten wohnen, wohin man junge Pfarrer schickt, die einzigen, die daselbst lesen und schreiben können, denen die Eingeborenen aber nicht einmal ein Wohnhaus zur Verfügung stellen können. Armut und Einsamkeit verderben sie, geistlicher Zuspruch fällt ins Leere. »Man merkt, daß Worte nicht helfen. Die Armut steht im Wege. Die Armut verhindert alle Besserung.« Dann kommt oft auch der Pfarrer ans Trinken, Branntwein ist wie ein Pelz im Winter, wie Kühlung im Sommer, eine warme Hütte, ein weiches Bett. Und die Menschen da oben glauben zwar an Gott, »aber noch mehr an den Teufel, und am allermeisten an die Kobolde in den Bergen und das Wichtelmännchen in der Scheune. Alles Korn wird im Branntweinkessel vernichtet. Niemand kann das Ende dieses Elends absehen. In den meisten dieser grauen Hütten herrscht die Not« (Gösta Berling, 243). Die Frauen werden scharfzüngig, die Männer gehen in die Kneipe. Äcker und Vieh wissen sie nicht zu behandeln. Sie fürchten den Gebildeten, der Pfarrer ist für sie ein Spott. Was er auf der Kanzel sagt, verstehen sie nicht, was er sie lehren will, glauben sie nicht. – Es ist dieses Milieu, in dem der Broby-Pfarrer, eine der Hauptpersonen des Romans, seine Habgier erworben hat. Die »Kultur der Armut« bietet die Anamnese!

Heidnisch-animistisch ist im Grunde auch die gewaltige Schilderung des protestantischen Bildersturms und seiner Folgen: Die Bilder der Heiligen beleben sich wieder, sie lassen sich nicht einfach wegwerfen, sie kommen zurück! Man hat sie in das Moor geworfen, aber siehe da, sie kommen wieder herauf, betreten die Kirche:

»Sie hatten es wohl vernommen, daß hier das Lob dessen gesungen werden sollte, der sie in die Vernichtung hinabgestürzt hatte. Dabei wollten die alten Heiligen aber auch ein Wort mitzureden haben.« (Gösta Berling, 206 ff.)

Und dazu das monumentale Schlußwort: »Wenn Menschen schweigen, müssen Steine reden.«

Wohl finden wir in der Romanliteratur des Nordens die alten heidnischen Geistererscheinungen, Totenbeschwörung, Vorzeichendeutung und Vorgeschichte bei den Fischern und Bauern, besonders in den Randgebieten, lebendig wie eh und je, aber diese Menschen sind nicht die *Meister* des magischen Geisterzwangs und der Prophetie, sondern sie sind die *Lehrlinge* der älteren Vorbevölkerungen: der Lappen und Finnen! Dies bezeugt u. a. Johannes Scheffer in seiner Beschreibung von Lappland (1675). Er sagt, die Schweden gäben »ihre Kinder zu den Lappen in die Schule/ damit sie nemlich in dieser Kunst [der Zauberei] unterrichtet werden«, und bringt auch ältere Zeugnisse hierfür bei, z. B. von Snorri Sturleson. Das Gefälle der magisch-schamanischen Kunst ist also dem Macht- und Herrschaftsgefälle entgegengesetzt; die germanischen Eroberer unterliegen auf dem Gebiet der Zauberei. In der unwirtlichen Natur des Nordens bleibt der rationalisierte Mensch immer noch abhängig von den Mächten. »Der Mensch und die

Mächte« ist ein großes hyperboräisches Thema; so lautet auch der Titel eines Romans von Olav Duun (1938). Es geht nicht ohne die Hilfe dieser Mächte. »Über unser Leben hat das Meer allein zu bestimmen«, sagen die estnischen Seehundsjäger bei August Gailit, und sie bleiben trotz aller vom Vater auf den Sohn vererbten Jagdtechnik davon überzeugt, »daß die Seehundsjagd in gewissem Sinne mit Zauberei zusammenhängt« (Gailit, 185, 218). Nicht anders die Olsöy-Fischer in Olav Duuns Roman »Olsöy-Burschen« (1927), bei denen die Vorgeschichte eine so wichtige Rolle spielen und das Meer als dämonischer Gegenspieler erlebt wird:

»Sie fühlten sich als Herren des Meeres und des Wetters. Immer wieder mußten sie hinaus und versuchen, ob es wirklich wahr sei, im übrigen kannten sie das Meer und das Wetter gut genug, um nicht zu lachen, wenn sie so dahinfuhren. Das war ein erlaubter Krieg, und gewonnen sollte er werden, aber dauerte wohl lange, lange, es war unsicher, ob sie den Tag erleben würden, an dem sich das Meer so weit ergab, daß man ihm ins Gesicht lachen konnte.« (Olsöy-Burschen, 105)

Hier ist die Welt noch nicht entzaubert, alles Wahrgenommene ist zeichenhaft, bedeutungsvoll, tief affizierend. Die Seeschlange einmal gesehen zu haben, ist nicht nur ominös, es ist eine *Schande!* So in Olav Duuns Roman »Der Gang durch die Nacht« (1932), einer meisterhaft angelegten Kriminalgeschichte mit sublimer, an Dostojewski erinnernder, bohrender Psychologie. Den »Gang durch die Nacht« muß der aus der Fremde heimgekehrte Sohn antreten, um den Tod seiner Mutter aufzuklären – man hat seinen eigenen Vater verdächtigt, sie erschlagen zu haben. Da der mangels Beweis freigesprochene Vater sich weigert zu reden, muß der Sohn versuchen, das Dunkel zu lichten, er verhört einen Zeugen nach dem andern, alle reden darum herum, keiner weiß etwas, sie sind Meister in der Kunst, nichts zu verraten, aber einander zu erraten. Zwar kommt die Wahrheit zum Schluß ans Licht – der Vater ist unschuldig –, aber was nützt das? »Es ist nicht zu erwarten, daß man mir glaubt. Nein, denn es ist *wahr*!« hat der Verdächtigte bei einer früheren Gelegenheit gesagt (Olsöy-Burschen, 140). Dostojewskische Psychologie? Norwegische? Aber wer hat das doch gesagt, daß man die Wahrheit nur zu verkünden braucht, um zu erreichen, daß sie nicht geglaubt wird? Pirandello. Der Erzähler aus dem höchsten Norden hat die gleiche Pointe wie der Dramatiker aus dem tiefsten Süden. Nord-Tröndelag und Agrigent. Eine Katharsis gibt es freilich am Ende bei Duun, aber das Bewußtsein überwiegt: »Wir leben in tiefster Dunkelheit«, wie bei Barlach und beim alten Benn: »Im Dunkel leben, im Dunkel tun, was wir tun können« (Benn, Werke II, 445). Das Erwachen und Emporringen aus der Dunkelheit ist auch ein großes Thema in Duuns »Juwikingern« (1918), einem von eschatologischen Blitzen durchzuckten Roman; stilisiert von dem Helden namens Odin:

»Ich will die Menschen so zeigen, wie sie durch die alten Zeiten und durch die Dunkelheit bis hierher gekommen sind, mit lauter bösen Mächten rings um sich. Ich will *den* zeigen, der es mit dem Satan aufnahm – und siegte, denn er ist der Größte. Siegte, so daß die anderen Mut fanden, zu atmen und zu lachen, wie es ihnen gefiel, das war ein großer Tag, er währte viele Hunderte von Jahren, vielleicht... Ich sehe, sie, sie kommen alle miteinander, schütteln Dunkelheit und Zaubermächte ab und taumeln blind ins Licht, bleiben stehen und starren mit offenen Augen, sehen fast gar nichts. Mich dünkt, ich sei mitten unter ihnen, als habe ich die ganze Fahrt mit ihnen gemacht, in Blindheit, überall! Ich will euch jenes Mal zeigen, da sie einander gewahr wurden, und dann das andere Mal, da der eine oder andere sich selber gewahr wird. Und zum Schluß sollt ihr den Kampf sehen, den großen Kampf, in dem alle gegen einen und einer gegen alle ist. Ihn, der alles verliert und trotzdem gewinnt.« (Juwikinger II, 265)

Diese Vision ist wohl kaum frei von literarischen Reminiszenzen an die Edda *(Wöluspá)*, und auch die Vordeutung auf das von Odin später vollzogene Selbstopfer weist darauf hin *(Hávamál)*. Der Tröndер Lehrer Duun hat zweifellos sogar die gelehrte Literatur über die eddische Dichtung gekannt. Insofern fehlt seiner Vision die Unmittelbarkeit der lappischen eschatologischen Zeugnisse, wie schon den eddischen Zeugnissen die Unmittelbarkeit der biblischen Apokalypse fehlt, von der sie beeinflußt sind. Dennoch bleibt Duuns Vision der aus dem Dunkel ins Licht taumelnden, die Zaubermächte abschüttelnden Menschheit ein groß ins Moderne gewendetes dichterisches Zeugnis. Viel stärker als der südlichere, aus dem Gudbrandstal stammende, zudem mit allen Auslands- und Überseewassern gewaschene Hamsun ist Duun im Volkstum des Nordens romantisch verwurzelt; er schreibt auch nicht, wie Hamsun, in der Staatssprache, dem Riksmål, sondern in einem dem Landsmål nahestehenden Dialekt. Die archaischen Züge, Aberglaube, Zauberei, Identifikation mit den Ahnen, Omina, Träume, Opferhandlungen – alles ist gewaltig da, und nicht als folkloristisches Kuriosum, sondern von ihnen her als wirkend erfaßt. Von einem der handelnden Männer heißt es:

»Er glaubte nicht im geringsten an Vorhersagungen, er war von Geburt an so ungläubig wie ein Stein. Er *wußte* dies und jenes: daß in der Erde und im Fels allerhand wohnte – aber er brauchte nicht daran zu glauben, es *war* nur so, und zu fürchten brauchte er sich nicht, denn es gab immer irgendeine Waffe, wenn's darauf ankam, oder ein kleines Gotteswort.« (Juwikinger I, 210)

Der Unterschied von Glauben und Innesein ist selten so scharf erfaßt worden; allenfalls bei Selma Lagerlöf, aus einer ganz ähnlichen Geisteslage heraus[5]. Ein andermal heißt es: »In manchen Nächten fühlte Petter, wie es sich in ihn einschlich, all das, was die anderen glaubten.« (Juwikinger I, 225).

»Zaubern, das heißt den Teufel beschwören« (Juwikinger I, 134) werden wir belehrt, aber der Teufel ist bei diesen spät christianisierten Menschen noch so gegenwärtig wie in der »zaubrischen Zeit« (16. Jahrhundert) bei uns, ist uns also im skandinavischen 19. und 20. Jahrhundert nach dem Aktualitätsprinzip zugänglich. Mephistophelische Charaktere fehlen in Duuns Romanen nicht, luziferische Züge blitzen auf. Ein altes Weib sagt: »Man sieht wohl nicht so aus wie die Güte selbst, ohne daß etwas Böses dahintersteckt.« (Juwikinger I, 224)

Das Wort ist mächtig, wie bei den alten Finnen (vgl. o. S. 266): »Lüge, Lüge! sagt er dort drinnen im Dunkeln. Aber wenn du erst die Lüge *gehört* hast, wo willst du dann hin?« (Juwikinger II, 530). – Und der folgende Dialog:

»Ich habe nie gespottet, wenn ich auf dem Meer draußen war! – Auch nicht bei gutem Wetter? Nein, übrigens, ich habe das selber nie getan, bis auf heute. – Es kann ein Zauber in den Worten sein. – Das sind schlechte Worte, in denen kein Zauber steckt! lachte Odin.« (Juwikinger II, 555)

Deshalb besteht auch das Namen-Tabu, z. B. darf der Name des Fisches beim Fischen nicht ausgesprochen werden. Anders geht mit einem Knecht zum Fischen in den Fjord.

»Und Fische kriegen wir, denn ich habe heute nacht von Läusen geträumt, sagte der Knecht. – Alles Schlechte, wünschte Solvi ihnen, wie es der Brauch war. – Sie saßen noch nicht lange, als es schon anbiß. – Ist es die Alte [d. h. der Fisch] selbst, oder ist es das Vaterland mit Grund und Boden?[6] sagte Anders, als er die Leine einholte. Es war ein Riesenfisch. Und bald darauf hatten sie wieder einen, einen ebenso großen. Der Knecht wurde bedenklich: Wer weiß, wie das zugeht, sagte er. – Entweder deutet es auf Todesfall, oder Teufelsmacht, oder Zauberei.« (Juwikinger I, 228)

Die innere Brüchigkeit und Widersprüchlichkeit von Aufklärung und Fortschritt, die in Hamsuns Romanen eine so große Rolle spielt, fehlt auch der Odinsgestalt in den »Juwikingern« nicht. Odin, der für den Fortschritt so

5 Es handelt sich um den Unterschied von *fides explicita* und *fides implicita*. Schon Max Weber hat in seinen religionssoziologischen Arbeiten auseinandergesetzt, daß die »Glaubensreligiosität« ein ganz bestimmter Typus des religiösen Lebens ist, längst nicht auf alle historischen Religionen passend. Die übliche Redeweise in den Religionswissenschaften und in der Volkskunde vom »Glauben an. . .« bestimmte Dinge ist daher oberflächlich.

6 Entspricht dem polynesischen Landangel-Motiv (vgl. Graebner, Thor und Maui).

viel getan hat, bekundet gleichwohl das Gefühl, daß die Menschen dabei etwas verloren haben:

»... Und trotzdem, Ingri, ich weiß nicht recht. Zutiefst drinnen ist mir fast, als vermisse ich etwas, wenn ich sehe, wie sie kommen und hineingehen und sich hinsetzen. – Was denn? – Es ist eine Schande es zu sagen. Aber früher war doch Leben in ihnen; sie waren so voller Leben, sie schrien und riefen oft vor lauter Jungsein und Übermut, erinnerst du dich nicht mehr? Nein, ich wünsche das nicht wieder zurück, es soll schon so bleiben, wie es jetzt ist. Aber sie sind zahm, die Menschen. Ich fühle mich bisweilen fremd – ist es denn etwas Großartiges, über solche Menschen einen Sieg davonzutragen?« (Juwikinger II, 437)

Wie die junge Generation gegen die alte abfällt!

»Ein bißchen zahm sind sie ja heutzutage.«
»Wer doch vor hundert Jahren gelebt hätte! ... Ich glaube, es war ein anderer Zug in den Menschen, damals.«
»Aber waren die Menschen jemals so tief unten? Um sich das Sterben leicht zu machen? Ich fürchte, daß es nie so kläglich um die Menschen bestellt war wie jetzt.« (Juwikinger II, 328, 360, 493)

Es fehlt an der Bereitschaft zum Unbedingten. Odin selbst hat sie noch. »Aber Bauer sein, wenn keiner mehr weiß, was ein Bauer ist?« (Juwikinger II, 477). *Zivilisation ist gleich Zähmung:* das Endprodukt eines anthropologischen Prozesses. Der domestizierte Mensch ist der vollkommen gezähmte. Odin kann das nicht gut heißen, aber seine innere Natur muß diesen Prozeß vollziehen, denn sie ist – nicht umsonst trägt er den Namen des Gottes – die des sich stetig Wandelnden; er bekennt sich lachend zum Spiel des Wandels:

»Ich müßte mein ganzes Leben noch einmal leben, so wie ich hier stehe, wollte ich über meine Lebensanschauung Rechenschaft ablegen, und noch ehe ich fertig wäre, hätte die ganze Sache für mich ein neues Gesicht bekommen, es wäre eine neue Lebensanschauung geworden. Aber jetzt wollen wir spielen...« (Juwikinger II, 442)

Daß alles dies nur die letzte, die zivilisierte Form des schamanischen Gestaltwandels ist, der auch dem Gotte Odin eigen war, dessen gleichbleibende äußere Gestalt nur ein irreführendes »Motiv der Hülle« ist, während das Wesen des Gottes sich in dutzenderlei Formen offenbaren kann, wird hier dämonisch sichtbar. Tatsächlich betrachtet Odin den Einbruch der Zivilisation mit skepetischen Augen:

»Schicksal nennen sie es... Ein blindes Weib auf einer blinden Mähre; aber es geht doch ganz schön vorwärts, dorthin wo es hin soll. Oder wo es hin muß, ich weiß das nicht so genau. Bauer, sagen die Leute. Aber ein Bauer, das war einer, der in der Dunkelheit lebte, in der zottigen, stillen Dunkelheit; jetzt hat sich wohl der letzte den Schlaf aus den Augen gerieben, der letzte von allen, und da ist er kein Bauer mehr... Sie fingen an zu denken, ja. Aber das ist eine kalte Arbeit, ich möchte wissen, ob sie das nicht besser hätten sein lassen?« (Juwikinger II, 545)

Schärfer als bei Duun wird das Voranschreiten der Zivilisation in den Romanen Hamsuns erkennbar. Wir erfahren die Stagnation in den kleinen Gemeinden, die erste Weckung neuer Bedürfnisse, die, kaum befriedigt, Unzufriedenheit zurücklassen; also das typische Überholtwerden der erreichten Fortschritte vom Fortschrittsverlangen. Aber auch das Schwindelhafte am »Fortschritt« wird sichtbar, die Scharlatanerie; selbst picareske Züge, die dem zeitweiligen Vagantentum des Dichters autobiographisch entnommen zu sein scheinen (»Unter Herbststernen«, 1906). Sogar in dem Roman »Segen der Erde« (1917), der als das Hohelied der Pionier-Bauernkolonisation gilt und seinem Schöpfer den Nobelpreis einbrachte, mischt der Dichter den picaresken Zug hinein, daß ausgerechnet Frau Inger, die wegen Kindsmords sechs Jahre Gefängnisstrafe verbüßt, während dieser Zeit nicht nur ihre Hasenscharte operiert wird, sondern auch das Schneidern, Weben, Färben, Schreiben und korrekte Sprechen erlernt, also zivilisiert wird, und nach ihrer Heimkehr ihrem Mann und dem ganzen Dorf als Trägerin dieser »Innovationen« überlegen ist. Die Segelfoß-Romane (1913, 1916) behandeln den kulturellen Wandel und zeichnen schonungslos den neu emporkommenden Typ des bürgerlichen Beamten in den kleinen Gemeinden. Aber das ist ein erbärmlicher Menschenschlag, wenn man auch sagt, man müsse mit der Zeit Schritt halten. Alles Redensarten. »Nach dem Vater der Sohn, Generation auf Generation. Kopisten. Rekrutieren sich aus Bauernjungen, die sich ›emporarbeiten‹.« Aus tüchtigen Bauern und Fischern werden Schreiber und Pfaffen. Notdürftige Begabung, von Energie keine Rede, »die Alltäglichkeit, der Durchschnitt blüht. Zuverlässige Ehrenhaftigkeit, zuverlässige Tüchtigkeit im Fach, jawohl! Aber Überlegenheit, Größe?« – Nein, lieber soll die Tocher einen Steuermann nehmen: »Ein Seemann kommt in alles mögliche hinein, er segelt um die Welt und schaut sich um, er wird schließlich Führer, Kapitän. Ähnlich wie bei einem Soldaten... Ein Seemann und ein Soldat, die sind nicht absolut immer im Gewöhnlichen, dem Alltäglichen preisgegeben – das sind aber die Beamten« (Hamsun, Kämpfende Kräfte, 75 ff.). Ein Seemann kann auch von der Natur leben. Ein Beamter hingegen nicht von Kultur, weil er keine hat, denn die kann nicht in der Schule erlernt werden. (Dies alles ausgesprochen in einer dialogischen Auseinandersetzung zwischen dem Leutnant, der für den Steuermann, und dem Konsul, der für den Beamten plädiert.) In »August Weltumsegler« (1930) ist es der Heimkehrer, der den weltweiten Horizont erworben hat, der den Fortschrittsgedanken und die Innovationssucht vertritt, teils echt, teils schwindelhaft-picaresk. Die Rückständigkeiten in der Bucht lassen ihn nicht ruhen, »nichts wollte vorwärts, die Welt raste weiter, aber die Bucht blieb zurück«. Im Vergleich zu Amerika sind ja alle anderen Länder rückständig. Was amerikanische Soziologen den »cultural lag« genannt haben, ist auch Augusts fixe Idee, unter der er leidet. Er will aufholen, wird zum Gründer von diesem und jenem, er entwickelt die Bucht, im Guten wie im Bösen:

»Er entwässerte Moore, aber er trieb auch Spekulation. Er war ein Ausdruck des Zeitgeistes, gab mit der einen Hand und nahm mit der anderen – wo war denn der Gewinn? Er schuf Veränderung, aber bei jedem einzelnen Fall wurde das Gute, das er bezweckt hatte, von dem darauf folgenden Bösen aufgehoben.« (Hamsun, August Weltumsegler, 395)

Das sind also die »unbeabsichtigten Nebenerfolge«, die in Max Webers soziologischer Theorie des Handelns eine so wichtige Rolle spielen – jene Aberrationen von der rationalen Interpolation eines Entwicklungsganges, die diese so oft zur Donquijotterie machen – ohne daß die Entwicklungsideologen von heute dadurch klüger geworden wären als August Weltumsegler. Wie eng benachbart ist die Innovationssucht der Scharlatanerie! Aber ist denn August ein Scharlatan? Ist er ein Pícaro? Nein, er ist ein Werkzeug des Zeitgeistes, er ist – *Missionar*!: »Es war moderne Zeit und Mechanik und Amerikanismus in ihm, Gutes und Böses – alles miteinander.« Er ist »geistesgegenwärtig und erfinderisch, jeder Verantwortung bar, gänzlich schamlos, jedoch überlegen und tüchtig«.

»Er schwebte nicht, er hatte seine ›Erdkruste‹ unter den Füßen, saß da auf der Lauer und voll guten Glaubens, und tischte ihnen eine Geschäftslüge nach der anderen auf, tischte Zahlen und Berechnungen, Hundekünste, Perlen von Schwindel auf, und bei alle dem war er unschuldig, er glaubte an seine Mission und log ehrlich und redlich zu deren Vorteil. Er saß da in seinem Stuhl, krank und verlogen, und war ein Ausdruck der Zeit und der Entwicklung.« (August Weltumsegler, 269)

»O, er hatte keine Schwere, ... er war ohne Notwendigkeit ... er war leicht wie das Geld, wie die Mechanik, der Handel, die Industrie und die Menschenentwicklung.« (August Weltumsegler, 281)

Es ist bewundernswert, wie Hamsun den Typus des modernen, halb-picaresken Innovators und Fortschrittsmenschen schon vor einem halben Jahrhundert gezeichnet hat, präziser, vollständiger, psychologisch schlüssiger, als es ein moderner Soziologe könnte. Wer Einblick in die bewegenden Kräfte unserer Zeit haben will, muß »August Weltumsegler« wieder zur Hand nehmen. Der Unterschied zu heute ist bloß, daß die Gegenkräfte, die

Hamsun immerhin in der Gemeinde sichtbar macht, in der Gegenwart schwächer geworden sind.

In die »Kultur der Armut« führt uns »Segen der Erde« ein. Die Lage der Ödland-Pioniere ist zwar keine agrarproletische, doch steht sie ihr wenigstens in den Anfängen noch nahe. Der typische Zug der »Knappheit der Mittel« drängt sich überwältigend in den Vordergrund. Jedes Kleidungsstück, jeder Bissen Brot, jede Dose, jeder Bleistift, jede *Fazilität*, mit Goethe zu sprechen, ist einzigartig kostbar, folglich psychologisch überwertig. Die Denkweise ist, ökonomisch gesehen, noch völlig vorkapitalistisch. Das Wort Muße ist unbekannt, alles dient der unmittelbaren Lebensfristung, für geistige Interessen bleibt keine Zeit, und nur mit unermüdlicher, eiserner Arbeitsenergie schafft man sich, Schritt für Schritt, aus dem Ärgsten heraus. Religiöse Gefühle sind da, anknüpfend an das Erlebnis der Mächte. Es gibt keine »Neidvermeidung« (Helmut Schoeck), im Gegenteil, man demonstriert das Errungene, spielt sich auf mit einem Etwas, einem Fast-Nichts. Man fühlt körperlich die Mächte in der Widersetzlichkeit der Dinge. Typisch ist die Schilderung, wie der bärenstarke Bauer Isak den Felsblock aus der Erde herauswuchten will, jedoch der Stein »will« nicht. Der *Wille in der Natur*, mit Schopenhauer zu reden, übersteigt selbst eine gigantenhafte Menschenkraft. (Wogegen Friedrich Theodor Vischers *Tücke des Objekts*, in »Auch Einer« [1879], bloß die verspielte Idiosynkrasie eines Zivilisationsmenschen spiegelt.)

Aleksis Kivis Roman »Sieben Brüder« ist schon 1870 erschienen. Er ist das erste große Prosawerk aus Finnland, das finnisch geschrieben wurde; vorher hatten die Literaten nur schwedisch geschrieben. Geistig in der Nachfolge Lönnrots stehend, unterscheidet sich dieser Roman vom »Kalevala« nicht nur gattungsmäßig – freie Erzählung, mit Dialogen durchsetzt –, sondern vor allem durch seinen Realismus. Die sieben Brüder stehen einer übermächtigen Natur gegenüber, vielmehr diese spielt mit (Tito Colliander); dies mag an das »Kalevala« erinnern, nur charakterisiert Kivi den Effekt dieses Zusammenspiels in einer »Kultur der Armut«. Mit dieser Härte der Darstellung verstieß der Dichter gänzlich gegen den damaligen Kodex der Literaten:

»Als die Sieben Brüder im Jahre 1870 erschienen, war das Buch unmöglich in das Bild der damaligen Literatur einzufügen. Für die kulturellen Kreise war es ein Verbrechen wider den Goldenen Schnitt, es wurde allgemein als unwahr und roh und für die Ehre des finnischen Volkes erniedrigend angesehen. Und als der literarische Geschmacksdiktator Ahlquist über das Buch eine vernichtende Kritik schrieb, gab es niemanden, der das Buch verteidigt hätte. Kaum war es erschienen, wurde die ganze Auflage eingezogen – ein solches Buch war nicht wert, von der Finnischen Literaturgesellschaft verkauft zu werden.« (Tito Colliander im Nachwort »Die sieben Brüder«, 498)

Wie hätte die damalige gebildete Gesellschaft im schwedisch überlagerten Helsingfors dieses einzigartige Dokument würdigen können! Das »Kalevala« mit seiner mythischen Verklärung, ja, aber diese sieben ungeschlachten Brüder? – Der Autor starb zwei Jahre später im Delirium tremens in einem Spital, arm und vergessen.

Man begreift dieses Schicksal heute, denn dieser Roman ist eine grandiose kulturanthropologische Schilderung des Zivilisationshasses und seiner schließlichen Brechung, besser: seiner Bändigung durch Selbstdisziplinierung, deren domestikativer Wert wieder fragwürdig ist. Am Anfang steht das Ausbrechen der sieben Brüder aus der bereits andrängenden Zivilisation aus einer Umwelt mit Schulzwang, in die Freiheit der kulturhistorisch älteren Stufe des Jagens, Fischens – und Raufens! –; am Ende die Rückkehr in das gebundene Dasein, Schule, Bauern-Kolonisation und Einfügung in die Gemeinschaft. Die Probleme des Kulturkonflikts ähneln denen bei Hamsun und Duun, aber nur im Prinzipiellen, nicht in der Wucht des Zusammenstoßes, der bei Kivi viel heftiger ist und viel brutalere Reaktionen hervorruft. Wir haben es mit einer älteren Stufe des Kulturkonflikts zu tun. Das große Gegensymbol der sieben Brüder ist die Schule, das Lernenmüssen. Es ist ein Alptraum!

»Ein richtiger Misthaufen ist diese Welt, nichts weiter. Zum Teufel mit allen Küstern und Pfaffen, mit Leseverhör und mit Büchern, samt Polizeivögten mit ihren Stößen von Papier! – Die Tiere des Waldes haben's gut. – Das Eichhörnchen.– Und es braucht nicht lesen zu lernen.« (Kivi, a. a. O., 58 ff.)

Sie reden sich ein, daß man auch ein Christenmensch sein könne, »ohne Lesekunst, wenn wir nur glauben.« Haß fühlen sie gegen den Propst, auf dessen Geheiß sie lesen lernen sollen. Der »heuchlerische, scheinheilige und reiche Dickwanst von Wurstprobst«, dem sie alles Schlechte wünschen, dessen ihre Phantasie fähig ist. Ebenso hassen sie den Küster, der ihnen das Lesen beibringen soll. Juhani, der Älteste von ihnen, rühmt sich der richtigen Kraft des Zorns.

»Der Gedanke an Rache ließ mich alle Schmach vergessen, und Schmach ist's ja, was sie uns zugedacht. Der Gedanke, unsern Herrn Propst zur Ader zu lassen, würde meinem haßerfüllten Herzen wie Honigtau schmecken. Und zwar nähme ich dazu weder Messer noch Gewehr ... nein, Krallen und Zähne schlüge ich ihm in die Gurgel, wie ein Wolf-Luchs. In Stücke, in tausend Stücke zerfleischte ich den Kerl, um die Süße meiner Rache so richtig in mich reinzuschlecken. Jawohl, das täte ich, und wenn ich auch zehn Leben hätte und jedes dieser Leben zehn Jahre in einem Nagelfaß gerollt würde. Gegen die Wollust meiner Rache wäre das ja nichts.« (Kivi, Die sieben Brüder, 121)

Es gibt wenig Zeugnisse, in denen der Zivilisationshaß eine solch elementare Gestalt annimmt. Von hier aus gesehen erscheint die schließliche Bändigung der sieben Brüder nicht als ein Happy-End, sondern als eine Tragödie. Die Flucht vor der Zivilisation ist eindeutig ein Rettungsversuch auch vor der »düsteren Flamme des Hasses« (Kivi, 335), die sofort aufschlägt, wenn die sieben mit ihren seßhaften Genossen zusammentreffen. Eine Eskapade ist auch der stets erneute Kollaps in den Branntweinrausch – zugleich ein Selbstzeugnis des Dichters. (Schon Kivis Vater war trunksüchtig gewesen.) Der Reißaus in die Wildnis an den Hängen des Impivaara trägt den Stempel der Ächtung. Ihre einzige Sorge ist, »ob die Faust des Gesetzes uns nicht auch dort erreicht« (Kivi, 122). Unter freiem Himmel wollen sie leben »wie junges Wolfsgezücht«; auch der Polizeivogt nennt sie »Wolfsgesindel« (Kivi, 348). »Sieben verwilderte Heiden tief im Schoß der Christenheit.« »Wölfisch« ist in den alten Kulturen bekanntlich die Existenz der Geächteten.

Nur der Jüngste der sieben, Eero, zeigt Tendenzen zur Anpassung; das Jüngelchen verkündet schon früh, »daß Zucht unendlich heilsam ist«. Deshalb hüten sich die anderen vor ihm etwas, fürchten seine lose Zunge und nennen ihn »Sauerteig der Schalheit im christlichen Brudersüßteig«. Eero weist leicht picareske Züge eines vorbestimmten Intellektuellen auf. Er ist es auch, der den Brüdern in der Wildnis schließlich doch das Lesen beibringen muß, denn soviel haben sie eingesehen, daß sie in diesen sauren Apfel beißen müssen, nachdem sie erfahren haben, daß ein Analphabet keine gesetzliche Ehefrau kriegen könne. Bruder Tuomas sagt:

»Nun aber geht's ans Lesenlernen, Jungen, nun die Fibel in die Hand und Buchstaben in den Kopf hämmern, wenn's sein muß, mit dem Holzhammer.«

»Da saßen also als Lehrer Eero und als Schüler seine Brüder, die einstimmig die Namen der Buchstaben riefen, so wie der Jüngste sie ihnen vorsprach. Einstimmig brüllten sie, daß die große Stube widerhallte.« (Kivi, 355, 363)

Aber es ist wirklich eine Tragikomödie. Den Tag der Leseprüfung, der drohend herannaht, fürchten sie wie den Tag des Gerichts, sie fluchen und stöhnen. Am schwersten fällte es dem Ältesten, Juhani. Im Schweiße seines Angesichts lernt er die Fibel auswendig, sich die Haare raufend:

»Da konnte es oftmals geschehen, daß er zähneknirschend vor Wut, beinahe Tränen vergießend, plötzlich von der Bank aufsprang, den Hackklotz aus der Erde riß, ihn hochwuchtete und heftig auf den Boden schmetterte; und es dröhnte die Pirtti [Groß- oder Rauchstube], und es flatterte das kurze Hemd des Mannes. So mußte er hin und wieder zum Hackklotz greifen, denn mühsam nur wollte das Erlernte in seinem Hirn Wurzeln schlagen.« (Kivi, 368f.)

Eschatologische Gesichte gehören bekanntlich zum eisernen Bestand der Kulturkrise; hier erscheinen sie in tragikomischer Zuspitzung:

»Zwei Tohuwabohus hat es schon gegeben; das dritte steht noch aus; und dann erscheint das Zeichen der großen Herrlichkeit, dann wird die Welt zu Asche und Staub zerfallen wie ein trockener Rindenschuh. Dann brüllt das Vieh auf der Brache, und die Schweine quieken gräßlich auf dem Zaunpfad, falls nämlich dieser Untergang zur Sommerzeit erfolgt. Geschieht er jedoch im Winter, so wird das Vieh im Stall rumoren und brüllen, und auf ihrem Stroh im Koben werden die armen Schweine grunzen. Das wird ein Tumult, Jungens!...« (Kivi, 88)

Simeoni, der einzige »Christliche« der Brüder, hat auch Gesichte. Er sieht den Großtürken sich erheben und alles grauenhaft verwüsten, hinter ihm drein der große gehörnte Mammon, der die Menschheit vor sich her hetzt über die ganze Erde, wie der Wolf die Schafe. Er würgt »die ganze Welt und schließlich das Reich Amerika«. Das hat Simeoni gesehen, und den Satan hat er gefragt: »Ist das also jetzt die zerstörte Welt, in der ich daheim war?« Worauf jener erwidert: »Sakrement, Junge, was hab' ich mit dir zu schaffen? Das alles ist nur die Vorausschau dessen, was bald kommen wird.« (Kivi, 323). Die Prophezeiung wird sich erfüllen, wenn zwei lederne Posaunen »hier aus der Wand« heraustreten und ertönen werden.

Die Brüder hören solche Sachen gerne, zumal Juhani:

»Ach, erzähle uns alles, denn obwohl mich's eisig überläuft, kann die Erschütterung doch auch meinem sündigen Herzen guttun, das so verhärtet, so verstockt ist, daß schon ein Höllenzuschlaghammer oder Donnerkeil des Himmels nötig ist, es zu erweichen. Laß also donnern und regnen, Bruderherz, laß meinetwegen Skorpione regnen. Wir haben's nötig.« (Kivi, 324)

Die Zerknirschung ist so groß, daß die Brüder sich dazu entschließen, am Sonntag in die Kirche zu gehen, »sonst heizt der Teufel ein«. Auch geloben sie, dem Schnapsbrennen und Saufen zu entsagen. Doch geht die Sache schief, weil sie mit dem Kalender durcheinander sind und versehentlich am Montag statt am Sonntag zur Kirche kommen. Von den Dorfburschen deswegen gehänselt, schlagen sie zu, es entsteht eine wüste Rauferei. Überhaupt gibt es dauernd Rückfälle! So feiern sie auf ihrem neuerbauten Hof das Weihnachtsfest mit brüderlichen Ringkämpfen und nachheriger fahrlässiger Brandstiftung, wobei der schöne neue Hof in Flammen aufgeht.

Eins muß man diesen sieben Hyperboräern aber lassen: Sie sind eisenharte Arbeiter, Bauernkolonisten auf Schwendland schon vor ihrer Bekehrung.

Kivi ist bemüht, auch das Positive an der Zivilisierung herauszustreichen. Dem Bruder Aapo legt er folgende Selbstreflexion in den Mund:

»Mit aller Kraft an die Arbeit, denn das Leben lohnt die Mühe, und die Menschheit ist gar nicht so voll Arg, wie wir sehen; nein, ich glaube vielmehr: die Welt ist so zu uns wie wir zur Welt; und wer wie wir dauernd Unrecht leidet, soll sich selbst auf Herz und Nieren prüfen...« (Kivi, 360)

Der gute Wille ist also da, aber das Fleisch ist schwach, und der alte Adam unüberwunden, wie Eero, der »Intellektuelle«, bemerkt, der später auch seinen Bauernhof hat und daneben für Zeitungen schreibt: »Unseres Heimatlandes ganzes Bild, sein gütiges Mutterantlitz hatte sich für ewig in die Tiefe seines Herzens eingegraben.« (Kivi, 472) Ein Satz, den man auf Aleksis Kivis Grabmal gesetzt hat; der allerdings den tragischen Gehalt seines Werkes nicht in sich aufnimmt.

Zu neuen Ufern (Die amerikanische Szene)

In der nordamerikanischen Union kommen zu den kulturellen Konflikten der zahlreichen ethnischen Einwanderungsgruppen noch die Rassenkonflikte hinzu. Und drittens wandelt sich die alte anglo-amerikanische Kultur selbst im Vordringen der Pioniere nach dem Westen des Kontinents. Wir greifen nur Beispiele heraus. Das heroische Zeitalter der »Grenzer« ist schon historisch. Kenneth Roberts' Romane sind Zeugnisse dieser Zeit. Die »North West Passage« (1937) ist das Hohelied des abenteuerlichen Versuchs, vom oberen Mississippi aus nach Westen über das Felsengebirge zum Columbia-Fluß durchzustoßen. Roberts hat diesem Buche ein Motto R. B. Cunningham-Grahams, des Korrespondeten Joseph Conrads und Anregers zu »Nostromo« vorangestellt, und in der Tat atmet das Buch den Geist Conrads:

»Alle, die auf rühmliche Weise scheitern, Raleigh, Cervantes, Chatterton, Camões,Blake, Claverhouse, Lovelace, Alcibiades, Parnell und der letzte unbekannte Matrose, der einem Kameraden nachspringt und ertrinkt, ohne ihn zu retten – sie gehen uns an. Sie gehen zum mindesten diejenigen an, die mit Phantasie ausgerüstet und deshalb zu dem gleichen Mißerfolg wie ihre Helden verurteilt sind.«

Literaturhistoriker, die lieber über sogenannte Problemromane schreiben, mögen bei Roberts den Ideengehalt vermissen. Die Ideen sind da, aber sie liegen in den Vorgängen selber. Die Exposition der Konflikte in »North

West Passage« ist meisterhaft. Spätestens seit dem Aufenthalt in Milichimackinac befindet sich jede der Hauptpersonen, einschließlich des Erzählers, zu jeder anderen in einem unmöglichen Verhältnis, das nur noch eine tragische Lösung zuläßt. Dies ist doch wohl eine amerikanische Tragödie? Wogegen mir der Roman Theodor Dreisers, der diesen Titel trägt (»An American Tragedy«, 1925), eher eine russische Tragödie zu sein scheint. Das Fazit des kraftvollen Majors, den einst die Indianer als weißen Teufel verehrt hatten, ist der Rat an die Jüngeren:

»Halten Sie sich stets fern vom öffentlichen Leben, und versuchen Sie niemals, Ihrem Lande etwas Gutes zu tun.« (Roberts, Nordwestpassage II, 276 f.)

Dies klingt nicht sehr amerikanisch, doch kann das, was wir für amerikanisch halten, auch nur ein Klischee sein. Es ist vielleicht kein Zufall, daß Kenneth Roberts aus Neuengland (Maine) stammt, während die Problematiker der amerikanischen Literatur meist aus dem Mittleren Westen oder aus dem Süden kommen. Sherwood Anderson, der in Ohio geboren, aber eigentlich ein Southerner ist, zeichnet in »Winesburg, Ohio« (1919) die geistige Situation der *Nach*-Pionierzeit in einer Kleinstadt des Middle West mit ihrer geistigen Stagnation und Ausweglosigkeit. Die Bewohner versuchen auszubrechen aus dem Alltag: aus der Ehe, aus der Gemeinde, aus dem Beruf. Sie sind (wie Gontscharows Adujew jr.) voll ungelebter Wünsche, voll von Furcht, das Wichtige und Eigentliche im Leben zu versäumen.

»...Dann schweiften seine wandernden Gedanken ab, hinweg von seiner Frau, hinaus aus dem Hause, in andere Bezirke. Auch ich bin ein Haus, und meine Läden sind locker, sagte es in ihm. Ja, er hatte das Gefühl, in einer Muschel zu leben, und suchte sich daraus zu befreien.« (Anderson, Winesburg, Ohio, 324)

Das ist das Leopardische und Gontscharowsche Problem der Alltäglichkeit. Aber Andersons Menschen sind keine Italiener und keine Russen, die Genese der *Uniformity* ist eine andere als die der *Uniformità*. Die Kultur ist im Konflikt, weil sie nach einem heroischen Aufschwung in der Pionier-Zeit festgefahren ist im Gewöhnlichen; die Menschen *leiden* unter der Tradition eines heroischen Über-Ich, dessen Bild sie nicht mehr gewachsen sind:

»Die meisten Jungen haben eine Zeit, in der sie sich einen ruhmreichen Tod wünschen, statt als Krämerlehrling in einem dösigen Einerlei dahinleben zu müssen.« (Anderson, a. a. O., 190)

Aber das ist nicht alles. Machtvoll tritt in Andersons Romanen ein Traditionselement hervor, das er selbst kaum unmittelbar ausspricht, ohne das aber die Ausbruchsversuche seiner Menschen gar nicht denkbar sind: die hoffnungslose und unerhörte Vereinsamung des Individuums in der puritanischen Gnadenwahllehre. Der Druck der Isolierung, unter dem die Menschen stehen, ist völlig verinnerlicht, mit der Konsequenz einer Unfähigkeit, sich zu öffnen. Die innerweltliche Askese löst zwar den puritanischen Menschen von allen musischen und magischen Heils- und Heilmitteln, die das alte Europa aus seinem mittelalterlichen Fundus hinübergerettet hat, bietet ihm aber keinen Ersatz, sondern nur die Entladung nach außen, in einen gewaltigen und gewaltsamen Aktionismus. Diese Chance bestand in der heroischen Pionierzeit, später nicht mehr.

»Alle Menschen verbringen ihr Leben hinter einer Mauer des Mißverstehens und Unverstandenseins, die sie selbst um sich errichtet haben, und die meisten sterben stumm und unbeachtet hinter diesen Mauern. Zuweilen aber gibt sich ein Mensch, den die Besonderheit seines Wesens von seinen Mitmenschen trennt, ganz einer selbstlosen, nützlichen und schönen Aufgabe hin; dann dringt die Kunde von seinem Wirken über die Mauern hinweg. Laut ertönt sein Name, und der Wind trägt seinen Schall in die eng umgrenzte Abgeschiedenheit, in der andere Menschen leben und meist in kleinlicher Besorgtheit um ihr eigenes Wohl dahinwuseln. Dann stellen sie alle, Männer wie Frauen, ihr Klagen über die Härte, über Bitternis und Ungerechtigkeit des Lebens ein und staunen den Mann an, dessen Name ihnen da zugetragen wurde.« (Anderson, Der arme Weiße, 227)

Diese Reflexion steht in dem Roman »Der arme Weiße«, und der junge Mann, dessen Ruf aus der fensterlosen calvinistischen Monade hinausdringt, ist – nach ewigen Mühen – der erfolgreiche Erfinder einer Maisschneidemaschine. Doch rettet ihn diese Innovation nicht vor dem Titel »der arme Weiße«, denn Anderson versteht darunter nicht etwa soziologisch die *poor whites* der Elendzonen der Appalachen, sondern wendet dieses Epitheton sinnig ins Übersoziologische. Und könnten wir nicht zugeben, daß jeder Puritaner ein »armer Kerl« ist? Daß die Unmenschlichkeit der calvinistischen Gnadenwahllehre nur zu konterkarieren ist durch die *Kunst*, ist Anderson wohl klar, doch kann er diese Hoffnung hegen in einer *aus überliefertem religiösem Prinzip* »verkehrten Welt«, in der nach einem Wort Thomas Wolfes in »The Web and the Rock« (1939) die schöne Welt sündhaft ist, die häßliche aber gut?

Die Zusammenhänge von Krise und Hypokrisie sind uns aus dem Revolutionsdenken der Alten Welt bekannt (s. o. S. 32). Hier wären sie literarisch auf der Linie zu verfolgen, die von Calvin zu Robespierre führt. In den Vereinigten Staaten sind sie offenkundig im Œuvre William Faulkners. Puritanische Kunstfeindschaft als *Lebensfeindschaft* ist wohl kaum je schärfer empfunden worden als von der Person des deklassierten Geistlichen

Hightower in dem Roman »Light in August« (1932). Sogar die Orgelmusik der Gemeinde hat »noch etwas Strenges, etwas Überlegtes, sie entbehrt alles Leidenschaftlichen, alles Aufopferungsvollen, und, wie alle protestantische Musik, fleht, bittet sie nicht um Liebe, nicht um Leben, sie untersagt es den anderen, heischt in brausenden Tönen den Tod, als wäre der Tod die Gnade... «(Faulkner, Licht im August, 265). Und die zur Orgelmusk singenden Menschen scheinen Rache zu nehmen. Hightower glaubt, den Tönen lauschend, die historische Apotheose seines Landes zu hören:

»...die Geschichte der Menschen, unter denen er lebt..., die sich weder mit Freude noch mit Unheil jemals abfinden können, aber auch nicht imstande sind, das eine oder das andere zu fliehen, ohne ein Geschrei darüber zu erheben. Freude, Entzückung scheinen sie nicht ertragen zu können; und sie flüchten sich davor in Gewaltsamkeit, Trunk, und Kampf und Gebet...« (Licht im August, 265)

Das ist der berüchtigte puritanische »Bußkampf«, den Max Weber charakterisiert hat (»...in Amerika mit Vorliebe auf der ›Angstbank‹ vollzogen, führte zum Glauben an Gottes unverdiente Gnade und zugleich damit unmittelbar zum Bewußtsein der Rechtfertigung und Versöhnung« [Weber, Aufsätze zur Religionssoziologie I, 146]), nur daß Faulkner Konsequenzen sichtbar macht, die Max Weber noch nicht gesehen hat:

»...auch wieder das Unheil, da die Gewaltsamkeit sich stets gleich bleibt und unvermeidlich zu sein scheint. Warum sollte ihre Religion sie also nicht dazu treiben, sich selbst und einander ans Kreuz zu schlagen?« (Licht im August, 265)

(»... *and so why should not their religion drive them to crucifixion of themselves and one another?*«; engl. Ausgabe, 276; von Faulkner selber gesperrt)

Dazu nun komplizierend das Negerproblem des Südens: zum Kulturkonflikt der Rassenkonflikt. Die Rassen sind dabei selbstverständlich nicht als biologische Einheiten zu verstehen, sondern als Bewußtseinseinheiten, die an gewissen Sichtbarkeiten als Symbolen festgemacht werden; Nigger ist jeder, dessen Visibilität den Einschlag der dunklen Rasse erkennen läßt. So ist auch der Neger Christmas, die Hauptfigur in »Light in August«, ein weißer Neger (»...young fellow. He dont look no more like a nigger than I do, either«; engl. Ausgabe, 260). Der Rassenmythos der Weißen wird unbarmherzig entlarvt. Ausgerechnet Calvin heißt da einer. Sein Vater verheiratet ihn und hält dazu die Rede:

»Er fing mit Lincoln und der Sklaverei an und forderte alle heraus, abzuleugnen, daß Lincoln mit den Negern und Moses mit den Kindern Israel ein und dasselbe wären, und daß das Rote Meer nichts anderes wäre als das Blut, das vergossen werden mußte, damit die Schwarze Rasse zum Gelobten Land hinübergehen könne...« (Licht im August, 182 f.)

Die schwarze Rasse ist der Fluch der weißen:
»Eine Rasse, die dazu verurteilt und verflucht ist, auf immer und ewig ein Teil des Urteils und Fluches über die weiße Rasse für ihre Sünden zu sein... Ihr Urteil und ihr Fluch. Auf immer und ewig...« (Licht im August, 183)

Auf jedes geborene weiße Kind fällt sofort ein schwarzer Schatten: »Der Fluch der weißen Rasse aber ist der schwarze Mann, der immer Gottes Auserwählter sein wird, weil Er ihn einmal verflucht hat.« (Licht im August, 184) Der Paria also als negativ stigmatisierte Elite.

Auch die erotische Perversion des entgleisten Puritanismus, so bezeichnend für den Süden, ist da in der Gestalt des ältlichen Fräuleins, das den »Nigger« als Geliebten an sich reißt, eingefangen in dessen Reaktion: »At first it stocked him: the object fury of the New England glacier exposed suddenly to the fire of the New England biblical hell. « (Light in August, 194; dt. Ausg., 186)

Faulkner spart nicht mit dem Schock. Er entdeckt den Schock vielmehr als das Ärgernis der urchristlichen Botschaft, die den erniedrigten und beleidigten, schimpflich hingerichteten Paria als Erlöser glorifiziert. Im »Requiem für eine Nonne« (1951) verklärt er die Negerdirne Nancy als Opferlamm für die eigentlich schuldige weiße Menschheit. Ich zitiere den Schock im amerikanischen Orginal (III. Akt, Dialog Nancy-Temple im Gefängnis, vor Nancys Hinrichtung):

»Nancy:... I can get low for Jesus too. I can get low for Him too.
Temple:Hush? Hush? At least, don't blaspheme. But who am I to challenge the language you talk about Him in, when He Himself certainly can't challenge it, since that's the only language He arranged for you to learn?
Nancy:What's wrong with what I said? Jesus is a man too. He's got to be...
Temple:...But look what He did to you...
Nancy:I don't know. But you got to trust Him. Maybe that's you pay for the suffering...Every body's. All suffering. All poor sinning man's.«
(Faulkner, Requiem, 229 ff.)

Man kann nicht sagen, daß Faulkner diese Selbstinterpretation herbeigezogen hätte, denn die Verklärung der Paria-Rolle zum Bewußtsein einer messianischen Sendung ist ein ursprünglicher Zug in der Religiosität der Negerkirchen und -sekten[7]. Die urchristliche Identifikation kann hier so echt sein wie bei den laestadianischen Lappen.

7 Von dem Negerführer W. E. Burghardt Dubois, der selber ein Mischling mit überwiegend weißem Rassenanteil war, haben wir einen Phantasieroman »Dark Princess« (1928). Darin ehelicht ein amerikanischer Neger eine indische Fürstin und erzeugt mit ihr den Messias, den alle farbigen Völker, Chinesen, Japaner,

Man sollte nun allerdings der Frage nachgehen, ob die moderne amerikanische Romanliteratur wirklich repräsentativ sei für die geistige Lage in diesem Lande. Neigen doch Intellektuelle dazu, vorhandene Krisen, sie mögen stark oder schwach sein, stärker zu empfinden und literarische noch stärker zu artikulieren, als sie in Wirklichkeit sein mögen. Zeichnet die realistische Technik tatsächlich die amerikanische Gesellschaft der letzten Jahrzehnte? Anläßlich der sozialkritisch demaskierenden Romantechnik von Sinclair Lewis, besonders in dem »Werk von nahezu völliger Abscheulichkeit«, dem Predigerroman »Elmer Gantry« (1927), hat Mark Schorer eine Kritik unter dem Titel »Sinclair Lewis und die Methode der Halbwahrheiten« geschrieben, in der er u. a. feststellt, daß Lewis der größe Systematiker unter den amerikanischen Romanciers sei, der sein Material wie ein Soziologe mit Assistentenhilfe sammle und »mit der Gründlichkeit eines Naturforschers« behandle. Doch werde diese ganze Detailsammlung nicht nur oberflächlich zu einer Story verbunden, sondern auch, mit persönlicher Tendenz auswählend, zu einem Bild der *middle class* verarbeitet, das von einer Totalität der Erfassung weit entfernt sei und eine »engstirnige Auffassung von der Gesellschaft« wiedergebe. Das Auswahl- und Verarbeitungsprinzip in Lewis' »Elmer Gantry« sei nur scheinbar empirisch, es entspringe in Wahrheit »tieferen und persönlicheren Quellen« (Schorer im Nachwort zu »Elmer Gantry«), nämlich gewissen protestantischen Jugenderfahrungen des Autors mit einer Neigung zur Missionsarbeit. Lewis habe die Identifikation mit seinem Helden Elmer Gantry, einem widerlichen, fanatischen Heuchler, der sich aus kleinsten Verhältnissen zu einem bewunderten Prediger emporgearbeitet hat, nicht durchbrechen können:

»Der ›circulus vitiosus‹ dieses Bildes besteht ohne Zweifel darin, daß Elmer die Gesellschaft in dem Sinne formt, wie er von ihr geformt wurde. Keiner kann ausbrechen. Alle, der Schriftsteller eingeschlossen, drehen sich immer wahnsinniger im mechanischen Getriebe. Der Schriftsteller ist gefangen in seiner Halluzination von der Welt als einer Falle.«

Das heißt aber, daß die künstlerische Gestaltung mißlungen ist. Denn es ist nicht wahr, daß »keiner ausbrechen« könne und jeder Schriftsteller sich in seiner »Halluzination« drehen müsse. Es genügt, auf Anderson, Faulkner und Wolfe hinzuweisen. Sinclair Lewis ist ein extremes Beispiel, und Schorers Kritik in ihrer Schärfe ebenfalls. Es ist die Frage, ob die Einwände, die er und andere Kritiker erhoben haben, sich auch auf andere repräsentative

Inder, Neger usw. als Heiland anbeten. – In »Dark Water« (1920) lehrt derselbe Autor, daß alle Farbigen unvermeidlich Feinde der Weißen seien. Wenn die Farbigen untereinander einig seien, sei die Weltrevolution nicht fern, dann würden die Farbigen die Herrschaft antreten usw.

Romandichter ausdehnen lassen, z. B. auf Dreiser, Dos Passos, vielleicht auch Steinbeck. Mark Schorer schließt seine Betrachtung:

»Wenn wir Halbwahrheiten als Tatsachen akzeptieren, dann ist der Roman tatsächlich die bedeutendste literarische Form unserer Zeit und für unsere Welt. Wir können dann nicht die Unfähigkeit unserer Schriftsteller, einen Stimulus zu schaffen, sondern nur unsere eigene beklagen, ihn abzuweisen und im mitfühlenden Bewußtsein davor zurückschrecken. ›Elmer Gantry‹ erinnert uns daran, daß wir fortfahren, diese Greuel, die wir zum mindesten teilweise sind, mit der gleichen Inbrunst anzunehmen, mit der wir sie ablehnen.« (Schorer, a. a. O., 145)

Dies rührt an den Kern der Sache, gibt aber die Frage auf, ob im modernen Zeitalter der Massenproduktion von Best-sellers eine vor der Verzerrung zurückschreckende Kritik des Lesers möglich, ob der Leser nicht damit überfordert sei. Kann eine spätere Leser-Generation, die man dazu überredet, Heinrich Manns »Professor Unrat« und »Untertan« als typisch für die deutsche Wilhelminische Gesellschaft oder Emile Zolas »Le Rougon-Macquart« als typisch für die Gesellschaft des Zweiten Kaiserreichs anzusehen, kann eine solche Generation, der jede Anschauung von damals fehlt, diese Kritik überhaupt aufbringen? Spricht nicht die Anfangsauflage von »Elmer Gantry« in den Vereinigten Staaten von 140 000 Exemplaren (1927!) und der ungeheure Erfolg bei den damaligen Studenten eher dafür, daß die krasse Verzerrung leichter für Wahrheit gehalten wird als eine ausgewogene Schilderung? Und nun erst auf der Ebene der Weltliteratur! Muß der biedere Bürger in England, Deutschland, Frankreich usw., für den Amerika eine *Terra incognita* ist, wenn er Sinclair Lewis' Romane oder Dos Passos' USA-Trilogie gelesen hat, nicht glauben, nun habe er Amerika erfaßt? Wenn diese beiden Träger des literarischen Nobelpreises es nicht wissen, wer sonst? Dann sitzen auch die ausländischen Leser dieser Werke in der »Falle einer Halluzination«. Es ist aber nicht Amerika, was sie halluzinieren, sondern die Vorstellung einiger amerikanische Intellektueller von dem, was Realismus sei.

Heutige Wissenschaft kann hier wenigstens zweierlei tun. Als Philosophie kann sie darauf hinweisen, daß der Realismus-Anspruch, wie er naiverweise oft gestellt wird, vergeblich ist, weil das Nichtsichtbar-Geistige genauso wirklich ist wie das, was man sehen und greifen kann, und weil im übrigen sich immer nur Teil-Einsichten, Facetten aus der Gesamtwirklichkeit gewinnen lassen. Die Soziologie kann darauf hinweisen, daß der Begriff der Gesellschaft im Sinne einer globalen Einheit längst problematisch geworden ist – anders als die großen soziologischen Systeme des 19. Jahrhunderts angenommen hatten, die mit »Gesellschaft« so bereitwillig operierten, als ob sie wüßten, was das sei. Heute hingegen bewegen wir uns am sichersten in dem Studium kleinerer, überschaubarer sozialer Gruppierungen. Strukturuntersuchungen umfangreicherer Gesellschaftskörper werden selten unternommen, weil sie äußerst schwierig und in ihren Resultaten so unsicher und fragwürdig sind wie die amerikanischen »realistischen« oder »naturalistischen« Romane.

Faulkner, Wolfe, Anderson und die anderen sind bei allem Respekt, den uns ihre künstlerischen Leistungen abnötigen, vielleicht doch etwas zu hilflos in dem eisernen Gehäuse des Puritanismus eingeschlossen, um diesen objektiv erfassen zu können. Sie bleiben seine Gefangenen, auch wenn sie ihn hassen. Das beweisen manchmal gerade ihre übermäßigen Abwehrreaktionen, die das Dämonische im Puritanismus sichtbar machen. Aber der Puritanismus ist nicht einfach ein Monstrum, er hat auch andere Facetten. Das Ganze mit seinen Licht- und Schattenseiten tritt viel eher bei dem Philosophen und Dichter George Santayana in Erscheinung, in dessen Person und Werk wir alle drei Elemente zusammen vorliegen haben: Selbstdeutung, Kritik des Puritanismus und Kulturkonflikt zwischen puritanisch-amerikanischer und europäisch-mediterraner Welt. Denn Santayana ist Spanier von Geburt und ist es im Herzen immer geblieben. Sein Roman »The Last Puritan« (1935) zeichnet das Schicksal eines jungen Amerikaners aus kultivierter neuenglischer Familie, der an seinem Puritanismus zugrunde geht. Dies ist nun freilich nicht der grobschlächtige Middle-Class-Puritanismus der Prosa Wolfes und Faulkners; vielmehr geht es Santayana um die sublime Utopie des gebildeten Neuengländers, der in seinem Lebensentwurf und seinen Idealen die äußersten logischen Konsequenzen der puritanischen Heilsauffassung zu vollziehen sucht.

Oliver ist nicht engstirnig und nicht dogmatisch. Als seine deutsche Erzieherin ihm Schopenhauer zitiert, daß nach Aufhebung des Willens die Welt für den Menschen verklärt werde, daß sie für ihn dann Gleichnis, Vorstellung geworden sein werde, empfindet er diesen Gedanken augenblicklich als Befreiung. Doch alsbald ruft ihn das Leben zurück zu seiner inkarnierten neuenglischen Pflichtauffassung. In der Tat bezeichnet dieser Konflikt auch den Punkt, aus dem der Kulturkonflikt Santayanas selbst zu begreifen ist. Der Zusammenhang von Willensaufhebung und ästhetischer Weltverklärung ist bei Schopenhauer evident, wie andererseits der Zusammenhang von phänomenologischer Epoché und ästhetischer Anschauung bei Husserl. Santayana aber war ein Mittelmeermensch der ästhetischen Anschauung, der nach dreiundzwanzig Jahren der Pflichterfüllung als Philosophieprofessor in Harvard dieses Amt aufgab, um seinen dauernden Wohnsitz in Rom zu nehmen, wo er 1952 gestorben ist. Italien sei »... in gewissem Sinne die Heimat eines jeden, der sich der Vergangenheit bewußt bleibt oder noch an eine Zukunft der Christenheit glaubt« (Santayana, Der letzte Puritaner, 662). Seinen puritanischen Helden Oliver aber läßt Santayana von seinen Bildungsreisen nach Europa und Italien wieder nach Amerika zurückkehren.

Das Amerika Santayanas, das Land ohne »Tiefe«, ist natürlich kein Totalbild; es ist nur seine Facette, so wie auch sein Held Oliver Alden nach der Standpunkttechnik in Facetten geschildert wird. Ein Selbstzeugnis des Autors ist dieser Roman nur indirekt, in puritanisch-neuenglischer Spiegelung; erst am Schluß führt der Autor sich selbst als Harvardprofessor in die Erzählung ein, und wir hören im Epilog, daß lebendige Personen den Hintergrund der Fabel bilden, allerdings mit dichterischer Freiheit behandelt, »denn«, bemerkt Santayana, »wenn ich unbedingt lebenswahr gewesen wäre, so hätte mich die Hälfte meiner etwaigen Leser nicht verstanden« (Der letzte Puritaner, 675). (Oder, wie Herr Kortüm in Kurt Kluges Roman das Realismusproblem behandelt: »Ich sage Ihnen, wenn die Geschichtenschreiber erzählen wollten, was *wirklich* vorgeht, läse freilich kein Mensch ihre Bücher, weil das Publikum wenig Lust hat, sich mit Unwahrscheinlichkeiten traktieren zu lassen« (Kluge, Der Herr Kortüm, 617).

In Santayanas Lebenserinnerungen finden wir den Schlüssel zu seinem Kulturkonflikt. Im Alter von neun Jahren mit seinen Eltern aus Spanien nach Boston gekommen, bleibt er dennoch in seinem Geburtslande so fest verwurzelt, daß Amerika für ihn keine zweite Heimat werden kann, wohl allerdings ein Gegenstand intensivster geistiger Auseinandersetzung. Diese ist in jungen Jahren schon bewältigt, wenigstens in ihren großen Zügen, als philosophische Haltung, so daß auch die Manifestation des kulturellen Konflikts im spanisch-amerikanischen Krieg (1898–99) ihn nicht mehr erschüttern kann, im Gegensatz zu seinem berühmten Harvard-Kollegen, dem Psychologen William James, der tiefunglücklich ist über Amerikas Verletzung seiner antiimperialistischen Grundsätze. Hart ist Santayanas Wort über die amerikanische Unabhängigkeitserklärung, diese sei »ein Stück Literatur« gewesen, »ein Salat von Illusionen«. Sobald die Vereinigten Staaten in die Ära der Weltgeschichte eintraten, wo sie eine Rolle zu spielen hatten, seien sie eben imperialistisch und expansionistisch geworden, wie es von jeher in der Geschichte der Völker gewesen sei (in »Spanne meines Lebens«, 484 ff.). Wer in römischer Tradition steht und in der Tradition jenes anderen Reiches, »in dem die Sonne nicht unterging«, der konnte wohl leichter illusionslos und ideologiefrei urteilen als seine amerikanischen Freunde. Fast alljährlich reist er in seine Heimat Avila, und skurril erscheint unsereinem der ungeheuerliche Familismus, mit dem ein gut Teil dieser Memoiren gefüllt wird: umfangreichen, für uns ermüdenden Auseinandersetzungen über teils nahe, teils ferne Tanten, Onkel etc. Wir erhalten hier einen Vorgeschmack von Santayanas philosophischem Materialismus (vgl. *mater-materia)*, der mit dem, was man sonst damit bezeichnet, nichts zu tun hat, er ist weder dialektisch noch in der philosophischen Systematik überhaupt schwer unterzubringen. Wer aber den Familismus der mediterranen Gesellschaften kennt und die ungeheure praktische Überwertigkeit der Verwandtschaftsbeziehungen und -systeme bei den sogenannten Naturvölkern, und wer[8] eine Kenntnis hat von der gewaltigen Bedeutung der materiellen Kultur, d. i. der primären Werkstoffe und ihrer Verarbeitung bei den technisch primitivsten menschlichen Gesellschaften, wird hier manches verstehen. Santayana, der als Professor gern seine Weltfremdheit, als Autor sein schlechtes Gedächtnis ausspielte, beschreibt in seinen Memoiren eine Unzahl von Personen, die ihm auf seinem Lebensweg begegnet sind, nach physischer Erscheinung, Kleidung, Gehabe und Charakter, mit geradezu eidetischer Anschauung, so daß man entweder seine Gedächtnisschwäche als ironische Ausrede verstehen muß oder seine Darstellung als »Dichtung und Wahrheit«, was sie ohnehin sein wird. Seit Cervantes wissen wir, daß in den erdichteten Geschichten ein picareskes Element steckt. Im Roman läßt Santayana seinen Helden sagen:

»Wissenschaft und Kunst sind erstaunliche Falschmünzereien« (Der letzte Puritaner, 646), was empirisch stimmt, soweit man den »Betrieb« meint, aber Santayana sagt auch, daß er sich selbst als picaresk empfinde:

»Wenn ich nach Ahnen suche, so gäbe es nur einen berühmten Mann, dem ich mich gerne zurechnen möchte, und das ist Gil Blas, dessen Blut in den Adern zu haben ich mir gern einbilden möchte. Ich fühle eine natürliche Sympathie für vorurteilsfreie Geister oder – wenn man will – für Spitzbuben. Die Welt der Spitzbuben ist die reale Welt; sind Lügen, Stehlen und Betrug verächtlich, so sind sie es, weil das Spiel die Mühe nicht lohnt, nicht weil das Verfahren des Gewinns unwürdig wäre. Wenn man die Welt verachtet und sie nur betrügt, um sie auszulachen, wie es die spanischen Gauner – wenigstens in der Literatur – zu tun scheinen, dann ist die Sünde schon halb vergeben ... Gil Blas wurde kein Heiliger – sein Biograph ist ein Franzose –, sondern ein guter Bürger, reich und glücklich verheiratet ... Gil Blas vertritt auch die Art geistiger Demokratie, die charakteristisch spanisch, christlich oder orientalisch ist ... Die niedrige und schmutzige Seite des Lebens muß eingestanden und in Demut ertragen werden; Bekenntnis und Ausdauer werden uns genügend darüber erhöhen.« (Spanne meines Lebens, 18)

Hier wäre natürlich die Berufung auf Don Quijote ebenso möglich gewesen, auf Don Quijote nach seiner Heilung. (Denn Santayana schrieb dies nach dem Verzicht auf seine Professur.) Natürlich darf man Santayanas Parteinahme für die Schelme nicht allzu wörtlich nehmen, gehört es doch zum *Pícaro,* daß er sich auf eine bestimmte Rolle nicht festlegen läßt. Oder

8 Wie der Schreiber dieser Zeilen, der eine Zeitlang Museumsethnologe gewesen ist.

wir müßten unsere Definition des *Pícaro* so fassen, daß sie, wie bei Alemán, auch die Verzweiflung mit einschließt, aber dann kommen wir auf den christlichen Philosophen hinaus:

»Erzeugt Klarheit über die Dinge Verzweiflung von Grund aus, so bewirkt diese Verzweiflung ihrerseits eine bemerkenswerte Klarheit oder sogar Mutwillen gewöhnlichen Sachen gegenüber.« (Spanne meines Lebens, 63 f.)

»Mein Glaube ähnelte wirklich so sehr der Verzweiflung, daß er kein Glaube mehr war, er war Hang, Neigung, was man spanisch *afición* nennt.« (Spanne meines Lebens, 203)

Das ist der echte Philosoph, der aber in der Person Santayanas zugleich Dichter ist – in der Person, doch auch in der Auffassung der philosophischen Rolle. In seinem Essay »Three Philosophical Poets« (1910), huldigt er Lukrez, Dante und Goethe; trotz ihrer Verschiedenheiten untereinander »they sum up all European philosophy« (Santayana, The Philosophy of ..., 327). Das ist ungeheuer vereinfacht, kennzeichnet aber Santayanas Position und sein philosophisch-künstlerisches Ideal vielleicht besser als seine nicht auf jeder Seite überzeugenden systematisch-philosophischen Werke. Man könnte fragen, welchem Denker-Dichter von diesen großen drei er selber am nächsten steht. Goethe wohl am wenigsten, merkwürdigerweise; Santayanas Einstellung zur deutschen Kultur war ambivalent, das Negative trat ihm zu sehr entgegen in der Philosophie des deutschen Idealismus, vor allem in Hegel. Unzweifelhaft aber ist seine Begeisterung für Lukrez' Lehrgedicht »De natura rerum«. Mit diesem teilt er die melancholische Grundstimmung und die epikureisch-materialistische Einstellung, wobei allerdings gerade die atomistische Auffassung der Materie mit der heutigen Atomphysik in Konflikt gerät. Doch Santayana faßt es anders auf. Die Apotheose der Magna mater und die Beschreibung der großen Kultprozession muß den Spanier ansprechen, der in seinen Memoiren von den prächtigen Prozessionen in Avila eine genaue und lebendige Beschreibung gibt. Das kann verstehen, wer ähnliche Begehungen etwa in Sizilien erlebt hat. Noch hinter der barocken Aufblähung dieser Feste durch die siegreiche Kirche der Gegenreformation sind die religionshistorisch älteren Muster erkennbar, sogar die antik-heidnischen Vorformen. Im übrigen stehen für Santayana die sichtbaren Manifestationen der Kirche zur antiken Kulturkontinuität nicht im Widerspruch, weil sie immer noch den Stempel der antiken »Fest-Religion« erkennen lassen, der denkbare ferne Gegenpol zum asketischen Protestantismus: Avila gegen Boston. »Die Paradoxie des Festlichen ..., wodurch es sich als mit Kunst und Wissenschaft, mit Religion und Magie zugleich vereinbar, ja als gemeinsame ursprüngliche Atmosphäre erweist«, wie Kerényi sagt (Kerényi, Die antike Religion, 64), ist nur für uns Moderne paradox. Santayana sucht sie im Christlichen aufzulösen, indem er die Brücke von Lukrez zu Dante schlägt. Das kann natürlich nicht bruchlos gelingen. Immer wieder sucht er, wie so viele Spätere, die alte, vor-paradoxe Einheit:

»... Denselben Trost habe ich in der Literatur und Philosophie des Altertums gefunden, die mich über die Kirche hinausführten und unter ihre Fundamente. Es ist alles *Santa Maria sopra Minerva.*« (Spanne meines Lebens, 99)

Ein Trost, der in der Anschauung des römischen Forums am ehesten zu gewinnen ist. Unser Dichter-Philosoph hat gewußt, warum er seine Tage in Rom beschließen wollte.

Immer aber lehrt Santayana den »Gehorsam gegen die Materie um der Sache der geistigen Freiheit willen« (Spanne meines Lebens, 290). Wir täuschen uns wohl nicht, wenn wir unter der geistigen Freiheit hier vor allem die Freiheit von Ideologien verstanden wissen. Ich glaube, daß Santayana auch den deutschen Idealismus wegen dessen Ideologieverfallenheit von sich weggeschoben hat. Bei den Professoren meint er einmal,

»... ist das Schwindeln nicht eine Folge des Berufs, sondern es ist eher so, daß, wie bei einem inspirierten Geistlichen, der Beruf die Folge einer angeborenen Leidenschaft für den Schein ist. Niemand hat diese Leidenschaft mehr gefühlt als ich in Dichtung und Religion, aber in akademischer Gesellschaft und in akademischer Philosophie lag sie mir immer fern, und ich gab meine Stellung als Professor auf, sobald ich konnte.« (Spanne meines Lebens, 219 f.)

Santayana hat immer die »beharrliche Überzeugung von der animalischen Grundlage des Geistes« vertreten, doch nicht ohne ironisch-picareskes Augenzwinkern. Das mag philosophisch fragwürdig sein, wird aber verständlich, wenn man bei ihm liest, daß er »die Ansprüche des Geistes die Welt zu regieren«, stets verachtet habe. Von manchen Zeitgenossen wurde er daher als ein konservativ verkleideter Mephisto angesehen:

»So glaube ich gezwungen und satirisch an die Existenz dieser absurden Welt. Doch was die Existenz einer besseren Welt angeht, oder einen verborgenen Sinn in dieser hier, bin ich ungläubig oder vielmehr kritischer Skeptiker.« (Spanne meines Lebens, 472)

Man wird hierin, wie in jeder philosophischen Skepsis, weniger eine begründete Überzeugung als eine praktisch begründete Haltung zu sehen haben, ein Postulat der praktischen Vernunft. Daß in der Welt der Vernunft eine irgendwie ausschlaggebende Rolle zukomme, glaubt unser Dichter-Denker nicht. Er konstatiert vielmehr die idiotische Wiederholung der gleichen alten Tricks. Das Wunder sei, wie viele Menschen und wie viele Regierungen es fertig brächten, auf diese Weise weiterhin zu bestehen; vielleicht sei das ganze Universum nichts als ein Gleichgewicht von Idiotien. Natürlich kann man anrennen gegen die Windmühlen:

»In der Welt gibt es für den, der die Welt kennt, nur geheimen oder offenen Krieg. Für die, die den Krieg lieben, ist die Welt ein glänzendes Feld, aber ich bin zum Gelehrten oder zum Dichter geboren.« (Spanne meines Lebens, 185)

In einem solchen Zeitalter der Unsicherheit und Verwirrung auf allen Lebensgebieten, heißt es in einer anderen Schrift Santayanas, bleibe der menschlichen Vernunft schließlich nichts anderes übrig als abzutreten. Auch das ist eine Haltung, keine theoretische Überzeugung. Sonst müßte man einwenden, hier spreche selbst die Stimme der Vernunft und folglich sei der Gedanke widersinnig. Skepsis kann immer nur eine vorletzte Überzeugung sein, doch praktisch kommen wir eben mit dem Vorletzten meist aus. Santayana begegnet sich mit einem anderen mediterranen Geistesverwandten, dem Gattopardo des Tomasi Di Lampedusa, der es versteht, das Fest rechtzeitig zu verlassen (Tomasi Di Lampedusa, Il Gattopardo, Schluß des vierten Kapitels). Santayana gehört ebenso wie der sizilianische Dichter zu den letzten bedeutenden Gestalten aus der Tradition der okzitanischen Literatur, konfrontiert mit der ihr absolut feindlichen modernen Welt.

Fernost in Spannung zum Westen

In viel höherem Maße als Santayana ist der chinesische Romancier und Philosoph Lin Yutang ein Exponent der traditional-amerikanischen Kulturkrise. Und doch fehlt es nicht an Ähnlichkeiten. Auch Lin hat eine Vorliebe für die Figur des »alten Schalks«, auch er schlägt der modernen Wichtigtuerei ein Schnippchen mit dem »Lob der Torheit«, das er natürlich nicht aus Erasmus, sondern aus Laotse und Tschuangtse bezieht, auch er sieht keinen Gegensatz zwischen Poesie und Philosophie, und sein Bekenntnis zu einer Art von »animalischem Vertrauen und animalischem Skeptizismus« könnte von dem spanisch-amerikanischen Denker formuliert sein; übrigens beinahe auch von Montaigne. Daß die Verachtung des Leibes angesichts der Erkenntnisse der modernen Biologie nicht mehr haltbar ist, hat schon Nietzsche gesagt, doch der Ahnherr dieser Anschauung scheint mir Montaigne zu sein, und daß Santayana ihr nicht fern steht, ist klar. Dazu kommt das hintergründige Understatement Lins:

»Mit wahrhaft abgründigem Behagen gefalle ich mir in meiner Unansehnlichkeit, klammere mich an die Erde und fühle mich eines Blutes mit der Scholle.« (Lin Yutang, Weisheit des lächelnden Lebens, 11)

Da mag er sich wohl klammern! Denn auch Lins Weisheit ist keine freie Spekulation, sondern – wie ich zu zeigen hoffe – Resultat eines ewigwährenden Bürgerkrieges. Es ist Emigranten-, ja fast Flüchtlingsweisheit. Lin, der sich selbst »geistig ein Kind des Ostens *und* des Westens« nennt (»Weisheit ...«, 30), stammt aus einer christlich-chinesischen Pfarrersfamilie, sollte anfangs selbst Prediger werden und wurde daher von der klassisch-chinesischen Bildungstradition fern gehalten, so daß diese später für ihn eine beglückende Neuentdeckung wurde. Lin hat auch in Deutschland studiert und wurde 1923 Dr. phil. der Universität Leipzig. Danach war er Professor für Englisch in Peking, betätigte sich zeitweilig auch politisch und emigrierte 1936 nach den Vereinigten Staaten. Nach dem Zweiten Weltkrieg lebte er in Taiwan, 1954 machte man ihn zum Kanzler der neubegründeten Nanyang-Universität in Singapore. Dieses kosmopolitische Lebensschicksal hat Lin Yutang in mannigfacher Weise geformt. Seine Klassizität bewährte er durch Übersetzungen chinesischer Denker; er hat auch eine Übersetzung des »Tao-te-king« ins Englische verfaßt, mit eingeflochtenen Kommentaren des Laotse durch Tschuangtse. Als Romandichter schildert er die chinesische Familie im Kulturumbruch; auch die New Yorker Chinatown-Familie ist in seinen Horizont getreten. Sein wichtigster Roman ist aber »Peking«, geschrieben 1938–39, eine Schilderung mehrerer miteinander verflochtener Familien von der Jahrhundertwende an bis in die dreißiger Jahre. Mit scharfem Blick erfaßt Lin vor allem die Widersprüche im Konflikt der kulturellen Werte von Ost und West, und das Auseinanderfallen von theoretischer Überzeugung einerseits und praktischer Stellungnahme andererseits im »progressiven« Kulturwandel:

»Theoretisch war Herr Yao von der Richtigkeit der ›freien [Ehe-]Wahl‹ überzeugt, aber wenn es sich um seine eigenen Töchter handelte, war er doch nicht ganz der Taoist, der alles der ›Natur‹ überläßt und dem blinden Zufall ... Herr Yao war seiner Zeit so weit voraus, daß er durchaus für die freie Wahl des Gatten eintrat. Aber er fürchtete, seine Töchter kämen zu kurz, wenn sie, sich selbst überlassen, Ehemänner ergattern müßten, während andere junge Mädchen ihrer Generation durch Auswahl, Vorsorge und Hilfe ihrer Eltern den geeigneten jungen Männern als Bräute zugeführt würden...« (Peking I, 340)

Dieser Taoist, der dem Gang der Natur nicht engegentreten will, ist praktisch Konfuzianer, der bestimmten moralistischen Überlegungen folgt. In den Schulen wird die klassische Literatur über Bord geworfen, an ihre Stelle treten Physik, Chemie, Geographie usw.: alles »Erfindungen der fremden Teufel und der nichtswürdigen Modernisten« (Peking I, 138). Die Universität wird gerade durch die Politik der Toleranz und des Liberalismus in einen wilden Kampfplatz verwandelt. Es entsteht ein Chaos von Werten. Ausländische Literatur wird in großem Umfang übersetzt, Konservative treten für die Klassiker ein, Modernisten, als frischgebackene Doktoren und Professoren aus Amerika und Japan heimgekehrt, für alles Progressive, es schwirren herum die Namen Conan Doyle und Walter Scott, Margaret Sanger (»Birth Control«), Ibsen, Oscar Wilde, John Dewey, die Schlagwörter freie Liebe, Koedukation, Scheidung »und die etwas verspätete Verdammung des Fußbindens«, Polygamie und Okkultismus. Daneben gibt es aber immer noch die Befürworter von Ahnenkult und Konfuzianismus, sogar des Fußbindens! Kommunismus und Ultra-Radikalismus, alles durcheinander. Es ist exakt das Chaos, das die Voraussetzungen für einen späteren Kollaps in ein autoritäres Regime schaffen wird. Dagegen sind offenbar die Phrase und die Hypokrisie unvermeidbare Konstanten in *jedem* radikalen Kulturwandel:

»Die ›Neuordnung der Gesellschaft‹ und die ›Säuberung der Verwaltung‹ – das waren lauter hohle Phrasen, die heute jeder Staatsbeamte auf der Zungenspitze hatte. Dieses leere Geschwätz erregte nur Mißbehagen...« (Peking II, 92)

Konstant auch die Rebellen-Rolle der jungen Generation:

»Die Sprößlinge der korrupten Beamtenschaft folgen entweder dem Beispiel ihrer Eltern, oder aber sie schlagen ins Gegenteil um und werden die unversöhnlichsten Ankläger der Handlungsweise ihrer Väter. Erfüllt von jugendlicher Begeisterung, verdammte Tayun das Leben des alten Staatsbeamten in Grund und Boden und das Familienleben dazu, mit der Gründlichkeit und Überzeugung dessen, der in einer Sache drinsteckt und von innen heraus revoltiert. Familienbande galten als ›feudalistisch‹.« (Peking II, 248 f.)

Lin Yutang schildert eine junge Generation, die inzwischen schon längst wieder abserviert – oder etabliert ist. Insofern beleuchten seine Romane die Beharrungskraft im Wandel, der so oft nur eine Pseudomorphose ist.

Der Roman »Peking« endigt mit der Schilderung des Flüchtlingselends seit dem Kriege mit Japan, 1937. Die Heldin Mulan verschmilzt mit der Masse in »Kommunion«:

»... Und wie die Szene sich für Mulan verwandelte, so wandelte sich auch irgend etwas in ihrem Inneren. Sie verlor jeden Sinn für Raum und Richtung, verlor selbst den Sinn für ihre persönliche Identität: sie war nichts mehr als ein Teil des großen, gewöhnlichen Volkes. So oft hatte sie gewünscht, zu dem einfachen Volk zu gehören; jetzt war sie in der Tat eins mit ihm. Die Eroberung des Ichs, die ihr Vater durch reine Betrachtung erreicht hatte – sie errang sie jetzt durch den menschlichen Kontakt mit dieser ungeheuren Masse von Menschen – Männern, Frauen, Kindern...« (Peking II, 495)

Nach derartigen Erfahrungen kann Lin Yutangs Lebensweisheit nicht einfach eine Fortsetzung klassisch-taoistischer Lehren von Laotse und Tschuangtse sein; sie ist auch keine Verschmelzung östlicher Weisheit mit westlicher rationaler Philosophie, sondern das abgeklärte Ergebnis historisch investierter, bitterer Erfahrung. Es kommt ihr auch keineswegs nur eine ostasiatische Bedeutug zu, sondern eine universale, denn die Erfahrung des Flüchtlings ist noch in keinem Zeitalter eine so allgemeine, über alle Erdteile verbreitete gewesen wie in unseren Jahrzehnten. Es ist natürlich die Lebensweisheit des Überlebenden, der sich aus Bürgerkrieg, Terror und Flüchtlingselend bereits herausgerettet hat. (Sonst könnte er nicht darüber schreiben.) Insofern hat Wolfgang Bauer recht, wenn er sagt, Lin Yutangs philosophisches Hauptwerk »Importance of Living« trüge besser den Titel »Importance of Surviving« (in »China und die Hoffnung auf Glück«, 504). Ein Mindestmaß von bewahrter oder wiedergewonnener Sekurität ist die Bedingung, um »von der Weisheit des Wissens zur Weisheit des Närrischen vorzudringen« (»Weisheit ...«, 32). Lin Yutang schreibt ein Kapitel über den »Taugenichts als Ideal« – wer bei uns dächte da nicht an Eichendorff? Lin bezieht sich natürlich auf Beispiele aus der chinesischen Literatur, in der das Lob der Torheit ein unendliches Thema sei. Viele Maler, Dichter, Mönche seien äußerst populär gewesen wegen ihre wirklichen oder angenommenen Verrücktheit. Aber das ist gar kein nur östliches, es ist ein uns wohlbekanntes west-östliches Thema.

Werfen wir noch einen kurzen Blick auf die Literatur des modernen Japan. Am Beginn der japanischen Neuzeit stehen die Selbstzeugnisse westlicher Menschen, die Japan im Spiegel ihrer angestammten Kulturen sehen – oder umgekehrt! Neben den Büchern des Amerikaners von griechisch-irischer Abstammung Lafcadio Hearn (1850–1904; »Kokoro«, 1896, u. a.) sind es vor allem die Tagebücher des deutschen Arztes und Anthropologen Erwin Baelz (1849–1913), die ich hier heranziehe, weil sie hohe Literatur sind, ohne zugleich als Literatur konzipiert zu sein, und weil sie fast unbekannt geblieben sind. Baelz hat siebenundzwanzig Jahre in Japan gelebt und gewirkt als Arzt, zeitweilig Leibarzt des Tenno und Medizinprofessor, und war verheiratet mit einer Japanerin. Seine Vorurteilslosigkeit und Einfühlungsgabe, sein völkerpsychologischer Takt, seine künstlerisch-synästhetische Sensibilität machten ihn geeignet zum Mittler zwischen östlicher und westlicher Kultur und ließen ihn das »erwachende Japan« richtig einschätzen zu einer Zeit, da man sich in Deutschland noch hoch-erhaben über die Ostasiaten dünkte[9]. Der Kulturwandel in den ersten Jahrzehnten nach der Meiji-Restauration kommt in zahlreichen höchst anschaulichen und gut geschriebenen Einzelschilderungen zur Sprache, aber auch die mit gelindem Erschrecken registrierte Selbstreflexion dieses temperamentvollen, extraver-

9 Mein Lehrer Richard Thurnwald, der Baelz noch persönlich gekannt hat, nannte ihn »eine Menschenoase im wilhelminischen Deutschland«.

tierten Schwaben im Spiegel der zeremoniell so viel gebändigteren japanischen Wesensart. Das Ganze aber ist insofern der Form nach »japanisch«, als die Tagebuchform eine uralte japanische Literaturtradition ist. Unter der Eintragung 5. Juli 1904 schildert Baelz einen kurzen Urlaub in Nikko, bei dem Kegon-Wasserfall. Dieser habe, so schreibt er, in den letzten Jahren eine Art Berühmtheit erlangt dadurch, daß er der Ort einer Selbstmordepidemie junger Leute aus Tokio geworden sei:

»Der Begründer dieser Manie war ein etwa achtzehnjähriger Sohn einer angesehenen Familie. Er verzweifelte, im Leben etwas zu leisten, suchte hierfür einen stilvollen Abschluß und fand ihn in einem Sprung in die Tiefen des schönsten Wasserfalls von Yamato [Alt-Japan]. An einem Baum hinterließ er eine Schrift mit dem Beweggrund seiner Tat. Das Beispiel fand zahlreiche Nachahmer bei der neurasthenischen Jugend der höheren Schulen. Bald zählte man sechzehn der Fälle am Falle. Erst der bittere Hohn der Öffentlichkeit machte dem Morden ein Ende, oder richtiger, brachte den Kegon aus der Mode. Denn diese wendet sich jetzt mehr dem feurigen statt dem nassen Elemente zu. Die Jugend stürzt sich in den Schlund des Asamakraters.«

Baelz hat auch in anderen Zusammenhängen auf die epidemische Häufung des Suizids in Japan aufmerksam gemacht. Diese entspringt nicht nur der Todesbereitschaft des Samurai-Kriegers, dessen geradezu fanatischer Todes-Kultus weit über die Kriegerkaste hinaus zu einem idealen Muster des Volkes geworden war, sondern auch bestimmten, äußerst sensitiven Ehrauffassungen, die auch für die Frauen galten. Unglückliche Liebe, häusliches Unglück sind ebenfalls Motive, auch der Doppelselbstmord Liebender nach westlichem Muster (Romeo und Julia) fehlt nicht. Andere Fälle aber sind offensichtlich Symptome des hektischen Kulturwandels mit seinen völlig veränderten Leistungsanforderungen. Einen Niederschlag dieser Problematik in der modernen Literatur vermisse ich. Vielleicht war den Japanern das Thema zu ernst, um belletristisch im Sinne eines westlichen Divertimento behandelt zu werden. Hingegen spielt der Tod eine wichtige Rolle in den philosophischen Essays. Es ist lehrreich zu sehen, daß ein anderer Mittler zwischen West und Ost, der Husserl-Schüler Junyu Kitayama, seine Anregungen aus der deutschen und englischen Romantik entnommen hat! Er zitiert Yeats und Shelley, vor allem Goethe, Hölderlin, Novalis und Rilke. Außer der Beziehungsetzung zur Naturmystik des *Tao,* die auf der Hand liegt, ist merkwürdig oft von der Bereitschaft zum Tode die Rede. Die »Duineser Elegien« werden oft zitiert, und man versteht, daß Verse wie

> »... aber Lebendige machen
> alle den Fehler, daß sie zu stark unterscheiden« (Erste Elegie)

diesen Metaphysiker des Buddhismus ganz glücklich machen mußten. Die Beziehung zum japanischen Ideenerbe kann allerdings immer nur zum klassischen *Haiku*, zum *Nō*-Spiel und zur Tuschmalerei hergestellt werden, nicht zur modernen japanischen Literatur. Es kommt hinzu, daß das Interesse westlicher Japanologen sich fast ausschließlich auf die klassische japanische Literatur richtete, was nicht gerade eine Ermutigung für lebende Schriftsteller war. Der berühmte Arthur Waley hatte nicht viel Sinn für zeitgenössische japanische Literatur, für ihn waren die Klassiker einzig kennenswert. Daß viele Japaner den Genji-Roman in seiner englischen Übersetzung lasen, habe ich erwähnt. Janichirô Tanizakis Ruhm beruht weniger auf seinen eigenen Romanen als auf seiner Übersetzung des klassischen »Genji« in das moderne Japanisch. Die Möglichkeit, den modernen Roman als Poesie zu begreifen und überdies als nationalen Beitrag zur modernen Weltliteratur, ist von den Japanern nur zögernd aufgegriffen worden. Sie war eine »Entdeckung«. Aber nicht nur das. Es mußte dazu auch die japanische Zurückhaltung überwunden werden, die Scheu davor, mit einer eigenen Individualität öffentlich in Erscheinung zu treten. Diese Individualität aber ist dem modernen Roman inhärent. Donald Keene bemerkt hierzu:

»Wenn wir das anfangs des 11. Jahrhunderts geschriebene Tagebuch der Murasaki lesen, fühlen wir, daß sie ein kompliziertes lebendes Wesen ist, das wir verstehen können, während selbst die persönlichsten Schriften aus den acht Jahrhunderten nachher nur selten ähnliche Gefühle erwecken. Man hat stets den Eindruck, daß die Menschen in einer Situation handeln, die zwangsläufig als ein Teil der alltäglichen Umgangsformen erlernt werden, später aber werden sie zum spontanen Ausdruck von Gefühlen ... In den langen Jahrhunderten seit den Tagen der Dame Murasaki bis zum späten 19. Jahrhundert findet sich nur selten eine Stimme, die in wirklich persönlichem Ton zu uns spricht.« (Keene, Japanische Literatur, 110 f.)

Dies ist der Ort, um die Frage nach der Individualität bzw. der Perönlichkeitsäußerung in der Kunst anzuschneiden. Kann doch kaum ein Zweifel daran bestehen, daß der primäre Ausdruck der Persönlichkeit durch einen zwingend herrschenden Zeremonialismus unterdrückt wird. Die Freigabe dieses Ausdrucks aber – bis zum Exzeß bei Rousseau und seinen Nachfolgern – ist ohne Zweifel eine geistes- und literaturgeschichtliche Entdekkung, der ungehemmte Ausdruck eine Innovation. Max Weber hat dieses Problem mit sicherem völkerpsychologischen Gespür am Beispiel des Konfuzianismus erörtert; er nimmt auf China Bezug, aber was er sagt, gilt auch für Japan, dessen Oberschicht so früh und so nachdrücklich durch den Konfuzianismus geformt worden ist. Durch diesen konventionalisiert wurde das System von reziproken »Leistungen« im zwischenmenschlichen Verkehr, zwischen den Ständen, den Geschlechtern, den Altersklassen; die zeremoniell vorgeschriebenen Fragen und Antworten, die Besuche, Geschenke, Achtungs-, Beileids-, Mitfreude-Bekundungen.

»Und hier, auf dem Gebiete der *Geste* und des ›Gesichts‹ ist der Ursprung aus dem Konfuzianismus im ganzen als vorwiegend anzunehmen auch da, wo er nicht nachweislich ist. Nicht immer, wohlverstanden, in der *Art* des Brauches, aber in dem ›Geist‹, in dem er geübt wurde, wirkte sich der Einfluß seines Schicklichkeitsideals aus, dessen ästhetisch kühle Temperatur alle aus feudalen Festen überkommenen Pflichten, insbesondere die karitativen, zum symbolischen Zeremoniell erstarren ließen.« (Weber, Aufsätze zur Religionssoziologie, I, 520)

Also ein Zuviel an Maske, wie wir es empfinden, ein Verlust an Spontaneität und Echtheit.

Max Weber sieht die Quintessenz von alledem in der Überwertigkeit der gesellschaftlichen Anpassung an die bestehende Welt und leitet hieraus ein Defizit an Persönlichkeit ab:

»Ein optimal angepaßter, nur im Maße der Anpassungsbedürftigkeit in seiner Lebensführung rationalisierter Mensch ist aber keine systematische Einheit, sondern eine Kombination nützlicher Einzelqualitäten ... Domestikation der Massen und gute Haltung des Gentleman konnten dabei entstehen. Aber der Stil, welchen sie der Lebensführung verliehen, mußte durch wesentlich negative Elemente charakterisiert bleiben und konnte jenes Streben zur Einheit von innen heraus, das wir mit dem Begriff ›Persönlichkeit‹ verbinden, nicht entstehen lassen. Das Leben blieb eine Serie von Vorgängen, kein methodisch unter ein transzendentes Ziel gestelltes Ganzes.« (Weber, a. a. O., 521)

Bei dieser Zuspitzung ist freilich nicht zu übersehen, daß Max Weber hier Idealtypen von Welthaltungen konstruiert: den polaren Gegensatz von überweltlicher Transzendenz, abgeleitet aus der prophetischen Gottesvorstellung der Religionen des Westens, und der Weltimmanenz des Ostens; jene betrachtet die Welt als ein zu veränderndes und zu verbesserndes Material, für diese ist sie prinzipiell so, wie sie ist, in Ordnung. Damit ist ein wichtiger Punkt erfaßt. Trotzdem scheint mir die Webersche These nicht ganz ans Ende zu tragen. Wie wir früher gesehen haben, ist auch im Genji-Roman der Zwang zur Konventionalisierung in überwältigendem Maße vorhanden, doch ist das Problem ja gerade, daß sich die Individualität der Autorin *trotz* dieses Zwanges *innerhalb* des durch ihn gesteckten Rahmens kraftvoll zu dokumentieren vermag; und für die Tagebücher dieser Zeit gilt dasselbe. Hier macht sich die Grenze der soziologischen Betrachtungsweise bemerkbar: Der Raum, in dem wir uns bewegen, liegt offenbar über diese Grenze hinaus. Donald Keene hätte sich nicht wundern sollen über die Seltenheit von »Persönlichkeitsstimmen« in der japanischen Literatur nach dem 11. Jahrhundert. Denn unter der scharfen sozialen Kontrolle, dem *con-*

straint social des herrschenden Konventionalismus, ist das Hörbarwerden solcher Stimmen das Unwahrscheinliche. Wenn es trotzdem vorkommt, verwundere man sich *hierüber*.

Wer da meint, inniger Ausdruck des Naturgefühls, wie bei Goethe, Shelley oder Stifter, sei nicht zu überbieten, müßte sich durch Romandichter wie Yasunari Kawabata (1899–1972) oder Yukyo Mishima (1925–1970) eines Besseren belehrt finden. Diese beiden Autoren, die auch durch Übersetzungen ins Deutsche bekannt geworden sind, bekunden zudem eine ungewöhnliche Einfühlungsgabe in die Psyche von Kindern und Halbwüchsigen. Der japanischen Tradition, die Leben und Werke nicht zu trennen vermag, sind sie insofern verpflichtet, als sie beide freiwillig aus dem Leben schieden, wiewohl aus verschiedenen Motiven. Die ästhetische Schwermutsstimmung des *monono-aware*, des Vergänglichen im Ewigen und des Ewigen im Vergänglichen, teilt sich dem Leser mit. Man vergleiche eine Friedhofsschilderung bei Mishima:

»Über den Friedhof strich eine kalte Morgenbrise. Auf der dem Wind zugewandten Seite der Insel war die Oberfläche des Meeres ganz schwarz, über der offenen See jedoch lag der Schimmer der ersten Dämmerung. Die Berge, die den Ise-Golf umschlossen, waren deutlich sichtbar. Im fahlen Licht des Tagesanbruchs wirkten die Grabsteine wie die weißen Segel von Booten, die in einem vollbesetzten Hafen vor Anker gegangen waren. Es waren Segel, die sich nie wieder im Winde blähen würden, Segel, die vom allzulangen Ausruhen nun schwer herabhingen und zu Stein geworden waren. Die Anker der Boote waren so tief in die dunkle Erde versenkt, daß sie nie mehr hochgezogen werden konnten.« (Mishima, Erzählungen, 183)

Kawabata schildert unvergleichlich, ästhetisch aufgefangen, die Symptome des Alterns – Tschechow und Hamsun erscheinen grobschlächtig dagegen. Eine merkwürdige Fähigkeit des Hineinschauens und Symbolverdichtens offenbart sich. Eine Welpe wird für den sechzigjährigen Shingo zu einem Bilde des Tuschmalers Sotatsu (16. Jahrhundert), eine Nō-(Jido-)Maske zu einer wirklichen Frau (Kawabata, Kirschbaum im Winter, 117). Das Verhältnis des Alternden zu seiner Schwiegertochter wird mit großer Zartheit geschildert. Es ist von ihm selbst kaum durchschaut, denn er ist, ohne geistig bedeutend zu sein, klug genug, um sich nicht völlig zu durchschauen. Rein zufällig kommt ihm eine Zeile aus einem Nō-Text in den Sinn:

»Ist einer, während die früheren Buddhas bereits dahingegangen, die künftigen Buddhas noch nicht erschienen sind, in dieses Zwischenreich des Traums geboren – was soll er für wirklich nehmen? Durch Zufall nur hat er den schwer zu erlangenden Menschenleib erhalten.« (Kawabata, Kirschbaum, 203)

Shingo läßt sich von seiner Schwiegertochter Kikuko die Nō-Maske bringen. Sie zieht sie vor's Gesicht. Die Maske hat er beinahe einmal geküßt,

»und es war ihm gewesen, als ob sein Herz wie von einer unerlaubten Liebe heftig pochte« (Kirschbaum, 207 f.). Er versteht sich fast, immer aber über das Symbol, wie es zur höchsten Kultur gehört.

In demselben Roman wird von einem alten Herrn, der den Freitod gewählt hat, folgendes Selbstzeugnis berichtet:

»Wenn ich mir meinen erbärmlichen Zustand vorstelle, wie ich einmal, nur noch mein Leben fristend, von aller Welt vergessen sein werde, möchte ich, so denke ich, lieber sterben, bevor es so weit kommt ... Ich glaube, das Beste ist es, davonzugehen, solange man von allen Menschen geliebt wird. So habe ich mich, umgeben von der tiefen Liebe meiner Angehörigen, ... zum Aufbruch entschlossen.« (Kirschbaum, 186)

Diese Stelle dürfen wir wohl als ein Selbstbekenntnis des Dichters verstehen. Kawabata, literarischer Nobelpreisträger von 1968, schied vier Jahre später freiwillig aus dem Leben.

Auch Mishima gelingen Szenen von hoher, kultivierter Zartheit, vielleicht am schönsten in »Brandung« (1954). Dieser kleine Roman soll thematisch dem des Longus, »Daphnis und Chloe«, nachgebildet sein, ich kann aber nur sehr äußerliche Ähnlichkeiten entdecken. Abgesehen davon, daß der japanische Roman keinen pastoralen Hintergrund hat, sondern im Milieu eines Dorfes armer Küstenfischer spielt, ist die keusche Frische des japanischen Liebespaars um eine Welt von der dekadenten Atmosphäre des hellenistischen Werkes verschieden.

Problematischer gebärdet sich Mishima in dem Roman »Kinkakuji« (1959, ins Deutsche übersetzt unter dem Titel »Der Tempelbrand«, obwohl die wörtliche Übersetzung mit »Die Goldene Halle« richtiger wäre). Es ist die Geschichte eines häßlichen, stotternden Tempelnovizen, der die Goldene Halle seines Zen-Klosters in Kyoto in Brand steckt, nicht weil er sie haßt, sondern weil sie ihn besitzt durch ihre Schönheit; und dies wirklich im Sinne eines »Besessensein«, das ihn sogar impotent macht: immer schiebt sie sich im letzten Moment dazwischen. Westliche Psychologie der Überkompensation physischer Minderwertigkeit und anscheinend sogar eine Dosis von westlichem Existenzialismus scheinen bei dieser Konstellation Pate gestanden zu haben, wobei die Frage ist, ob unser Verständnis dieser ostasiatischen Erfahrungen dadurch erleichtert oder erschwert wird. Das Ganze kann aber auch als ein grandioses Bild der moralischen Dekomposition in der Katastrophe des Zweiten Weltkriegs verstanden werden, und das ist m. E. der aufschlußreichste Aspekt. In der Konfrontation des jugendlichen Kümmerlings mit der Goldenen Halle verbindet der Dichter eine Ästhetik des Häßlichen[10] mit einer Ästhetik des Schönen in einer Wei-

10 Wohl bekannt aus gewissen Produkten der Tuschmalerei, z. B. den Darstellungen von Hanshan und Shite.

se, die nur in Zerstörung enden kann. Der erste Bombenangriff auf Tokio im November 1944 erweckt in dem Jungen den Wunsch, auch Kyoto mitsamt der Goldenen Halle möge in Flammen aufgehen. Todeswünsche gegen andere nehmen sein Denken ein:

»Die Anderen müssen alle vernichtet werden. Damit ich rechtmäßig mein Gesicht der Sonne zukehren kann, muß die Welt vernichtet werden.« (Mishima, Der Tempelbrand, 25)

Überlebt die Halle, hat sein Leben seinen Sinn verloren. Obwohl es für ihn irgendwie von Anfang an feststeht, daß die Halle einmal zu Asche werden wird, reift die Idee, sie in Brand zu stecken, erst Jahre nach der Beendigung des Krieges. Er reflektiert:

»Durch meine Tat würde ich die Welt, in der die Goldene Halle existiert, verkehren in die Welt, in der die Goldene Halle nicht existiert. Der Sinn der Welt wäre dann gewiß ein anderer geworden ... Je mehr ich diesen Gedanken nachhing, desto fröhlicher wurde mir selbst zu Mut. Jetzt war der Untergang und das Ende der Welt, der Welt wie sie mich umgab und mir vor Augen stand, nahe herbeigekommen. Die Strahlen der Sonne lagen weithin über dem Land, und die Welt, in der die Goldene Halle sie empfing und aufglänzte, fiel sicherlich dahin, Stück für Stück, so wie Sand durch die Finger rinnt.« (Der Tempelbrand, 227)

Nachdem er den Entschluß, die Halle in Brand zu stecken, gefaßt hat, begreift er den Seelenzustand des Revolutionärs (!), und es erfaßt ihn ein eschatologisches Größenbewußtsein: Alle diese harmlosen Zeitgenossen, die ihn umgeben, haben ja »nicht die geringste Ahnung von der bevorstehenden Weltumwälzung und dem herannahenden Zusammenbruch ihrer eigenen Ordnung« (Der Tempelbrand, 228). Es wäre jedoch zu billig, die Schilderung, die der Dichter von dem Jungen gibt, einfach als Manifestation einer geistigen Störung aufzufassen. Das ist sie zwar *auch*, doch daneben schimmert eine zen-buddhistische Tendenz zur Anomia durch, die den Unterschied zwischen Gut und Böse, zwischen Barmherzigkeit und Mordwillen tilgt, und gerade dies ist für den Helden der Geschichte eine furchtbare Entdeckung. Als bei einem Luftangriff ein Arbeiter getötet und mit bloßgelegten Eingeweiden weggetragen wird, räsonniert er: »Was ist eigentlich Gräßliches an bloßgelegten Eingeweiden?« (Der Tempelbrand, 74). Wir erinnern uns an Goethe und den toten Hund. Die Ästhetik des Häßlichen ist eine Dimension, die dem japanischen Dichter offenbar näher liegt als uns.

»Körperliche Krüppel wie schöne Frauen besitzen die gleich aufreizende Schönheit.« (Der Tempelbrand, 112)

Am 25. November 1970 hielt der fünfundvierzigjährige Dichter eine Ansprache vor den Soldaten einer Kaserne zu Tokio und beging darauf, als seine Worte ohne Resonanz blieben, Selbstmord durch *sepukku* (Harakiri). Die Motive zu dieser Tat hat Donald Keene aufzudecken versucht. Er sieht den Dichter als Opfer des westöstlichen Kulturkonflikts. Dieser gefeierte Autor, dem der viel ältere Kawabata den Nobelpreis neidlos gegönnt hätte, war einerseits ein geradezu forciert moderner Typ, jung, sportlich, mit einem Haus in spanischem Stil, europäischen Möbeln und einer Apollon-Statue im Garten, westlicher Bildung, dabei aber xenophob (!) und mit stärksten Tendenzen zur japanischen Klassik vom Typus des »Genji«, des *haiku* und der Nō-Dramen, die er als einziger Literat seiner Generation genau kannte und wiederzubeleben strebte – im Widerspruch zu seinen Zeitgenossen, die von Dostojewski, Kafka und Eliot fasziniert waren und nichts anderes mehr gelten lassen wollten. Es sei typisch für japanische Intellektuelle, so Keene, daß sie nach ihrem vierzigsten Lebensjahr das Japan des klassischen Bestandes wiederentdeckten; doch Mishima habe begriffen, daß der Verlust dieses Bestandes jetzt endgültig zu werden drohte. Und, angewidert durch die Banalität der japanischen Nachkriegsprosperität, habe er durch seine Ansprache ein Fanal setzen wollen, wobei ihm so etwas vorgeschwebt habe wie eine frühere Rebellion von Offizieren im Jahre 1936. Doch nicht nur seine Ansprache blieb ohne Widerhall, auch der *coup d'état* seines Harakiri erregte nicht die erhoffte aufrüttelnde Wirkung. – Daß Mishima der Donquijotterie des Hineinredens in ein »rhetorisches Vakuum« gehuldigt hat (vgl. o. S. 60 f.), wenn auch nicht in Hidalgo-, sondern in Samurai-Manier, ist der höchste Tribut, den ein japanischer Dichter der Modernisierung zollen konnte.

Mishima und Kawabata endeten durch eigene Hand. Der dritte ist kein Japaner, sondern ein Franzose: Henry de Montherlant, der am 21. September 1971 im Alter von fünfundsiebzig Jahren freiwillig aus dem Leben schied, nachdem er in seinen Tagebüchern, Romanen und Theaterstücken den Freitod oft verteidigt, ja verherrlicht hatte. Vielleicht befremdet es zunächst, den heroischen Nihilismus Montherlants mit der geistigen Haltung der japanischen Dichter zu parallelisieren; die Parallele ist aber wohl begründet. Man erinnere sich daran, daß der berufene japanische Interpret des Zen, Daisetz Taitaro Suzuki (vgl. o. S. 126) eine Metaphysik des Todes entwickelt hat, welche die japanische Fechtkunst mit dem Stierkampf auf eine Ebene stellt; Montherlant aber ist selbst in seiner Jugend ein Torero von Graden gewesen und zeitlebens von dem Thema der »Tauromachie« nicht losgekommen. Der französische Dichter war sich der Analogien auch bewußt; er hat sein inneres Verhältnis zu der Figur des japanischen Samurai ebenso hervorgehoben, wie das zu der Figur des spanischen Hidalgo. Bei den Heroikern, sagt er, komme es weder auf die Nationalität noch auf die Religion an, »... denn sie haben dieselbe Religion und dasselbe Vaterland. Es sind Bäume unterschiedlicher Gattungen, doch atmet ihr Laub in derselben Höhe, und dort oben vermischt sich auch ihr Gezweig« (Montherlant, Tagebücher, 200). Der heroische Geist ist bei Montherlant nicht bloß äußerlich angenommen, er ist strukturell. Viele Dialoge in seinen Stücken sind agonale Streitgespräche.

Seine Kulturkrise kommt am deutlichsten darin zum Ausdruck, daß er dem platonisch-okzitanischen Minnedienst ein absolutes bewußtes Ende setzt. Zwar ist weder seine zur Schau getragene Frauen- noch seine Publikumsverachtung wörtlich zu nehmen: bei einem so ausgesprochenen Erotiker ist beides noch ein Stratagem der Werbung. Aber die Gegeninstanz zur mittelalterlichen Minne ist in dem Romanzyklus »Les jeunes filles« (deutsch »Erbarmen mit den Frauen«, 1957) nicht zu verkennen. Der Dichter erledigt den Minnegarten der Trobadors mit der Bösartigkeit eines modern gewendeten Arnaut Daniel. In manichäischem Gegenschlag macht er die okzitanische Verklärung der Frau lächerlich (»Die Beatrice Dantes ist die Theologie«), kippt sie um in ihr Gegenteil, »entdeckt« die Unzulänglichkeit des Weibes (als ob nicht Otto Weininger – auch ein Selbstmörder – diese schon 1903 »entdeckt« hätte, von Nietzsche und Möbius zu schweigen) und baut daraus triadisch das »Erbarmen mit den Frauen«. Gerechterweise muß man feststellen, daß Montherlant keine Identität mit der arroganten Lebemannsphilosophie seines Helden Costal anstrebt, der die Briefe seiner Anbeterinnen zuerst bloß nicht beantwortet, dann nicht einmal mehr eröffnet, sondern in einem Schuhkarton aufbewahrt und schließlich auch noch das Zartgefühl aufbringt, dies seiner Korrespondentin mitzuteilen. Diese aufgedonnerte Dekadenz ist Montherlants große schriftstellerische Leistung; er fordert die Antipathie des Lesers heraus. Sein Held Costal praktiziert die »Ichvergötzung«, die der Dichter bei seinen Kollegen Gide anprangert. – Daß aber die misogyne Allüre umgeschlagen ist aus der entgegengesetzten okzitanischen »heldenschaffenden Rolle des Weibes«, lehrt Montherlants Roman »Les bestiaires« (1926, deutsch unter dem schlechten Titel »Tiermenschen«), der stark autobiographische Züge trägt. Geschildert wird, wie ein Pariser Primaner in seinen spanischen Ferien seine ersten Siege und Niederlagen als jugendlicher Stierkämpfer erwirkt, inspiriert durch die junge Spanierin Soledad: »Für den Mann, der eine Frau hinter sich fühlt, ist nichts unmöglich.« Der Siebzehnjährige gerät »in die alte Tradition, die Tauromachie und Galanterie untereinander vermählt« (»Tiermenschen«, 64 f.). Schließlich versagt er aber doch im Kampfe, obwohl das Mädchen »hinter ihm steht« ... Das Rezept wirkt nicht mehr, Soledad hat ihren Zauber eingebüßt. Der Zauber ist gebrochen, ja die ganze Geschichte ist eigentlich die »Entzauberung« – das bekannte Max Webersche Thema.

Hier entspringt die demonstrative Misogynie. Der Faszination des Stierkampfes ist Montherlant dennoch verfallen geblieben, die erotische Bedeutung desselben macht er oft in seinen Werken überdeutlich, Stierkampfträume begleiten sein Leben.

In scheinbarem Gegensatz hierzu steht der moralistische Rigorismus der drei Dramen, die Montherlant als »autos sacramentales« (!) bezeichnet hat: »Don Fadrique« (ein Fragment von 1929), »Port Royal« (1940–42), »La maître de Santiago« (1945). Der Dichter hat selbst die Frage nach einer unterirdischen Verbindung zwischen dem Jansenismus und dem katholischen Katholizismus des 16. Jahrhunderts gestellt; eine jansenistische Tradition bestehe in seiner Familie – und man könnte die Frage hinzufügen, ob nicht auch eine katharische? In diesen »geistlichen Dramen« führt Montherlant uns die »Unerbittlichen« vor, die zur geistigen Familie des Christentums ebenso gehören wie die »Sanftmütigen«. Doch diese Typen haben zugleich etwas sektenmäßig Borniertes; wie im misogynen Roman ist die Identifizierung des Dichters mit seinen Helden nur partiell. In seinen Tagebüchern bietet Montherlant die breitere Reflexion, die immer wieder in die Perspektive des Suizids einmündet, seinem spanisch-römischen Vorbild Seneca folgend (Seneca stammte aus Cordoba!). Seine Ausblicke sind hamletisch-pessimistisch (1935):

»Von Jahr zu Jahr sehe ich den Unrat ›im Staate Dänemark‹ an Umfang zunehmen. Wenn sich nicht eine heroische Umkehr anbahnt, werden wir in Europa die höheren Werte dem Haß und dem einmütigen Zusammenschluß der Mittelmäßigkeit und Niedrigkeit erliegen sehen. Die Menschen von ›Rasse‹ sind die Besiegten und Verfolgten von morgen. O gewiß, man wird die Fratze und die Rhetorik der höheren Werte beibehalten, und es wird nicht an wohlmeinenden Hohlköpfen fehlen, die der Fälschung auf den Leim gehen, und denen erst die Augen aufgehen werden, wenn sie selber die Opfer der großen Katastrophe sein werden, die sie mit ihrer Dummheit beschleunigt haben. Ich beobachte seit langem die Zurüstungen, die zu dieser Katastrophe getroffen werden, und erfahre in ihrer ganzen Tiefe die Trauer, die darin liegt, klar zu sehen, und die Entmutigung, recht zu haben. – Man könnte die ganze Menschheitsgeschichte unter diesem Gesichtspunkt betrachten – der so berechtigt ist wie irgend ein anderer: das beständige Streben edelgesinnter Naturen, sich die Herrschaft zu sichern, und die Niederlage, die sie immer wieder erleiden.« (Tagebücher, 154).

Dasselbe sagt der Ordensmeister in dem Drama »Le máitre de Santiago«:

»Das wahrhaft Edle wird am Ende immer besiegt. Die Geschichte ist die Aufzeichnung seiner immer wiederkehrenden Niederlagen.« – »Les valeurs nobles, à la fin, sont toujours vaincues; l'histoire est le récit de leurs défaites renouvelées.« (Theaterstücke 121, Théatre 493)

Einen eigenständigen Essay hat Montherlant dem Verlust des Ehrbewußtseins in der modernen Gesellschaft gewidmet (»Un sens perdu«, 1933). Ich werde auf dieses Thema zurückkommen. Der Dichter verleugnet nirgends seine Verbindung mit dem Agon und der heroischen Geste. Die Beziehung des westlichen Ehren-Komplexes zu dem Bushido-Ideal der japanischen Samurai hat er selbst hervorgehoben.

Das »rhetorische Vakuum« Mishimas und Cervantes' ist dem französischen Dichter ebenfalls vertraut. In seinem Tagebuch notiert er (1963):

»Die heroischen Gesten verlieren ihren Sinn, wenn die Menschen, die Verständnis für sie haben, eine allzu geringe Minderheit geworden sind. Der Samurai schlitzt sich den Bauch auf, um den Kaiser darauf hinzuweisen, daß er sich politisch auf eine abschüssige Bahn begeben hat. Wenn aber der Kaiser nicht einmal mehr weiß, was diese Geste zu bedeuten hat? ... Bei einem gewissen Tiefstand der Gesellschaft versagt das gute Beispiel, und die Gesellschaft verdient nicht mehr den Helden, der nur noch für sich selber ein Held ist, wenn ihm der Sinn danach steht.« (Tagebücher, 181)

So sind denn auch die Reden des Ordensmeisters Alvaro eigentlich schon Monologe in einem »rhetorischen Vakuum«. Beweis dessen ist, daß die gleichen Gedankengänge, mitunter wörtlich, in Montherlants Tagebüchern immer wieder auftauchen. An Inghilfredo di Palermo erinnert der Gedanke: »Ich weiß, wie man etwas wird in der Welt: man muß auf jeder Stufe etwas Geheiligtes niedertreten« (Tagebücher, 140; Théatre, 511); und an Mishima: »Es ist eine Ehre, von einer Zeit wie der unserigen vergessen zu werden: Wer vollkommene Verachtung fühlt, möchte selbst verachtet werden von denen, die er verachtet, um der Rechtfertigung willen ... Was sollte man wünschen, wenn alles entehrt ist?« (Tagebücher, 143; Théatre, 515). Montherlant kommentiert: »Wir leben in einer Zeit schamloser Heuchelei. Immer geht es darum zu beweisen, daß Weiß schwarz ist. Die gedankenlosen und verdummten Menschen, die von Tuten und Blasen keine Ahnung haben, glauben es schließlich.« (Tagebücher, 161; Théatre, 537)

Der Ordensmeister weigert sich, dem Befehl des Königs zu folgen und – mit Gesinnungsgenossen – in der Neuen Welt sein Dorado zu suchen, unter Ausbeutung der verachteten Indios. Montherlant stand der französischen Kolonialpolitik in Nordafrika, die er in jüngeren Wanderjahren (1928–31) kennen gelernt hatte, kritisch gegenüber. Ein umfangreiches Romanwerk hierüber ist noch unveröffentlicht.

Einen eigentümlich mahayana-buddhistischen Eindruck hinterläßt Montherlants Philosophie des Handelns. Im »Cardinal d'Espagne« (1957–58) findet folgender Dialog zwischen der Königin Johanna (der »Wahnsinnigen«) und dem Kardinal-Großinquisitor Cisneros statt:

»Königin: Handeln! Immerfort handeln! Die Krankheit des Handelns. Das Possenspiel der Handlungen. Man überläßt das Handeln denjenigen, die zu nichts anderem fähig sind.
Cisneros: Dabei könnt auch Ihr nicht umhin, mitunter zu handeln wie jedermann.
Königin: Ich handele nicht: *ich tue als handelte ich*. – Und Euer Handeln, dem Anschein nach immer heilig und vernünftig, geschieht in Wahrheit nur aus Leidenschaft.
Cisneros: Wenn wir die Dinge nicht mit Leidenschaft täten, würden wir nichts mehr tun.
Königin: Das eben täte uns not.«

(Theaterstücke, 402 f.; Théatre, 1144)

Wer immer eingreifen will in die Dinge, wie der Inquisitor, ist »vulgär«. Dieser aber will nicht nur handeln, sondern sogar »schrecklich handeln«, denn nur das schrecklich Getane sei wirklich getan.

Ein andermal vergleicht Montherlant das Handeln einer »Schiffahrt mit gelöschten Lichtern« (Tagebücher, 299).

Angesichts der pluralistischen Welt der Werte, in der wir uns mit dem Dreigestirn Conrad – Kipling – Forster, mit Kivi, Hamsun, Duun, mit Faulkner, Wolfe und Anderson bis zu Santayana, mit Lin Yutang, Kawabata, Mishima und zuletzt Montherlant bewegen, erhebt sich die Frage der Möglichkeit des »Verstehens« in der modernen Welt. Verstehen wir denn wirklich die fremden Kulturen, die fremden Religionen, die Menschen anderer Zeiten – unserer eigenen Zeit –, uns selbst? Schließt nicht gerade der in die Tiefe gehende neue Kulturbegriff, den uns die anthropologischen Wissenschaften der letzten Jahrzehnte beschert haben, ein echtes Verstehen aus? Hat nicht schon die Soziologie Max Webers den »Verstehens-«Begriff eingeschränkt? Diese Lehre will doch gerade *nicht* ein psychologisches Verstehen leisten, sondern nur die annähernde Erfüllung des Erwartungshorizontes von Individuen, die durch die gleiche Kultur und eine ähnliche Sozialsituation auf die gleichen nomologischen Regelhaftigkeiten des Zusammenlebens bereits vorweg eingestellt, also virtuell schon »vor-verständigt« sind. Sobald dieser Horizont überschritten ist, versagt das »Verstehen« und muß in Anpassung an die neuen Horizonte neu »gelernt« werden. Dies kann schwierig sein und total mißlingen. Unsere Autoren bestätigen diese Einsicht, stilisieren sie zuweilen oder sind sogar von ihr getragen. Oft aber drängt der Konflikt zwischen den Kulturen in Raum und Zeit auf einen tragischen Ausgang. Eine allzu gutgläubige Geisteswissenschaft hat der Härte des konfliktierenden Wert-Gegeneinanders früher nicht genügend Rechnung getragen. Bei Dilthey und anderen ist der Anspruch des Verstehens überspannt, weil nur an die Hermeneutik von »Texten« gedacht war, nicht an kultur-, epochen-, religions- und standesverschiedene Menschen. Texte sind geduldig, sie geben schließlich nach; Menschen aber, die von ihren Werten erfüllt sind, geben kaum jemals nach. Es gibt keine Hermeneutik, die sich auf konfliktierende Wert-Einstellungen anwenden ließe. Santayana äußert sich sibyllinisch:

»Die Menschen sind nicht dazu geschaffen, die Welt zu verstehen, sondern darin zu leben. Aber einigen von uns verrät die Natur ihr Geheimnis; das verdirbt das Spiel, gesellt uns aber ihrer eigenen Unparteilichkeit [!]. Auf dieses Vorrecht können wir nicht verzichten. Es ist etwas Letztes, Endgültiges, paßt zu einer Grabrede auf die Erde, doch die, denen es beschieden ist, auf dieser Erde zu leben, hören besser nichts davon oder nehmen es sich, wenn sie davon hören, nicht allzusehr zu Herzen.« (Santayana, Spanne meines Lebens, 343)

»Verstehen« wir hier den Dichter-Philosophen recht, so rät er, die Hände von allzu tiefem Schürfen zu lassen. Auf den Kulturbegriff angewandt bedeutet dies: Da er in die Tiefe geht, kann sich früher oder später der Blick in den Abgrund öffnen – eine Faszination der Romantiker, doch nicht jedermanns Sache. Das transkulturelle Studium der Literaturen kann aber in der Kunst schulen, privates Verhalten von institutionell, d. h. kulturell gesteuertem Verhalten zu unterscheiden, allerdings, wie ich fürchte, nur dann, wenn eine Kenntnis fremder, sehr ferner Länder und Kulturen aus erster Hand hinzukommt. (*Lesen* kann man theoretisch die ganze Weltliteratur und könnte doch völlig vorbeigreifen an dem, was hier gemeint ist.) Der lebensweltliche Umgang mit den Kulturträgern selbst ist unabdingbar und durch keine »Texte« zu ersetzen, schon gar nicht durch die intellektuelle Aneignung von Philosophemen. (Davor warnte Santayana, und zwar auch mit Bezug auf seine eigenen!) Unser erster Ausgangspunkt ist doch immer die uns unmittelbar gegebene Kultur, die Husserl in seinen späten Meditationen »Heimwelt« oder »Nahwelt« genannt hat: die Welt mit ihrer »Vertrautheit im Typischen der Verläufe und in dem typisch zu Erwartenden« (Husserl, Zur Phänomenologie der Intersubjektivität, III, 225). Daher notiert Husserl skeptisch: »Heimwelt als Welt der All-Zugänglichkeit. Fremdheit als Zugänglichkeit in der eigentlichen Unzugänglichkeit.« (Husserl, a. a. O., 627)

Demgemäß gehört die Enttäuschung des hermeneutischen Anspruchs und im Konnex damit der Abbau jenes vorschnellen Verstehensanspruchs auch zum Prozeß der Aneignung der Weltliteratur. Die in diesem Abschnitt besprochenen Autoren (und noch viele andere, die hier nicht zur Sprache gekommen sind) machen auch selbst in ihren Werken die nur relative Möglichkeit des Verstehens ihrer handelnden Personen deutlich sichtbar. Die Klüfte sind ungeheuer, und es gilt vor allem, sie anzuerkennen. In Joseph Conrads »Chance« sagt Kapitän Marlowe:

»Glücklicherweise sind die Menschen größtenteils, ob reif oder nicht reif (und wer ist wirklich jemals reif?), ganz unfähig, zu verstehen, was mit ihnen geschieht: eine gnadenvolle Einrichtung der Natur.« (Spiel des Zufalls, 134).

Hier wird nicht nur das Fremd-, sondern auch das Sichselbstverstehen in Frage gestellt, sogar dessen Wünschbarkeit verneint. Das ist der äußerste Gegenpol zu allen hermeneutischen, psychoanalytischen und introspektiven Prätensionen und Illusionen, und so etwas sagen kann und darf nur, wer welterfahren genug ist, um zuvor das oftmalige Scheitern des transkulturellen Fremdverstehens erlebt zu haben. Vielleicht ist es in vielen Lagen wünschbarer, in einem Vorraum des Verstehens zu verharren, anstatt aufs Ganze gehen zu wollen, und am Ende ist schon viel erreicht, wenn man bis in diesen Vorraum vorgedrungen ist. Bei Yukio Mishima steht der Satz, es gebe eine Ergriffenheit, die der Auslegung nicht bedürfe. Es kann nicht nur künstlerisch geboten, sondern auch weiser sein, bei den Symbolen stehenzubleiben.

Eine unvermeidliche Konsequenz: Krise des Klassizismus

Bei Goethes Eintreten für die »Weltliteratur« habe ich sein Zitat verstümmelt. Er fährt nämlich an der zitierten Stelle, wo er die chinesischen Romane lobt, in seiner Äußerung zu Eckermann fort (31. Januar 1827):

»Aber auch bei solcher Schätzung des Ausländischen dürfen wir nicht bei etwas Besonderem haften bleiben und dieses für musterhaft ansehen wollen. Wir müssen nicht denken, das Chinesische wäre es, oder das Serbische, oder Calderon, oder die Nibelungen; sondern im Bedürfnis von etwas Musterhaftem müssen wir immer zu den alten Griechen zurückgehen, in deren Werken stets der schöne Mensch dargestellt ist. Alles übrige müssen wir nur historisch betrachten und das Gute, so weit es gehen will, uns daraus aneignen.«

Als Schlußformel zu dem vorangehenden, ausführlichen Lob der Chinesen, die angeblich Hunderte von solchen Meisterwerken aufzuweisen hätten, mutet diese Folgerung doch recht merkwürdig an. Also wäre Goethes »Chinoiserie« nur eine Laune gewesen, eine »lediglich historische Betrachtung«, die am Kanon des Griechischen gar nichts änderte? Die »Epoche der Weltliteratur«, für die Goethe sich einsetzt, wäre mithin ein bloßer Historismus? Ist es wirklich so gemeint? Ist denn die Musterhaftigkeit der Griechen, ist die Ästhetik des »schönen Menschen«, ist der Winckelmannsche Kanon im Ernst festzuhalten gegenüber dem Andrang alles dessen, was inzwischen in unseren Horizont getreten ist? Nicht allein Calderon, die

»Nibelungen«, sondern auch die Inder, die Perser und Araber, die Mexikaner, die sogenannten »Primitiven«? Wie steht es dann mit Hafis, für den Goethe sich doch auch einmal begeistert hatte? Wie mit der von ihm geliebten »Sakuntala«? Wie mit Dante, mit dem Mittelalter, an das Sulpiz Boisseré ihn heranzuführen versucht hatte? Ist nicht in der Schlußphrase gegenüber Eckermann doch so etwas heraushörbar wie ein gewaltsamer Rekurs – ein Zurückschrecken vor den möglichen Weiterungen des Begriffes der »Weltliteratur«? Derartige plötzliche Zurücknahmen waren ja nicht selten bei Goethe. Der tiefsten Ergriffenheit durch die großen Niederländer des späten Mittelalters folgte später eine Einschränkung, die einer Absage gleichkam; auch das Lob für die zeitgenössischen romantischen Maler (Caspar David Friedrich, Philipp Otto Runge) wurde nachmals zurückgenommen. Goethe ist in seinem Urteil oft schwankend gewesen. Er ist fast immer sicher, wo er sich der unmittelbaren Anschauung überläßt, was meist in mündlichen Äußerungen oder Briefen geschieht; kommt ihm aber sein ideologisch eingeübtes klassizistisches Vorurteil dazwischen, so trübt sich sein Urteil; das geschieht häufig in seinen gedruckten Verlautbarungen, und meist unter dem Einfluß seines kunstpolitischen Mentors Heinrich Meyer.

Der Bruch liegt aber nicht nur zwischen dem antiken Kanon und dem neuen Begriff der Weltliteratur; er liegt bereits im antiken Kanon der »edlen Einfalt und stillen Größe« selbst, wie ihn Goethe von Winckelmann übernommen hatte. Man kann vielleicht nicht sagen, daß diese Winckelmannsche Formel für die antike – und er meinte in erster Linie die hellenische – bildende Kunst schlechthin falsch gewesen wäre. Doch war sie einseitig und geeignet, die Phantasie in eine falsche Richtung zu lenken. Es ist natürlich leicht, vom Standpunkt moderner Kenntnisfülle der antiken Kunst Einwände dagegen zu erheben. Die archaische Plastik war damals noch völlig, die Vasenmalerei nahezu ganz unbekannt. Und selbst die griechische Plastik kannte Winckelmann fast nur durch römische Kopien. Das Urteil darüber, was echt zu sein hatte, war derart unsicher, daß Winckelmann sich ein von seinem Freund, dem Maler Mengs, geliefertes Fresco »Zeus und Ganymed« als antik aufreden ließ und in seiner »Geschichte der Kunst des Altertums« überschwänglich feierte. Natürlich kam die Fälschung heraus, doch selbst Goethe, dem der wahre Sachverhalt bekannt war, war dennoch entzückt von diesem süßlichen Machwerk (Justi, Winckelmann II, 399 f., III 249 f.).

(Das verschollene Bild ist neuerlich wieder entdeckt worden.) Und das war nun Winckelmann, der beste Antikenkenner seiner Zeit! »Mit der stupenden Gelehrsamkeit des Zeitalters hält das Qualitätsgefühl nicht Schritt«, urteilt ein moderner Sachkenner, Hanno-Walter Kruft, über diesen Fall. Aber es war nicht nur das, sondern auch die Präokkupation durch den Zeitgeist des Rokoko mit seinen Vorstellungen von Zierlichkeit und Grazie. In den Paralipomena zu Gerhart Hauptmanns Winckelmann-Roman findet sich folgende beachtenswerte Notiz:

»Italienreise Goethe: Es ist kein grundsätzliches Hineindringen wie bei Winckelmann, sondern mehr eine Spielerei. Aber vielleicht hat alle Kunst das Spielerische, nur nicht soviel Rokoko. – Auch Winckelmann trug Perücke und schnupfte: man muß auch über Rokoko umlernen.« (Hauptmann, Werke X, 652)

Goethe konnte in seinem Zierlichkeitsideal noch befangener sein als Winckelmann, wie seine erste Reaktion auf die Tempel von Paestum zeigt: Die Säulen des sogenannten Neptuntempels waren ihm zu dick, der Eindruck lastete auf ihm, und erst bei seinem zweiten Besuch in Paestum, nachdem er aus Sizilien zurückgekehrt war und die Eindrücke von Segesta und Agrigent verarbeitet hatte, fand er einen Zugang. Aber spiegelt nicht sein *erster* Eindruck – »Ich befand mich in einer *völlig fremden Welt«* – die von Winckelmann erlernte Norm? Denn von diesem stammt die Antithese von »eigentümlich« und »fremdartig«, mit der dogmatischen Zuspitzung: »Alle Fremdartigkeit ist der Grazie sowie der Schönheit nachteilig« (zit. bei Justi, Winckelmann II, 344). Es ist, als hätte Goethe diesen Satz im Ohr gehabt. Übrigens hatte Winckelmann selber mit Paestum nicht diese Schwierigkeiten; er war bei seinem Besuch in diesem Tempelbezirk nicht »befremdet«, sondern nahm die Dorik als Antipoden des Barockstils (!) (Justi II, 271, 430). Was soll man aber dazu sagen, daß Winckelmann sich auf seiner Fahrt nach Paestum, 1758, von seinem Reisegefährten Volkmann aus Salomon Gessners kurz zuvor erschienenen »Idyllen« vorlesen ließ, die sein höchstes Entzücken erregten? Gessner als Einstimmung zu Paestum? Die Kenntnis der »Idyllen« hat eine Brieffreundschaft zwischen den beiden Männern eingeleitet, Winckelmann bekennt (in einem Schreiben vom 17. Januar 1761 aus Rom):

»Sie [die Idyllen] sind so schön, daß ich mich nicht enthalten kann, Ihnen Gedanken zu rauben, welche Sie über kurz oder lang erkennen werden. Ich verwahre mich mit dem vorläufigen Geständnis.« (Winckelmann, Briefe II, 113 ff.)

Ein Zeugnis dieses »Gedankenraubs« scheint nicht vorzuliegen und mag auch auf sich beruhen. Gessners »Idyllen« (1756) wurden auch in Italien durch Übersetzung rasch berühmt (ähnlich wie Hallers »Alpen«, 1729), der Sizilianer Giovanni Meli nahm sie zum Vorbild seiner »Bucolica« (1787) – ein Werk vom »tipi rococò e ispirazione gessneriana e halleriana«, so Santangelo in seiner Einleitung zu Melis Werken (I, 67) –, im übrigen an die Tradition seines Landsmannes Theokrit anknüpfend, gegen den die beiden

Rokoko-Schweizer freilich verblassen. Auch Herder schrieb über Gessner und Theokrit. Warum sollte sich also nicht auch Winckelmann für Gessners Idyllik erwärmen? Freilich, doch zur Einstimmung in die Dorik von Paestum paßt sie wie die Faust aufs Auge. Oder? Ist vielleicht auch die damalige Form der Wahrnehmung griechisch-römischer Altertümer idyllisch verfärbt? Carl Justi, der Verfasser der klassischen Winckelmann-Biographie, macht auf den Kupferstecher Piranesi aufmerksam, er nennt ihn den »Rembrandt der antiken Ruinen«, denen er als Künstler durch Beleuchtung und malerische Franchezza eine besondere Faszination des Grandios-Idyllischen verliehen habe. (Justi, a. a. O. II, 434 ff.) Es ist »the fascination of decay« oder die Archäologie des Traums (Paul Zucker, Norbert Miller), die Mahnung an das numinose Tremendum der Vergänglichkeit, das diesen Reiz der Anziehung entfaltet. Piranesi hat die ästhetischen Möglichkeiten der Verfalls-Architektur entdeckt. Winckelmann, so Justi, habe anders gesehen als Piranesi, aber »in diesem Zustand befanden sich seine Ruinen, diese Staffage bewegte sich an ihrem Fuße« (a. a. O. II, 437). Das Grün sprießt zwischen den Fugen, in den Tempeln weiden die Herden, wie man es auf alten Stichen von Metapont und Segesta sehen kann. Da haben wir die Bukolik! Wie völlig anders müssen die bemalten Tempel und Plastiken inmitten des Menschengewimmels und in dem lebendigen Medium ihrer kultischen Funktionen im Altertum gewirkt haben! Justi erhebt schwerwiegende Einwendungen gegen Winckelmanns Griechenland-Bild und spart überhaupt nicht mit Kritik an seinem Helden. Zum Beispiel hat Winckelmann auf literarischem Gebiet unter den attischen Tragikern den Sophokles dem Aischylos vorgezogen jener sei überlegen durch »Schönheit der Stille«, [die] größer und schwerer [wiege] als der Sturm«; Sophokles repräsentiere die »ruhig in sich vollendete Menschheit wie seine Statue im Lateran« (Justi, a. a. O. I, 183 ff.), die vielleicht uns Heutigen zu repräsentativ erscheint! Es ist klar, Winckelmann, dessen Auffassung dichterischer Erzeugnisse begrenzt war, hat nach der Statue geurteilt, nicht nach den Tragödien. Den Xenophon schätzte Winckelmann höher als den Thukydides, bei jenem findet er »die Grazie, die Thukydides nicht suchte« (Justi, a. a. O. I, 165). Das ist es eben: die *gesuchte* Grazie! Als ob nicht Thukydides genau den Stil, der dem gewaltigen, schrecklichen Geschehen des Peloponnesischen Krieges angemessen war, gefunden hätte! Aber Winckelmann fehlte eben der Sinn für die Tragödie. Man begreift, daß hundert Jahre später Nietzsche rund heraus Winckelmanns und Goethes Griechenbild für »über alle Maßen historisch falsch« erklären konnte (Nietzsche, Werke III, 644).

Vielleicht schwerer wiegt das Urteil eines Fachmanns, des Erzgießers und Dichters Kurt Kluge. »Ihr habt die Werke der Griechen nie gesehen«, erklärt er rundheraus, »und ihr werdet sie nicht sehen, denn wir haben nicht einmal die griechische Atmosphäre«:

»Also nicht einmal das griechische Gesicht. Die Wälder sind geschlagen, und die Dürre hat den Dingen ihren Umdunst gestohlen. Dieses kristallklare wasserlose hartlinige Land, in dem jedes Stück weißer Marmor eine isolierte ästhetische Explosion darstellt, hat der Grieche nie gesehen.« (Kluge, Grevasalvas, 74, 80)

Vielleicht ist unsere Lage hinsichtlich der Schriftdenkmäler günstiger, wenn wir in unseren Urteilen angesichts der Lückenhaftigkeit der Überlieferung vorsichtig genug sind[11]. Historische Richtigkeit und klassische Bildungsidee sind nicht dasselbe; und Winckelmann wie auch Goethe ging es um die Bildungsidee. Das klingt vielleicht zu professoral. Deutlicher sagt es Gerhart Hauptmann, der sich wie Goethe in Rom zum Bildhauer ausbilden wollte und insofern auch Fachmann ist. Schon im »Griechischen Frühlung« hatte Hauptmann die Idee der Paideia gefaßt:

»Es ist bekannt, wie gewissen griechischen Weisen, und so dem Lykurg, Bildung ein Bilden im lebendigen Fleische, nicht animalisch unbewußt ›mit Göttersinn und Menschenhand‹ bedeutete.« (Hauptmann, Werke VII, 84)

Auch in seiner Winckelmann-Auffassung geht es Hauptmann demgemäß nicht um die historische Richtigkeit des Griechenbildes, sondern um die Paideia. Winckelmann stehe hinter seinem Griechen *wie ein Demiurg*,

»... er schafft eine eigene griechische Welt, die man spürt, sobald man über ihre Grenze gelangt und die ersten Atemzüge in ihr tut: im Weiterschreiten entdeckt man dann ihren Himmel, mit Sonne und nächtlichen Gestirnen, Gebirge, Niederungen, heilige Ströme und das heilige Meer, besiedelte Inseln und Küsten, die Tempel und die Götter dieser Welt. Man wird in ein klingendes Element geführt, das nie aufhört, den Geist zu ernähren, zu erheben und zu beseligen. Der Demiurg hat bis heut nicht mehr seinesgleichen gehabt ... Wer sich von Winckelmann entfernt, entfernt sich vom Griechentum, und zwar je weiter, um so mehr.« (Hauptmann, Werke X, 674)

Wie bemerkenswert ist das – und wie goethisch! »Im Weiterschreiten« – findet er Qual und Glück. »Man wird in ein klingendes Element geführt« – wie heißt es im Faust II (Verse 6447 f.):

11 Die Zerstörung der großen antiken Bibliotheken in Alexandrien und anderwärts hat uns Verluste zugefügt, deren Umfang wir kaum abschätzen können. Von den Dramen der drei großen attischen Tragiker ist textlich etwa ein Achtel (!) auf uns gekommen. Angenommen, die restlichen sieben Achtel würden durch irgendein Wunder plötzlich wieder auftauchen – müßten wir dann nicht, schon nach gewöhnlicher statistischer Rechnung, auf Überraschungen gefaßt sein? Wie viele unserer Generalisierungen würden bestehen bleiben? Ich stelle bloß die Frage. – Daß unsere Dankbarkeit für das, was erhalten geblieben ist, darum nur um so größer ist, steht auf einem anderen Blatt.

»Der Säulenschaft, auch die Triglyphe klingt,
Ich glaube gar, der ganze Tempel singt.«

Das Griechische bei Winckelmann und Goethe ist also kein historisch Objektives, sondern ein Erschaffenes – sei es demiurgisch, sei es künstlerisch. Daß beiden der Unterschied nicht klar war, spielt keine Rolle. Ihre Auffassung findet ihre Rechtfertigung im Gegenläufig-Produktiven: der taurischen Iphigenie, der Helena-Tragödie, doch auch in »Hermann und Dorothea«; und in der Atriden-Tetralogie. Nur geht es dann nicht mehr um die Antithese von »eigentümlich« und »fremdartig«, weil gerade eine Umsetzung des Fremden in das Eigne vorliegt. Wenn etwas ästhetisch falsch ist, dann ist es diese Winckelmannsche Formel. Wieviel vom Bestande der Weltliteratur würde übrig bleiben, wenn wir im Prozeß der Aneignung durch den Reiz des Fremdartigen uns hätten abschrecken anstatt anziehen lassen? Hauptmanns Atriden-Tetralogie bewährt sich gerade durch das, worin sie sich von Winckelmann und auch von Goethe *entfernt* – hin zu dem Aspekt der »Gorgo« und »allen diesen Fratzengebilden, die Goethe haßte«, und die »doch auch griechisch waren, was er kaum wußte« (Hauptmann, a. a. O.). Vergleicht man Hauptmanns »Griechischen Frühling« (1908) mit Goethes »Italienischer Reise«, so fällt alsbald auf, wieviel stärker Hauptmann die dämonische, die Nacht- und Unterweltseite des griechischen Wesens empfunden hat, wie er auch die Augen nicht verschließt vor dem Grauenhaften der Opferhandlungen zu Delphi (»diese ganze Schlachthausromantik in solch heiligen Bezirken ist schrecklich und widerlich«). Hauptmann sieht das Griechische mit der Schonungslosigkeit des geborenen Dramatikers, und sein Verhältnis zu den Tragikern *und* zu Aristophanes ist fast noch enger als das zu Homer – umgekehrt wie bei Goethe. »Die Tragödie ist immer eine Art Höllenzwang«(!) heißt es bereits in diesem 1907 niedergeschriebenen Reisebuch. Dieser Höllenzwang hat, wie alle wichtigen Eindrücke bei Hauptmann, Jahrzehnte weiter gewirkt und ist erst unter den schrecklichen Eindrücken des Zweiten Weltkrieges gelöst worden. Bekanntlich ist die »Iphigenie in Delphi« (1940) unter der Nachwirkung einer Goethe–Anregung aus der »Italienischen Reise« entworfen worden. Aber was hat Hauptmann daraus gemacht! Alles, was wie eine Annäherung an Goethe bei Hauptmann aussieht, stellt sich in Wahrheit als eine Entfernung von Goethe heraus. Die als Oberpriesterin der gnadenlosen Hekate aus dem Taurerlande nach Delphi Heimgekehrte ist (laut szenischer Anweisung) übermenschlich groß, mit »unbeweglichem archaischem Lächeln«. Aiakos sagt von ihr:

»... Hast du die Priesterin
genau betrachtet? Dieses Bild der Nacht:
ein Lächeln ist um ihren Mund geprägt,

ein regungsloses, das allwissend scheint.
Wie Mandeln, quellend, schräg geschlitzt und zwischen
den halbgeschloßnen Lidern wie erblindet
sind ihre Augen ...«

(Hauptmann, Werke III, 1070)

Das ist der Gipfel der Entfremdung, die in der ganzen Tetralogie waltet, aber es enthüllt Hauptmanns Winckelmann-Apotheose als ein Selbstmißverständnis. Was ihm bei seiner Iphigenie vorschwebt, ist ein Bild, bei dem offensichtlich die Korenplastik des späten 6. Jahrhunderts Pate gestanden hat. Gewiß ist dies nicht das Muster des »schönen Menschen«, das Winckelmann und Goethe vor Augen gestanden hatte; womit nicht gesagt ist, daß wir Heutigen in das »archaische Lächeln« nicht etwas hineinlegen, was die Zeitgenossen vielleicht gar nicht so empfunden haben. Was wohl Goethe zu Hauptmanns Ausführung des Iphigenien-Themas gesagt haben würde?

Natürlich gibt es nicht nur eine künstlerische Umsetzung, sondern auch eine wissenschaftliche Annäherung an die »Richtigkeitsrationalität« (Max Weber) des Griechischen. Diese Annäherung besteht weniger in einem absoluten Dementi früherer Anschauungen als in einer Vervollständigung der Facetten. Winckelmanns Griechenbild ist nicht absolut falsch, wohl aber einseitig. Nietzsches Polarisierung des Dionysischen und Apollinischen fügt eine neue Facette hinzu; noch wichtiger aber ist Jacob Burckhardts »Griechische Kulturgeschichte«, obwohl sie erst postum erschienen ist, während Nietzsche seine Revisionen bereits in den siebziger Jahren angemeldet hat (»Die Philosophie im tragischen Zeitalter der Griechen«, »Homers Wettkampf«, »Die Geburt der Tragödie«). Dennoch geht Burckhardt auch zeitlich voran: Schon der »Cicerone« (1855) hat die Korrektur eingeleitet, denn dieses Werk setzt nicht zufällig mit der – Winckelmanns und Goethes Eindrücke entgültig ablösenden – glänzenden Charakteristik der Dorik von Paestum ein. Burckhardt als Historiker aber setzt den *Agon*, den Wettkampf, die *Philotimía* in das Zentrum des griechischen Lebens, er sieht die ganze Epoche von der dorischen Wanderung bis zum Ende des 5. Jahrhunderts v. Chr. von diesem Prinzip erfüllt:

»Während die Polis einerseits das Individuum mit Gewalt emportreibt und entwickelt, kommt es [das *Agonale*] als eine zweite Triebkraft, die kein anderes Volk kennt, ebenso mächtig hinzu, und der Agon ist das allgemeine Gärungselement, welches jegliches Wollen und Können, sobald die nötige Freiheit da ist, in Fermentation bringt. In dieser Beziehung stehen die Griechen einzig da.« (Burckhardt, Gesamtausg. XI, 89)

Das Bestreben, schon in der Ilias formuliert, »immer der Erste zu sein und vorzuleuchten den andern«, beschränkte sich keineswegs auf die gymnastischen Wettkämpfe, es ergriff auch die musischen, ja es wird – modern gesprochen – zu einem »Existenzial«:

»Es entstand eine Existenz, wie sie auf Erden weder vorher noch nachher noch anderswo vorgekommen ist: Alles vom Agon durchdrungen und beherrscht und ausgehend von dem Grundfundament, daß durch das Erziehen *(paideúein)* alles zu erreichen sei.« (Burckhardt, a. a. O., 119)

Hier haben wir das »fleischliche Bilden«, von dem Hauptmann spricht.

In seiner allgemeinen Gestalt ist der agonale Geist mit dem heroischen ziemlich gleichbedeutend, als praktisches Verhalten dem ritterlichen ähnlich. Die philosophische Formel liegt in Heraklits Lehre von den sich vereinigenden Gegensätzen (»des Wider-Spännstigen Fügung wie bei Bogen und Leier«). Das merkwürdigste tragische Zeugnis liefert Aischylos in den »Persern«. Atossa, die Witwe des Perserkönigs Dareios, erzählt ihren Traum, wie ihr Sohn die getrennten Geschlechter der Griechen und Asiaten besänftigen will, indem er beide vor den gleichen Wagen schirrt und unter das gleiche Joch beugt: Doch nur das eine Roß, das »hellenische«, gehorcht, das andere, das »asiatische«, bricht vom Zaum und reißt das Fahrgestell entzwei, der Fahrer, König Xerxes, stürzt: Das Ganze eine Vorahnung der Niederlage des Xerxes in der Seeschlacht bei Salamis (480 v. Chr.). – Die Idee des Aischylos, den Erbfeind zum Gegenstand einer Tetralogie zu machen, ist an sich schon agonal, um so mehr, wenn man bedenkt, daß die Perser Athen geplündert und seine Heiligtümer verbrannt hatten – ein Frevel, den noch anderthalb Jahrhunderte später Alexander der Große an den Persern zu rächen unternahm. Für Aischylos aber was das Leid der Besiegten ein höherer tragischer Vorwurf als der Triumph der Sieger. Der Krieg der Perser gegen die Griechen, das ist seine Auffassung, war genauso berechtigt wie der Abwehrkampf der Griechen – ein Kernstück der agonalen Kriegsauffassung –, und was der Dichter erschuf, war die urdramatische, überzeitliche Darstellung einer Göttertat, ein Geschehen, das *wir* nur in zeitgeschichtlicher Befangenheit zu sehen vermögen. Noch ein so spätes schriftstellerisches Zeugnis wie Plutarchs vergleichende Helden-Biographien sind von einem ähnlichen agonalen Geiste eingegeben, und ein besonderes Zeugnis ist sein Leben Kimons, des athenischen Strategen und Staatsmannes: Er wird als ein Agonist in Reinkultur geschildert, ausgezeichnet durch Freigebigkeit und »Verdienstfeste«, verglichen mit einem Meister im Wettkampf, agonal auch in seiner Politik. Als Sparta von einem furchtbaren Erdbeben heimgesucht wird (466 oder 465 v. Chr.), erheben sich die Heloten vom Lande gegen die spartanische Herrschaft, ebenso zahlreiche Halbbürger (Perioiken) und Messenier, um das fremde Joch abzuwerfen. Die Spartaner wenden sich hilfesuchend an Athen. Und daselbst gab es Stimmen, jetzt sei eine gute Gelegenheit, den verhaßten spartanischen Konkurrenten zugrunde gehen zu lassen; Kimon aber sprach dagegen und plädierte dafür, den Bedrängten ein Hilfskorps zu senden, und das mit der charakteristischen Begründung, man dürfe Athen nicht seines Gespons *(Heterozyx)* berauben und dadurch lähmen: Es ist dasselbe Bild der zusammengeschirrten Rosse wie bei Aischylos.

Plutarch ist, das versteht sich, bloß ein später Nachhall längst abgeschworener Werte. Mit dem Vernichtungskampf zwischen Athen und Sparta im Peloponnesischen Kriege ging das heroische Zeitalter der Griechen mit reißender Geschwindigkeit zu Ende. Zeugnis dessen ist die Art, wie Aristophanes in seinen Komödien den Agon behandelt. Wenige Monate vor der athenischen Endkatastrophe bei den Ziegenflüssen (Aigospotamoi, 405 v. Chr.) wurde Aristophanes' Komödie »Frösche« aufgeführt, in dem der Dichter den Aischylos und den Euripides als unterweltliche Dichter-Wettkämpfer auf die Bühne bringt und den musischen Agon in sophistisch-rhetorische Silbenstecherei übersetzt:

»Musen, ihr neun jungfräuliche, reine
Töchter des Zeus, die ihr schaut auf die witzigen, spitzigen Geister
Sätzestechender Männer, sooft sie mit künstlich geschraubten,
Scharfeinschneidenden Worten im heißen Kampf sich begegnen:
Naht euch und staunet der Zungengewalt
Dieser befähigsten Münder, zu bringen
Reden und Verse aus Sägegespän!
Denn aufeinander im Kampf um die Dichtkunst
Prallen jetzt die Dichter!«

(Übers. Seeger-Newinger)

Vollends aus ist es, wenn am Schluß dieser Komödie jeder der beiden Rivalen in die Schale einer Waage steigen muß, um sich »wie Käse« gegeneinander abwägen zu lassen. Wenn dabei Euripides zu leicht befunden wird, so sagt dieses Endresultat nicht mehr viel, weil die Prozedur als solche beide Rivalen lächerlich macht. Es ist aus mit dem Agon, oder, wenn Snell Recht hat, mit der Tragödie überhaupt, für zweieinhalb Jahrtausende. Allerdings teile ich nicht Snells Ansicht, die Tragödie sei durch die Philosophie zugrunde gegangen; die Chorstrophe am Schluß der »Frösche«, die gegen Sokrates polemisiert, scheint mir kein Beweis zu sein, denn Aristophanes faßt Sokrates als Sophisten auf: die Tragödie ist durch die sophistische Rhetorik zugrunde gegangen, genauso wie Athen selbst zu der gleichen Zeit politisch durch die Verrücktheiten der sophistisch-rhetorischen Demagogen. Die größte Feindin der Poesie wie der echten Philosophie war damals, und ist noch heute, das Geschwätz der Sophisten.

Prüfen wir aber noch Burckhardts Behauptungen über die Einzigartigkeit des Agon bei den Griechen! Er meint, bei den Naturvölkern und den Barbaren komme etwas Ähnliches nur innerhalb des Stammes und innerhalb bestimmter sozialer Schichten vor; und bei den Asiaten sei der Despotismus überhaupt dagegen. Es sei »noch bis heute nicht orientalische Denkweise, sich mit anderen Gleichstehenden zu messen, sondern sich von Sklaven und Bezahlten etwas vorkämpfen zu lassen« (Burckhardt, a. a. O., 87). Also wie bei den Kämpfen der Gladiatoren im Zirkus der römischen Kaiserzeit oder beim modernen Fußball usw. Im übrigen aber hat Burckhardt noch nicht die ethnographischen Zeugnisse über die »Verdienstfeste« bei asiatischen, nordafrikanischen, pazifischen und nordwestamerikanischen Stämmen gekannt, mit ihrem völlig agonalen wechselseitigen Überbieten in Geschenken aus Prestigegründen, als sozialer Ehrenzwang manchmal bis zur Selbstvernichtung gehend; nebst ihren antiken Parallelen in barbaresken Randgebieten bei Thrakern, Kelten, Germanen. Und auch die Verwurzelung aller dieser Bräuche in Sippe und Stamm, die »gentile Grundlage«, konnte Burckhardt noch nicht recht deutlich sein. Von den Germanen hat Tacitus (Germ. VII) das agonale gegenseitige Abmessen (exigere) der im Kampfe empfangenen Wunden berichtet. Das Überbieten im Geschenkaustausch und das eifersüchtige Rivalisieren um Rang kam in Polynesien (Tahiti) vor (siehe Mühlmann, Arioi und Mamaia, 196 ff.). Die interessantesten literarhistorischen Zeugnisse aber verdanken wir überraschenderweise einem Slawisten: Gerhard Gesemann. Er hat das agonale Streitgespräch und die agonale Geistesverfassung überhaupt in den Kurznovellen der Montenegriner, teilweise auch der Arnauten (Albanier) und ihrer vertürkten Kontrahenten entdeckt und auf hoher poetischer Ebene in dem Epos »Der Bergkranz« des Ivan Petrović Njegoś, in dem er einen Dichter erblickt, nicht unwürdig des Zeitalters Goethes, Byrons und Puschkins. Das Epos dieses Dichters ist das bedeutendste literarische Zeugnis der sogenannten montenegrinischen Legende, die behauptet, das Land der »schwarzen Berge« sei niemals den Türken untertan gewesen, sondern immer ein Hort der serbischen Freiheit geblieben. Daran ist nur soviel richtig, daß die Bergstämme der Crnogorza (ital.: Montenegro) auch in der Zeit der türkischen Herrschaft eine gewisse Autonomie behielten, mitsamt ihrem Gentilsystem und ihren Stammesführern. Doch hatten auch die Türken ihre Beamten und erhoben Steuern, und es gab nicht nur Helden, sondern auch Renegaten. (Gesemann, Heroische Lebensform, 240, 66). Und nun bildet sich im ethnischen Kontakt zwischen diesen Gentilikern und den »Türken« eine Austauschzone: es ist die »Grenze«, auf österreichischer Seite »Militärgrenze« geheißen, in der ein Kordon von viehnomadischen Grenzern von hüben und drüben entsteht, in dem die ethnische Herkunft unwichtig wird, das Agonale aber gedeiht. Dieser Kordon erhielt im westbalkanischen Gebiet die pseudo-ethnische Bezeichnung »Uskoken«. Es waren Räuber, Gefolgsleute, auch dalmatinische Piraten, entstanden aus der *Colluvies gentium* freiheitsdurstiger Geflüchteter ver-

freiheitsdurstiger Geflüchteter verschiedenster Stammesherkunft, also ein sogenanntes Asylvolk. Njegoś singt:

»Tapfre Löwen wurden Ackerbauer,
Feiglinge und Schwache wurden Türken.
Wär' doch Gift die Milch, die sie gesogen!
Was entkam dem Racheschwert der Türken,
Was nicht abschwur unsren heil'gen Glauben,
Was nicht Sklavenketten tragen wollte,
– Das sucht' Zuflucht hier in diesen Bergen,
Wo wir sterben wollen und verbluten,
Wo des Heldengeistes Schatz wir hüten,
Heil'gen Namen und die heil'ge Freiheit.«

(Njegoś, Der Bergkranz, 11 f.)

Die montenegrinischen Kurzgeschichten andererseits sind voll von Zeugnissen agonalen Rivalisierens der Sippen und ihrer heldenhaften Repräsentanten, wer der Bessere sei.

Änlich ging es bekanntlich bei den alten Isländern zu, z. B. »Odds Männervergleich«, und bei den Syssitien, den gemeinsamen Mahlzeiten, der alten Spartaner. Geradezu komisch berührt es das modern-bürgerliche Denken, wenn nach dem Siege bei Salamis (480 v. Chr.) die griechischen Strategen darüber abstimmen, wer der Tapferste gewesen sei – und dabei jeder *sich selbst* für den Besten erklärt, während sie dem wirklichen Sieger Themistokles, dem allein sie den Triumph verdanken, großzügig die *zweite* Stelle einräumen (Herodot VIII, 123). Oder man lese das prachtvolle Streitgespräch zwischen den Athenern und den Tegeatern vor der Schlacht bei Plataiai (479 v. Chr., ebenfalls bei Herodot IX, 26 f.). Solche Beispiele lehren überdeutlich, daß in den Stilisierungen des Agon ein gutes Stück Selbstglorifizierung liegt, die wir nicht teilen sollten. Unsere Kritik muß nicht bürgerlich sein, denn auch die Nachbarn der heroischen Balkanier, etwa die walachischen Bauern und Hirten, stehen der heroischen Gestura mit einer gewissen ironischen Distanz gegenüber.

Auch die transzendierte Gestalt des gentilen Agon, der berühmte *Nachruhm*, ist problematisch und sein Wert oft bestritten worden. (»Berüchtigt« und »berühmt« haben dieselbe Sprachwurzel.) Wir setzen nebeneinander Njegoś' Ode an die Freiheit und die eddische Parallele (Hávamál 68) (Genzmer):

»Jedermann stirbt nur einmal,
Wird einmal geboren,
Doch alles stirbt außer der Ehre,
Und diese lebt ewiglich.
Ein ehrliches Grab ist ewiges Leben,
Ein schmachvolles Leben ein ewiges Grab.«

»Besitz stirbt,
Sippen sterben,
du selbst stirbst wie sie;
eins weiß ich,
das ewig lebt:
der Toten Tatenruhm.«

Daß dies ein gewaltiges Motiv blieb bis noch vor wenigen Menschenaltern, beweist sein glanzvollstes lyrisches Zeugnis: Schillers »Nänie« (1800).

Freilich ist in solch späten Zeugnissen nichts mehr zu spüren von der gentilen Sozialstufe, an die »Ruhm« und »Nachruhm« ursprünglich gebunden sind; und schon gar nichts von der Blutrache, die mit dem Gentilismus unweigerlich zusammenhängt. Sie ist nicht etwa ein dem gentilen Agon anhaftender Makel, sondern heilige Pflicht und wird als Brauch nur selten überwunden durch die heroische Selbstüberwindung. Doch blieben diese Fälle immer Ausnahme, und nichts wäre falscher, als aus dem agonalen Prinzip als solchem ohne weiteres auch eine ritterliche Kampfesweise abzuleiten. Die balkanischen Sippen- und Türkenkämpfe lassen an Erbitterung und rachsüchtiger Grausamkeit nichts zu wünschen übrig, zur Abschlachtung des Feindes gehört normalerweise auch der Triumph über ihn, das Aufspießen der abgeschnittenen Feindesköpfe auf Piken scheint Usus im ganzen illyrisch-thrakisch-skythischen Raum gewesen zu sein (vgl. Herodot IV, 361, über die Taurier), und der christlich-unchristliche Ethnarch und Dichter Njegoś ist selber ein erbarmungsloser Schlächter gewesen. Ein anderes Grenzkordon-Volk (vgl. Kraina-Ukraina) waren bekanntlich die Kosaken: In Gogols »Taras Bulba« (1835) ist agonal allenfalls noch der liebende Faustkampf zwischen Vater und Sohn am Beginn dieses Romans; auch wie der Vater später den verräterischen Sohn richtet, gehört noch ins Bild; der Rest aber ist Schlächterei, Schändung und Plünderung. Ob es aber bei der Eroberung Trojas so viel anders zuging? Man erinnere sich an Achills Schändung der Leiche Hektors (Vergil, Äneis, zweiter Gesang). – Das alles muß man sich vor Augen halten, um den Übergang zur Humanitas heroica als *Leistung* zu ermessen. Hier aber ist auch der Kernpunkt der Beweisführung Gesemanns. In der Anknüpfung an Hesiod und dessen Unterscheidung von »guter Eris« und »böser Eris«, die ihm aber als zu kurz gegriffen erscheint, erläutert Gesemann, daß das Ethos der Humanität nur möglich werde, wenn die Stufe des gentilen Vergeltungsdenkens vorangegangen sei – eine These, die ethnosoziologisch dadurch erhärtet werden kann, daß menschheitsgeschichtlich echter Friedensschluß nur möglich gewesen ist zwischen traditionell miteinander verfeindeten Gruppen, d. h. Erbfeinden. Die dramatische Sublimierung des Kampfes zum Wettkampf, die das Wesen des Agon ausmacht, wurde zum Inbegriff der Spielregeln auch für das »normale« Leben: darin liegt die eigentliche Kulturleistung des

Agon. Was anfangs gentil (oder ständisch) gebunden war, konnte in einem größeren sozialen Kreis zum Ethos des Humanen verfeinert werden. – Daß Gesemann die barbarischen oder halbbarbarischen balkanischen Randgebiete des alten Hellas als Reliktgebiete des heroisch-gentilen und agonalen Geistes heranzieht, deren Bevölkerungen heute slawisch (und albanisch) reden, braucht den Philologen nicht kopfscheu zu machen. Handelt es sich doch um die Einzugsgebiete der alten dorischen Wanderung, die Grenzzonen der »barbarischen Rassenreserve« des klassischen Hellas, deren gentile Sozialsysteme durch die sprachliche Überlagerung wechselnder Herrschaftseliten (illyrisch, teils auch römisch, in Dalmatien italienisch, schließlich slawisch) im Kern nicht berührt worden sind. Bewahren doch oft gerade die halbbarbarischen Randzonen ihren charakteristischen Sozialgeist länger und ungestörter als die hochkulturellen Ausstrahlungsgebiete. Es fällt auch auf, daß einige Persönlichkeiten des klassischen Athen, die das agonale Wesen noch im 5. Jahrhundert v. Chr. deutlich zeigen, durch ihre Mütter thrakischer Abstammung, also »Halbbarbaren« waren: Kimon wurde schon erwähnt, auch der mit ihm verwandte Historiker Thukydides hatte eine vornehme thrakische Mutter, die ihm Goldbergwerke einbrachte, und sein Kampf als Stratege mit dem Spartaner Brasidas in Thrakien, wie er ihn selber dargestellt hat, trägt agonale Stigmen (Thukydides IV, 114). Das Alte Thrakien aber war eine Landschaft, wo die splendiden »Verdienstfeste« im Schwange waren – ein Zug, der während des Peloponnesischen Krieges nicht unwichtig war für die Gewinnung von Söldnern. Die Küstengebiete waren oberflächlich hellenisiert, Thukydides bezeichnet die Bevölkerung der Halbinsel Chalkidike als zweisprachig. Aber Gesemann kann auch Korsika und Hochschottland als archaisch-gentile alteuropäische Vergleichsgebiete heranziehen, was literarisch ein Übergreifen auf die französisch geschriebenen Novellen Mérimées und die englisch geschriebenen Romane Walter Scotts bedeutet; Philologen mag das verwirren, doch antiker Geist muß nicht unbedingt griechisch oder lateinisch sich äußern. Wir selber konnten, von soziologischen Feldforschungen in Sizilien ausgehend, vergleichend dartun, daß die Wertbegriffe der Ehre, des Gesichts, des Namens, der Scham, der Schande sich so gut wie identisch in vielen mediterranen Altgebieten finden (Spanien, Sizilien, Montenegro, Epirus, Zypern), doch eben in verschiedener Sprache: spanisch, sizilianisch, südslawisch, griechisch. Durchweg kamen vor das gentile Rivalisieren um die Ehre und den Ruhm der agonale Neid, die Eifersucht auf fremde Vorzüge; und die einschlägigen Begriffe Ehre, Wettstreit, Eifersucht und Neid sind in den genannten Sprachen weitgehend untereinander austauschbar. Diese thematischen Übereinstimmungen überschreiten also die Sprachgrenzen, folglich sind ihre literarischen Niederschläge in verschiedenen »Philologien« beheimatet, worin aber bloß die Berechtigung zu komparatistischer Behandlungsweise sich ausdrückt. Natürlich muß und kann man diese Übereinstimmung historisch erklären. Es liegen eben sehr alte soziale Institutionen und -systeme und diesen zugeordnete kulturelle Wertungen und Einstellungen vor, welche die wechselnden Herrschaftsüberlagerungen und die mit diesen verbundenen oktroyierten Sprachwechsel überdauert haben. Die Dichterin Paula von Preradović, von der Militärgrenze stammend, Enkelin eines kroatischen Dichters und selber deutsch schreibend – eine herrliche Lyrik von großer Gesinnung, »Megalopsyche« –, hat in ihren Kindheitserinnerungen die Ablösung der Herrschaftseliten in ihrem Vaterlande Istrien gekennzeichnet:

»Der ›große Berg‹ aber schaute herüber und sah, daß da unten wieder einmal jemand daran war, Herrschaft aufzurichten.« (Preradović, Werke, 910)

Wenn sich die agonale Haltung so oft in ihrer humanisierten Gestalt als »ritterlich« oder »fair« darstellt, liegt meist schon ein Durchgang durch die Sozialstufe der ständischen Feudalisierung vor; dann aber handelt es sich um eine reflektierte Einstellung, die meist auch die Elemente des ritterlichen Minnedienstes, in christlicher Form sogar des Mariendienstes mitenthalten kann. Beides ist dem eigentlichen und ursprünglichen Agon durchaus fremd. Auch in Njegoš' »Bergkranz« gibt es eine christliche Einfärbung, einmal heißt es:

»Dulden ist des Kreuzes höchste Lehre,
Durch die Prüfung läutert sich die Seele,
Nährt den Körper mit des Himmels Feuer.
Hoffnung knüpft die Seele an den Himmel...«

(Bergkranz, 92)

Gesemann meint zu solchen Stellen, man dürfe sie nicht allzu christlich auffassen, es seien nur Bilder im Munde eines Priesters. »*Gemeint* sind sie heroisch, im Sinne des *čojstvo*, der *humanitas heroica*« (Gesemann, Heroische Lebensform, 244).

Denselben Eindruck macht mir die Christlichkeit in der Lyrik der Paula von Preradović, die sich ganz als eine Erbin des Frauentums von der »Grenze« fühlt, wo auch die Frauen im Waffenhandwerk geübt sein mußten:

»Wilde Sage, blaue Sage
Von den Ahnen den Uskoken ...
Wilde Seele, meine Seele,
Tochter bist du der Piraten,
Tochter du der blauen Bora,
Tochter du des Inselmeers...«

(Preradović, Werke, 23)

Wobei der Stolz der Dichterin auf ihre piratischen Ahnen den bürgerlichen Leser nicht erschrecken möge. Sie folgt nämlich einfach der schon antiken heroisch-agonalen Tradition, derzufolge der Seeraub wie auch der ihm verschwisterte Viehraub ein durchaus ehrenhaftes Geschäft war. Man lese in der Odyssee (XXIV III f.) nach, wo der Schatten Agamemnons in der Unterwelt bei der Ankunft der von Odysseus erschlagenen Freier ohne weiteres vermutet, sie wären wohl beim Viehraub erwischt und umgebracht worden. Aber die ganze Odyssee hat nach Jacob Burckhardt »von Anfang bis zum Ende den Seeraub zur Voraussetzung«, und Odysseus selber sei der größte Typus des Piraten (Burckhardt, Gesamtausg. XI, 59). Im übrigen ist die hellenisch-uskokische Parallele auch historisch wohl begründet, denn der ägäischen Piraterie im Osten entsprach schon im Altertum die illyrisch-griechische in der Adria.

Im echten Agon spielt der Eros von Mann und Frau keine Rolle. Wohl aber kann ein inniges Verhältnis zwischen Bruder und Schwester bestehen. In der Dichtung gibt es die berühmten schwesterlichen Totenklagen. Im »Bergkranz« klagt Batrić' Schwester um den gefallenen Bruder:

»Ach! wohin bist du geflogen?
Du, mein Falke!
Hast verlassen deine Brüder,
Lieber Bruder!
Kennst du nicht die falschen Türken?
Gott verfluch' sie!
Herzlos werden sie dich täuschen,
O mein Teurer!
Meine Welt ist mir erloschen,
Meine Leuchte!
Unheilbar sind meine Wunden,
Grause Wunde!
Meine Augen sind geschlossen,
Licht der Augen!«

(Bergkranz, 75)

Sie gibt sich den Tod.

Diese Thematik ist antik und der Überlieferung nach heroisch-gentil. Christliches ist nicht darin, so wenig wie in dem berühmten Vers der Antigone, die ihren gefallenen Bruder entgegen dem Gebot König Kreons bestattet hat und für ihren Ungehorsam den Tod erleiden muß: »Nicht mitzuhassen, mitzulieben bin ich da.« Es ist eine gentile Liebe, stilisiert zur *humanitas heroica*, die freilich von Kreon, der die Staatsräson vertritt, nicht anerkannt wird. Aber die berühmte Stichomythie zwischen ihm und ihr ist agonal, gibt *beiden* ihr Recht mit einer Objektivität, die auf unsere Sympathie für das tapfere Mädchen keine Rücksicht nimmt. Partei nimmt also der Dichter nicht. Wozu wäre er sonst Tragiker? – Auch von Paula von Preradović gibt es, bezeichnend genug, einen Klagegesang um ihren toten Bruder. Und ganz in dieses Bild gehört die Prachtgestalt der Korsin Colomba in Mérimées meisterhafter Novelle (1840), die ihren aus Frankreich heimgekehrten Bruder Orso, Offizier der napoleonischen Armee und zivilisiert und erhaben über die alten gentilen Insel-Vorurteile, in eine Blutfehde für ihren ermordeten Vater notgedrungen hineinzieht, gegen seinen Willen. Man fühlt sich an Elektra und Orest erinnert. Colomba ist auch Dichterin, die es versteht, den Klagegesang (*vocero*) erschütternd zu improvisieren. Denn die Totenklage ist nun einmal ein eherner Bestandteil des heroisch-gentilen Lebens:

»Während sie so improvisierte, gewann ihr Gesicht einen erhabenen Ausdruck; ihre Gesichtsfarbe wurde ein durchsichtiges Rosenrot, bei dem der Glanz ihrer Zähne und das Feuer der sich erweiternden Augäpfel nur noch heller leuchtete. Es war die Pythia auf ihrem Dreifuß.«(Mérimée I, 434)

So müßte die Antigone gespielt werden!

»Mérimée ist ein ganzer Kerl«, bemerkte Goethe zu Eckermann (14. März 1830). Seine serbischen Balladen (Gussle) freilich, die er 1827 herausgebracht hatte, waren eine Mystifikation, ein »geistreicher Scherz«, »eingeschwärzte Kinder«, wie Goethe sofort erkannte (Goethe, Werke A XIV, 557 f.). Was ihn nicht hinderte, den »Klagegesang aus dem Morlakischen« zu übersetzen. Aber Mérimée kannte sich wirklich aus; er war gereist in Spanien, Korsika, Malta, Italien und Griechenland. In Kleinasien war er umhergezogen im Brigantenhabit mit Pistolen im Gürtel und einem Riesenschnurrbart (»... ich muß dem kühnsten Briganten eines Melodrams Furcht eingeflößt haben«; Werke IV, 38 f.). Er war Homer-Enthusiast und befreundet mit Gobineau, dem Persien- und Brigantenkenner[12] und Verfasser der einschlägigen »Asiatischen Novellen« (1876). Kurz, Mérimée hat ein persönliches Verhältnis zum heroisch-agonalen Stil gehabt. In der korsischen Novelle »Mateo Falcone« ist die Blutrachegeschichte lokales Kolorit; in »Colomba« ist zwar der Stoff der lokalen Überlieferung entnommen, doch das Agonale greift darüber hinaus, da auch der englisch-irische Oberst Nevil als Besucher der Insel vom agonalen Geist durchdrungen ist. Er und Orso entdecken auf der Fahrt nach Korsika Gemeinsamkeiten: Orsos Vater hat bei Vittoria gegen den Oberst gekämpft, der in jenem einen Helden erkannte: »Ihr Vater, bei Gott, das war ein Held! Es würde mir Freude

12 Gobineau bei einem Gespräch im Kreise Richard Wagners in Bayreuth über das »edle Räubertum«: »Ich kenne die Briganten aller Länder: Ich stehe immer auf seiten der Polizei.«

machen, ihn wiederzusehen!« (Er ist aber tot, von der Gegenpartei ermordet.) Dann stellen Orso und der Oberst fest, daß sie bei Waterloo in wechselseitigem starken Feuer einander gegenübergestanden haben. »Das verdoppelte ihr gutes Einvernehmen« (Mérimée, Werke I, 345 ff.). Der schon in der Ilias bezeugte agonale Waffentausch wiederholt sich bei Mérimée. Der Oberst schenkt dem korsischen Leutnant ein prachtvolles Gewehr:

»Sogleich entstand ein Wettkampf des Edelmutes, in dem Orso besiegt wurde.« (a. a. O., 367)

Das alles wird nun romantisch gebrochen durch das Hineinspielen der Tochter des Obersten, Lydia, für die Orso als ein möglicher Bluträcher eine romantische Person ist, in die sie sich denn auch verliebt (es gibt ein Happy-End). Im Jahre 1840 ist die ganze Blutrachegeschichte bei Mérimée natürlich humoristisch konterkariert durch die Verflechtung mit dem englischen Vater-Tochter-Paar. Lydia glaubt bei der Annäherung des Schiffes an die korsische Küste in jedem Mann, den sie durchs Fernrohr erblickt, einen Banditen zu sehen, oder einen Sohn, der seinen Vater rächen will; wogegen Orso seiner romantischen Dame erläutert, daß dieser und jener bloß ein friedlicher Bewohner des Dorfes sei und die Flinte nur aus Eitelkeit trage, genauso wie ein englischer Dandy seinen Spazierstock:

»Obgleich eine Flinte eine weniger edle und poetische Waffe ist als ein Dolch, fand Miß Lydia doch, daß sie einem Mann besser anstehe als ein Spazierstock, und sie erinnerte sich, daß die Helden Lord Byrons an der Kugel und nicht durch den klassischen Dolch sterben.« (a. a. O., 41)

Auch die Flinte ist heldenfähig geworden – wie bei den Montenegrinern.

Der Wettkampf um Ehre veranlaßt auch Blutfeinde zu wechselseitigem Überbieten. Als Oberst della Robbia, Orsos und Colombas Vater, der Gemeinde eine Summe stiftete zum Bau eines Brunnens, spendete sein Erzfeind der Gemeinde eine ebenso hohe Summe, und diesem »combat de générosité« verdankt das Dorf seine Wasserleitung[13].

Ich hoffe gezeigt zu haben, daß der Agon ein vom traditionellen Humanismus vernachlässigtes Motiv ist; vernachlässigt, weil seine Hauptzeugnisse außerhalb der klassischen Literatur liegen. Diese Zeugnisse sind aber um

13 Adalbert von Chamisso hat z. T. die gleichen Stoffe wie Mérimée in Gedichten behandelt: »Korsische Gastfreiheit«, »Mateo Falcone«, »Die Versöhnung«, alle 1830. Mèrimées novellistische Behandlung erscheint mir als dem Gegenstand angemessener. Chamisso hat auch eine Übertragung der *humanitas heroica* ins Indianische geliefert, in dem Gedicht »Das Mordtal« (ebenfalls 1830). Es ist dies die dritte lyrische Indianer-Heroisierung nach Schillers »Nadowessischer Totenklage« (1798) und Seumes Huronen-Gedicht (vor 1800).

so wichtiger, als sie die agonale Haltung wenigstens noch als ein Relikt bis fast in unsere Tage hinein erkennen lassen. Cervantes ist der Hauptzeuge der nach-antiken Überlieferung, der uns seinen Helden Don Quijote bereits in dem Leerlauf des »rhetorischen Vakuums« vorführt. Für die Gegenwart konnten wir Mishima und Montherlant nennen, deren dichterische Persönlichkeiten manche Ähnlichkeiten untereinander aufweisen. Mishimas dramatisches Ende zeigt noch einmal den Leerlauf im »rhetorischen Vakuum«. Montherlant, der das Ende des Begriffs der »Ehre« konstatiert, deckt zugleich die Ursache dafür auf: Es ist das Heraufkommen des *homme moyen*, der mit den alten Werten nichts mehr anzufangen weiß. Es überrascht den Leser vielleicht zu erfahren, daß dieser Begriff des *homme moyen* nicht etwa eine tendenziöse Prägung des französischen Schriftstellers ist; er ist vielmehr schon 1830 von dem Belgier Adolphe Quetelet geprägt worden, und sein theoretisches Derivat, der Begriff des Mittelwerts, liegt noch heute allem zugrunde, was sich empirische Soziologie nennt. An die Stelle der »Ehre« tritt für diesen neuen Typus ein anderes Kriterium: der Kredit. Gesemann zitiert aus Walter Scotts »Robin Hood« die Äußerung eines »ehrsamen« Glasgower Stadtrates:

»Ich mag nichts von *Ehre* hören, wir haben es hier mit dem *Kredit* zu tun. Die Ehre übt Mord und Totschlag aus, geht umher und fängt Streit in den Gassen an. Nur der Kredit ist ein anständiger ehrbarer Mann, der daheim bleibt und ein stilles Spiel spielt.« (Zit. nach Gesemann, Heroische Lebensform, 261)

und stellt dazu Jacob Burckhardts Ausspruch: »Unser Leben ist ein Geschäft, das damalige war ein Dasein.« Man beurteile, meint Burckhardt weiter, eben alles nach dem Grade der äußeren Lebenssekurität, die doch prekär genug sei und z. B. in Kriegsfällen sofort allen Greueln weiche:

»Weder Seele noch Gehirn der Menschen haben in historischen Zeiten erweislich zugenommen, die Fähigkeiten ... waren längst komplett. Daher ist unsere Präsumption, im Zeitalter des sittlichen Fortschritts zu leben, höchst lächerlich im Vergleiche mit riskierten Zeiten...« (Burckhardt, Gesamtaus. VIII, 49)

Man sieht, wie anders das Ideal der Klassizität für den Entdecker des Agon ausfallen mußte. Allerdings ist bei Burckhardt auch gegenüber der Gegenwart das »Unwiederbringlich!« hart ausgesprochen. Gesemann hat den sozialgeschichtlichen Prozeß skizziert: In den Solidaritätsbeziehungen sterben Sippe und Stamm ab, mitsamt ihren Wertungen, ihrem Ehrenkomplex und dessen spezifischen Tugenden und Untugenden. An die Stelle der Blutsverwandtschaftsgruppe tritt die politische Partei, die Fraktion, »nachdem sie sich überdies noch wesentliche Elemente des balkano-byzantinischen und levantinischen Kleinstadtklüngels und Verdienerneides einverleibt hat« (Gesemann, a. a. O., 48). Genau diesen Prozeß haben wir, als gegenwärtig noch anhaltend, in den Kleinstädten des modernen Sizilien verfolgen können (Mühlmann/Llaryora, Strummula Siciliana, 106 ff.). Man darf nur nicht dem Irrtum verfallen, in diesem Ablaufschema einen einmaligen historischen Vorgang zu sehen; es handelt sich vielmehr um einen typischen Prozeß, der sich öfters wiederholt hat. Nicht nur die Komödien des Aristophanes zeichnen im letzten Drittel des 5. Jahrhunderts v. Chr. den Typ des erwerbssüchtigen Parvenu in seiner Gemeinheit und frechen Pöbelhaftigkeit, verlogen, intrigant, zynisch, genäschig, bestechlich und völlig schamlos; auch der von Aristophanes verlästerte Tragiker Euripides hat schon vorher in seiner »Medea« (431 v. Chr.) über den Verlust der alten agonalen Werte geklagt:

»Der Eide Kraft schwand, und die Göttin Aidos [= »Scham«, »Ehre«]weilet nicht mehr in dem griechischen Land. In den Himmel flog sie...« (Euripides, Tragödien I, 109)

Nach dem Vorangehenden ist eine Ausweitung der klassisch-humanistischen Perspektive auf ihre halbbarbarischen und barbarischen Rand- und Frühformen erforderlich. Wir brauchen eine zirkummediterrane Perspektive, die auch das Mythengut der geschriebenen und ungeschriebenen Literaturen der Randkulturen einbezieht. Sie muß aber auch hinausgehen über ein bloß philologisches Interesse und thematologisch Motive, Topoi, Mythologeme, soziale Tugendsysteme berücksichtigen. Auf den Spuren Gesemanns (und anderer) müssen wir uns um Wesens- und Charakterkunde, Verhaltensmuster und gelebte Werte bemühen. Auch die Scheu vor dem Material der Ethnographie muß überwunden werden. Der Begriff der nichtgeschriebenen Literatur ist vielleicht unlogisch, aber es gibt die geformte mündliche Überlieferung, und es gibt auch die geformte mündliche Neuschöpfung von über-individueller, öffentlicher Gültigkeit. Auch Burckhardts Interesse für die barbaresken Frühumstände kann die Wege weisen. Auch Makedonen und Epiroten waren einmal Barbaren, ihre Hellenisierung eine Vorstufe der Hellenisierung des Vorderen Orients. Gallier und Germanen waren einmal »Naturvölker«. Eine Einbeziehung von Afrikanern, Asiaten, Indo- und Polynesiern, Mexikanern etc. konnte vor hundert Jahren noch nicht gewagt werden (Adolf Bastian zeigte aber schon den Weg, was auch Burckhardt vermerkt hat!), heute aber wohl. Die Ausweitung des Begriffs der Weltliteratur, noch hinaus über das, was Goethe faßlich war, muß folgen.

Hier soll aber nur auf die kritische Bedeutung dieser neuen Aspekte für den Horizont der traditionellen Klassizität hingewiesen werden. Dieser Horizont ist zu eng geworden. Doch nicht nur das: er beherbergt, wie wir gesehen haben, auch falsche Versatzstücke. Alles, was Nietzsche das Dionysische genannt hat, was Hauptmann unter dem Aspekt der Gorgo und der »Unterirdischen« zu fassen versuchte, der ganze Komplex des Agonalen fehlte. Der klassizistische Philhellenismus ist ein so verdünnter Aufguß, daß man über sein Weiterbrodeln in unseren humanistischen Bildungsanstalten nur den Kopf schütteln kann. Wo ist die »Paideia« geblieben?

Wir können leider die unmittelbaren Zeugnisse des Philhellenismus nicht ganz umgehen; schon darum nicht, weil eine so großartige Gestalt wie die Byrons in diesem Umkreis auftaucht. Der Versuch, die hellenische Kulturüberlieferung zu des Wirklichkeit der neugriechischen Volkes und Landes in Beziehung zu setzen, ging aus den romantischen Volkslehren hervor und ist mit den tatsächlichen volksgeschichtlichen Vorgängen ebensowenig vereinbar wie die volksgeschichtlichen Legenden der Deutschen, Slawen usw.; durchweg sind die Ethnogonien mit den Ethnogenesen inkommensurabel. Und das gilt selbstverständlich auch für die Neugriechen. Diese Erkenntnis war zu Winckelmanns und Goethes Zeiten noch nicht vorhanden, sie wird den volksgeschichtlichen Forschungen Jakob Philipp Fallmerayers verdankt, deren Geist den romantischen Volksideen ebenso fern steht wie den hegelianischen Geschichtskonstruktionen. Fallmerayer, von Herkunft ein Hirtenbub aus einem Dorf bei Brixen in Südtirol, kam aufgrund eingehender Studien und Reisen seit den zwanziger Jahren des 19. Jahrhunderts zu dem Ergebnis, daß von den ethnischen Elementen des alten Griechentums fast nichts übrig geblieben sei, außer auf den ägäischen Inseln, daß vielmehr während des Mittelalters die ganze Halbinsel von Slawen, und daneben von Albanern, überwandert worden sei, und daß die griechische Sprache dieser Bevölkerungen das Ergebnis eines von Byzanz besorgten Re-Gräzisierungsprozesses sei. Mit anderen Worten: Die Neugriechen sind volksgeschichtlich fast ganz Slawen und Albaner. Diese Thesen erregten unter den »philhellenischen« Zeitgenossen Fallmerayers, besonders in München, ungeheure Erbitterung, schienen sie doch dem Philhellenismus den ideologischen Boden zu entziehen: Wenn der volksgeschichtliche Anschluß der »alten Griechen« an das Neugriechentum nicht herzustellen war, wenn also eine ethnische Kontinuität vom Altertum bis in die Gegenwart nicht bestand, dann verloren die Griechenlandbegeisterung dieser Kreise und ihr Einsatz für den griechischen Freiheitskampf gegen die Türken ihren Sinn.

Es ist leicht einzuwenden, daß die hellenische Bildungsidee, sei es im Sinne Winckelmanns, sei es im Sinne unserer Klassiker Lessing, Herder, Goethe, Schiller, Hölderlin, völlig unabhängig ist von den ethnohistorischen Realitätsfragen. Das stimmt theoretisch. Aber es gibt das irrationale Moment der »Wunschräume«, und wenn Arkadien auf dem realen Boden Griechenlands nicht gefunden werden kann, ja nicht einmal *gesucht* werden darf, rückt der »Hyperion« in eine fahle Beleuchtung. Wir werden dann zu dem Bekenntnis genötigt, daß unser Arkadien ein mit der Seele gesuchter Wunschraum ist, reine Inbildlichkeit. Und das verträgt nicht jeder.

Keiner der genannten Klassiker ist je in Griechenland gewesen. Da war

Byron – aber war Byron nicht »Philhellene« und pro-griechischer Freiheitskämpfer? Prüfen wir die Tatsachen!

Byron ist allerdings in Europa berühmt geworden durch seine Teilnahme am griechischen Freiheitskampf. Die Wahrheit ist, daß er sich nach vergeblichem Bemühen, die untereinander zerstrittenen »Hetairien« der Griechen zu einem gemeinsamen Vorgehen zu bewegen, in Missolonghi festsetzte, wo er, von den Freiheitskämpfern finanziell schamlos ausgebeutet, im Bewußtsein des totalen Scheiterns seiner Unternehmung, an der Malaria erkrankte, am 19. April 1824 elend starb. In dem Augenblick, da Europa dem Helden zujauchzte, war sich dieser bereits darüber klar gewesen, daß er sich an einer unmöglichen Aufgabe verbrauchte. Natürlich steckt ein Element Schwärmerei in Byrons Unternehmen – von manchen Zeitgenossen wurde er als ein Don Quijote angesehen, und er selber empfand sich auch so! Die Mimesis geht bis ins Detail: eine wahrhaftige Donquijotterie war die gewaltsame Befreiung einer zum Tode verurteilten jungen Athener Türkin durch unseren Helden. – Trotzdem war Byron kein Philhellene und kein Illusionist! Er kannte sich aus in der Levante, denn er hatte schon fünfzehn Jahre früher (1809–1811) zuerst Spanien und Portugal, dann die Türkei und Griechenland bereist. Der »Nationalcharakter« der Griechen war ihm vertraut – er zog ihnen die Türken vor. Seine Dichtungen behandeln keine antiken Stoffe, kein Achill oder Agamemnon kommen bei ihm vor, auch keine Helena, Alkestis oder Iphigenie: seine Epen zehren vielmehr von modern-levantinischen Reiseerfahrungen; auch antike Versmaße hat er nicht angewandt, sondern sich der Ottaverime bedient. »Childe Harold« ist eine Frucht dieser ersten Mittelmeerreise; »Der Korsar« soll auf persönliche Seeräubererfahrungen seines Verfassers (1811) zurückgehen. Seit dieser Zeit hat Byron ein türkisch-arabisches Amulett mit einer salomonischen Teufelsbeschwörung gegen Unheil, Versuchung und Verführung getragen (Gigon, Byron, 100). Sehr vorurteilsfrei! Doch sein Abenteurerdasein enthält auch eine Dosis »Realismus«, so daß man verstehen kann, daß Fallmerayer, der einige Jahrzehnte später auf ähnlichen Spuren in der Levante reiste, ein begeisterter Leser Byronscher Dichtungen war. »Don Juan« führt sich sogar als antiklassizistisches »Anti-Epos« ein, der Dichter wirft Homer und Vergil mangelnden Wirklichkeitssinn vor, will selber im Unterschied zu diesen Klassikern »die Wahrheit« schildern. Fallmerayer war der schärfste literarische Gegner der Philhellenen, Byron aber hat sie gehaßt. Seinen damals berühmten Landsmann Frederick North, der in wallendem Gewande, das Haar in ein Goldnetz gebunden, vor verlegenen Epirotenhäuptlingen Pindar rezitiert hatte, nannte er »den imposantesten Hanswurst seiner Zeit und seines Landes« (zit. bei Gigon, Byron, 617). Zum Glück hat er Wilhelm Müller nicht gekannt, unseren »Griechenmüller«, der in seinen Gedichten jeden Rekord an philhellenischem Unsinn bricht, und der leider auch ein Gedicht auf Byron geschrieben hat, in dem er diesen als »auferstandenen Tyrtäus« feiert – bedauerlicherweise mischen sich in diesen Panegyrikus das Christentum mit Todesengel und Glocken, Kreuzzugsreminiszenzen, Dornenkrone, Hochaltar, römische Tuba und jüdische Pharisäer stilfremd in die klassische Szenerie ein –, so daß man des Dichters rhetorische Frage: »Und willst du, meine Muse, denn gar zur Megäre werden?« mit ja zu beantworten geneigt ist (Müller, Gedichte, II, 80 ff.). Besonders komisch berühren des Griechenmüllers Mainoten-Gedichte. »Heil mir, in ihren Adern fließt noch spartanisches Blut!« jubelt er und animiert: »Ihr Mütter der Mainoten, kommt, laßt uns suchen gehn,/Ob nicht von Spartas Trümmern wir eine Spur erspähn« (Müller, a. a. O., 99 ff.). (Fallmerayer fand keine, sondern nur slawische Ortsnamen; der Name Maina selbst ist slawisch.) Byron hätte über diesen Unsinn sicher nur herzlich gelacht. Er hatte aber Veranlassung, sich lustig zu machen über die entwicklungspolitischen Konsequenzen der philhellenischen Ideologen, die an das Zeitungsgründen und Straßenbauen dachten, anstatt zunächst einmal die politischen Vorbedingungen zu alledem herzustellen. Diese Leute hielten, »wie alle politischen Betriebmacher, das Zubehör der Zivilisation für ihre Ursache; sie glauben, wenn sie nur die Fahne der Freiheit aufziehen, verwandeln sie einen baufälligen Kahn voller Löcher in ein stolzes Kriegsschiff« (zit. bei Gigon, 642 f.).

Ein andermal äußert Byron, das Mißgeschick Griechenlands böte ihm Stoff für hundert Gesänge zum »Don Juan«, deren Helden dann die Philhellenen und Jeremiah Bentham sein würden, das heißt die Vorläufer unserer modernen Menschheitsbeglücker (»das größte Glück der größten Zahl«!).

Der Dichter hatte sich 1809–1810 gegen die Entführung griechischer Altertümer durch Lord Elgin nach London ausgesprochen. Man solle doch nicht die alten Statuen aus Athen rauben, um die Engländer in der Bildhauerkunst zu unterrichten, »wofür sie ungefähr so begabt sind wie die Ägypter für das Schlittschuhlaufen«. Byron hat dabei übersehen, daß die Rettung dieser Altertümer in eine museale Existenz unter den damaligen Umständen die beste Lösung war. Denn den Griechen selbst waren zu jener Zeit die Plünderungen auf der Akropolis und an anderen Orten völlig gleichgültig, die Leute hielten die Statuen für verhexte Menschen. Ein Bewußtsein der Kulturkontinuität, die Überzeugung, daß man selber der kulturelle Erbe dieser Schätze sei, war einfach nicht vorhanden! Es ist wie bei den heutigen angeblichen »Erben« archäologischer Hochkulturen in der Neuen Welt. Robert Redfield, ein amerikanischer Anthropologe, hat einmal die Einstellung der heutigen Maya-Indianer in Yucatan zu den gewaltigen Ruinen der Tempelbauten ihrer »Vorfahren« untersucht, die sie z. B. auf Sonntagsausflügen nach Chichen Itza regelmäßig besuchten. Es stellte sich dabei heraus, daß den heutigen Indianern ein Bewußtsein der kulturellen Erbschaft in bezug auf diese Bauten restlos fehlte. Sie hatten nicht etwa das Gefühl, heruntergekommene Nachfahren dieser alten Hochkultur zu sein, sie waren sich nicht einmal klar darüber, daß es sich dabei um Menschenwerk handelte, sondern glaubten, daß eine Art von Wichtelmännchen diese Bauten durch »magische Pfiffe« ins Leben gerufen habe. Ähnliche Erfahrungen mit solchen Wichtelmännchen-Deutungen hat man auch in anderen Ländern gemacht, wo heutige Menschen mit den archäologischen Resten ihrer angeblichen Vorfahren konfrontiert wurden. Byrons Neugriechen vor den Ruinen der Akropolis sind also keine Ausnahme. Natürlich kann man die Leute dahingehend aufklären, sich als kulturelle Erben solch imponierender Denkmäler der Vergangenheit zu fühlen; doch bleibt dies ideologisch, wenn nicht eine verantwortungsbewußte »Enkulturation« stattfindet. Der Philhellenismus war ideologisch, und der Klassizismus war stets in derselben Gefahr. Das heutige humanistische Erbengefühl ist ebenso gegenstandslos, wenn die angeblichen Erben »Iphigenie auf Tauris« und »Hermann und Dorothea« nicht mehr zu lesen vermögen.

Byron war zweifellos eine hochkomplizierte und problematische Natur, in England berüchtigt wegen seiner amourösen Skandalgeschichten und seiner völlig rücksichtslosen, unverblümten Offenheit, die stets bereit war, jedes puritanische Tabu zu brechen. Seine erotische Beziehung zu seiner Halbschwester ist geradezu ein Ur-Protest im Sinne gnostisch-manichäischer Schöpfungsmythologeme. Aber Byron hatte als Persönlichkeit auch einige typisch agonale Züge, die sich in einem völlig konträren Milieu übersteigerten und verzerrten und ihn gänzlich unerträglich und unverträglich machten in einer Gesellschaft, die die agonale Eris längst durch die bürgerlich-kommerzielle ersetzt hatte, mit »Klüngel und Verdienerneid« – auch in der Großstadt-Metropole, und dies gerade auch im literarischen Treiben. Der Dichter haßte die literarischen Schliche zur Durchsetzung und Selbstbehauptung, das Buhlen um Lob, das Bitten, Knien, Speichellecken (Gigon, 110). Byron wollte auch nicht Literat sein, sondern Täter – oder als Dichter auch Täter. Er ist nie antiker, als wenn er (1810) mit Ekenhead um die Wette über den Hellespont von Sestos nach Abydos schwimmt; und er schafft, was Leander nicht geschafft hat[14]. Er will »immer der Erste« sein, im Schwimmen, im Pistolenschießen – und er ist es tatsächlich! Der Drang nach dem Wesentlichen, nach der Tat, wird übersteigert durch den Widerspruch zur Gesellschaft in den Ländern der von ihm gehaßten »Heiligen

14 Grillparzer hatte aber sicher recht, wenn er eine solche sportliche Leistung nicht für nötig hielt, um sein Drama »Des Meeres und der Liebe Wellen« zu schreiben. Übrigens war Byron begeistert von Grillparzers »Sappho«, die er mangels Kenntnis der deutschen Sprache in einer italienischen (!) Übersetzung las.

Allianz«. So wird er notgedrungen überall oppositionell. 1820–1822 in Italien liebäugelt er mit den Carbonari und unterstützt sie mit Geld; die Österreicher überwachen ihn, die Ausweisung droht ihm, aber – ausgerechnet Metternich, der den Dichter bewundert (er liebte auch Jean Paul!), hält seine Hand über ihm! Die klar erkannte Aussichtslosigkeit einer Aktion schreckt ihn nicht ab, denn es kommt ihm auf die exemplarische Handlung an. Wie die Carbonari, sind später auch in Griechenland die Sulioten Schwächlinge. Byron sieht das, aber erklärt, »sie mögen mich in mehr Stükke schneiden, als sie untereinander Zwistigkeiten haben, ich ändere meinen Entschluß nicht« (Gigon, 635). Verrückt? Er ist unbedingt, wie Don Quijote. Der Agon kann scheitern, aber er bewährt sich auch im Scheitern.

Byron vergleicht auch seine Helden in typisch agonaler Manier untereinander, wie Plutarch. Napoleons Abdankung 1814 erfolgt ihm zu spät, hat daher keinen Stil; er hält ihm Sulla, Diokletian als Beispiele vor. 1815 wünscht er aber für Napoleon wieder den Sieg und beklagt seinen endgültigen Untergang. Die Bourbonen haßt er und nennt sich einen Jakobiner. Es ist klar, daß Byron unter den Plebejern des Konvents genauso unmöglich gewesen wäre wie in der Londoner Society. In Griechenland hat er das Aussichtslose unternommen, sich selbst in die Schanze schlagend. Es wird behauptet, daß mit der Einsicht in die Hoffnungslosigkeit seines Unternehmens auch seine physische Widerstandskraft abgenommen habe. Richtig ist, daß Byron schon 1811 in Athen eine Malaria (Tertiana) sich zugezogen hatte, die im Frühjahr 1824 in Missolonghi erneut ausbrach. Es gibt auch aus dieser Zeit von dem Sechsunddreißigjährigen Äußerungen des Überdrusses am Leben. »Tendenz zum Tode«? Hatte Byron seine Bahn vollendet? Aber dergleichen sagt sich leicht, zumal wenn man das weltschmerzgesättigte Werk mit heranzieht und Manfred mit seinem Schöpfer identifiziert. Der kranke Dichter ist in dem jämmerlichen griechischen Nest von zwei Quacksalbern gegen seinen Willen buchstäblich zu Tode geschröpft worden, das rettende Chinin erhielt er zu spät, kurz vor seinem Ende, durch einen deutschen Arzt.

Ich möchte auch den Überdruß, den Weltschmerz Byrons aus der tödlichen Unvereinbarkeit von Agon und Zeitgeist begreifen. (Also anders als bei Gontscharow, doch mit einer gewissen Verwandtschaft zu Leopardi.) Er wird heute als Dichter unterschätzt, aber der metaphysische Gehalt von »Childe Harold«, »Manfred«, »Don Juan« und »Cain« ist da, und Kunstverstand und Leidenschaft, eine so seltene Verbindung, kann man diesen Dichtungen nicht absprechen. Freilich muß man die Geduld aufbringen, Verse zu lesen. Wenn niemand das Exemplarische bemerkt – wie kann es dann noch exemplarisch wirken? Man muß aber auch Byrons Brief-Prosa hinzunehmen, der Dichter ist auch in ihr, eine so vulkanische Natur ist in allem, was sie sagt und tut. Nicht jedes Ringen um die Theodizee muß versifiziert werden. Byron notiert in seinem Tagebuch am 18. Februar 1814:

»Ich frage mich, wie zum Teufel jemand so eine Welt machen konnte; zu welchem Zweck wurden denn z. B. Dandies geschaffen – und Könige – und Universitätsprofessoren – und Frauen ›in einem gewissen Alter‹ – und ich selbst, am allermeisten!« (Gigon, 227)

Das ist nicht mehr antik. Der Kosmos ist gescheitert, die Kosmologie abgedankt. Das gnostische Zeitalter hat begonnen.

Heimwelt im Gegenzug

Epilog

Heimwelt – Heimkehr

In den Ergänzungstexten zu seinen »Cartesianischen Meditationen«, etwa 1930–1931, hat Edmund Husserl versucht, den Sinn der »Heimwelt« zu beschreiben. Diese läßt sich nur bestimmen im Gegenzug zur »Fernwelt« (wir dürfen auch sagen: »Fremdwelt«), die normalerweise, nach Husserl, »leer« und »unpraktisch« ist. Praktisch wird sie nur, falls der Mensch den Horizont seiner gegebenen Heimwelt überschreitet und mit fremden Horizonten sich auseinandersetzen muß: das ist der Fall des Kulturkonflikts, die Horizonterweiterung des Menschen, der verschult, zivilisiert, domestiziert wird oder mit der »Fremdwelt« anderer Rassen, Kulturen, Religionen zusammengerät. Wir haben solche »Fremdwelten« kennengelernt in den Dokumenten von Turi, Kivi, Duun, Hamsun, Faulkner etc. Die Seinsgeltung der Heimwelt ist nach Husserl von solchen Fällen grundsätzlich verschieden: Sie bezieht sich auf einen beschränkteren, darum aber auch vertrauteren Kreis von Menschen und Dingen, und sie ist – was Husserl unterstreicht – »grundwesentlich von der Sprache her bestimmt«:

»Erst dadurch erwächst eine nicht nur sinnlich gemeinsame Welt, eine konkrete Gegenwartswelt (in einem erweiterten Sinne, der den noch mitlebendigen Mitgegenwarts- und Vergangenheitshorizont und ein Stück lebendige Zukunft befaßt), sondern eine praktische menschliche Heimwelt, deren unvergleichlich weiterer Erfahrungskreis auch die sprachlich vermittelten Erfahrungen der Genossen wirksam in sich enthält, und nicht nur die wirklich voll anschaulich nachverstandenen und in den Glauben übernommenen, sondern auch die unvollständig oder gar nicht anschaulich nachverstandenen sprachlichen Erkenntnisgebilde ...« (Husserl, Zur Phänomenologie der Intersubjektivität, 225)

Die Heimwelt umgreift für das in sie hineinwachsende Kind kraft der Sprache auch die Erfahrungen der Gemeinschaft, und sogar diejenigen, welche es selbst noch gar nicht anschaulich erfahren haben kann, sondern vorerst nur als sprachlich vermittelte »Erkenntnisgebilde« besitzt:

»Das Kind spricht vom Meer und weiß, daß es groß, daß es grün oder blau ist, ohne es je gesehen zu haben. Das Bewußtsein von uns Erwachsenen ist voll von Meeren solcher Art, deren Küste wir nie zu sehen bekommen, deren Vorhandensein wir nicht einmal erraten könnten, wenn uns nicht die Kollektivität durch die Sprache wissen ließe, daß es sie gibt, und daß sie so oder so beschaffen sind.« (Blondel, Einführung in die Kollektivpsychologie, 103)

In seinen denkenden Bemühungen um die Struktur der Heimwelt hat Husserl (in einer Aufzeichnung aus den Weihnachtsferien 1931–32) eine bemerkenswerte Entdeckung gemacht. Die »an sich erste« Welt, in die wir hineinwachsen, die Heimwelt, ist »die in lebendig-ursprünglicher Historizität des generativen Daseins erwachsene und fortwachsende *›mythische‹* Umwelt, natürlich ein universaler Animismus« (Husserl, a. a. O., 436). Das soll, wie Husserl ausdrücklich hinzufügt, »vortheoretisch verstanden« sein. Also nicht als »Mythologie«, auch nicht als »Animismus« im Sinne eines Weltanschauungssystems, sondern im Sinne einer primordialen Lebendigkeit (nicht »beseelt«, sondern »seelenhaft«) des ganzen heimweltlichen Universums, wie sie das Kind noch besitzt – und wie sie die Poesie beibehält. (Wir haben die grandiosen Beispiele bei Kivi und Selma Lagerlöf kennengelernt.) Wenn daher Husserl fordert, die *mythische* Heimwelt als »ursprünglich« historische bedürfe vor allem einer Strukturerforschung,

»... wobei die Frage ist, was an Strukturen sich überhaupt abheben kann im Kontrast mit der fremden Umwelt bzw. mit der Weise, wie Unverständnis bewußt wird und in Verständnis und immer neu sich korrigierendes Verständnis übergeht« (Husserl, a. a. O., 437),

so kann eine literarische Toposforschung hierzu Gewichtiges beitragen. Sie müßte sich allerdings an die Heimwelt halten, d. h. an die Mythen, und dürfte sich nicht sofort auf die Mythologie als etwas Sekundäres stürzen. Daß die Heimwelt in diesem mythischen Sinne immer so etwas wie eine »Urheimat« ist, haben die Romantiker entdeckt, die als echte Mythiker oft besser sind, als ein veralteter Begriff von Romantik wahrhaben möchte, allerdings oft auch nahe an der Grenze zur Mythologie, wo die Dinge konstruiert und unecht werden. Daß diesem Ur-Mythos keine *positive* Urheimat oder Urgeschichte unterschoben werden darf, versteht sich heute wohl von selbst, obwohl die romantischen Altertumsforscher, aber auch ein Ideologe wie Fichte, in dieser Hinsicht viel gesündigt haben. Der Erwachsene sucht wohl zuweilen den Weg zurück ins Kinderland, zünftige Psychologen sprechen von Regression. Und zweifellos weist die Heimat immer Strukturzüge einer Urheimat auf: eines Wunschraumes. Aber offenbart Schillers vielzitierter Vers: »Auch ich war in Arkadien geboren« (»Resignation«, 1786) Fernweh oder Heimweh? Vielleicht beides in einer primordialen Einheit. Unsere Strukturforschung hat die Frage der »Wunschräume« noch nicht genügend geklärt. Eichendorff und die Romantiker überhaupt, Italiensehnsucht und Südseesehnsucht gäben hier Material die Fülle. Wird die Nähe entzaubert, kann das Paradies weiter hinausgeschoben werden: »Mignons Süden, der Süden Goethes und Byrons liegt heute in Tahiti und Fakarava: da die Mänaden, sie kauen Betel, und Bacchen, fett von Kokos«, schreibt Gottfried Benn (Benn, Werke I, 398).[1] Nur ist das alles eben inbildlich, urheimweltlich und hat nichts mit der »Positivität« Arkadiens,

1 Fakarava (Benn schreibt irrig Farakava): eine der Paumotu-Inseln (Polynesien).

Siziliens oder Tahitis zu tun. Das »Heimweh« haben Volkskundler und Literarhistoriker zu deuten versucht. Sie vermuten richtig, daß das »Heimweh nach dem verlorenen Paradies« auch ein Motiv der ganzen traditionellen Volkskunde ist und reden sogar von einer »nostalgisch-retrospektiven Bezugsrichtung der Volkskunde« (Greverus, Bezugsrichtung, 12). Wenn das zutrifft, dürfte man erwarten, daß diese Forschung das »Heimweh« strukturell aufgeklärt hätte; das zu behaupten, wäre verfrüht. Eines aber dürfte sich sagen lassen: Die Struktur der Heimwelt ist völlig unabhängig von den positiven Gegebenheiten der Umgebung, alles, auch die reizlose Landschaft kann in ihr Aufnahme finden, sogar eine häßliche Stadtlandschaft. Eine inbildliche Motivation sorgt für die Verklärung auch des (für andere) Reizlosen; freilich, die heimweltliche Sprache oder Mundart darf nicht fehlen.

Vielleicht empfiehlt es sich, vom Kontrast zwischen der Heimwelt und der Fremdwelt (bzw. Heimat und Fremde) auszugehen, das heißt, von der Situation des *Heimkehrers*, für den die »Vertrautheit im individuell Faktischen ..., im Typischen der Verläufe und in dem typisch zu Erwartenden ... als Ausgangspunkt der Orientierung, als Beziehungspunkt für relative Orientierungen« (Husserl, a. a. O., 225) *nicht* mehr ohne weiteres gegeben ist? Denn es gibt doch die Tatsache der Entfremdung selbst dann, wenn die Sehnsucht nach der Heimat besteht, nicht nur, weil die Heimat in längeren Zeiträumen nicht dieselbe bleibt, so daß der Heimkehrer eine neue Lage »enttäuschend« vorfindet, sondern auch, weil er selbst in der Zeit seiner Abwesenheit sich verändert, neue Erfahrungen und Vergleichsmöglichkeiten gewonnen, »vieler Menschen Städte gesehn und ihre Sitten erfahren« hat, wie Homer von dem Spätheimkehrer Odysseus gleich zu Beginn des Epos sagt. Odysseus vermag ja auch die Heimat nach zwanzigjähriger Abwesenheit nicht wiederzuerkennen, er glaubt's nicht und befürchtet mißtrauisch, abermals an fremden Strand geworfen zu sein; es bedarf des göttlichen Augenöffnens durch Pallas Athene, daß er sie, Zug um Zug, wiedererkennt:

»Kennst du denn nimmer dahier des Phorkys heiligen Hafen,
Nimmer im Haupte der Bucht des Ölbaums silberne Krone?
Kennst du sie nicht, die breite, ragende Höhle, darin du
Oft den Nymphen gebracht das gefällige Hundertopfer?
Nicht den Neriton-Berg, in's Grüne seiner Wälder gekleidet?«
Sprach's die Göttin, und teilte den Dunst. Da sah er die Landschaft
Und erfreuete sich, der göttliche Dulder, Odysseus,
Grüßte sein Heimatland und küßte die fruchtbare Scholle.«

(Odyssee, 13. Gesang)

So einfach ist das Wiedererkennen der Heimat also nicht, die Göttin muß erst »den Dunst zerteilen«. Es hat daher auch seinen guten Sinn, wenn der Dramatiker Hauptmann die in ihm zitternde Spannung hinauszögert (Hauptmann, Der Bogen des Odysseus, 1907–1912, Werke II). Odysseus in seinem Dialog mit Leukone, in der sich die Göttin verbirgt, kann es nicht glauben, daß er in Ithaka sein soll, er hält sich für geschlagen vom Wahnsinn, verhüllt sein Haupt, enthüllt es wiederum und wird rätselhaft angezogen von der Insellandschaft, die sich vor ihm ausbreitet:

»Trug der Dämonen! – Wälder, ihr umgrünt
des Felsens Flanke wie ein Vlies. Zur Bucht
ergießt ein Strom sich. Weiden stehen dort
und Pappeln. Fischer liegen auf dem Fang,
und draußen kreuzen Segel. – Schließ' ich nun
mein Auge, oder tu' ich's auf: es ist
das gleiche Bild – dem innern Sinne und
dem äußeren die gleiche Wohltat! Und
beschränkt, befriedet gleichsam, ruht der Blick,
obgleich ihn sichtbar keine Schranke einschließt,
wie ein Verfolgter auf dem Bette der
Herberge eines Gottes selig aus! –
Und doch ist's Trug.«

(Hauptmann, Werke II, 849)

Die »Wohltat« des Wiedererkennens ist schon da *vor* dem Wiedererkennen selbst!

Erst nach weiterem Zuspruch Leukones erkennt Odysseus die Stimme der Göttin:

»Pallas Athene, Göttin, sprachst du das?
Teilst du die Nebel mir mit einem Strahle,
der mich nicht tötet! – ? Heimat, bist du das? –
Stehst du noch da? – noch immer hier? – hast du
gewartet, treu, als wäre nichts geschehen?
Bist du von ird'schem Stoffe?
(er hebt eine Handvoll Erde auf)
Ja, hier ist –
Gold – nicht Erde ... ist Ambrosia –
nicht Erde ... nein, nur Erde ist's!
Nicht schlechtes Gold und nicht Ambrosia.
Nur Erde! Erde! – Sieh hier, dieser Staub
ist köstlicher als Purpur, köstlicher
als alle Frachten der Phönizier!
ist wundervoller als Kalypsos Bett!
süßer als Kirkes Leib, der Zauberin,

und schmeichlerischer anzufühlen! Biete
mir Helena – ich bin ein Bettler, habe
nichts außer diesen Lumpen – biete mir
die heilige Troja, wie sie ging und stand:
ein Korn von diesem Staube wiegt sie auf!«

(Hauptmann, a. a. O., 850)

Ferner haben wir den Heimkehrer, der gleich wieder scheidet, geschildert in Eichendorffs Gedicht »Der letzte Gruß« (edel vertont von Hermann Levi); oder in Borchardts großem Gedicht »Wannsee« (1911), in dem der Dichter nach zehn Jahren sein Vaterhaus wieder aufsucht; er sieht es nur von außen, denn es wurde veräußert, und auch er hat die Schwierigkeit des Wiedererkennens:

»Der Wagen prallt zurück; die Pferde stehn.
Aussteigen soll ich? nach dem Hause gehn?
Dem da? wo nicht ein Stein,
Nicht eines Steines Schatten zu mir spricht?
Dies ist es nicht.
Ihr hörtet falsch, dies kann das Haus nicht sein.
Die Straße selbst schon nicht, das Haus noch minder –;
Wie? dennoch? – Kinderjahre, Kinder-
Erlebnisse, belehrt mich, steht mir bei!
Erinnerungen, sagt mir, wo ich sei! ...«

(Borchardt, Werke III, 225)

Nun folgt das langsame Wiedererkennen, vielmehr zuerst nur die Bitte um das Wiedererkennen, die Bitte an den ganzen Umkreis des Horizonts, die vier Himmelsrichtungen (»... sendet einen Geist,/Kluft über durch den Tod von zehen Jahren,/Der mir die Heimat weist,/Mir Kreisendem, um den die Heimat kreist!«) doch nur, um der Assoziation alter Erinnerungen an wiederbelebte Schuld von einst zu dienen, und ausmündend in Katharsis und Befreiung zur eigenen Sendung: große, klassisch hermetische Dichtung.

Die Heimkehr aus exotischer Fremde: Eigentümlich hat Friedrich Schnack in seinem Roman »Sebastian im Wald« (1926) beschrieben, wie für den Heimkehrer aus Brasilien der harmlose fränkische Wald durch das Interpretationsschema des brasilianischen Urwalds (der »tückischen Teufelsfalle«) gesehen wird, samt Papagei und Indianerflöte; bis zur schließlichen Auflösung ins Gutartig-Heimische. Doch der Appell an die Heimat kann auch illusorisch werden, wenn die Heimat verloren ist. Herr Kortüm wagt den Heimkehrer Stannebein mit der Bemerkung zu trösten, »es bleibe einem doch immer die Heimat«; worauf jener ihm berichtet, er habe sein Dorf nicht mehr wiedergefunden, weil es verschwunden sei unter einem

Stausee, »ertränkt wie'n Ratzennest«, mit einem Boot sei er über den Friedhof gefahren, auf dem seine Eltern begraben liegen (Kluge, Der Herr Kortüm, 649f.). Freilich könnte man die Beispiele häufen, die das *ius domicilii securitatis* als illusorisch ausweisen; Kurt Kluge schrieb vor der Vertreibung der Deutschen aus Ostmitteleuropa und den Donauländern.

Kindheit und Jugend

Daß Heimat eine Kategorie ist, die sich auf Erlebnissen der Kindheit und Jugend aufbaut, macht sie als eine ästhetische Qualität fühlbar – ästhetisch im ursprünglichen Sinne als *Aisthesis*, angeschaut- und angesprochenwerden von Menschen und Dingen im Gefühl des Vertrauten und des Sich-Bergens im Vertrauten:

> »Heimat ist, wo der erste Strahl dich traf
> Aus Goldgewölk, daß du erglühen sahst
> Allrund die Welt in Schöne, nie gewähnt ...«
>
> (Bertram, Das Nornenbuch, 70)

Es ist aber außer dem Strahl auch der Ton: der vertraute Klang, Sprache, Mundart. Und wenn von Schönheit die Rede ist, so ist gar nicht gedacht an sogenannte Schönheitsdichtung, sondern wieder an den unauslöschlichen Eindruck des Vertrauten. Und für diesen genügen objektiv geringfügige Anhaltspunkte. Für die Heimkehrer nach dem letzten Kriege waren auch die Bombentrümmer einer häßlichen Großstadt Heimat; ein Anklang des Schönen wenigstens im Nachklang, die historische Dimension von der Kindheit her, steckt immer mit darin, inbildlich, nicht als unmittelbare Wahrnehmung eines Gegenwärtigen, das sogar in schreiendem Gegensatz zum Nachklang stehen kann. Es muß auch nicht die Heimat-*Erde* sein, wie bei Odysseus. Wenn es im »Segen der Erde heißt«: Überall auf der Welt werde Korn gesät, »... im Morgenland, in Amerika, Gudbrandstal –, ach, wie groß der Erde ist und das winzig kleine Feld, auf das Isak säte! Das war der Mittelpunkt von allem« (Hamsun, Segen der Erde, 26), so stimmt das nur für den Ödlandbauer! Aber was sollte ein Eskimo mit solcher Erd-Mystik anfangen? Die nomadische, die halb-nomadische Existenz hat ganz andere Heimwelt-Erlebnisse. Die Art der Nahrungsgewinnung führt bei den Kupfer-Eskimos beispielsweise zu häufiger Ortsveränderung, und wenn man einen Mann fragt, »wo ist denn eigentlich deine Heimat?«, so kann man zur Antwort erhalten: »O, es macht gar nichts aus, ob du als meine Heimat Puivlik, Kogloktok, Nennitak, Kiglinik oder Kilusiktok ansiehst, denn ich habe an allen diesen Orten gelebt!« Aber er unterscheidet diese Gegenden! Und trotz der großen Freizügigkeit haben diese Eskimos doch ein Heimatgefühl dort, wo man die Hügel und die Seen kennt und wo die Grabstellen der Verwandten sich befinden. Allerdings haben alle Punkte der Landschaft bei diesen Wildbeutern des Eises zugleich auch Signalbedeutung für die Nahrungsgewinnung, sind »praktische Heimwelt« im Sinne Husserls.

Für Kindheitserinnerungen gibt es zahlreiche Dokumente. »Weder auf Erden noch im Himmel«, heißt es im Roman »Die sieben Brüder«, »gibt es eine so geliebte Stätte wie die, wo wir geboren und herangewachsen sind, und auf deren Fluren wir uns als kleine Milchbärte getummelt haben« (Die sieben Brüder, 128). Doch sind längst nicht alle Kindheitserinnerungen so liebevoll getönt. Rousseaus »Confessions« (1781), unter der Maske der Selbstentblößung und Schauspielerei, haben das Genre stark beeinflußt, von Karl Philipp Moritz' geistig so anders gerichtetem »Anton Reiser« (1785) bis zu dem modernen Gegenstück, der schauerlichen Selbstenthüllung Jean-Paul Sartres, »Les mots« 1964. Wir greifen aus der Fülle der Literatur drei Bespiele heraus: Max Dauthendeys »Der Geist meines Vaters« (1912), Wilhelm von Kügelgens »Jugenderinnerungen eines alten Mannes« (1870) und Bogumil Goltz' »Buch der Kindheit« (1847). Alle drei haben bei großer Verschiedenheit der Anlage und Weltauffassung gemeinsam, daß sie die eigene Kindheit und Jugend im Reflex eines vielfältigen interethnischen Kontaktes auffangen, sogar eines gemeinsamen »rußlanddeutschen«. Bei Dauthendey kommen hinzu exotische Erfahrungen aus einem langen Wanderleben in Süd- und Ostasien, bei Goltz das Erlebnis einer Ägyptenreise.

Dauthendeys gehaltvolles Buch ist das erstaunliche Zeugnis eines innigen Einlebens aufgrund von Kindheitseindrücken und -geschichten, von denen er die meisten gar nicht selbst erlebt haben kann, sondern nur erzählt bekommen, aber alle wörtlich behalten hat, in einer Einheit von Eidetik und Empathie. Während er seine Mutter nur aus anschaulicher Erinnerung kennt, spielt sein Vater eine den frühen Lebensgang geradezu despotisch beherrschende Rolle:

»Meinen Vater aber, mit dem ich noch dreiundzwanzig Jahre nach dem Tode meiner Mutter das Leben teilte, sehe ich noch bei unendlich vielen kleinen Anlässen, und er geht beinahe wie ein Lebender bei mir aus und ein.« (Dauthendey, Der Geist meines Vaters, 19)

Bei Dauthendey wird der Heimwelt-Komplex durch die Vatergestalt dominiert und kann ohne diese gar nicht charakterisiert werden: Sogar für den gereiften, längst losgelösten Dichter bildet sie immer noch eine mächtige Hintergrundfigur. In Japan wird er vom Heimweh überfallen, und zwar gerade, »weil dieses Land auf Schritt und Tritt so ähnlich wie meine Heimat ist und doch nicht die Heimat war, wurde ich dort ungeduldiger, als ich es in China oder Indien gewesen war«. Mehr aber noch als die *Landschaft* und der Geist des fränkischen Stammes ziehen ihn die Erinnerungen an seinen Vater wieder nach Würzburg:

»Es ist vorgekommen, daß ich vom Rhein im Schnellzug nachts auf dem Wege nach München durch den Würzburger Bahnhof fuhr. Und vom Würzburger Bahnhof bis zur Heidingsfelder Eisenbahnbrücke, wo mich der Zug im Halbrund um das Stadtgebiet brachte, mußte ich mitten in der Nacht am Zugfenster stehen und das Herz zucken fühlen, als wenn man mich in zwei Teile zerrisse. Der Geist meines Vaters schien mein Herz zu packen und es behalten zu wollen. Und zwischen Würzburg und München war es mir dann immer, als habe der Bahnzug, in welchem ich einsam auf den Kissen lag, zwei Lokomotiven, eine am Anfang und die andere am Ende des Zuges. Es war, als führe der Zug bald nach Norden, bald wieder rückwärts nach Süden. Und ich selbst kam mir vor, als läge ich in einem Eisensarg, wie jener König in einer Geschichte aus ›Tausend und einer Nacht‹, der im Eisensarg zwischen zwei Magnetbergen schwebt.« (Der Geist meines Vaters, 166)

Eigenartig und poetologisch fesselnd ist bei Dauthendey die Art der Vergegenwärtigung von Eindrücken der Heimwelt am Beispiel des Würzburger Schloßgartens: völlig zeitbindend-historisch und insofern weitabliegend vom Geiste des Vaters, der ein enthusiasmierter und fortschrittsbegeisterter Naturforscher ganz im Sinne des späten 19. Jahrhunderts war – und dennoch drängt sich auch in diese Vergegenwärtigung das Bild des Vaters ein!

»Wenn ich heute wieder in jenen Schloßgarten durch eines der verschnörkelten schmiedeeisernen Tore eintrete, die Wunder der Schmiedekunst sind, da ihr Eisen nicht zu Gittern, sondern zu mächtigen rankenden Blumenhecken verarbeitet wurde, die den herrlichen Garten würdevoll abschließen –, dann fällt mir immer beim Anblick der gestutzten runden Orangenbäumchen, die mit gelben Früchten in ihrem dunklen Laub in grünen Kübeln an der Front des Schlosses entlang und rund um den großen Springbrunnen aufgestellt stehen, die alte zugestutzte Art und Sitte ein, die noch in der ersten Hälfte des 19. Jahrhunderts zugleich mit französischen Umgangsformen an kleinen deutschen Höfen gepflegt wurde. Bei dem Duft, der aus den tiefdunklen Taxushecken der Gartengänge kommt, und bei dem Wohlgeruch des Buchsbaums, der die Tulpenbeete mit niedriger Hecke geradlinig einfaßt, entstehen in mir Vorstellungen, als öffne ich alte Schatullen, aus welchen alte Papiere, Aufzeichnungen und Bilder jener Zeit mich ansehen. Und ich stelle mir besonders in dem langen Gartenweg ein Erlebnis meines Vaters vor, das sich im herzoglichen Schloßgarten von Dessau abspielte, das ich aber immer deutlich, wie auf einer freien Naturbühne, hier in den Würzburger Schloßgarten verlegte, sobald mein Vater uns seine Dessauer Hofgeschichte erzählte.« (Der Geist meines Vaters, 54 f.)

Die Auseinandersetzung zwischen Vater und Sohn ist von Ambivalenzen getragen. Der Vater, der auf kaiserliche Einladung hin die neuerfundene Daguerrotypie in Petersburg einführt, ist zwar Nur-Techniker, dies aber auf schwärmerisch-enthusiastischer Grundlage, berauscht von den Fortschritten der Technik, eine vollkommene Verkörperung jener geradezu chiliastischen Anbruchs- und Aufbruchsstimmung, welche die Anfänge des industriellen Fortschritts im 19. Jahrhundert beherrscht hat. »Auch Maschinen sind herrliche Gottesgeschöpfe« (a. a. O., 88). Später, als schon eine Eisenbahn nach Petersburg geht, lacht der Vater über die, welche ihm »die gute alte Zeit« loben wollen, denn er hat selbst noch die Ängste und Qualen des von Wölfen verfolgten Postschlittens erlebt. So ist der Fortschritt für ihn erlebnisbezeugte Realität. Und es ist ohne weiteres verständlich, wie sehr dieses begeisterte Mitempfinden der Errungenschaften des Menschengeistes auch den Sohn ansprechen konnte:

»... Dann fühlte ich, als ginge von diesem Mann eine klare, die ganze Atmosphäre der Wohnung belichtende Geisteskraft aus, die das Atmen in den heimatlichen Zimmern leicht und fröhlich machte.« (Der Geist meines Vaters, 164)

Das Moment der Idealisierung, das in allen sozialen und geistigen Bewegungen zu Anfang noch lebendig ist und sie trägt, sie mögen sich noch so technisch und rational gebärden, ist hier mit Händen zu greifen. Die Kehrseite der Medaille ist der gewaltsame Versuch des Vaters, den so ganz anders veranlagten Sohn in die eigene Lebensbahn als Techniker und Photograph hineinzuzwingen. Ein despotischer Zug fehlt dabei nicht, die russische Umwelt mag dabei mitgewirkt haben. Einmal schlägt der Vater den Sohn bei gar nicht schwerwiegendem Anlaß mit der Hundepeitsche, »wie er es bei russischen Leibeigenen früher getan hatte« (a. a. O., 174). Dies so nebenbei. Im allgemeinen reicht im milden Würzburger Klima die rationale Belehrung aus. Ganz überzeugend setzt der Vater seinem Sohne auseinander, daß ohne menschliche Gedankenarbeit – er meint die technisch-naturforschende – das ganze Träumen – er meint die verfeinerte poetische Kultur – ohne Basis sein würde. Weil die Technik schafft, können die anderen in Frieden dahinträumen. Der Vater unterschätzt bei alledem nur den Zwang der poetischen Berufung, die den Sohn u. a. dazu bringt, die farbenphysikalischen Belehrungen seines Vaters so auszumünzen, daß er seinen ersten Gedichtband »Ultraviolett« betitelt (1893). So hatte der Alte es natürlich nicht gemeint. Wenn Vater Dauthendey schon etwas gewußt hätte vom Zwangscharakter der dichterischen Vision, wäre er wahrscheinlich gegen diese Umdeutung von »Physik« in »Impressionismus« duldsamer gewesen. Ein andermal bringt Vater Dauthendey den Konflikt auf die Formel Verstandesgeist – Herzgeist. Und diese Formel kann der Sohn sogar übernehmen! Immer ist auf seinen Weltreisen der Geist seines Vaters stärkend bei ihm:

»Die Wunder der Urwälder, die Wunder der Tempel, die Wunder der Himalajariesen und des krausen China- und Japan-Landes, die ungeschlachte Gewalt Amerikas hätten mein Herz in tausend Atome zerstreut, wenn mir nicht der Geist meines Vaters in Gestalt der unerbittlichen und stählernen europäischen Maschinen immer neuen Mut gemacht hätte. Die Maschinen sagten: Du mußt im Arbeitstakt aufwärts!« (Der Geist meines Vaters, 230)

Dies ist aber eine späte, versöhnte Vision des Dichters, der dieses Kindheitsbuch schreibt. Aktuell gab es die stählerne Gewalt des Verstandesgeistes gegen den Herzgeist, als einen übermächtigen Druck, der den Sohn fast zum Erliegen brachte. Aus diesem Erleben und aus seinen fernöstlichen Reiseerfahrungen bringt Dauthendey drei Gestalten der Anbetung mit: die Anbetung der Liebesfreude, die Anbetung des Vaterlandes zusamt Erde, Weltall und aller Leben und Lebensarbeit, und die Anbetung der Vergangenheit, der Ahnen und der Toten. Es ist ohne weiteres zu erkennen, wie in dieser dritten Form der Anbetung das ethnographische Fremdphänomen aus den Reisen in die »sieben Meere« sich mit dem ins Positive erlösten Vaterkomplex verdichtet. Dauthendeys Verse, Dramen, Novellen und Romane, in Indien, Ceylon, Java, Bali, Japan und Mexiko spielend, bilden den Hintergrund für die stets erneute Heimkehr dieses fränkischen fahrenden Spielmanns.

Wilhelm von Kügelgens »Jugenderinnerungen eines alten Mannes«, 1870, sind wegen ihres Reichtums an Schilderungen, ihrer einfachen und anmutigen Diktion eines der beliebtesten und verbreitetsten Erinnerungsbücher geworden, so daß eine ausführliche Behandlung nicht notwendig ist. Der aus rheinländischem Geschlecht stammende Verfasser, in Rußland geboren, als Porträtmaler hinter seinem Vater Gerhard und dessen Zwillingsbruder Carl zurückstehend, lebte längere Zeit in Dresden, die letzten dreieinhalb Jahrzehnte seines Lebens aber eingehaust in der Kleinstadt Ballenstedt am Harz. Die Jugenderinnerungen schließen grausig ab mit der Schilderung, wie der Sohn die Leiche seines Vaters findet, der 1820 in Dresden einem Raubmord zum Opfer fiel; ». . . über mich aber und die Meinigen ›ging der Grimm des Höchsten, und seine Schrecken drückten uns, sie umgaben uns wie Wasser und umringten uns miteinander.‹ Und hiermit mag ein Schleier auf mein weiteres Ergehen fallen«. Schon dieser Schluß sollte davor bewahren, uns durch die glatte Fassade dieses Jugendbuches täuschen zu lassen. Sein Verfasser schrieb daran über zehn Jahre lang, von 1855 bis 1865, unter stärksten inneren Hemmungen, oft »angeekelt« und gedrückt durch Gefühl der Minderwertigkeit. Aufschlüsse darüber finden wir nicht in den Jugenderinnerungen, sondern in den Briefen an seinen Bruder Gerhard, der als tüchtiger Landwirt in Estland lebte. Am 7. Januar 1865 schreibt Wilhelm von Kügelgen an ihn:

»Es war eine furchtbare Sterbenszeit, die ich durchgemacht habe, nächtlich gespenstisch, wie ich noch nichts erlebt, Leib und Seele gleichermaßen geschlagen. Es fing psychisch an. Eine tiefe krankhafte Sehnsucht überfiel mich nach den Verhältnissen, Dingen und Gestalten meiner Vorzeit, nach Mutter, Vater, Geschwistern, Freunden, wie sie damals waren, als wir noch im ›Gottessegen‹ wohnten, ja nach Dienstboten, Zimmern und Gerätschaften von damals. Das alles stand lebendig und doch auf ewig verloren vor meinen Augen und erpreßte mir bittere Tränen. Gleichzeitig erschien mir mein ganzes bisheriges Leben als ein verlorenes: ein mißlungener Christ, Maler, Hausvater und ein arger Übertreter aller Gebote. Dazu völlige Gebundenheit des Leibes ...« (Kügelgen, Lebenserinnerungen, 347)

Man muß diese Briefstelle genau lesen, um die denkbar klarste Exposition des Begriffs der Heimwelt zu gewahren, die auch das scheinbar Unbedeutendste und Nebensächlichste in eine Aura des Bedeutungsvollen hüllt – hier freilich in einer nostalgisch-pathologischen Übersteigerung. *Das* also ist der Zustand, aus dem heraus diese abgeklärten Jugenderinnerungen, oder wenigstens ein Teil derselben, entstanden sind! Das Tragische ist dabei, daß Wilhelm von Kügelgen seine eigene wirkliche Berufung zum Schriftsteller nicht mehr bestätigt erfahren hat; denn das Buch, das seinen Ruhm begründete, ist erst nach seinem Tode erschienen. Die Nachwelt mag billig den Namen des Mannes feiern, gleichsam sich gebärdend, als sei damit auch dem einstmals Lebenden sein Recht widerfahren.

Das früheste und geistig bedeutendste unserer drei Erinnerungsbücher ist das »Buch der Kindheit« von Bogumil Goltz, veröffentlicht im Jahre 1847. Geboren in Warschau 1801 als Sohn eines Juristen, der nach der dritten Teilung Polens hierher als preußischer Stadtgerichtsdirektor versetzt worden war, aufgewachsen in Warschau, Königsberg und Marienwerder, hat Goltz seine Prägung in einem interethnischen Milieu empfangen, das seine Reflexionen entscheidend bestimmt. Auf den Gedanken, eine »ethnographische Studie« über »die Deutschen« zu schreiben (2 Bde., 1860), wäre wohl sonst niemand so leicht verfallen, ohne durch die ethnische Gemengelage im Raum der Weichsel und des Niemen zu Vergleichen aufgefordert worden zu sein. Seine präzise Schilderung des damaligen Warschau (»ein Babel von allen Sprachen und ein lebendiges Museum von allen Lebensarten und Trachten in Europa«; in »Buch der Kindheit«, 114 ff.) mit seiner ethnischen Gemenglage von Polen, Juden, Deutschen, Russen, Türken, Armeniern, ist klassisch, und sein weiteres unstetes Wanderleben, u. a. eine

Reise nach Ägypten 1849, erweiterte die Erlebnissphäre. Das ebenso konturen- wie farbenreiche Bild, das Goltz vom ägyptischen Volksleben gibt, ist kein exotisches Kuriosum, sondern knüpft logisch an die Erfahrung aus dem Thorner Kleinstadt-Milieu an (»... vielleicht wollte ich meinen Antezedentien die ägyptische Konsequenz ziehen, denn ich habe den besten Teil meines Lebens in einem kleinen Grenzstädtchen mit Polen und Juden verträumt«; in Goltz, Ein Kleinstädter in Ägypten, S. VII). Friedrich Hebbel hat 1852 von dem Vortragsredner Goltz eine prächtige Charakteristik gegeben, die als den Grundzug seines Wesens »die äußere Schroffheit dieses Mannes [als] das Produkt seiner inneren Weichheit« zutreffend hervorhebt (Hebbel, Werke III, 641 ff.). Hebbel unterstreicht auch das Urwüchsige, völlig Originelle, das nicht nur in der äußeren Erscheinung, sondern auch in der Sprache und den entwickelten Gedanken des Redners Goltz hervortrete. Das »Buch der Kindheit« bestätigt diesen Eindruck. Es zeigt seinen Verfasser als einen gestandenen Eidetiker, der seine frühesten Eindrücke zeitbindend vergegenwärtigt:

»Was ich nur einmal gelesen und buchstabiert, was ich flüstern gehört hatte, das war in meiner Seele und Phantasie wie gegossen aus glühendem Erz und ist heute noch die Wissenschaft und Grunderkenntnis meines Herzens, die mich, hoffe ich, ins Grab begleiten und jenseits des Grabes mit mir aufleben soll.

Es gibt nur *ein* Lernen, *ein* Hören und Vernehmen, *ein* Wiedererzeugen und Erschaffen, *ein* Illustrieren und Illuminieren, *ein* Haben und Sein, *ein* Leben und Bilden, Dasein und Erleben: und das ist das *Leben in der Kindheit!*« (Buch der Kindheit, 55)

Alles Spätere und Hinzugekommene sei demgegenüber »mattes Epigonentum«, halb und ein schlechter Spaß. Das Leben in der Kindheit ist das Paradies:

»Darnach Brudermord, Selbstverbannung und Fluch der Natur, beleidigte Gottheit, noachitische Flut und eine Errettung mit dem tausendstel Teil, mit dem ursprünglichen Samen in der Arche eines letztlich erbauten Glaubens, der auf dem Berge Ararat landet, dahin die Wasser nicht reichen, die drunten alles Lebendige fortreißen und ersäufen.« (ebd.)

Es fehlt dieser Rückbetrachtung die sentimentale und pathologische Note, die wir bei Kügelgen finden, alles ist kraftvoll und hineinwirkend in die Existenz des reifen Mannes:

»Ach, es war ein ingottliches Leben, wir waren voll des heiligen Naturgeistes, er jubelte und weissagte aus uns, er spielte und hantierte mit uns, er träumte in uns, und wir wußten es nicht.« (a. a. O., 56)

Man fühlt sich an Prospero erinnert: »We are such stuff/ As dreams are made on« (Shakespeare, Sturm, IV. Akt 1. Szene):

»Meine Kinderpoesie arbeitete überhaupt am geschäftigsten im Dämmerlichte der Träume, in Morgen- und Abendschatten, beim trüben Schein« (a. a. O., 52);

und in einem Vortrag über Shakespeare sagt er:

»Wir schiffen in den Dichtungen Shakespeares einem vorausbestimmten Ziele entgegen und werden doch an wunderbaren Eilanden vorüber (mit Paradieses-Rasttagen) um den ganzen Erdteil getragen; behalten aber durch Phantasmagorie die grünen Ufer der Kontinente im Gesicht. Shakespeare ist eben ein Urpoet, ein Zaubrer, mit dem wir die Welt-Reise vollbringen; und doch sind es ›Reisen in die Heimat‹, in die Kindheit, in die Jugendzeit, ins Menschenparadies, in die schönen Welt-Alter zurück, wo versöhnt erscheint, was in Wirklichkeit geschieden ist; versöhnt das Dichten und das Denken, die Seele und der Weltverstand, das Wachen und der Traum, die handgreifliche Wirklichkeit und das Ideal.« (Vorlesungen II, 38)

Eigentümlich ist bei diesem Nordostdeutschen das animistische Erleben des hyperboräischen Winters: Dieser sei nur eine Mummerei, eine vorgenommene Maske, hinter der der Sommer seinen Jokus treibe mit den undankbaren Erdenkindern, um sie dann als Frühlingsgott zu überraschen:

»Ein Bild der Kraft und Rüstigkeit, des ehrlichen Ernstes, der gutgemeinten Kurzweil, der offenen Fehde, des Metamorphosenspiels und der lebendigen Wiedergeburt der konzentrierten nordischen Lebensarten unter rauher Rinde, die vom Sonnenstrahl zerfließt – das ist der Winter und seine poetisch symbolische Natur.« (Buch der Kindheit, 125)

Immer spüren wir bei dem reifen Mann, daß er aus einem Fundus spricht, der noch in ihm lebendig ist, trotz des Epigonengefühls gegenüber sich selbst!

Von einem »Vaterkomplex« ist er frei. Er steht nicht, wie Dauthendey, unter dem Druck eines als Intellekt, nicht, wie Kügelgen, unter dem Image eines als Künstler ihm überlegenen Vaters. Von seinem Vater schreibt er:

»Das Lieblingswort der deutschen Schulmeister, die Sittlichkeit, hat mein Vater, aus Widerwillen, glaub' ich, vor den Heuchlern und Pedanten, die mit jener vertrackten Parole behaftet sind, nie im Munde geführt; aber ihn erbarmte ein Hund, und im bestimmten Falle gab er das Hemd vom Leibe. Heute ist umgekehrt die Menschheit und die Sittlichkeit, sind die Ideen, der Fortschritt, das Allgemeine, die Vernunft, die Objektivität, Licht, Freiheit und Recht, und wie die Tugendwohlfeilheiten weiter heißen, in alle Redensarten gefahren; in konkreten Lebensarten aber und auf dem Punkte ist überall Unmacht, Unvernunft und kalte Egoisterei.« (Buch der Kindheit, 277)

Geist und Stil erinnern an Fontane. Und der Typ, den Goltz zeichnet, kehrt im »Stechlin« wieder: praktisch-liberal, doch nicht »liberalistisch«. Erfahrungen von der Ägyptenreise vervollständigen das Bild:

»Hier in Ägypten begreift man die Weisheit der alten [jüdischen] Gesetzgeber, das Heil strenger Gesetze und gefestigter Lebensformen, gleichwie den Weltuntergang in einem naturalistischen Liberalismus, mehr als an irgendeinem Orte der Welt!« (Ein Kleinstädter in Ägypten, 136)

Was würde Goltz erst zu dem heutigen Modewort »sozial« gesagt haben? Aber andererseits ist das Soziale bei ihm da, unideologisch, als ursprüngliche Kindheitserfahrung:

»... An gelinden Tagen, wenn der knarrende und knurrende Frost Raison annahm, wenn ihm die jungfräuliche Schneeunschuld ein menschliches Fühlen abgeschmeichelt hatte, dann ward auch das Geheimnis vom werdenden Frühling den Menschenkindern und insbesondere unserer frommgläubigen Kinderneugier und den armen Leuten verraten, die nach Sprock und Leseholz in den Wald zogen. Wenn nicht anders, so wußte das wollige Birkenmoos davon zu erzählen, welches die armen Dorfkinder mit den Reisigbündeln aus dem Wald zuweilen für uns auf den Tauschhandel mitbrachten, denn sie selbst hatten wenig Zeit und Lust, aus solchen Naturwundern und Winterherrlichkeiten eine Kurzweil und Spiellust zu machen gleich uns. Ihnen war die Natur mehr eine zürnende und strenge Gottheit als ein himmlisches Spektakel und stehendes Metamorphosentheater, oder als ein Reich sich verwirklichender Träume, mit denen wir sorgsam gepflegten Kinder bemittelter Leute wie von einer poetischen Lebensluft umfangen wurden.« (Buch der Kindheit, 52 f.)

Der freundwillige Animismus für die behüteten Sprößlinge der zivilisierten Oberschicht, der feindselige der »zürnenden und strengen Gottheit« für die Kinder der Armen!

Wieder begegnet sich hier Goltz mit Hebbel, für den zwar nicht die proletarische, doch die halb-proletarische Existenz eine persönliche Kindheitserfahrung gewesen war. Hebbel hat ein Jahr vor dem Erscheinen von Goltz' Kindheitsbuch, im Jahre 1846, die »Aufzeichnungen aus meinem Leben« begonnen, die allerdings Fragment geblieben sind, obwohl der Dichter meinte, »schwerlich je etwas Besseres geschrieben« zu haben (Hebbel, Werke III,973). Angesichts der Leichtzugänglichkeit von Hebbels Werken kann ich hier auf ausführliche Details verzichten und greife nur das Unumgängliche heraus: Wie sich in der elterlichen Ehe im Tagelöhnermilieu, besonders zur Zeit der winterlichen Arbeitslosigkeit, zuweilen »ängstliche Szenen ergaben«, die er nicht verschweigen zu können glaubt; wie er Prügel bekam, weil er schlaftrunken dem strengen Vater verraten, daß die Mutter den Kindern heimlich Pfannkuchen gebacken hatte, mit dem Zusatz: Wer in diesem Vorfall »etwas Besonderes sieht, kennt die unteren Stände nicht«.

Wie er den Widerspruch zu verkraften hat zu der strengsten Wahrheitsliebe, welche die Mutter ihm zu anderen Zeiten einschärfte, mit der daran geknüpften Folgerung:

»Man sollte denken, diese Widersprüche hätten schlimme Folgen haben können. Es war nicht der Fall und wird nie der Fall sein, denn das Leben bringt noch ganz andere, und die menschliche Natur ist auch auf diese eingerichtet.« (Aufzeichnungen, 714)

Wer die »Kultur der Armut« z. B. aus den Dokumenten von Oscar Lewis kennt, wird diese Feststellung bestätigen können. Doch man sieht: Man braucht nicht zu den Exoten zu gehen, um zu gewissen grundlegenden Einsichten über das Verhältnis von »menschlicher Natur« und »Kultur der Armut« zu gelangen.

Dann die Reminiszenz an die Frau Nachbarin, die aus der Bibel vorliest:

»Sie las fleißig in der Bibel, und der erste starke, ja fürchterliche Eindruck aus diesem düstern Buch kam mir, lange bevor ich selbst darin zu lesen vermochte, durch sie, indem sie mir aus dem Jeremias die schreckliche Stelle vorlas, worin der zürnende Prophet weissagt, daß zur Zeit der großen Not die Mütter ihre eigenen Kinder schlachten und sie essen würden. Ich erinnere mich noch, welch ein Grausen diese Stelle mir einflößte, als ich sie hörte, vielleicht, weil ich nicht wußte, ob sie sich auf die Vergangenheit oder auf die Zukunft, auf Jerusalem oder auf Wesselburen bezog, und weil ich selbst ein Kind war und eine Mutter hatte.« (Aufzeichnungen, 717)

Hier haben wir den feindseligen Animismus und die feindselige Mythik der »Kultur der Armut«, und man kann darüber streiten, ob dergleichen nun auch zur Heimwelt gehört oder ein Defizit derselben darstellt. Ich persönlich möchte meinen, es ist ein Defizit, denn die Atmosphäre des Vertrauten und Geborgenen kann unter solchen Eindrücken gerade *nicht* entstehen. Dann die Schilderung der ersten Schuljahre und der Lehrerin Susanne, die die Kinder der Wohlhabenden unzweideutig bevorzugt, nicht nur im Unterricht, sondern am auffälligsten bei der Weihnachtsbescherung: Berge von Kuchen und Nüssen für jene, kümmerliche Reste für die Sprößlinge der Armen. Und wie diese Ungerechtigkeit nicht aus einem schlechten Charakter Susannes hervorgeht, sondern daraus, daß sie von den Eltern der Beschenkten »auf Gegen-Geschenke rechnete, auch wohl rechnen mußte, und von Leuten, die nur mit Mühe das Schulgeld aufzubringen wußten, keine erwarten durfte« (Aufzeichnungen, 719). – Eine denkbar präzise Konstatierung des Do-ut-des-Gegenseitigkeitsprinzips, das unter den Verhältnissen der »Kultur der Armut« ebenso herrscht wie bei den technisch ärmsten Naturvölkern, wo der Begriff des Geschenks ebenso fehlt wie der des Dankes – womit Nietzsches berühmte »schenkende Tugend« sich als das Luxusprodukt eines Zustandes enthüllt, der über die »Kultur der Armut« wenigstens um einige Schritte hinaus sein muß. – Entscheidend für die hier angeschnittene Problematik des Kindes ist aber Hebbels Bekenntnis: Sobald ihm, dem Knaben, die Parteilichkeit der Lehrerin ins Bewußtsein getreten sei, »hatte ich den Zauberkreis der Kindheit überschritten. Es geschah sehr früh« (ebd.). Eine lapidare Feststellung, deren tragischen Unterton man nicht überhören kann.

Daß die Genese der »Kindlichkeit« eine Funktion der Kultur ist, konnte ich vor etwa zwanzig Jahren zuerst herausarbeiten und jüngst durch weitere Zeugnisse bestätigen. Der freundwillige poetische Animismus als Merkmal einer prolongierten Kindheit ist bedingt durch das Ausmaß, in dem die »Kultur der Armut« überwunden und das heranwachsende Kind befreit ist von unmittelbarer Lebensnot. In dieser Hinsicht ergibt sich eine deutliche Koinzidenz zwischen der Situation des »primitiven« und der des »proletarischen« Kindes, bedingt durch die beiden gemeinsame »Kultur der Armut«. Manche Ethnographen haben mit einem gewissen Erstaunen hervorgehoben, daß bei vielen sogenannten Naturvölkern den Kindern gerade das fehle, was wir »kindliches Wesen« nennen. Die Kinder wirken selbständiger, öfters altklug. Dies gilt in erster Linie für die einfachsten Gesellschaften der zivilisatorisch schwach bewaffneten, den Mächten ausgelieferten Jäger-Sammler und niederen Feldbauern und Tierzüchter, wo die Kinder schon früh mit Not und Entbehrung bekannt, aber auch schon zum Sammeln und für andere kleine Dienste herangezogen werden. Frühe Selbsthilfe wird ermutigt und die Aufmerksamkeit auf die unmittelbare materielle Existenz gerichtet. Wer keine Anschauung von solchen primitiven Existenzweisen hat, lese Goethes napolitanische Schilderung der gewerblichen Tätigkeit sogar der »kleinsten Kinder« in der »Italienischen Reise« (28. Mai 1787). Es ist klar, daß unter solchen Bedingungen auch die mütterliche Zuwendung knapper, frugaler, nüchterner ausfällt. Die soziale Welt wird frühzeitig als eine feindliche erlebt – am stärksten natürlich bei exotischen Stämmen, wo Blutrache, Kopfjagd und dauernde Überfälle eine ständige Atmosphäre der Verängstigung hervorrufen und den feindseligen Animismus förmlich heranzüchten. Schreckhafte Phantasieerlebnisse kennen noch unsere Kinder, etwa im nächtlichen Dunkel des Schlafzimmers, doch ist bei uns die Auflösung ins Harmlose erleichtert; wie Rilke von seiner Mutter sagt (in der Dritten Duineser Elegie):

> »Vieles verbargst du ihm so; das nächtlich verdächtige Zimmer
> Machtest du harmlos, aus deinem Herzen voll Zuflucht
> Mischtest du menschlichern Raum seinem Nacht-Raum hinzu . . .

Nirgends ein Knistern, das du nicht lächelnd erklärtest,
So als wüßtest du längst, *wann* sich die Diele benimmt ...
Und er horchte und linderte sich ...«

Das Kind in der »Kultur der Armut« erfährt eine Linderung nicht in diesem Maße. Und wie könnte seine Mutter auch fähig sein, seinen Erlebnisraum zu humanisieren, da sie selbst von den dämonischen Realitäten besessen ist! Der Erlebnisraum des Kindes kann nur allmählich zur Heimwelt humanisiert werden, und diese Möglichkeit ist an eine gewisse Sicherung der äußeren Existenz gebunden.

Mundart

Bei dem Gedanken an die Heimwelt drängt sich unwillkürlich die Landschaft als erste Assoziation auf. Es ist aber kein Zweifel, daß Husserls Untersuchungen im Rahmen seiner Forschungen über die Intersubjektivität unternommen worden sind, und daß sie noch *vor* den anschaulichen Raumdingen die Sprache als grundwesentlich betonen. Allervertrautestes und Intimstes im Intersubjektiven ist die Mundart.

Diese aber ist sozusagen der äußerste Gegenbegriff zur Weltliteratur. Die Frage ist zwar berechtigt, die Eugen Roth, der verdiente Herausgeber der Werke Ludwig Thomas, stellt: »Sollte ein Dichter ›für die Weltliteratur nicht in Betracht kommen‹, weil er seine, weil er unsere Welt darstellt?« (Thoma, Werke I, 9); doch ist nicht zu bestreiten, daß in der Wahl eines Dialekts, in diesem Falle des bayerischen, eine Grenze für die Verbreitung eines Literaturwerks durch Übersetzungen liegt, und der Begriff der Weltliteratur ist schließlich nicht nur rangmäßig zu bestimmen, sondern auch durch die Chance der weltweiten Verbreitung. Dialektwerke können naturgemäß nur ein kleines Publikum finden. Es gibt allenfalls den Kunstgriff, die in ein hochsprachliches Literaturwerk eingestreuten Dialektpartien in einen Dialekt der Übersetzungshochsprache zu transponieren, z. B. gibt Ludwig Seeger in seiner Übersetzung von Aristophanes' »Frieden« die Lakonismen der spartanischen Gesandten in schwäbischem Dialekt wieder. Aber dergleichen geht nur in Sonderfällen, und über die künstlerische Berechtigung dieses Verfahrens läßt sich streiten. Es ist nämlich zweifelhaft, ob die lokale Intimatmosphäre durch solche Kunstgriffe hergestellt wird. Nicht einmal die Transposition aus dem Dialekt in die zugehörige Hochsprache läßt sich immer vertreten, gerade die heimweltliche Atmosphäre kann dadurch verlorengehen. Ein Schulbeispiel ist Joseph Wincklers »De olle Fritz« (1925), in dem der Verfasser die Stammesüberlieferungen von

Friedrich dem Großen in Westfalen völlig sachrichtig in westfälischer Mundart erzählt. Daß die Gestalt des großen Königs schon zu dessen Lebzeiten mythisch zu werden begann, bezeugt schon Goethe aus seiner Jugendzeit (in »Dichtung und Wahrheit«), wo er berichtet, daß man in seiner Familie zur Zeit des Siebenjährigen Krieges entweder »fritzisch« oder »antifritzisch« gesinnt gewesen sei. In Nordwestdeutschland reichen die legendären Erzählungen vom Alten Fritz vom Rhein bis nach Holstein, und in Westfalen hat Winckler sie aus dem Umgang mit den dort heimischen Erzählergemeinschaften gesammelt, die sogar von Haus zu Haus gingen, um zu erzählen, wobei manche Dorfbewohner über ein erstaunliches Gedächtnis verfügten. Die Berichte, daß der Alte Fritz immer wieder Westfalen aufgesucht habe, daß er dort oft in Verkleidung aufgetaucht sei, als Bauer unter Bauern gelebt habe usw., daß in seiner nächsten Umgebung am Hofe lauter Westfalen gewesen seien, mit denen er auf du und du gestanden habe, daß er »spukte« usw. usw., sind zwar um so bemerkenswerter, als der König – wie Oskar Walzel in seiner Würdigung des Dichters hervorhebt – sich niemals längere Zeit in seinen westfälischen Ländern aufgehalten hat. Winckler übertreibt nicht, wenn er sagt: »Diese geisterhafte Wanderung des Alten Fritz ist die letzte lebendige Mythe, die wir überhaupt [in Westfalen] kennen« (Winckler, Werke IV, 98), und er hätte noch hinzufügen können, daß in der Gestalt des geheimnisvollen, sein wahres Sein auch in der Kleidung verbergenden Wanderers noch das alte heidnische Wodansmotiv steckt; wozu man Ernst Bertrams Verse vergleichen möge:

»... Aus dem ganz verstaubten grauen Kleid,
Siehe, holt der späte Gast die Krone,
Und er fügt sie auf sein wirres Haar,
Deine Kinder fallen in die Knie ...
Wanderer und Walter sind Ein Blut.«

(Bertram, Das Nornenbuch, 67)

Zu diesem Motiv gibt es in Wincklers Erzählung manche Anklänge. Doch genießbar sind diese Friedrich-Legenden für meinen Geschmack nur in der westfälischen Dialektfassung, in der sie ja auch aus den Erzählergemeinschaften aufgenommen worden sind, während sie in der vom Dichter selbst besorgten hochdeutschen Gestalt das Beste verlieren: das Beste, d. i. gerade das der historischen (»hochdeutschen«) Realität Entfremdete und mythisch *Ver*fremdete! – Auch niederländische Dichtungen, also in einer Sprache, die den niederrheinischen und westfälischen Mundarten nahe steht, verlieren durch Übersetzung ins Hochdeutsche viel von ihrer Heimwelt-Atmosphäre, z. B. die Erzählungen von Felix Timmermans, oder flämische Lyrik, selbst wenn sie von Rudolf Alexander Schröder übersetzt worden ist (ist »mij moederken« durch »mein Mütterchen« ersetzbar? – ein Gedicht von

Gezelle). Übersetzungen aus nahe verwandten Sprachen sind vielleicht am fragwürdigsten[2]. Wieviel andere Dichter, die in Sprachen von geringer internationaler Verbreitung geschrieben haben, durch Übersetzungen an heimweltlicher Atmosphäre verlieren, kann nur der beurteilen, der die Originalsprachen beherrscht.

Gibt es aber nicht für die Mundart neben der äußeren auch eine *innere* Grenze? Wiederum Josef Winckler verdanken wir jenen köstlichen Bericht von einem in westfälischem Platt verfaßten Gebetbuch, das im Dorf auf Ablehnung stieß, oder von plattdeutschen Predigten, welche eine Gemeinde mit Lachen quittierte: »Nee, nee, up Plattdütsch lutt dat Evangelium äs ne Figgelin in'n Kohstall!« (Winckler, Werke IV, 46).

Ich weiß nicht, ob diese *Selbstkritik des Dialekts* ein Einzelfall ist oder allgemeinere Bedeutung hat. Winckler meint, für die seelische Erhebung und feierliche Erbauung verlange auch der plattdeutsche Gläubige das Hochdeutsch »jenseits der Alltäglichkeit«. Das scheint mir ein wichtiger Fingerzeig zu sein. Deutet er recht, dann wäre die Mundart zwar die Sprache der vertrauten, heimeligen Intimsphäre, nicht aber die des Transzendenzverlangens, mit anderen Worten: Der Heimwelt eignet neben dem Vertrauten und Gewohnten, in das wir unbedingt geborgen sein möchten, *auch* und *gerade* vom Gewohnten her, die Grenzsphäre des »Gewöhnlichen«[3] im abschätzigen Sinne. Es scheint, daß auch der Mundart Redende die eigentlich sakrale Sphäre gern der Mundart enthoben sehen möchte. Er ist sich ja auch oft bewußt, daß die Hochsprache für ihn den Anschluß an die reichere und verfeinerte Kultur bedeutet – selbst dann, und *gerade* dann, wenn er sich über das Hochdeutschreden und die hochdeutsch Redenden lustig macht. Schließlich ist zu bedenken, daß die Mundart als Redeweise des Alltags dem soziologischen Gesetz der Konventionalisierung unterliegt, wodurch das Intime, Anheimelnde und Gemütvolle an Wert einbüßt. Darauf macht Friedrich Theodor Vischer aufmerksam, der aus schwäbischen Dialekterfahrungen heraus sich aphoristisch vernehmen läßt:

»›Gemütlichkeit‹ als verbreiteter Gemütston, Lokal- oder Provinzialkostüm, namentlich im Dialekt (z. B. starker Gebrauch von Diminutiven). Nun aber, wenn dies *Ton, Kostüm* geworden ist, so tut auch der Spitzbube, der Betrüger, ja der Mörder gemütlich. Damit verliert es allen Wert, konventionell gewordenes Gemüt ist kein Gemüt mehr.« (Vischer, Werke II, 240)

2 Ich finde es immer komisch, wenn uns mittelhochdeutsche Dichtungen, etwa die von Walther von der Vogelweide oder das Nibelungenlied, in hochdeutschen »Übersetzungen« vorgesetzt werden. Sie sind mit geringfügigen Hilfen im Original verständlich für den, der sich etwas um sie bemüht – und wer das nicht will, den gehen sie nichts an.

3 Engl. common, fr. ordinaire oder vulgaire.

Auf Schwäbisch betrogen oder umgebracht zu werden, ist bestimmt genauso unangenehm wie auf Hochdeutsch. In solchen Fällen hört, wie man zu sagen pflegt, die Gemütlichkeit auf. Auf derselben Linie liegt der Sentimentalisierungseffekt; es ist aber hervorzuheben, daß er mehr auf den dialektfremden Leser oder Zuhörer wirkt als auf den Kenner, der Bescheid weiß. – Viele Mundartdichter haben *auch* in der Hochsprache geschrieben, und sie wußten, wann und für welche Zwecke und für welches Publikum sie das eine oder das andere Idiom bevorzugten. So Hebel, so auch Karl Stieler, der bayerische Edelmann, der Dialektgedichte schrieb; doch als er die Hochlandsgedichte um die geliebte Chiemsee-Äbtissin Irmingard (9. Jahrhundert) schrieb, darunter das kleine Juwel des Eliland-Zyklus (kongenial vertont von Alexander von Fielitz), wählte er das Hochdeutsche, und auch sein Schwanengesang, das entzückende »Winteridyll« (1885), ist hochdeutsch gedichtet. Ludwig Thoma schildert in seinen Romanen und Novellen auf Hochdeutsch, läßt aber seine Personen bayerisch reden. Deren Sprache ist ein schönes Beispiel für die von Vischer ausgesprochene Warnung vor dem Gemütlichkeitseffekt, denn Thoma schreibt in seinem besten Roman, »Der Ruepp«, 1921, keine Harmlosigkeiten, sondern eine oberbayerische Dorftragödie. Ein junger Bauernbursch, etwas dumm und antriebslos, wird von seinem Vater gezwungen, Theologie zu studieren. Der Alte, ein notorischer Säufer und Familiendespot, zwingt der Familie seinen Willen auf und stürzt sie damit ins Unglück. Natürlich versagt der Junge, besteht die Examina nicht und verpfuscht sein Leben. Thoma schildert genial die Desintegration der Familie, in der am Schluß jeder mit jedem zerfallen ist. Einprägsam ist auch, daß der Autor, ansonsten berühmt und berüchtigt durch seine antiklerikalen Diatriben, in diesem Roman den Dorfpfarrer als den fast einzigen Vernünftigen hervorhebt, der schon von Anfang an davor gewarnt hat, den als geistig unbegabt erkannten Jüngling zum Theologiestudium zu zwingen. Thoma macht auch mit seinem Thema Ernst und verzichtet auf ein Happy-End.

Unsere westfälische Gemeinde, die den Dialekt für die christliche Botschaft ablehnte, darf uns nicht zu dem Schluß verleiten, daß der Dialekt allgemein für religiöse Gegenstände nicht in Betracht käme. Es kommt darauf an, welchen Charakter diese haben. Weihnachten als Kinderfest gehört der Heimwelt dermaßen an, daß schon aus diesem Grunde das Weihnachtsspiel die Mundart nicht unbedingt ausschließen wird; die Weihnachtslegende weist außerdem so viele idyllisch-bukolische und selbst mythische Züge auf, daß sie Identifikationen und Umdeutungen ins Vertraut-Gewohnte gestattet. Ist doch das Mythologem vom göttlichen Kinde in dieser Legende unverkennbar, schon Vergil ist bekanntlich mit seiner Vierten Ekloge als ein Vordeuter auf die Heilandsgeburt in Anspruch genommen worden, und der Topos der Heiligen Familie bietet zudem so viele intime Heimweltzüge, daß er ein äußerst dankbarer Vorwurf stets gewesen ist, nicht nur für die Malerei, sondern auch für sakrale Musik und Poesie. So können Christkind, Muttergottes und Heilige Familie schlechthin überall heimisch werden, es gibt viele Versionen u. a. eine flämische (Timmermans, »Het kindeken Jezus in Vlaanderen«, 1917), es gibt auch die Heilige Familie auf der Flucht – in Westfalen, wo sie sich besonders sicher fühlen darf:

»›Das ist sonderbar –‹ dachte der Bauer – ›woher mögen die märchenhaften Leute wandern, als wären sie fern auf der Flucht bis tief nach Westfalen gelangt – ?‹ Und Vader schenkte Joseph einen Wacholderschnaps ein ...« (Winckler, Werke I, 529)

Daß Sankt Joseph auch noch Platt lernt und daß Preumen und »dicke Bohnen mit Speck« sein Leibgericht wird, rundet das Bild ins Fast-zu-Intime ab. Die Krone aber ist Thomas »Heilige Nacht«, in bayerischer Mundart, ohne jede Derbheit, die man von diesem Dichter erwartet, ein zarter und inniger Ton ist getroffen. Man darf bloß nicht meinen, mit alledem werde die sakrale Sphäre berührt. Es sind Genrebilder, nur von fern numinos. Sobald der Mythos wirklich ernst verstanden und in seinem transzendenten Gehalt sichtbar wird, erlaubt eine feierlichere Sprache allenfalls noch schwache Anklänge ans Mundartliche. In des Österreichers Max Mell »Apostelspiel« (1922) *glaubt* die Enkelin Magdalen an die Möglichkeit einer Vergegenwärtigung des alten Heilands-Mythos:

»Wenn's einmal so war,
So ist es auch noch, das hat noch kein End,
Er hat sich noch nicht von den Menschen g'wendt,
Ist vielleicht gestern gangen im Graben,
Nur daß wir's nicht wahrg'nommen haben;
Kommt morgen zu unserer Hütten leicht her;
Was sagst, Großvater, wenn das so wär?
Wohl schön!«

(Das Apostelspiel, 9)

Sie siegt mit diesem einfachen, zwingenden Glauben auch über die Bosheit der Menschen.

Das Provinzialkostüm der Literatur, wie Friedrich Theodor Vischer sagt, steht natürlich immer der Gefahr der provinziellen Verengung nahe. Die Heimat- und Bauern-Romane sind ein abschreckendes Genre, obwohl es gerecht ist, auch auf diesem Gebiet nach der Qualität zu unterscheiden. Wenn je ein Dichter heimweltverwurzelt war, so der Waadtländer Charles Ramuz, dessen Romane und Novellen unter den Menschen am Genfer See spielen: Winzern, Bauern, Handwerkern, Hirten, Jägern, Fischern – immer aber im Rückgriff auf schlichte Ursituationen und Urprobleme, wie sie überall in der Welt vorkommen, und in einem Französisch, das die Mundartanklänge nicht scheut und dennoch hohe Dichtung ist, übrigens auch in der deutschen Übersetzung kaum verliert. Das »einfache Leben«, um das so viele Heimatschriftsteller sich so kompliziert bemühen – hier ist's geleistet. »Rund ist der kleinste Kreis, so gut wie der größte«, sagt Herr Kortüm, »also ist er ebenso endlos wie der größte. Wie eine Sonnenbahn, da kann unsereiner schwer durch« (Kluge, Der Herr Kortüm, 22). Es kann mithin auch im kleinen Kreis das Universale sichtbar werden, wobei abermals die soziologische Verbreitungsfrage von der künstlerischen Rangfrage getrennt werden muß: Es kann eine Dichtung, etwa ein Roman oder Versepos, durch heimweltbedingte Stoffwahl provinziell begrenzt sein, und damit auch im Leserkreis, sie muß aber darum nicht im dichterischen Rang zurückstehen. Vergessen wir nicht, welche Bedeutung der kleinere Kreis für den größeren literarhistorisch gewinnen kann: daß etwa die hochstilisierte Dramatik Grillparzers biographisch im Wiener Volkstheater wurzelt, und daß dieser Dichter über den von ihm hoch geschätzten Ferdinand Raimund sagt, ein lebendiger Zeisig sei mehr wert als ein ausgestopfter Riesengeier oder Steinadler, und es sei »gerade dieser Zusammenstoß von Geahnt-Poetischem und Gemein-Unkultiviertem, was den Hauptreiz von Raimunds Hervorbringungen ausmacht« (Werke III, 231) – eine Bemerkung, die man als Leitsatz für die Beurteilung *gelungener* Popularliteratur ansehen könnte. Irre ich nicht, so hat ferner auch die Heimweltliteratur der nachgoethischen Zeit in ihren gelungenen Dichtwerken Themen erschlossen, die vorher nicht so bekannt waren: vor allem die intime Kleingruppe: Kind, Mutter und Kind (Hebbel!), Familie und auch das Tier. Die Darstellung von Kindern in unserer klassischen und romantischen Dichtung mutet wirklichkeitsfremd an. Dabei ist natürlich zu unterscheiden zwischen dem oben besprochenen Genre der Kindheitserinnerungen und der Darstellung von Kindern, obwohl es Mischformen von beidem gibt. Die autobiographische Reflexion eines Erwachsenen auf sein Kindsein ist nicht dasselbe wie die Einfühlung ins Kindhafte. Letztere aber ist neu. In Dickens' »David Copperfield«, 1849–1850, und Mark Twains »Tom Sawyer« (1876) spielt Autobiographisches mit herein, in anderen Dichtungen, wie Kiplings »Kim« (vgl. o. S. 242) mehr sympathetische Beobachtung. Unnachahmlich in poetischer Einfühlung sind Hans Carossas »Eine Kindheit und Verwandlungen einer Jugend« und »Das Jahr der schönen Täuschungen« (1921, 1928, 1941). Herb, in sich gesammelt, mit einem aus karger Umwelt erwachsenen geistigen Aristokratismus, in der Abwehr der schon in jungen Jahren erkannten Barbarisierung des Zeitalters sind Paul Ernsts »Jugenderinnerungen«, 1930, und »Jünglingsjahre«, 1931. Doch die deutsche Literatur steht hier nicht an erster Stelle, vermutlich auch nicht an zweiter: Angelsachsen, Holländer, Skandinavier treffen den Ton sicherer. Einen Sinn für das Lausbubenhafte, eine kindliche und normale Vorform des Picaresken, bekundet der Flame Ernst Claes, er erreicht seinen schriftstellerischen Höhepunkt mit »De Witte« (deutsch »Flachskopf«, 1920) und den beiden Buben in »Het Leven van Herman Coene« (deutsch »Donkelhof und Wasinghaus«, 1941). – Auch das Tier ist eine neue Entdeckung. Goethes Mißliebe für Affen und Hunde scheint uns heute etwas seltsam. Im Kontrast hierzu zeigen Schopenhauers Bemerkungen über den Hund – er von allen Tieren nähere sich am meisten der Sprache durch »das so ausdrucksvolle, wohlwollende und grundehrliche Wedeln« (Welt als W. u. Vorst. II, 1. Buch, Kap. 8) – seine Philosophie von einer sonst unbeachteten Seite und muten uns an wie ein Vorklang moderner Verhaltensforschung. Die Universalität des Themas ist unbezweifelbar, da der Hund das älteste Haustier des Menschen ist, und die Tatsache, daß sich ein Tier der Wildnis dem Menschen anschloß, metaphysisch berühren muß. Was der Lappe Johan Turi über den Hund sagt (s. o. S. 268), liegt in dieser Richtung und spiegelt noch die ursprüngliche Symbiose. Wenn auf bildlichen Darstellungen der Heiligen Familie der Hund selten fehlt, ist die Symbiose bereits idyllisiert. Meisterhaft: Marie von Ebner-Eschenbachs »Krambambuli« und Thomas Manns »Herr und Hund«.

Die Betonung des Genrehaften in der Apotheose des Kindes, auch des Christkindes, die Bukolik des Weihnachtsfestes und das Sich-Einhausen in die Nestwärme der Familie, überhaupt der Kleingruppe, sind weit eher mit der bäuerlichen Lebensform und den unteren Schichten der Gesellschaft verbunden als mit den städtischen Eliten. Sie kommen auch literarisch öfter von unten her als von oben. Von Friedrich Hebbel haben wir nicht nur ein Gedicht auf den Hund (»Schau' ich in die tiefste Ferne ...«, 1859 oder später), sondern auch das kleine Idyll »Mutter und Kind« (1856–57). Das 20. Jahrhundert hat uns mit Mutter-Romanen überschüttet, in meiner Erinnerung haften die Romane von Gorki, Gertrud Kolmar und Cécile Lauber. Die repräsentative deutsche Roman- und Novellenliteratur des 19. Jahrhunderts zeichnet die Familie wie selbstverständlich eingebettet in die traditionellen Wertungen der ständischen Welt sowie in der lokallandschaftlichen Umwelt, aus der die Dichter stammen, zuweilen mit mundartlichen Anklängen. So gehört die Droste zu Westfalen, Hebel zum alemannischen Oberrheingebiet, Melchior Meyr zum schwäbischen Ries, Stifter zum Böhmerwald, Thoma zu Oberbayern, Gotthelf zum Berner Mittelland; obwohl diese Zugehörigkeiten keine provinzielle Verengung bedeuten, sondern ein Kolorit enthalten, das gerade auch den Landschafts- und Dialektfremden anziehen kann. Wie sehr die Familie als »Kreis, den Liebe schließt« (George) ständisch aufgefaßt wird, mag an Wilhelm Heinrich Riehl deutlich werden, der sich um die Mitte des 19. Jahrhunderts um eine anschaulich fundierte Soziologie der deutschen Familie bemüht hat. Ihre Resultate sind in allen deutschen Gauen von Riehl erwandert worden. Die dreifache Wandertradition der fahrenden Gesellen, Schüler und Spielleute wirkt hier noch auf dem Gebiet der sozialen Erfahrungswissenschaft weiter. Das war freilich zu einer Zeit, da man Erfahrungen wirklich noch erwandern konnte. Das setzte Dorf und Kleinstadt als überschaubare soziale Einheiten voraus: »Zum Wanderstudium meiner Art taugen große Länder nicht, sondern kleinere Landstriche. Nur, daß das kleine Land ein Ganzes bilde!« (Riehl, Wanderbuch, 16). Am deutlichsten wird dieser Grundzug in Riehls »Land und Leute«, 1854, und dessen Fortsetzung, dem »Wanderbuch« (1869), während »Die bürgerliche Gesellschaft« (zuerst 1851, 8. Aufl. 1885) bereits den Verfall der ständischen Welt diagnostiziert, und die kulturhistorischen Novellen das Bild historisch abrunden (auf höherem Niveau als Gustav Freytag, doch nicht vergleichbar mit Theodor Storm und Theodor Fontane). Alle diese ständischen Dichter können nicht umhin, die Verfallssymptome der Welt, die sie schildern, festzustellen, nur Adalbert Stifter läßt sie, außer in seinen Briefen, beiseite. Auch Gottfried Keller macht teils wider Willen eine vergehende Welt sichtbar, wie sein Landsmann Fritz Guggenheim in »Das Ende von Seldwyla« (1965) scharf herausgearbeitet hat. In ihren Bewertungen sind Riehl und Gotthelf geistesverwandt, nur daß Riehl in seiner Tendenz doch Wissenschaftler bleibt, während Gotthelf Prediger und pädagogischer Moralist ist, der durch die Gewalt seiner Sprache zum großen Dichter wurde. Der Dichter ist geblieben, über den Moralisten ging die Zeit hinweg. Der Dichter hat aber die radikalen Tendenzen, die den Niedergang der ständischen Gesellschaft begleiten, treffender gekennzeichnet als irgendein Soziologe oder Moralist des 19. Jahrhunderts[4]. Wenn Gotthelf den modernen Individualismus als »Kannibalen der Selbstsucht« denunziert (in »Jakobs des Wandergesellen . . .«, 36), klingt das noch moralistisch und deutet voraus auf Ferdinand Tönnies' Entgegensetzung von »Gemeinschaft« und »Gesellschaft« (wofür man auch »ständische Gesellschaft« und »Klassengesellschaft« setzen könnte). Und daß in seinem ersten Roman »Jakobs des Handwerksgesellen Wanderungen durch die Schweiz« (1846–47) der Wandergeselle durch die Verführung zum Atheismus vom rechten Wege abkommt und in die Fänge der revolutionären Demagogen gerät, ist natürlich eine These des christlichen Prädikanten; wobei auch zu prüfen wäre, ob sie nicht sozialhistorisch stimmt. Aber Gotthelf ist viel hellsichtiger, als dem Lützelflüher Prädikanten zuzutrauen wäre, denn er deckt unter den wandernden Handwerksburschen des Vormärz das auf, was man heute eine »säkularisierte Heilserwartung« nennen würde. Sie erwarten nämlich den »Messias für das Fleisch«, nicht vom Himmel, und

4 Was Lorenz von Stein in seiner »Geschichte der sozialen Bewegung in Frankreich von 1789 bis auf unsere Tage« (1850) geleistet hat, ist bereits vergleichende Soziologie auf einer höheren Ebene, aber ohne literarischen Anspruch.

nicht in einer Person, sondern »sie wollen ihn selbst fabrizieren in einer Form, und diese Form heißt Revolution ..., nicht bloß eine politische, sondern eine totale ... Sie predigen den fleischlichen Messias«. Und wenn sie versagen, so werden sie nicht zornig auf sich selbst, sondern »gegen alle, welche was im Glase haben und doch nicht wüst im Kopfe sind«. Die Grundstimmung dieses schon damals modernen Radikalismus ist, »so wie es sei, könne es nicht bleiben, alles müsse anders werden« (a. a. O., 42 f., 63). Das alles ist, wohlgemerkt, *vor*marxistisch, so wie auch die Marxsche Kollektivierung des Messias-Gedankens im heilbringenden Proletariat hier schon vorweggenommen ist, allerdings bezogen auf Wanderhandwerker, nicht Industriearbeiter. Die Erzeugung prärevolutionären Stimmungsgeredes ist unserem Gottesstreiter wohl bekannt:

»Die verfluchten Hunde, welche an allem Schuld sind [Aristokraten und Geistliche].«
»Das sei ja eine Hundewelt, ein schrecklicher Druck sei da. Worin eigentlich der Druck bestehe und das Hundeleben, das untersuchte man nicht genau, man begnügte sich damit, daß man sich gegenseitig Jammer und Zorn ins Gemüt sprach, bis alle sich so recht elend fühlten, so recht katzenjämmerlich an Leib und Seele, bis sie wirklich in die seltsame Meinung gerieten, die deutschen Handwerksgesellen samt dem übrigen Volke schmachteten hier in schrecklicher Sklaverei und Tyrannei ...« (Gotthelf, a. a. O., 64 f.)

Dies alles ist, man darf das nicht vergessen, auch aus der Perspektive der damaligen Schweiz nach Deutschland hinübergesehen und -gesprochen, als abwehrende Kritik aus einer noch ländlichen oder halb-ländlichen Welt gegen die vom Norden her drohenden Veränderungen. Engels' und Marx' Erfahrungen über das englische Industrieproletariat hat Gotthelf kaum gekannt. (Engels' Werk über »Die Lage der arbeitenden Klassen in England« war ein Jahr zuvor, 1845, erschienen.) Doch Gotthelf hat eines scharf erfaßt: die Rolle der wandernden, auf Stör arbeitenden Handwerker für die Verbreitung revolutionärer Stimmungen; nur daß hier der Dichter mit dem Theologen in einen Widerspruch gerät, der ihm selbst nicht bewußt wird. Denn die radikale evangelische Messias-Verkündigung ist von Anfang an »fleischlich« aufgefaßt worden, von den Wanderhandwerkern ur- und frühchristlicher Zeiten über die Verbreiter der chiliastischen Bewegungen im Mittelalter bis ins 19. Jahrhundert. Der »Atheismus« des Wandergesellen Jakob braucht uns dabei nicht zu beunruhigen, ist er doch nur die Manifestation einer irdischen Heilserwartung unter einer Kirche, die das Heil überirdisch auffaßt und verkündigt.

Wie Gotthelf sich bemüht, ständische Ehrbegriffe herauszuarbeiten und gegenüber den wachsenden Gegenkräften festzuhalten, läßt sich an der Novelle »Barthli der Korber« (1852) veranschaulichen:

»Wenn er sich recht rühmen wollte, so sagte er, er hätte noch niemanden plaget, die Gemeinde nicht und andere Leute auch nicht. Das war wirklich viel gemacht in unserer Zeit, wo viele meinen, sie schenken der Gemeinde etwas, wenn sie ihre Hülfe nicht in Anspruch nehmen; einer so reichen und geduldigen Person etwas schenken, sei ja dumm. Barthlis Verdienst war nicht groß, aber er besaß das Ehrgefühl eines Mannes; er begriff, daß, wer selbständig sein wolle, vor allem imstande sein müsse, sich und die Seinigen selbst zu erhalten mit Gottes Hülfe. Es wäre gut, dieses Ehrgefühl wäre im Zu- statt im Abnehmen, dann wäre der Friede größer in der Welt; es wäre gut, wenn manche ... nichts begehrten, was man nicht selbst verdienen kann, keiner fliegen wollte, der keine Flügel hat.« (Gotthelf, Erzählungen, 495)

Wo immer Gotthelf diese Typen des alten ständischen Tugendsystems herausarbeitet, versteht er sie als Männer und Frauen aus dem »Volke«. Und hier begegnen wir dem zweiten Selbstwiderspruch im Werke des großen Dichters, einem Widerspruch, der ebenso das Werk Wilhelm Heinrich Riehls durchzieht: daß nämlich ihre konservativen Überzeugungen an denselben Begriff »Volk« anknüpfen, auf den sich andererseits die revolutionären Kräfte zur Rechtfertigung ihrer Ansprüche berufen. Gegeneinander stehen der romantische und der demagogische Volksbegriff. Dem künstlerischen Wert von Gotthelfs Werk tut das natürlich keinen Abbruch, stiftet aber doch eine nicht geringe sprachliche Verwirrung, in der dann auch zahlreiche kleinere Heimat-, Bauern- und andere »volkhafte« Blut- und Boden-Dichter herumplätschern, bis zum heutigen Tage. Für die Aufklärung des Verhältnisses von Weltliteratur und Heimweltliteratur, »Kunstdichtung« und »Volksdichtung«, Hochsprache und Volkssprache, ist es erforderlich, diese terminologische Verwirrung zu beseitigen. Das ist eigentlich schon im vorigen Jahrhundert geschehen. Dazu bedurfte es freilich nicht der sprachmächtigen dichterischen Potenz, die jedoch auf die Gestaltung einer bäuerlichen Bernbiet-Heimwelt beschränkt blieb, sondern der breiteren Weltkenntnis und skeptisch-historischen Perspektive des Baselers Jacob Burckhardt, der in denselben mittvierziger Jahren zu einer Kritik des Volksbegriffs ausholt, als viele andere, darunter seine eigenen deutschen Jugendfreunde vom Bonner literarischen Verein (»Maikäferbund«) diesem Begriff noch begeistert huldigten. Dieser Kontrast von historischer Skepsis und revolutionärem Enthusiasmus hat vornehmlich Burckhardts Verhältnis zu dem rheinischen Dichter Gottfried Kinkel belastet, dessen Poetenruhm hinter seinen politischen Abenteuern so rasch verblaßte. Burckhardt schreibt an Kinkel am 19. April 1845:

»Das Wort Freiheit klingt schön und rund, aber nur der sollte darüber mitreden, der die Sklaverei unter der Brüllmasse, Volk genannt, mit Augen angesehen und in bürgerlichen Unruhen duldend und zuschauend mitgelebt hat ... Ich weiß zuviel Geschichte, um von diesem Massendespotismus etwas anderes zu erwarten als eine künftige Gewaltherrschaft, womit die Geschichte ein Ende haben wird ... Das politische Volk, an welches gewisse Leute prahlend appellieren, existiert, wenigstens in Deutschland und in der Schweiz, noch nicht; statt seiner ist eine Masse vorhanden, in der eine Menge herrlicher Keime und Charaktere schlummern, die aber als Masse in den Händen jedes Schuftes wäre und sich dann als Bestie gerieren würde.«

In einem weiteren Brief an Kinkel vom 11. Juni 1845 fügt Burckhardt hinzu:

»In unserem alten Gesangbuch gab es ein Lied: ›Behüt' uns, Herr vor Pöfelsgrimm‹; man hat es herausgetan, weshalb, das weiß der Himmel. Ich habe die Volkssouveränität bis hier ...« (dazu eine Zeichnung seines eigenen Kopfes mit einem Horizontalstrich bis zum Kinn!). (Burckhardt, Briefe II 158, 166 f.)

Das ist eine alte Anknüpfung. Der Pöfel, Pofel oder Pöbel ist ein polemischer Vorwurf bereits bei Luther: »Man darf dem Pöfel nicht viel pfeifen, er tollet gerne ... Er hat und weiß keine Maaße und stickt in eim Iglichen mehr denn fünf Tyrannen« (zit. bei Grisar III, 572); und auch bei den Humanisten, die gerne vom »Herrn Omnes« sprechen, um ihre Verachtung zu bekunden, am derbsten vielleicht Sebastian Franck, der vom »unstetten wanckenden bofel« spricht, dem »säuischen, rasenden aufrührerischen wanckenden vil köpffigen böfel«, dem »doll thier« (zit. bei Peuckert, Die große Wende, 379). Es ist also ein alter Topos, den Burckhardt aufgreift und auf eine veränderte historische Lage anwendet, man könnte sagen: unberechtigterweise. Aber nein, keineswegs unberechtigterweise, denn dieser Historiker besaß einen Blick für typisch wiederkehrende Situationen wie kein zweiter. Es ist das politische Volk, der Demos, den er im Auge hat, während die Schwärmer ebenfalls an diesen appellieren, ihm aber den idealisierten Volksbegriff der Romantik supponieren. Darin liegt die Falschmünzerei. Der Volksbegriff im Sinne des Demos hat schon im 16. Jahrhundert eine Wiederbelebung erfahren als »Volkssouveränität«, wobei sein Verhältnis zur »Masse« (dem »Pofel« oder »Herrn Omnes«) niemals klargestellt wurde. Im 19. Jahrhundert wird der Volksbegriff daher proteïsch, und dessen ist Jacob Burckhardt sich bewußt gewesen. Am 5. März 1846 schreibt er an Hermann Schauenburg:

»Was jetzt vor dem Vorhang herumhüpft, die kommunistischen Dichter und Maler und dergleichen, sind bloß die Bajazzi, welche das Publikum vorläufig disponieren. Ihr alle wißt noch nicht, was Volk ist, und wie leicht das Volk in barbarischen Pöbel umschlägt. Ihr wißt nicht, welche Tyrannei über den Geist ausgeübt werden wird, unter dem Vorwand, daß die Bildung eine geheime Verbündete des Kapitals sei, das man zernichten müsse. Ganz närrisch kommen mir diejenigen vor, welche verhoffen, durch ihre Philosopheme die Bewegung leiten und im rechten Gleise erhalten zu können. Sie sind die *feuillants*[5] der bevorstehenden Bewegung; letztere aber wird sich so gut wie die französische Revolution in Gestalt eines Naturereignisses entwickeln und alles an sich ziehen, was die menschliche Natur Höllisches an sich hat ...« (Burckhardt, Briefe II, 574)

Man muß die Klarheit über den Volksbegriff hier suchen, und nicht in den Pamphleten eines Heine oder Börne oder in der politischen Lyrik eines Georg Herwegh. Es hat eben noch andere Kräfte gegeben als den Schwulst der Vorachtundvierziger. Man kann den siebenundzwanzigjährigen Jacob Burckhardt auch nicht als Konservativen beiseite schieben oder als Basler Kosmopoliten: Burckhardt war fest verwurzelt und gehörte zum »Volk« im guten Sinne. (Er hat sogar Gedichte in Baseldütsch geschrieben.) Seine Briefe gehören zum Bestand des hohen Prosastils der deutschen Literatur des 19. Jahrhunderts, wie der von ihm hochgehaltene Briefwechsel zwischen Goethe und Schiller, die Briefe Wilhelm von Humboldts, Rahel Varnhagens und Theodor Fontanes und die Memorabilien und Briefe Bismarcks und Moltkes.

Heimwelt transzendiert

Daß sich in der Heimwelt auch ein Überlokales, Unbegrenztes und Universales sichtbar entfalten kann, das sich lediglich in provinziellen Chiffren ausspricht, ohne provinziell zu sein, beweist die visionäre Dichtung in bedeutenden Exemplaren, vor allem in der Katastrophen-Vision. Ich beleuchte diese an drei Beispielen: Joseph Winckler, Annette von Droste-Hülshoff, Jeremias Gotthelf; die beiden Erstgenannten mit der westfälischen Landschaft verbunden, der dritte mit dem Bernerland.

In Westfalen erscheint die visionäre Gabe bekanntlich als »Spökenkieken« (Spuksehen) oder »Zweites Gesicht«. Annette von Droste-Hülshoff schreibt in »Bei uns zu Lande auf dem Lande«, 1841–1842, fast jeder zehnte sei im Münsterland ein Prophet oder »Vorkieker«, alle seien sich untereinander auch körperlich ähnlich. Daß die Droste von ihren Vorkiekern keine Auskunft über das Alltägliche hinaus erhalten konnte, ist doppelt verschlüsselt: von ihren Gewährsleuten und von ihr selbst. Sie selbst hätte nämlich nicht die Vorschauerin sein müssen, die sie war, um hier die verhängnisvolle Gabe ausdrücklich preiszugeben. Denn die Gabe des »Zweiten Gesichts« gilt als unglücklich, verhängnisvoll und gnadenlos; sie ist ein ne-

5 Mit Bezug auf die »Gemäßigten« in der Französischen Revolution.

gatives Stigma, wer sie hat, ist gezeichnet. Daher auch das Widerwillige und Getriebene der visionären Erfahrung, der Charakter der *Zwangsbewegung und Zwangshandlung;* die visionäre Erfahrung als »passiven Synthesis« (Husserl), Widerfahrnis, Betroffen- und Ergriffenwerden. In ihrer Ballade »Vorgesichte« spricht die Droste von den »Sehern der Nacht, dem gequälten Geschlecht«.

Wenn irgendwo, so wird hier die enge Verwandtschaft des »Zweiten Gesichts« mit der schamanischen Berufung erkennbar. Denn auch diese geschieht wider den Willen der Betroffenen, die aufs heftigste darunter leiden, sich endlos dagegen wehren, ihr nur unter stärkstem Zwange folgen, oft sogar schwer daran erkranken – die Schamanismusforschung spricht von einer »Initiationskrankheit« – und erst gesunden, nachdem sie den »Ruf« angenommen haben.[6] Das läßt sich präzise parallelisieren mit dem Entwicklungsgang der Droste. Die physischen Stigmen aber, die sie an den »Vorkiekern« feststellt, erinnern an Josef Wincklers Urgroßvater, den »ollen Venhüser«, wie er in den Jugenderinnerungen dieses Dichters – unter dem Titel »Im Banne des Zweiten Gesichts«, 1930 – geschildert wird. Winckler ist literarisch überall gut, wo er die apokalyptischen Visionen aus dem westfälisch-bodenständigen *spiritus familiaris* seiner Heimwelt auffängt, in dem eine echte mythenschaffende Kraft steckt, die auch das historische Geschehen alsbald in eine mythische Sphäre hebt. Die Sage von der Schlacht am Birkenbaum (bei Werl in Westfalen) ist die provinzialisierte Fassung einer apokalyptischen Schau der »Endschlacht«, die in den verschiedensten Formen weit über die westfälische Landschaft hinaus verbreitet ist. Der »olle Venhüser« soll ja auch den Ersten Weltkrieg vorausgeschaut haben. Winckler selbst hat anscheinend die Gabe der Vorschau nicht besessen, doch war der *spiritus familiaris* so stark in ihm, daß er auf seine dichterische Phantasie abgefärbt hat. Seine apokalyptische Nachkriegsvision »Irrgarten Gottes oder die Komödie des Chaos«, 1922, formal stark expressionistisch, enthält eine in jenen Jahren eindrucksvolle Absage an bloßes literarisches Getue:

»Junge Dichter! was überwältigt euch nicht vergewaltigender Opfergeist?
Glaubt ihr, pfingsthäuptig, was ihr kündet?
In chiliastisch größerer Schwörung verbündet?
Aus dem Taifun der Welt aufjubelnd, von brausendem Heiland entzündet? ...
Falschmünzer der Liebe! Mode-Büßer! Wohlgebettete! Ihr seid
Die faulen Bläser dieser faulen Zeit!«

(Irrgarten Gottes, 69)

6 Die schamanische Berufung trägt zwar, wie der russisch-jüdische Forscher Leo Sternberg gezeigt hat, den Stempel einer »religiösen Auserwähltheit« – aber wider Willen der Auserwählten, ähnlich wie bei manchen alttestamentlichen Propheten. Die Schamanen sind, könnte man paradox sagen, gnadenlos begnadet.

Am Schluß dieser Rhapsodie läßt Winckler den verfaulenden Erdglobus an die Götter versteigern – das Kindheitserlebnis einer Auktion steht deutlich dahinter – und, da niemand ihn haben will, dem Gott des Spottes, Momus, kostenfrei übergeben für seine Notdurft. Das ist simplizianisch, kündet aber außerdem den Umschlag aus der anti-chiliastischen in die nihilistische Vision an; und das nächste ist der Rückschlag in das picareske Milieu des »Tollen Bomberg«, 1921, der eine historische Figur des 19. Jahrhunderts im Lande Westfalen gewesen ist.[7] Wenn wir dem Dichter glauben wollen, für ihn selbst eine »Befreiung«, für uns aber vielleicht doch ein Rückfall ins Provinzielle, auch wenn man sich manche Derbheiten gefallen läßt. Der Fall ist grundsätzlich wichtig, weil er die Frage aufgibt, in welchen Fällen die Heimwelt in eine allgemeingültige dichterische Aussage transzendiert ist, und in welchen nicht. Nicht allen Stoffen läßt sich über das Lokalkolorit hinaus etwas Allgemeingültiges abgewinnen. Die Gefahr der Einhausung besteht für den ganzen niedersächsischen Raum nach dem Verfall der Hanse und nach der Glaubensspaltung, wie für den benachbarten niederfränkischen nach dem Ende des heroischen Befreiungskampfes gegen die Spanier und dem Verlust der niederländischen Seeherrschaft. Ist es doch bezeichnend, um ein anderes Beispiel aufzugreifen, daß der Flame Charles de Coster nicht allein französisch schreibt, sondern auch in seinem berühmten »Tyl Ulenspiegel et Lamme Goedzak«, 1868, die picareske Motivik nur gebrochen durch die heroische vorführt, denn die beiden Titelhelden sind Geusen und Leute des »großen Schweigers« (Wilhelm von Oranien), also nicht Schelme, sondern redliche Kämpfer, Ulenspiegel zudem motiviert durch die ethische Rache für seine von der spanischen Inquisition gefolterte Mutter. Was bedeutet hier noch »Eulenspiegel«? – Sobald sich aber die historische Erinnerung an die Heldenzeit verliert, wird die Einhausung unvermeidlich, und es bleibt nur noch die Intimatmosphäre der Heimwelt, das Interieur oder »Glück im Winkel«, der Beguinenhof (Timmermans).

Mitunter aber findet die Weltpolitik auch auf der lokalen Ebene ihren Widerhall. In die westfälische Stammestradition ist der Widerhall der wenigen Heimkehrer aus dem Rußlandkrieg von 1812 spürbar, die die Heimat wiedergesehen haben. Auch diese Erzählungen wurden im Munde des Volkes rasch in lokale Mythen verwandelt. Josef Winckler berichtet, daß Überlieferungen vom »gelben Männchen«, d. i. Napoleon in seiner Münsterländer Heimat, kursierten, und ebenso bemächtigte sich die Volksphantasie des »Königs Lustik«, d. i. Jeromes, der jüngste Bruder Napoleons, der sechs Jahre lang König von Westfalen war. Jeremias Gotthelf (Albert Bitzius) ist als Dichter eine völlig andere Natur: kein Seher, sondern ein Seel-

7 Der tolle westfälische Baron hieß eigentlich Romberg; meine Großmutter wußte noch von ihm zu erzählen.

sorger und Schriftsteller mit volkspädagogischen Absichten, kein Lyriker, sondern ausschließlich Prosaist. Gemeinsam ist ihm mit den Westfalen nur, daß auch er im Boden der Stammesüberlieferung wurzelt und aus diesem entscheidende Symbole von transkultureller Bedeutung zieht. Glaubt Gotthelf noch an eine heile Welt? Sicher nicht mehr, aber er zeichnet ihre positiven, bäuerlich-ständischen Züge mit gewaltiger dichterischer Kraft. Während »Die Judenbuche« die ständische Welt als in sich selbst von Fäulnis angefressen darstellt, vom adligen Guts- und Gerichtsherrn über die Holz- und Jagdfrevler und hehlerischen Bauern bis zu den kriminellen Opfern der Armutskultur, sieht Gotthelf sie von außen bedroht durch die modernen kapitalistischen und sozialistischen Kräfte. Doch auch er findet in der Natur die magischen Zeichen für die Beschwörung der apokalyptischen Kräfte des Bösen. Auch Katastrophen wie Unwetter und Überschwemmung deutet er als Zeichen apokalyptisch entfesselter Elemente, und die Wassernot im Emmental schildert er mit unverkennbaren Anklängen an die Sintflut:

»Die Elemente schienen ihre Fesseln zerrissen zu haben, entbunden gegeneinander zu toben in ihrer wildesten Wut. In Feuer und Wasser gemischt, getragen auf den Schlägen des Sturmes, war die Erde gebadet; die Erde ward gestürmt, als ob ihre Feste zertrümmert, die Splitter weggespült werden sollten in den Ozean, in welchem Gottes Welten schwimmen. In wildem Zorn waren die Elemente; drei Schwestern, gegen die vierte entbrannt, trachten wütend nach ihrem Untergang, unbekümmert um das Elend der Geschöpfe, ihr Bangen und Zittern.«

»Die Hand, welche in Fesseln legt die Elemente, schien erlahmt.« (Gotthelf, Käthi die Großmutter, 17, 19)

Damit ist ein Grundthema Gotthelfs angeschlagen: die »haltende Macht«, die das Hereinbrechen der Katastrophe gerade noch verhindert. Im Zweiten Brief an die Thessalonicher schreibt der Apostel Paulus:

»Gedencket jr nicht dran/das ich euch solches sagte/da ich noch bey euch war? *Vnd was es noch aufhelt*/wisset jr/das er offenbaret werde zu seiner zeit. Denn es reget sich schon bereit die bosheit heimlich/*on das der jtzt auffhelt*/mus hinweg gethan werden/vnd als denn wird der Boshafftige offenbaret werden/Welchen der Herr vmbringen wird mit dem Geist seines Mundes/vnd wird sein ein Ende machen/durch die Erscheinung seiner Zukunft.« (Hervorhebung von mir)

Die heutige Theologie versteht diese rätselhafte Stelle in dem Sinne, daß Paulus, der römischer Bürger war, im Römischen Reich gewissermaßen eine haltende (katechontische) Macht sah, der von Gott gestattet war, das Hereinbrechen der Endzeit *vorläufig* noch zu verhindern. Dieses Aufhalten kann der unter der christlichen Enderwartung Stehende halbwegs positiv verstehen, denn an den Grenzen des Reiches lauern die Barbarenstämme:

Germanen, Skythen, Sarmaten, Parther, Beduinen u. a., und im Innern ist es gefährdet durch tausend Partikularismen, Regionalismen und Rebellionen der durch die römische Herrschaftsklammer nur notdürftig pazifizierten Völker. Natürlich wird eines Tages der Antichrist doch hereinbrechen und mit ihm alle denkbare Not und Bedrängnis, aber in der großen Endschlacht wird er geschlagen und das Reich Gottes wird dann aufgerichtet werden. Vorderhand bleibt aber die irdische Ambivalenz gegenüber der haltenden Macht, die der Kreatur noch das Leben läßt. Es ist interessant, daß auch Luther, der fest an das bevorstehende Weltende glaubte, das Reich Karls V. nicht ungünstig beurteilte; er sah in ihm ein letztes Aufflackern vor dem Ende der Tage. Gotthelf hat nicht mehr im Heiligen Römischen Reich eine haltende Macht sehen können, denn von diesem hatte die Schweiz sich gelöst zu einer Zeit, als es noch bestand. Seine haltenden Mächte sind die von Gott geschützten Werte der ständischen Welt, namentlich die Familie, mitsamt ihren Ehrbegriffen und Tugenden. Der Nachdruck liegt aber auf der Gegenmacht. Gotthelfs bevorzugtes Mythologem ist das von der *gefesselten und entfesselten Bestie.* Das magische Zeichen hierfür ist u. a. die Wassernot, wie in »Käthi die Großmutter«; er zieht aber auch die Sage von der Emmenschlange dafür heran in »Die Wassernot im Emmental« (13. August 1837, geschrieben 1838):

»Diese Schlange soll von Gott gefangen gehalten werden in mächtiger Berge tiefem Bauche, bis in ungeheuren Ungewittern gespaltene Bergwände ihren Kerker öffnen; dann bricht sie los, jauchzend wie eine ganze Hölle, und bahnt den Wassern den Weg durch die Täler nieder. Es war die Emmenschlange, deren Stimme den Donner überwand und der Lawinen Tosen. Grau und grausig aufgeschwollen durch hundert abgeleckte Bergwände, stürzte sie aus den Bergesklüften unter dem schwarzen Leichentuche hervor, und in grimmem Spiele tanzten auf ihrer Stirne hundertjährige Tannenbäume und hundertzentnerige Felsenstücke, moosicht und ergraut.« (Erzählungen, 131 f.)

Am großartigsten ist dieses Entfesselungsmotiv in der Erzählung »Die schwarze Spinne« (1842) gestaltet. Die entfesselte Bestie ist hier eine widerliche giftgeschwollene Spinne, und was sie versinnbildlicht, ist die Pest, die das ganze Tal befallen hat. Das Untier ist überall und nirgends, taucht bald hier, bald da auf, verbreitet Schrecken überall, jeder von ihr Berührte ist verloren. Es ist schließlich eine Mutter, die es auf sich nimmt, diese Spinne zu meistern; und hier führt Gotthelf die Sage ein:

»Sie hatte schon oft gehört, wie kundige Männer Geister eingesperrt hätten in ein Loch oder Holz, welches sie mit einem Nagel zugeschlagen, und solange den Nagel niemand ausziehe, müsse der Geist gebannt im Loche sein.« (Erzählungen, 301 f.)

Und als nun die Spinne eines Nachts ihr Kind bekriecht, greift die Mutter mutig die Bestie an:

»Da fuhren Feuerströme von derselben aus, der treuen Mutter durch Hand und Arm bis ins Herz hinein, aber Muttertreue und Mutterliebe drückten die Hand ihr zu, und zum Aushalten gab Gott die Kraft. Unter tausendfachen Todesschmerzen drückte sie mit der einen Hand die Spinne ins bereitete Loch, mit der andern den Zapfen davor und schlug mit dem Hammer ihn fest. Drinnen sauste und brauste es, das Haus wankte in seinen Grundfesten, aber fest saß der Zapfen, gefangen blieb die Spinne.« (Erzählungen, 302 f.)

Die tapfere Mutter muß sterben, aber das Kind ist gerettet und der schwarze Tod gebannt – bis nach zweihundert Jahren jemand in ruchloser Vermessenheit den Zapfen wieder lockert, worauf die schwarze Spinne entläuft und die Katastrophe sich wiederholt. Die eschatologische Weisheit des Dichters sieht das Unheil immer nur auf Zeit gebannt, Hoffart und Überhebung können es jederzeit von neuem entfesseln. Die Naturkatastrophe wie die Seuche sind für ihn nur Chiffren der zerstörenden Kräfte schlechthin. Daß diese Kräfte nach außen projiziert auftreten, als Schlange oder Spinne, gehört zur Sprache des Mythos; *gemeint* sind sie von dem christlichen Dichter als in der menschlichen Seele wirkend, folglich auch der Verantwortung des Menschen anheimgestellt. Das wird im Werk des Dichters an vielen Stellen deutlich; wir greifen heraus eine Stelle in »Jakobs des Wandergesellen Wanderungen«, wo der Dichter den Geist der Aufsässigkeit und Selbstsucht, besonders aber im Verlust des Arbeitsethos die Kräfte sieht, die das Unheil freisetzen:

»Es beißt der tierische Sinn in die Ketten und Gitter, in welche er in christlichen Staaten gebannt ist, rasselt schrecklich, und schrecklich gehts, wenn es dem Tier gelingen sollte, aus seinem Zwinger zu brechen. Das ist der Sklave, vor dem man erzittern muß, wenn er seine Kette bricht.« (»Jakobs des Wandergesellen ...«, 43)

Über dem Prediger, der dem entfesselten Bösen das Kreuz entgegenhält, vergesse man nicht die universale Wendung, die Gotthelf dem Emmentaler Mythologem gegeben hat. Man braucht nur an den Fenriswolf und die Mitgardschlange zu erinnern oder an das Motiv vom angeketteten Teufel, oder, wenn es sich um nach außen projizierte Ängste handelt, an die räuberischen Völker Gog und Magog, die nach einer Version von Alexander dem Großen in einem Gebirgstal des Kaukasus (?) mittels einer eisernen Mauer eingeschlossen wurden, denen aber am Ende der Tage der Ausbruch gelingen wird. In der Johannes-Apokalypse führt der losgelassene Satanas Gog und Magog an. »Die durch die Bergöffnung ausbrechende Ragnarök-Raubtierschar und die über die Kulturländer hereinbrechenden wilden Volksstämme« (Olrik, Ragnarök, 305) ziehen ihren mythischen Stoff aus echten Bedrohungen durch die nomadischen Völker aus dem Osten, die seit dem Altertum immer wieder über Europa hereinbrachen: Skythen, Parther, Hunnen, Sarazenen, Mongolen, Türken, mitsamt den Verkörperungen des »Antichrist« in Attila, Dschingis-Khan, Tamerlan etc. Doch die zentralasiatischen Stammesüberlieferungen kennen das Motiv vom gefesselten Raubtier ebenfalls, Anton Schiefner hat schon 1859 das Heldenlied von Ala Kartaga in deutsche Trochäen übertragen. Wenn die gefangengehaltenen »sieben Hunde« mit ihren Eisenkrallen die goldene Tür durchgescharrt haben werden, kommt das Weltende. Sagen von Sintflutkatastrophen kennt die Weltliteratur, auch die ungeschriebene der sogenannten Naturvölker, in so zahlreichen Varianten, daß es genügt, hier darauf hinzuweisen. Die Kasuistik reicht literaturgeschichtlich vom Gilgamesch-Epos (12. Jahrhundert v.Chr.) bis zu Barlachs »Sündflut« (1924). Was noch ausstand in der Deutung dieser Mythen, war die »Zurücknahme der Projektionen« (C. G. Jung), das heißt: die Entdeckung, daß die zerstörenden Kräfte in die Menschenbrust selber gebannt sind: Dies hat als Dichter Jeremias Gotthelf geleistet.

Literatur

Aischylos s. *Buschor*

Alemán, Mateo (1964): Las Leben des Guzmán von Alfarache. Übertragen von Rainer Specht. In: Spanische Schelmenromane, ed. Host Baader, Bd. I: 65 ff. München (Hanser).

Allen, Jerry (1969): Joseph Conrad. Die Jahre zur See. Deutsch von Christine Koller und Gerda Pagorsky. Wuppertal-Barmen.

Altheim, Franz (1959–62): Geschichte der Hunnen. 5 Bde. Berlin.

Anderson, Sherwood (1963): Werke. 4 Bde. Übers. v. Karl Lerbs, Helene Henze, H. E. Nossack. Olten und Freiburg i. Br.

Arendt, Hannah (1959): Rahel Varnhagen. Lebensbild einer deutschen Jüdin aus der Romantik. München.

Aristophanes (1974): Komödien. Übers. v. L. Seeger, ed. H.-J. Newiger. Darmstadt.

v. Arnim, Achim (1962–65): Sämtliche Romane und Erzählungen. Ed. W. Migge. 3 Bde: München (Hanser).

– (o. J.): Dramen. – Von Volksliedern. (= Werke, ed. A. Schier.) Leipzig (Bibliogr. Institut).

v. Arnim, Bettina (1959–1963): Werke und Briefe Ed. Gustav Konrad und Joachim *Müller*. 5 Bde. (in 4 Bdn). Darmstadt.

Arnold, Edwin (1879): Light of Asia. London.

Auden, W. H. (1962): Des Färbers Hand und andere Essays. Deutsch von Fritz Lorch. Gütersloh.

Auerbach, Erich (^{2}1959): Mimesis. Dargestellte Wirklichkeit in der abendländischen Literatur. Bern.

– (1958): Literatursprache und Publikum in der lateinischen Spätantike und im Mittelalter. Bern. S. 25–63: Sermo humilis.

Austen, Jane (1966): Anne Elliot. Roman. Deutsch von Ilse Leisei. Nachwort von Max Wildi. (Engl. Orig.: »Persuasion«, zuerst 1818.) Zürich.

– (1968): Mansfield Park. Roman. Deutsch von Trude Fein. Nachwort von Max Wildi. Zürich. (Engl. Orig. zuerst 1814.)

– (1932): Letters. Oxford.

Baelz, Erwin (1930): Das Leben eines deutschen Arztes im erwachenden Japan. Tagebücher, Briefe, Berichte. Ed. Toku Baelz. Stuttgart.

– (1942): Über die Todesverachtung der Japaner. Ed. E. T. Baelz. Stuttgart.

(*Baeumer, Max* L., 1973:) Toposforschung. Darmstadt.

Baines, Jocelyn (1969): Joseph Conrad: A Critical Biography. London.

Barras, Paul (1895–96): Memoiren. Mit einer allgemeinen Einleitung, Vorworten und Anhängen ed. George Duruy. Autorisierte Übersetzung. 4 Bde. Stuttgart.

Barlach, Ernst (1956–59): Das dichterische Werk in drei Bänden. Ed. Friedrich Dross. Nachwort von Walter Muschg. München.

Baudelaire, Charles (1972): Les fleurs du mal et autres poèmes. Chronologie et préface par Henri Lemaître. Paris.

Bauer, Wolfgang (1971): China und die Hoffnung auf Glück. München.

Baur, Ferdinand Christian (1835): Die christliche Gnosis oder die christliche Religionsphilosophie in ihrer geschichtlichen Entwicklung. Tübingen. (Neudruck Darmstadt 1967.)

Beckh, Hermann (²1919–20): Buddhismus. 2 Bde. Berlin.

Behl, C. F. W. (1949): Zwiesprache mit Gerhart Hauptmann. München.

– (1948): Die Metamorphosen des alten Wann. Gerhart Hauptmann-Jahrbuch 1948: 95–116. Goslar.

– (1962): Gerhart Hauptmanns schöpferisches Venedig-Erlebnis. Jahrb. d. Dt. Schiller-Ges. VI: 326–339. Stuttgart.

Behrsing, Siegfried (1970): Goethes »Chinesisches«. Wissensch. Zsch. d. Humboldt-Univ. Berlin, Ges.- u. Sprachwissensch. XIX: 244–258.

Beller, Manfred (1970): Von der Stoffgeschichte zur Thematologie. Arcadia V: 1–38.

Benl s. Murasaki

Benn, Gottfried (1959–62): Gesammelte Werke. 4 Bde. Ed. D. Wellershoff. Wiesbaden.

Berdrow, Otto (1902): Rahel Varnhagen. Ein Lebens- und Zeitbild. Stuttgart.

Bertram, Ernst (1925): Das Nornenbuch. Leipzig.

Beutler, E. und *Schaeder, H. H.* (1948): Goethe, West-östlicher Divan, ed. u. erläutert. Wiesbaden.

Bhattacharya, Bhabani (1960): A Goddess Named Gold. New York. (Dt. Übers. von W. A. Oerley: »Alle warten auf das Wunder«, Stuttgart o. J.)

v. Bilbassoff, S. B. (1897): Katharina II., Kaiserin von Rußland, im Urteile der Weltliteratur. 2 Bde. Berlin.

Blake, William (1970): Poems and Prophecies. Ed. Geoffrey Keynes. (Everyman's Library.) London.

Blennerhassett, Charlotte (1887–89): Frau von Staël, ihre Freunde und ihre Bedeutung in Politik und Literatur. 3 Bde. Berlin.

Blondel, Charles (1948): Einführung in die Kollektivpsychologie. Dt. Übers. v. Y. Sermon. Bern.

Böckmann, Paul (⁴1973): Formgeschichte der deutschen Dichtung. I. Hamburg.

– (1966): Formensprache. Studien zur Literaturästhetik und Dichtungsinterpretation. Hamburg.

Boiardo, Matteo (o. J.). Der verliebte Roland. Deutsch von J. D. Gries. Ed. Wilhelm Lange. 2 Bde. Leipzig (Reclam).

Borchardt, Rudolf (1955 ff.): Gesammelte Werke in Einzelbänden. (Bis 1974: 11 Bde.) Stuttgart. (Zitiert nach Einzelbänden!)

– (1967): Jamben. Stuttgart.

– (1966): Kindheit und Jugend, von ihm selbst erzählt. Hamburg.

– (1971): Scritti italiani e italici. Ed. Marianello Marianelli. Milano.

– (1927): Der Deutsche in der Landschaft. Bremen.

Borst, Arno (1953): Die Katharer. Stuttgart

Brancati, Vitaliano (¹²1971:) Don Giovanni in Sicilia. Milano. (Dt. Übers. von Hans Hinterhäuser: Don Giovanni in Sizilien. Würzburg 1958.)

– ([9]1969): Paolo il caldo. Milano. (Dt. Übers. v. Arianna Giachi: Paolo der Heissblütige. Olten 1963.)
Brandes, Georg ([2]1922): Goethe. Deutsch von Erich Hol und Emilie Stein. Berlin.
– (1872–76): Die Hauptströmungen der Literatur des 19. Jahrhunderts. 4 Bde. Deutsch von A. Strodtmann. Berlin.
Brecht, Bertolt (1967): Gesammelte Werke. 8 Bde. Frankfurt/M.
Bremond, Henri (1967–1968): Histoire littéraire du sentiment religieux en France. 11 Bde. Paris.
Brontë, Emily (1938): Die Sturmhöhe. Roman. Dt. Übers. v. Grete Rambach. Leipzig. (Engl. Orig.: »Wuthering Heights«, zuerst 1847.)
Burckhardt, Jacob (1929–34): Gesamtausgabe. 14 Bde. Berlin u. Leipzig.
– (1926): Gedichte. Nach den Handschriften des Jacob Burckhardt-Archivs in Basel. Basel.
– (1949 ff.): Briefe. Ed. Max Burckhardt. Bisher 7 Bde. Basel.
Buschor, Ernst (1953): Übers. der »Perser« des Aischylos. München.
Byron, George Lord (1948 ff.): Poems in Three Volumes. (Everyman's Library.) London.
– (o. J.): Sämtliche Werke in 9 Bänden. Übers. v. Ad. Böttger. Leipzig (Hesse & Becker).
– (1912): Werke. Übers. v. A. Böttger, W. Grüzmacher u. a. Ed. F. Brie. 4 Bde. Leipzig (Bibl. Inst.)

Calderon de la Barca, Pedro (o. J., d. i. 1910): Ausgewählte Werke in 10 Bänden. Mit Einleitungen und Anmerkungen ed. W. v. Wurzbach. Übers. v. D. Gries u. a. Leipzig (Hesse & Becker).
Camus, Albert (1962): »Die Besessenen«, in: Dramen. Deutsch von Guido G. Meister. Hamburg.
Carossa, Hans (o. J.): Eine Kindheit und Verwandlungen einer Jugend. Leipzig.
– (1941): Das Jahr der schönen Täuschungen. Leipzig.
Carrington, Charles (1970): Rudyard Kipling. His Life and Works. Harmondsworth (Penguin Books.)
Castro, Americo (1957): Spanien, Vision und Wirklichkeit. Deutsch von Susanne Heintz. (Span. Orig.: »La realidad histórica de España«. Madrid 1954.)
Cervantes Saavedra Miguel de (1963–70): Gesamtausgabe. 4 Bde. Ed. u. neu übersetzt von Anton M. Rothbauer. Stuttgart.
– (1923): Ausgewählte Werke. Ed. Max Krell. München. (Übers. »Don Quixote« von Ludwig Tieck.)
v. Chamisso, Adalbert (o. J.): Werke. 2 Bde. Ed. Heinrich Kurz. Leipzig. (Bibl. Inst.)
Chaudhuri, N. C. (1974): Tagore, the True and the False. Times Literary Supplement 28. Sept. 1974, S. 1029 ff.
Chénier, André (1958): Œuvres complètes. Ie édition intégrale. Ed. Gérard Walter. Paris. (Edition de la Pléiade.)
Claes, Ernest (1930): Flachskopf. A. d. Flämischen von Peter Mertens. Leipzig. (Orig. »De Witte«, 1920.)
– (1941): Donkelhof und Wasinghaus. A. d. Flämischen von Bruno Loets. Leipzig. (Orig.: »Het Leven van Herman Coene«.)

Cocchiara, Giuseppe (1963): Il mondo alle rovescia. Torino.
Conrad, Joseph (1926): Spiel des Zufalls. Roman. Übers. E. W. Freissler. Berlin.
– (1928): Lebenserinnerungen. Dt. v. E. McCalman. Berlin. (Orig.: »A Personal Record«, 1912.)
– (1969): Heart of Darkness. – The Secret Sharer. – The Complete Texts. Ed. Franklin Walker. New York.
– (1971:) Lord Jim. A Tale. Harmondsworth (Penguin Books.)
– (1971): Nostromo. A Tale of the Seabord. Harmondsworth (Penguin Books).
– (1953): Lord Jim.-Nostromo. Zwei Romane. Übers. v. Hedwig Lachmann und E. W. Freißler. Frankfurt/M.
– (1971): Under Western Eyes. Harmondsworth (Penguin Books.) (Dt. Übers. »Mit den Augen des Westens«, Reinbek b. Hamburg 1961.)
– (1949): The Rescue. A Romance of the Shallows. London. (Dt. Übers. v. E. Mc Calman: »Die Rettung«, 7. Aufl. Berlin 1935.)
– (1966): Victory. An Island Tale. Harmondsworth (Penguin Books.) (Dt. Übers. von E. Mc Calman: »Sieg«, Berlin 1949.)
Conze, Edward (1962): Buddhist Thought in India. London.
– (1967): Thirty Years of Buddhist Studies.
Craig, Raine (1973): = The Waste Land as a Buddhist Poem. Times Literary Supplement 4. Mai 1973: 503–505.
Cucchetti, Gina (1967): Assoluto e relativo nei tre miti di Luigi Pirandello. In: Atti del Congresso Int. di Studi pirandelliani. II 361.
Curtius, Ernst Robert ([2]1954): Europäische Literatur und lateinisches Mittelalter. Bern.
– (1951): Balzac. Bern.
– ([3]1963): Kritische Essays zur europäischen Literatur. Bern.
– ([2]1962): Maurice Barrès und die geistigen Grundlagen des französischen Nationalismus. Hildesheim.
– (1932): Deutscher Geist in Gefahr. Stuttgart.
– (1960): Büchertagebuch. Bern.

Dante Alighieri (1962): La Divina Commedia. 3 Vls. (The Temple Classics.) London. (Dt. Übers. von *Borchardt* (s. d.), *Hermann Gmelin, Karl Vossler, Ida* und *Walter v. Wartburg* u. a.)
– (1966): Über das Dichten in der Muttersprache. A. d. Lat. übers. u. erläutert von Franz Dornseiff und Joseph Balogh. Darmstadt.
Dauthendey, Max (1925): Der Geist meines Vaters. Ein Lebensbild. München.
– (1913): Die Ammenballade. – Neun Moritaten. Leipzig.
– (1913): Gedankengut aus meinen Wanderjahren. München.
– (1958): Exotische Novellen. Stuttgart (Reclam.)
– (1969): Gedichte. Stuttgart (Reclam).
– (1973): Die acht Gesichter vom Biwasee. München.
– (1911): Raubmenschen. Roman. Berlin.
De Belder, J. L. und *Vercammen, Jan* (1960): Flämische Lyrik. Flämisch-Deutsch. München.
De Coster, Charles (o. J.): Die Hochzeitsreise. Übertragung und Nachwort von Al-

bert Ritter. Berlin (Wilhelm Borngräber.) (Frzs. Orig.: »Le voyage de noce«, 1870.)
– (1949): Vlämische Mären und Legenden. Dt. v. Walter Widmer. Stuttgart–Wien–St. Gallen.
– (1957): Ulenspiegel und Lamme Goedzak. Dt. v. Walter Widmer. München (Winkler). (Frz. Orig. »Tyl Ulenspiegel et Lamme Goedzak« Goedzak«, zuerst 1868).

De Sanctis, Francesco (1965): Verso il realismo. Ed. Nino Borsellino. (= Opere, Vol. VII.) Torino.
– (1971): Storia della Letteratura italiana. 2 Volumi. Ed. Niccolò Gallo. Torino.

Dickens, Charles (o. J.): David Copperfield. 3 Vls. Leipzig (Tauchnitz.)
– (o. J.): A Tale of two Cities. 2 Vls. Leipzig (Tauchnitz.)
– (o. J.): The Pickwick Club. 2 Vls. Leipzig (Tauchnitz.)

Diderot, Denis (1964): Supplement au Voyage de Bougainville. In: Œuvres philosophiques. Ed. Paul Vernière. Paris (Garnier). S. 447 ff.

Dostojewski, F. M. (o. J.): Schuld und Sühne. 2 Bde. Deutsch von H. Röhl. Leipzig. (Russ. Orig.: Raskolnikoff. Zuerst 1866.)
– (o. J.): Der Idiot. Deutsch von Klara Brauner. Berlin. (Russ. Orig.: zuerst 1868.)
– (1954): Die Dämonen. Deutsch von Gregor Jarcho. Berlin. (Russ. Orig.: zuerst 1871.)
– (1923): Die Brüder Karamasoff. Deutsch von E. K. Rahsin. München. (Russ. Orig.: zuerst 1880.)
– (1963): Tagebuch eines Schriftstellers. Deutsch von E. K. Rahsin. Darmstadt. (Russ. Orig.: Zuerst 1873.)
– (1960): Die Erniedrigten und Beleidigten. In: »Onkelchens Traum. – Das Gut Stepantschikowo. – Die Erniedrigten und Beleidigten. Drei Romane.« Deutsch von E. K. Rahsin. Darmstadt. S. 495 ff. (Russ. Orig.: zuerst 1861.)
– (1958): Aufzeichnungen aus einem Totenhaus. Deutsch von E. K. Rahsin. Darmstadt. (Russ. Orig.: Zuerst 1861.)

Dreiser, Theodore (1955): Eine amerikanische Tragödie. Roman. Deutsch. von Marianne Schön. Wien. (Am. Orig.: »An american Tragedy«. Zuerst 1925.)

v. Droste-Hülshoff, Annette (1952): Sämtliche Werke. Ed. Clemens Heselhaus. München (Hanser.)
– (1944): Briefe. Gesamtausgabe. Ed. Karl Schulte Kemminghausen. 2 Bde. Jena. (Neudruck Darmstadt 1968.)

Dumas, Francois Ribadeau (1968): Cagliostro. Ein Lebensbericht. Deutsch von S. Summerer und G. Kurz. Stuttgart. (Frz. Orig.: Cagliostro. Paris 1966.)

Dumoulin, H. (1959): Zen. Geschichte und Gestalt. Bern.

Duun, Olav (1930): Die Olsöy-Burschen. Deutsch von J. Sandmeier. Hamburg. (Norweg. Orig.: zuerst 1927.)
– (1936): Der Gang durch die Nacht. Deutsch von J. Sandmeier. Hamburg. (Norweg. Orig.: zuerst 1932.)
– (1934, 1938): Die Juwikinger. 2 Bde. Deutsch von J. Sandmeier und S. Angermann. Hamburg. (Norweg. Orig.: zuerst 1918.)

– (1939): Gott lächelt. Deutsch von J. Sandmeier und D. Angermann. Hamburg. (Norweg. Orig.: zuerst 1935.)
– (1941): Der Mensch und die Mächte. Deutsch von J. Sandmeier und D. Angermann. Hamburg. (Norweg. Orig.: zuerst 1938.)
– (1948): Ragnhild. Eine Roman-Trilogie. Deutsch von S. Angermann. Hamburg. (Norweg. Orig.: zuerst 1931.)

Eberle, Oskar (1954): Cenalora. Leben, Glaube, Tanz und Theater der Urvölker. Olten.
v. Ebner-Eschenbach, Marie (1956–58): Werke 3 Bde. Ed. Johannes Klein. München (Winkler).
Eckermann, J. P., s. Goethe
Eggarter, Fred (1968): Der Cid. Das altspanische Heldenlied. A. d. Altspanischen übertragen. Eingel. v. Rudolf Großmann. Bremen.
v. Eichendorff, Joseph (1955): Werke. München (Desch).
Eliot, T. S. (1968): Gedichte, Englisch und deutsch. Frankfurt/M. (Bibliothek Suhrkamp).
– (1966–69): Werke. I: Dramen. – II: Essays I. – III.: Essays II. Frankfurt/M.
Emrich, Wilhelm (1942): Begriff und Symbolik der »Urgeschichte« in der romantischen Dichtung. Vjschr. f. Lit.-wiss. u. Geistesgesch. 20: 273–304.
Enomiya-Lassalle, Hugo M. ([2]1972): Zen-Buddhismus. Köln.
Ermatinger, Emil (1925): Weltdeutung in Grimmelshausens Simplicius Simplicissimus. Leipzig.
Ernst, Paul (1922): Der Ahn. – Der Tod der Ahnfrau./Ottos Tod. Drei Gesänge aus dem Kaiserbuche mit einem Vorwort. Chemnitz.
– (1922–28): Das Kaiserbuch. 3 Bde.
– (1931): Erdachte Gespräche. München.
– (1934): Tagebuch eines Dichters. München.
– (1930): Jugenderinnerungen. München.
– (1931): Jünglingsjahre. München.
– (1959): Gedanken zur Weltliteratur. Gütersloh.
Evans-Wentz, W. Y. (1955): Das tibetische Buch der großen Befreiung. Mit einem psychologischen Kommentar von C. G. Jung. München. Planegg.
Euripides (1958–68): Die Tragödien und Fragmente. 2 Bde. Bearbeitet und eingeleitet von Franz Stoessl. Zürich.

v. Faber du Faur, Curt (1957): Johann Michael Moscherosch, der Geängstigte. Euphorion III. Folge Bd. 51: 233–249.
Fallmerayer, Jakob Philipp (1830–36): Geschichte der Halbinsel Morea während des Mittelalters. 2 Bde. Stuttgart. Nebst einem Nachtrag »Über die Entstehung der heutigen Griechen«, gelesen i. d. Bayer. Ak. d. Wissensch. 1835.
– (1857–1861): Das Albanesische Element in Griechenland. (Abh. d. III. Kl. d. Ak. d. Wissensch.) München.
– (1861): Neue Fragmente aus dem Orient. 3 Bde. Leipzig.
– (1877): Fragmente aus dem Orient. 2., mit einem Anhang vermehrte Auflage. ed. G. M. Thomas. Stuttgart.
– (1943): Byzanz und das Abendland. Ausgewählte Schriften. Wien.

Faulkner, William (1965–67): Erzählungen. 3 Bde. Deutsch von Elisabeth Schnack. Stuttgart. (Am. Orig.: Collected Stories, New York.)

– (1970): Requiem for a Nun. Harmondsworth (Penguin Classics).(Dt. Übers. von Robert Schnorr: »Requiem für eine Nonne«. Stuttgart 1956.)

– (1970): Light in August. Harmondsworth (Penguin Books). (Dt. Übers. von Franz Fein: »Licht im August«. Hamburg 1957.)

– (1960): Das Dorf. Deutsch von H. Braem und E. Kaiser. Gütersloh. (Am. Orig.: The Hamlet.)

– (1955): Eine Legende. Deutsch. von K. H. Hansen. Stuttgart. (Am. Orig.: A Fable.)

Federn, Karl (1925): Das Zeitalter Dantes. Berlin.

Fielding, Henry (1966): Die Geschichte des Tom Jones. Deutsch von Roland U. und Annemarie Pestalozzi, unter Benutzung der Übersetzung von J. J. C. Bode. Ed. Norbert Miller. 2 Bde. München (Hanser) (Engl. Orig.: Tom Jones, 1749.)

Fock, Gorch (1930): Hein Godenwind, de Admirol von Moskitonien. Hamburg.

Fogazzaro, Antonio (1958): Kleine alte Welt. Deutsch. von Georg Goyert. (Ital. Orig.: Piccolo mondo antico, 1895.)

Fontane, Theodor (1952): Romane und Gedichte. München. (Knaur-Klassiker.)

– (1970 ff.): Werke, Schriften und Briefe. Ed. W. Keitel und H. Nürnberger. München (Hanser). Abt. I: Sämtliche Romane, Erzählungen, Gedichte, Nachgelassenes. Erschienen: Bde. I, III.
Abt. II: Wanderungen durch die Mark Brandenburg. 3 Bde.
Abt. III: Aufsätze, Kritiken, Erinnerungen, 2 Bde.

– (1968–71): Briefe. Ed. Kurt Schreiert und Charlotte Jolles. 3 Bde. Berlin.

– (1954): Briefe an Georg Friedländer. Heidelberg.

Forster, Edward Morgan (1947): A Passage to India. London. The Albatros Library. (Dt. Übers. von W. v. Einsiedel, »Auf der Suche nach Indien«, Frankfurt/M. 1960.)

– (1972): Aspects of the Novel. Harmondsworth (Penguin Books.)

– (1953): The Hill of Devi. Harmondsworth (Penguin Books.)

Forster, Georg (1778–80): Johann Reinhold Forsters Reise um die Welt 1772–1775. Beschrieben und herausgegeben von dessen Sohn und Reisegefährten. 2 Bde. Berlin (Haude & Spener).

– (1970): Kleine Schriften zur Kunst, Literatur, Philosophie, Geschichte und Politik. (= Werke in vier Bänden, Bd. III.) Ed. Gerhard Steiner. Frankfurt/M. (Insel).

– (1963): Kleine Schriften zu Kunst und Literatur. Sakontala. Bearbeitet von Gerhard Steiner. (= Georg Forsters Werke, Band VII). Berlin (Akademie-Verlag).

– (1958): Ansichten vom Niederrhein. Bearbeitet von Gerhard Steiner. (= Georg Forsters Werke, Band IX.) Berlin (Akademie Verlag).

v. François, Louise (o. J.): Frau Erdmuthens Zwillingssöhne. Vorwort von Emil Staiger. Zürich. (Zuerst 1872.)

Franke, R. Otto (1913): Digha-Nikaya. Das Buch der langen Texte des buddhistischen Kanons. In Auswahl übersetzt. Göttingen.

Frauwallner, E., Giebisch, H. und *Heinzel, E.* (1951–54): Die Weltliteratur. 3 Bde. Wien.

Friedrich, Hugo (1949): Montaigne. Bern.
Frings, Theodor (1949): Minnesinger und Troubadours. Dt. Ak. d. Wiss. zu Berlin, Vorträge und Schriften, Heft 34. Berlin (Akademie-Verlag).
Frobenius, Leo (1921): Spielmannsgeschichten der Sahel. (Slg. »Atlantis«.) Jena.
Fromm, Hans s. Lönnrot

Gailit, August (1939): Die Insel der Seehundsjäger. Deutsch von Erna Pergelbaum. (Estn. Orig.: Karge meri.)
Galdós, Benito Pérez (1961): Fortunata und Jacinta. Deutsch von Kurt Kuhn. Zürich. (Span. Orig. zuerst 1886–87.)
Gass, Karl Eugen (1961): Pisaner Tagebuch. Aufzeichnungen, Briefe. Aus dem Nachlaß eines Frühvollendeten. Ed. P. E. Hübinger, Heidelberg.
Geffcken, Johannes (1929): Der Ausgang des griechisch-römischen Heidentums. Heidelberg.
Gelpke, Rudolf (1966): Vom Rausch im Orient und Okzident. Stuttgart.
(*Gelpke, Rudolf*, 1969:) Neue Liebesgeschichten aus Tausendundeine Nacht. Erstmals den persischen Quellen nacherzählt. Zürich.
Gentile, Giovanni (1969): Storia della filosofia italiana. 2 Bde. Firenze
– ([2]1960): Manzoni e Leopardi. (= Opere Vol. XXIV.) Firenze.
George, Stefan (1958): Werke. Ausgabe in 2 Bänden. München.
Gervaso, Roberto (1972): Cagliostro. Milano.
Gesemann, Gerhard (1943): Heroische Lebensform. Zur Literatur und Wesenskunde der balkanischen Patriarchalität. Berlin.
Gessner, Salomon (1973): Idyllen. Kritische Ausgabe. Ed. E. T. Voss. Stuttgart.
Giddings, Franklin H. (1896): The Principles of Sociology. London.
v. Glasenapp, H., Bechert, H. und *Schomerus, H. W.* (1961): Die Literaturen Indiens von ihren Anfängen bis zur Gegenwart. Stuttgart.
Gigon, Cordula (1963): Byron in seinen Briefen und Tagebüchern. Dargestellt von Cordula Gigon. Zürich.
Gobineau, Arthur (1962): Asiatische Novellen. Deutsch von N. O. Scarpi. Zürich. (Frzs. Orig.: »Nouvelles asiatiques«, zuerst 1876.)
Goethe: Zit. nach zwei Ausgaben: 1) Jubiläums-Ausgabe (Cotta), Stuttgart, und Gedenk-Ausgabe (Artemis, Zürich; in den Anmerkungen zitiert unter (C) bzw. (A) vor der Angabe der Bandzahl.
Goethe: West-östlicher Divan s. *Maier*
Goetz, Hermann (1966): Indien, die Geschichte und wir. Indoasia Jahrg. 1966: 20–34.
– (1967): Der Orient der Kreuzzüge in Wolframs Parzival. Arch. f. Kulturgesch. 49: 1–42.
– (1962): Geschichte Indiens. Stuttgart.
Gogol, Nikolaj (1960): Die toten Seelen. Deutsch v. F. Otto. Darmstadt.
– (1974): Sämtliche Dramen. Deutsch v. Georg Schwarz. München.
– (1961): Sämtliche Erzählungen. A. d. Russ. übersetzt und mit Anmerkungen u. e. Nachw. von Josef Hahn. Darmstadt. S. 303 ff.: Taras Bulba. (Russ. Orig.: Zuerst 1835, umgearbeitet 1842.)
– (1940): Tarass Bulba. Roman. Deutsch von Korfiz Holm. München.

Goltz, Bogumil (1964): Buch der Kindheit. Ed. Friedhelm Kemp. München. (Zuerst 1847.)
– (1853): Ein Kleinstädter in Ägypten. Berlin.
– (1860): Die Deutschen. Ethnographische Studie. 2 Bde. Berlin.
– (o. J.): Vorlesungen. 2 Bde. Berlin.
Gontscharow, Iwan (1965): Briefe von einer Weltreise, ergänzt durch Texte aus der »Fregatte Pallas« Ed. u. übers. von Erich Müller-Kamp. Hamburg. (Russ. Orig.: Zuerst 1857.)
– (1958): Eine alltägliche Geschichte. Roman. Deutsch von Fega Frisch. (Russ. Orig.: Zuerst 1847.)
– (1960): Oblomow. Roman. Deutsch u. m. e. Nachw. v. Josef Hahn. München (Winkler). (Russ. Orig.: zuerst 1859.)
– (1959): Die Schlucht. Deutsch von August Scholz. Zürich. (Russ. Orig. zuerst 1870.)
Gorki, Maxim (1972): Autobiographische Romane: Meine Kindheit, Unter fremden Menschen, Meine Universitäten. Deutsch von Georg Schwarz. München (Winkler) (Russ. Originale: Zuerst 1914, 1917–18, 1923.)
– (1973): Erinnerungen an Zeitgenossen. Frankfurt/M.
– (1973): Drei Menschen. – Die Mutter. Romane. Deutsch von Harry Burck, Adolf Hess und Irene Müller. München (Winkler). (Russ. Originale: Zuerst 1900, 1906.)
Gothein, Eberhard (1895): Ignatius von Loyola und die Gegenreformation. Halle.
– (1924): Die Renaissance in Süditalien. München.
Gotthelf, Jeremias (1960): Erzählungen. N. d. Text d. v. R. Hunziker und H. Bloesch besorgten Gesamtausgabe ed. Heinz Helmerking. München (Winkler).
– (o. J.): Jakobs des Handwerksgesellen Wanderungen durch die Schweiz. Ed. R. Hunziker. 2. durchgesehene Auflage. Erlenbach–Zürich.
– (o. J.): Käthi die Großmutter. Erlenbach–Zürich.
– (1952–54): Wie Anne Bäbi Jowäger haushaltet und wie es ihm mit Doktern geht. 2 Bde. Erlenbach–Zürich.
– (1962): Uli der Knecht. – Uli der Pächter. N. d. Text der Ges.-Ausg. durchgesehen von Werner Juker. Erlenbach-Zürich.
– (1964): Geld und Geist oder die Versöhnung. Erlenbach–Zürich.
– (1966): Zeitgeist und Berner Geist. – Der Geltstag oder Die Wirtschaft nach der neuen Mode. Erlenbach–Zürich.
Grabbe, C. D. (1912): Werke in 6 Teilen (3 Bde.). Ed. S. Wukadinowić. Berlin (Bong).
Gracián, Balthasar (1968): Handorakel und Kunst der Weltklugheit. Aus dessen Werken gezogen von Lastanosa, deutsch von Arthur Schopenhauer. M. e. Nachw. ed. Arthur Hübscher. Stuttgart (Reclam). (Schopenhauers Übersetzung erschien postum 1862.)
Greverus, Ina-Maria (1965): Heimweh und Tradition. Schweiz. Arch. f. Volksk. 61.
– (1969): Zu einer nostalgisch-retrospektiven Bezugsrichtung in der Volkskunde. Hess. Bll. f. Volkskunde 60: 11–28.

Grillparzer, Franz (1960–65): Sämtliche Werke. Ausgewählte Briefe, Gespräche, Gedichte. 4 Bde. Ed. Peter Frank und Karl Pörnbacher. München (Hanser.)
– (1970): Dichter über ihre Dichtungen. Ed. Karl Pörnbacher. München.
Grimm, Brüder (o. J.): Kinder- und Hausmärchen. Vollständige Ausgabe in der Urfassung. Ed. Friedrich Panzer. Wiesbaden.
v. Grimmelshausen, H. J. Chr. (1908): Der abenteuerliche Simplicissimus. 3 Bde. Leipzig (Insel.)
– (1958): Simplicianische Schriften. N. d. Text der Erstdrucke ed. Alfred Kelletat. München (Winkler).
Grisar, Hartmann (1911–12): Luther. 3 Bde. Freiburg i. Br.
Grünwedel, Albert (1833): Die Legenden des Na. Ro. Pa, des Hauptvertreters des Nekromanten- und Hexentums. Übersetzt, in Umschrift herausgegeben von Albert Grünwedel. Leipzig.
Gryphius, Andreas (1968): Gedichte. Eine Auswahl. Ed. Adalbert Elschenbroich. Stuttgart (Reclam).
Guggenheim, Fritz (1965): Das Ende von Seldwyla. Ein Gottfried Keller-Buch. Zürich.
Gundert, Wilhelm (1964–1973): Bi-yän-lu. Meister Yüan-wu's Niederschrift von der Smaragdenen Felswand. Verdeutscht und erläutert. 3 Bde. München.
Gunther, John (1952): Inside U.S.A. Revised Efition. 2 Vols. New York.
Gurvitch, Georges (1950): La vocation actuelle de la sociologie. Paris.
Guthke, Karl S. (1967): Wege zur Literatur. Bern.
v. Gwinner, Wilhelm (^{3}1910): Schopenhauers Leben. Leipzig.

Halász, Ignácz (1888): Svéd-Lapp Nyelv. III. Budapest.
v. Haller, Albrecht (1968): Die Alpen und andere Gedichte. Auswahl und Nachwort von Adalbert Elschenbroich. Stuttgart (Reclam). (Zuerst 1729, 1736).
Hamerling, Robert (o. J., d. i. 1912): Sämtliche Werke in 16 Bänden (in 5 Bänden). Mit einem Lebensbild und Einleitungen ed. M. M. Rabenlechner. Leipzig (Hesse & Becker).
v. Hammer(-Purgstall), Joseph (1812–13): Der Diwan von Mohammed Schemseddin Hafis. Aus dem Persischen zum erstenmal ganz übersetzt. Stuttgart und Tübingen.
Hamsun, Knut (1930): Segen der Erde. Deutsch von Pauline Klaiber-Gottschau, revidiert von J. Sandmeier. München.
– (1923): Unter Herbststernen. Erzählung eines Wanderers. Deutsch von J. Sandmeier. München.
– (1933): Kämpfende Kräfte. Eine Erzählung in zwei Romanen. Deutsch von Niels Hoyer und Pauline Klaiber-Gottschau, revidiert von J. Sandmeier. München.
– (1949): Landstreicher. Deutsch von J. Sandmeier und S. Angermann. München.
– (1950): August Weltumsegler. Deutsch von J. Sandmeier und S. Angermann. München.
– (1953): Hunger. Deutsch von J. Sandmeier und D. Angermann. München.

– (1950): Auf überwachsenen Pfaden. Ein Tagebuch. Deutsch von Elisabeth Ihle. München.
Hamsun, Marie (1956): Der Regenbogen. Deutsch von S. Angermann. München.
Hamsun, Tore (1953): Knut Hamsun, mein Vater. Deutsch von Werner v. Grünau. München.
(Harsdörffer, G. PH., et al.) (1968): Die Pegnitz-Schäfer. Nürnberger Barock-Dichtung. Ed. Eberhard Mannack. Stuttgart (Reclam).
Hauptmann, Gerhart (1962–1974): Sämtliche Werke. Centenar-Ausgabe. Ed. H.-E. Hass, fortgeführt von M. Machatzke und W. Bungies. 11 Bände. Frankfurt/M.
– (1959): Der große Traum. Ed. Hans Reisiger. M. e. Vorwort von Rudolf Alexander Schröder. Berlin.
Hearn, Lafcadio (1907): Kokoro. Hints and Echoes of Japanese Inner Life. Leipzig (Tauchnitz).
Hebbel, Friedrich (1963–67): Werke. 5 Bde. Ed. G. Fricke, W. Keller, K. Pörnbacher. München (Hanser).
– (o. J.): Tagebücher. Historisch-kritische Ausgabe von R. M. Werner. 4 Bde. Berlin.
Hebel, Johann Peter (1967): Poetische Werke. Darmstadt.
Heidenreich, Helmut (1969): Pikarische Welt. Schriften zum europäischen Schelmenroman. Darmstadt.
Heimann, Moritz (1966): Die Wahrheit liegt nicht in der Mitte. Essays. Frankfurt/M.
Heine, Heinrich (o. J.): Werke in 15 Teilen (in 4 Bänden). Ed., mit Einleitungen und Anmerkungen von H. Friedemann, H. Herrmann, E. Kalischer, R. Pissin, V. Valentin. Berlin und Leipzig (Bong).
Herder, Johann Gottfried (o. J.): Werke. Ed. Heinrich Kurz. Kritisch durchgesehene und erläuterte Ausgabe. 4 Bände. Leipzig (Bibl. Institut).
– (o. J.): Stimmen der Völker in Liedern. Leipzig (Reclam).
– (1966): Ideen zur Philosophie der Geschichte der Menschheit. Textausgabe. Darmstadt.
Hering, Christoph (1966): Friedrich Maximilian Klinger. Der Weltmann als Dichter. Berlin.
Hölderlin, Friedrich (1944–59): Sämtliche Werke. Kleine Stuttgarter Ausgabe, ed. Friedrich Beißner. 6 Bde. Stuttgart.
Hoffmann, E. T. A. (1924): Sämtliche Werke, Tagebücher, Briefe. Ed. Rudolf Frank. 11 Bände. München (Rösl-Klassiker).
v. Hofmannsthal, Hugo (1957): Ausgewählte Werke in zwei Bänden. Frankfurt/M.
– (1969): Dramen III. (= Ges. Werke in Einzelausgaben Bd. V.) Frankfurt/M.
– (1970): Dramen IV. (= Ges. Werke in Einzelausgaben Bd. VI). Frankfurt/M.
– (Ed., 1957): Wert und Ehre deutscher Sprache. Frankfurt/M. (Zuerst 1927.)
Hofmiller, Josef (1952): Letzte Versuche. München.
– (1955): Ausgewählte Briefe. Ed. Hulda Hofmiller. Memmingen.
Homer (1911): Odyssee. Neu übertragen von Rudolf Alexander Schröder. Leipzig
– (o. J.): Ilias. Verdeutscht von Thassilo von Scheffer. Wiesbaden.

Huch, Ricarda (1966 ff.): Gesammelte Werke. Ed. Wilhelm Emrich. Bisher 9 Bde. Köln.
– ([2]1960): Briefe an die Freunde. Ausgewählt und eingeführt von Marie Baum. Tübingen.
v. Humboldt, Wilhelm (1826): Über die unter dem Namen Bhagavad-Gita bekannte Episode des Mahabharata. Gelesen in der Ak. d. Wissensch. am 30. Juni 1825 und 15. Juni 1826. Berlin.
– (o. J.): Briefe an eine Freundin. Ed. Robert Habes. Leipzig (Reclam).
Husserl, Edmund (1973): Zur Phänomenologie der Intersubjektivität. Texte aus dem Nachlaß. 3. Teil: 1929–1935 (= Husserliana Bd. XV.). Den Haag.

Ibsen, Henrik ([2]1973): Schauspiele in einem Band. Deutsch von Hans Egon Gerlach. Hamburg.
Ingarden, Roman ([2]1960): Das literarische Kunstwerk. Tübingen.
– (1968): Vom Erkennen des literarischen Kunstwerks. Tübingen.
– (1969): Erlebnis, Kunstwerk und Wert. Tübingen.
Immermann, Karl (o. J.): Werke. Auswahl in 6 Teilen (in 3 Bänden). Ed. Werner Deetjen. Berlin (Bong).
– (1971 ff.): Werke in fünf Bänden. Ed. B. v. Wiese. (bisher 4 Bde.) Frankfurt/M.

Jacobsen, Jens Peter (o. J.): Sämtliche Werke. Deutsch von Mathilde Mann, Anka Matthiesen, Erich von Mendelsohn. Leipzig.
Jahn, Janheinz (1954): Schwarzer Orpheus. Moderne Dichtung afrikanischer Völker beider Hemisphären. Ausgewählt und übertragen. München.
– (1964): Schwarzer Orpheus. Moderne Dichtung afrikanischer Völker beider Hemisphären. Neue Sammlung. München.
Jean Paul (1959–1966): Werke Ed. Norbert Miller und Walter Höllerer. 6 Bde. München (Hanser).
Jenness, Diamond (1922): The Life of the Copper Eskimos. (= Rep. Canad. Arct. Exp. 1913–1918, Southern Party, Bd. XII A.) Ottawa.
Jolles, André (1932): Die literarischen Travestien. Ritter, Hirt, Schelm. Bll. f. dt. Philos. VI: 281–294.
Jonas, Hans ([3]1964): Die mythologische Gnosis. Mit einer Einleitung zur Geschichte und Methodologie der Forschung. Göttingen.
Justi, Carl ([5]1956): Winckelmann und seine Zeitgenossen. 3 Bde. Ed. Walther Rehm. Köln.

Kahn, Arthur D. (1970): Byron's ›Single Difference‹ with Homer and Vergil. Arcadia V: 143–162.
Kafka, Franz (1958): Das Schloß. Frankfurt/M.
– (1961): Die Erzählungen. Frankfurt/M.
– (1954): Tagebücher 1910–1923. Frankfurt/M.
Kalidasa (1960): Sakuntala. Drama in sieben Akten. Aus dem Indischen übertragen und eingeleitet von Hans Losch. Stuttgart (Reclam).

Kawabata, Yasunari (1969): Ein Kirschbaum im Winter. Roman. Deutsch von Siegfried Scharschmidt und Misako Kure. München. (Jap. Orig.: Zuerst 1949–1954.)
– (1969): Kyōto oder Die jungen Liebenden in der alten Kaiserstadt. Roman. Deutsch von Walter Donat. Reinbek b. Hamburg. (Jap. Orig.: Zuerst 1962.)
– (1969): Tagebuch eines Sechzehnjährigen. Eine Auswahl aus dem Werk des Nobelpreisträgers. Ed. u. übertr. von Oscar Benl. München.
– (1974): Träume in Kristall. Erzählungen. Deutsch von Siegfried Scharschmidt. Frankfurt/M.
– (1969): Die Tänzerin von Izu. Revidierte Übersetzung a. d. Japanischen von Oscar Benl. Stuttgart (Reclam).
Kay, George R. (1968): The Penguin Book of Italian Verse. Harmondsworth.
Keene, Donald (1962): Japanische Literatur. Eine Einführung für westliche Leser. Deutsch von Monique Humbert. Zürich.
– (1971): Mishima and the Modern Scene. Times Literary Supplement 20. August 1971: 989–90.
Kerényi, Karl (1938): Vom Wesen des Festes. Antike Religion und ethnologische Religionsforschung. Paideuma I: 59–74.
– (1940): Die antike Religion. Eine Grundlegung. Leipzig.
– (1940): Zum Urkind-Mythologem. Paideuma I: 241–278.
Kern, H. (1909): The Saddharma-Pundarika, or, the Lotus of the True Law. Oxford.
Kierkegaard, Sören (1964): Entweder-Oder. I. Teil. Deutsch von Emanuel Hirsch. Düsseldorf.
Kindlers Literaturlexikon. (1965–74). 7 Bde., Erg.-Bd. Zürich.
Kipling, Rudyard (1965): Gesammelte Werke. 3 Bde. Mit einer Einführung von Hans Reisiger. Deutsch von Hans Reisiger u. a. München.
– (1938): Erinnerungen. Etwas für meine bekannten und unbekannten Freunde. Einzige autorisierte Übersetzung. Zürich. (Engl. Orig.: »Something of Myself«. For my Friends, Known and Unknown«. Zuerst 1937.)
– (1970): Stories and Poems. W. R. L. Green. London
Kitayama, Junyu ([3]1942): West-östliche Begegnung. Japans Kultur und Tradition. Berlin.
– (1944): Heroisches Ethos. Das Heldische in Japan. Berlin.
Kivi, Aleksis (1962): Die sieben Brüder. Vollständige Ausgabe. A. d. Finn. übers. von Rita Öhquist, mit einem Nachwort von Tito Colliander. München. (Finn. Orig.: Zuerst 1870.)
(*Klemisch, Franz-Joseph*, 1966): Afrikanische Lyrik aus zwei Kontinenten. Ausgewählt von F.-J. Klemisch. Mit einer Einleitung von Janheinz Jahn. Stuttgart.
Klinger, Friedrich Maximilian ([2]1842): Werke. 12 Bände. Königsberg.
– (1912–13): Dramatische Jugendwerke. 3 Bde. Ed. Hans Behrendt und Kurt Wolff. Leipzig.
– (1941): Romane. Bearbeitet von Spreckelmeyer. Leipzig.
– ([3]1970): Werke in zwei Bänden. Ausgewählt und eingeleitet von Hans Jürgen Geerdts. Berlin und Weimar.
– (1964): Der verbannte Göttersohn. Erste Unterhaltungen. In: (*Schondorff, Jo-*

achim, Hsgb.) Herakles. Reihe: Theater der Jahrhunderte. München. S. 217 ff.
– (1970): Sturm und Drang. Ein Schauspiel. Mit einem Anhang zur Entstehungs- und Wirkungsgeschichte von J.-U. Fechner. Stuttgart (Reclam).
– (1972): Die Zwillinge. Ein Trauerspiel in 5 Aufzügen. M. e. Nachw. v. K. S. Guthke. Stuttgart (Reclam).
– (1803): Betrachtungen und Gedanken über verschiedene Gegenstände der Welt und der Litteratur. Nebst Bruchstücken aus einer Handschrift. Cöln.

Kluge, Kurt (1938): Der Herr Kortüm. Roman. Stuttgart.
– (1942): Grevasalvas. Die Geschichte eines entfachten Menschen. Stuttgart.
– (1949): Nocturno. M. e. autobiogr. Nachw. des Verfassers. Stuttgart (Reclam).
– (1952): Lebendiger Brunnen. Eine Briefauswahl. Ed. Carla Kluge und Martin Wackernagel. Stuttgart.

Köhler, Erich (1962): Trobadorlyrik und höfischer Roman. Aufsätze zur französischen und provenzalischen Literatur des Mittelalters. Berlin.
– (1956): Ideal und Wirklichkeit in der höfischen Epik. Tübingen.

Kohn, Hans (1950): Die Idee des Nationalismus. Ursprung und Geschichte bis zur Französischen Revolution. Deutsch von G. Nast-Kolb. Heidelberg. (Am. Orig.: »The Idea of Nationalism«. New York 1945.)

Kolmar, Gertrud (1965): Eine Mutter. München.

Kommerell, Max (1966): Jean Paul. Frankfurt/M.

Korff, H. A. (1954–57): Geist der Goethezeit. Versuch einer ideellen Entwicklung der klassisch-romantischen Literaturgeschichte. 4 Bde., 1 Reg.-Bd. Leipzig.

Koselleck, Reinhart (1969): Kritik und Krise. Ein Beitrag zur Pathogenese der bürgerlichen Welt. Freiburg i. Br.

Kranz, Walther (1949): Empedokles. Antike Gestalt und romantische Neuschöpfung. Zürich.

Kraus, Karl (1945): Die letzten Tage der Menschheit. Tragödie in fünf Akten mit Vorspiel und Epilog. Zürich. (Zuerst: 1922.)

Krause, Fritz (1966): Maske und Ahnenfigur: Das Motiv der Hülle und das Prinzip der Form. In: (*Mühlmann, W. E.*, und *Müller, E. W.*, Hrsg.) Kulturanthropologie. Köln. (Zuerst: 1931).

Krauss, Werner (1966): Miguel de Cervantes. Leben und Werk. Neuwied.

Kretschmer, Ernst (13–14 1940): Körperbau und Charakter. Berlin.

Krohn, Kaarle (1924–28): Kalevalastudien. Helsinki.

Kruft, Hanno-Walter (1972): Klassizismus. Zu den Ausstellungen in London. Neue Zürcher Zeitung, Fernausgabe Nr. 295 vom 27. Oktober 1972.

v. Kügelgen, Wilhelm (o. J.): Jugenderinnerungen eines alten Mannes. 7. Aufl. Stuttgart (Belser).
– (1923): Lebenserinnerungen des Alten Mannes in Briefen an seinen Bruder Gerhard. Bearbeitet und herausgegeben von P. S. v. Kügelgen und Johannes Werner. Leipzig.

Lagercrantz, Olof (1964): Von der Hölle zum Paradies. Frankfurt/M.

Lagerlöf, Selma (o. J.): Gösta Berling. Roman. Deutsch von Henny Boch-Neumann. München. (Schwed. Orig.: Zuerst 1891.)

– (o. J.): Jerusalem. Roman. Deutsch von Pauline Klaiber. Leipzig (Schwed. Orig.: Zuerst 1901–02.)

Laotse s. Lin Yutang

Lauber, Cécilie (1946–50): Land deiner Mutter. 2 Bde.

Lavater-Sloman, Mary ([6]1969): Einsamkeit. Das Leben der Annette von Droste-Hülshoff. Zürich.

Laxness, Halldór (1955): Islandglocke. Deutsch von Ernst Harthern. Frankfurt/M. (Isl. Orig.: 1943–46.)

– (o. J., d. i. 1951): Salka Valka. Deutsch von Ernst Harthern. Hamburg. (Isl. Orig.: 1931–32.)

– (1974): Seelsorge am Gletscher. Deutsch von Bruno Kress. Luzern. (Isl. Orig.: 1967–68.)

Lazarillo von Tormes. Deutsch von Walter Widmer. München (1963). (Span. Orig.: 1646.)

Lenau, Nikolaus (1971): Sämtliche Werke und Briefe. Ed. Walter Dietze. 2 Bde. Frankfurt/M.

Lentz, Wolfgang (1958): Goethes Noten und Abhandlungen zum West-östlichen Divan. Hamburg.

Leone de Castris, Archangelo (1972): Stria di Pirandello. Bari.

Lesage, Alain René (1959): Die Geschichte des Gil Blas von Santillana. Deutsch von G. Fink, revid. v. Walter Widmer. München (Winkler). (Frzs. Orig.: Zuerst 1715.)

Leskow (Lesskow), Nikolai (1963–64): Gesammelte Werke. 3 Bde. Ed. Johannes v. Guenther. Deutsch von Johannes v. Guenther u. a. München.

Lessing, G. E. (1949): Ausgewählte Werke. Ed. Wolfgang Stammler. 3 Bde. München (Hanser).

– (1968): D. Faust. – Die Matrone von Ephesus. Fragmente. M. e. Nachwort von Karl S. Guthke. Stuttgart (Reclam).

Lewis, Arthur (1971): La Vida. Eine puertoricanische Familie in der Kultur der Armut: San Juan and New York. Deutsch von Mieke Lang. Düsseldorf. (Am. Orig.: London 1965.)

– (1965): Pedro Martinez. Selbstporträt eines Mexikaners. Deutsch von Margarete Bormann. Düsseldorf. (Am. Orig.: New York 1961.)

– (1964): The Children of Sánchez. Autobiography of a Mexican. Family. Harmondsworth (Penguin Books.)

Lewis, Sinclair (1970): Elmer Gantry. With an Afterword by Mark Schorer. New York. (Zuerst: 1927.)

Lexikon der Weltliteratur im 20. Jahrhundert. (1960–61). 2 Bde. Freiburg i. Br. (Herder).

v. Liliencron, Detlev (1911–21): Gesammelte Werke. 8 Bde. Ed. Richard Dehmel. Berlin.

Lin Yutang (1936): Mein Land und mein Volk. Deutsch von W. E. Süskind. (Am. Orig.: »My Country and My People«, New York 1936.)

– (o. J.): Weisheit des lächelnden Lebens. Deutsch von W. E. Süskind. Frankfurt/M. (Am. Orig.: »The Importance of Living«, New York 1937.)

– (1950): Peking. 2 Bde. Deutsch von L. Rossi. Frankfurt/M. (Am. Orig.: »Moment in Peking.« New York 1939.)

– (1952): Chinesenstadt. Deutsch von Leonore Schlaich. Stuttgart. (Am. Orig.: »Chinatown Family«. New York 1948.)

– (1955): Laotse. Ed. Lin Yutang. Frankfurt/M. (Mit Kommentaren des Herausgebers und Teilübersetzungen aus Tschuangtse. (Am. Orig.: »The Wisdom of Laotse«. New York 1948.)

Li Tai-Bo (1962): Gedichte. Eine Auswahl. Übersetzung, Einleitung und Anmerkungen von Günther Debon. Stuttgart (Reclam.)

Littmann, Enno (1953): Die Erzählungen aus den Tausendundein Nächten. Vollständige deutsche Ausgabe in sechs Bänden, zum ersten Mal nach dem arabischen Urtext der Calcuttaer Ausgabe aus dem Jahre 1830 übertragen. Wiesbaden.

Lönnrot, Elias (1942): Kalewala. Das Nationalepos der Finnen in der Übertragung von Anton Schiefner. 2 Bde. Berlin.

– (1967): Kalevala. Das Finnische Epos des Elias Lönnrot. Aus dem Urtext übertr. von Lore und Hans Fromm. Textband, Kommentarband. München.

Loerke, Oskar (1965): Der Bücherkarren. Besprechungen im Berliner Börsen-Courier 1920–1928. Ed. Hermann Kasack und Reinhard Tgahrt. Heidelberg.

– (1967): Literarische Aufsätze aus der »Neuen Rundschau«, 1909–1941. Ed. Reinhard Tgahrt. Heidelberg.

– (1956): Tagebücher 1903–1939. Ed. Hermann Kasack. Heidelberg.

– (1958): Gedichte und Prosa. 2 Bde. Frankfurt/M.

Lohner, Edgar (1971): Studien zum West-östlichen Divan Goethes. Darmstadt.

Lope de Vega (1961): Der Ritter vom Mirakel. Komödie. Deutsch von Franz Wellner. Stuttgart (Reclam). (Span. Orig.: »El caballero del milagro«.)

Ludwig, Otto (1912–14): Sämtliche Werke. Bände 1, 2.3, 6/1. (alles Erschienene.) Ed. Paul Merker. München und Leipzig (Georg Müller).

– (o. J., d. i. 1908): Werke in vier Teilen (in 2 Bänden). Ed. Arthur Eloesser. Berlin (Bong).

Maier, Hans Albert (1965): Goethe, West-östlicher Divan. Kritische Ausgabe der Gedichte mit textgeschichtlichem Kommentar. Textband. Kommentarband. Tübingen.

Majumdar, Bimanbehari (1968): Heroines of Tagore: A Study in the Transformation of Indian Society, 1875–1941. Calcutta.

Mann, Heinrich ([4]1958): Der Untertan. Roman. Hamburg. (Zuerst: 1914.)

– (1966): Im Schlaraffenland. – Professor Unrat. Zwei Romane. Hamburg. (Zuerst 1900 und 1905.)

– (1964): Die Jugend des Königs Henri Quatre. Roman. Reinbek bei Hamburg. (Zuerst: 1937.)

– (1964): Die Vollendung des Königs Henri Quatre. Roman. Reinbek b. Hamburg. (Zuerst: 1938.)

Mann, Thomas (1955): Herr und Hund. Frankfurt/M. (Zuerst: 1919)

– (1959): Joseph und seine Brüder. 2 Bde. Frankfurt/M.

Manzoni, Alessandro (o. J.): Die Verlobten. Eine mailändische Geschichte aus dem 17. Jahrhundert. Deutsch von Albert Wesselski. Nachw. v. Giuseppe Isani. Frankfurt/M. (Ital. Orig.: »I promessi sposi«. Zuerst: 1827.)
Marc Aurel (1951): Wege zu sich selbst. Zweisprachig. Ed. u. übers. v. Willy Theiler. Zürich.
Marlowe, Christopher (1939): The Plays. Oxford.
– (1964): Die tragische Historie vom Doktor Faustus. Deutsche Fassung, Nachwort und Anmerkungen von Adolf Seebass. Stuttgart (Reclam). (Engl. Orig.: The Tragical History of the Life and Death of Doctor Faustus«, London 1616.)
Martoglio, Nino (1965): Teatro. 3 Vol. Messina.
Mauzi, Robert ([4]1969): L'idée du bonheur au XVIIIe siècle. Paris.
Meli, Giovanni (1965–68): Opere. 2 Vol. Ed. Giorgio Santangelo. Milano.
Mell, Max (o. J.): Das Apostelspiel. (Insel-Bücherei.) Wiesbaden.
– (o. J.): Ein altes deutsches Weihnachtsspiel. Bearbeitet von Max Mell. (Insel-Bücherei.) o. O.
Mennemeier, Franz Norbert (1965): Der Dramatiker Pirandello. Zweiundzwanzig Beiträge. Köln.
Mérimée, Prosper (1967): Romans et Nouvelles. 2 Vls. Paris.
– (1964): Colomba. Chronologie et préface par Pierre Salomon. Paris.
– (1924–26): Gesammelte Werke. 4 Bde. Ed. Arthur Schurig. Deutsch von Wilhelm Gerhard u. a. Berlin.
– (1960): Carmen und andere Novellen. Deutsch von Walter Widmer. Köln.
Mereschowski, Dmitri (1919): Ewige Gefährten. Deutsch von Alexander Eliasberg. München.
Merleau-Ponty, Maurice (1966): Phänomenologie der Wahrnehmung. A. d. Franz. übersetzt und eingeführt durch eine Vorrede von Rudolf Boehm. Berlin.
Meyer, Eduard (1923–24): Ursprung und Anfänge des Christentums. 3 Bde. Stuttgart. (Neudruck Darmstadt 1962.)
Meyer, Heinrich (1972): Die Kunst des Erzählens. Bern.
Meyr, Melchior (1835): Wilhelm und Rosina. Ein ändliches Gedicht. München. (Neudruck Bern 1967.)
– (o. J.): Erzählungen aus dem Ries. Gesamtausgabe in 4 Bänden. Ed. Otto Weltzien. Leipzig (Max Hesse).
Michelet, Jules (1952): Histoire de la révolution française. Edition établie et commentée par Gérard Walter. Paris. (Bibl. de la Pléiade).
Miller, Norbert (1978): Archäologie des Traums. München.
Minder, Robert (1966): Dichter in der Gesellschaft. Frankfurt/M.
Mishima, Yukio (1961): Der Tempelbrand. Deutsch von Walter Donat. München. (Jap. Orig.: Zuerst 1957.)
– (1962): Sechs moderne Nō-Spiele. Nach der Fassung von Donald Keene a. d. Am. übers. v. Gerda v. Uslar. Reinbek b. Hamburg.
– (1971): Gesammelte Erzählungen. Deutsch von Ulla Hengst, Gerda v. Uslar und Oscar Benl. Reinbek b. Hamburg. (Am. Orig.: »Death in Midsummer«, New York 1964.)
Mofolo, Thomas (1953): Chaka der Zulu. A. d. Engl. übertragen und herausgegeben von Peter Sulzer. Zürich.

v. Moltke, Helmuth (1900): Helmuth v. Moltke in seinen Briefen. 2 Bde. Berlin
– (1841): Briefe über Zustände und Begebenheiten in der Türkei 1835–39. Berlin.
– (1940): Gespräche. Ed. Eberhard Kessel. Hamburg.
Montaigne, Miquel Eyquem de (1962): Oeuvres complètes. Textes établis par Albert Thibaudet et Maurice Rat. Introduction et notes par Maurice Rat. Paris (Bibliothèque de la Pléiade).
Montherlant, Henry de (1969): Tiermenschen. Roman. Deutsch von Hans Kauders, durchgesehen und revidiert von Ernst Sander. Köln (Frzs. Orig.: Les bestiaires. Zuerst: 1926.)
– (1957): Erbarmen mit den Frauen. Roman. Deutsch von Ernst Sander. Köln. (Frzs. Orig.: »Les jeunes filles«, »Pitié pour les femmes. –« »De démon du bien«, »Les lépreuses«. Zuerst: 1936–1939.).
– (1966): Das Chaos und die Nacht. Roman. Deutsch von K. A. Horst. München. (Frzs. Orig.: »Le chaos et la nuit«, zuerst:1963.)
– (1968): Essais. Paris (Biblioth. de la Pléiade.)
– (1968): Geh, spiel' mit diesem Staub. Tagebücher 1958–1964. Deutsch von K. A. Horst. Köln. (Frzs. Orig.: »Va jouer avec cette poussière, Carnets 1968–1964«. Paris 1966.)
– (1972): Théatre. Paris. (Bibliothèque de la Pléiade).
Moritz, Karl Philipp (1972): Anton Reiser. Ein psychologischer Roman. Mit Textvarianten, Erläuterungen u. e. Nachw. herausgegeben von Wolfgang Martens. Stuttgart (Reclam). (Zuerst: 1785.)
Mornet, Daniel (1967): Les origines intellectuelles de la Révolution française, 1715–1787. Paris.
Moscherosch, Hanss Michael (1883): Gesichte Philanders von Sittewald. Ed. Felix Bobertag. Stuttgart. (Neudruck Darmstadt 1964.)
Mühlmann, Wilhelm E. (1950): Mahatma Gandhi. Der Mann, sein Werk und seine Wirkung. Eine Untersuchung zur Religionssoziologie und politischen Ethik. Tübingen.
– (1955): Arioi und Mamaia. Eine ethnologische, religionssoziologische und historische Studie über polynesische Kultbünde. Wiesbaden.
– (1962): Homo Creator. Abhandlungen zur Soziologie, Anthropologie und Ethnologie. Wiesbaden.
– (1964): Rassen, Ethnien, Kulturen. Moderne Ethnologie. Neuwied.
– (1966): Max Weber und die rationale Soziologie. (Heidelberger Sociologica III.) Tübingen.
– (^{2}1968): Geschichte der Anthropologie. Frankfurt/M.
– (1969): Kosmos und Damian in Sizilien. Österr. Zsch. f. Volksk. N. S. 23: 15–25.
– (1972): Ergriffenheit und Besessenheit als kulturanthropologisches Problem. In: »Ergriffenheit und Besessenheit. Ein interdisziplinäres Gespräch über transkulturell-anthropologische und -psychiatrische Fragen«, ed. J. Zutt. Bern. S. 69–79.
– (1972): Separatismus und Nativismus heute: Die ethnosoziologischer Evidenz. Einleitung zu: H. P. Henecka, Die jurassischen Reparatisten (Studia Ethnologica III.) Meisenheim a. Glan. S. V–XXI.

– (1973): Bestand und Revolution in der Literatur. Stuttgart.
– (1973): Tradition and Revolution in Literature. Socioliterary Sketches in the Light of German Writing. Yearbook of Comparative Criticism V: 124–173. University Park & London.
Mühlmann, Wilhelm E., und *Müller, Ernst Wilhelm*, Hrsg. (1966): Kulturanthropologie. Köln.
Mühlmann, Wilhelm E. et al. (1961, ^{2}1964): Chiliasmus und Nativismus. Studien zur Psychologie, Soziologie und historischen Kasuistik der Umsturzbewegungen. Berlin.
Mühlmann, Wilhelm E. und Llaryora, R. J. (1968): Klientschaft, Klientel und Klientelsystem in einer sizilianischen Agro-Stadt. (Heidelberger Sociologica VI.) Tübingen.
Mühlmann, Wilhelm E. und Llaryora, R. J. (1973): Strummula Siciliana. Ehre, Rang und soziale Schichtung in einer sizilianischen Agro-Stadt. (Studia Ethnologica V.) Meisenheim a. Glan.
Müller, Wilhelm (1844): Griechenlieder. Neue vollständige Ausgabe. Leipzig.
Multatuli (d. i. *Eduard Douwes Dekker*) (1965): Max Havelaar, Roman. Deutsch von Wilhelm Spohr. Nachw. von Willem Enzinck. Zürich. (Niederländ. Orig. vollständig zuerst 1874.)
Murasaki Shikibu (1954, 1965): Die Geschichte vom Prinzen Genji, wie sie geschrieben wurde um das Jahr Eintausend unserer Zeitrechnung von Murasaki Shikibu, Hofdame der Kaiserin von Japan. Nach der engl. Übertragung von Arthur Waley deutsch von Herberth E. Herlitschka. Frankfurt/M.
– (1966): Die Geschichte vom Prinzen Genji. Altjapanischer Liebesroman, verfaßt von der Hofdame Murasaki Shikibu. Vollständige Ausgabe, a. d. Original übersetzt von Oscar Benl. 2 Bde. Zürich.
Muschg, Walter (^{2}1953): Tragische Literaturgeschichte. Bern.
– (1965): Studien zur tragischen Literaturgeschichte. Bern.
Musumarra, Carmelo (1967): Pirandello critico. In: Atti del Congresso internazionale de Studi pirandelliani. Studi Pirandelliani II: 813–827. Bologna.

Naqib Al-Mamalek (1965): Liebe und Abenteuer des Amir Arsalan. Roman. Erstmals aus dem Persischen übersetzt von Rudolf Gelpke. Zürich.
Nestle, Wilhelm (1901): Euripides. Der Dichter der griechischen Aufklärung. Stuttgart. (Neudruck Aalen 1969.)
Neumann, Karl Eugen (^{2}1923): Die Lieder der Mönche und Nonnen Gotamo Buddhos. Aus d. Therāgātha und Therigāta zum ersten Mal übersetzt von K. E. Neumann. 2 Bde. München.
– (1926): Die Reden Buddhos. Aus der Sammlung der Bruchstücke Suttanipāto des Pāli-Kanons übersetzt. München.
Neuschäfer, Hans-Jörg (1964): El Cantar de Mio Cid. (Zweisprachige Ausgabe.) Übersetzt und eingeleitet von H.-J. Neuschäfer. München.
Nieten, Otto (1908): Chr. D. Grabbe. Sein Leben und seine Werke. Dortmund.
Ninck, Martin (1935): Wodan und germanischer Schicksalsglaube. Jena.
Nietzsche, Friedrich (1954–56): Werke in drei Bänden. Ed. K. Schlechta. München.

Nizami (1963): Leila und Madschnun. Der berühmteste Liebesroman des Morgenlandes. Erstmals aus dem Persischen verdeutscht und mit einem Nachwort versehen von Rudolf Gelpke. Zürich.

Njegoš (Njeguš), Petar Petrović (1886): Der Bergkranz. Historisches Gemälde aus dem Ende des 17. Jahrhunderts. Zum ersten Male aus dem Serbischen übertragen von J. Kirste. Wien.

Norden, Eduard (1924): Die Geburt des Kindes. Geschichte einer religiösen Idee. Leipzig. (Neudruck Darmstadt 1958.)

Novalis (1953–57): Werke, Briefe, Dokumente. 4 Bände. Ed. Ewald Wasmuth. Heidelberg.

Olrik, Axel (1922): Ragnarök. Die Sagen vom Weltuntergang. Deutsch von Wilhelm Ranisch. Berlin. (Dän. Orig. zuerst: 1902, 1914.)

Otto, Rudolf (1954): Reich Gottes und Menschensohn. München.

De Pange, Pauline (1940): August Wilhelm Schlegel und Frau von Staël. Hamburg.

Peuckert, Will-Erich (1948): Die große Wende. Das apokalyptische Saeculum und Luther. Hamburg.

– (²1956): Pansophie. Ein Versuch zur Geschichte der weißen und schwarzen Magie. Berlin.

Pfeil, Elisabeth (1948): Der Flüchtling. Gestalt einer Zeitenwende. Hamburg.

Pirak, Anta (1933): En Nomad och hans liv. Upptecknat och översatt av H. Gundström. Uppsala.

Pirandello, Luigi (1969–1973): Opere. 5 Bände. Milano.

– (1967): 'U ciclopu. Dramma satiresco di Euripide ridotto in siciliano. Ed. Antonino Pagliaro. Firenze.

v. Preradovicül, Paula (1967): Gesammelte Werke. Ed. Kurt Eigl. Wien.

Pröhl, Jürgen (1973): Hugo von Hofmannsthal und Rudolf Borchardt. Studien über eine Dichterfreundschaft. Bremen.

Quasimodo, Salvatore (1971): Poesie e discorsi sulla poesia. Ed. Gilberto Finzi. Milano.

Quevedo, Francisco de (1966): Die Träume. Die Fortuna mit Hirn oder die Stunde Aller. M. e. Vorwort von Jorge Luis Borges. Deutsch von Wilhelm Muster. Frankfurt/M. (Span. Orig.: »Los sueños«. Zuerst 1627.)

– (1965): Das Leben des Buscón. Deutsch von Herbert Koch. In: Spanische Schelmenromane, ed. Horst Baader, Bd. II; 7 ff. (Span. Orig.: »Vida del Buscón«. Zuerst 1628.)

Radin, Paul, Kereü1nyi, Karl, Jung, C. G. (1954): Der göttliche Schelm. Zürich.

Ramuz, C. F. (1950): Tagebuch 1896–1942. Deutsch von Elisabeth Ihle und Ferdinand Hardekopf. Zürich.

– (1950): Die Schönheit auf Erden. Roman. Deutsch von Werner Johannes Guggenheim. Zürich.

– ([2]1967): Der Bergsturz von Derborance. Roman. Deutsch von Werner Johannes Guggenheim und U. v. Wiese. Zürich.
– (1963): Pastorale und andere Erzählungen. Auswahl und Nachwort von Elisabeth Brock-Sulzer. Deutsch von Hedwig Wurzian und Albert Baur. Zürich.

Redfield, Robert (1932): Maya Archaeology as the Maya See It. Zsch. f. Völkerpsychol. u. Soziol. VIII: 299–309.

Rehm, Walther (1963): Gontscharow und Jacobsen, oder Langeweile und Schwermut. Göttingen.
– ([4]o. J.): Griechentum und Goethezeit. Geschichte eines Glaubens. Bern.
– (1957): Begegnungen und Probleme. Studien zur deutschen Literaturgeschichte. Bern.

Reitzenstein, Richard (1963): Hellenistische Wundererzählungen. Darmstadt.
– (1904): Poimandres. Studien zur griechisch-ägyptischen und frühchristlichen Literatur. Leipzig. (Neudruck Darmstadt 1966.)

Requadt, Paul (1962): Die Bildersprache der deutschen Italiendichtung von Goethe bis Benn. Bern.
– (1972): Goethes »Faust I«. Leitmotivik und Architektur. München.
– (1974): Bildlichkeit der Dichtung. Aufsätze zur deutschen Literatur vom 18. bis 20. Jahrhundert. München.

Revon-Adler (o. J.): Japanische Literatur. Geschichte und Auswahl von den Anfängen bis zur neusten Zeit. Nebst Sachwörterbuch. Frankfurt/M.

v. Richthofen, Erich (1963): Italienische und mögliche spanische Einflüsse in Gerhart Hauptmanns Traumdichtungen. In: Studia Philologica III: Homenaje a Dámaso Álonso. Madrid. S. 161–171.
– (1950): Gerhart Hauptmann und Dante. Arch. f. d. Stud. d. n. Sprachen. 187: 76–83.

Rieger, M. (1880–1896): Friedrich Maximilian Klinger. Sein Leben und seine Werke. 3 Bde. Darmstadt.

Riehl, Wilhelm Heinrich ([4]1903): Wanderbuch. Stuttgart.
– (1879): Gesammelte Geschichten und Novellen. 2 Bde. Stuttgart.

Riemer, Friedrich Wilhelm (1921): Mitteilungen über Goethe. Ed. A. Pollmer. Leipzig.

Rilke, Rainer Maria (1923): Duineser Elegien. Leipzig.

Roberts, Kenneth (1938): Nordwest-Passage. Roman. 2 Bde. Deutsch von Hans Rothe. Berlin. (Am. Orig.: »Northwest Passage«, New York).

Röttger, Karl (1958): Ausgewählte Werke in zwei Bänden. Ed. H. Röttger und H. M. Elster. Emsdetten i. W.

Rolland, Romain (1923): Mahatma Gandhi. Deutsch von Emil Roniger. Zürich.

Rosanow, Wassilij (1963): Ausgewählte Schriften Deutsch von Heinrich Stammler. Hamburg.

Rudolph, Kurt (1965): Theogonie, Kosmogonie und Anthropogonie in den mandäischen Schriften. Eine literarkritische und traditionsgeschichtliche Untersuchung. Göttingen.

Rückert, Friedrich (o. J., d. i. 1910): Werke. Auswahl in acht Teilen (in 3 Bänden). Ed. Edgar Gross und Elsa Hetzer. Berlin (Bong).

– (1910–11): Nachlese. Sammlung der zerstreuten Gedichte und Übersetzungen. Ed. L. Hirschberg. 2 Bände. Weimar.
– (1843): Die Weisheit des Brahmanen. Ein Lehrgedicht in Bruchstücken. Leipzig.
– (1923): Atharwaweda. Übertragen von F. Rückert. Aus dem ungedruckten Nachlasse des Dichters zum ersten Male herausgegeben von Herman Kreyenborg. Hannover.
– (1926): Ghaselen des Hafis. Zusammen mit 42 bisher ungedruckten Ghaselen aus dem handschriftlichen Nachlaß herausgegeben von Herman Kreyenborg. München.
– (1924): Amrilkais, der Dichter und König. Sein Leben dargestellt in seinen Liedern. A. d. Arabischen übertragen. In zweiter, vom Dichter selber vorbereiteter und erweiterter Auflage neu herausgegeben von Herman Kreyenborg. Hannover.
– (1948): Indische Liebeslyrik. In deutscher Sprache nachgebildet. Eingeleitet, herausgegeben und erläutert von H. v. Glasenapp. Baden-Baden.
– (1963): Orientalische Dichtung in der Übersetzung F. R.'s. Ed. Annemarie Schimmel. Bremen.
– (1966): Hariri: Die Verwandlungen des Abu Seid von Serug. Vierundzwanzig Makamen. A. d. Arabischen übertragen. Ed. Annemarie Schimmel. Stuttgart (Reclam).
– (1971): Saadi: Aus dem Diwan. A. d. Persischen übertragen. Ed. Annemarie Schimmel. Stuttgart (Reclam).
Rüdiger, Horst (1937): Wilhelm v. Humboldt als Übersetzer. »Imprimatur« VII: 79–96.
– (1959): Schiller und das Pastorale. Euphorion 53: 229–251.
– (1960): Ein Versuch im Dienste der Weltliteratur-Idee: Goethes Übersetzung von Manzonis Ode »Il Cinque Maggio«. Studi in Onore di Lorenzo Bianchi. Bologna 1960. SD S. 1–24.
– (1968): Winckelmanns Geschichtsauffassung. Euphorion 62: 99–116.
Rychner, Max (1961): Antworten. Aufsätze zur Literatur. Zürich.

Santayana, George (1963): Der letzte Puritaner. Roman. Deutsch von Luise Laporte und Gertrud Grote. München. (Am. Orig.: »The Last Puritan«. Zuerst: New York 1935.)
– (1970): Poems. Selected by Robert Hutchinson. New York.
– (1950): Die Spanne meines Lebens. Deutsch von Wolfheinrich v. d. Mülbe. Hamburg. (Am Orig.: »Persons and Places – The Background of my Life« und »The Middle Span«. Zuerst: New York 1944–45.)
– (1951): Die Christusidee in den Evangelien. Ein kritischer Essay. Deutsch von Luise Laporte. München. (Am. Orig.: »The Idea of Christ in the Gospels, or God in Man«. New York.)
– (1945): The Philosophy of George Santayana. Selections from the Works. Ed. with an Introductory Essay by Irwin Edman. New York.
– (1961): The Sense of Beauty. Being the Outline of Aesthetic Theory. New York.

– As I Crossed a Bridge of Dreams, Recollections of a Woman in 11th-Century Japan. Translated by Ivan Morris. London. 1971.
– Tagebuch einer japanischen Hofdame aus dem Jahre 1060. Ed. Horst Hammitzsch. A. d. Japanischen übersetzt von Ulrich Kemper. Stuttgart 1966 (Reclam.).
Sartre, Jean-Paul (1965): Die Wörter. Deutsch von Hans Mayer. Reinbek b. Hamburg.
Schaeder, H. H. (1938): Goethes Erlebnis des Ostens. Leipzig.
– (1968): Studien zur orientalischen Religionsgeschichte. Ed. Carsten Colpe. Darmstadt.
Scheffer, Johannes (1675): Lappland/Das ist: Neue und wahrhafftige Beschreibung von Lappland und dessen Einwohnern. Franckfurt am Mayn und Leipzig.
Schenke, Hans-Martin (1962): Der Gott »Mensch« in der Gnosis. Göttingen.
Schiefner, Anton (1859): Heldensagen der Minussinschen Tataren. Rhythmisch bearbeitet von Anton Schiefner. St. Petersburg. (»Elias Lönnrot gewidmet«. Nach Original-Materialien von A. Castrén und V. Titov.)
Schiller (^{3}1962): Sämtliche Werke. Auf Grund der Originaldrucke ed. G. Fricke und H. Göpfert in Verbindung mit H. Stubenrauch. 5 Bände. München.
– (1911): Gespräche. Berichte seiner Zeitgenossen. Ed. Julius Petersen. Leipzig.
Schnack, Friedrich (1950): Sebastian im Wald. München.
Schopenhauer, Arthur (o. J.): Sämtliche Werke. 6 Bde. Ed. E. Grisebach. Leipzig.
Schütz, Alfred (1962–66): Collected Papers. 3 Vls. Den Haag.
Schwerte, Hans (1962): Faust und das Faustische. Ein Kapitel deutscher Ideologie. Stuttgart.
Sciacca, Michele Federico (1954): Italien. (Geistige Länderkunde Bd. 2.) Nürnberg.
Sciascia, Leonardo (1964): Morte dell'Inquisitore. Bari.
– (1967): Im Consiglio d'Egitto. Torino. (Dt. Übers. v. Arianna Giacchi: »Der Abbé als Fälscher«. Olten 1967.)
– (^{2}1968): Pirandello e la Sicilia. Caltanissetta.
– (1970): La corda pazza. Scrittori e cose della Sicilia. Torino.
Sei Shōnagon (1928): The Pillow-Book of Sei Shōnagon. Translated by Arthur Waley. London.
– (1970): The Pillow Book of Sei Shōnagon. Translated and edited by Ivan Morris. Harmondsworth (Penguin Classics).
– (1952): Das Kopfkissenbuch der Hofdame Sei Shōnagon. Aus dem Japan. übertragen und herausgegeben von Mamoru Watanabé. Zürich. (Gekürzt!)
Senghor, Léopold Sédar (1963): Botschaft und Anruf. Sämtliche Gedichte. Französische und deutsch. Herausgegeben und übertragen von Janheinz Jahn. (Frzs. Orig.: Nocturnes, Ethiopiques, Hosties noires, Chants d'ombre, 1945–1961, Paris.) München.
Seume, Johann Gottfried (1839): Sämtliche Werke. 4. rechtmäßige Gesamtausgabe in 8 Bänden (in 4 Bdn.). Leipzig.
Shakespeare, William (1971): The Complete Works. Ed. Peter Alexander. London.
– (o. J., d. i. 1912): Werke in 14 Teilen (in 4 Bdn.). Übersetzt von Schlegel und Tieck. Ed. Wolfgang Keller. Berlin und Leipzig (Bong).
– (1968): Sonette, Epen und die kleineren Dichtungen. Zweisprachige Ausgabe.

Deutsch von Therese Robinson, Gottlob Regos und Wilhelm Jordan. München (Winkler).

– (1964): Sonette. Nachdichtung von Karl Kraus. München.

– (1970): Dramen. Für Hörer und Leser bearbeitet. Teilweise sprachlich erneuert von Karl Kraus. 2 Bände. München. (König Lear, Der Widerspenstigen Zähmung, Das Wintermärchen, Macbeth, Die lustigen Weiber von Windsor, Troilus und Cressida, Timon von Athen.)

– (1963): Deutsch von Rudolf Alexander Schröder. Frankfurt/M. (Was Ihr wollt, Wie es Euch gefällt. Ein Sommernachtstraum, Der Sturm, Romeo und Julia, Troilus und Cressida, Das Wintermärchen, Cymbeline, Macbeth, Othello.)

Sinko, Erwin (1969): Roman eines Romans. Moskauer Tagebuch. Deutsch von Erhard Trugly jr. Köln.

Shelley, Percy Bysshe (1967): Poetical Works. Ed. Thomas Hutchinson. London.

Skum, Nils Nilsson, und *Manker, Ernst* (1938): Same Sita – Lappbyn. Bilder och Lapsk Text. Svensk översättning av Israel Ruong. Stockholm.

Snell, Bruno (^{3}1955): Die Entdeckung des Geistes. Hamburg.

Solschenizyn, Alexander (1968): Der erste Kreis der Hölle. A. d. Russ. übersetzt von Elisabeth Mahler und Nonna Nielsen-Stokkeby. Frankfurt/M.

Spitteler, Carl (1945): Olympischer Frühling. Zürich.

v. Srbik. Heinrich (^{6}1954–57): Metternich. 3 Bde. München.

De Stael, Germaine (1958–59): De l'Allemagne. Ed. Jean de Pange. 4 Bde. Paris.

– (1800): De la littérature considérée dans ses rapports avec les institutions sociales. 2 Bde. Paris.

– (1818): Betrachtungen über die vornehmsten Begebenheiten der Französischen Revolution. Nachgelassenes Werk. Deutsch von L. Finck, Vorwort von A. W. v. Schlegel.

– (o. J.): Corinna oder Italien. Übers. u. hg. v. Friedrich Schlegel. Leipzig (Reclam).

Stammler, Wolfgang (1939): Die geistliche Volksdichtung als Äußerung der geistigen Kultur des russischen Volkes. Heidelberg.

Steinbeck, John (1956): Früchte des Zorns. Deutsch von Klaus Lambrecht. Konstanz. (Am. Orig.: »The Grapes of Wrath«. Zuerst: New York 1939.)

Stendhal (d. i. *Henri Beyle*, 1921): Die Kartause von Parma. Deutsch von Arthur Schurig. Berlin. (Frzs. Orig. »La Chartreuse de Parme«, 1839.)

– (o. J.): Von der Liebe. Ed. Arthur Schurig. Leipzig. (Frzs. Orig.: »De l'amour«, 1822.)

– (1973): Voyages en Italie. Textes établis, présentés et annotés par V. del Litto. Paris (Bibl. de la Pléiade).

Stieler, Karl (1908): Gesammelte Dichtungen (hochdeutsch). Stuttgart.

Stifter, Adalbert (1954): Die Mappe meines Urgroßvaters. – Schilderungen. – Briefe. München (Winkler).

Störig, Hans Joachim (1973): Das Problem des Übersetzens. Darmstadt.

v. Strauss, Victor (1880): Schi-king, das kanonische Liederbuch der Chinesen. Heidelberg.

Stresau, Hermann (1947): Joseph Conrad. Der Tragiker des Westens. Hannover.

Strich, Fritz (^{2}1957): Goethe und die Weltliteratur. Bern.

Suzuki, Daisetz Teitaro (1927): Essays in Zen Buddhism. Ist Series. London.
– (1953): Essays in Zen Buddhism. IIIrd Series. London.
– (1941): Zen und die Kultur Japans. Übertragen und eingeleitet von Otto Fischer. Stuttgart. (Jap. Orig.: »Zen Buddhism and Its Influence on Japanese Culture.« Zuerst: 1938.)
– (1956): The Lankavatara Sutra. Translated for the First Time from the Original Sanskrit. London.

Tagore, Rabindranath (o. J.): Gesammelte Werke. In Verbindung mit dem Dichter verantwortlich herausgegeben von Heinrich Meyer-Benfey und Helene Meyer-Frank. München (Kurt Wolff).
– (1961): Eine Anthologie. Ed. A. Chakravarty. Deutsch von E. Engelhardt. Freiburg i. Br.
– (1961): Einheit der Menschheit. Deutsch v. E. Engelhardt. Freiburg i. Br.
Thackeray, William M. (1958): Jahrmarkt der Eitelkeit. Ein Roman ohne Helden. Vollständige Ausgabe, deutsch von Theresia Mutzenbecher. München (Winkler). (Engl. Orig.: »Vanity Fair«. 1848.)
Thelen, Albert Vigoleis (^{6}1960): Die Insel des Zweiten Gesichts. Düsseldorf.
Thoma, Ludwig (^{4}1971): Ausgewählte Werke in einem Band. M. e. Geleitwort von Eugen Roth. München.
– (1972): So war's einmal. Der ausgewählten Werke anderer Teil. München.
Thoreau, Henry David (1950): Walden, and Other Writings of H. D. Thoreau. Ed. B. Atkinson. New York. S. 633 ff.: »Civil Disobedience. (Zuerst: 1849.)
Tieck, Ludwig (1964): Die verkehrte Welt. Ein historisches Schauspiel in fünf Aufzügen. Text und Materialien zur Interpretation besorgt von Karl Pestalozzi. (= Komedia Bd. 7.) Berlin. (Zuerst: 1799.)
Timmermans, Felix (1923): Das Jesuskind in Flandern. Deutsch von Anton Kippenberg. Leipzig. (Fläm. Orig.: »Het kindeken Jezus in Vlaanderen«, 1917.)
– (1966): Das Triptychon von den heiligen drei Königen. Deutsch von Anton Kippenberg. Frankfurt/M.
Timmermans, Felix, und *Thiry, A.* (1941): Die Elfenbeinflöte. Seltsame Geschichten aus dem Beginenhof. Deutsch von Peter Mertens. (Fläm. Orig.: »Begijnshofsproken«.)
Timmermans, Lia (1952): Mein Vater. Ein Erinnerungsbuch an Felix Timmermans. Deutsch von Karl Jacobs. Wiesbaden.
Tolstoi, Leo N. (1925): Krieg und Frieden. 4 Bände (in 2 Bänden). Deutsch von Claire von Glümer und R. Löwenfeld. Neu durchgesehen von Ludwig Berndl. Jena. (Russ. Orig.: Zuerst 1864–69.)
Tolstoi, Leo N. (1894): The Kingdom of God is within You. London. (Russ. Orig.: Zuerst 1893.)
– (1923): Tagebücher 1895–1903. 2 Bde. Autorisierte, vollständige Ausgabe von Ludwig Berndl. Jena.
– (1963): Kindheit – Knabenalter – Jünglingsjahre. Ed. Gisela Drohla. Frankfurt/M.
Tomasi di Lampedusa, Giuseppe (^{6}1970): Il gattopardo. Edizione conforme al manu-

scritto del 1957. Milano. – (Dt. Ubers.: »Der Leopard«, von Charlotte Birnbaum, München 1959.)
Trentini, Albert (1926): Goethe. Der Roman von seiner Erweckung. München.
Trunz, Erich (1963): Goethes Faust kommentiert. Hamburg.
Tschechow, Anton (1968–1971): Gesammelte Werke in Einzelbänden. 5 Bände. München (Winkler) Band IV: Dramen. Übersetzt von Gudrun Düwel.
Turi (1912): Das Buch des Lappen Johan ... Ed. Emilie Demant. Deutsch von Mathilde Mann, nach der von Emilie Demant hergestellten dänischen Übersetzung. Frankfurt/M.

Uhland, Ludwig (o. J., d. i. 1908): Werke in drei Teilen (in 2 Bänden). Ed. mit Einleitungen und Anmerkungen von Adalbert Silbermann. Berlin. (Bong)
Undset, Sigrid (1947): Sankt Olav. Deutsch von Maria Neuhauser. Wien.
– [2]1954): Katharina Benincasa. Deutsch von Alexander Baldus. Bonn.
– (o. J.): Kristin Lavranstochter. Roman. Deutsch von J. Sandmeier und S. Angermann. Ed. J. Sandmeier. Wien. (Norweg. Orig.: Zuerst 1920–22.)

Varnhagen, Rahel (1966): Briefwechsel mit Alexander v. d. Marwitz, Karl von Finckenstein, Wilhelm Bockelmann und Raphael d'Urquijo. Ed. Friedhelm Kemp. München.
– (1967): Briefwechsel mit August Varnhagen von Ense. Ed. Friedhelm Kemp. München.
– (1967): Im Umgang mit ihren Freunden (Briefe 1793–1833). Ed. Friedhelm Kemp. München.
– (1968): Rahel Varnhagen und ihre Zeit (Briefe 1800–1833). Ed. Friedh. Kemp.
Verga, Giovanni ([7]1970): Tutte le novelle. 2 Bde. Milano.
– (1972): I grandi romanzi. Ed. F. Cecco e Carla Riccardi. Milano.
Vischer, Friedrich Theodor (1917): Dichterische Werke. 5 Bde. Leipzig.
Vossler, Karl ([2]1925): Die Göttliche Komödie. 2 Bde. (in 1 Band). Heidelberg.
– (1950): Südliche Romania. Neue erweiterte Auflage. Leipzig.
– (1950): Poesie der Einsamkeit in Spanien. München.
– ([3]1946): Romanische Dichter deutsch. München.

Waley, Arthur (s. a. *Murasaki*)
– (1970): Madly Singing in the Mountains. An Appreciation and Anthology of ... Edited by Ivan Morris. New York.
– (1960): Ballads and Stories from Tun-Huang. An Anthology. London.
– (1962): Chinese Poems. Selected from 170 Chinese Poems, More Translations from the Chinese, The Temple, and the Book of Songs. London. (Dt. Übers. v. Franziska Meister: »Chinesische Lyrik aus zwei Jahrtausenden«. Hamburg 1951.)
– (1957): Die neun Gesänge. Eine Studie über Schamanismus im alten China. Deutsch von Franziska Meister. Hamburg. (Engl. Orig.: »The Nine Songs«. London.)
– (1965): The Nō Plays of Japan. London.
– (1968): The Way and Its Power. A Study of the Tao Tê Ching and its Place in Chinese Thought. London.

Walther v. d. Vogelweide (1967): Sprüche. Lieder. Der Leich. Urtext, Prosaübertragung. Herausgegeben und übersetzt von Paul Stapf. Berlin.
Watts, C. T. (Editor): Joseph Conrad's Letters to R. B. Cunninghame Graham. Cambridge.
Weber, Max (1922–23): Gesammelte Aufsätze zur Religionssoziologie, 3 Bde. Tübingen.
– [4]1956): Wirtschaft und Gesellschaft. Grundriss der verstehenden Soziologie. Neu herausgegeben von Johannes Winckelmann. Tübingen.
– ([2]1951): Gesammelte Aufsätze zur Wissenschaftslehre. Tübingen.
– (1958): Politische Schriften. Ed. Johannes Winckelmann. Tübingen. S. 493–548: »Politik als Beruf« (Oktober 1919).
Weininger, Otto ([11]1909): Geschlecht und Charakter. Wien.
Weiss, Konrad (1956): Die Gedichte aus der Tröstung der Philosophie des Boethius. Zweisprachig. lateinisch-deutsch. Berlin und Frankfurt/M.
Weisstein, Ulrich (1968): Einführung in die vergleichende Literaturwissenschaft. Stuttgart.
Wellner, Franz ([2]1966): Die Trobadors. Leben und Lieder. Deutsch von ... Ed. Hans Gerd Tuchel. Bremen.
Welzig, Werner (1959–60): Ordo und verkehrte Welt bei Grimmelshausen. Zsch. f. dt. Philol. 78: 424–430 und 79: 133–141.
Weydt, Günther (1957): Don Quijote Teutsch. Studien zur Herkunft des simplicianischen Jupiter. Euphorion III. Folge 51: 250–270.
– (1971): Hans Jacob Christoffel von Grimmelshausen. Stuttgart.
Widmann, J. V. (1911): Der Heilige und die Tiere. Frauenfeld.
Wieland, Christoph Martin (1966): Werke. Ed. Fritz Martini und Hans Werner Seiffert. Band II: 121 ff.: »Geschichte der Abderiten.« München (Hanser). Zuerst: 1774.)
v. Wiese, Benno ([3]1956): Die deutsche Tragödie von Lessing bis Hebbel. Hamburg.
– (1962): Wirklichkeit und Drama in Gerhart Hauptmanns Tragikomödie »Die Ratten«. Jahrb. d. Dt. Schiller-Ges. VI: 311–325.
– (1969): Karl Immermann. Sein Werk und sein Leben. Bad Homburg v. d. H.
Williams, George G. ([2]1954): Creative Writing.
Winckelmann, Johann Joachim (1934): Geschichte der Kunst des Altertums. Köln.
– (1969): Gedanken über die Nachahmung der griechischen Werke in der Malerei und Bildhauerkunst. – Sendschreiben. – Erläuterung. Ed. Ludwig Uhlig. Stuttgart (Reclam).
– (1952–1957): Briefe. 4 Bände. Ed. Hans Diepolder und Walther Rehm. Berlin.
Winckler, Josef (1922): Irrgarten Gottes oder die Komödie des Chaos. Jena.
– (1921): Der tolle Bomberg. Ein westfälischer Schelmenroman. Stuttgart.
– (1938): Triumph der Torheit. Fröhliche Legenden. Mit schönen Bildern von Felix Timmermans. Stuttgart.
– (1930): Im Banne des Zweiten Gesichts. Schicksale und Gestalten um Haus Nyland. Berlin.
– (1953): Doctor Eisenbart. Stuttgart.

– (1960–63): Ausgewählte Werke. Westfälische Dichtungen. 4 Bde. Emsdetten i. W.

Windisch, Ernst (1895): Maü8ra und Buddha. Leipzig.

Wirz, Otto (1965): Rebellen und Geister. Mit einem Vorwort von Wolf Wirz und einem Nachwort von Werner Günther. Frauenfeld.

– (1969): Gewalten eines Toren. Mit einer Einführung von Emil Staiger und einem Nachwort von Wolf Wirz. Frauenfeld.

Wolfe, Thomas (1941): Strom des Lebens. Roman. Autorisierte Übersetzung aus dem Amerikanischen. Bern. (Am. Orig.: »The Web and the Rock«. Zuerst 1939.)

– (1967): Sämtliche Erzählungen. Deutsch von Hans Schiebelhuth u. a. Reinbek b. Hamburg.

– (1961): Briefe an die Mutter. Übersetzt und eingeleitet von Ina Seidel. München. (Am. Orig.: »Thomas Wolfe's Letters to His Mother«.)

Wolfram von Eschenbach (1967): Parzival. Ed. Gottfried Weber. Darmstadt.

Woolf, Leonard (1972): The Village in The Jungle. A Novel of Ceylon. Colombo.

Zaunert, Paul (1927): Westfälische Sagen. Jena.

Zucker, Paul (1968): Fascination of Decay. Ruins: Relic-Symbol-Ornament. Ridgewood, N. J.

Autorenregister